武斌 著

第一卷
中华文化与海外的早期接触

中国接受海外文化史

SPM 南方出版传媒 广东人民出版社
·广州·

图书在版编目（CIP）数据

中国接受海外文化史 / 武斌著 . —广州：广东人民出版社，2022.1
ISBN 978-7-218-15338-4

Ⅰ . ①中…　Ⅱ . ①武…　Ⅲ . ①文化交流—文化史—中国　Ⅳ . ① K203

中国版本图书馆 CIP 数据核字（2021）第 215385 号

ZHONGGUO JIESHOU HAIWAI WENHUA SHI

中国接受海外文化史

武　斌　著

出 版 人：肖风华

出版统筹：柏　峰
责任编辑：陈其伟　赵　璐
装帧设计：书窗设计
责任技编：吴彦斌　周星奎

出版发行：广东人民出版社
地　　址：广州市海珠区新港西路 204 号 2 号楼（邮政编码：510300）
电　　话：（020）85716809（总编室）
传　　真：（020）85716872
网　　址：http://www.gdpph.com
印　　刷：广州市浩诚印刷有限公司
开　　本：787mm×1092mm　1/16
印　　张：137.5　插　页：28　字　　数：2300 千
版　　次：2022 年 1 月第 1 版
印　　次：2022 年 1 月第 1 次印刷
定　　价：598.00 元（全 4 册）

如发现印装质量问题，影响阅读，请与出版社（020-85716808）联系调换。
售书热线：（020）85716826

辽宁朝阳出土的春秋时期青铜短剑。
辽宁省博物馆藏

内蒙古鄂尔多斯出土的青铜器圆雕动物
形青铜杖首。鄂尔多斯青铜器博物馆藏

内蒙古鄂尔多斯出土的青铜器
饰牌。纽约大都会艺术博物馆藏

山东兖州王因遗址出土的彩陶盆。
中国社会科学院考古研究所藏

陕西西安半坡遗址出土的
仰韶文化人面鱼纹彩陶盆。西
安半坡遗址博物院馆藏

河南安阳殷墟出土
的玉戚。美国弗利尔美
术馆藏

辽宁牛河梁"女神庙"
遗址出土的红山文化女神
像。辽宁省考古研究院藏

甘肃嘉峪关魏晋墓出土的壁画《牧羊图》。甘肃省博物馆藏

甘肃嘉峪关三国时期古墓出土的畜牧壁画砖。甘肃省博物馆藏

甘肃嘉峪关魏晋5号墓出土的彩绘砖画《邮递图》。甘肃省博物馆藏

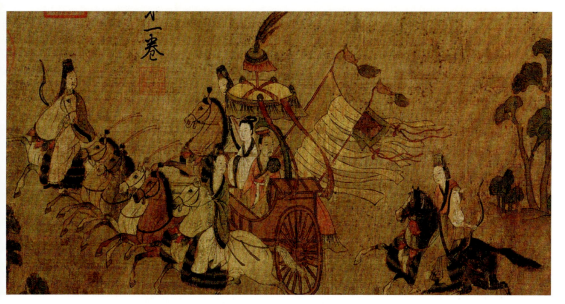

东晋顾恺之《洛神赋》（局部）。故宫博物院藏

河南偃师杏园村东汉古墓出土的壁画《车马出行图》。洛阳古墓博物馆藏

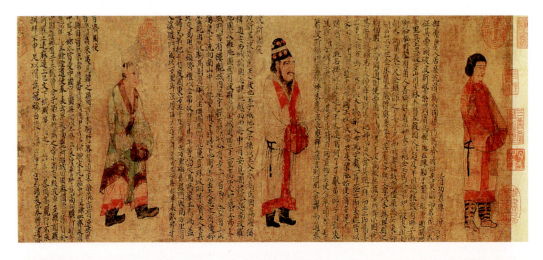

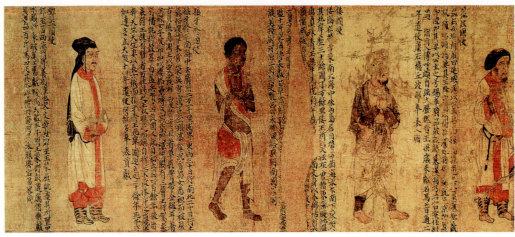

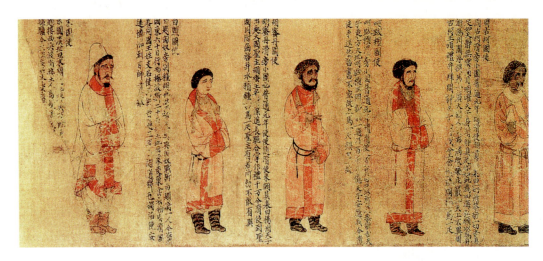

南朝梁萧绎《职贡图》，展现南北朝时期国家间往来的场面。宋代摹本。中国国家博物馆藏

内蒙古和林格尔出土的东汉墓壁画《百戏图》。南京博物院藏

山东肥城栾镇楼台歌舞祭祀画像石。山东博物馆藏

明丁云鹏《白马驮经图》。台北故宫博物院藏

甘肃敦煌莫高窟第103窟壁画《各国供养人》

甘肃敦煌莫高窟第158窟中唐经变图《各国王子举哀劈面图》

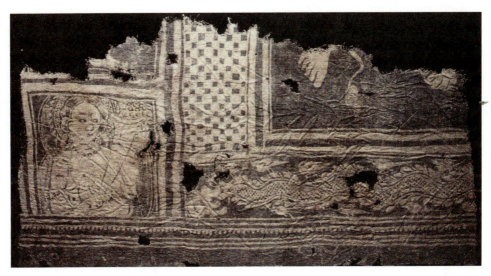

新疆民丰尼雅出土的棉布残片。新疆维吾尔自治区博物馆藏

陕西西安安伽墓出土的石屏风粟特人与突厥人宴会图。陕西历史博物馆藏

新疆洛浦汉墓出土的汉代毛布扇。新疆维吾尔自治区博物馆藏

新疆吐鲁番阿斯塔那墓出土的北朝连珠纹"胡王"锦。新疆维吾尔自治区博物馆藏

广东广州出土的东汉陶船。广州博物馆藏

陕西宝鸡茹家庄出土的西周中期贝币。陕西历史博物馆藏

广东广州南越王墓出土的波斯银盒。
广州南越王墓博物馆藏

山东青州齐国墓出土的埃兰列
瓣纹银盒。青州市博物馆藏

云南晋宁出土的七牛虎耳铜贮贝
器西汉时期。中国国家博物馆藏

陕西西安出土的北魏时期骑马武士陶俑
（具装甲骑）。中国国家博物馆藏

山东嘉祥武氏墓出土的东汉石狮。
嘉祥武氏墓石刻群博物馆藏

云南江川李家山出土的战国时期铜
贮贝器。云南李家山青铜器博物馆藏

河南洛阳烧沟出土
的东汉杂技俑。河南博
物院藏

陕西礼泉出土的彩绘牵驼俑。
陕西历史博物馆藏

湖南湘阴出土的
招手胡人俑。湖南省
博物馆藏

湖北鄂州晋墓出土的卧箜篌、鼓合
奏俑。鄂州市博物馆藏

陕西礼泉出土的彩绘文
官俑。陕西昭陵博物馆藏

辽宁北票出土的北燕时期琉璃碗。
辽宁省博物馆藏

广东广州出土的汉代蓝色
玻璃碗。广州博物馆藏

陕西扶风法门寺出土的
唐代淡黄色琉璃瓶。陕西法
门寺博物馆藏

广东广州南越王墓出土的四
连体熏炉。广州南越王墓博物馆藏

陕西出土的北朝时期彩绘载
物跪起骆驼。陕西历史博物馆藏

青海都兰唐墓出土的粟特锦服饰。美国
克利夫兰博物馆藏

辽宁北票出土的北燕时期鸭嘴形玻璃水注。辽宁省博物馆藏

甘肃武威雷台汉墓出土的东汉青铜一角兽。甘肃省博物馆藏

甘肃武威雷台东汉墓出土的铜奔马。甘肃省博物馆藏

山西寿阳出土的北齐时期弹琵琶陶俑。中国国家博物馆藏

陕西兴平西汉墓出土的鎏金铜马。陕西茂陵博物馆藏

陕西兴平出土的汉代错金铜犀尊。中国国家博物馆藏

9

山东章丘女郎山战国墓出土的乐舞俑群。章丘市博物馆藏

甘肃酒泉西沟魏晋墓出土的卧箜篌、阮合奏图。酒泉市博物馆藏

五代顾闳中《韩熙载夜宴图》（局部）。故宫博物院藏

甘肃敦煌莫高窟第112窟唐代壁画《反弹琵琶图》

目录

前　言

中华文化是一个包罗万象、博大精深的文化体系，是一条源远流长、奔流不息的文明长河。数千年来，中华民族以其勤劳的品格和智慧的心灵，以其坚忍不拔、生生不息的顽强精神，在广袤的东亚大陆上开榛辟莽，艰苦奋斗，持续地创造和发展自己的文化，以丰富的内涵、卓越的风姿，屹立于世界民族之林，是世界文化体系中极为重要的组成部分。

中华文化是中华民族的伟大创造，这个伟大的文化创造不仅是中华民族独立思考、独立劳作的结晶，还是中华民族积极而主动与其他民族开展文化交流，大规模地引进和吸收其他民族所创造的优秀文化成就的结晶。独立地思考与劳作，积极地引进和吸收，是中华文化创造性的两个互相刺激、互相补充的方面，因而才有了中华文化的源远流长、博大精深。其"博大"，包含着引进和吸收而来的其他民族的文化成果；其"源流"，包含着不断从域外涌进的涓涓文化细流。如果我们从这样的视野来认识中华文化，认识中华文化史，那么，我们就会寻找到中华文化博大精深的广博之源，寻找到中华文化源远流长的众多汇合的"源流"，因而也就会看到一番广阔的世界性文化交流的大图景，更清楚地认识中华文化的世界性价值和意义。

所以，中外文化交流史是中华文化历史的重要组成部分，是从全球史的视野所认识和描述的中华文化史；同时，也是世界文化史的一部分，甚至可能是很重要的一部分，是从中华文化史的视野所认识和所描述的世界文化史。

然而，对于这样的历史叙述，虽然早就有过断代的、局部的、分国别的研究，有过对这个过程的历史线索的勾勒，但所缺少的是宏观的、长时段的、全景式的、大历史观的全面梳理和系统论述，特别是缺少从中华文化史和世界文化史的两个角度来说明中外文化交流史，缺少对外来文化"内化"于中华文化历史过程的了解和认识。近代以来，西学东渐，给中华传统文化造成巨大的冲击，也使中国的文化人开始认真反省对外来文化的态度。众说纷纭，流派纷呈，但更多关注的是中西文化的比较，以及西方文化冲击下中华传统文化的命运，所以"中西文化观"的论战此起彼伏。"中西文化观"的论战影响深远，还在影响着我们对中外文化交流史的认识，影响着我们对外来文化的认知和态度。

这些看法和论战有其时代的必然性和必要性，其中也不乏真知灼见，但并不是对中外文化交流史认识的全部。时代变化了，研究的视野和方法也要变化，也要有新的认知方式，也要有新的对这个伟大历史图景的重新描绘。本书给自己提出的任务，就是在全球史的视野下，通过对中国接受、吸收、融合外来文化的历史的重构，挖掘中华文化的世界性价值，揭示中华文化的世界性意义。从而，也就揭示出世界文化史上各民族的交流与互动、东西方的对话与激励的绚烂多彩的景观。也许这样，我们对中华文化属性和特质的认识就更深刻、更全面，对全球文化史的面貌也就了解得更全面、更丰富。

我们对中华文化起源的认知，首先强调的是中华文化的原生性和原创性，是中华民族的先民在一个相对封闭的空间、在少有外来文化的影响下独自创造出来的，因而中华文化是世界文化的几大发祥地之一。这个判断基本上是合适的。但是有两点需要补充：一是这个"相对封闭的空间"实际上是一片极为广袤的大地，从东海之滨到青藏高原，从蒙古草原到南海诸岛，纵横几万里，包含着复杂的地理环境和民族文化的多样性，因而学术界共同认为中华文化的起源是多元共生的。这样就使得中华文化在起源上蕴含了开放性和多种文化样式融合的基因，形成了宏阔博大的基质。二是在文化起源阶段，就是考古学上说的旧石器时代和新石器时代，中原地带已经与中亚、西亚地区和北方草原地带有着一定的文化联系。考古学已经提出了大量的证据，来说明这种文化联系可能是很早就发生了。这样，在起源上来说，中华文化就不是完全封闭的，不是对外部世界毫无所知的。在那个遥远的年代，起源于中亚、西亚的物种、物产、生产生活用品以及艺术品，已经在中原有所传播，并对中华民族先民的文化创造有所影响和启发。

到了秦汉时代，中国建立了统一的封建王朝，在相当大的范围内实现了文化上的统一，创造了丰富多彩的中华文明，同时积极对外开拓和拓展，寻求与外部世界的联系。现在的历史学家对张骞的通西域给予很高的评价，因为张骞代表着汉王朝与西域地方交通的正式开通，意味着"丝绸之路"正式开通，虽然在此之前作为欧亚大陆交通的大通道"丝绸之路"已经商旅往来不断。与此同时，海上的交通也已经开辟。这样，中外交流就进入到一个崭新时代，出现了第一个大高潮。本书对此有详细的叙述，正是从那个时代开始，西域、印度的物产、物种、技术等物质文明成果以及音乐、舞蹈、绘画、雕塑艺术，源源不断传入中原，并且在很大范围内得到流传和推广，同时也刺激了中华文化的发展。特别是佛教在汉代开始传入中国，到了唐代形成了具有中国特色的中国化佛教，成为中外文化交流史上也是中华文化发展史上极为重要的事件。

唐代是中国历史上一个非常宏阔、气象万千的大时代，也是积极对外开放的大时代。唐都长安是当时举世瞩目的国际化大都市，各国人员往来极为频繁，形成一个世界文化交汇的大景观。元代建立的横跨欧亚大陆的大帝国，为中西交通创造了有利的条件，也是中外文化交流的高潮时期。到了明代晚期，也就是大航海时代，欧洲的商船已经可以直达中国的港口，中西贸易十分繁荣，而以利玛窦等耶稣会士为主体的天主教传教士大批东来，他们不仅向中国传播了天主教，而且也把西方的学术文化、科学技术和艺术带到中国，在明末清初的宫廷和部分知识分子中产生了影响。举例子说，意大利传教士画家郎世宁在清宫廷服务数十年，开创了中国美术史上的"郎世宁画风"。现在我们所使用的农历，就是传教士汤若望把《崇祯历书》删改成《西洋新法历书》，于清初颁行，称为《时宪历》。更重要的是，在这个时代，中国人的眼光已经超出了东亚、西亚的范围，对欧洲有了比较多的了解。这是世界眼光的扩大，也是中国人初步具有了世界意识。中国与欧洲，也就是东方与西方，开始了直接的交流。

以上所说的这些时代，虽然也有对外来文化的抵制、抗拒和否定，也曾因外来文化的传播引起文化冲突和震荡，但总的来说，中国人对外来文化是抱着积极的欢迎态度。不仅是有许多外国人，特别是利玛窦那些传教士，自觉地为这种文化传播作出了贡献，许许多多的中国人也对外来文化抱有极大的热情，从事大量的引进和吸收工作。比如佛教，有许多像法显、玄奘那样的僧人不远万里，赴印度取经求法，还有许多在国内的僧人参与佛经的翻译工作，并努力对这种外来文化进行消化吸收，使之成为中华文化的组成部分。

明末清初传教士的文化传播，也得到如徐光启、李之藻等中国知识分子的合作。正是由于持续不断的对外来文化的吸收、改造和融合，使其本土化，成为中华文化的组成部分，才使得中华文化更为丰富，更为生机勃勃，更为辉煌灿烂。"海纳百川，有容乃大。"融入中华文化大海的，既有中华民族自身创造的大江大河，也有来自世界其他民族优秀文化成果的涓涓细流。无论是大江大河，还是涓涓细流，汇入到一片大海之中，共同造就了大海的广阔。

以上是对清代前期以前，即近代以前中国接受和引进外来文化历史的简略概述。回顾历史，不仅要重绘那幅历史画卷，更要在这种重绘、叙述和解读中，总结中外文化交流的历史经验，总结中国学习和吸收外国先进文化成就来丰富和发展自己的历史经验，获得对历史的新认知，寻求历史的智慧，并以历史赋予我们的知识、智慧和营养来面对今天的文化和时代。笔者得出的认知和结论，是面对历史的新体会和新感受，本书均有展开。需要特别提出的是，在漫长的文化发展史上，在中外文化交流激荡的历史上，中华民族形成的广阔的文化胸怀、积极的开放精神、认真的学习态度和将世界一切先进文化成果融入中华文化中的强大文化能力，是在今天所面临的全球化时代，我们要继承、要发扬的。

导论

全球史视野下
的中国与世界

本书所论述的是，中华文化在漫长的发展历史上，是如何接受和吸收外来文化的因素及其所受到的影响。围绕着这个问题，首先要讨论，中华文化是如何与其他民族文化进行交流、对话、互动的；在不同的历史时期，中华文化是怎样接受、吸收外来文化的因素，并且将其融合到中华文化的系统之中；与其他民族文化的交流，是如何和在何种程度上促进中华文化的发展和进步。在本书的论述中，我们将会看到，这个角度论述的中外文化交流史，是极为丰富、极为复杂的，是极为波澜壮阔和色彩缤纷的。中华文化自发轫以来，上下几千年，一直与域外其他民族保持着各种形式、各种内容的交流，在保持自身民族文化特质和核心价值的同时，积极地、广泛地、持续不断地吸收外来文化的优秀成果，以不断地丰富、充实、发展自己，使之成为中华文化几千年持续发展的源泉和动力之一。本书通过对这一历史过程进行详细的梳理、分析和论述，将展现出中华文化更为全面和丰富的面貌。

本书所讨论的这些问题的实质，就是要论述中华文化的世界性内容，是从全球史的视野来看中华文化与世界文化的关系，来看中华文化的世界性价值，强调中华文化区域与其他民族文化区域间的互动关系，强调中华文化与其他民族文化的比较关系。这种互动和比较所呈现的就是中华文化走向世界、融入世界、与世界同行的历史。在这种互动和比较中，可以进一步深化对中华文化自身性、世界性的认识。

这是一个相当大的问题，所涉及的方面和内容也是巨量的，所以本书在浩如烟海的文献中寻找世界文化与中华文化互动、交流的线索和踪迹，不得不用如此大的篇幅来描述这一历史过程，不得不用浓彩重笔来描绘这一精彩画卷。

一 中华文化的民族性与世界性

1. 全球史视野下的中华文化史

近些年来，全球史作为一种史学观念受到越来越多的重视。按照有关学者的论述，全球史所注重的是对宏观空间的研究，特别是考察政治、经济、文化、宗教等方面的区域性差异及各种要素在不同区域间的流动。有学者将全球史的写作分为两个不同又互相联系的路径，一是把全球当成一种整体性的地域，即 unified history 的研究；另一是聚焦在全球不同地域，即 connected history 的"跨国"互动研究。全球史的基本学术出发点是强调在世界历史发展的任何一个阶段，全球发展的整体趋势只体现在所有社会的三大过程之中。这三大过程即是人口增长、技术的进步与传播、不同社会之间日益增长的交流。而在这个三大过程中，最重要的是"不同社会之间日益增长的交流"。

按照全球史的观点来看中华文化的发展历史，我们将获得一种新的视野和眼光，就是不只是在中国的范围内、在中华文化自身发展的历史中看中华文化，而是从世界文化的范围来看中华文化，即中华文化与其他民族文化之间日益增长的交流。这也将中华文化的"过去""全球化"，使之赋予世界文化的价值和意义。

对中华文化自身的认识，我们一直强调中华文化的原生性和独创性。这是认识中华文化史的出发点。只有这样的出发点，才能更好地说明中华文化在世界文化中的重要意义。

这个界定包含时间和空间两层含义。从时间上来说，中华文化历史悠久，源远流长，是世界上最古老的文化之一。自文化曙光时代的草创开始，在世界文化史上的各个发展阶段上，中华文化均占有重要的一席之地。直至近代以来虽经历了西方文化的强烈冲击和现代化的历史性嬗变，中华文化始终道统不绝，在不断的自我更新中绵延发展，传承不断，历几千年而不衰，显示了强大的生命力。从空间上来说，中华民族是世界上人口最多的民族，繁衍生息在广袤而丰饶的东亚大陆上，中国疆域之广和中华文化辐射范围之大，在世界上也是不多的。不仅如此，东亚地区的其他国家如朝鲜、日本和越南，在历史上长期受到中华文化的影响，是以中国本土为中心的"中华文化圈"的组成部分。可以说，整个东亚地区在中华文化的辐射范围之内，是广义的中华文化区。

世界文化的总体格局是在人类历史进程中逐渐形成并不断发展变化的。在世界文化的初创时期，栖息在不同地区的上古初民，各自独立地创造出具有自己特色的原生文化形态，发展起各自的地区性文明。这种在不同地区独立地产生出来的文化被称为"第一代文明"或"原生型文化"。当时世界文化的基本格局或总体图景是：欧亚大陆和中南美洲两大文化区是并行存在而又相互隔绝、各自独立发展的。在中南美洲，有玛雅、阿兹特克和印加等属于印第安文明的原生型文化；在欧亚大陆，有埃及、巴比伦、印度和中国四大文明发祥地，或称为"四大文明古国"。

虽然在全球史的叙述中，比较排斥"四大文明古国"的概念，认为这样不足以说明世界文化起源的多样性和丰富性，并且容易形成某种"文化中心主义"的立场，但是在笔者看来，"四大文明古国"作为一种对早期文化起源的概括性描述，是具有简便和容易理解的价值，也大体符合对古代文明的认知。那么，按照这样的论述，中国作为"四大文明古国"之一，所孕育的中华文化作为早期世界文化格局中的一极而自立于东方，形成了自己独特的文化底蕴和传统。

中华民族生活的东亚大陆，远离其他文明中心，周边又多有难以逾越的地理屏障，因而很少可能与其他文化相接触或获得有关的文化信息。在旧石器时代，中国先民在极为艰苦的条件下，以石器的研磨敲打，演出中华文化史诗的前奏，迎来初升的中华文化曙光；进入新石器时代，农业、畜牧业逐渐发展起来并取代采集、狩猎经济的地位，成为首要的生产门类，原始的物质文化和精神文化领域有了重大的进步，并进而在距今5000年开始，迈入文明时代的门槛。殷商西周时期，通过创制文字、建立宗法制度以及相应的礼乐制度和观念文化，独自完成了文化发生时期的中华文化创造。中华文化在未受到或很少受到其他文化影响的情况下独自完成文化发生与创建的过程，确立了自己的文字、思维方式、社会结构的基本风格和定势，在此之后才渐次与其他文化相接触、交汇和碰撞。虽然这种接触、交流和碰撞对双方产生很大的影响，但中华文化的系统和态势已经确立了。

中华文化发生和发展的独立性，使其具有无与伦比的延续力，得到最为连贯的继承和发展。其他原生型文化，如埃及文化、玛雅文化，早已后继无人；巴比伦文化、印度文化，经过多次的异族入侵，深深叠压在后起文明世代的底层，基本上成为考古学研究的对象。唯有中华文化没有出现这样的中绝现象。经历数千年而持续不断，这在世界文化史上是极为罕见的。

公元前5世纪前后，即相当于中国的春秋战国时代，世界文化格局发生了一次重要变动，进入了德国哲学家雅斯尔贝斯（Karl Jaspers）所说的"轴心时代"。当时古埃及和古巴比伦文明正在走向衰落，希腊文化和希伯来文化正在兴起；波斯文化日益引人注目；印度和中国文化经历着历史性的转变。在这个充满变革的时代，中华文化不是像埃及文化和巴比伦文化那样衰落下去，也不是像印度那样由佛教的新传统取代婆罗门教的老传统，而是以自我更新的力量，在商周时期文化发展的基础上，通过对商周文化的反省与总结，发展出完全可以与希腊文化、希伯来文化以及其他文化相媲美的中国智慧。经过春秋战国时代的文化变迁，至秦汉大帝国的建立而奠定了中华传统文化的基本格局。在这个新时代的世界文化格局中，中华文化仍像此前那个时期一样，成为几大文化中心之一，占有举足轻重的地位。

中华文化不仅始终保持着独立的、一以贯之的发展系统，而且长久以来其总体水平明显高于周边地区。所以，中华文化的发展并不限于中国本土，它还扩散到周边的东亚各国，形成了包括朝鲜、日本、越南在内的"中华文化圈"。"中华文化圈"大约在隋唐时期完成了它的总体构造。当时的东亚世界，在地理上以中国本土为中心，在文化上以中华文化为轴心，直到19世纪西方殖民主义势力进入东亚地区以前，基本上保持这样的格局和态势。中国在相当长的历史时期一直是东亚历史舞台的主角，中华文化以其强大的文化力度向周边地区辐射和扩散。朝鲜、日本和越南以中国为文化母国，大规模地吸收和融合中华文化，并在此基础上构建起符合本民族特性的文化体系。

在欧亚大陆的文化发展、传播和交流的过程中，从西到东还形成了基督教文化圈、伊斯兰教文化圈和印度文化圈。中华文化圈与之一起并称为"四大文化圈"。这"四大文化圈"在非常辽阔的地域，在相当长的历史时期，对本文化圈内的国家和民族有很大的影响。与此同时，世界文化格局中的"四大文化圈"之间存在着互相交流、互相渗透、互相影响的关系。虽然各个文化圈保持着各自独立的文化体系和基本文化的特色，辐射到一定的区域范围。然而，一个文化圈从其中心地区向周边地区传播，逐渐便会与另一文化圈的文化要素发生接触，并在一定的程度和范围接受其影响。有时候这种接触、交流和影响甚至是很频繁的。随着社会文明的发展和社会生产力水平的提高，陆路与海上交通日益发达，各民族之间、各文化圈所属地区之间的接触越来越频繁，联系越来越紧密，文化交流与传播的渠道越来越通达。各民族的文化创造成果通过各种渠道传播到其他民族、其他文化圈，成为全人类的共同财富。因此，各民族的文化、各文化圈的文化，不仅具有民族性、区域性和特殊性，而且也具有同一性、普遍性和世界性。

不过，各民族的文化和各文化圈的文化的发展是不平衡的，它们对于世界文明的贡献也不尽相同。就文化发展的总体水平而言，在近代以前，在世界史的中世纪时期，中华文化不仅明显高于周边地区，而且高于其他文化圈，在世界文化总体格局中属于领先地位。特别是在唐代的世界性文化交流中，中华文化处于中心地位。在整个欧亚大陆上，唐朝是国力最强盛、文化最发达的大帝国，是当时世界文化总体格局的重心所在。正如英国科学史学家贝尔纳（J. D. Bernal）指出的，中国在"许多世纪以来，一直是人类文明和科学的巨大中心之一"①。

17 世纪以后，世界文化的总体格局又发生了一次重大变化。一方面，南欧、西欧先后迈入近代社会的门槛，发展起先进的科学技术和工业文明，创造了巨大的社会生产力，并逐渐确立起资本主义的经济制度和政治制度。与新兴的、正在成长着的西方文化相比，仍然以农业经济为依托的、体现中世纪发展水平的中华文化就显得落后了一个历史发展阶段。因此，曾在世界文化格局中居于领先地位的中华文化渐次落伍，世界文化交流的态势也发生了变化，由以前主要是西方向东方学习，变为主要是东方向西方学习。另一方面，西方近代工业文明的兴起，伴随着殖民主义势力向世界各地的渗透和扩张。新大陆的发现和新航路的开通，把整个世界连成一片。正像 18 世纪英国经济学家和哲学家亚当·斯密（Adam Smith）所指出的："美洲的发现及绕好望角到东印度通路的发现，是人类历史上最大而又最重要的两件事。"② 这两件大事对于世界文化发展最重要的意义在于打破了各个文化圈的界限，打破了各民族文化体系独自发展的状况，把它们纳入统一的文化大系统中，促进了世界文化体系的形成。任何民族的文化都不能游离于统一的世界文化体系，或如马克思和恩格斯所说的那样，文化成为世界的文化。中华文化也不再是独立发展着的，而是被纳入统一的全球文化体系中，作为世界文化体系中的

---

① ［英］贝尔纳著，伍况甫等译：《历史上的科学》，科学出版社 1981 年版，中译本序言。

② ［英］亚当·斯密著，郭大力、王亚南译：《国民财富的性质和原因的研究》下卷，商务印书馆 1974 年版，第 194 页。

一部分，与世界文化共同发展。

按照西方学界普遍的看法，中国自 16 世纪末或 17 世纪初，就已不可避免地卷入了全球化的潮流。近年来的研究表明，在鸦片战争以前很久，中国经济就已深深地卷入了经济全球化，并在其中扮演着一个非常重要的角色。一些学者如德国的弗兰克（Andre Gunder Frank）甚至认为，在 1800 年以前，中国在世界市场上具有异乎寻常的巨大的和不断增长的生产能力、技术生产效率、竞争力和出口能力，这是世界其他地区望尘莫及的。中国巨大的出口量，把当时世界主要"硬通货"白银的一半吸引到中国。美国汉学家史景迁（Jonathan D. Spence）则认为："从 1600 年以后，中国作为一个国家的命运，就和其他国家交织在一起了，不得不和其他国家一道去搜寻稀有资源，交换货物，扩大知识。"①

近代以来世界文化的发展，就是统一的世界文化体系形成和发展的过程。这个时代的世界文化基本格局，不是再划分为几个并存的文化区或文化圈，而是纳入统一世界文化体系的各民族文化的相互渗透和融合，是一种"世界性"的文化，"全球性"的文化，"全人类性"的文化。这是一种全局性的变化。各民族的文化被纳入统一的世界文化体系中，不论原来的发展水平如何，在同一起点上获得了同时代性。也就是说，一方面，像中华文化这样有着悠久历史的传统文化，在进入现代世界文化体系的时候，必须经历现代化的改造和更新，成为与现代社会发展水平相适应，与世界文化发展步调相一致的现代性文化。另一方面，说中华传统文化在近代以来落后了，是就其整体所处的文化历史发展阶段而言，并不是说它在一切方面、一切领域都是落后的。文化具有时代性，因而有发展水平的高低之分；文化还具有永续性和继承性，历代文化发展所创造的优秀成果，层层积累为我们今天所继承的文化遗产，是我们今天文化创造的前提和基础。这样，中华传统文化中许多成就和要素，经过现代化的创造性转化，仍然是现代中华文化的重要组成部分，仍然会在现代社会生活焕发其诱人的魅力和灿烂的光辉，继续在世界文化总体格局中发挥其作用。

----

① ［美］史景迁著，黄纯艳译：《追寻现代中国：1600—1912 年的中国历史》，上海远东出版社 2005 年版，序言。

建立统一的世界文化体系，并不是否定文化的民族性和区域性。在统一的世界文化体系中，仍然要保持文化发展的无限丰富的多样性。文化的民族性和多样性与文化的世界性和普遍性并不是必然矛盾着的，毋宁说是一个问题的两个相互关联的方面。不过，这个时代的文化多样性不是相互隔绝的多样性，而是在世界性和普遍性之中的多样性。各民族的文化是世界文化的组成部分，共同参与着世界文化的创造性发展。正是各民族文化的发展和繁荣，促进着世界文化的无限丰富的发展和繁荣。

历史学家许倬云曾提出一个文化发展的"网络体系"说，也可称"道路体系"说。他指出，中国文化的发展，有它的"体系结构"："在空间的平面上，中国的各个部分，由若干中心地区，放射为树枝形的连线，树枝的枝柯，又因接触日益频繁，编织为一个有纲有目的网络体系。几个地区的网络体系，逐渐因为体系的扩大，终于连接重叠成为更庞大的体系。中国的道路系统，经过数千年的演变，将中国整合为一个整体。近数百年来，全球若干原本独立的体系，也因接触与交往，正在走向更大的整合，合为全球性的体系。"①

人类文化固然是在近数百年来，才"走向更大的整合，合为全球性的体系"，但事实上，在此以前的数千年中，人类文化就已经发生长期的接触与交往，不断走向整合，并早就合为全球性的体系，只是其整合性不如近现代这样强。

近代以来的很长一段时间里，由于西方文化在发展的总体水平上居于领先地位，东方各民族的现代化首先面临的是如何接受西方的挑战、如何学习西方的问题；也由于西方殖民主义势力在世界各地强行推行文化扩张，力图把世界文化都纳入西方文化的势力范围，致使世界文化发展出现了不平衡和不和谐，似乎唯有西方文化和西方人的价值观可以独步天下。这种情况在第二次世界大战以后已经发生了很大的变化。随着社会生产力和科学技术的进一步发展，随着人类文化整体水平的提高以及交流传播手段的扩大，随着西方殖民主义体系的瓦解和东方世界的复兴，世界文化格局中的各民族文化出现了共同发展繁荣的新态势。走向未来的世界文化格局，将是丰富的和普遍的，具有鲜明的时代性而又有无限发展的蓬勃生机。

---

① 许倬云：《中国文化与世界文化》，贵州人民出版社 1991 年版，第 1—2 页。

2. 交流与互动：中华文化发展的动力

前面说到中华文化发轫至今，持续几千年绵延不绝，生生不息，体现了强大的生命力。这种生命力的来源，就在于始终保持着对外开放的态势，在不同的发展阶段，与其他民族文化进行着交流与对话。这种广泛的和持续的文化交流，是中华文化持续发展的动力。

如前所述，在历史发展的不同阶段，中华文化都在全球文化的格局中占有显著位置，这当然首先在于中华文化内在的创造动力和丰富内涵，在于所取得的遍布各个领域的辉煌成就。但是，仅仅如此还是不够的。中华文化如果不与其他民族文化进行广泛的和持久的交流，如果没有自觉地走进世界文化的总体格局中，所谓在世界文化格局中的位置也就无从谈起。一种民族文化，无论它曾经多么的丰富、多么的先进、多么的伟大、多么的辉煌，如果把自己封闭起来，完全与外部世界相隔绝，不仅使自己的发展失去源头活水和刺激动力，因而很难保持自我更新、自我发展的生命力，而且不可能获得世界性的文化价值和文化意义。

文化交流和传播对于世界文化和各民族的文化发展都具有重要的意义。对于任何一个民族的文化来说，要持续地发展，持续地保持其生机勃勃的活力，必须拥有健全的开放机制，通过与其他文化的交流，吸收一切先进的文明成果，来补充、丰富和发展自己。例如人们经常提起的一个例子，一度创造出太阳金字塔等辉煌成就的玛雅文化，因困于中美洲丛林，与世隔绝，终于最后败落无闻。而中华文化源远流长，几千年繁荣发展而不中辍，在很大程度上得力于多方位的、持续不断的中外文化交流。域外各民族的优秀文化成果不断地传入中国，被接纳和融合到中华文化之中，激励、刺激、推动中华文化自身的更新、改造和完善，为中华文化的发展提供了内在的活力机制。

实际上，按照学术界比较共同的认识，所谓"文化"，其本质就在于交流。在学术界提出的各种关于文化的定义或概念中，包含着"交流"的内容。早在1871年，英国人类学家E. B. 泰勒（E. B. Tylor）首先在现代人类学家和社会学家所接受的意义上使用了"文化"这个名词，并且提出了一个经典性定义：

> 文化，或文明，就其广泛的民族学意义来说，是包括全部的知识、信仰、艺术、道德、法律、风俗以及作为社会成员的人所掌握

和接受的任何其他的才能和习惯的复合体。①

自泰勒提出这个定义以后，人们对"文化"的概念进行了相当广泛的讨论，提出了各种各样的定义，几乎涉及或者说涵盖了人类生活的各个领域、各个方面。人所创造的一切，与人有关的一切，都可以被说成是"文化"，或都可以说具有"文化"的意义。不过，大多数人类学家和社会学家比较倾向于接受这样一个看法，即认为："一种文化是一群人共有的生活方式，是全部多多少少定型化了的习得性行为模式组成的构型，这些习得性的行为模式凭借语言和模仿代代相传。"② 这个定义的要点是把"一种文化"看做是"一群人共有的生活方式"。这种生活方式是由习得性行为模式所组成的，这种习得性行为模式不是通过本能或任何直接的基因活动传承的，而是通过语言和模仿传承的。

文化既是"一群人共有的"，是"习得性"的，通过语言和模仿"传承"的，那么，人与人之间便存在着相互的传达、理解、沟通，亦即是文化的交流和传播。或者可以说，正是交流和传播活动使文化成为可能。文化传播是文化运动的一种表现形式，或者说是文化运动最早的和最重要的一种表现形式。有了交流和传播，才有了人与人之间的沟通和理解，才有了文化的积累和传承，才有了人类的历史和文化的历史。所以，有的人类学家认为，"文化"和"传播"在很大程度上是意义相似的语词。

文化交流或传播，就其范围而论，可以区分为一种文化系统之内的传播和文化系统之间的传播。文化系统即因地域、民族等因素而形成的文化共同体中的社区、群体、个人之间存在着广泛的、普遍的交往、交流和文化传播关系，这是一种文化得以发生、存在和发展的基本条件。不同的文化系统、文化共同体之间，不同的国家、地区和民族之间，也存在着相互的接触、交流和文化传播关系。在这种情况下，"传播"这一概念指的是"把文化特征从一个文化或一个社会传到另一个文化或社会"③。这个过程是极为常见的。本

---

① ［英］泰勒著，连树声译：《原始文化》，上海文艺出版社 1992 年版，第 1 页。

② ［美］V. 巴尔诺著，周晓虹等译：《人格：文化的积淀》，辽宁人民出版社 1988 年版，第 6 页。

③ ［美］马文·哈里斯著，高地译：《文化人类学》，东方出版社 1988 年版，第 12 页。

书所讨论的内容，即海外各民族文化向中国的传播，就是使用了这一概念。各民族文化之间具有一定的共同性，这就为文化的交流和传播提供了前提条件，使彼此之间可以相互沟通和理解。各民族文化之间又具有很大的差异性，所谓民族文化，实质就在于此与彼之间的差异，正是由于有差异，才使文化的交流和传播成为必要的。"许多人类学者都认为，要说明社会文化的差异和相似，最有力的解释是传播。"①

"交流"和"传播"这两个概念是英文"Communication"一词的汉译，因而二者可以看做是同义的。交流即是人类的传达和沟通，即是信息、知识、价值和意义的传播。不过，汉语中的"交流"一词更具有兼容性和表达"相互的"传达、传递、沟通，表达互动性的"双边"关系，因而在外延和内涵上也更为宽泛一些；"传播"则往往指某一知识或信息等由此向彼的"传递"和接受过程。"交流"所表示的关系是双方互为传播和接受的关系，"传播"所表示的关系是单向的传播和接受的关系。当然，这样的区分并没有特别重要的意义。不过，因为本书是论述海外文化向中国传播的著作，是论述海外各民族文化的信息、知识、技术、产品等向中国输出、传达、传递，以及中华文化对海外文化的理解、接受、融合过程，因而，"传播"是本书使用更多的概念。当然，海外文化向中国的输出或传播是在中国与各国的交往过程中实现的，中华文化大规模接受外来文化的同时，也向海外各国大规模输出和传播文化。

文化传播是一种沟通人与人共存关系的文化交往活动，是人类社会交往活动过程中产生于社区、群体及所有人与人之间共存关系之内的一种文化互动现象。这种现象是普遍的、必然的，正是文化传播才使人类克服了孤立、独处和疏远的状态，使一切人与人的关系变得更加密切，更加息息相关；正是文化传播才使文化得以存在，得以保存和发展。因此，"传播"或者说"交流"不仅是普遍的、必然的文化现象，而且是文化的本质属性或本质特征。美国人类学家萨丕尔（Edward Sapir）指出："每一种文化形式和每一社会行为的表现，都或明晰或含糊地涉及交流。"② 英国哲学家罗素（Bertrand Rus-

① ［美］马文·哈里斯著，高地译：《文化人类学》，东方出版社1988年版，第12—13页。
② 引自周晓明：《人类交流与传播》，上海文艺出版社1990年版，第10页。

导论　全球史视野下的中国与世界

011

sell）也指出："不同文明的接触，以往常常成为人类进步的里程碑。"① 季羡林也曾指出："我们是生活在文化交流中，在非常习见的东西的背后往往隐藏着一部十分复杂、十分曲折的文化交流的历史。"②

季羡林认为，文化交流是推动人类社会前进的主要动力之一。他指出：

> 文化一旦产生，就必然交流，这种交流是任何力量也阻挡不住的。由于文化交流，世界各民族的文化才能互相补充，共同发展，才能形成今天世界上万紫千红的文化繁荣景象。③

由于中华文化在历史上保持着与海外各民族持续的文化交流，由于不断有其他民族所创造的先进文化源源不断地传播到中国，为中华文化所理解、所接受、所吸收，就使得中华文化不断获得持续发展的源头活水，不断受到激励和开发，因而获得了发展的动力，也使自己的民族文化获得了世界文化的价值和意义。文化是民族的，也是世界的，这不仅是指各民族文化都是世界文化的组成部分，参与了世界文化的创造和发展，也不仅是指各民族文化包含着世界文化的普遍性内容和共同价值，更重要的是各民族文化都吸收了其他民族文化积极的、先进的成果，并且将其融合到自己的文化之中，使之成为自己的文化。这一过程也就使得民族文化获得了世界文化、全球文化的意义。在本书所展开的论述中，我们将会看到，在漫长的文化交流史上，自古而今，有多少外来的文化内容、因素被接受和吸收到中华文化的体系之中，因而使得中华文化博大精深，辉煌灿烂，同时也使得中华文化不仅是中华民族的文化，也是全球性的、世界性的文化。

3. "东"与"西"：中华文化的外部世界

任何文化交流总是相互的，文化的传播也是双向的。在漫长的中外文化交流历程中，外部世界的文化源源不断地传向中国本土，并对中华文化的发展产生了程度不同的影响。中亚游牧文化、波斯文化、印度文化、阿拉伯文

---

① ［英］罗素著，秦悦译：《中国问题》，学林出版社 1996 年版，第 146 页。

② 季羡林：《交光互影的中外文化交流》，中国文化书院讲演录编委会：《中外文化比较研究》，生活·读书·新知三联书店 1988 年版，第 18 页。

③ 季羡林：《文化的冲突与融合·序》，张岱年、汤一介等：《文化的冲突与融合》，北京大学出版社 1997 年版，第 2 页。

化、欧洲文化等通过不同的渠道，不同程度地传播到中国，被中华文化所吸收和融合，纳入自己的文化体系中。中华文化的丰富和发展，在许多方面得益于对其他民族文化的摄取和借用，得益于外国文化向中国的传播。

我们在本书中将会看到，中华文化的对外交流是全方位的，是对于整个世界文化的开放，所以我们所说的其他民族的文化，既有周边民族的文化，也有更远的如印度、波斯、阿拉伯和欧洲民族所创造的文化。

在历史上，欧亚大陆是人类文明的主要活动舞台。尽管我们要时时注意文化的多样性和避免文化的民族偏见，但今天人们所理解的世界的历史仍然是以欧亚大陆为主的，而中国地处欧亚大陆的东端。由于这样特殊的地理位置，主要的交通路径是自东往西，在历史上与其他民族的交流与交往，主要是面对西方，是与西面的国家和民族的交往和交流。当然，也不仅仅是如此，如在我国的东边还有朝鲜半岛和日本，南边还有越南等东南亚国家，中国与这些地区的文化交流也比较频繁。但从文化交流的基本态势来看，这些地区的文化向中国的传播，远不如中华文化向它们传播得丰富。与周边地区相比，中华文化是一种高势能文化，朝鲜、日本、越南等国家长期处于中华文化圈的范围内，主要是学习和接受中华文化的影响。对于中华文化来说，外来文化的影响主要来自"西方"。

所以，自古以来，中国人就对"西方"给予了极高的重视。

中国古代向西方的寻求，可谓源远流长。

亚欧大陆的大河和平原，孕育了伟大的文明，在诸文明之间，如中国文明、印度文明、西亚文明和欧洲文明，自古具有一种互动关系，而互动的中心，一直是在亚欧大陆上，按地理位置，指向中国的西方。

中国自古以来向西方的寻求，经历了几千年不曾改变。中外交往史上以"西域"的陆路交通居主导地位，也经历了上千年不曾改变。[①]

但是，对于中国来说，"西方"是一个历史概念。随着交通的逐渐发达，随着人们对世界的认知的不断扩大，中国人所说之"西方"也是不断延伸、不断变化的。秦汉及以前的"西方"主要是指"西域"即中亚一带，那时候

---

　　① 万明：《明代中外关系史论稿》，中国社会科学出版社 2011 年版，第 331—332 页。

的中外文化交流，与西域的交流占了很大的比重。在当时的中国人眼中，"西域"是一个很大的外部世界。张骞通西域被认为是一个了不起的文化创举。到唐朝时，中国人所说的"西方"主要是指印度，"西学"指来自印度的佛学，那时候人们把印度看做是文化的圣地，一代又一代的僧人到"西天取经"，形成了如梁启超所说的第一批海外"留学运动"。他们取回的不仅是佛教经典，还有印度医学、天文学等科学文化知识。宋元时期已经和欧洲有所交流，但此时的"西方"主要是指阿拉伯和波斯，此时对中国文化影响最大的是阿拉伯文化。元代在中国政治文化舞台上，活跃着很多的"色目人"，其中大部分是波斯人和阿拉伯人，他们充当了那个时期中西文化交流的主角。明初郑和所"下"的"西洋"，指的是印度洋沿岸及波斯湾、北非、红海一带的海域和国家。这是中国人在大航海时代以前最远的"西方"。

晚明欧洲传教士来华后，中国交往的"西方"开始指向欧洲。来自欧洲各国的传教士和商船成为文化交流的主要载体。到了后来，特别是19世纪中期，中国人世界观念里的"西洋"和"西方"指的就是欧洲，后来又加上了美洲，这就是我们今天通用的"西方"的概念。这个时代的中外文化交流，主要是指与欧美各国包括俄罗斯等各民族的交流，"西学"主要是指工业革命以后在欧美发展起来的近代文化科学、宗教艺术等。"西学"东渐成为这个时代中外文化交流的主要景观。

这样，面对广阔的欧亚大陆，中外文化交流的范围就极为广泛了。自东徂西，中国人对外交往的范围不断扩大，中西交通的道路不断延伸，中国人的世界眼光不断开阔。这样，中华文化与其他民族文化交流的历史，就是中国人不断向外开拓的历史，就是一代又一代中国人不断走向世界的历史，就是中国人的世界眼光和世界意识不断开阔、不断强化的历史。而在这个历史过程中，世界走向了我们，世界各民族所创造的丰富多彩的物质文化和科技、艺术、宗教、思想文化源源不断地传播进来，既有异域风情的新奇性，又有充满智慧的先进性，更有走向日常生活的大众性。总之，内容多样、形态多样的文化，开阔着中国人的眼界，震撼着中国人的心灵，让人们去学习、去模仿、去"拿来"和去融汇。正是这种文化交流、传播中的吸收和借鉴，才使中华文化博大精深，同时为其与世界其他文化的进一步交流和融汇提供了现实可能性。

4."路"与"人"：文化交流的载体

本书论述的是域外文化与中华文化的交流，即是一种"不同社会之间日益增长的交流"。这"不同社会之间",也就是不同的文化系统、文化体系之间的交流。这首先意味着"之间"有一定的空间的距离,否则,就不会是"不同社会""不同文化体系""不同文化系统"了。空间的距离是保持各民族文化相对独立性和原生性的基本条件。这也就意味着,不同民族、不同社会之间的文化交流,首要的前提就是交通问题。交通是人类生活的基本前提之一,也是文化交流得以实现的最根本的条件。交通状况决定和制约了文化交流的规模和程度;反过来,文化交流繁荣与否,也对交通状况起着促进或滞碍的作用。有了交通,就有了物质和文化方面的交流,就有了相互之间的你来我往,相互的认识和了解,就有了文化上的传播和接受,形成世界文化交流的大图景。

自古以来,生活在欧亚大陆的各民族,不断地突破各种技术障碍,为开拓大陆的交通做出不懈的努力。为此,人们不断地发明和改进交通工具,探索交通路线,甚至可以说,交通工具的发明和改进是人类主要的技术创新之一。因此,从东往西,自西徂东,都在努力开辟交往的通道。因此,就有了草原丝绸之路,有了绿洲丝绸之路,有了海上丝绸之路和西南丝绸之路。这样的"丝绸之路",并不是哪个民族独自开辟的,也不是单一的交通路线,而是一个贯穿欧亚大陆、延伸到非洲的连接各民族、各地区的巨大的交通网络。正是有了这样的交通网络,古代各民族、各地区才有了联系,互通气息,实现了民族和地区间的,亦即"不同社会之间"日益增长的文化交流。随着技术的不断突破,交通工具不断的改进,交通道路的更加畅通,各民族和各地区之间的交流呈现日益增长的状态,交流更频繁,来往更密切,相互的了解和认识也就更多,吸收其他民族、地区的文化也就更丰富。

不同民族之间的文化交流与传播,是通过多种途径进行的。以海外文化在中国的传播史来考察,我们看到,文化交流最主要的形式是人员的往来,文化交流的前提条件是交通。而道路是人开辟出来的,是要有人来走的。人是文化的载体,也是文化传播的主要媒介。在所有的关于"文化"的概念中,"人"是题中应有之意,没有"人"就没有所谓"文化"。文化传播是通过人员的接触和交流进行的。历朝历代行走在丝绸之路上的各国、各民族的人们,是文化交流的主要贡献者,是向中国传播各民族文化的主要载体。

从历史上来看,为文化交流作出贡献的人员大致有六类群体:

（1）官方的使节。与域外国家或政权建立外交关系，互派使节往来，是文化交流的一个重要渠道。官方使节的往来，除了解决国家之间的争端，密切双边关系外，还增进了彼此的了解和认识。从西汉张骞出使西域开始，中国历代王朝逐步与许多国家建立起官方的正式联系，互派使节往来。人们对张骞的贡献给予了相当高的评价，因为他不仅打通了中原与西域地区的正式交通路线，还通过实地考察，对西域的政事人情、风俗文化都有了直观的、详细的了解，并给汉武帝提供了一份内容翔实的出使报告。这是中国人第一次对西域有了比较准确的知识。此后，不断有出使外国的官方使节回国后提供出使报告，或撰写游记等。历史上最大的官方使团是"郑和下西洋"，不仅路途遥远，所到国家数量多，带回丰硕的"西洋"方物和关于当地风土人情的知识，还有马欢等撰写的"郑和三书"流传于世。与此同时有大批的外国使节来到中国，如在唐代，日本派出遣唐使十多次，其他国家如新罗、大食等国也向唐朝遣使十多次甚至几十次，有的使团规模十分庞大，明初甚至还有几个国家的国王亲率使团入华。他们在学习、了解中华文化的同时，也带来了他们民族的文化信息。

（2）留学生和旅行家。梁启超把汉唐时期中国僧人赴印度取经求法说成是中国历史上第一次留学运动。那个时期的佛教僧人，不辞劳苦，跋山涉水，前赴后继，怀着宗教信仰的赤诚和求知的渴望，一代又一代地通过西域陆路或者南洋海路奔赴印度。正是他们的努力，将印度的各类佛经带回中国。近代以来，从容闳开始，一直到 20 世纪前期，一批又一批留学生奔赴欧洲、美国、日本、俄罗斯等地，形成规模浩大的留学运动，他们成为学习和移植外国先进文化的骨干力量。中国古代，以旅行家身份游历海外的人不多，只有杜环、周达观、汪大渊等数人，他们的足迹有的远达西亚和非洲，在国外游历、与各国人民接触中，获得了许多外国文化的信息，回国后撰著的游记等资料，是中国人了解外部世界的重要文献。

（3）移民。移民是文化传播的主要途径之一。中国自古就不断有外国人进入中国活动，甚至定居。自汉代到南北朝时期，就不断有"胡人"的记载，到了唐代，更是全面地对外开放，大批外国人到中国来传教、经商和从事其他文化活动。唐代的外国移民数量是很大的，当时除了日本人和朝鲜人外，文献上称之为"胡人"，有"胡姬""酒家胡""胡医""胡商"等，主要是粟特人、波斯人、阿拉伯人等。波斯王朝在被阿拉伯人灭亡后，整个王室逃亡到中国，在长安定居，成为一个很大的移民集团。这些移民在中国的广州等地建立了"番坊"，形成相对封闭的居住区，成为中国最早的外国人居住区。但他们大部分与当地居民杂居相处，把他们民族的生产技术、生活方式、宗教信仰乃至民族文化精神带到中国，为海外文化在中国传播作出了重大贡献。元代是另一个全面对外开放的时代，大批外国人来到中国，有西域人、波斯人、阿拉伯人甚至欧洲人，形成了"色目人"阶层，分散在政治、经济、文化的各个领域，发挥了很大的影响作用。

（4）商人。贸易历来是文化交流最重要并且是最早的途径。经济活动一向是交往的最主要动力和方式。商业的沟通从来就是文化的交流。商品的形式无论是以自然形态出现的物产、原料，还是赋予劳动价值和文化要素的人工产品，都会对交易的双方产生文化的影响。自然产品，可以丰富和改善人们的生活，同时也造成了生活习惯的变迁；人工产品，更是直接传递了不同文明的文化信息，不但影响人们的生活方式，而且在更深层次的领域对人们的理念、情感产生重要影响。中国自古就与世界上许多国家有着频繁而发达的贸易关系。著名的丝绸之路，最初就是为了国际性的丝绸贸易而由商人开辟的。中国古代的对外贸易主要有官方和民间两种形式。官方贸易即所谓"朝贡贸易"，中国朝廷以对各国使节的"贡品"的"回赐"形式进行贸易，有的外国使节的主要使命就是来进行贸易；另外，外国使节还携带一些本国物产进行私人交易。除官方贸易外，民间贸易也十分活跃。在西北陆路，各国商队络绎不绝、相望于道，甚至还有粟特、回回等专事对华贸易的商业民族；在南洋海路，中国商船在宋代时就已驶抵印度洋，阿拉伯商船更是十分活跃。在朝鲜、日本等东亚国家，与中国的传统贸易关系更是持续不断。大航海时代以后，西欧各国建立东印度公司，展开了大规模的对华贸易，又经菲律宾开辟了通往美洲的航线。通过这些直接或间接贸易关系，丰盈的中华物产如丝绸、瓷器、漆器、铁器以及其他生产工具、茶叶、中药材、工艺美术品等大批地、源源不断地输往国外。而大量来自其他民族的物产也通过同样渠道输入中国，丰富了中国人的日常生活。这些从事国际贸易的中国和外国商人，除了进行商业贸易活动外，有时还承担一些外交使命和文化使命。

（5）僧侣和传教士。宗教本身即是一种文化，所以宗教的传播即属于文化传播的范围。宗教热忱是人类历史上促进各大文明交往的主要动力之一。起源于印度的佛教传入中国后，经过中华文化的改造和剪裁，变成中国化佛教，成为中华文化的组成部分。前文提到，汉唐时期中国僧人负笈西行，取经求法，成为中外文化交流史上极为壮丽的景观。与此同时，也有许多来自印度和西域的僧人来到东方，传播佛教，翻译佛经，为佛教东传作出了很大的贡献。明清之际，西欧基督教会派遣大批传教士来华，他们为了传播"福音"而来，前赴后继，不绝于途，也带来了西方的文化、艺术与科学，成为这一时期中西文化交流的主题。

（6）军人。古代中国与其他国家既有友好交往，也时有战事争端。从文化交流的角度看，战争以及随之而来的俘虏和战利品，也是文化传播的途径之一。13世纪时，蒙古军队三次西征，横扫欧亚大陆，建立起庞大的蒙古帝国，同时也为中国与西方的文化交流开辟了广泛的途径。正是在这个时代，中国发明的火器及其制造技术在历次战争中传播到阿拉伯和欧洲各国。而这一时期正是阿拉伯文化在中国传播最多、影响最大的时期，阿拉伯的火炮和火炮部队也被蒙古军队应用到战争中。

5. 全方位、多层面的文化交流

中外文化交流的内容是相当丰富的。

> 民族之迁徙与移植；血统、语言、习俗之混合；宗教之传播；神话、寓言之流传；文字之借用；科学之交流；艺术之影响；著述之翻译；商货之交易；生物之移植；海陆空之特殊旅行；和平之维系（使节之往还，条约之缔结等）；和平之破坏（纠纷、争执与大小规模之战争等）。①

可见，无论是在物质文化层面，还是在制度文化、精神文化层面，其他民族文化的各种成就、各种文化要素，都曾在中国有所传播和影响。

但是，各层面文化要素的传播并不是平行推进的，不是平衡发展的。事实上，物质文化、技术文化的传播更容易一些，传播的范围更广泛一些。在外国文化向中国传播的历史上，最先传播和输入的往往是各地的物产和技术发明。在本书的论述中，我们将看到，地方物产和技术发明很早就开始向中

---

① 方豪：《中西交通史》上卷，上海人民出版社2008年版，第3页。

国传播，这一过程一直没有中断。最早的例子可以举小麦，早在五千年前就从西亚一带传入中国，并且成为中国人的主要粮食作物。此外还有马、牛、羊原产于中亚或西亚地区的家畜，也陆续进入中原地区。有了小麦，有了马牛羊，才有了中国人生活中"五谷丰登""六畜兴旺"的社会理想。甚至到汉代，汉武帝还一直有着对西域"天马"的追求和梦想。还有大量的植物，包括蔬菜瓜果，在不同时期陆续传入中国，丰富了中国人的饮食生活。比如以"胡"字命名的蔬菜水果，就是在汉唐时期来自于西域的。再比如我们生活中常见的菠菜，是在唐太宗时期从尼泊尔输入的；西瓜是在宋辽时期从阿拉伯输入的。至于到了欧亚大陆与美洲大陆交通以后的大航海时代，原产于美洲的玉米、马铃薯、红薯、花生，等等，被成功地移植到中国，在广阔的范围得到传播和推广，成为中国人的主要食物。这些高产的植物在救荒时期甚至发挥了重要作用。

在生产技术方面，更有许多其他民族发明的先进技术传播进来并得到推广和应用。比如古代的玻璃制作技术，就是在南北朝时期传到中国，并使得中国的玻璃制造工艺得到巨大的发展；葡萄酒酿制技术、糖的提炼与制作技术，是在唐太宗时期分别从西域和印度传播来的。再比如商代的青铜制造技术，虽然还没有充分的证据说是从国外传来的，但无论是技术还是艺术形式，其受到外来文化的影响是很明显的。再比如中国古代掌管历法、天文的国家机构先后叫过司天台、司天监、钦天监，等等，自唐以后，许多时候这个机构的主持人为外国人，如在唐代为印度人、元代为回回即波斯人或阿拉伯人，明代则任用元代回回的后裔，到了清代的钦天监则长期由欧洲传教士主持。在医学方面，中医有着悠久的和一以贯之的传统，但在历史上，印度、阿拉伯医学对中国医学产生了重大影响，而且外来的药物被纳入中医用药体系，丰富了中医的药典。

丰富的来自世界各地的物产、先进的生产技术，部分地改变着中国人的生产、生活方式，改变着中国人的生活形态和生活场景，甚至在日常的民间生活领域，会感受到外来文化的影响。这在古代的许多文学作品中有所反映。比如汉代大赋里面记载的珍禽异兽、奇花异草；唐诗中的"胡姬"和"酒家胡"；宋代关于用香时尚的各种诗文；清代《红楼梦》里面的自鸣钟、貂皮、西药的记载，等等，说明那些来自域外的物产和技术，是怎样丰富着、装点着中国人的生活。

与物质文化、技术文化相比，艺术文化、制度文化的传播和接受要缓慢一些，传播的力度也相对弱一些；而作为文化核心内容的价值观和意义体系，其传播和影响受到的限制就更多一些。

> 在文化的传播上，存在着较易传播的部分和较为困难的部分，如科学技术是前者的代表，而形而上学则是后者的代表。与此似乎矛盾的是，文化包含着如下倾向，即某一要素一旦被接受，它便会超越接受者的意愿，作为文化整体而传播。①

日本学者源了圆的上述论断中的第二点，则是说明了文化传播中的这样一种情况，即物质文化、技术文化的传播，其意义不仅仅局限于物质的、技术的领域，它们还可能影响人们的精神世界和生活方式，甚至产生意料之外的效果。因为这些物产和技术发明，还体现了创造者、发明者的精神理念、审美趣味和价值追求，体现了他们作为某一文化共同体成员所接受的文化传统的濡染和教育。而物质文化和技术文化的输出，间接地传达了这种物质产品和技术所包含的精神内容和文化内涵，因而也就使其成为文化整体的代表而传播和发生影响。

物质文化和技术文化的传播，在域外文化向中国传播中起到了前锋的作用。与此同时，其他民族所创造的各种艺术形式也大规模地传播过来，丰富着中国人的艺术形式和精神文化生活。汉唐以前，西域的音乐舞蹈一直是激励中国音乐舞蹈艺术的主要源泉，早在西周时期，西域歌舞就已传播到中原，成为宫廷乐舞的组成部分。到了汉唐，这种西域民族的乐舞更是大规模地在中原流传普及，成为相当流行的艺术形式。多种西域乐器成为中国音乐家们喜好的乐器。上自宫廷，下至里巷，弥漫着绚丽多姿的西域风情。印度的佛教音乐也在中原流传并有很大影响力。其他的艺术形式，如壁画、雕塑、建筑艺术，在中原大地传播开来，举世闻名的四大石窟，处处显示出中国与印度、西域艺术文化的大交汇。特别是敦煌莫高窟，就是东西文化交流汇合和交融的巨大的艺术宝库。敦煌的艺术不仅包含着中国艺术家的巨大的文化创

---

① ［日］源了圆著，郭连友译：《日本文化与日本人性格的形成》，北京出版社 1992 年版，第 8 页。

造，更体现着对西域艺术的接受、吸收和融合。

在精神文化层面，外来文化影响最突出的是宗教。中国古代宗教并不发达，并没有形成严密的、自成体系的宗教形态，作为中国宗教的代表道教还是在佛教传入以后、在其激励下进行改造和完善的。但是，自汉代以后，印度佛教持续地向中国传播，并且在中国落地生根，发展演化成为中国化佛教，成为中华文化的重要组成部分。佛教不仅是一种信仰体系，不仅是一种关于彼岸世界的玄想，更是一个巨大的文化群落，是一个巨大的文化丛。与佛教一起而来的，还有绘画与雕塑、音乐与舞蹈、建筑与医药、哲学与思想等方面的内容，它们随着佛教的传播一起被传播、一起被吸收到中华文化的体系之中。直到今天，我们还会感受到两千多年的佛教传播在我们的日常生活中无所不在。宋元时期传入的阿拉伯的伊斯兰教、明清之际传入的天主教，至今仍然是部分人群的信仰。

书籍的传播是文化传播的重要载体和主要形式，各类书籍所包含的内容，就是各民族文化的精华部分。历代僧侣"西天取经"，主要就是到佛教的发祥地寻求那些记载着佛教文化精华的典籍。从佛教开始传播到中国时起，就出现了规模宏大的译经事业，一直持续了上千年，并且是由国家政权来主导的，国家出资金、组织力量、安排场所，形成庞大的译经队伍。从汉代最早的译经开始，一直到宋代，有五六千卷佛经被翻译成汉文，极大地丰富了中国文化典籍的宝库。宋代开始的《大藏经》的编纂和刊刻，更是凝聚了国家政权、佛教人士和民间文化界的共同力量。明末清初来华传教士如利玛窦等人，也把西书的翻译作为文化传播的主要手段。他们译介的西书包括当时自然科学、社会科学许多方面的最新成果，是一次比较系统的西方文化的传播。这些翻译的西书在当时就很有影响，其中有许多被收入到《四库全书》或写进《四库全书提要》，这意味着被正式纳入中国文化典籍体系里面。本书会提到，传教士们对于译介西书是很自觉的、主动的，其中最感人的是"七千部书入华"。他们投入大量的精力和资金，收集当时欧洲出版的各方面书籍 7000 部，托运到中国来。在那个时代，7000 部是一个欧洲大型图书馆的藏书规模，可以说把西方科学文化知识全都搬过来了。

在文化交流中还有一种文化倒流的现象。所谓"文化倒流"，就是指原本属于中国文化的内容和技术等，传播到其他国家，在那里得到了保存和传承，得到了改造和发展，后来又传回到中国，起到补充、丰富和推动中华文化发展的作用。这一点在东亚地区的文化交流中表现得比较明显。历史上，大批中国的典籍，包括佛教典籍和其他学术著作、文学作品传播到日本、朝鲜，在那里得到了很好的保存，但其中有一些在中国却失传了、湮灭了，这些典籍后来又传回中国。这些情况在宋代就已经开始出现了，青花瓷更是一个有趣的文化倒流的例子。中国的瓷器和制瓷技术传播到波斯和阿拉伯地区，那里的人们加进了当地的青花颜料和图案，再传回中国，出现了中国的青花瓷，而青花瓷又成为中国瓷器最突出的代表。

对于域外文化在中国传播的内容，在此仅是一个比较宏观的概括。本书各卷各章，对这丰富的文化传播作了比较具体和展开式的说明。所以，本书所述内容，涉及科学、技术、哲学、思想、艺术、文化等多个领域，并且延伸到人们的日常生活、医药卫生、饮食起居、宗教信仰等等，虽然尽量提纲挈领，但追溯源流起来，仍然体系庞大。

6. 中外文化交流的历史鸟瞰

中华文化自其初创期开始，就具有开放包容、积极开拓的品格，在自身成长的同时也不断地向周边地区扩展，与其他民族文化接触、交流和融合。从现在已经获得的考古资料来看，中国的新石器文化便已有了与周边地区的联系；商周至春秋战国时期，这样的文化联系有了进一步扩大的趋势。除了考古资料提供的线索之外，还有许多有关的传说也都暗喻了那时已有中国人与其他民族交往交流的历史。但是，比较广泛的、具有实质意义的中外文化交流，还是在西汉时代开始的。从那时起，在历史上形成了中外文化交流的几次大的高潮。

（1）汉代出现了中外文化交流的第一个高潮。汉朝在秦统一中国的基础上，建立了疆域广阔的庞大帝国。汉帝国疆域广大，中华文化的基本形式和格局已渐成熟，工艺学术全面繁荣，出现了中华文化发展史上的第一个鼎盛时期，处处体现着宏阔包容的气度和开拓进取的精神。在这一时代，中华文化从东、南、西三个方面与外部世界展开了多方位、多层次的广泛交流，初步确立了在世界文化总体格局中举足轻重的地位。汉武帝建元三年（前138），汉武帝派遣张骞通使西域，寻找大月氏人建立反匈奴联盟。张骞西使历经13年，备受艰辛，虽然最后并没有达到联合大月氏以抗匈奴的目的，但他实地考察了东西交通要道，了解了西域各国的实际情况，大大开拓了中国人的地理概念，成为中国官方"开拓通往西域道路的第一人"。张骞出使西域，号曰凿空，为中外关系史上空前大事。张骞之"凿空"，意味着东西交通大干线丝绸之路的正式开辟。这条交通大道犹如连接东方和西方的金丝带，从汉至明历1500余年，一直承担着中国与欧亚国家政治、经济、文化联系的重要职能。以丝绸为代表的丰饶的中华物产，中国先进的科技发明、发达的生产技术，沿着这条大通道不断传到中亚、西亚乃至更远的欧洲，而西域的文化和艺术，植物、动物和其他物产，也通过这条大通道传入中国，丰富和充实着中国人的物质和艺术生活。印度的佛教也是在这一时期开始传入中国。与此同时，海上的丝绸之路也开辟出来，经过印度、波斯湾，与地中海商业圈建立了间接的联系。

（2）唐代，中外文化交流达到第二个高潮。唐代是我国古代封建社会最强盛、最发达的时代之一，中华文化也达到了一个兴隆昌盛、腾达壮丽的高峰。正是在这一时期，中国与世界各国进行着极为广泛和多方面的文化交流，长安成为世界性大都市和中外文化交汇融合的中心。各国庞大的外交使团出入长安，与各国的贸易十分繁盛，以至于长安、洛阳等大城市里"胡商"云集，西域歌舞，胡人服饰，成为一时之时尚。汉代传入中国的佛教的涓涓细流，在唐代汇成佛教大发展的滔滔江河。

（3）宋元时期，出现了中外文化交流的第三个高潮。宋代远不如唐代那样强盛和生机勃勃，但在文化上达到了新境界，处处表现出它的纯熟和深厚。宋朝特别重视海上贸易，与日本、朝鲜、东南亚和南亚地区的海上贸易十分活跃，中国商船甚至远达波斯湾和非洲东海岸。到元代，横跨亚欧的帝国版图以及驿站制度的完善，更使东西方的交通畅通无阻。从西往东，陆路北穿东欧、西贯伊朗，直接与大都（北京）相通，海道从波斯湾直抵泉州等港口。在这样开放的国际环境下，东西方的交往空前频繁，使节的往来、命令的传递、商队的贸易、大规模的移民，络绎不绝，相望于道，大批中亚和西亚地区的军卒、商贩、工匠来到中原各地，成千上万蒙古族、汉族及其他民族的人们从中原向西方迁徙，从而形成了文化大交流、大融合的广阔壮观景象。明初实行"海禁"政策，民间贸易和交流受到很大阻碍，但明朝与各国的官方往来和"朝贡贸易"却十分活跃，郑和七下西洋的旷世壮举正是出现在明代初期。

（4）明清之际，中外文化交流达到第四个高潮。在这一时期，欧洲各国与中国建立了直接的海上交通，中国与欧洲的贸易成为当时世界的主要贸易内容。这次文化传播高潮的显著特点是来华的天主教传教士充当了文化传播的主要角色。他们怀着强烈的宗教热忱，不远万里，前赴后继，向中国传播天主教，同时也把许多西方文化，包括西方的科学技术知识、文学艺术、学术思想介绍给中国。他们还通过撰写专著和大批的书信，向欧洲介绍中国的历史、地理、政治制度、社会生活、民间风俗、文学艺术，在欧洲思想界引起强烈反响。这是一个中西文化相互交流与互动，并对双方产生积极影响的时期。

（5）19世纪后期西学东渐，出现了中外文化交流的第五个高潮，这一高潮一直持续到20世纪前期。19世纪中期以后，中国在西方殖民主义势力的入侵面前显得明显落后，只有招架之功。西方在工业革命基础上发展起来的科学技术成为引领世界发展潮流的先进文化。以殖民主义为前驱，以商人和传教士为主要骨干力量，西方文化大举传入中国。与此同时，中国人也开始了主动向西方学习的热潮，一批又一批留学生奔赴欧美各国，学习先进的科学技术和人文社会科学，成为西学东渐的主要渠道之一。西方文化的大规模传播，对中国传统文化造成巨大冲击，因而促进了中华文化的自我改造和自我更新，促进了中华文化向现代化方向的发展。可以说，正是在近现代西方文化的传播和冲击下，中华文化完成了从传统向现代的转化，经过浴火重生的过程，又以崭新的面貌出现在世界文化的舞台上。在现代世界的文化交流中，具有悠久历史传统的中华文化，正以全面开放的姿态，为人类文明作出新的更大的贡献。

从以上对中外文化交流的历史概观中，我们可以把这一历史划分为五个大的阶段，每个阶段自有其阶段性、时代性的特征。本书的研究和叙述，以明清之际那个时代为限。第五次高潮，即近代以来的西学东渐，因为内容更为丰富，更为复杂，其性质也与前几个阶段有很大不同，将有专书论述。

二 相遇、接受、互动与融合

1. 中华文化中的"世界文化"

以上大体勾勒出中外文化交流的历史线索，由此我们可以知道，自古以来，中国与域外各国各民族有着深入的、广泛的和持久的文化交流。在这样的交流过程中，中华文化的许多科学技术、学术文化和文学艺术传播到世界各地，参与着和丰富着世界文化的创造，使中华文化在全球文化的大格局中占有很重要的地位。同时，世界其他民族的先进文化成果也源源不断地传播到中国，丰富着、激励着和促进着中华文化的发展与繁荣。

与域外各民族的文化交流，首先是丰富了中华文化的内容。我们常说的是，中华文化具有巨大的创造力，是在少受外来文化影响的情况下独自完成其文化发生期的文化创造的，同时在以后的漫长历史时期，不断丰富发展。这是我们对中华文化的基本判断。

> 任何国家的文化都不是完美的，如果没有别的国家文化来补充！文化起源于需要，适应各个民族的生存，正如丹纳所论，受气候、种族与时间所限制。因之，在文化起源上，虽有播化论与创化论的争辩，但我们则同意发明与传播各半的主张。①

阎宗临以上所说有两层意思需要注意，一是任何民族的文化，都要受到"气候、种族与时间所限制"。当然，限制文化发展的因素还会更多，比如地理环境、民族体质气质、生产方式和生活方式等，都会成为限制文化的因素，这些"限制"，造就了民族文化的特性，同时也造就了民族文化的局限性。二是所有的文化都不是完美的，需要外来文化补充和丰富。这种认识对于我们理解中外文化交流十分重要。我们说中华文化"博大精深"，内容极为丰富，其"博大"和"精深"的来源，有许多是在长期的对外交流中，从外面"拿来"的。这些从外面"拿来"的文化成果，既包括丰饶的物产，也包括先进的科学技术、灿烂的艺术文化。在长期的对外交往中，中华文化不断地吸收外来文化成果，因而使得自身不断得到补充、充实、丰富。这样直接来自其他民族所创造的先进文化成果，在中国文化的系统中，不需要太仔细地梳理，就会发现不胜枚举。因为中华文化博大精深，也就使得中华文化包含着丰富的"世界文化"的内容，具有了"世界文化"的意义。

"海纳百川，有容乃大。"大规模地吸纳外国文化，兼容世界上一切先进文化的优秀成果，是古代中华文化生机勃勃、灿烂辉煌的条件之一。

---

① 阎宗临：《中西交通史》，广西师范大学出版社 2007 年版，第 1 页。

与域外各民族的文化交流的第二点意义，是不断地开辟着中国人的世界眼光，不断增强着中国人的世界意识。鲁迅在《摩罗诗力说》中提出："国民精神之发扬，与世界识见之广博有所属。"所谓"世界识见"，就是一种世界的眼光、世界的意识、世界的胸怀。这种"世界识见"的养成，与所处的生活时代有关，与生产方式、生活空间、交往条件相关，也是与自己的文化自信、文化自觉和文化精神相关。中国人的世界眼光，中国人的世界观，是一个不断扩大的过程。中国人的世界观、世界眼光的扩大，与中国疆界的扩大有关，与中国与海外的交通拓展和扩大有关，与各民族之间交往和交流的发展有关，更与中国人走向世界的步伐有关。我们看到，中国人对海外文化的认知、了解和接受，是在不断地丰富着和发展着中国的文化体系，同时也是不断地开阔着自己对外部世界的认识，扩大着自己的世界眼光和文化胸怀。中国历史上有一个"夜郎自大"的故事，因为夜郎国小，又封闭，不知道外面的世界其实是相当发达和精彩的，所以它自大，自以为了不起，最后只有衰落和灭亡了。夜郎的灭亡就在于它的眼界狭隘、目光短浅。汉代是对外文化交流的第一个高潮，就是在这时，由于陆上、海上交通技术的发展，打开了中国人的视野，拓展了中国人的"世界"，并真正地在中国人的思想世界发生了有意义的影响。隋唐时，对外交往扩大，人员往来频繁，也使人们扩大了对外部世界的了解。到了近代，中国人的世界知识，中国人所说的"世界"，就大体上是真正的世界了。

对外交往的扩大，对外部世界了解的增多，人们的世界视野的扩大，对人们思想的冲击是巨大的，对促进本土文化的发展也是极有意义的。在中国历史上，许多重大意义的变革，首先是与外部世界的认知有关。对外部世界的认知的增加，世界视野的扩大，促使人们反省本土文化不足的部分，并且用新知识、新文化补充自己、改变自己和发展自己。所以，正是对外开放的扩大促进了自身内部的变革，开放促进了改革。

不断地吸收世界上其他民族先进的文化成果，不断地扩大自己的世界眼光，就使得中华文化具有了与时俱进的能力，始终与时代同行，保持自身文化的时代性与先进性。笔者多次说道，在全球史的视野下进行比较，中华文化在很长时期内处于领先地位，甚至一度成为世界文化的高峰。保持其领先性或先进性，有两个基本条件，一个是积极地吸收世界文化最先进的、最新的文化成果，一个是开阔的世界眼光和世界意识，了解世界文化发展的大趋势。唐代成为世界文化的一个中心，就与唐代的大开放、开阔的世界眼光有密切关系。

因此，广阔的对外文化交流是促进文化发展的强大动力。"一种民族，不能不吸收他族之文化，犹之一人之身，不能不吸收外界之空气及饮食，否则不能长进也。"① 关于这一点，前文已有论述，在这里再做一点补充的说明。为什么说文化交流是推动文化发展的动力呢？从中外文化交流史的考察来看，大量的外来文化成果、因素被吸收到中华文化中，使得中华文化得到补充、丰富，补充和丰富本身就意味着文化的发展；随着对外交流的扩大，人们的眼界开阔了，看到了其他民族文化的许多新东西，看到了先进性，促使反观自己文化的不足，促进了自身的改变和发展。更有一种情况是，外来文化对本土文化传统造成强大的冲击，使本土文化面临着巨大的危机，因而激发了变革和发展的动力。以上这些情况，在中外文化交流的漫长历史进程中时时表现出来，因而使得中华文化生生不息，始终保持着旺盛的生命力。

文化传播是通过多种形式实现的。有的文化要素是直接传播过去的；有的只是传播某一文化要素的一些信息，从而使接受者受到启发；有的是扩大式传播，一种文化在起点上所起的作用可能是微小的，而在接受地却会产生意想不到的重要作用；有的是潜伏式的传播，某一文化要素传播过去了，当时可能默默无闻，而在某个时候却突然发挥了很大作用。总之，文化传播是一个过程，文化传播的过程实际上常常表现为一种复杂的多层次的结构模式，表现为一种持续运动着的各个部分相互作用的模式。英国科学史家李约瑟（Joseph Terence Montgomery Needham）主张"激发性传播"。他说："在讨论古代和中古代一种文明对另一种文明发生影响的种种的可能性时，应该认识到完全没有必要去假设，一种文明会全盘接受另一种文明的思想体系或模式结构，因为有时只要一点点暗示，只要受到某种思想的隐约启发，就足以引起一连串的发展，而这些发展在以后的年代中，又会导致一些显然有完全独立的起源但又大体上相似的事物的出现。例如，一个人只是听说有某一种文字存在，却根本没有见过写下的片语只字，然而就是这样一个概念，可能激发出一种全新的和独特的文字体系。又如，关于在世界上某个遥远的地方已经搞成功某种技术的消息，也会鼓

---

① 高平叔编：《蔡元培全集》第 3 卷，中华书局 1984 年版，第 62 页。

励另一民族完全用他们自己的方法重新解决那个问题。"①

以上这些文化传播和交流中的现象，在中外文化交流史上时常发生，本书以下各卷根据不同的情况有所论述。概括地说，海外文化在中国的传播，对中华文化的发展所起到的作用，主要有这样几点：

（1）丰富了中华文化的内容；

（2）为中华文化的发展提供了借鉴和参照，在有的情况下甚至提供了文化的理想模式；

（3）对中华文化的发展起到了激励、刺激、开发、推动的作用，为其发展提供了动力；

（4）启发了中华民族进行文化创造的灵感和智慧；

（5）促进了中华文化参与世界性的文化交流，获得世界性的文化价值和文化意义。

2. 文化交流的选择性与本土化

以上，我们讨论了历史上中外文化交流中，外国文化在中国的传播，并为中华文化所吸收，成为中华文化的组成部分，激励、刺激、促进了中华文化的生生不息、不断发展。进一步的问题是，这些来自其他民族的文化因素，是如何被中华文化所接受并被纳入中华文化的体系，成为中华文化的一部分的。

文化交流是一个相互的过程。所谓"相互"的过程，有两层含义：一是文化交流是互相的，是一个你来我往的过程，比如我们接受西方文化，西方文化也大量地学习、吸收和接受中华文化，受到中华文化的激励和影响。但是，"相互"并不意味着对等，文化交流中的不平衡现象是很普遍的。最显著的例子是印度与中国的文化交流，印度文化包括佛教在中国的大规模传播持续了几个世纪，对中华文化的发展产生了极为重要的影响，相比之下，中国文化对印度的影响则小得多。二是中国与日本的文化交流，自唐代以后，日本大规模地学习、吸收中国文化，以"全面唐化"为目标，这个过程持续了上千年，但古代日本文化对中国的影响却微乎其微，直到清代前期，中国人对日本所知还是不甚了了。因此，文化交流的不平衡性正是反映了文化交流

---

① ［英］李约瑟著，袁翰青译：《中国科学技术史》第 1 卷，科学出版社、上海古籍出版社 1990 年版，第 254—255 页。

的基本规律。一方面，文化交流基本上是高势能文化向低势能文化的流动，就是较先进的文化形态向较后进的文化形态的传播和流动；另一方面，则与接受方的内在需求和接受能力有关。

文化交流的"相互"另一层意思是，一种文化的传播过程，实际上是经过"传播"与"接受"双方来实现的。本书名为《中国接受海外文化史》，更强调中国作为外来文化的接受方所进行的努力。"接受"是文化传播过程中的一个环节，甚至是很重要的环节。如果一个文化要素、文化信息从其文化源、信息源输出，却没有产生任何结果，也没有任何信息反馈，那么，这个传播过程就没有完成，或者可以说它不成其为文化传播。外国文化传播于中国，为其所接受，并被吸收、融合到中华文化体系中，对中国的文化发展产生不同程度的影响，才是文化传播的完整过程，中华文化也因此获得世界性意义和价值。

任何文化传播到新的体系中，它所产生的反应，取决于当地文化的特点。因为文化传播的接受一方，并非一块白板，而是具有一定的传统、理念和价值标准的。那么，它们在接受外来文化的时候，往往以已有的"期待视野"模式对外来文化加以衡量，在接受了新信息时将其纳入这个固有的模式加以理解。这就是所谓的"接受屏幕"。外来文化总是透过"接受屏幕"渗入本土文化；或者说，接受了外国的某种文化要素的社会很可能以与自己的民族传统相适应、相和谐的方式来对它加以消化吸收。文化传播时常会出现这种"再解释"和"再理解"的过程。按照解释学的说法，一切解释"原不过是解释者不言自明、无可争议的先入之见"[1]。这种解释的"先入之见"是作为解释主体的"我们"的认知状态，是"我们"进行理解和解释的起点，从中形成我们理解的视野和角度。正是这种"先见"构成理解和解释的必要条件，使理解和解释成为可能。而文化的传播、交流、移植、改造又恰恰基于这种解释之中。当人们对异域传来的文化所代表的"文化"进行这种带有"先入之见"的解释时，"文本"与"解释者"之间就构成了一种关系，这种关系使"文本"所象征的文化遗产转换成解释所象征的新的文化成果。

解释学的理解离开任何先入之见是不可能接近论题的。理解的

---

① ［德］海德格尔著，陈嘉映、王庆节译：《存在与时间》，生活·读书·新知三联书店1987年版，第184页。

主体不可避免地受语境预先的影响，在这语境中，他从一开始就已经获得了他的解释方案。①

因此，对异质文化的移植，不可能是纯粹的"拿来主义"，而是"拿来"之后经过了"先入之见"的解释而完成的。这时，解释者的思考与动机使得被解释的文本呈现了新的意义，才使异质文化转变成为本土文化的内容。因此，在接受者对外来文化的"理解"和"解释"过程中，主体文化与客体文化均发生变异，从中产生出具备双方文化要素的新的文化组合。这样，传播到中国的外来文化要素，经过中华民族的理解、解释、接受和创造性转化，被融合到我们的文化之中，从而使这些文化要素具有了不同的意义、作用和影响。

这就是说，在文化传播之时，正在传播中的文化，有它自己的历史、特征、风格和定势。在传播过程之中，传播方式、传播时期和传播地区，又会影响和决定传播和接受两个方面。从接受方来说，它已经形成了自己的文化定势，这决定了它对外来的、异质的文化的接受意识，从而形成其"期待视野"与"接受屏幕"，总体上，这就形成一种接受态势并形成一种接受势能。当输出（传播）方和引进（接受）方双方面接触、交流之后，又发生从本身定势出发的对外来文化的解读、诠释的问题。这里必然发生的是"误读"：无意的自然形成的、由接受定势决定的误读和有意的、人为的由"期待视野"决定的误读。必须指出的是，"误读"并非总是坏事，也并非总是带来文化传播的失败。有时候，"误读"正是一种对外来文化的改塑、变形的手段和表现形态。在上述一系列活动之后，就产生了对原来的文化丛（"文化原"和"元文化"）所具有的"含义"，在进行了解读（含误读）、诠释、附加、演绎、变形、改塑之后，形成了"意义"。正是通过这种被赋予本民族文化的"附着物""添加剂"和创造性的"意义"，外来文化才发生对本土文化的作用，也只有这样才能起作用。这正是传播—接受作用的具体形态。②

但是，这时候所说的"外国文化"，比如"印度文化""西方文化"，就

---

① ［德］哈贝马斯著，高地等译：《解释学要求的普遍适用》，《哲学译丛》1986年第3期。

② 此处用了德国学者赫施（Eric Donald Hirsch）所使用的文本的"含义"和读者所赋予的"意义"的术语，概念相类，但涵盖面更广泛。参见［德］赫施著，王才勇译：《解释的有效性》，生活·读书·新知三联书店1991年版。

不再是原本意义上的"外来文化",不再是原本意义上的"印度文化""西方文化",不再是它们原来的形态或涵义,而是在中国人的"期待视野"和"接受屏幕"上的,经过中国人理解、解释的"外来文化",是中国人所说的"外来文化"。中国人所说的"外来文化"与原本的"外来文化"并不是一回事,它们之间存在着传播者和接受者之间的差异。

接受一方对外来文化的"解释"和"理解",也是一个选择性问题。文化传播是一个选择性的过程。即使是在大规模的、整体性的文化传播高潮,即使是全面吸收和移植外来文化的时期,主体文化对外来文化的吸收和移植也是有选择性的,不可能是完全"全盘"接受、"全盘"照搬的。日本学者源了圆以日本吸收外来文化为例,论述了文化传播和接受中的选择性原理。他指出:

> 吸收外来文化时某种选择性原理直观地起了作用……并且这种选择性原理,是一种为了使日本文化得到发展,乃至防止破坏日本的社会组织的所谓"有用性原理"和隐藏在日本人内心深处的审美意识。
>
> 在接受外来文化时,其底流中始终贯穿着实践性、实用主义倾向和审美意识,这便构成了日本在吸收外来文化时的选择的原理。①

进行这种文化选择的原因很多,进行选择的依据也很多,但归根结底是看接受文化传播的一方是否有需要,是否能对本土文化有补充、有发展。比如,唐代是一个大开放的时代,"胡人"带来的东西很多,但"三夷教"在中国的传播就不成功,虽然也搞得红红火火,但时间不长,很快就自消自灭了。当时正是佛教蓬勃发展的时候,"三夷教"并不适合中国社会的需要。没有社会需要,就丧失存在的理由和依据,结果只能是昙花一现。

总之,外来文化进入中国之后,经过本土文化的选择和"解释",这些外来文化要素被"接受"到中华文化之中,与原有文化相受容、相融合,从而逐渐成为接受方的民族文化的一部分,被接受传播的民族"民族化",即"中国化"。这种"中国化"的过程,便是对外来文化的选择、解释、剪裁的过程,也是外来文化对中国原有文化发生实际影响的过程。

外来文化的本地化、民族化或者说"中国化"的过程,体现了中华文化

---

① [日]源了圆著,郭连友译:《日本文化与日本人性格的形成》,北京出版社1992年版,第66—67页。

强大的吸收能力，体现了中国人对外来文化的接受和再创造。外来文化的"中国化"，佛教的例子是最为典型的。佛教的中国化，对于它在中国的传播、存在、发展以及融入中国传统文化体系，成为中国文化的一部分，是一个至关重要的经验。佛教通过与中国文化的交涉、会通、融合而逐渐实现了中国化，中国文化也部分地逐渐佛教化，从而充实和丰富了中国传统文化的内涵，形成中华文化生命的共同体，促进了中华民族文化的发展。这个经验是成功的，在世界的文化交流史上也是一个很值得总结的典型。"它是世界上最重要的文化交流之一，对日后历史发展影响极其深远。"[①]

佛教向中国传播过程是十分艰难的。因为它是一种与中国文化传统完全不同的文化形态，它的生长环境也是与中国完全不同的。由于中国固有文化思想传统的成熟与强大，也由于佛教理论思辨性和宗教特性与中国文化的隔膜，所以，佛教的传播一开始便走了一条向中国本土文化妥协而隐匿自己个性的发展之路。这一特殊的传教策略，不但使得佛教未曾在其力量薄弱时与本土文化发生激烈冲突，反而引起了中土上层人士和政府的好感，逐渐为中国人所了解、所认识、所接受。从两汉直到魏晋时期，中土人士一直借助于中土固有的文化思想形式来理解佛学，特别是黄老之学以及魏晋玄学对于佛学在中土的普及起了很明显的促进作用。到了后来，中土人士终于登堂入室，深刻理解了印度佛学的精义，开始了匠心独运的新阶段。中国佛教学者通常在早年学习儒、道典籍，深受中国固有文化，尤其是先秦文化的熏陶，具有中国国民性格和中华民族精神。而中国儒、道等思想文化内容，又为中国佛教学者提供了文化融合的丰富思想资源。

值得注意的是，佛教的中国化过程，或者说佛教的中国化，是中国人对佛教主动进行理解、改造和剪裁，在这个理解、改造和剪裁的过程中，有的被舍弃了，又有些东西添加进来，使之不再是印度佛教的原貌。所以，佛教的中国化道路是佛教文化与中国传统文化之间双向选择的结果。

所谓本土化、中国化，就在于作为一种外来文化、外来宗教的佛教，成功地与中国传统文化相融合、相汇通，进而进入到中国文化的大系统之中，

---

① ［澳大利亚］秦家懿、［瑞士］孔汉思著，吴华译：《中国宗教与基督教》，生活·读书·新知三联书店 1990 年版，第 179—180 页。

成为中国传统文化的重要组成部分。佛教的中国化经验适用于文化交流的一般情况。在中外文化交流史上，除了佛教，其他外来文化内容、外来文化形式，也存在着与本土文化相适应、进而实现外来文化的本土化，使之成为中华文化内在的组成部分的过程。比如伊斯兰教、天主教、基督教虽然只是影响了中华民族的部分人群，但也有一个逐步本土化的过程。近代西方科学大举传入中国，也经历了从外来科学到实现本土化的过程。本书所论外来文化在中国传播的各个节段，"本土化"是一个经常论述的问题，是文化交流中的普遍现象。

那么，经过选择性，经过本土化，"外来文化"已不再是"外来文化"，而是"中国文化"，是"中国文化"的组成部分。再举佛教的例子，现在我们所说的"中国化佛教"还是印度文化吗？不是了，它是中国文化的一部分，甚至成为中国传统文化中很重要的一部分。这样的"一部分"，不是贴上来的，不是有隔阂的，不是可有可无的，而是内在的"一部分"，有机的"一部分"，已经成为中华文化有机系统中不可分割的组成部分。将"外来文化"吸纳到本民族文化中，使之成为本土文化的一部分，体现了中华文化强大的吸纳性，体现了吸收、改造和融合外来文化的强大能力。

3. 文化交流中的冲突与激荡

文化交流对文化交流地域各民族的发展具有极为重要的意义。但文化交流并不是一马平川、一帆风顺的过程，而是充满着对抗、冲突和矛盾的过程。较大规模的、影响较大的传播，往往在接受方引起文化震荡，有时甚至是较为激烈的文化振荡。实际上，一种文化传播、"进入"另一种文化，是一种撞击的、矛盾发生和解决的过程。汤用彤说道：外来思想的输入往往要经历三个阶段：一是"因为看见表面的相同而调和"；二是"因为看见不同而冲突"；三是"因再发现真实的相合而调和"。[①] 汤用彤这里所讲的，大概就是文化传播过程中可能遇到的矛盾和冲突。

任何一种文化都有其保守的一面，对外来文化总有某种抗拒性。因此，美

---

① 参见汤一介：《昌明国粹，融化新知》，张岱年、汤一介等：《文化的冲突与融合》，北京大学出版社 1997 年版，第 104 页。

国人类学家马文·哈里斯（Marvin Harris）说："抵制传播跟接受传播一样普遍。"[①] 当外来文化传播于中国，与中国民族文化相接触之后，必然会发生矛盾和冲突，引起中国本土文化的抗拒、排斥和抵制。即使是在外来文化以强大的力量传播，中国人普遍对外来文化的传播持热烈的欢迎态度的情况下也是如此。

引进外来文化的阻力主要来自传统的力量。传统是一种巨大的保守力量。开放性和保守性是一种民族文化内部的两种张力，保守力量在于巩固和维护民族文化的核心价值和民族性，开放力量在于促进民族文化的进步和发展。在历史上，对外文化交流始终在两种力量的制衡中发展。中国传统文化历来有"夷夏之防"的观念，那么，在外来文化大规模引进的情况下，就会对中国传统文化造成一定的冲击，特别是对中国传统文化的优越性造成冲击。对外来文化冲击可能造成的影响，保守主义者往往比那些积极主张引进外来文化的人更敏感。因为传统文化的核心价值是那些知识分子安身立命所在，所以他们反对外来文化的态度是很坚决的、很强烈的。并且他们站在"道德"和"政治"的角度，以传统文化卫道士的面目出现，就使得他们的反对很有力量。这种反对力量有的时候甚至引起激烈的文化冲突。比如唐代的"会昌毁佛"，明代的"南京教案"，清代的"康熙历狱"，如此等等，一而再再而三地出现，是以国家的力量来对抗外来文化冲击的例子。

保守主义是社会进步的阻碍力量。但是，作为文化上的保守主义，其对激进的引进外来文化的主张，也是一种制衡的力量。我们经常引证恩格斯的一个观点，说历史是多种力量合力的结果。多种力量造成了一种相互制衡的关系，使哪一种力量都不会太过于偏离主方向，限制在历史实践所能容纳的范围内。如果没有文化保守主义的抵制、抗拒和制衡，那么，引进近代西方文化、引进大工业文明，就可能更快一些，但也可能超出当时社会经济发展水平所能容纳的程度，因而引起更大的社会和文化的震荡。比如日本在明治维新时期主张全盘西化，但在其后期又出现过儒学振兴运动，主张恢复和保存传统文化，对当时滚滚而来的西化浪潮起到了一定的阻遏作用，避免了社会文化的分裂。日本的例子是先全盘西化，然后再校正，中国则是在一开始就有文化保守主义在阻遏、在制衡。

---

① ［美］马文·哈里斯著，高地译：《文化人类学》，东方出版社1988年版，第13页。

　　文化保守主义的本质，是在面对强大的外来文化时，试图守护、保存本土文化、民族文化，尤其是保存民族传统文化的核心价值。他们态度是明朗的、真诚的、坚决的，就是要做传统文化的守护者、卫道士，尽管外来文化的冲击有时候是强有力的、巨大的。因此，即使到了清末和 20 世纪前期，"西学"取代"中学"，"新学"取代"旧学"，已经成为时代潮流，文化保守主义者们仍然在做保存传统文化的努力，比如创办存古学堂，比如用西学的方法整理、研究旧学，即所谓"整理国故""保存国粹"等，是要延续传统文化的文脉，在西学滚滚的浪潮中存续传统文化的价值和生命。

　　总之，我们以往对于文化保守主义的正面意义估计不足，评价不高。

4．中华文化的开放性与创造性

　　通过以上的论述，我们可以从全球史的角度、中外文化交流史的角度来反观中华文化的本身，使我们对中华文化的特质有一些新的认识。

　　在漫长的历史进程中，虽然有过激烈的文化冲突和抗拒，但是，中外文化交流并没有停止过，引进和接受、吸收外来文化从来没有停止过，因此才有了中华文化的博大精深、源远流长，才有了中华文化的生生不息、持续发展。那么，为什么中华文化能够在如此漫长的历史进程中，始终能对外来文化有这样多的引进和吸收，并使之内化为中华文化的一部分？根本的原因就在于中华文化本身的开放性特征。开放性是中华文化的一个显著特征。

　　近代以来，不断有人批评中华文化封闭、保守，说中华文化是一种封闭的文化。这是片面的，不对的。纵观几千年中华文化发展的总趋势，开放是主流，是本质性的特征。中华文化在自身的成长过程中，形成了健全的传播和接受机制，具有全面开放的广阔胸襟和兼容世界文明的恢宏气度，与世界各国、各民族进行了范围广泛的交通往来和文化交流。中华文化不是在自我封闭中而是在与世界各民族文化的广泛交流中成长的。开放性使中华文化保持了一种健全的文化交流的态势、文化传播和文化输入机制，而这正是中华文化具有强大生命力的原因所在。虽然中国历史上也有过海禁、闭关锁国的时期，但毕竟是短暂的和暂时的。从整个中国历史来考察，开放的时代远远超过封闭的时代。即使在封闭时代里，也不是完全割断了与外部世界的联系，完全中断了与外来文化的接触和交流。因为文化交流是一种自然的历史现象，总是要找到接触和交流的渠道。在文化的开放和交流中，大规模地吸收、接受和融合世界各民族文化，使中华文化系统处于一种"坐集千古之智""人耕我获"的佳境，使整个机体保持旺盛的生命力，为中华文化发展提供了源头活水和创新动力。

海外文化在中国的传播和发生影响，不只是一个自然的历史过程，不只是一个被动的受容过程，而且还包含着中国人主动去认识世界、主动走向世界的过程，是历代中国先贤披荆斩棘，筚路蓝缕，不畏艰险，主动地走出国门，去寻求知识，追求真理，把在外国所见所闻的交通和历史地理知识，把他们所了解的各民族、各国家创造的先进文化，把他们所接受的信仰和他们所认可的生活真理，介绍给自己国家的人们，从而大大开阔了中国人的眼界，开阔了中国人对世界的认知，丰富了中国人的知识系统。我们的先人在很早的时候便致力于走向世界的努力，张骞、法显、玄奘、王玄策、郑和，等等，代不乏人。他们不避艰难险阻，越关山，渡重洋，与各国、各族人民建立起政治的、经济的、文化的联系，搭起友谊的桥梁。这是一种宏阔的胸怀和气度。钱穆指出："中国人对外族异文化，常抱一种活泼广大的兴趣，常愿接受而消化之，把外面的新材料，来营养自己的旧传统。中国人常抱着一个'天人合一'的大理想，觉得外面一切异样的新鲜的所见所闻，都可以融会协调，和凝为一。这是中国文化精神最主要的一个特性。"① 正是由于中华文化的开放性，在大规模文化输出的同时也广泛地吸收、接受、融合域外文化，使自身不断丰富起来，更使中华文化博大精深。正如鲁迅所说，汉唐时代的中国人有一种"放开度量，大胆地，无畏地，将新文化尽量地吸收"的气魄。"那时我们的祖先对自己的文化抱有极坚强的把握，决不轻易动摇他们的自信心，同时对于别系文化抱有极恢廓与精严的抉择，决不轻易地崇拜或轻易地唾弃。"② 也由于中华文化的这种积极的输出和吸纳运动，使自己获得了强大的生命力，即便是在近代西方文化大规模和强有力的冲击之下，中华文化也能通过自身的重整而使自己走向现代化。

如果从文化起源的方面来考察，我们甚至可以认为开放性是中华文化的一个原始基因。现在学术界基本认为，中华文化的起源是有多个源头的，是"多元共生"的。在大的文化区域的范围内来看，中华文化是在一个相对封闭

① 钱穆：《中国文化史导论》，商务印书馆 1994 年版，第 205 页。

② 郑连根：《极简中国史》，齐鲁书社 2017 年版，第 157 页。

的地理环境下出现的原生型文明，但这个"相对封闭的地理环境"又是一个极其广大的范围，包含着多区域的文化形态，多民族的文化样式，呈现了丰富的文化多样性。中华文化就是在这种多样性的条件下不断交流、互动和融合而最后成为统一的中华文化共同体的。即使在中华文化共同体形成以后，各地域文化、各民族文化仍然保持着自身的特点和传统，并在不同的地域和民族之间进行着广泛的和持续的交流。因此，中华文化对于不断有外来文化进入并不会感到新奇和不习惯，而是抱着积极热烈的态度欢迎各种形式的外来文化进入，并且有能力将它们融合到中华民族文化的大系统之中。因此，开放性是中华文化的原始基因，在中华文化起源上就已经孕育了开放性的特质。

中华文化能够持续地接受和引进外来文化，并且能够使其本土化，吸收到中华文化大系统之中，使之成为中华文化有机组成部分，是由于中华文化具有巨大的吸收能力。这种能力来源于中华文化本身的丰富性和多样性，来源于其巨大的"体量"。在几千年的历史过程中，中华民族以其伟大的智慧，进行了雄伟壮观的文化创造。中国曾经在物质文化、精神文化、制度文化、艺术文化诸领域中居于世界领先地位，使中华文化成为世界文明发展史上的主要源流之一。古代中国人不仅创造了发达的科技文化和物质文化，而且在哲学、艺术、政治等许多领域，取得了辉煌的成就。在文学艺术领域，中国传统文化艺术极为丰富多彩，各种艺术形式应有尽有，而且有很高的造诣。中国有神奇瑰丽的上古神话，堪与古希腊、古罗马神话相媲美；西安的兵马俑号称世界"第八奇迹"，蔚为壮观，反映了极高的艺术水平；中国的音乐、书法、绘画艺术，更是独树一帜，美不胜收，反映了中国人丰富的情感世界和中华文化的人文传统；中国的诗歌、散文、小说和戏剧，在很早的时候就达到极高的艺术水平，成为世界性的宝贵的文学艺术遗产；中国的园林艺术更是早入佳境，令人叹为观止。在学术领域，中国有发达的史学和治史传统，一部卷帙浩繁的"二十四史"，集几十代人的集体智慧，完整地记录了中华民族的历史足迹。以孔子儒学为主要代表的中国哲学，包含了极高的人生智慧，闪烁着人类文明的理性之光。总之，在人类文化所发展出来的各个方面，中华文化有巨大的成就，有丰富的内容。中华文化是一个巨大的"文化体"。这个体量巨大的文化体同时就具有了强大的吸收能力，能够将外来文化吸收到这个文化体中来，与其中相应的部分相对接。这就是在大规模引进外来文化的同时又不丧失本民族文化核心价值和基本特质的原因。

能够大规模引进和吸收外来文化，还表现了中华文化强大的创造性能力。任何外来文化被引到中国，不论是直接"拿来"的，还是需要加工、改造的，都需要有强大的创造性能力，是一种再创造。中华文化对于引进的外来文化，进行创造性转化；对外来文化引起的激励和推动，进行创新性发展。中华文化的创造性、创新性，使得中华文化如滔滔江水奔流不息，永保旺盛的生命活力，从而描画出中华文化辉煌灿烂、色彩斑斓、波澜壮阔、大气恢宏的发展历史。

第一章

中华文明与世界的早期联系

中国是世界文明的发祥地之一。经过漫长的石器时代，中华先民筚路蓝缕，开榛辟莽，在广阔的东亚大陆上迎来了东方智慧的黎明。至商周时代，已然是曙光初照，创造了中华文化的最初辉煌，并且奠定了向未来发展的基本文化模式和文化走向。中华文化是在与其他文明发祥地相隔绝的情况下独自发展起来的。但是，即便是在初创阶段，中华文化也在寻求与其他文化的交流与沟通，不乏向海外传播与吸收外来文化的涓涓细流。而秦汉一统，疆域广阔，文化腾远，万千气象，成为中华文化史上的第一个黄金时代。与此同时，中华文化积极向海外开拓，自觉地发展对外交流，形成了中外文化大交流、大融合的第一次高潮。

一　早期世界的文化版图及中国的位置

在遥远的上古时代，栖息在东亚大陆上的原始初民，进行着极为艰难而又极为雄壮的文化创造，开辟了中华文化的历史源头。

这些原始初民繁衍生息于东亚大陆的年代极为悠久。根据考古学的研究，早在180万年前开始的旧石器时代，中国的史前文化就已经形成了华北和华南两大谱系。在这一时代，中华先民在极为困苦的条件下，以石器的研磨敲打，演出中华文化史诗的前奏，迎来初升的中华文化曙光。

距今7000年开始，中华先民进入了新石器时代。新石器时代的文化遗存遍布全国各地，最有代表性的包括仰韶文化、马家窑文化、大汶口文化、大溪文化、屈家岭文化、马家滨文化、红山文化等等。在那个久远的过去，上古初民们在顽强的生存斗争中，创造了绚丽壮观的原始文化，并逐渐凝结成最初的文化共同体。中华初民的文化创造中蕴涵了民族历史文化的源泉，成为中国人智慧的起点。

现在，可以清楚地看到，中华文化的起源是多元化的，而不只是有一个"黄河源"或者再加一个"长江源"，这不仅表现在新石器时代，而且表现在旧石器时代。这就是说，中华文化的"多元源头"是年代久远的，因此是具有历史深度的。多元起源，而后能够不是各自独立、分道扬镳，而是逐渐融合，互相取长补短，以某一种或几种强大文明为核心，广受博取，而形成一个文化统一体，这个统一体既为全体文化单元所认同，而各文化单元又保持自己的相对独立性和自身大同中的小异以至中异。

这种漫长的融合的文化史迹表明了两点：

（1）各个文化单元的开放性，实质上也反映了文化的开放性，所以能够多维度延伸、展开、开拓，然后相遇、交叉、碰撞，然后交汇融合，提升结晶出文化共性和文化共同体。文化的多元起源，在源头上决定了中华文化的一个基本特质，就是它的开放性和融合性，为中华文化在以后漫长的历史中吸收、接受、融合域外文化提供了文化基因。

（2）中华文化的凝聚力。这样分布于东南西北广袤土地上的多元文化源头和文化的多元分枝，却能够逐渐凝聚起来，形成整体文化，这表现了强大的文化内聚力。这种内聚力和聚合过程，源自如此久远的历史而又流经如此长远的历史时期，自然越发展越强大，形成中华文化的一种不同于其他文明的强大的凝聚力。凝聚力也就是吸收、融合的能力和文化的创造力。本土文化多元发生的凝聚力，形成了中华文化强大的本体，而面对域外其他民族文化，也同样具有强大的吸收和融合能力。

所以，在中华文化的源头，在中华文化最初的多元发生的机制中，已经包含了中华文化对外开放、大规模接受和吸收外来文化的能力。或者说，中华文化多元发生的机制蕴涵了对外来文化的接受、吸收、融合的机制。

学术界一般把文字的发明、城市的建立和金属器具（青铜器或铁器）的制造作为一个原生型文化形成的标志。这三种文化标志出现在殷商西周时期。

商周时期是从原始文化时代向文明时代的迈进，脚步之巨大以至踏出了未来中华文化的基本走向，这也是中华文化史上初现辉煌的重要时代。商周文化的繁荣，标志着中华文化已开始自成体系和独立发展，因而自立于古代世界文化的格局中。

文字的创制、城市的出现和青铜器的使用，说明商周时代是在没有外来文化强大影响下，自成体系地独自发展起来，商周时代文化已具备了原生型文化的基本特征。商周时代也是文化全面发展、繁荣和进步的时代，取得了当时世界上很先进、很丰富、很辉煌的成就，并且表现出鲜明的文化个性和与其他文化的差异性。一方面，自身文化发展的个性和水平，是吸收、接受外来文化的前提。当自身文化是一片空白的时候，外来文化传来，或者是不理解、不懂得、不接受而拒之门外，或者是被外来文化的滔滔洪水所淹没，丧失了自己的文化个性和存在的理由。另一方面，文化的差异性是进行文化交流的前提条件，如果自身文化和外来文化没有什么区别，外来文化对我们来说没有什么新内容、新价值、新意义，那么就没有进行文化交流的必要。

春秋战国时期是中国古代社会一次巨大动荡的时期。周朝的权威和统治力量下降，以致最后名存实亡。各诸侯国在经济、政治、军事力量上逐渐强大，群雄割据争霸，兼并战争不断，社会生活也处在大变动之中。然而，春秋战国也是文化大发展的时代，正是经过春秋战国社会动荡中的文化繁荣，才迎来了秦汉盛世中国文化史上的黄金时代。

春秋战国从学术思想到文学艺术，从生产技术到科学知识，从精神成果到物质文明，出现了前代所不能比拟的发展，文化的各个领域空前活跃，群星璀璨，百花齐放，气象万千，为秦汉文化盛世的来临奠定了基础，也为第一个对外文化交流高潮的到来奠定了基础。

二 中华文化的原生性与世界文化发生期的基本格局

1. 原生型文化时期的中华文化

所谓"文明古国"指的是产生原生型文化的国度。

在世界文化的初创时期，栖息在不同地区的上古初民，各自独立地创造出具有特色的原生文化形态，发展起各自的地区性文明。这种在不同地区独立地产生出来的文化被称为"第一代文明"或"原生型文化"。这些原生的文化形态是以后世代人类文化进化发展的历史性起源和基础。当时世界上存在着几个彼此互相独立的文化形态或文化区域，处于不同的地理自然环境的各个文化都有其独特的历史过程。而由于人类在初级阶段就表现出来的趋同性，当不同民族发展到一定的阶段，需要某些发明的时候，许多重大的文化成就在彼此距离遥远的地区、间隔漫长的时间，一次又一次地被不同民族创造出来。

所谓"四大文明古国"即产生"第一代文明"或"原生型文化"的埃及、巴比伦、印度和中国。此外，在中南美洲还有玛雅、阿兹特克和印加等属于印第安文明的原生型文化，但直到15世纪哥伦布（Christopher Columbus）"发现"新大陆以前，印第安文明大体是在隔绝于东半球诸文明之外发展起来的。所以在讨论人类文明的起源和早期世界文化格局的时候，一般忽略印第安文明而只谈欧亚北非大陆的"四大文明古国"。这当然是片面的说法。较为正确的说法是，在世界文化的早期发展阶段，存在着欧亚北非大陆和中南美洲两大文化区，它们是并行存在而又相互隔绝、各自独立发展的。

在欧亚北非大陆这个广大的文明区，又并行存在着几个文化发祥地，即所谓"四大文明古国"。这几种文明互相之间有程度不同的联系，但又各自独立发展起来，形成各自的文化特性和文化模式。

文明滋生于尼罗河第一瀑布（今阿斯旺附近）下游。埃及人创造的辉煌的古代文化，主要依托于一片由大海和沙漠围护着，由尼罗河所滋润的三四万平方千米的冲积平原。古希腊史学家希罗多德（Herodotus）说：埃及是"尼罗河的赠礼，埃及文化乃是尼罗河的恩赐，埃及是尼罗河的女儿"[1]。大约在前3200年，埃及形成统一的国家，创造了初期的埃及文明，从此埃及文明繁荣发展了近2000年，以后逐渐走向衰落，一直到前332年马其顿的亚历山大大帝（Alexander the Great）征服埃及为止。在几千年的历史中，埃及人发展了高度的农业、完整的灌溉系统、王权神授及一套国家机构、复杂的宗教思想等文化成就。大约在前4245—前4238年，埃及人就知道使用相当准确的太阳历。约在前3200年，埃及人就有了象形文字。太阳历、金字塔、狮身人面像和神庙、土地的测量以及木乃伊等分别标志着古埃及人在天文学、几何学、医学和艺术上所达到的水平。

巴比伦文明又称美索不达米亚文明。美索不达米亚是希腊人对底格里斯和幼发拉底河谷的称呼，意即"两河之间的地方"。美索不达米亚发轫于两河流域上游的扇形山麓地带，后来生活在这里的苏美尔人迁入两河河谷，开垦两河流域中下游平原。美索不达米亚文化得以繁衍的区域，大体在两河流域

---

① 冯天瑜：《中国文化生成史》上册，武汉大学出版社2013年版，第193页。

适宜农耕的地带加上地中海东岸滨海地区，组成所谓"肥沃新月带"。约在前3000年，苏美尔人建立了12个独立的城邦，奠定了美索不达米亚文明的最初基础。自前2135年至前2027年，苏美尔经历了经济增长及文化发展的阶段。苏美尔人发展了农业生产和灌溉系统，还发展了各种手工业生产，并与其他民族开展商业贸易。他们发明了系统的能表达思想的泥版文字（楔形文字），制定了法典和太阴历，在数学和天文学上也作出了很大的贡献。前1750年以前，巴比伦统治者汉谟拉比（Hammurabi）征服了苏美尔，苏美尔民族在历史上的显著地位逐渐消失，但他们的文化成就却延续下来了。苏美尔人的传统成为美索不达米亚文化的基础，这种文化作为一种有特殊风格的文化延续了近3000年之久。

印度文化起源于印度河流域的哈拉巴和摩享佐·达罗周围10余万平方千米的地区，以后又扩展到恒河流域及德干高原。早在前3000年，印度已经存在早期文明。前1700年左右，一支操雅利安语的游牧民族进入印度，征服了当地人，发展起农业和畜牧业，手工业和商业也有一定的发展。作于前1200年左右的诗集《梨俱吠陀》是最早的印度文献。印度早期的宗教是婆罗门教。约在前550年诞生的乔达摩（Gautame，即佛陀，Buddha）创立了佛教，对后世产生了极大影响。

总之，中国与埃及、美索不达米亚、印度四种原生型文化，在从东到西广阔的欧亚北非大陆上并行发展，相映生辉。它们同中南美洲的印第安文化一起，共同孕育了人类文明，构成了世界文化原创期的基本格局。那么，这样的文化格局中，与埃及、美索不达米亚和印度文化相比，中国文化有哪些特点呢？

首先，中国文化具有无与伦比的延续力，得到最为连贯的继承和发展。其他原生型文化，如埃及文化和美洲的玛雅文化，早已后继无人；美索不达米亚文化和印度文化，经过多次的异族入侵，深深叠压在后起文明世代的底层，成为考古学研究的对象。唯有中国文化没有出现这样的中绝现象，经历数千年而持续不断，这在世界文化史上是极为罕见的。

其次，中国文化初创时期的活动区域要比其他几个古老文化更为广阔。埃及和美索不达米亚文化的活动区域不过几万平方千米，印度文化的范围基本上限于印度半岛之内。中华文化最重要的发祥地黄河流域则有七八十万平方千米的黄土高原和冲积平原。而中华文化的发祥地又不限于黄河流域，长江流域、辽河流域乃至西南的崇山峻岭，有长达四五千年的文明史，这些区域的总面积约有 500 万平方千米。这样广阔的领域作为中华文化繁衍滋生之地，既使它具有多元发生的丰富性，也使它在遇到异族入侵的情况下，仍有广阔的回旋空间。中华文化延绵不辍与这种地理形势有很大关系。

再次，中华文化的发生期大体上是在与其他文明区少有联系的情况下度过的，中华文化是在未受到或很少受到其他文化影响的情况下独自完成文化发生过程的。这种情况与其他几大文明不同。例如埃及和美索不达米亚相距不过 1000 千米，也没有难以逾越的地理障碍，这两个古老的文明历来声息相通，彼此之间形成繁复的文化传播—接受机制，农业和手工业技术、数学、天文历法知识等多有交汇，埃及的象形文字最初受到美索不达米亚图画文字的启发。印度文化与美索不达米亚文化、埃及文化也很早就有直接的交流。它们之间虽有伊朗高原相隔，但其间通道纵横，交通还算方便。最早的美索不达米亚图画文字经伊朗高原传到印度河流域，而两河流域也发现印度河流域哈拉巴文化的印章，说明这两个古老文化早在前 3000 年即已建立起实质性的联系。前 6 世纪的希腊和波斯间的战争，前 4 世纪亚历山大大帝的东征以及其后建立的亚历山大帝国，更加强了从地中海到南亚次大陆之间的文化交流和融合。与之不同的是，在文化的发生期，中华文化很少与其他文化有直接的或实质性的来往。亚历山大东征时至印度河而向南折返，因为再往东就是巨大的地理屏障帕米尔高原。中国人生活的东亚大陆，远离其他文明中心，周边又多有难以逾越的地理屏障，因而很少可能与其他文化相接触或获得有关的文化信息。而正是在这一时期的文化创造，决定了中华文化的文化特性和文化风格。英国历史学家韦尔斯（H. G. Wells）认为：“中国似乎是自发地和没有外助地发展了他们的文化。”① 因而，中华民族是一个颇具原初性的民族，中华文化有着鲜明的独特性和自主性。

但是，这并不是说，中华文化的发生期是完全封闭的，与其他文化完全隔绝的。实际上，中华先民很早就开始寻找与其他民族的文化沟通和联系，

① ［英］赫·乔·韦尔斯著，吴文藻等译：《世界史纲——生物和人类的简明史》，人民出版社 1982 年版，第 187 页。

试图打破地理的屏障，参与早期世界文化总体格局中的对话。从考古发现来看，商代的青铜文化乃至更早的彩陶文化，与欧亚大陆其他一些文化有某种联系和相似之处，虽然我们现在还不十分清楚这种联系的性质。积极向海外开拓，发展与其他民族文化的接触、对话与交流，是中华文化在其发生期就形成的一种传统（这一点又是与中南美洲玛雅文化等印第安文化不同的，它们完全与外部隔绝，因而最后湮没在丛林和荒原之中）。但就实质性的文化交流而言，中华文化是在大体完成文化发生过程，文字、思维方式、社会结构的基本风格和定势确立以后，才渐次与其他古老文化相接触、交汇和碰撞。虽然这种接触和交流对双方会产生很大的影响，但中华文化的系统和态势已经确立了。

2. "轴心时代"与"文化的突破"

春秋战国时期，中国处于社会大变动、文化大发展的时期。这一时期的世界文化格局也有了新的变化。雅斯贝尔斯提出了"轴心时代"的概念，用以指称以前500年为中心的从前800年至前200年这一历史时期。雅斯贝尔斯认为，这一时期，中国、印度、波斯、巴勒斯坦和希腊同时地而又各自独立地奠定了人类的精神基础，而直到今天，人类仍依附在这种基础上。

> 在公元前800年到公元前200年间所发生的精神过程，似乎建立了这样一个轴心。在这时候，我们今日生活中的人开始出现。让我们把这个时期称之为"轴心的时代"（Axial Age）。在这一时期充满了不平常的事件。在中国诞生了孔子和老子，中国哲学的各种派别的兴起，这是墨子、庄子以及无数其他人的时代。在印度，这是优尼尼沙（Upanishad）和佛陀的时代；如在中国一样，所有哲学派别，包括怀疑主义、唯物主义、诡辩派和虚无主义都得到了发展。在伊朗，祆教提出它挑战式的论点，认为宇宙的过程属于善与恶之间的斗争；在巴勒斯坦，先知们奋起：以利亚（Elijah）、以赛亚（Isaiah）、耶利米（Jeremiah）、第二以赛亚（Deutero-Isaiah）。希腊产生了荷马（Homer），哲学家巴门尼德（Parmenides）、赫拉克利特（Heraclitus）、柏拉图（Plato），悲剧诗人，修昔的底斯（Thucydides）和阿基米德（Archimedes）。这些名字仅仅说明这个巨大的发展而已，这都是在几世纪之内单独地也差不多同时地在中国、

印度和西方出现的。①

雅斯贝尔斯的这段论述，实际上也是对当时世界文化格局的概括。当时的形势是，古埃及和古美索不达米亚文明正在走向衰落，希腊文化和希伯来文化正在兴起，波斯帝国及其他文化日益引人注目，而印度和中国文化正在经历着历史性的转变。雅斯贝尔斯把这一时代称为"轴心时代"，因为这个时代产生了所有今天我们依然在思考的基本范畴，创造了今天人们仍然信仰的世界性宗教。也就是说，这个时代构造了全人类文明的文化基线，成为直到今天的几千年世界文化发展的现实起点和基础。

也有人把这一时代所发生的事件称为"文化的突破"。所谓"文化的突破"，是指人类文化发展史上的这样一个阶段，即人们对构成人类处境的宇宙的本质有了理性的认识，而这种认识所达到的层次之高，则是前所未有的。与这种认识随之俱来的是对人类处境的本身及其基本意义有了新的解释。以希腊为例，这种"文化的突破"表现为对自然的秩序及其规范的和经验的意义产生了明确的哲学概念。从此希腊的世界不再为传统神话中的诸神和英雄所任意宰制，而是处在自然规律支配之下。苏格拉底（Socrates）、柏拉图（Plato）、亚里士多德（Aristotle）是希腊的"文化的突破"的最高峰。在中国，"文化的突破"孕育于西周时代，其最高峰是先秦诸子的百家争鸣和孔子儒家文化地位的确立。此"文化的突破"的意义在于摆脱了原始初民的图腾、神灵崇拜和神道设教（"子不语怪力乱神"），确立了宗法社会秩序的合法性，提出了理论化、系统化的宇宙观，并且建立了一整套伦理道德的思想体系，从此确立了我们现在称之为中国传统文化的基本框架和模式，决定了中国文化持续几千年的基调和走向。

那么，我们也就了解了在"轴心时代"世界文化格局中，中华文化所处的地位。在这个充满变革的时代，中华文化不像埃及文化和美索不达米亚文化那样衰落下去，也不像印度文化那样由佛陀的新传统取代婆罗门教的旧传统，而是以自我更新的力量，在商周时代文化发展的基础上，通过对商周文化的反省与总结，发展出完全可与希腊文化、希伯来文化以及其他文化相媲

---

① ［德］雅斯贝尔斯：《智慧之路》，田汝康、金重远选编：《现代西方史学流派文选》，上海人民出版社 1982 年版，第 39 页。

美的中国智慧。孔子以及其他诸子既是对西周文化的突破，又是对西周文化的继承。中华文化在这个大变革时代首次表现出它的创造性和连续性。另一方面，在这个新时代的世界文化格局中，中华文化仍像以前那个时期一样，成为几大文化中心之一，占有举足轻重的地位。

> 人们常有感于东西文化在时间上的平衡，即中国智慧的突发，希腊哲学家全盛，以及希伯来的先知，佛陀和印度早期的宗教领袖。在整个文明世界，这一时期是一个充满神奇的哲学世纪。快速交流的伟大文明之间，存在着共同的文化激情……①

费正清（John King Fairbank）在这里描述了人类文明轴心时代和文化突破的同期同步性以及它辉煌的状貌，人类大体同时地在各不相同的地区创造了各自的民族文化智慧，获得了文化激情，以及文化创造的能力和灵感，并赋予各自不同的文化形态和模式。由此也就产生了不同的态势，造成不同的文化场和文化势能，并产生文化交流的动力和形势。其总趋势就是互相吸引、向外播撒、互补互促。

在费正清称之为人类"充满神奇的哲学世纪"里，在这人类几代文明快速交流的过程中，以及在广播于人类最初的文化基地上的文化激情昂扬的时代，中华文化显然表现了它居高临下的态势、向外的强大的播撒势能、巨大的文化特色和出色的文化智慧，以及高扬的文化激情；同时，中华文化也显示出它海纳百川、胸襟宏阔，积极地学习、吸收、融合其他民族先进文化的开放态度和进取精神。无论是它的文化物化形态还是精神结晶，都表现了这一鲜明而突出的特点。

我们常常为中华文明的 5000 多年历史、为中华文明的博大精深而自豪，而它的历史悠久、博大精深、丰富多彩，首先在于它从源头上就具有开放的性格，广泛地吸收当时一切人类创造的优秀文化成果，以各民族先民的文化成就丰富自己、滋养自己和发展自己。

中外文化交流的宏伟戏剧的大幕在那个时代已经拉开，虽然这只是这出大戏的一个序幕，但我们将看到，这个序幕已经很精彩。

---

① ［美］费正清、赖肖尔和克雷格著，黎鸣等译：《东亚文明：传统与变革》，天津人民出版社 1992 年版，第 39 页。

三　欧亚大陆的早期交流

事实上，前文已提到，各文明之间的联系在旧石器时代就已经发生了，到了新石器时代，特别是新石器时代晚期，通过广袤的欧亚大草原，通过现在我们所称之为的"草原丝绸之路"，这种交流已经很广泛、很丰富了。在这样的交流中，中华先民创造的文化开始传播到欧亚大草原乃至中亚、西亚和更远的地中海地区；同时，西方各民族先民们创造的文化也向着相反的方向传播到东方，启发了、丰富了中华民族先民的文化创造。

1. 早期中外交通的古史传说

季羡林指出："有一件事情是非常清楚的：国家民族之间的文化传播早于文字记载。在普遍使用文字之前，尽管有无数的艰难险阻，比如大海和大山，但是人民间还是有往来的。"① 日本学者石田干之助在《中西文化之交流》中提出，新石器时代，欧亚大陆之间即有交通，并推测其路线为：

（1）沿帕米尔南边东行入新疆，再由南路或北路而至甘肃西端，以达于黄河流域；

（2）由帕米尔西部高原，溯阿姆河上游，出其东北隅而入新疆；

（3）经帕米尔之北，由拔加那（Bergana）盆地，而出阿赖（Alai）谷地。②

我们的先民可能很早就通过这些交通路线，与北部和西部的其他民族交流往来，互相交换物质文明的成果和文化信息。在中国的古史传说中，就可见中国人与域外联系的早期踪迹。如《竹书纪年》说：神农时"南至交趾，北至幽都，东至旸谷，西至三危，莫不服从其化"。《史记·五帝本纪》也说：

---

① 季羡林：《中印智慧的汇流》，周一良主编：《中外文化交流史》，河南人民出版社 1987 年版，第 140 页。

② ［日］石田干之助：《中西文化之交流》，引自方豪：《中西交通史》上卷，上海人民出版社 2008 年版，第 24 页。

"东至于海，登丸山，及岱宗。西至于空同，登鸡头。南至于江，登熊、湘。北逐荤粥，合符釜山。"这里都提到黄帝西巡的事迹。

中国古籍载黄帝西巡之行踪，尚有昆仑。《山海经·海内西经》说："海内昆仑之墟在西北，帝下之都。"又，《山海经·西山经》说："昆仑之丘，实惟帝王之下都。"《穆天子传》记周穆王"升于昆仑之丘，以观黄帝之宫"，说的是穆王西巡时曾到昆仑山瞻仰黄帝当年的行宫。"昆仑"之名，首见于《尚书·禹贡》，原文说："织皮昆仑、析支、渠搜，西戎即叙。"《尚书·正义疏》引郑玄注，说渠搜与昆仑、析支乃三山名。《尔雅》也说到昆仑，称为"河所自出"，也就是大河的源头。

还有黄帝使伶伦西之昆仑的传说。相传伶伦是黄帝时代的乐官，是发明律吕据以制乐的始祖。黄帝派伶伦去找竹子制作笛子，《史记》记载："黄帝使伶伦伐竹于昆谿，斩而作笛，吹之作凤鸣。"但《吕氏春秋》说："黄帝使伶伦伐昆仑之竹为笛。"伶伦去的地方是昆仑。

中国西北地区与黄帝有关的，尚有"扶伏"一名，见《太平御览》卷七九八，说黄帝之臣茄丰有罪，放于玉门关外二万五千里，以扶伏而去，称"扶伏民"。

古代传说中还有西域人来华的记载。《山海经·海外西经》说："长股之国在雒常北，被发，一曰长脚。"历史学家张星烺认为："长股在黑水之河，亦中央亚细亚民族也。"[1]《拾遗记》卷一记载，颛顼时，"溟海之北，有勃鞮之国。……献黑玉之环，色如淳漆。贡玄驹千匹"。同书同卷还记载，帝喾时，"有丹丘之国，献玛瑙瓮，以盛甘露"。

尧舜时期与域外的联系就更多了。《淮南子·修务训》说：尧"西教沃民，东至黑齿。北抚幽都，南道交趾。放讙兜于崇山，窜三苗于三危，流共工于幽州，殛鲧于羽山"。《史记·五帝本纪》说：帝舜"南抚交趾、北发，西戎、析枝、渠廋、氐、羌，北山戎、发、息慎，东长、鸟夷"。刘向《新序》亦称：舜"立为天子，天下化之，蛮夷率服，北发、渠搜，南抚交趾，莫不慕义，麟凤在郊"。《大戴礼记·少闲》还说到大禹时代："舜崩，有禹

---

① 张星烺编注，朱杰勤校订：《中西交通史料汇编》第1册，中华书局2003年版，第18页。

代兴，禹卒受命……民明教，通于四海，海之外，肃慎、北发、渠搜、氐、羌来服。"

关于黄帝西至昆仑和空同以及尧舜等与西域的关系，大概是关于中国先民最早向西域方向联系的传说。于右任在《黄帝功德记》之序中说："于史，黄帝即战胜蚩尤，东至于海，西登昆仑，南及交趾，北出幽陵。而开拓中华民族已有之疆土。"张星烺指出："黄帝开国，四征不庭，西登昆仑之邱。此强盛时代也。后经少昊、颛顼、高辛三世之守成，而至尧、舜、禹三君，皆英主也。国势复振，疆土远拓。尧禹皆尝西游，见西王母。舜时，则西王母亲宾于天子。"①

中国的古籍中，如《尚书》《礼记》《吕氏春秋》《楚辞》《论衡》等书，还有关于神农、颛顼、尧、舜等"南抚交趾"或"南至交趾"的传说，可以看做是向南面开拓。《史记·五帝本纪》记载："帝颛顼高阳者……北至于幽陵，南至于交趾。""唯禹之功为大。披九山，通九泽，决九河，定九州。各以其职来贡，不失厥宜，方五千里，至于荒服。南抚交趾。"按《史记》的说法，颛顼已"南至于交趾"，舜时大禹已"南抚交趾"。刘向《说苑》卷一九说："南抚交趾……四海之内皆戴帝舜之功，于是禹乃兴九韶之乐，致异物，凤凰来翔，天下明德也。"

以上所引文献讲的"南抚交趾"，都概言在五帝时代，据此可以认为，不能排除五帝传说时代中原与岭南发生交往的可能性。在古代，由于"道路悠远，山川阻深"，交南一直被视为"炎荒""徼外"，原是一片冥茫状态，但通过后来的不断探索，情况才逐渐明朗。如尧、舜等"南抚交趾""南巡狩"，似乎可以认为正是为了开拓中原与交南的交通通道。

2. 史前中外交流的痕迹

考古学的发现告诉我们，中国文化与欧亚大陆文化的联系，可以追溯到旧石器时代。在鄂毕河与叶尼塞河上游以及贝加尔湖周围地区发现的旧石器晚期文化与多伦、满洲里、海拉尔及北京山顶洞人的文化颇有相似之处。苏联学者就曾明确认为这是蒙古人种所创造的，其发祥地可能在中国的北部。李琪指出：

---

① 张星烺编注，朱杰勤校订：《中西交通史料汇编》第 1 册，中华书局 2003 年版，第 4 页。

中亚地区东邻亚洲的中国及蒙古人民共和国，西北连东欧的俄罗斯，南接阿富汗、伊朗，处于东西交通要冲。在这片广阔的土地上，晚期旧石器时代的文化，可以说存在两种类型。一种属于欧洲石器时代类型；另一种属于亚洲石器时代类型。前者反映了在某一阶段迁徙和流动的痕迹；后者则表现为当地文化的演化。①

在新石器时代，从仰韶文化开始的中原彩陶文化，在中国境内曾广泛扩散，其西支由甘肃、宁夏西入新疆，上起前5000年，下迄前1000年，新疆西部的和阗、皮山、沙雅、伊犁河流域是现在所知道的中原彩陶文化西传的终端。黄河中下游的中原地区是中国古代文化的发祥地，中原文化诞生以后，呈现出向周围扩散的趋势，在西部地区，表现出由东而西的传播方向。②

值得注意的是，研究者发现，仰韶文化的彩陶和西方各地彩陶文化十分相似，说明这些新石器时代居民是有往来、有一定联系的。捷克学者赫罗兹尼（B. Hrozny）指出："约公元前2000年的中国仰韶文化，其新石器时代彩陶，与基辅以南的特里波里（螺旋形）彩陶，土耳其斯坦的安诺文化，甚至与巴比伦尼亚、亚述、阿兰的彩陶，同其风格。在这方面，其居间者或许是印欧语的吐火罗人或其他移入中亚的居民之在土耳其斯坦，且居于里海与帕米尔、阿尔泰山之间者。"赫罗兹尼认为："主要是由于这些民族移徙，彩陶从土耳其斯坦向其他方面扩张。"③ 有些西方学者从仰韶文化彩陶图案同西亚各地彩陶图案的相似性，提出中国文化"西来说"。而中国考古学家则坚决认为，仰韶新石器文化是中国土生土长的，根本不可能是"西来"的，至于某些型制和图案，同外地彩陶相互交流，相互影响，那是可能的。历史学家翦伯赞指出："陶器之发明，乃人类定住生活之表征，任何人种，只要达到定住生活的阶段，皆能发明陶器。至于由单色陶器发展到彩色陶器，更为一定之历史的步骤。……中国的彩陶，不一定是由中亚传播而来，只能谓其有着某种相互之影响。"④

---

① 李琪：《中亚史前文化的开端——旧石器时代的文化》，《西北史地》1998年第2期。

② 参见沈福伟：《中西文化交流史》（第2版），上海人民出版社2006年版，第5页。

③ ［捷克］赫罗兹尼：《西亚、印度和克里特上古史》，引自日知：《张骞凿空前的丝绸之路——论中西古典文明的早期关系》，《传统文化与现代化》1994年第6期。

④ 翦伯赞：《中国史论集》（合编本），中华书局2008年版，第28页。

但是，在新石器时代文化中确也有域外文化自西东来的痕迹。内蒙古翁牛特旗石棚山的红山文化晚期遗址中出土的陶器上有中国最早的"卐"形纹饰，此种纹饰在青海乐都县柳湾马家窑文化的马厂类型的墓葬中出土的陶壶上大量出现。中国出土的带有此种纹饰的陶器最早的年代在前 2000 多年。同样的纹饰在亚洲其他地区和非洲、欧洲等地也大量出现，最早的"卐"纹饰则见于前 3000 年的埃及第十二王朝时期的塞浦路斯和卡里亚陶器残片上。在巴基斯坦前 3000 年到前 2000 年的摩亨佐·达罗遗址中出土的印章也见有此纹饰，其"卐"形符号笔画有左折的，也有右折的。从年代早晚和地域上看，中国西北地区发现的"卐"形符号极有可能是从西域传入的。有学者研究，"卐"形符号代表着某种抽象的意义，据说有的代表太阳的光芒四射，有的是女性的标志，有的代表雷电或其他自然现象，其中表达着先民们某种心理和观念。[①]

在广大欧亚地区的新石器文化中，有陶塑的裸体女像。在辽宁喀左县的红山文化遗址中，出土了大量泥塑人像残块，可辨别出至少分属 6 个人像个体，有头、肩、手以及乳房等部位的残块，均属女性。头部真人大小，面涂红彩，双眼镶嵌青色玉片。玉质为地方墨玉，黑色中泛有棕黄、紫红等沁丝。女神裸体，五官清晰，双目橄榄形，凸硕，鼻额凸隆。鼻下与唇下琢双凹，以凸显唇与下颌。面目肃穆，双手曲抚于腹部，肥大的躯干，硕大的乳房以及宽臀大腹等特征醒目。考古学界认为这是中国最早的女神像。这种史前裸体女像，在西到比利牛斯山，东到贝加尔湖的广大欧亚地区有不少发现，人们通常称之为"早期维纳斯像"。欧洲的裸女雕像早在旧石器时期就出现了。可以认为，女性裸体陶塑造型艺术和表现出来的生殖崇拜文化观念在广大地区互相传播和交流。

我国有研究民族文化的学者发现，在我国盘古创世神话和彝族创世神话中都有左眼为日、右眼为月的描述，并认为这两个神话实际上是同出一源的变体，源于西亚巴比伦混沌之神的传说。还有彝族英雄神话支格阿龙中关于鹰和马的母题以及支格阿龙所使用的武器三叉戟有浓厚的西方色彩（西亚、埃及、希腊）。我国学者在新石器时代的彩陶上还发现了与上述神话有关联的

---

① 参见石云涛：《早期中西交通与交流史稿》，学苑出版社 2003 年版，第 38 页。

证据。在陕西临潼姜寨仰韶文化遗址出土的一个虎头类人面彩陶葫芦瓶上（距今 5000—6000 年）和西亚萨马腊文化（在伊拉克北部，距今约 7000 年）遗址出土的一个人面瓮上发现了"左眼睁"（表示太阳）、"右眼闭"（表示月亮）的人面图像。地处西北的古羌戎与西亚的文化交流从地理条件上来看应该是方便的，两地发现的"左眼开、右眼合"这样一种母题的神面像，说明盘古神话、彝族创世神话以及姜寨虎头变型葫芦瓶，可能受到过来自西亚文化的某些影响。彝族古老的"变体彝文宗教示意书"中，反映支格阿龙形象的彝族古代民间艺术、甘肃青海地区辛店文化（青铜时代）彩陶、新疆阿尔泰山洞岩画、伊朗西南部彩陶（距今约 6000—7000 年）和伊拉克萨马腊（距今约 7000 年）彩陶上的人物造型，其画法和艺术风格完全一致。由此可见，彝族文化融入了西羌、西亚文化因素。

自新石器时代起，在中外文化交流中充当着重要中介的是我国西部古民族尤其是古羌族。彝族是西羌先人南迁的后裔，彝族文化与甘青陕地区的马家窑文化、辛店文化等远古文化息息相通。彝族文化除了具有深厚的中国文化积淀外，也融入了西亚等外来文化因素。

在居住造屋方面，也可以看出东西方交流的痕迹。砖是人类建筑史上首项重大发明。西亚特别是两河流域缺乏天然石头，新石器时代的西亚人于发明陶器的同时发明了砖。"生砖"指砖坯、黏土砖或泥砖，又称"日晒砖"，可追根溯源到近万年前，苏美尔时代大量使用生砖。制砖是苏美尔人重要的日常工作，阳光充足的夏季第一个月称之为"砖月"。"熟砖"即烧砖或烤砖也开始出现。巴比伦时代流行釉砖和琉璃砖，砖雕或画像砖亦应运而生。西亚地区用多种砖建造神庙、宫殿、围墙、道路、桥梁、水渠和居民住宅。西亚的砖砌建筑技术在 4000 年前传播到了印度河、尼罗河流域和地中海地区，希腊罗马时期传播到了整个欧洲。新石器时代中国北方流行半地穴式住房，南方流行干栏式建筑，中原发明了窑洞建筑。在龙山文化末期如平粮台遗址已出现砖坯和排水管，东灰山四坝文化日晒土坯砖可能是中国最早的土砖。镇原县齐家文化房基发现了上百米陶水管，每节水管长 53 厘米，设有子母口，可互相衔接，已接近当时的世界水平。陕西周原西周遗址出土了砖瓦等建筑材料，证明 3000 年前周人已经生产和使用砖瓦以及制作难度较大的排水管道。据此可知，周代已有砖踪瓦迹，春秋战国时期陆续出现了长方形黏土薄砖，大型空心砖，断面成几字形的花砖，长方形凹槽砖和拦板砖等。秦汉时期黏土砖的制作技术已成熟，样式亦相对固定。不过，虽然"秦砖汉瓦"可追溯到四坝、齐家文化，但砖瓦建筑到秦汉时代才开始普及。所以学者们认为，生砖和熟砖制作技术均可追溯到西亚，唯有空心砖可能是中国的发明。

通过上面的描述，我们大致可以知道，在史前时代，在广袤的欧亚大陆上，就有了某种程度的流动、迁徙、交换和交流。在这样的流动和交流中，中国的远古文化已经和欧亚大陆另一端的文化有着对话与互动，并且引进了许多其他民族的文化因素。正是这样的迁徙和交流，奠定了欧亚各民族文明时代的生活基础。

3. 小麦的引进与五谷丰登

大约一万年前，世界出现了三大独立起源的农业文明中心区：两河流域西亚农业起源中心区、中国农业起源中心区、中南美洲农业起源中心区。西亚独立起源的农作物代表主要是小麦、大麦和豆类，驯化出的动物包括山羊、绵羊和牛；在中国起源的农作物包括水稻、小米、大豆、荞麦等，驯化出的动物是狗、猪、鸡等。有学者认为，距今4000—5000年前，世界发生了一次食物的全球交流。这次的大交流主要发生在欧亚大陆，而美洲的马铃薯、南瓜和玉米进入全球交流则要待哥伦布发现新大陆之后。在第一次大交流中，中国起源并独立培育的小米到了欧洲，西亚起源的小麦到了中国。易华认为，公元前三千纪也是一个激动人心的时代，一个更早的类似于"哥伦布交换"的主食全球化过程在旧大陆展开。①

中国是世界上三大农业起源地之一。我国先民在原始时代驯化栽培了粟、黍、菽、稻、麻和许多果树、蔬菜等，成为世界上重要的栽培植物起源中心之一。在中国内蒙古赤峰新石器时代的兴隆沟遗址发现的炭化谷粒，表明早在8000年前当地已经种植小米。起源于中国的小米陆续传播到西方，在距今7000年左右传入欧洲，从黑海西岸到东欧和中欧的20多个不同地点，发现了小米的遗迹。

与此相应，起源于西亚的小麦在大约距今4500年前传入中国黄河中下游

---

① 参见［英］马丁·琼斯：《主食为何要迁移》，引自易华：《夷夏先后说》，民族出版社2012年版，第259页。

地区，这是中国在新石器时代就与西亚有间接交往的一个典型实例。美国学者杰里·本特利（Jerry Bentley）和赫伯特·齐格勒（Herbert Ziegler）指出：

> 当农业生产方式从几个中心地带向外扩散的时候，最初只在一个区域种植的品种也扩大开来，商人、移民或其他旅行者把种植这些品种的知识带到了其他地区。以小麦的种植为例，公元前5000年以后，从它的起源地西南亚传播到伊朗和印度北部，大约在公元前3000年，又进一步传播到中国的北方。同时，也是在公元前3000年左右，水稻的种植从中国南方扩展到东南亚，公元前2000年又传播到印度的恒河流域。①

小麦是重要粮食作物之一，被认为是"人类最古的粮食""神下凡的时候留给人间的粮食"。考古学研究表明，小麦是新石器时代人类对其祖先植物进行驯化的产物，栽培历史已有万年以上。中亚的广大地区在史前原始社会居民点上发掘出许多残留的实物，其中包括野生和栽培的小麦干小穗、干子粒、炭化麦粒以及麦穗、麦粒在硬泥上的印痕。2004年，研究人员报告，在以色列出土的一块具有23000年历史的磨石上发现了大麦和小麦的残渣。在6700年前的伊拉克遗址中发现了和现在小麦特性差不多的古代小麦，在5000—6000年前的几处埃及遗址里也发现了小麦。其后，小麦即从西亚一带西向传入欧洲和非洲，东向传入印度、阿富汗、中国。6000多年前出现于欧洲，4000多年前到达东亚地区。

学者们认为，小麦从西亚向东方的传播至少包括了3条路线：主体为北线的欧亚草原大通道，中线为河西走廊绿洲通道，南线是沿着南亚和东南亚海岸线的古代海路。

中国发现最早的小麦遗址是在新疆的孔雀河流域，在楼兰的小河墓地发现了4000年前的炭化小麦。在甘肃临潭磨沟遗址的齐家文化墓葬群，研究者对墓葬中成人牙齿牙结石淀粉粒的检测结果表明，当时人类植物性食物具有多样化的特征，有小麦、大麦或青稞、粟、荞麦、豆类及坚果类等，其中麦类植物、荞麦和粟占淀粉粒总量的70%。齐家文化是黄河上游地区的铜石并

---

① ［美］杰里·本特利、赫伯特·齐格勒著，魏凤莲等译：《新全球史——文明的传承与交流》，北京大学出版社2007年版，第23页。

用时代文化，年代为前2000—前1900年，属于新石器时代晚期文化。比临潭磨沟遗址更早的甘肃西山坪遗址出现了中国西北地区最古老的稻作农业遗存，当时人们种植粟、黍、水稻、小麦、燕麦、青稞、大豆和荞麦8种粮食作物，囊括了东亚和西亚两个农业起源中心的主要作物类型。这处遗址证实了小麦和燕麦早在4000年前已传播到中国西北地区。

大约殷商时期，华北地区居民已经逐渐将麦子作为主食了。殷墟出土的甲骨有"告麦"的文字记载，说明小麦很早已是河南北部的主要栽培作物。《诗经·周颂》中已有小麦、大麦的记载，说明西周时黄河中下游已遍栽小麦。1955年在安徽省亳县钓鱼台发掘的新石器时代遗址中也发现有炭化小麦种子。

大麦栽培也有很悠久的历史，中东、埃及一带发现了新石器时代早期的大麦遗物。通常认为，大麦原产于西亚美索不达米亚一带，后传至东亚、北非和欧洲。前3000年，美索不达米亚和古埃及有关于大麦的文字记载，中国殷代甲骨文中也有记载，说明大麦在这些地区已有广泛栽培。

关于小麦种植在黄河流域的流传，我国学者注意到古代文字和习俗中的一个有趣现象：虽然早在周代小麦就被列入"五谷"之中，成为我国北方栽培的粮食作物之一，但先民们并不以麦为贵，宗庙祭祀必称"黍稷"，富国安民则言"贵粟"。我国古文献中的这一语言文化现象，实际反映了原产于中国的粟在古人生活中的地位至高无上。黍、稷之类皆属粟。重粟不重麦这一古俗表明，小麦似乎不是华夏先祖自古耕食之谷，而更可能是后来从域外传入的作物。在甲骨文中已有表示麦的字，这就是"来"字，"麦"字则是后起的。"麦"字从止，"止"是足趾之"止"朝下的象形会意，表示降落，即罗振玉所说的"古降字"。"来""麦"二字，音近义同，相互借用，但在甲骨文中就已有各自所侧重的意思，"来"指"来去"之义，"麦"专指"小麦"之麦。《诗经》中提到栽培麦时亦用"麦"而不用"来"，只有在纪念祖先引种麦类的《周颂》中，仍采用"来"这一名称，如《周颂·思文》中有"贻我来牟，帝命率育"的诗句，故《说文解字》释"来"为"周所受瑞麦，来牟。天所来也"。因此，"来""麦"从词源上证明使华夏族颇感神秘的小麦是外来的、引进的。《山海经》中提及粮食作物时有黍稻而不见有麦，并说炎帝和黄帝之后裔皆"食黍"或"食谷"，这也说明早期的华夏先祖不知有麦，或还未引种小麦。大概从殷周以降，人们对于小麦由来的具体情况是一无所知，以至于本来真实的故事就演变成了模糊的神话传说。于是，小麦"始从天降"之类的说法也就成了人们历代相传的知识。这也从侧面说明，古人虽然不清楚小麦是何时何地如何传入中国的，但很早就知道小麦并不是华夏故土原来就有的。

虽然小麦传入中国很早，但推广并不普遍。据《诗经》的描述，麦类作物在今山东、河南、山西和陕西有种植，不过在作物中的比重并不大。根据对安阳殷墟遗址、偃师商城遗址、北京琉璃河西周遗址古人骨骼测定，粟仍是当时黄河流域居民最重要的食物。甲骨卜辞中有关作物出现次数有两种统计，一种是黍106次，稷36次，而麦只有10余次；[①] 一种是粟（稷）黍类的卜辞近200件，麦的卜辞20余件。[②] 统计结果虽有所不同，但说明了麦的重要性有限。即以《诗经》本身而言，谷物品种出现次数也以黍、稷为多。直到战国时期，小麦的产量还有限，还只是北方贵族的精美食粮。直到西汉中期，董仲舒鉴于"关中俗不好种麦"，"而损生民之具"，建议武帝令大司农"使关中益种宿麦，令毋后时"。其后，氾胜之又"督三辅种麦，而关中遂穰"，小麦尤其是冬小麦（宿麦）的种植在关中地区逐渐普及。西汉中期以后，宿麦种植在黄河和淮河流域日益推广。《后汉书·明帝本纪》记载：永平四年（61）二月诏云："京师冬无宿雪，春不燠沐……而比再得时雨，宿麦润泽。"可见西汉末和东汉前期冬小麦在关中地区作物中已有相当重要的地位，小麦产量在整个农业产量中的比重增加，小麦的地位与先秦时期黄河流域最重要的食物粟已渐并驾齐驱，呈后来居上之势。相应地，人们的食物结构也发生了变化，出现了"相谒而食麦"的风俗。

小麦传入中国，但没有传入相应的食用方法，经历了粒食到粉食的本土化过程。早期食麦的基本方式是粒食或半粒食，即所谓"麦饭"。东汉时期，随着转磨的逐渐普及，扩大了小麦作为食物的摄取多样性，形成了不同于西亚啤酒、面包传统的面条、馒头传统。西亚或西方的饮食特点是研磨面粉加以烘烤，而东亚或东方主要是煮和蒸。

---

① 参见于省吾：《商代的谷类作物》，《东北人民大学人文科学学报》1957 年第 1 期。

② 参见郭宝均：《中国青铜器时代》，生活·读书·新知三联书店 1963 年版，第 135 页。

我们常用"五谷丰登"来代表农业的兴旺。五谷一般是指黍、粟、稻、麦、菽。这既包括起源中国的稻子、小米，也包括从外部输入的小麦。"五谷丰登"是史前世界种植物交流的结果，直到近代以前，世界性的物种交流一直在继续。明清之际我国引进了玉米、红薯、南瓜等南美洲的农作物，基本上完备了我国的农作物结构。

4. 马牛羊的引进与六畜兴旺

在早期人类的交往和交流中，物种的交流、动植物的交流，是相当重要的组成部分。作为农作物的植物和作为家畜的动物，是早期人类在生活生产的长期实践中逐渐对野生物种驯化的结果。不同的民族面对不同的自然条件，所接触和驯化的动植物并不相同，但通过早期的交流，逐渐成为各民族共同的财富，满足和丰富了不同民族的生活内容和生活条件。中国自古讲究"五谷丰登"和"六畜兴旺"，作为生活富足和社会繁荣的基本条件。从上面的叙述中可知"五谷丰登"是我们的先人与欧亚大陆其他民族交流的结果，而"六畜兴旺"也是史前文明交流的结果。

"六畜"概念始见于春秋战国时期。《周礼·天官·庖人》记载："掌共六畜、六兽、六禽，辨其名物。"郑玄注曰："六畜，六牲也。始养之曰畜，将用之曰牲。"《周礼·地官·牧人》记载："牧人，掌牧六牲而阜蕃其物，以共祭祀之牲牷。"此处"牧六牲"包含牛、马、羊、猪、犬、鸡，牧人是选定祭牲的礼官。后来牲畜或畜牲联用，泛指家畜。《左传·昭公二十五年》记载："为六畜、五牲、三牺，以奉五味。"杜预注曰："马、牛、羊、鸡、犬、豕。"

宋王应麟《三字经》说："马牛羊，鸡犬豕。此六畜，人所饲。"这里把中国的六畜分为两组，即"马、牛、羊"和"猪、狗、鸡"。猪、狗、鸡是东亚本土起源，常见于新石器时代的文化遗址，与定居农业生产方式相关。中国是世界上最早将野猪驯化为家猪的国家，也是世界上已知最早养鸡的国家，狗也是中国最早驯养的家畜。猪、狗、鸡和人一样是杂食动物，特别容易和人类建立亲密关系。有了这些畜禽，人类才逐渐放弃狩猎采集，进入生产经济时代。驯养的牛和羊在西亚出现早于东亚数千年，马的最早驯化地是中亚。牛、马、羊是草原游牧业的基础，这些动物与猪、狗、鸡不同，均可产奶，而奶和奶制品则为游牧生活提供了更加稳定的饮食保障。

直到夏商周三代，中国的"六畜"才逐渐齐备。齐家文化畜牧业已经相当发达，从出土的动物骨骼得知，家畜以猪为主，还有羊、狗、牛、马等。遗址出土大量猪骨，还出土了不少完整的羊骨、牛骨和部分马骨，在考古图谱中使东亚大地首次出现了"六畜"齐全的局面，表明东方定居农业文化与西来游牧文化的混合。

驯化地理学研究表明，绵羊和山羊不仅是最早的驯化动物，而且是分布最广的动物。山羊和绵羊骨骼经常同时出现在西亚新石器时代的遗址中。位于伊拉克和伊朗之间的扎格罗斯山脉及其附近地区可能是山羊和绵羊的最早驯化地。大约在一万年前西亚已经放养山羊了，而东亚养羊与西亚相比大约晚了5000年。生物学研究表明山羊是所有主要家养动物中变异最小的动物。全世界所有的山羊形态非常相似，基因差异很小。这不仅表明其有共同的祖先，而且很少生殖隔离形成独具特色的地方品种。绵羊的地方品种较多，外形差异较大，但同样具有共同的祖先。

在我国数百处发掘的新石器时代遗址中大约有40处出土过羊骨或陶羊头。目前中国最早的较完整的羊骨骼出现于甘肃永靖大何庄齐家文化遗址，其次是偃师二里头文化遗址。考古研究表明，二里头绵羊的DNA来自中亚或西亚。由此可以推测，绵羊是由齐家文化传向二里头文化的。到了商代，西北羌人已以养羊为业，并以此著称。羌人可能较早从吐火罗人那里引入了源于西亚的羊的品种和牧羊业。"羌"的称谓直接与牧羊有关（甲骨文上羊下人）。牧羊业在中原的推广可能来自于进入中原的羌人部落。到了周代，中原养羊亦已蔚然成风。

水牛可能起源于东亚或南亚，而黄牛很可能来自西亚。从河姆渡到兴隆沟的新石器时代遗址中出土的牛骨多为水牛骨骼。家养水牛很可能是前一千纪从南亚引进的。到了夏商时期，黄牛才在中国大量出现，距今约4000年的甘肃大何庄遗址、秦魏家遗址齐家文化层中出土的黄牛骨骼是典型代表。用牛来耕作，不会晚于春秋时期。孔子有一个学生叫冉耕，字伯牛。"耕"和"牛"分别用作名和字，反映了春秋时已有人用牛来耕作。到战国时期，开始使用铁犁等铁制农具，耕地效率明显提高，而拖犁的耕畜就是牛，"犁"字也以"牛"为表意义的形旁。

家马的野生祖先主要分布于欧亚草原的西端。学者研究认为马的驯化大约在 5000 年前。驯化马匹的历史源远流长，滥觞于自然野马的活动范围，如在北哈萨克草原及丘陵发现早期驯马文化的痕迹。乌克兰和哈萨克草原的新石器时代和青铜时代遗址中出土大量马骨，这些马骨显示了马从野生到家养的驯化过程。骑马和马车技术可能源于西亚的骑驴和牛车制作技术。波台位于哈萨克草原北部，是一处特殊的铜石并用时代（前 3500—前 3000）遗址，出土动物骨骼 30 余万块，其中 99.9% 是马骨。研究表明这些马主要是用于食用、祭祀（随葬）和骑乘，至少有一部分是家马。英国历史学家汤因比在《人与大地母亲》中提到马的驯化使原始印欧人（"那一批操原始梵语的民族"）作为游牧人拥有了对南方农业和商业民族的优势。美国学者麦高文（Willian Montgowery McGovern）指出："人类能够豢养野兽，加以利用，对于人类文明，是重要因素之一。我们现在晓得，野马的最早豢养，实始于中亚草原；所谓'马的文化'——即以马供拉曳之用，较后更加以乘骑——就是从中亚渐传到世界他处去的。"①

　　但在我国中原地区缺少驯马的考古证据。在东亚数百处经科学发掘的早期人类遗址中从未发现马的骨骼，只有零星的马齿或马骨出土，不能确定为家马。西北地区的齐家文化和四坝文化可能最早有驯化的马，其来源可能与欧亚草原西部文化交流有关。从目前的材料看，中原地区的家马最早出现于商代晚期。家马和马车在商代晚期遗址中突然大量出现，在河南安阳殷墟、陕西西安老牛坡、山东滕州前掌大等商代晚期的遗址中，发现了很多用于殉葬和祭祀的马坑和车马坑，在墓室中也出现了马骨。《竹书纪年》说："商侯相土作乘马，遂迁都于商邱。"《世本·作篇》亦说："相土作乘马，迁都于商邱。"殷墟车马坑和人马合葬墓的发现表明马在商代已经非常重要了。《史记·殷本纪》说："求美女、奇物、善马以献纣，纣乃赦西伯。"《太公六韬》亦说："商王拘周伯昌于羑里，太公与散宜生以千金镒，求天下珍物，以免君之罪；于是得犬戎氏文马，毫毛朱鬣，目如黄金，名鸡斯之乘，以献商王。"良马来自西方，是商、周公认的珍宝，到周代养马则盛况空前。历史学家雷海宗也指出：

　　　　草原世界的文化，由一个重要方面言，即由交通动力方面言，

---

　　① ［美］麦高文著，章巽译：《中亚古国史》，中华书局 2004 年版，第 2 页。

可称为"马的文化"。马为游牧世界驯服的畜种。马的使用，可能在游牧生活方式出现之前已经开始，但马的潜在力量的彻底发挥，则是公元前3000年后游牧部族的贡献，土著世界的各国当初似乎都未驯马，土著国家的用马都是先后由游牧部族学来的。

马的使用，特别是马的乘骑，不仅根本解决了游牧世界的交通问题，也在极高的程度上改变了土著世界的交通面貌。在此以前，不只游牧世界尚无具有国家雏形的较大部族联盟出现，在土著世界也没有创立过土地辽阔的大帝国。主观上自认为概括全世、客观上也的确统一了一个复杂庞大的自然区的世界性帝国，都是骑马之后的事。①

《荀子·王制》说："万物皆得其宜，六畜皆得其长，群生皆得其命。"由于早期人类的交往和交流，中国在商周时代就实现了"六畜兴旺"。"五谷丰登"和"六畜兴旺"奠定了中华民族生存和发展的生活基础。

5. 草原丝绸之路

日本学者前岛信次和加藤久祚合编的《丝绸之路辞典》，首次正式提出了丝绸之路包括有"草原之路"的观点。他们认为，在欧亚大陆的东西交通中，中国的丝绸不仅是通过横贯东西的"绿洲之路"，即通常所说的"丝绸之路"运往西方，而且还通过北面的"草原之路"和南面的"海上之路"运到西方。

早在远古时期，虽然人类面对着难以想象的天然艰险的挑战，但是欧亚大陆东西之间并非完全隔绝。在尼罗河流域、两河流域、印度河流域和黄河流域之北的草原上，有一条由许多不连贯的小规模贸易路线大体衔接而成的草原之路。这一点已经被沿途诸多的考古发现所证实，这条路就是最早的丝绸之路的雏形。环境考古学资料表明，欧亚大陆只有在北纬40度至50度之间的中纬度地区，才是有利于人类的东西向交通。这一地带恰好是草原地带。在北纬40度到50度之间，除了天山和阿尔泰山的弧形山区外，"几乎整个亚洲大陆被一条纵向的草原覆盖着……这片大草原从中国东北部起一直延伸到

---

① 雷海宗：《上古中晚期亚欧大草原的游牧世界与土著世界（公元前1000—公元570）》，《南开大学学报（人文版）》1956年第1期。

克里米亚，从外蒙古的库伦延伸到马里和巴尔赫地区"①。

这条狭长的草原地带，东起蒙古高原，向西经过南西伯利亚和中亚北部，进入黑海北岸的南俄草原，直达喀尔巴阡山脉。除了局部有丘陵外，地势比较平坦，生态环境也比较一致。现在学术界所谓的欧亚大陆上的"草原丝绸之路"，指的就是以欧亚大陆草原为主线的一条东西向的古代通道。这条草原通道的东段经过蒙古高原，向南沿着河谷地带，如黄河、桑干河、永定河等，可以直接通达中国古代文化的核心地带黄河中下游地区。草原丝绸之路东段最为重要的起点是内蒙古长城沿线，也就是现今的内蒙古自治区所在地。这里是游牧文化与农耕文化交汇的核心地区，是草原丝绸之路的重要节点。这条通道被认为是绿洲丝绸之路出现之前，连接东西方文化的主要干线。东西方人类的最初交往，主要就是通过这个通道实现的。

早在旧石器时代，人类就已经在草原通道上往来迁徙。但那时的东西方之间的文化交流是极其微弱的。从新石器到青铜时代，草原通道逐渐成为一条独特的游牧经济带，东西方文化通过草原之路进行比较频繁的交流。至迟在公元前二千纪，中国北方游牧地区与黑海沿岸之间已经存在着一定的文化交往；中国中原地区已经通过草原之路与欧洲的最东部发生了文化联系。

早期的丝绸之路上并不是以丝绸为主要交易物资。前15世纪左右，中国商人就已经出入塔克拉玛干沙漠边缘，购买产自现新疆地区的和田玉石，同时出售海贝等沿海特产，与中亚地区进行小规模贸易往来。而良种马及其他适合长距离运输的动物也开始被人们所使用，使得大规模的贸易文化交流成为可能。阿拉伯半岛经常使用的耐渴、耐旱、耐饿的单峰骆驼，在前11世纪便用于商旅运输。双峰骆驼在不久后也被运用在商贸旅行中。另外，欧亚大陆腹地是广阔的草原和肥沃的土地，对于游牧民族和商队运输的牲畜而言可以随时随地安定下来，就近补给水、食物和燃料。这样一来，商队、旅行队或军队就可以进行长期、持久而路途遥远的旅行。

草原之路形成的历史原因，可以归结为自古以来持续不断的游牧民族的大迁徙活动。游牧于里海、咸海一带的斯基泰人和其他游牧民族是欧亚草原之路的开拓者和先行者。由于游牧社会"逐水草而居"的习性或其他自然灾

---

① ［法］勒内·格鲁塞著，蓝琪译：《草原帝国》，商务印书馆2004年版，第9页。

害等方面的原因，一批又一批游牧民族和部落在草原上迁徙，不断接触并沟通了其他地区的民族乃至农业社会。在这些游牧民族的努力下，草原丝绸之路最早出现在欧亚大陆上，成为促进人类文明聚合和发展的大通道。

中国中原地区在历史上一直与北方草原民族保持着频繁的接触。这种接触对于中国文化的发展有着重要影响。法国学者谢和耐（Jacques Gernet）说到游牧民族与中国中原文化的互动，指出：

> 中国人学会畜牧、骑术、使用马具和某些战术是应该感谢游牧者的。有些食谱和变成了中国人日常服装的长袍、裤子也学自游牧民。事实上，双方通过对峙线上只供使臣商人出入的"口岸"而转输的不仅仅是双方各自需求于对方的产品（丝织品、茶、盐、金银、马、驼、牛、羊）。正和欧亚大陆所有的农牧交界地区的情况一样，各种宗教、工艺也无不循着贸易商路而传播。①

雷海宗指出了游牧民族在沟通中西方的作用，强调他们与中国中原地区的联系。他说：

> 游牧部族的一个贡献就是他们作为亚欧大陆东西之间交通媒介的地位。自中国而中亚、伊朗、印度、而西亚、欧洲，交通和通商都须通过大草原的一部或全部。游牧部族维持东西的交通，对他们自己也是有利的，过路税形成他们一种重要财源。同时东西文化的沟通和交流，当然也经过这一地带。陆上交通线外，还有经中国海、印度洋而达波斯湾或红海的海上交通线，但海线成为东西之间主要的交通线，是16世纪后东西航线大通之后的事。在此以前，陆上交通线始终具有一定的重要地位。②

早在古希腊时代，前5世纪希罗多德在《历史》第四卷中就论述过草原之路。他还提到比他更早的前7世纪的希腊旅行家普罗康涅斯的阿里斯泰（Aristaeus）所写的题为《阿里玛斯波伊人》一书中的《独目篇》，也论及这

---

① ［法］谢和耐：《长城》，引自张广达：《西域史地丛稿初编》，上海古籍出版社1995年版，第380—381页。

② 雷海宗：《上古中晚期亚欧大草原的游牧世界与土著世界（公元前1000—公元570）》，《南开大学学报（人文版）》1956年第1期。

条路。按照希罗多德的论述，在前700年以前，有一条从黑海北岸出发，经过阿尔泰地区，到达蒙古利亚的草原之路。至少自黑海北岸至阿尔泰地区的路段，已为希腊商人斯基泰王国的商队所了解。现代学者根据希罗多德笔下草原居民驻地的分析，作出如下大致的推测：西从多瑙河，东到巴尔喀什湖，是宽广的草原之路，中间需要越过第聂伯河、顿河、伏尔加河、乌拉尔河或乌拉尔山。再往东，与蒙古高原相通的大道有3条：

第一道，在东及巴尔喀什湖西缘时，从东南折向楚河谷地，而后进入伊犁河流域。从这里沿着天山北麓一直向东，直到东端的博格达山以北。从博格达山北麓向北，还可以走向蒙古高原的西部。

第二道，从伊犁河流域偏向东北，进到准噶尔盆地，直抵阿尔泰山西南山麓；或者从东钦察草原东进至额尔洛斯河中游，沿着其支流的河谷和宰桑湖南缘进至阿尔泰山。在绵延的阿尔泰山脉上，有不只一处可以越过的通道。著名的达坂（山口）有3个，即乌尔莫盖提、乌兰和达比斯。

第三道，从东钦察草原东缘向东，渡过额尔洛斯河抵鄂毕河，然后沿着鄂毕河上游卡通河谷地进至蒙古高原。这条路上有阿尔泰山和唐努乌梁山之间的崎岖山地，相当艰险。①

草原之路的路线所经过的主要地区的民族，是被希腊人称为"斯基泰人"的雅利安系伊朗语族北支的各部落。2500年前，来自欧洲的斯基泰人在亚欧大陆之间的阿尔泰山地区开采宝石与黄金。黄金、宝石是最豪华的装饰品，深得草原游牧民族的喜爱，由此促进了草原地带贵金属冶炼技术的发展。这一时期，在亚欧草原的中部相继形成了早期的游牧文化，主要有卡拉苏克文化、斯基泰文化、科班文化、塞种文化等。这些文化最大的特点就是"野兽纹"艺术装饰风格的盛行，这些野兽纹装饰品大多以黄金与青铜为主要质地。这些贵重金属装饰品的交换与流通，既促进了不同地区的游牧文化的发展，同时也开辟了不同地区的商贸通道。在整个亚欧草原地带，相继发现装饰风格与造型相类的黄金饰品与青铜器，即是不同地带文化交流与商贸通道畅通的体现。斯基泰人充当了中西方之间交通和交流的媒介，充当了中国丝绸的

---

① 石云涛：《早期中西交通与交流史稿》，学苑出版社2003年版，第104—105页。

中介商和贩运者。最早的丝绸贸易就是从草原之路开始的。所以，学术界把"草原之路"又称为"斯基泰贸易之路"。

前7世纪开始，原居住在甘肃河西地带的塞种人循天山山脉，沿伊犁河流域向西进入楚河、塔拉斯河一带。2世纪中叶，又有部分月氏人和乌孙人先后沿天山北麓西行，抵伊犁河上源裕勒都斯河和特克斯河地区。3—5世纪，匈奴人、柔然人沿着这条通道进入南俄草原和东欧地区。苏联学者指出："从中亚来的，经由此路到拜占庭的永久贸易商路是存在的，这个贸易商路经由咸海、里海北岸，越过伏尔加河到北高加索。"①

在中国古代文献中，西汉时就有通过当时七河地区的乌孙至蒙古高原的记载，唐时称"回纥道"或"回鹘路"，从中原正北出，越过河套塞外，入蒙古高原、中西亚北部、南俄草原，西去欧洲的陆路商道。其中最重要的城市是讹答剌、塔拉斯、怛逻斯、碎叶、庭州（古车师）、丰州（秦九原郡）。匈奴以及其后的鲜卑、乌桓、柔然、白匈奴、悦般、突厥、回纥、黠嘎斯、粟特、乌孙、月氏、可萨、奄蔡和蒙古民族，都活跃在草原丝绸之路上。6世纪中叶，突厥人建立了突厥汗国，其疆域最盛时东尽大漠，西至里海，南抵波斯、印度，使许多草原和森林部落处于它的控制之下，加强了各种古代文明之间早已存在的联系。安史之乱后，陇右道在上元二年（761）至广德二年（764）陆续沦陷于吐蕃，传统丝路受吐蕃阻绝，唐人也不得不选择草原之路与西域城邦交流。到了辽代，草原之路进入全面繁荣时期，在北方草原地区，辽代和元代形成了几个国际大都市，辽上京、中京，元上都、集宁路等皆为当时世界有名的城市。辽朝与西方的往来主要依靠草原之路。而到了蒙古帝国建立后，中西交通大开，草原之路更是出现空前繁荣活跃的局面。

6. "玉石之路"与西玉东进

在世界文化史上，一个有意思的现象是：西方重金而中国重玉，黄金和玉石甚至被认为是以欧洲为代表的地中海文明和以中国为代表的东亚文明的一个分野。

---

① 峰巍撰，姚义田译：《出土中国镜的列别节夫卡坟》，引自中国中外关系史学会、暨南大学文学院主编：《中外关系史论》第11辑《丝绸之路与文明的对话》，新疆人民出版社2007年版，第4页。

玉文化是中国传统文化的重要组成部分。汉字"玉"是指"美石"。"玉，石之美"，是人类从旧石器时代进入新石器时代时，在选制细腻坚硬、色彩美丽的石器的劳动过程中所形成的有关玉的广义的观念。它体现了中国传统赏玉超越自然属性，包蕴精神品格的价值取向。

中国玉石开采历史悠久，分布地域极广，蕴藏丰富多样，为玉雕艺术发展奠定了雄厚基础。从大传统的视野看，在距今 8000 年到 4000 年，玉文化传播的主要方向性运动可以简单归纳为"北玉南传"和"东玉西传"。起源于北方西辽河流域的玉器生产以兴隆洼文化为开端，以玉玦为最初的主导性玉器形式，8000 年前出现在内蒙古东部地区，逐渐向西和南传播。在约 7000 年前达到浙江沿海一带，代表性器物是余姚河姆渡文化出土的玉玦。后又经过 2000 年的缓慢传播，玉器种类逐渐增多，在约 5000 年前的凌家滩文化和良渚文化达到史前玉文化生产的巅峰期。大约从距今 6000 年前开始，在东部沿海地区较流行的玉石神话信仰及玉器生产，逐步进入中原地区，形成龙山文化时期的玉礼器组合的体系性制度，并从中部地区进一步传到西部和西北地区，抵达河西走廊一带，以距今 4000 年的齐家文化玉礼器体系为辉煌期。考古学家郭大顺说："尽管在中国历史上单独划分出'玉器时代'难以取得共识，但这一时期的确是中华文明起源的一个显著特点，是中华文明所独有的。"[1]

从 4000 年前开始，出产于新疆昆仑山一带的优质和田玉，向中原进行了大规模的输送。"我国玉材的选用，以新疆和田玉大规模进入中原为标志划为两个阶段，前为'非真玉时代'，后为以和田玉为主体，兼有岫岩玉、南阳玉的'真玉时代'。和田玉进入中原，始于仰韶文化时期，殷商出现高潮。"[2]

和田玉古称"昆山之玉""塞山之玉"或"钟山之玉"，分布于新疆莎车—塔什库尔干、和田—于阗、且末县绵延 1500 千米的昆仑山脉北坡海拔 3500 米至 5000 米高的山岩中。《山海经·西山经》记载："南望昆仑，其光熊熊，其气魂魂。西望大泽，后稷所潜也。其中多玉。"相传羲皇授予大禹玉简书，晋王嘉《拾遗记·夏禹》记载："又见一神，蛇身人面。禹因与语，神即示禹

---

①　郭大顺在 2004 年 5 月中国玉文化玉学第四届研讨会上的发言。

②　邵学海：《先秦艺术史》，山东画报出版社 2010 年版，第 185—186 页。

八卦之图……乃探玉简授禹，长一尺二寸，以合十二时之数，使量度天地。禹即执持此简，以平定水土。蛇身之神，即羲皇也。"《穆天子传》记载，周穆王与西王母在昆仑之巅的瑶池把酒临风，接受西域诸国的朝拜，并说："昆仑之丘，群玉之山，取玉三乘，载玉万只。"

文中的"钟山"即今阿尔泰山。这则记载说有关明昆仑山之玉的信息可上推至黄帝时代。《史记·李斯列传》有"陛下致昆仑之玉"的记载，可见秦统一中国之前，已有新疆玉输入秦地。《尸子》说："取玉甚难。越三江五湖，至昆仑之山，千人往，百人反，百人往，十人反。"可见战国时就有商旅往返贩运玉石，行程艰难，只有十分之一的人能回来。

西北地区玉器始见于甘肃秦安大地湾仰韶文化，以齐家文化玉文化为其盛期，以璧、琮为代表，另有玉围圈及多璜联璧等具有特色的玉器，其玉石主要产地为昆仑山、金山、格尔木、祁连山和玉石山以及四川汉川龙溪等地。齐家文化因占据河西走廊的特殊地理位置，成为新疆和田玉输入中原地区的中间环节。自齐家文化以后，遥远的新疆就成为中原华夏王朝不可或缺的战略资源供应地。而经过儒家君子观"温润如玉"理念的熏陶，出现了和田玉独尊的现象。河南省偃师二里头文化遗址出土的白玉柄形器，就是用和田白玉制成，属于早商时代的遗物。河南安阳妇好墓、湖北随州曾侯乙墓、江苏徐州狮子山楚王墓等，出土过大批和田玉器珍品。妇好墓出土的755件玉器中有一部分也是和田玉，其中玉怪鸟饰、玉羊首饰等多件玉器是由和田白玉制成的。妇好墓中出土有较多的用和田玉琢成的玉器，证实和田玉输入殷墟最迟在殷王武丁时代。据"夏商周断代工程"的学者推算，武丁在位的绝对年代为前1250至前1192年。

从出土的商代玉器中，可以推断和田玉已经开发、生产并应用于商代玉文化各个领域。这说明至少在前13世纪，中国就已经开始和西域乃至更远的地区进行商贸往来。前11世纪末，周武王攻入商都朝歌，纣王被迫自焚。《逸周书·世俘解》说："时甲子夕，商王纣取天智玉琰五，环身厚以自焚。凡厥有庶，告焚玉四千。五日，武王乃俾于千人求之，四千庶（玉）则销，天智玉五在火中不销。"

纣王在自焚时，烧掉了除天智玉之外的所有宝玉。《逸周书·世俘解》讲完商王自焚一事，接着叙述的就是周王继承宝玉一事："凡天智玉，武王则宝与同。凡武王俘商旧玉亿有百万。"这里"上亿"件的玉器数量让后人百思不得其解，有各种不同的解释。黄怀信依照各类书的引文校注认为，这一句话在"俘商旧"后面脱落了"宝玉万四千佩"6字。"百万"当做"八万"。翻译成现代汉语应是："凡属天智玉，武王就与宝玉同等看待。"武王一共缴获商朝的旧宝玉1.4万枚、佩玉18万枚。这也可见其数量之巨了。①

玉石是中原文明最渴望得到的战略物资，对于建构中原王权意识形态起到重要的作用。甲骨卜辞记载武丁时四处"征玉"和"取玉"，即以军事抢掠玉材。周穆王西去昆仑山之前，要先循着黄河流向去探索古老的"玉石之路"，所以他从中原出发的第一站不是向西进入甘肃，而是向北去往河套地区。有学者认为，周穆王沿着黄河而去西域的支配性要素，就是华夏先民关于"河出昆仑"和"玉出昆岗"的神话地理想象。西周时期的高等级墓葬，如三门峡虢国墓和山西曲沃晋侯墓，出土玉器数量庞大且制作精致，几乎清一色用和田玉。"从周王朝开始，昆山之玉就是王室竭力追求的西方宝货了。"② 到了战国、秦、汉时期，新疆和田玉应用普遍，证明新疆和田玉已经取代了较次的玉品种。《史记·大宛列传》记载："汉使穷河源，河源出于阗，其山多玉石。"自张骞出使西域以来，新疆和田玉源源流入中原，成为中国玉料源的主要产地。长沙马王堆汉墓出土的"金缕玉衣"用数千块优质和田玉连缀而成，历经2000余年光彩依然。

有种观点认为，由于和田玉的输出，早在6000多年前便形成一条从西域到中原的"玉石之路"。从全球范围看，比丝绸要早得多的跨地区的国际贸易对象是玉石，以及由玉石资源开发所派生的金属矿石。在欧亚大陆，始终存在一条经济大动脉，从东向西，携带和贩售的商品是丝绢等纺织品；从西向东时携带和贩售的商品是和田玉。西方人自古就艳羡来自中国的丝绸，而中原人则自古就喜欢产自西域的和田美玉。通过活跃于西域和中原间的商旅与部族频繁交换，三四千年前，从昆仑山到中原的玉石之路开通，大致由于阗起，向东一支经且末、罗布淖尔，沿阿尔金山蜿蜒前行，另一支经昆岗、龟兹、高昌、伊吾，横越星星峡。它们在玉门关会合，再继续向东延伸，穿雁

① 黄怀信：《逸周书汇校集注》，上海古籍出版社1995年版，第436页。
② 沈福伟：《中西文化交流史》（第2版），上海人民出版社2006年版，第26页。

门关到长安、洛阳。玉门关位于敦煌西北 90 千米，相传两汉时西域和田等地所产的玉石必经此关方能进入中原内地，其命名"玉门关"应是因和田玉的缘故。"玉石之路"的文化、政治、经济和历史意义应该远远胜于丝绸之路。"玉石之路"和"丝绸之路"，通过商品和文化媒介物，跨越时空及地域的局限，联结着西域与中原、东方古国与西方世界，为中国内部自身、中国和外部世界的文化交流作出了无法估量的贡献。

7. "青铜之路"与中国青铜文化起源

青铜文化是世界范围的一个普遍文化现象。中国的青铜文化起源于黄河流域，始于前 21 世纪，止于前 5 世纪，大体上相当于文献记载的夏、商、西周至春秋时期，经历了 1500 多年的历史。早在《史记·封禅书》中就有"黄帝采首山铜，铸鼎于荆山下"的记载。

中国步入青铜时代，经历了几个不同的发展阶段。早期以河南偃师二里头文化为代表，年代大约在前 2080—前 1580 年，加上山西夏县东下冯文化、山东岳石文化、辽宁长城东边的夏家店下层文化、黄河上游的四坝文化等，相继出现了品类繁杂的青铜制品。上述遗址的考古年代，正好在历史记载的夏王朝纪年范围内，说明夏代的制铜业已经有了一定的开展。商代早期，大约前 16—前 13 世纪，以河南郑州二里冈文化为代表，青铜器数量大增。到商代晚期至西周前期，约前 13—前 10 世纪，中国青铜时代达于鼎盛，青铜铸造工艺相当成熟，出土大量的精美青铜礼器、武器与工具。这时的青铜文化以安阳殷墟为代表，这里是商王朝的政治统治中心，也是青铜铸造业的中心。

殷墟是中国商朝晚期的都城遗址，是中国历史上第一个文献可考，并为考古学和甲骨文所证实的都城遗址，商代从盘庚到帝辛（纣），在此建都 273 年。殷墟遗址出土的数量可观的青铜器，大致可分为青铜礼器、青铜武器和工具、马车或木器上的青铜制品、纯粹为死者陪葬的冥器。青铜礼器量最多，种类主要有鼎、尊、觚、爵、斝、方彝、盘、盂、觯、壶、簋、甗、卣，等等。大部分青铜器物上有华丽图案装饰，象征着深刻的社会和历史意义，其中占主要位置的纹饰是一种被称作为"饕餮"的神兽纹样。以后母戊鼎为代表的殷墟青铜器，采用独有的片范铸造法和复杂的铸铜工艺，达到了古代东方青铜铸造技术的高峰。在殷墟被发掘的区域里，还发现有大型铸铜作坊，其中有大量的铸铜范块、泥模、坩埚、鼓风嘴等，还有锡锭与孔雀石之类铸铜原料，充分证明了当时制铜业的发达。学者推测，当时的工匠们已经学会了在矿石的产地进行冶炼粗加工，然后把加工过的粗铜、粗锡、粗铅运到这里，进行配比熔炼。翦伯赞指出：在商代，"炼铜遗址之普遍，炼铜规模之宏大，铜器的种类之繁多，铜器的应用之广泛，铜器的生产量之庞大，铜器的制作技术（如选矿、冶炼、范铸、镂刻、锤击等）之精巧等，实足以确切地证明殷代已经是青铜器文化时代"[1]。翦伯赞还指出："殷墟出土的青铜器，已经不是低级水准的青铜器，而是高度发展的青铜器。无论从其形制抑或从其数量与器类乃至从其所表现之艺术看来，都证明它已臻于完全成熟的时期。像这样高级水准的青铜器文化之出现，诚如李济氏所云：'这不是短时期能做到的。换言之，殷商的铸铜业，没有长期的培养，决不能达到这种境界。'"[2]

世界不同地区进入青铜时代的时间并不相同。从全球范围看，安列托利亚半岛是最早冶铸青铜器的地区，目前发现有前6000年的青铜器。两河流域的美索不达米亚地区在前3000年进入青铜时代，发明了范铸法和失蜡法，不同比例的砷青铜、锡青铜、铅青铜和铅锡青铜也相继发明。在此之前还有一个上千年的铜石并用时代，亦称"红铜时代"。前2000年前，西亚已进入青铜时代的鼎盛时期，主要的青铜冶铸技术均已发明，并对周围世界产生了重大影响。在此后的数千年间，随着西亚文化的扩散，冶金术随之外传，进入东南欧的多瑙河中游、高加索和中亚的广大地区，乃至欧亚交界的乌拉尔一带，并继续东渐，进入新疆和河西走廊一带。古代中国使用铜、青铜以及进入青铜时代的时间稍晚于其他古典文明。

"草原丝绸之路"，或所谓"欧亚草原通道"，这条草原通道的东段经过蒙古高原，向南沿着河谷地带，可以直接通达中国古代文化的核心地带黄河中下游地区。这条通道被认为是在"绿洲丝绸之路"出现之前，连接东西方文化的主要干线，鄂尔多斯是这条干线上的一个中心点。人们很早就注意到，欧亚草原上的青铜器有着许多共同的特征。在鄂尔多斯出土的青铜器，被中外考古学家命名为"鄂尔多斯式青铜器"，现在也被人称为"北方系青铜器""中国北方青铜器"或"中国北方青铜文化"。鄂尔多斯式青铜器多为便携带

---

[1]　翦伯赞：《中国史论集》（合编本），中华书局2008年版，第61页。
[2]　翦伯赞：《中国史论集》（合编本），中华书局2008年版，第64页。

的小件，典型的有兵器类如铜短剑、铜刀，装饰类如头饰、铜饰牌，其中铜短剑和铜饰牌的数量较多。"关于鄂尔多斯式青铜艺术的起源，主要有两种观点。一种认为鄂尔多斯式青铜器是'从黑海沿岸的斯基泰发源，从西向东顺次流传的'，并将鄂尔多斯式青铜器命名为'斯基泰—西伯利亚文化'，鄂尔多斯式动物纹命名为'斯基泰—西伯利亚野兽纹'；另一种观点，苏联学者戴甫列特在其《西伯利亚的腰饰牌》一书中认为，鄂尔多斯青铜艺术是欧亚草原和山地古代居民模仿和借鉴的对象。"①

因而有学者提出另外一个中西交通的概念——"青铜之路"，认为在前2000年左右，西亚、中亚、东亚之间存在着一条东西文化交流的"青铜之路"。

所谓"草原丝绸之路"或"欧亚草原通道"，或者前面说到的"玉石之路"，再或者"青铜之路"，实际上是在说明，在人类文明起源的初期，在广阔的欧亚大陆上，就已经有各民族的迁徙、对话与交流。这个交流是通过贯穿于欧亚大陆的交通通道进行的，而这个交通通道可能并不是一条单一的道路，而是一个相对发达的纵横交错的交通网络。征战、迁徙、贸易、游牧，以及在这个过程中各民族先民之间的接触、碰撞、交流、对话，发生在这样的交通网络上。有的学者甚至认为，在这样广阔的交流中，已经形成人类最早的世界体系。美国学者安德烈·冈德·弗兰克（Andre Gunder Frank）提出了"世界体系不是500年，而是5000年"的观点，认为早在5000年前的青铜时代，中国与西亚之间就开展了以青铜、牲畜和粮食为主要符号的文化大交流，形成了青铜时代的"世界体系"。易华更是认为："大约5000年前西亚和中亚部分地区已进入青铜时代，逐渐形成了世界体系。大约4000年前东亚开始进入青铜时代世界体系，和欧洲一样，东亚也是这个体系的边缘地区。从出土的石器、陶器、玉器、作物、居住方式等来看，三代文化显然是东亚新石器时代定居农业文化的继续，但是新出现的青铜器、金器、牛、羊、马等表明受到了中亚青铜游牧文化的明显影响。只有将东亚置于青铜时代世界体系才能透视中国原史或三代史。……考古学发掘和研究表明夏朝建立之前东亚尚未有游牧与农耕之分，正是夷创造了东亚新石器时代定居农业文化，夏或戎狄引进了青铜时代游牧文化。夷夏结合与转换开创了中国的历史，形

① 邵学海：《先秦艺术史》，山东画报出版社2010年版，第329页。

成独特东亚文化传统。"①

在青铜时代的"世界体系"中，在"青铜之路"上，交换和交流的不仅是青铜器及其制造技术，而是一个大的文化丛，包含着植物、家畜、石器等方面的传播，实质上是游牧文化与农业文化的一次大交流。"牛羊往来，骏马奔驰，麦浪滚滚，欧亚非三洲之间并无明确的分界线，旧大陆已形成连续互动的体系。"②

国内外有一些学者主张青铜冶炼铸造技术是由西向东传播的，认为金属冶炼技术在前 2000 年左右经高加索或伊朗传入中国。他们认为冶金术这样重大而复杂的发明在人类发展史上不可能是多元起源，就像水稻起源于中国一样。他们认为就目前的考古材料而言，中国早期铜器很可能是通过草原通道进来的。他们依据的理由是，在仰韶和龙山时代，西北地区的文化大大落后于中原，但其冶金术的发展却表现出超乎寻常的进步。西北，特别是新疆地区青铜时代遗址的发掘和研究填补了青铜冶铸技术由西向东传播的空白。古墓沟文化遗址的发掘和研究表明大约前 2000 年前新疆部分地区已进入青铜时代，且与中亚、西亚、中原均有联系。安德罗诺沃文化在欧亚大陆青铜文化传播过程中起了关键作用，对新疆青铜文化的影响是明显的，欧亚大草原的牧羊人创造和传播了安德罗诺沃和塔里木盆地的青铜文化。新疆地区与甘肃地区青铜文化的联系亦异常密切，四坝文化、齐家文化、朱开沟文化是青铜文化由西北向西南、东北、中原传播的中继站。这就是说，从乌拉尔到黄河流域在考古冶金学上已没有明显的缺环。

在前二千纪欧亚草原的青铜文化中，中国北方青铜器与南西伯利亚卡拉苏文化有着许多相似之处，主要器物有：青铜短剑，以铜柄与护手（格）铸为一体为特征，剑身与柄之间有凸齿；管銎战斧，此种战斧除了有较长的管銎外，还具有刃狭身厚的特点；青铜小刀，刀身与刀柄连铸，刀身与刀柄之间有舌状突，刀背呈弧形；铜锛，锛的后部有銎；弓形器，此种器物用途不明，有人认为它系在腰上用来系挂马缰的，有人认为它是弓的辅助工具，也有人认为它是用在旗帜上的；此外，还有带耳铜斧以及一些青铜饰物等。

① 易华：《夷夏先后说》，民族出版社 2012 年版，第 240 页。
② 易华：《夷夏先后说》，民族出版社 2012 年版，第 271 页。

欧亚草原上的青铜器具有一些共同的游牧生活特征，如青铜器上多有环或钮，以便悬挂。从艺术上看，这些青铜器的纹饰也非常相似，例如青铜短剑及刀柄上往往饰有各种动物，这些动物一般双眼突出，两耳竖起，动感很强。在国外，欧亚草原上的这种动物纹饰被称作"野兽纹"，我国学者则称之为"动物纹"，因为在这些动物形象中，除了野兽外，还有家畜。上述这些具有共同特征的青铜器在草原通道上分布很广，从中国北方到黑海沿岸都有，特别是乌拉尔南部地区图尔宾诺文化中的塞伊马类型青铜器，与克拉苏文化青铜器及中国北方青铜器有不少相似之处。而且，有些类似的青铜器还出现在中国中原地区的殷墟文化中。

李济在《殷墟铜器五种及其相关之问题》一文从殷墟中矢镞、戈、矛、刀削、斧斤5种铜器的形制探求其演进程序，其中仅戈为在中国本土发生成长之物，其他4种在欧洲皆有独立成长之历史，而在殷墟则为较成熟的形制，或与其晚期成品相当。如殷墟带刺有脊的矢镞，其脊、刺、茎三者，在欧洲则各有其独立演进之过程，而殷墟则为此三式之复合型。又如殷墟之矛有箭，箭旁有两环，与不列颠形制同，是欧洲最普通之兵器，且为其最晚期之物。欧洲及小亚细亚之有青铜器约在前3000年以前，远较殷墟时代为早。西伯利亚出土之铜器，皆有与殷墟相似可相同之形制。因此，李济认为，殷墟铜器必非自中国本土孕育而成，其冶铜技术可能由外而来。

法国历史学家勒内·格鲁塞（René Grousset）认为，鄂尔多斯的青铜文化是"草原风格化动物艺术的一个分支"。"在鄂尔多斯，草原风格化动物艺术与中国美学发生接触，它与中国艺术互相影响，互相作用。"他还指出："根据考古学的研究，蒙古和鄂尔多斯地区的匈奴艺术似乎与斯基泰艺术一样的悠久。"他还引述了其他一些学者的研究，如日本考古学家梅原末治认为，鄂尔多斯艺术对名为"战国时期艺术"的中国风格产生了很深的影响，战国艺术至少是从前5世纪开始繁荣的。梅原末治认为，鄂尔多斯的第一批青铜器始于这一时期。"考古学们一致同意：鄂尔多斯艺术的影响是引起古代中国青铜器从'中周式'向'战国式'变化的因素之一。"①

青铜镜也广泛分布于欧亚大陆，中原较早的铜镜见于殷墟妇好墓，可能

---

① ［法］勒内·格鲁塞著，蓝琪译：《草原帝国》，商务印书馆1998年版，第49—50页。

源于齐家文化。宋新潮指出，以水鉴容是中原农业民族传统的映像方式，用金属铸造镜子则可能首先为西北游牧民族所发明，殷商时期铸镜照容才传入中原，直到春秋以前在中原地区尚未流行。① 二里头文化铜镜的十字纹和齐家文化铜镜的七角星几何纹正是巴克特利亚青铜文明的典型标志。

国内外也有一些学者坚持认为中原是青铜文化的起源地之一。许倬云指出："中国青铜的起源，过去颇多'外来说'的聚论。近年来考古发掘出土的新资料，说明中国境内在青铜文化形成以前，曾有其萌芽阶段。现在青铜在中国本土形成的理论，有比前更具说服力的证据及逻辑。在陕西、甘肃和山东，分别有早到西元前三千年的铜刀铜镞出土。先商文化只有小型铜刀即铜镞。早商文化以郑州遗址为代表，其早期的铜器中也罕见容器，早商文化的晚期则已有成套的青铜礼器。盘庚迁殷以后，可称谓商代后期，以殷墟文物为代表，青铜礼器、兵器及工具都已司空见惯，至今已有数千件出土。整个商代，青铜器甚多在当地铸造。"②

但中国的青铜器确实要比西亚晚 1000 年左右。大约 4000 年前中国进入青铜时代，商周之际的中国青铜文化达到鼎盛时期，在青铜铸造方面取得了辉煌的成就，在工艺美术方面也有独到之处。青铜鼎、鬲、爵、戈等是中国人偏爱的器物，很可能是中国制作的。商代后期青铜器的制作，其技术水平超过了在它以前进入青铜时代的埃及和巴比伦，并以中原地区为中心，向四邻地区扩散。广泛分布于欧亚大草原的青铜镀亦可能源于中原，被认为是马具、野兽纹、兵器三大特征之外的第四个反映游牧文化的显著特征。在这一过程中游牧民族起到了桥梁作用，并且从中充实和改进了自己的技术装备。

有的学者提出了一种折中的观点，认为在中国北方地区，草原游牧文化与中原农业文化直接接触融合。中原殷商文化通过中国北方青铜器而影响草原通道上的青铜器，草原通道上的青铜器也通过中国北方青铜器而影响殷商文化。而且，草原游牧文化中的许多青铜器最先出现在中国北方地区，然后分别传播到草原通道上的其他地方以及中原地区。例如，殷墟出土的青铜短剑、小刀、管銎战斧、弓形器以及一些饰物等显然来自北方青铜器。同样，

---

① 参见宋新潮：《中国早期铜镜及其相关问题》，《考古学报》1997 年第 2 期。

② 许倬云：《西周史》（增订本），生活·读书·新知三联书店 1994 年版，第 18—19 页。

北方青铜器也受到殷商青铜文化的影响，例如北方青铜器中铜斗的产生、啄戈结合体的出现。草原通道上广为流传的青铜器，实际上有着不同的起源地，有的产生于中国中原或北方地区，有的源自米努辛斯克盆地或黑海北岸，还有的可能源于中亚甚至西亚。

实际的情况可能是，北方草原文化带来了青铜文化，在中国中原地区与本土文化相结合，进一步地得到改进和发展，形成具有中国特色的青铜文化。我们在许多地方都看到相似的情况，一种新文化进入中国文化系统之后，往往又有一个继续改进、再创造和再发明的过程。美国汉学家拉铁摩尔（Owen Lattimore）指出：

> 商朝青铜器的质地不但高，而且一般都公认中国青铜器的年代愈古老，其制作与艺术愈精。这是一个强有力的理由，使人相信中国铜器的使用是突发的，铜器技术是以很发达的形式输入中国，也许是由入侵者带进来的。入侵的路线，则是由中亚的绿洲到中国的西北。
>
> 铜器输入中国时，其技术的发展还很低，其输入的原因不是由于高水平文化的征服，而是经由一个文化传播、文化学习的过程。这就牵涉到一个重要的假定：制作铜器的知识在经过黄河流域西部新石器时代居民的地区时，由于极低落的文化水平，他们无法对其进行利用。而到黄河中游地带时，那儿的新石器文化进化得很高，这些高文化的居民不但在他们得到铜器的知识时即能利用，而且其文化之进步使他们在短时期内就对这个粗陋的输入技术进行了改良，致使今天的考古学家凭据现存的材料，以为这个技术在输入中国时就已经很发达了。[①]

无论如何，在青铜时代，中国与欧洲之间已经有了一定的联系。西方学者詹斯（O. Jause）在其研究论文中证明从商代以前直到周代，欧洲和中国在器物方面有实质上的一致性。詹斯指出：下述每一种形状的刀剑，在欧洲和中国并且有时也在中间的草原地带广泛流行：（1）具有兽角柄头的双刃剑；

---

① ［美］拉铁摩尔著，唐晓峰译：《中国的亚洲内陆边疆》，江苏人民出版社 2005 年版，第 171—172 页。

（2）具有环形柄头的双刃剑；（3）剑鞘带上附有形状相同而复杂的青铜制或玉制装饰品；（4）剑鞘上的小片附属物或楔形物。詹斯还讨论了一些奇特的十字形管子或扣子，它们可能是马具的残片或饰物。这些东西是中国青铜器时代和欧洲哈尔希塔特文化所特有的。[①]

李约瑟在引述了詹斯的上述研究成果后指出，这些材料说明"旧大陆的两端几乎同时出现相似的思想和技术。詹斯着重指出，远古时代并没有什么独立的民族国家的边界，足以阻止横越广大草原地带（从波罗的海和喀尔巴阡山伸展到鄂尔多斯）的传播和交流。……他也敏锐地观察到，哈尔希塔特文化以及和它对应的中国文化，两者都在一开始便和食盐、炼铁结下了不解之缘。他还注意到，两者都喜欢黄色的琥珀"[②]。

和夏商青铜文化同时，在欧亚大陆上还有两个青铜文化中心。一个是在西伯利亚南部叶尼塞河上游的米努辛斯克盆地发展起来的阿凡纳西沃文化（约前2000—前1500）和继起的安德罗诺沃文化（前1500—前1200）、卡拉苏克文化（前1200—前700）；另一个是有悠久历史的以南土尔克曼为中心的纳马兹加Ⅴ期和Ⅵ期文化（前2000—前1000）。南土尔克曼以红铜文化著称，它与已经发现红铜文化的河北唐山、内蒙古伊金霍洛旗以及河西走廊之间，有可能在前2000年以后已经有了些许接触。前2000年末到前1000年初，在费尔干那正在形成楚斯特文化，纳伦山口的遗物表明，这一文化和中国文化有某种程度的联系。[③]

商文化与卡拉苏克文化的联系就比较明显了。在叶尼塞河流域发现的卡拉苏克文化遗物中有陶鼎和陶鬲，还有青铜弯刀和半圆形装饰品。这种半圆形装饰品在鄂尔多斯发现过，在蒙古出现过它的过渡形态，是由河套地区向北传播的。卡拉苏克文化遗存受到商文化同型器物的直接影响。青铜小刀和两头弯曲中间平直的弓形器酷肖安阳发掘品，青铜矛和铜镞与商代铜矛相似。商代晚期出现的北方曲柄剑，分布区远达蒙古和外贝加尔地区。卡拉苏克文

---

①　参见［英］李约瑟著，袁翰青译：《中国科学技术史》第1卷，科学出版社、上海籍出版社1990年版，第162—163页。

②　［英］李约瑟著，袁翰青译：《中国科学技术史》第1卷，科学出版社、上海籍出版社1990年版，第166页。

③　参见沈福伟：《中西文化交流史》（第2版），上海人民出版社2006年版，第8页。

化的凹格短剑，塔加尔文化（前800—前100）的兽形柄顶短剑和T字形柄顶短剑，与西周时期流行于中原和北方的柳叶剑相似。可见商文化在北方的传播，达到叶尼塞河上游和阿尔泰地区。① 纪宗安指出："卡拉苏克文化正值我国殷商和西周时期，大批北方的狄人部落迁居到南西伯利亚，包括以西的广大草原地区，把中国文化，特别是青铜铸造技艺传到了欧亚草原，不但推动了当地社会经济的发展，而且也促进了东西方经济文化的早期交流。"② 另外，欧洲的哈尔希塔特文化时代（约前10世纪—前5世纪）的丹麦出土的兽角把头（作双环形）青铜双刃剑和俄罗斯出土的环状把头青铜剑，与中国出土的同类青铜柳叶剑相似。哈尔希塔特文化的这类青铜剑有双环柄把、半月形护手，或环状柄把、椭圆护手，与当地传统产品不同，别具一格，明显受到中国中原地区和北方地区流行剑式的影响。中国青铜器传入南俄罗斯和欧洲的还有剑鞘带上所附形状对称图纹繁复的铜制或玉制饰品，祭祀用的青铜斧钺，器身细长的带扣项圈等。

也有学者持相反的意见，认为青铜短剑等器物正说明西亚和中亚青铜文化向中国的传播。青铜短剑是古代游牧武士随身携带的武器，广泛分布于欧亚大陆，其中西亚和中亚的短剑较为古朴，东亚的剑种类繁多，且异常精致。美国学者狄宇宙（Nicola Di Cosmo）指出：

> 这一系列相似之处表明，中国的"北方地带"与外界有着广泛的文化交流，而且有可能成为新技术输入和输出中国的枢纽。③

林梅村在《商周青铜剑渊源考》中指出："大量证据表明，商末周初突然出现于中原的青铜剑是中外文化交流的产物。"一般认为柳叶剑或偏颈剑为众剑之祖，其具体的起源地还难以确定，但国内外多数学者认为不太可能起源于东亚地区。林梅村将考古学与语言学相结合，论证了中国佩剑之俗起于西北游牧民族，而青铜剑在商周之际传入中国北方草原、巴蜀地区和中原，与印欧人在东方的活动有关。林梅村在《唐西域与古代文明》中说：

---

① 参见沈福伟：《中西文化交流史》（第2版），上海人民出版社2006年版，第11页。

② 纪宗安：《9世纪前的中亚北部与中西交通》，中华书局2008年版，第41页。

③ ［美］狄宇宙著，贺严、高书文译：《古代中国与其强邻：东亚历史上游牧力量的兴起》，中国社会科学出版社2010年版，第35页。

丝绸之路流行的 17 种古代东方语言或方言中的"剑"无一例外都源于古印欧语。古代印欧人最初是游牧民……公元前 1500 年前后，欧亚草原的古代游牧部落不断分化，并向四方迁徙，史称"雅利安人大迁徙"。①

林梅村指出的这种语言现象，是印欧人在向周围迁徙过程中与不同地区居民发生交往在语言上的表现，也可说是柳叶剑传播的语言学地图。汉语对"剑"的称呼很可能来自吐火罗语月氏方言，匈奴人对剑的别称"铤"亦然。剑在古代汉语中又称"径路"或"轻吕"，显然是外来词。汉代匈奴将"径路神"当做九天神之一，是战神的代名词，在汉匈重叠的地区有祭祀剑神的寺庙。《汉书·地理志》说："云阳有休屠金人及径路神祠三所。"这是古代波斯和斯基泰人剑崇拜文化的延续。

考古资料表明，青铜柳叶剑和青铜管銎斧最早产生于西亚杰姆迭特·那色文化（前 3100—前 2900），是当时普遍使用的短兵器，后经伊朗高原传播到中亚、南西伯利亚和蒙古高原。这两种兵器的传播是在印欧语人大迁徙的背景下进行的，后来被广布于欧亚大陆的印欧语系游牧人普遍使用。所以，与印欧语人有关的青铜文化中基本上有这两种兵器出土。其向我国的传播大致是由伊朗洛雷斯坦文化（前 15 世纪—前 7 世纪）到中亚的马尔基安纳文化，再到南西伯利亚的安德罗诺沃文化，最后，通过我国北方的鄂尔多斯青铜文化的中介作用，约在周代传入中原地区。古吐火罗人很可能在这一传播过程中起了重要作用，他们在四坝文化衰落后，一度东进到鄂尔多斯草原，但前 13 世纪鄂尔多斯文化的兴起，遏制了古吐火罗人向东迁徙并使其向南发展。四川成都十二桥遗址和广汉三星堆遗址出土的晚商柳叶剑和模仿柳叶剑的玉剑大概与古吐火罗人向南迁徙有一定的传承关系。

自 20 世纪 50 年代以来，在中国北部草原地区发现了一批商代中晚期的青铜短剑，它们是目前所知中国最早的铜剑，而曲柄短剑则是其中最重要且极富特色的一种类型。这种铜短剑整体合铸而成，剑柄略微弯曲，柄首做成兽头形或铃形；茎呈椭圆形，饰几何纹，个别剑的茎部并有长条形镂孔；刃身呈宽叶形，茎与身相交处向两侧各凸出一个突齿；通长一般为 20—30 厘

---

① 林梅村：《汉唐西域与古代文明》，文物出版社 1998 年版，第 58 页。

米。由于曲柄短剑出土时常有商代晚期的青铜礼器伴出，因而一般认为其年代大致相当于商代晚期，至迟在前 12 世纪已经出现。而从出土的短剑实物看，其铜质较优、形制规整、铸造精细，不少剑仍颇为光亮，很少锈蚀，体现了较高的制作技艺，说明在此之前已有一个发展过程。

约在商代晚期前后，北方草原地区还出现了一些直柄式的青铜短剑。20世纪 80 年代初在内蒙古伊克昭盟伊金霍洛旗的朱开沟遗址发现一件直柄铜短剑，长约 25 厘米，剑格呈双翼形，柄首呈圆环形，茎部缠绕细绳，以利握持。从出土地层和伴出器物判断，年代有可能早至商代中期。就具体器物的绝对年代来说，这应是中国境内已知的最早一件铜剑。相似的铜短剑在北京北郊的昌平县白浮村西周初期墓中也发现 6 件，皆是直柄直身，多数有翼形格，但柄首或做成蕈（蘑菇）形，或以圆雕动物头像（鹰头、马头号）为饰，茎部或作出长条形镂孔，或装饰几何纹，与朱开沟之剑略异。此外，辽宁建平县烧锅炉营子出土一件铜短剑，直柄，柄首呈兽乳形，有翼形格，与昌平之剑极相似。

北方地区发现的早期青铜短剑，无论是曲柄剑还是直柄剑，均以动物形象进行装饰。其手法非常一致，柄首雕铸成兽头形，计有羊、鹿、马、鹰等种；风格基本写实，但羊、鹿的角部常予以夸张变形，极具表现力，构图对称，富于装饰性。这些以青铜材料凝固下来的动物形象，显明地表现出铜剑的文化属性。北方游牧民族的青铜器还常以几何线条构成的简洁图案进行装饰，常见的几何纹有：长条纹（弘纹）、横格纹、锯齿纹、米点纹、螺旋纹等，直线多而曲线少。北方地区出土的上述铜短剑，茎部大多装饰有这类花纹。此外，这些青铜短剑的铃形、蕈形和兽乳形柄首，一般也被认为是具有草原特征的装饰。

还有的学者从西南方向讨论青铜短剑的来源。这种观点认为，大约在前三千纪中期，柳叶形青铜剑出现在印度河文明中，这种剑形在印度地区一直流行到前 1500 年。而柳叶形青铜剑在古蜀地区的出现年代应当在中商时期，大约在前 1300 年。古蜀青铜剑的形制是扁茎、无格，剑身呈柳叶形，茎与身同时铸成。在成都市十二桥商代建筑遗址内出土的蜀式柳叶形青铜剑，茎上无穿，是这种剑形的早期形制，在四川广汉三星堆一号祭祀坑内出土的 1 件残长 28.2 厘米的柳叶形玉剑，形制与十二桥青铜剑几乎相同，只是三星堆玉剑的茎上有一圆穿。因此，从柳叶形青铜剑的产生、发展、分布及其年代等情况来看，中国西南地区这种剑形，应是从古代印度地区传入的。研究者进一步提出，柳叶形青铜剑传入中国西南古蜀地区的可能路线有两条：一条是从西亚、中亚经过南亚传入中国西南成都平原，另一条是从西亚、中亚经过阿尔泰地区或北方草原地区折而向南，通过甘青高原沿岷山山脉南达四川盆地，而后为古蜀文化所吸收。不过，这种研究不能否定青铜短剑从北方草原向中原的传播，但似乎可以说明，青铜短剑进入中原，可能有多种渠道或传播路线。

9. 马车从西方驶来

青铜时代最重要的发明之一是双轮马车。造车技术集中体现了各种古代制作、特别是机械制造的工艺水平。

中国在夏代就已经开始造车。关于车子在我国的发明与使用，古代文献多有记载，有黄帝、夏禹等发明车的说法。刘熙《释名》说："黄帝造车，故号轩辕氏。"类似的记载也见于《易系辞传》《汉书·地理志》《历代帝王年表》等。《路史·轩辕氏》将古人"见飞蓬转而为车"的想象加入黄帝的传说之中，说："轩辕氏作于空桑之北，绍物开智，见转风之蓬不已者，于是作制乘车，栝轮璞，较横木为轩，直木为辕，以尊太上，故号曰轩辕氏。"《古今注·舆服》说："黄帝与蚩尤战于涿鹿之野，蚩尤作大雾，兵士皆迷，于是作指南车，以示四方。"说得最多的是夏禹时的奚仲。《管子·形势解》说："奚仲之为车器也，方圆曲直，皆中规矩钩绳，故机旋相得，用之牢利，成器坚固。"意思是说，奚仲所创造的车，结构合理，各个部件的制作均有一定标准，因而坚固耐用，驾驶起来十分灵便。奚仲是夏代掌管车服的大夫，他和他的父亲番禺、儿子吉光是发明家。奚仲家族的功绩在于发明和改造了交通工具车、舟。

还有的文献记述夏启动用战车征伐有扈氏，商汤伐夏桀时也动用了不少战车，甚至夏代已有了管理车政的官吏车正，等等。《左传·定公元年》称，薛之"皇祖奚仲居薛，以为夏车正"。薛为今之下邳，其地邻近黄河下游大平原之丘陵地带，夏之有车，或属可能。河南省新郑望京楼夏商城址发现多条大路，其中一条属二里头文化时期，其上发现有同时期双轮车车辙。二里头遗址的车辙为探索中国早期的车提供了重要线索，证明中国在夏代确实有了双轮车。

但是，有的学者指出，目前所有考古成果一致表明，商代早、中期的中原民族并不认识马匹。前文已经提到，是在商代晚期中原才开始引进家马的。由此可见，倘若二里头已有双轮车，就不可能是马车。中原人在用马之前，究竟用何种动物驾车？文献中有"仆牛"或"服牛"等词汇，而商代早、中期考古遗址中亦普遍出现牛骨和羊骨。学界据此多认为二里头和偃师商城已有牛车。古代仅以牛马曳引大车，不以耕田。故《尚书·酒诰》说："肇牵车牛，远服贾用。"《诗经·小雅·大东》说："睆彼牵车，不以服箱。"说是以牛曳引大车。"服牛"即为牛服车役。《山海经·大荒东经》记王亥与有易之故事，称"王亥托于有易河伯仆牛，有易杀王亥取仆牛"，"仆牛"即服牛。

王国维《殷卜辞中所见先公先王考》说："夏初奚仲作车，或尚以人挽之。至相土作乘马，王亥作服牛，而车之用益广。"传说中殷人先公王亥作仆牛、相土作乘马，已有服牛乘马之事。殷墟发掘中得有车马饰具及车轮遗迹甚多，《论语》称孔子"乘殷之辂"，说明殷人已乘两轮大车。据甲骨文字及殷墟发掘所得，殷墟时代已普遍使用两轮车、独辕，驾 2 匹马或 4 匹马，为加固车体，在关键部位还采用了青铜构件。商代早期都城遗址郑州商城发现铸造车用青铜配件的陶范，在与此同一时期的偃师商城也发掘出车用青铜配件。这些说明我国在商代晚期之前，不仅有车，而且车上已使用了青铜配件。山东省滕州商代薛国贵族的墓穴中，也发现了随葬的车马。出土的马车，除了主体结构是木制外，其他许多配件均已采用青铜铸造。

1990 年，山东临淄发现了一个春秋时代中期的大型车马坑，长 30 米、宽 5 米。被殉葬的马共 32 匹，战车 10 辆、普通乘坐车 6 辆。马与车自东向西整齐排列，威武壮观。可以清晰看出，每辆车由 4 匹马架挽（其中 4 辆车由 2 匹马驾挽）。而马所驾挽的车是以木结构为主的马车。春秋战国时期，造车技术有了很大提高。《考工记》列述百工技艺，首先说到制作车轮、车舆、车辕的轮人、舆人、辀人。所谓"周人上舆，故一器而工聚焉者，车为多"，说明车辆制造技术与其他手工工艺的关系。据《墨子·鲁问》，当时的工匠已经能够制作"任五十石之重"的运输车辆。《墨子·鲁问》说："子墨子谓公输子曰：子之为鹊也，不如匠之为车辖。须臾刘三寸之木，而任五十石之重。"这时马车已经用得比较普遍，《史记·张仪列传》说战国时期，多有"带甲百余万，车千乘，骑万匹"的军事强国。

我国学者通过对中国及西亚、埃及、希腊的车形结构进行比较，认为中国的马车在车舆、车辀乃至于系驾法上有很大的区别，所以应该是在本土独立发展起来的，在偃师商城车辙发现之后，更有学者进一步指出中国双轮马车的出现远在商代晚期以前，车在中国早已被广泛运用，并有其相对独立发明和发展演变的轨迹。

但是，从20世纪90年代开始，随着对中亚、俄罗斯、高加索地区考古材料的认识，许多学者重新将中亚马车及中国马车进行结构上的比对，并将视角扩大至整个欧亚大陆，对目前发现的马车实体材料、岩画材料进行分析，从而认为中国马车应是来源于西方。郭静云认为：

> 在古代农耕文明中，发明轮车应该比广泛驾马驶车的时间早一千余年。驯马的草原民族甚至可能是从南方文明中吸收了轮车的制作、驾驶技术，但使用马拉车则只可能在养马族群中发生。只有驯化马匹的民族，才可能拥有革命性的新武器和交通工具，那就是可以快速横跨几千里到达远方的马车。[①]

国外学术界普遍认为，车子起源于美索不达米亚，在伊拉克乌鲁克遗址发现了前4000年的车子的象形文字。也有人认为车子起源于高加索地区，根据是该地区出土了年代为前5000年的牛车模型。两地区在地理位置上相比邻，从大的地理范围来说，车子的起源不出两河流域至高加索一带，不晚于前3500年。而中亚存在的实物马车的最早证据是属辛塔什塔—比德罗夫卡文化，于1972年在契里阿滨斯克地区发现的，在发现的墓葬中，有5处葬有马车，所有的车轮每个皆有10根车辐。此外，在几处陪葬马坑中，也发现了挽具，证实这些车是设计成由马来拖曳的。

中亚的车子在发展为双轮车之前有一段很长的四轮车传统。目前发现最早的车轮呈圆形木板状，是由三片木板拼接而成的。至前两千纪前半期，辐条式车轮逐渐增加，其形象多见于叙利亚、伊拉克一带出土的印章中。辐条式车轮刚出现的时候辐条数较少，这在叙利亚发现的许多印章图像里有写实

---

① 郭静云：《古代亚洲的驯马、乘马与游战族群》，《中国社会科学》2012年第6期。

的表现，多为 4 根条辐，较晚的有多达 9 根条辐。这些图像的年代约在前 1950—前 1600 年。前 1500 年之后，实物双轮马车的发现显著增加，并且可以见到双轮车取代四轮车的趋势。除了 1972 年在契里阿滨斯克地区的发现外，在亚美尼亚的鲁查申发掘的 9 号及 11 号墓中，各出土一辆保存完好的马车，年代为前 1500 年左右。从形态上看，两车完全一样，车舆都是长方形的，装在 2 米长的车轴上，固定在轴两端的车轮直径在 1 米左右，轮辋由两块木料鞣制而成，每轮有 28 根内接于车毂、外接在轮辋的车辐。中西亚地区车子的发展经过了一段由笨重到轻巧的过程。到前 15 世纪左右，轻快的带辐车成为车子形态的主流。据国外学者的研究认为，双轮带辐马车能够流行的原因是这种马车在某一社会结构中扮演一种独特的角色（成为财富、地位的象征），当时人们对动物的驯化，以及这种以弯曲木头建构、以双马曳引的双轮带辐马车成为战争中最有力的工具。而西亚于前两千纪开始逐渐具备这些条件，最后被周边其他文化所接受。

双轮带辐马车在中西亚于前两千纪开始逐渐达到顶峰，最后，被周边其他文化所接受。两河地区以其军事力量将战车向东、向西传入周边地区，埃及的战车即是在两河地区文化扩张的影响下产生的，俄罗斯、蒙古、新疆发现的车子形象也应该是其向东辐射影响的结果。

有学者对中国马车及中西亚马车进行形制上的比对，发现它们属于同一系统，有共同的源头。商代的马车的形制与前 3500 年美索不达米亚文书草图所绘 4 匹马或 2 匹马之车，无不相同。"中国古代，两轮大车其形制实与巴比伦遗物上之图绘无殊。而巴比伦之有两轮大车，则为公元前 3000 年之事，其时代较殷墟为早。"[①] 所以，殷商之有两轮大车，可能自西方输入。

相关研究似乎将中国车子的起源地指向西方。但有国外学者也认为，由于中国与中西亚的距离比较远，车子的形态又经过多种文化传递、改变，所以接受中西亚间接影响的时间较晚，所制造的车子也与中西亚、埃及相去较远。不过中国的马车在形态上仍与中西亚的马车基本一致，所以也应属于中西亚马车辐射影响下派生出来的一种亚型。美国汉学家夏含夷

---

① 徐中舒：《北狄在前殷文化上之贡献：论殷墟青铜器与两轮大车之由来》，《古今论衡》1999 年第 3 期。

（Edward L. Shaug Hnessy）指出，由车马器的形态组合上看来，商与周的确有明显的差异。如果中西亚马车的影响是逐渐经多文化辗转传布过来，那么商与西周很可能是各自接受了一种（也可能是两种）源自于中西亚的亚型马车，再在各自特有的青铜文化基础上加以改变并交互影响而成。殷墟三期所见的马车车舆有长方形与簸箕形两种。殷墟四期所见的马车大量增加，但是只发现带长方形车舆的马车，说明了当时对马车形制探索的过程。宝鸡、周原一带的先周文化遗存中尚未发现马车，但其所出土的具有强烈特色的车马器则间接地说明了先周时期已经使用马车的事实，并且，很可能是一种在文化内涵上不同于商文化的马车。狄宇宙明确指出："许多研究表明，中国的制造马车技术是通过中亚从西方传播而来的，时间大约在公元前 13 世纪前后。"①

王海城认为，从构造到功能有如此多的共同特征，说明它们属于同一系统，有共同的源头。当然，东西方的马车也确实存在着一些差异，主要体现在马车的大小和车马器的质地、装饰上，这种差异是由东西方不同的地理环境、文化传统等因素造成的。而且，如果马车是从西方传入的话，必然要经过一个很长的时间和空间距离。在这种传播过程中发生一些变异恰恰是合情合理的。龚缨晏也指出：

> 因为车子发源于西方，其历史比较悠久，所以车子及车轮的形式都显得丰富多样，套用生物学上的概念，就是有着较多的"变异"。中国的车子是由西方传入的，在漫长的传播过程中，诸多中介民族按照自己的需要对各种车型进行选择及加工，这样，许多西方的车型因未被这些中介民族选中而没有传播到中国，传播到中国的就是双轮马车。②

除了这些文化变异的因素之外，还有就是，在马车这种运输工具的制造技术传到中国以后，中国人在此基础上进行再创造、再发展。实际上这

① ［美］狄宇宙著，贺严、高书文译：《古代中国与其强邻：东亚历史上游牧力量的兴起》，中国社会科学出版社 2010 年版，第 32—33 页。

② 龚缨晏：《车子的演进与传播——兼论中国古代马车的起源问题》，《浙江大学学报》2003 年第 3 期。

也是文化传播和接受的规律，在历史上曾出现多次这样的情况。一种文化因素传播到另一种文化中以后，接受方往往根据自己的理解和需要，进行加工、改造和发展。所以有学者说，发展有时候比发明更重要。马车传到中国的情况就是这样。中国为马车增添了许多自己的文化因素，并继续发展。

如果马车是从西亚地区传播过来的，那么，是什么人充当了传播的媒介呢？许多学者倾向于是北方草原的游牧民族。正是他们把马车和马车的制造技术带到了中原地区。郭静云指出："驾马战车起源于哈萨克草原之后，使用马车的技术便随加喜特人进入两河流域。高加索发现有随葬马车的大墓，其位置在哈萨克草原到两河流域的路线上。基于对马匹和其他资源的需求，到达两河流域的加喜特人必须不断与驯马的源地联络。与此同时，从驯马的发源地有第二波马车的传播活动向东方展开，最后到达中原地区。所以年代颇为接近的鲁查申遗址马车和殷墟马车，才会如此相似，这两者都代表了当时亚洲马车的基本形态，也反映了马车的传播状况。"①

综上所述，可知中国马车的起源来自西邻的中亚。当然，古代中国人并不是简单地引进马车，而是对它进行了不断的加工改造，并且还有许多技术上的创新与发明，例如中凹形车轮制造、龙舟形车舆四轮马车的出现、系驾法的演进，等等，这样，逐渐形成了中国自身的马车特色与传统。

四　商周时期对海外文化的吸收

1. 商周的对外文化联系

以上诸节所述农作物、家畜、玉石、青铜器、马车等，说明在很早的时代，中国内地就和周边民族乃至更远的西域地方有一定的文化联系，这种联系可能在新石器时代就已经开始了。前面讲到的小麦等农作物和马、牛等家畜，是那个时代文化交流的成果。几乎与此同时的青铜文化的传播，以及青

① 郭静云：《古代亚洲的驯马、乘马与游战族群》，《中国社会科学》2012 年第 6 期。

铜剑、马车文化的传播，说明东西方文化在一片广阔的地域内接触、碰撞、交流与对话。

商代文明与域外文化的接触和联系可能有所扩大，甚至在某些方面接受了外来文化的影响。李济认为，所有伟大文明是文化接触的结果，殷商文化是一个多方面的综合体，融汇了很多不同的文化源流。他在一次演讲中指出：

> 商人的殉葬习惯恐怕不是中国自己的习惯；我疑惑这是与两河流域接触的结果。两河流域远在比商朝早二千年就有杀人殉葬的情形；并且所有铜器时代的文化都有杀人殉葬的事，例如墨西哥如此，早期的希腊如此，美索不达米亚如此，埃及也如此。……假如青铜器没有发明，我怀疑杀人殉葬的事有这么大的规模；因为人们那个时候有了青铜刀，砍人容易，结果杀人就如杀一条猪或一条羊一样；杀人殉葬也就是人类发明了利器以后也发明了自己杀自己。[1]

商代中原与北方游牧地区的联系已经很多。狄宇宙指出：

> 从公元前三千纪初期开始，远离商代文明的中心区域，在中原文化、中亚和南西伯利亚的青铜时代文化之间，存在着一个广阔的文化过渡地带。商代文明与这种中间地带之间保持着密切的联系。[2]

商朝的北方、西北方、西方主要是游牧或半游牧方国，南方则有苗蛮族系的苗人、濮人、巴人小方国，如虎方、归方等。这种复杂的对外关系，使商朝与它们多有征战和交通往来。商代还有从事长途贩运的"旅人"，推动了对外的商贸关系。《竹书纪年》记载："汤有七名而九征。放桀于南巢而还，诸侯八译而朝者千八百国，奇肱氏以车至同，乃同尊天乙履为天子。"《大戴礼记·少闲》说：商汤时"民明教通于四海。海之外，肃慎、北发、渠搜、氐、羌徕服"。《诗经·商颂·殷武》记载："昔有成汤，自彼氐羌，莫敢不来享，莫敢不来王。"商汤时还令伊尹作"四方献令"，规定前来朝贡诸国进贡方物。

---

① 李济：《李济文集》卷四，上海人民出版社 2006 年版，第 628 页。

② ［美］狄宇宙著，贺严、高书文译：《古代中国与其强邻：东亚历史上游牧力量的兴起》，中国社会科学出版社 2010 年版，第 59 页。

周朝的时候，其对外关系要比商朝有所扩大。《吕氏春秋·观世》记载："周之所封四百余，服国八百余。"古代传说中有不少关于周初周边国家进献方物的记载。

《拾遗记》记载，周成王"播声教于八荒之外，流仁惠于九围之表。神智之所绥化，遐迩之所来服，靡不越岳航海，交赆于辽险之路。瑰宝殊怪之物，充于王庭；灵禽神兽之类，游集林薮。诡丽殊用之物，镌斫异于人功"。从这些记载来看，周初与域外交往还是比较多的。1964 年 2 月，陕西武功出土的周宣王十八年（前 810）的驹父盖，铭文记载驹父被派遣往南淮夷索取贡赋，往返历时 3 个月，那里的"尖邦"（小大之邦）无不接受王命。可见当时东南地区已经与中原地区建立了较为密切的联系。①

关于西周初期的对外关系，张星烺指出：

> 西周之初，东封箕子于朝鲜，肃慎贡其楛矢石弩；西封季绰于春山（即今葱岭），渠搜献其𤟭犬；北至匈奴、娄烦，南通交趾之南。海外诸国如越裳（即加迩底）、泥离（在今缅甸）、旀涂（汉代称之为身毒……今代北印度也……）、因祇（……今作印度）等，皆来贡献。风教所被，较之汉唐毫无愧色。而穆王以万乘之尊，率六师之众，升昆仑之丘，观黄帝之宫，登春山以望四野，觞西王母于瑶池之上，会六师之人，翔畋于阿拉尔海附近之大旷原。秦汉以后之君主，无此壮举也。②

与西域的交通，周时可能已经比较频繁。史载周成王时平定殷人叛乱，四邻民族来朝贺，其中有中亚细亚的渠搜国送𤟭犬，康民赠桴苢，还有祁连山以北的禺氏（日氏）献骒。周的势力向西北地区伸展，与新疆天山南北保持一定的联系，汉族的移民也到达葱岭以东的地方。传说太王亶父曾封嬖臣长季绰于春山之虱，"以为周室主"。据波斯古代传说，苏哈克（Zohak）派人追踪季夏（Jamshid）至印度、中国边境，季夏娶马秦国王马王（Mahang）的女儿为妻。马王的意思是"大王"，指亶父。这则传说可能就是指季绰的后代

---

① 参见吴大焱等：《陕西武功县出土驹父盖》，《文物》1976 年第 5 期。

② 张星烺编注，朱杰勤校订：《中西交通史料汇编》第 1 册，中华书局 2003 年版，第 5 页。

在葱岭附近的繁衍、壮大。① 《列子》记载："周穆王时，西极之国，有化人来。"张星烺认为列子说的"化人"可能是今天所说的催眠术家。②

另外，这一时期河西走廊和湟水流域出土的陶鬲、青铜戈、镞等，和西周中原同类器物相似。"在周围地区散发着渐渐暗淡光芒的放射性文明的观念，是确实存在于周代的世界观的一部分。中华'文明'的边界是沿着道德和文化之线勾勒出来的。"③

2. 周穆王"西狩"与文化交流

近年来，我国学者依据《山海经》《竹书纪年》《穆天子传》《逸周书》《管子》等先秦文献，结合希腊拉丁作家的有关记载，对草原之路进行了深入的研究，其中《穆天子传》为国内外学者经常援引和考证的重要著作之一。学者们对《穆天子传》的真伪及地名、部落名有各种各样的考证，多数人认为其概述的地理记载与真实地理状况是相符的，"该书作者是根据当时熟悉这段路程的旅行家或商人的报告写下这个故事的"④。范文澜据穆王西巡故事推断，中国与西方早有通商之路，当时有玉石自西方而来，便是一个例证。范文澜说："穆王是个大游历家，相传曾到过昆仑山西王母国。一个天子不会冒险远游，当是西方早有通商之路。"⑤

按照《穆天子传》的记载，周穆王西狩，所经历的路线大体上是由中原向北，到达蒙古高原，然后向西，与希腊人所知的斯基泰人"黄金毛皮路"相衔接。这就是说，《穆天子传》所记述的是从东往西的草原之路，阿里斯泰的《阿里玛斯波伊人》记载的是从西往东的草原之路，这样一来，草原之路的整体面貌就比较清楚了。周穆王的事迹是在前 10 世纪，也就是卡拉苏克文化时期；阿里斯泰的东行是在前 7 世纪，从大的历史时段来看，两者属于同

① 参见沈福伟：《中西文化交流史》（第 2 版），上海人民出版社 2006 年版，第 12 页。

② 参见张星烺编注，朱杰勤校订：《中西交通史料汇编》第 1 册，中华书局 2003 年版，第 59 页。

③ ［美］狄宇宙著，贺严、高书文译：《古代中国与其强邻：东亚历史上游牧力量的兴起》，中国社会科学出版社 2010 年版，第 118 页。

④ 赵汝清：《从亚洲腹地到欧洲：丝路西段历史研究》，甘肃人民出版社 2006 年版，第 82 页。

⑤ 范文澜：《中国通史简编》第 1 编，人民出版社 1958 年版，第 145 页。

一个文明初曙的历史阶段。

西周昭王、穆王两代，上承"成康之治"，号称盛世。《管子·小匡》说："昔吾先王周昭王穆王，世法文武之远迹，以成其名。"当时周朝国力强大，声名远扬，中土与四方交往有所增加，联系也更趋频繁。于是，便有了周穆王"西狩"的重大事件。

关于周穆王之"西狩"，是一个我国古代著作多有提及、流传甚广的上古遗说，如《竹书纪年》"周穆王"条记载："十七年西征昆仑丘，见西王母。"《史记》卷五《秦本纪》、卷四三《赵世家》记造父以骏马骊骅骝骒献于穆王，穆王命造父驾车，西狩，得见西王母。

记穆王西狩事最详的是《穆天子传》一书。书中记周穆王绝流沙、征昆仑"周游四荒"的历程，凡殊方异域之山川地理、风习物产、人物传说，多有涉及；所记月日、里程、部落，往往具体翔实，斑斑可考。同时，书中又夹杂不少奇闻佚事、神话传说，富于文学色彩。此书于西晋武帝太康二年（281）发现于河南汲县战国魏襄王墓中，有人疑其为晋人伪作，或谓西周史官所记。还有成书于春秋战国时代一说。近人论证此书成书当在战国前期，为赵国人所作①，似更可信。《穆天子传》虽是小说家言，不是信史，但对于了解西周与西域的交通往来和穆王西狩之传说仍具有珍贵的价值。

穆王西征的目的，一方面是征服犬戎，另一方面是加强与西北各族的联系和交往。据《竹书纪年》《史记》的记载，穆王西征前后有两次。第一次是周穆王时，犬戎势力扩张，不肯臣服，阻碍了周朝和西北方国部落的来往。穆王十二年（前965），周穆王率六师之众，西征犬戎。《史记·周本纪》记载，此次西征，仅"得四白狼四白鹿以归"，却造成"自是荒服者不至"的后果。这种记载的倾向性是不赞成穆王西征犬戎的。不过，《帝王世系》说："周穆王征犬戎，得练刚赤刀，用之割玉，如割泥焉。"就是说还有"练刚赤刀"等其他的战利品。郭沫若主编的《中国史稿》说："到周穆王时候，犬戎势力强大，阻碍了周朝和西北许多方国部落的来往。周穆王西征犬戎，'获其五王'，并把一批犬戎部落迁到太原。这就打开了通向大西北的道路，开辟

---

① 参见郑杰文：《穆天子传通释》，山东文艺出版社1992年版，第137—151页。

了周人和西北地区友好联系的新篇章。"①

第二次是穆王十七年（前960），穆王向西巡游，经河宗氏、赤乌氏、容成氏、哪韩氏等20余个域外邦国部落，最后抵西王母之邦，受到西王母隆重接待。《穆天子传》说：王"西，至于昆仑之丘，见西王母。其年西王母来朝，宾于昭宫"。

中国古史中早有关于"西王母"的传说。"西王母"又称"金母"或"金母元君"，俗称"王母娘娘"。在中国古代传说中，西王母被称之为万灵主母，其圣地为中国西方的昆仑山脉，居住于岩山峻岭之中，其第一座主奉庙宇位于现今甘肃省泾川县境内的回山。《山海经》说："西王母，其状如人，豹尾，虎齿而善啸，蓬发戴胜，是司天之厉及五残。"把西王母描绘成一个半人半兽式的女性神祇。这类半人半兽式的神祇正是较原始的神祇形象，是古代先民在口头流传中将本部族图腾与本部族著名首领复合叠印的产物。而在《穆天子传》中，西王母则被描绘成一位半神半人的多情女子，为一位雍容平和、能歌善舞的女王。西王母与穆王诗文唱和，情意绵绵，二人在昆仑山瑶池共饮"琼浆玉液"，使穆王"乐之忘归"。

那么，作为周穆王西巡终点的"西王母之邦"在什么地方呢？《穆天子传》说从群玉之山到西王母之邦，相距3000里。所谓群玉之山，似指昆仑山北麓，这里从东而西都是产玉之地，有于阗、墨玉、皮山、叶城、莎车等。沈福伟认为，西王母之邦和《山海经》中的渠搜似是同一地方的不同称谓，《史记·五帝本纪》写作渠瘦，周初已经和黄河流域有了交往，渠搜在葱岭西500里，北临锡尔河。② 西王母之邦是生活在中亚锡尔河上游地区的一个塞种人部族，当时还处在母系氏族社会，西王母应是该部族的首领。周穆王西狩，得见西王母，说明前10世纪以后黄河流域和中亚锡尔河上游地区已有比较牢固的联系。

由于历史年代的久远，关于周穆王西狩的事迹已不甚清晰，但我们仍然可以了解到那个时代中原民族开辟与西方交通、发展与西域各民族友好往来和文化交流的努力。所谓"西狩"，其实穆王一路上并无战事，率六师之众，

---

① 郭沫若主编：《中国史稿》，人民出版社1976年版，第233页。
② 参见沈福伟：《中西文化交流史》（第2版），上海人民出版社2006年版，第13页。

只是作为一种仪仗，但由此可见这支队伍是十分庞大的。《穆天子传》记穆天子西征，历域外部族 20 余个，所到之所，各部族都友好接待，无不贡献方物特产，穆王也莫不一一赏赐中原物品，进行了大规模的物质文化交流活动。这种献赐活动反映了一种以物易物的交换贸易关系。所以，穆王西狩还具有与西域各地进行贸易活动的意义。"在游牧族和定居民族间相互交往的地区，它们的交往关系滋养了贸易的繁荣。"在穆王西狩"这一传奇的旅行过程中，穆王和他所遇到的外族首领互相交换礼物，这可能是公元前 4 世纪中国和北方畜牧者通常交往关系的一种实际情形"①。据统计，域外部族共向穆王贡献牲畜 367420 头、玉器 10000 余件、酒 1210 斛、粮食 2530 车，还有禽兽乳、血等；穆王赐予域外部族丝帛 400 余丈、贝带 330 余具、金银婴环 230 余件、朱丹 3040 裹、桂姜 400 笥，还有服用器物、金银玉器、兵器等。②沈福伟指出："《穆天子传》记下了周穆王每到一处就以丝绢、铜器、贝币馈赠各部落酋长，各地酋长也向他赠送大量马、牛、羊和穄酒，新疆玉石的成批东运和中原地区丝绢、铜器的西传，成了这一时期中西交通的重要内容。"③

郭沫若认为：周穆王"去时走天山南路，归时走天山北路，和后来通西域的路线大体上是一致的……周穆王途经各地时，都和当地方国部落的首领互赠礼物，进行经济和文化交流，密切了相互间的关系。显然，这是把当时我国西北地区各族人民以及中亚地区各族人民之间的友好情谊，通过周穆王西行形象地表现出来了"④。

穆王西狩是中西交通史和文化交流史上的具有重大意义的事件，是一次前所未有的远距离的交往和交流活动。"穆王即位，春秋已五十矣"，如果穆王十七年"西征昆仑丘，见西王母"，则应该是将及七旬的老人了。如此高龄的周穆王西征万里，历尽艰辛，开辟了中原与西域的交通道路，发展了与西域部族的友好关系和贸易往来。

---

① ［美］狄宇宙著，贺严、高书文译：《古代中国与其强邻：东亚历史上游牧力量的兴起》，中国社会科学出版社 2010 年版，第 160—161 页。

② 参见郑杰文：《穆天子传通释》，山东文艺出版社 1992 年版，第 198 页。

③ 沈福伟：《中西文化交流史》（第 2 版），上海人民出版社 2006 年版，第 14 页。

④ 郭沫若主编：《中国史稿》，人民出版社 1976 年版，第 234 页。

3. 春秋战国时期的中西交通

穆王西狩经万余里，与西域诸部族广结友好，开辟了中西交通的大道，确实是一位伟大的探索者与开拓者。可惜穆王的事业后继无人。懿王以后，周室衰微，戎、狄分别从西方和北方入侵，隔阻了中原与西域的交通。然而，这种隔阻也只是暂时的。中原与西域之间早已存在的文化交流和贸易往来，已成为一种相互的需要。因此，至春秋战国时期，人们仍为重开中西交通而进行着不懈的努力。日本学者石田干之助指出："在新石器时代的远古，我们以为存在了的东西文化的交涉，其后似乎因为什么现在不能知道的事情而中断了，暂时没有存留足证其存续的痕迹。然而到公元前6、前5世纪之交，这种情势，再发生变化，东西的接触又展开来了。"①

春秋时期，关中秦国强大起来。秦穆公时，征服了西戎八国，向西开疆拓土，"遂霸西戎，开地千里"。这些西戎在中西交通大道的东端，陇以西有绵诸（天水）、畎戎（渭水流域）、狄（临洮）、獂（陇西），岐、梁、泾、漆之北有义渠（庆阳）、大荔、乌氏（平凉）、朐衍（灵武）。秦国与西戎八国发展贸易关系，以缯帛、金属器具换取游牧部落的牲畜、皮毛和玉石。到战国时期，西戎八国先后被秦吞并，秦与河西走廊的交通得以畅通。

秦国雄踞西北，向东扩张，与三晋、楚、周诸国连年大战，为中原人通西域贸易增加了困难。于是，中原商人绕路北行，经河套西去。《战国策·赵策一》载苏厉对赵王说："秦以三军攻王之上党而危其北，则句注之西，非王之有也。今逾句注禁常山而守，三百里通于燕之唐、曲吾，此代马胡犬不东，而昆山之玉不出也。"从上引文中可以看出彼此绕河套而行的这条商路上的通商情况。

《穆天子传》乃战国时赵人所撰，可能是依据西域商贾们的所见所闻来写穆王对西域部族巡行的，穆王的往返路线便是战国时期西域商贾们的通商路线。穆王出宗周先向北绕行至河宗之邦（今内蒙古河套北），而后西南行至昆仑（今昆仑山脉东段），再北去至群玉之山（今吐鲁番盆地西），又折向西至

---

① ［日］石田干之助：《中西文化之交流》，引自忻剑飞：《世界的中国观——近二千年来世界对中国的认识史纲》，学林出版社1991年版，第27页。

西王母之邦（今土兰平原）；自西王母之邦向北至大旷原（今西西伯利亚平原）狩猎后，向东南经智氏（今斋桑泊一带），过沙衍（今新疆古尔班通古特沙漠东部）至浊繇氏等，经河宗氏回宗周。① 这里说的穆王西去之路和东返之路的西段，正是实际存在的"丝绸之路"。而其东返之路东段，也经考证得以证实。据内蒙古考古研究所研究考证，战国时期在蒙古草原上存过两条"丝绸之路"。② 其所考证出的南路与穆王东返之路东段基本相合。因此，可以推测，《穆天子传》所写穆王西征、东返之路，实际上就是战国时期中原与西域各部族进行物资、文化交流的商贾之路，是那一特殊历史时期的"丝绸之路"。

春秋战国时期中原与西域的通商情况，还可以从考古发现中得到证实。在新疆阿拉沟春秋战国古墓中，出土过数量众多的虎纹圆金牌、虎纹金箔带、虎纹银牌及熊头图案金牌等，仅30号战国古墓中就出土圆金牌8块。③ 在汉代张骞通西域前，这些制作金银器具饰物的原料是由商贾们带到西域以用来交换西域土特产用的。另外，在阿拉沟古墓中还出土了战国时中原地区刚刚才有的丝织珍品菱纹链式罗。阿尔泰地区的石顶巨墓，大致属于前5世纪，相当于春秋战国之际。在这些巨墓中除出土中国丝绸外，还发现了秦式镜等物。

4. 西域乐舞艺术在中国的初传

前面提到黄帝时与西方交往的传说，其中说黄帝派伶伦赴昆仑寻找竹子制作笛子，似乎也说了一个中国乐器的西方起源故事，至少是说中国音乐在源头上就与西域的音乐有所接触和交流。《吕氏春秋·古乐篇》有"昔黄帝令伶伦作为律"的一段记载，说伶伦模拟自然界的凤鸟鸣声，选择内腔和腔壁生长匀称的竹管，制作了十二律，暗示着"雄鸣为六"，是6个阳律，"雌鸣亦六"，是6个阴吕。

《汉书·律历志》记载："黄帝使伶伦，自大夏之西，昆仑之阴，取竹之解谷生，其窍厚均者，断两节间而吹之，以为黄钟之宫。制十二筒，以听凤之鸣，其雄鸣为六，雌鸣亦六，比黄钟之宫，而皆可以生之。是为律本。"

---

① 参见郑杰文：《穆天子传通释》，山东文艺出版社1992年版，第202页。

② 参见《人民日报（海外版）》1989年1月11日。

③ 参见新疆社会科学院考古所：《新疆阿拉沟竖穴木椁墓发掘简报》，《文物》1981年第1期。

《吕氏春秋》说伶伦是"自夏之西",《汉书》说"大夏之西,昆仑之阴""阮隃之阴",都说伶伦到了西方的昆仑地方,"阮隃"就是昆仑。伶伦在那里取竹制笛,听凤鸣制十二律。

关于先秦时期四夷音乐传入中原,史籍多有记载。毛苌《诗传》说:"东夷之乐曰眛,南夷之乐曰南,西夷之乐曰朱离,北夷之乐曰禁。"《周礼·春官》鞮鞻氏掌四夷之乐。《白虎通·礼乐》说:"东夷之舞曰朝离,万物微离地而生。乐持矛舞,助时生也。南夷之乐曰南。南,任也,任养万物。乐持羽舞,助时养也。西夷乐曰眛。眛,昧也,万物衰老,取晦昧之义也。乐持戟舞,助时养也。北夷乐曰禁,言万物禁藏。乐持干舞,助时藏也。"这些记载都说明当时有音乐舞蹈来自周边"四夷"民族。历史学家向达指出:

> 中国古乐之亡,说者以为始于魏晋,自是以后,所有雅乐,皆杂胡声。然外国音乐之入中国,亦已久矣。远在成周即已有韎师、旄人及鞮鞻氏之官,以掌回夷之乐舞。[1]

北方草原民族的音乐和乐器在中原也有传播。徐中舒认为,在草原民族向中原传播犬、马等家畜的时候,"饰犬、马之铃,亦当与之俱来"。"铃输入后,中国之人习闻其音有似于琴,故即以琴名之。此犹今人之称胡琴、钢琴、风琴、洋琴也。"[2] 中国有铃之后,王者及令长迅即用为宣布教令之具。《礼记·月令》仲春说:"先雷三日,奋木铎以令兆民。"《礼记·明堂位》说:"振木铎于朝,天子之政也。"《周礼·小宰》郑玄注:"文事奋木铎,武事奋金铎。"《夏书》说:"遒人以木铎徇于路。"这些记载是以铎为宣布教令之事。《诗》所谓"舍命不渝",《令方尊》所谓"舍四方令",也是如此。《礼记·玉藻》说:"在车则闻鸾和之声。"鸾和为车上铃,鸾在衡,和在轼,"锣"即"鸾和"二字之合音。

西域胡舞在商代传入中国。《史记·殷本纪》记载:纣王"好酒淫乐……于是使师涓作新淫声,北里之舞,靡靡之乐","大聚乐戏于沙丘,以酒为池,

---

① 向达:《唐代长安与西域文明》,河北教育出版社2001年版,第245页。

② 徐中舒:《北狄在前殷文化上之贡献:论殷墟青铜器与两轮大车之由来》,《古今论衡》1999年第3期。

悬肉为林，使男女倮相逐其间，为长夜之饮"。这里描写的可能是殷臣师涓为纣王编排的"北里舞"。据林梅村研究，这种"北里舞"实际上是一种裸体舞蹈，这种出现于宫廷的裸体舞蹈并非中原固有的文化。有的研究者认为，这种裸体舞蹈可能起源于波斯。法国伊朗学家阿尔（C. Huart）在《古代波斯及伊朗文明》一书详细考察了这种裸体宗教舞蹈的来龙去脉。商代宫廷里出现的裸体舞蹈可能与古代印欧人的文化有联系。

西周是中国上古音乐的集大成时期，也是音乐的高度繁荣时期。《礼记·乐记》记载："昔者，舜作五弦之琴以歌南风，夔始制乐以赏诸侯……大章，章之也。咸池，备矣。韶，继也。夏，大也。殷周之乐，尽矣。"是把殷周当成了上古音乐的汇集和发展高峰。这一时期，以"六乐"为中心，建立起了中国历史上第一个完备的宗庙音乐体系。除宗庙音乐外，周代音乐又可分为士人音乐、民间音乐和四夷之乐。《周礼·春官》说："鞮鞻氏掌四夷之乐与其声歌。"汉郑玄注："四夷之乐，东方曰韎，南方曰任，西方曰株离，北方曰禁。"另据《礼记·明堂位》记载，周成王下令周公在其封国鲁配享天子礼乐，其中就包括四夷之乐，即"昧，东夷之乐也。任，南蛮之乐也。纳夷蛮之乐于大庙，言广鲁于天下也"。周代的乐舞已经融入了四方边地民族的节目。

除了四夷之乐外，四方的民间乐舞即所谓"散乐"也有专职人员采集和施教，传说中还有域外乐舞的传入。任昉《述异记》卷上记载："周成王元年，贝多国人献雀舞，周公命返之。南海中有轩辕丘，鸾自歌，凤自舞，古云天帝乐也。峒峒山中有尧碑禹碣，皆皆籀文焉。"

据《拾遗记》卷二记载，伴随着歌舞表演的还有域外杂技幻术。周穆王在位时，"西极之国有化人来，入水火，贯金石，反山川，移城邑；乘虚不坠，触实不阂，千变万化，不可穷极"。这段记载说明当时已经有了从域外传来的杂技和魔术表演。

5. 动物纹饰风格的南下

学术界普遍认为，"兵器、马具和野兽纹饰（动物纹饰）构成了欧亚草原诸民族文化的三个主要特征"①。以青铜短剑为代表的青铜兵器的传播，已如

---

① 沈福伟：《中西文化交流史》（第2版），上海人民出版社2006年版，第21页。

前所述。而动物纹饰在中原的传播，也很有影响。

史学界对"动物风格纹饰"造型的认识，起源于近代的中西亚与蒙古草原的考古发掘。动物风格的造型今天多以金属饰牌留存为多，骨雕、木雕及皮毛等猎牧民所常用的生活用品，也都用动物的纹样去装饰与表达。动物风格的造型在前几个世纪里于欧亚游牧民族当中非常盛行，在其发展的后期，由于受到来自不同地区定居民族文明影响而产生不同的变异，其中，埃及、巴比伦—亚述风格的动物纹饰的影响尤为突出。

"野兽风格"是西方学者对斯基泰猎牧人动物纹饰风格的通称。斯基泰人描绘野兽的风格独特的艺术作品，除具有其自身的诸种因素外，还兼容吸收了周边地区的不同风格，形成其自身的特点，其中如古希腊、亚述、波斯人的动物风格的造型特点对其影响最为明显。亚述人艺术的影响十分深远，它的传播范围一直波及大兴安岭和蒙古草原的游牧人群，常见的造型母题主要有狮、虎、豹和有翼狮身鹰头兽等，屈足鹿和二兽搏斗互相缠绕的造型作品较为常见，这种以浪漫幻想集中为一身的兽神，承袭了西亚的亚述—巴比伦艺术作品的造型风格，其中最典型的是狮身人头兽和半鹰半狮兽。

西伯利亚、阿尔泰自古以来就被认为是欧亚草原游牧民族的摇篮，阿尔泰地区是许多古代游牧民族的发祥地，同时也是东西方游牧文化交融的地区。阿尔泰早期游牧人文化与蒙古草原的游牧文化紧密相连，而由阿尔泰向西至里海的广大地区的斯基泰部落也有共同的习俗。所以，野兽纹饰在草原民族中得到广泛传播。动物风格的小纹饰，较为实用的繁衍为猎牧人长袍的纽扣、带钩、金属饰片以及剑柄皮带和马具的装饰。动物风格的图案化、装饰化成为其艺术发展和经济交流的标志，由此完善了其精美熟练的工艺技术，这种制作工艺普遍流传并为东西方游牧人所接受。这种自成体系的动物风格的纹饰作品一经流传，就在不同的地区表现出形态各异的景观。

现代学者的研究倾向于动物风格的主体源自东亚蒙古草原和阿尔泰地区。但因东亚的游牧民族统一国家的建立稍晚，较早的能追溯到匈奴部落联盟。这一时期欧亚草原的游牧部族由于气候与政治的因素，也在大面积的动荡迁移与重新组合。正是这种状况促动了彼此的交流。匈奴建国前漫长的游牧部落的迁移与交流、征战，促成了匈奴作为游牧部落成型的联盟集团脱颖而出。

对于这个庞大的游牧部落联盟来说，动物风格的纹饰作品极大地满足了他们的精神和审美需求，因此得以广泛传播。

美国学者杰特曼（K. Jettman）指出："从南俄草原到中国北方草原地区，已开始表现为以动物为主题的相似的艺术风格，它既显示出艺术对草原生态环境的适应，又反映出欧亚草原地区各民族间的早先接触以及各民族间草原流动生活方式所带来的广泛的文化交流。"[①] 法国学者让－诺埃尔·罗伯特（Jean-Noël Robert）说明了这种动物纹饰风格向中国传播的路线：

> 这或许要从美索不达米亚寻找其起源，兽化风格是从这里传到东地中海沿岸地区——米诺斯和迈锡尼艺术可以证明这一点——和印度河流域的。在斯基泰和波斯，尽管兽化艺术受到希腊文化的扩张的影响，但仍留有美索不达米亚文化的痕迹。它从这一地区又延伸至西伯利亚和蒙古，最后由匈奴将其带入中亚并传给中国人。而中国人知道如何依照他们的理念需求接受这门艺术，它对以后的中国产生过巨大影响。这由守卫从汉朝至唐朝陵墓的那些石龙、石虎、带翼的石狮子身上可以得到证明。[②]

草原民族的动物纹饰为中国造型艺术所吸收。在中国的青铜器中，有许多动物纹饰的图案。其中的怪兽纹，是一类变形奇特而在现实世界根本找不到的动物纹样，例如：饕餮纹、龙纹、凤纹等。这类纹饰在青铜器的装饰上占据着主要的地位。饕餮纹又称兽面纹，是商代青铜器的重要纹样，其主要特征是兽面、大眼、有鼻、双角。大多以鼻梁为中线，两侧作对称排列，最上面是角，角下是眉，眉下是目，两侧为耳，另外还有锋利的爪子。根据角形的不一，还可以有牛角形兽面纹、羊角形兽面纹和龙角形兽面纹等。还有些纹饰能够看出动物的具体形象。这类纹饰虽然没有占据青铜器装饰的主要地位，但种类繁多，例如牛、马、羊等家畜，虎、兔、鹿等野生动物，还有

---

① ［美］杰特曼：《草原艺术》，引自陈尚胜：《五千年中外文化交流史》第一卷，世界知识出版社2002年版，第45—46页。

② ［法］让－诺埃尔·罗伯特著，马军、宋敏生译：《从罗马到中国：恺撒大帝时代的丝绸之路》，广西师范大学出版社2005年版，第9页。

蛇、鱼、蟾蜍等。

6. "胡服骑射"与中国骑兵

通过长期的社会实践，草原游牧民族发明和改良了有关制作马饰、挽具、马鞍和武器的技艺，特别是弓箭以及人和乘骑用的铠甲。"马具是中国从中亚草原民族引进和加以借鉴的"①，从而促进了中国骑兵的出现和发展。

骑马术一般认为是由生活在欧亚草原上的斯基泰人、萨尔马提安人、匈奴人和其他图兰人发明的。希罗多德的《历史》记载前6世纪的斯基泰人、萨尔马提安人已有骑兵。考古发掘说明亚述帝国在提格拉特帕拉三世（Tiglath-Pileser Ⅲ）时也有骑兵。中国古代在与草原民族的对峙、冲突中，也逐渐开始利用马匹作战，出现了中国最早期的骑兵，并且引进和吸收了草原民族的马具。

殷代甲骨卜辞中有"重马乎（呼）射、毕（禽）"，于省吾释为"惟命骑射，可以擒获"，从而认为骑术或单骑在殷代"业已盛行"。②《诗经·大雅·绵》中的"走马"一词，顾炎武释为"单骑之渐"。春秋时，晋大夫子游以良马，供他的叔父与兄弟做单骑，救了他俩。郑大夫子产听说诸大夫想杀公孙黑，忙从外地单骑而归。鲁大夫左师展也想单骑从齐回国。可见，春秋时期已有单骑的习惯。但此"单骑"还不能看做是骑兵。

在春秋时期以前作战以车战为主，步兵仅起辅助作用，兵车的数量多少成为军事实力的象征，基本没有骑兵这一兵种。到春秋时期步兵开始兴起，军队实施车步并重，各国的军队中有了少量的骑兵。春秋史料有中原各国骑兵的记载，如《韩非子·十过篇》记载，秦穆公二十四年（前636），秦以"革车五百乘，畴骑二千，步卒五万，辅重耳入之于晋，立为晋君"。这里的"畴骑"一般认为就是骑兵。秦入关中前，地处西北与戎狄杂居，善于养马、御马，与戎狄的战争一直未断。秦入关中后，同戎狄的战争更加激烈，这就为秦首先在中原地区设置骑兵创造了必要条件。与秦穆公同时代的晋文公在伐邺时也用了骑兵，"赏其末则骑乘者存，赏其本则臣闻之郤子虎"（《吕氏

---

① 沈福伟：《中西文化交流史》（第2版），上海人民出版社2006年版，第21页。

② 于省吾：《殷代的交通工具和驿传制度》，《东北人民大学人文科学学报》1955年第2期。

《春秋》）。秦、晋两个北方大国在前7世纪已经单骑作战。

到了战国时期，随着战争规模的扩大，战术的多样化以及同北边游牧民族的战争需要，骑兵作为一种独立的兵种正式登上战争舞台。战国初期的《吴子》，不仅论述了骑兵，还专门谈到战马的饲养、使役问题。战国初期的《墨子》也谈到骑兵，说"车为龙旗，骑为鸟旗"。出土文物也可形象反映出战国时期骑兵有了进一步的发展。陕西咸阳出土的两件战国骑马俑，据《考古简报》称："（两件泥质灰陶俑）皆为公马……马头有朱彩画的络头，在颈的两侧各有朱绘两条辔绳。……俑头戴宽折沿帽……身穿交领左衽短襦，下着短裤，脚蹬长筒靴，两手半握，左手前伸似在牵辔绳，右手下垂似执一物，木质已朽不清，两腿前屈骑于马背上。"《考古简报》将这两件骑马俑的时间定为"战国时期前段，即秦惠王至秦武王时期"①。这两件骑马俑是我国古代中原地区出土最早的骑马俑形象。当时各大国均建立了骑兵部队，如秦、赵等国均号称"车千乘，骑万匹"，军队作战由步骑为主逐渐转变为车骑并重。

前305年，赵武灵王为了对付北方的匈奴和西边的秦国，决心整军经武，学习胡人穿短装，习骑射之长，克服中原人宽袍大袖、重甲循兵只善车战之短。《战国策·赵策二》说："今吾（赵武灵王）将胡服骑射以教百姓。"赵国地处北边，经常与林胡、楼烦、东胡等北方游牧民族接触。赵武灵王看到胡人在军事服饰方面有一些特别的长处：穿窄袖短袄，生活起居和狩猎作战都比较方便；作战时用骑兵、弓箭，与中原的兵车、长矛相比，具有更大的灵活机动性。他说，北方游牧民族的骑兵来如飞鸟，去如绝弦，是当今之快速反应部队，带着这样的部队驰骋疆场哪有不取胜的道理。

赵武灵王改革服制的"胡服骑射"，对于中国服饰的变化的影响十分重要。美国学者麦高文指出："较之马饰之发明更重要的，是马背乘骑的习惯所加于人类衣饰的影响。其中最值得注意的，就是裤的发明，只有穿裤，才能使两腿自由运用于马背。""在中国，近代中国人的衣服虽以裤著闻，因为连妇女都习于穿裤，可是我们发现古代的中国衣服，却只有宽袍。直待公元前

---

① 《咸阳石油钢绳厂秦墓清理简报》，《考古与文物》1996年第5期。

第三世纪之初，中国人才开始知道穿裤，而且直至公元后第七世纪时，裤的服用才趋于普遍。我们从直接的史料上获知，中国的采用裤，是直接受中亚文化的影响所致。"①

"胡服骑射"就是为了适应骑马射箭的灵巧动作，将原来双襟交输于背、宽袖、长襦的中原服装，改为双襟交输于胸前右侧，紧袖高领的上衣。孙机指出："胡服即衣裤式服装，尤以着长裤为特点。"② 这种仿自北方游牧民族的军服，窄袖短袍，皮靴革带，既耐寒又举止灵活，便于骑马射箭。王国维在《胡服考》中说，胡服就是唐代的褶服。③ 从唐墓出土的壁画、陶俑、三彩俑等形象来看，褶服为圆领、右衽，双襟掩于胸的右侧，腰束革带，衣长及膝。从秦始皇陵兵马俑二号坑出土的骑兵俑服饰上也可找出旁证。骑兵俑头戴圆形小帽，身穿交领右衽，双襟交掩于胸前的上衣，左压右，左侧的襟边垂直于胸的右侧，衣长齐膝，袖长达于手腕，窄袖口，腰束革带，领、襟、袖口都镶着彩色缘边，与上述胡服形制十分接近。而不同的是胡服没有配甲衣，而秦骑兵则把甲衣与胡服糅合在一起。其甲衣由125片固定与活动甲片组成，肩无披膊装束，手无护甲遮掩，既保留了行动灵活，又具备了安全性能。下穿紧口连裆长裤，足登短靴。这说明这种服装完全是从骑兵的特点而考虑设计的。二号坑出土的这种骑兵俑服装与唐代的褶服相比，除领子外，其他基本相同，应该是赵武灵王胡服的进一步改进和演变，这种服装就是"胡服"。

在胡服上还有"带钩"。带钩是古代人们日常生活用具之一，其用途主要是钩系束腰的革带，还有作为衣襟上的扣钩或器物的挂钩等。一般认为带钩最初为北方草原民族使用，胡人称犀比、师比等。赵武灵王实行"胡服骑射"，军士着短装，以革带束腰，故有使用带钩之说。实际上带钩的应用早于赵武灵王时期，清人阮元说："师比之制创自赵武灵王，而革带有钩由来已久。"王国维《胡服考》说："古革带当用钩。左氏僖二十四年《传》：齐桓公置射钩而使管仲相；《史记·齐太公世家》云：管仲射中小白带钩……皆古

---

①　[美]麦高文著，章巽译：《中亚古国史》，中华书局2004年版，第51—52页。

②　孙机：《中国古代物质文化》，中华书局2014年版，第99页。

③　参见周锡山编校：《王国维集》第4册，中国社会科学出版社2008年版，第293页。

带用钩之证，然其制无考。其用黄金师比为带钩，当自赵武灵王始矣。"① 沈从文指出："带钩的应用，相传为赵武灵王仿自西北部游牧民族。或指当胸革带使用的青铜带钩而言，初期只限于甲服上，加以发展，才代替了丝条的地位，转用到一般贵族王公袍服上。"②

赵武灵王号令全国着胡服，习骑射，并带头穿着胡服去会见群臣。胡服在赵国军队中装备齐全后，赵武灵王就开始训练将士，让他们学着胡人的样子，骑马射箭，转战疆场，并结合围猎活动进行实战演习。从实行胡服骑射的第二年起，赵国的军力就逐渐强大起来，打败了经常侵扰赵国的中山国，夺取林胡、楼烦之地，向北方开辟了上千里的疆域，并设置云中、雁门、代郡行政区。《史记·匈奴列传》记载："赵武灵王亦变俗胡服，习骑射，北破林胡、楼烦。筑长城，自代并阴山下，至高阙为塞。"

狄宇宙指出："赵武灵王的主要目的在于要将他自己的华夏族人培养成为骑马的战士，以一支汉人和游牧族人兼有的骑兵队伍戍守赵国边境。"③ 赵武灵王"胡服骑射"的实现，在我国骑兵发展史上具有重要意义，他不仅使赵军的战斗力为之迅速提高，而且使原来由匈奴等游牧民族掌握的骑射技术进一步扩大到中原各国。与此同时，战国各国亦先后扩展或建立了强大的骑兵队伍，进入了骑兵起决定作用的新时代。

赵武灵王的"胡服骑射"在军事史上的意义更为重要。梁启超评价说："七雄中实行军国主义者，惟秦与赵。……商鞅者，秦之俾斯麦；而武灵王者，赵之大彼得也。"④ 他还认为，赵武灵王与秦始皇、汉武帝以及南北朝的宋武帝（刘裕）一样，是中国历史上四位取得对北方游牧民族战争胜利的人之一，而且是最值得后代子孙骄傲的一位。梁启超甚至把赵武灵王盛赞为"黄帝之后第一伟人"。

在战国七雄中，拥有骑兵最多的国家是与西北戎狄毗壤的秦、楚、赵三

---

① 周锡山编校：《王国维集》第 4 册，中国社会科学出版社 2008 年版，第 278 页。

② 沈从文：《中国古代服饰研究》，上海书店出版社 2002 年版，第 100 页。

③ ［美］狄宇宙著，贺严、高书文译：《古代中国与其强邻：东亚历史上游牧力量的兴起》，中国社会科学出版社 2010 年版，第 163 页。

④ 梁启超：《黄帝以后第一伟人——赵武灵王传》，《新民》1903 年 11 月 2 日。

国，各拥有骑兵万匹，其次是魏国和燕国，亦分别有5000匹和3000匹。这个时期，中原各国骑兵总数不下五六万匹，是一支庞大的骑兵队伍。此时还出现许多成功运用骑兵配合步兵、车兵作战的典型战例。秦赵长平之战时，"秦奇兵二万五千人绝赵军后，又一军五千骑绝赵壁间，赵军分而为二，粮道绝"（《史记·白起王翦列传》）。骑兵为"一军"独立编制，单独执行任务，对战局胜负起了关键性的作用，配合主力全歼赵军40万人。

"胡服骑射"的意义不仅在于有了马匹和骑兵，而且在于学会了使用马，学会了用骑兵作为国家军队建设的主力，大大提高了马这种动物在人类社会生活中的重要地位。在整个冷兵器时代，骑兵具有突出的重要性。骑兵是一个国家军事实力的主要保障。

五　站在全球史的角度看早期中华文明

当我们叙述了中华文明与世界的早期联系之后，再来看中华文明的早期起源和发展的一些情形，可能就会有一些新的想法。

在这一章所讨论的，包括两个历史时段，一个是史前文明，一个是文明的发生期，主要是商周两朝。这样的区分也只是有大概的意义。因为文明的发展是一个渐进的过程，只有发展到一定程度的时候才会产生突变，实际上在很多情况下很难区分史前文明和文明发生期的明确界限。另一方面，所谓"史前"这个概念，也只是在有限的程度上可以被理解。"史前"并不是没有历史，没有文化，也不是像一些史家所说的"野蛮时期"。从以上所论述的内容来看，在所谓"史前"时期，许多民族，特别是草原民族，创造了相当辉煌的文化，并且在广袤的欧亚大陆上，承担了文化交流使者的责任。只不过他们的文明没有用"文字"这个载体记载下来，以至于后人所知不多，只能从有限的考古资料去挖掘、去想象。所以，笔者在写完这一章内容的时候，最大的体会或者说是收获，就是对全球史角度的"史前文明"有了一些新的认识。笔者觉得，我们对于古代人的文化创造和文明成果知道得太少，了解得也太少，仅仅是知道一个未必准确的梗概，而对于其中所包含的生动具体的、丰富多彩的人类故事更是知之甚少，甚至茫然无知。对于远古的文明，对于那些没有文字记载的所谓"史前文明"，恐怕更是如此。比如在本章上面所记述的许多事例中，比如青铜器的发明和发展、玉石文化的形成、野兽纹饰的产生和演变，等等，我们还无法找到真实源头。我们可以根据这些事例去想象，那个时代广袤的欧亚大陆上，那个时代广阔的社会生活中，也会是一幅宏大的色彩斑斓的画面。

那么，当我们按照这样的角度和思路去想象我们的早期文明，就会惊奇地看到，在那个我们原以为是蛮荒的时代，在那一片至今看来仍然是极为广袤的欧亚大陆上，竟然也有着频繁的、多方面的物质和文化交流。这种交流发生在从东到西的广阔的草原上，发生在那些草原民族之间，也发生在草原民族与农业民族之间。这样，就在中华文明的源头，在中华文明的史前时期和发生时期，注入了其他民族所创造的文化因素，接受和融合了其他民族的文化创造成果。这一点与我们了解的中华文明的独立发生和发展的历史现实是不相矛盾的。从欧亚大陆上的几大文化板块来说，处于这个大陆东端的中华文明，是在一个相对隔绝的情况下独立生长的。这一点史学家们可以胪列出许许多多的论证。但是，正如前面已经说到的，独立发生并不意味着和其他民族文化不相接触、不相交流。实际上，在这个时期，中华文明从其他文明中吸取了很多东西，学习了很多东西，并且把它们融合到自己的文明之中，成为中华文明的组成部分。几千年过去了，在有些情况下我们已经很难区分哪些是中国先人最初的原生型文化，哪些是从其他民族中学习吸取过来的，还有哪些是学习了外族的文化形式后，再加上了自己的继续发展和再发明、再创造。

这就是说，在文明发生期，生活在世界各地的各个民族进行着自己独特的文化创造。我们现在为了叙述和研究方便起见，常常把远古时代的文明说成是几大文明区，这样的划分实际上也只具有相对的意义。在这样一片广袤的大地上，潮起潮落，此起彼伏，涌现出无数个民族和部落，他们创造了属于自己的原生型文化，只不过由于地理环境的原因，彼此相近的民族文化具有更多一些相同或相似的因素。与此同时，他们又学习着其他民族的东西，丰富着自己的文化和生活。这样，在世界文化的发生期，每个民族有自己的贡献。从文化相对主义的观点看来，每个早期民族选择了适合自己生存环境的文化形式，在自己的文化土壤上创造出属于自己民族特色的文化内容。这些不同民族之间的交光互影，纵横交错，共同创造了文化初期的世界图景。

中华文明地处欧亚大陆的一端，不断地接受着来自中亚和西亚、来自北方草原文化的影响。如果不是深入地研究，我们很难想象，中国的许多已经属于民族传统的东西，其文化的源头，或至少是其创造的启发因素，竟然是来自遥远的甚至今天已经不知其名的民族。很难想象，我们每天须臾不可离开的面粉，竟然是5000年前从遥远的地方传播过来的；我们常常说起的"六畜兴旺"，其中马、牛、羊的祖先竟然在外国。我们常常自豪地说中华文明源远流长，博大精深，这是完全正确的。但是，在这源远流长的"源"上，在这博大精深的"博"上，就已经包含着我们祖先学习到的、接收到的其他民族文化的东西。这正是我们值得自豪的一个理由：在文化的初创时期，在文明的发生期，中华文明就具有博大的、开放的胸怀和品格，我们的祖先是一个善于学习的民族。

说到那个时期的文化交流，如果我们看到了一个宏阔的历史画面，就会联想到，在那个遥远的时代，我们的先人已经开辟出纵横交错的交通道路。在那个遥远的年代，崇山峻岭，江河滔滔，大漠流沙，万险千难，而各民族的先民克服了重重困难，开辟出一条条连接各民族、各文化的交通大道。我们现在所说的古代文化交流的大通道丝绸之路，包括草原丝绸之路、绿洲丝绸之路，以及从中国南方通往印度的西南丝绸之路，在那个时候已经开通了，有了各民族往来的身影。如果我们想到那个时候的交通技术条件，就会感受到，那是多么艰难的路程啊！然而，正是在那个艰难的路程上，开辟出几千年世界文化交流壮丽而宏阔的图景。

回望早期的中华文明，看到在那个遥远的时代，我们的先人，筚路蓝缕，辛勤劳动，进行着极为艰难又极为雄壮的文化创造，以石器的研磨敲打，演出中华文化史诗的前奏，迎来初升的中华文化曙光，开辟了中华文化的历史源头。而在这个源头，又敞开胸怀，学习、接纳和汇聚了来自其他民族的文化成果。所以中华文化从其发生期开始，就塑造了自己开放和宏阔的品格，因而在此后漫长的发展过程中，始终能以这样的品格面向世界，始终能够从世界一切先进文化中获得持续不断的源头活水，使自己如万里江河，生生不息。

第二章

秦汉到南北朝的
海外交通

秦汉时期是中国历史上第一个大一统时期，是中国历史上第一个自觉地发展对外文化交流时期。在这个时期，对外的交通，从陆路到海路都得到了开辟和繁荣发展，为中外文化交流创造了十分有利的条件。而其标志性事件，就是"丝绸之路"的正式开通。

在中西文化交流史上，"丝绸之路"是一个使用最频繁、影响最广泛的概念。一般而论，"丝绸之路"所指的是从中国长安经过河西走廊，穿过天山脚下进入中亚、西亚，然后再通往地中海地区的交通道路。这条道路是古代人很早就开辟了的，是一条贯穿欧亚大陆的大通道。正是通过这条大通道，自东徂西，大陆两端的居民有了接触和往来，有了物质和文化的交流，因而也就有了东西方文明的发展。后来，人们把联系欧亚大陆的北边的草原之路、南边的海上交通，都称为"丝绸之路"。这样，"丝绸之路"的概念就延伸到一切与东西方交通联系的交通通道。正是通过各条"丝绸之路"，在旷日持久的绵延岁月里，欧亚大陆上的各民族、各种文化展开了大交流、大汇通、大融合。

一　秦汉时期的文化开放与海外交通

秦汉时期国家统一，疆域广阔，经济发达繁荣，在社会生活、学术思想、文学艺术和科学技术等各个领域，表现出那个时代宏阔激昂的文化精神，表现出阔步前进的宏伟气势。不仅如此，秦汉时期，特别是汉代，还是中国历史上第一个自觉地发展对外文化交流、全面文化开放的时代，是中华文化在海外广泛传播，同时也大规模地引进、吸收、融合海外其他民族文化的时代。中外文化的交流，在许多情况下是以汉代作为实质性的起点。

前221年，秦始皇统一中国，推行的一系列制度和政策措施，如废除分封制改为郡县制，统一文字、货币和度量衡，修驰道和通水路，筑长城防御北方游牧民族入侵，等等，对古代中华文明的繁荣发展作出了重大的贡献。前202年，汉朝建立。汉承秦制，所以称之为"秦汉文明"。

汉朝是一个国力强盛的国家。到汉武帝统治时期，无论是在政治上、经济上或文化思想上均达到了鼎盛状态。汉王朝的经济力量十分雄厚，《史记》

说："非遇水旱之灾，民则人给家足，都鄙廪庾皆满，而府库余货财。京师之钱累巨万，贯朽而不可校；太仓之粟陈陈相因，充溢露积于外，至腐败不可食。"至文景时期，在农村生产力发展、剩余产品不断增多的基础上，商业很快再度勃兴。《汉书》记载晁错对汉代商业及商人势力发展的评论说："商贾大者积贮倍息，小者坐列贩卖，操其奇赢，日游都市，乘上之急，卖必倍。故其男不耕耘，女不蚕织，衣必文采，食必粱肉；无农夫之苦，有阡陌之得。因其富厚，交通王侯，力过吏势，以利相倾。"经过秦、汉两个王朝，中国已牢固地建立起一个以汉族为主体的多民族的统一国家，为中华文明的繁荣发展奠定了坚实的基础。

在汉帝国蓬勃发展的时候，在西方则发展起一个强盛的罗马帝国。汉王朝与罗马帝国属于同一时期，在当时各雄踞东西一方，并分别对东方和西方的历史文化产生了极为重大的影响。但是，就当时的情况而论，汉王朝在国力和文化发展水平上要比罗马帝国更为强盛。英国历史学家韦尔斯（H. G. Wells）引述了美国历史学家帕克（E. H. Parker）对古代中国的评论：

> 居鲁士（Cyrus the Great）和亚历山大、大流士（Darius）和薛西斯（Xerxes）、恺撒（Julius Caesar）和庞培（Pompey），他们固然都做过十分有趣的远征，但它们若比之于亚洲另一端正在进行的征战，在规模上和在对人类的利益上肯定地都相形见绌了。西方文明有较多的技艺和科学，这些是中国从不关心的；但是另一方面，中国发展了历史的和批判的文学、文雅的举止、奢华的衣着和行政管理体制，欧洲如果能有这些也会感到自豪的。[1]

汉王朝是当时东方世界上最强盛的大帝国。早在春秋战国时期，各诸侯国努力开疆拓土，不断扩大中华民族的活动区域。秦始皇统一中国后，其帝国的版图包括今陕西、甘肃、四川、云南、广西、广东、福建、浙江、江苏、山东、辽宁、内蒙古、宁夏等20多个省区。汉帝国的疆域也在秦王朝领土的基础上继续向外拓展。至汉武帝时，由于积极开疆拓土，广开三边，巩固和发展了庞大的帝国，使我们祖国的版图粗具规模。到西汉末年，汉帝国拥有人

---

① ［英］赫·乔·韦尔斯著，吴文藻等译：《世界史纲——生物和人类的简明史》，人民出版社1982年版，第541页。

口 5959 万，领土东西 9302 里，南北 13368 里。这样拥有庞大人口和广大疆域的国家在那个时期的东方国家中是独一无二的。在西北，汉朝采取积极抗击匈奴的战略，控制了天山南北，移民屯田，而后又设西域都护，巩固和拓展西北边地，开辟了通往西域的交通线，为以后正式开通著名的"丝绸之路"准备了条件。在西南区也大力开辟，设置都护，而在越南北部和朝鲜北部则直接设置郡县，纳入汉王朝的直接统治之下。汉王朝对周边地区的积极拓殖经略，使其处于中华文化的广泛影响之下，为在东亚地区形成"中华文化圈"奠定了基础。

汉王朝不仅积极经略周边地区，而且大力发展对外关系和经济文化交流。汉代是中国文化史上第一个全面实行文化开放的时代，而文化开放正是对自己民族文化充满自信的表现。在此之前，中外文化已有交流的踪迹，也早有持续不断的涓涓细流。而至汉代，则是自觉地开辟对外交通，发展对外交往，与远近许多国家和地区建立了广泛的联系，成为真正具有世界性影响的东方帝国。在陆路，由张骞通使西域而正式开辟了丝绸之路，打通了中西方的交通，密切了西域乃至更远地区与中国中原地区的政治、经济、文化联系；在海路，创辟中印海上航道，把航线延伸到印度洋，与海上通道国家建立联系。汉王朝在积极向外派遣使节的同时，还接待来自许多国家的使节，不仅建立起互通友好的政治关系，还大力加强人员往来，发展经济关系，促进物质和精神文化交流。当时中外交通四通八达，人员往来相望于道，出现了前所未有的中外文化交流的盛世。学者概括了汉代中国 5 条主要的对外交通路线，即：(1) 东方：朝鲜半岛到日本列岛的"北海道中"航线。(2) 北方：由匈奴人所控制的草原丝绸之路。(3) 西域：南北沙漠绿洲丝绸之路的"凿空"。(4) 西南：四川与滇—缅—印古道的连接。(5) 南海：合浦至黄支国的海上航线。通过这些线路，汉朝与朝鲜半岛南部的三韩部落、日本北九州岛地区、中南半岛、马来半岛、南亚地区、中亚以及西亚地区，有了经常性的直接往来。

美国历史学家伯恩斯 (Edward Mcnall Buras) 和拉尔夫 (Philip Lee Ralph) 认为：

> 汉朝标志着中国历史上最光辉灿烂的时期之一。……在疆域辽阔和国势鼎盛两方面，汉代中国都与同时期的罗马帝国并驾齐驱。中国没有与其他文明地区相隔绝，它的商业联系，特别是通过横贯新疆和突厥斯坦的商路所进行的贸易往来，远及天涯。中国人也开

始在公海上扬帆远航，不过，大洋上的贸易主要是由那些直抵南中国海和东京湾①的印度航海家经营的。中国商人不仅与印度、锡兰，而且与日本、波斯、阿拉伯半岛、叙利亚进行贸易，甚至间接地与罗马帝国贸易。②

在汉代，中华文化与世界文化开始了具有实质意义的对话。不仅如此，中华文化的对外交流和传播，还推动了当时世界各民族文化之间的对话和交流，推动了世界范围内的文化汇合与交融。正如日本学者江上波夫所说的：中国自从汉帝国时期"即已成为国际文化交流的东方终点站"③。我们还可以补充说，中国又是在东亚的国际文化交流的接力站、起点站。

二 丝绸之路

1. 丝绸之路的概念

最早使用"丝绸之路"概念的是德国人李希霍芬（Ferdinand Paul Wilhelm Richthofen）。李希霍芬是普鲁士舆地学和地质学家，近代地貌学的创始人。他先后 7 次在欧亚腹地旅行考察，1860 年，随德国经济代表团访问包括中国在内的远东地区。回国后，李希霍芬完成了 5 卷本巨著《中国亲程旅行记》，于 1877—1912 年陆续出版。在这部书中，李希霍芬敏锐地把中亚地理与东西文明交流联系起来，把"从公元前 114 年到公元 127 年间，中国与河中地区④以及中国与印度之间，以丝绸贸易为媒介的这条西域交通路线"，称为"Seidenstrassen"，亦即英文的"Silk Road"，中文译名"丝绸之路"。

后来，德国东方学家阿尔巴特·赫尔曼（Albert Hermann）进一步扩大了

① 即北部湾。

② ［美］爱德华·麦克诺尔·伯恩斯、菲利普·李·拉尔夫等著，罗径国等译：《世界文明史》第 1 卷，商务印书馆 1987 年版，第 354—355 页。

③ 江上波夫：《8 世纪的日本和东亚》，清华大学思想文化研究所编：《世界名人论中国文化》，湖北人民出版社 1991 年版，第 729 页。

④ 河中地区指中亚的阿姆河与锡尔河之间的地带。

丝绸之路的涵义，使之延长至叙利亚。他说：

> 我们应把该名称（丝绸之路）的涵义进而一直延长到通向遥远西方的叙利亚。总之，在与东方的大帝国进行贸易期间，叙利亚始终未与它发生过什么直接关系。但是，正如我们首次了解到夏德研究的结果，尽管叙利亚不是中国生丝的最大市场，但也是较大的市场之一。而叙利亚主要就是依靠通过内陆亚洲及伊朗的这条道路获得生丝的。①

赫尔曼的这一主张得到欧洲一些汉学家的支持和阐述。但是，英国考古学家和探险家斯坦因（Marc Aurel Stein）认为，李希霍芬和赫尔曼是"丝绸之路"这一概念的普及者而不是首倡者。他认为，在希腊地理学家托勒密（Claudius Ptolemaeus）之前，居住在地中海东岸港口城市提尔的地理学家马利努斯（Marinos）写过一部描述 1 世纪前"通往丝国之路"的书。所以，"丝绸之路"这个名称应该是马利努斯首先提出来的。托勒密在《地理志》中关于这条古代交通路线的记载，就是依据马利努斯的著作写成的。据托勒密说，马利努斯的情报是从马其顿商人马埃斯·蒂蒂安努斯（Maes Titianos）那里获得的。"马埃斯是公元 1 世纪左右与遥远东方的中国从事丝绸贸易的希腊人之一。"②

19 世纪末 20 世纪初，一些西方的探险家到中国西北边疆进行考察探险，他们在这里发现和找到古代中国与西方交往的许多遗址和遗物，用实物证实和说明丝绸之路的存在和发展，引起世界学术界的极大兴趣和关注。这些探险家在自己的著作中介绍这些情况时，广泛地使用"丝绸之路"这个概念，把古代丝绸贸易所到达过的地区，囊括在丝绸之路的范围之内。于是，丝绸之路就成为从中国出发，横贯亚洲，进而连接非洲、欧洲这条陆路通道的总称。方豪指出："丝路实可称谓旧世界最长交通大动脉，为大陆国家文化交流之空前最大联络线。"③

---

① ［德］赫尔曼：《中国与叙利亚之间的古代丝绸之路》，引自［日］长泽和俊著，钟美珠译：《丝绸之路史研究》，天津古籍出版社 1990 年版，第 2 页。

② 斯坦因 1924 年 11 月 3 日在英国皇家地理学会上的演讲。演讲题目《亚洲腹地——历史从此处展形作为其舞台的地理条件》。

③ 方豪：《中西交通史》上卷，上海人民出版社 2008 年版，第 50 页。

一般来说，广义的丝绸之路是对从上古开始陆续形成的、遍及欧亚大陆甚至包括北非和东非在内的长途商业贸易和文化交流线路的总称。除了通常所说的陆上丝绸之路的路线之外，还包括前面论述过的草原丝绸之路，以及汉代开始形成，在唐宋时期发挥巨大作用的海路丝绸之路。日本学者长泽和俊指出：

> 丝绸之路的古代史是以草原路为中心，自古代后期至中世纪是以绿洲之路为中心，而近代以后则是以南海路为中心了。①

这样看来，贯穿欧亚大陆、绵延数千公里的古代丝绸之路，就不只是一条商贸道路，而是一张连接欧亚大陆政治、经济、文化的交流"网络"。英国汉学家吴芳思（Frances Wood）指出："今天，很多人把'丝绸之路'当做一个广义词，使之不仅涵盖了遍布高山和沙漠的辽阔地域，还蕴含了悠久的文化历史。"②

2. 丝绸之路的文化意义

实际上，在现代学术界，"丝绸之路"已经成为一个国际通用的学术名词，远远超越了"路"的地理学范畴，正如联合国教科文组织下的定义那样："丝绸之路是对话之路。"这是东西方文明的对话，是欧亚大陆各个民族文化的对话，是人类的对话。法国汉学家布尔努瓦（Luce Boulnois）说："'丝绸之路'是一种形象口号，一种包罗万象的诗一般的名称，具有浪漫色彩，它成了一个若明若暗的词。正如人们对我们的古典绘画所说的那样：一束光芒照亮了绘画本想突出的意义，从而在明暗交界处暴露出了画面的其他因素。""'丝绸之路'是半个世界。"③

丝绸之路在世界文化史上具有特别重要的地位和意义。日本学者长泽和俊在概述"丝绸之路"的历史意义时指出：

> 丝绸之路作为贯通亚欧大陆的动脉，是世界史发展的中心。欧亚大陆由蒙古、塔里木盆地、准噶尔、西藏、帕米尔、河中、阿富

---

① ［日］长泽和俊著，钟美珠译：《丝绸之路史研究》，天津古籍出版社1990年版，第9页。

② ［英］吴芳思著，赵学工译：《丝绸之路2000年》，山东画报出版社2008年版，第2页。

③ ［法］布尔努瓦：《法国对丝绸之路的研究》，［法］戴仁编，耿昇译：《法国中国学的历史与现状》，上海辞书出版社2010年版，第375、376页。

汗、伊朗、伊拉克、叙利亚、土耳其等地区构成。把这些地区连接起来，并使之相互依存地发展起来，丝绸之路起到了犹如人体动脉那样的作用。……

丝绸之路是世界主要文化的母胎。尤其是在这条路的末端部分曾经产生了美索不达米亚文明、埃及文明、花剌子模文明、印度河文明、中国文明等许多古代文明。自古以来还出现了祆教、基督教、佛教、摩尼教、伊斯兰教等宗教。这些宗教向东西传播并给予各地的人类文化极大影响。从这个意义来讲，丝绸之路也可以说是"求道之路"。……

丝绸之路是东西文明的桥梁。出现在丝绸之路各地的文化，依靠商队传播至东西各地，同时又接受着各种不同的文化，促进了各地的文明。丝绸之路所以受到众多人们的注意，主要是因为它是东西文化交流的动脉。①

丝绸之路是中西文化交流的友谊之路。丝绸之路像一条金色的丝带，横亘在古老的欧亚大陆，把东方与西方连接起来。从地中海岸到中国海岸这一古典地带，有许多古代民族，无数古代邦国，集结为几个古代大帝国。经过丝绸之路，各民族之间从物质的生产、生活到精神的礼俗习尚，不断相互交流，相互补充，共同进步发展，历千百年之盛衰兴替，蔚成古典世界文化历史之灿烂辉煌。

丝绸之路所经过的、所沟通的、所连接的欧亚大陆，正是世界古典时代文明的先进地带。正是这条交通大道，把几大文明联系起来、汇合起来。丝绸之路的文化意义的基本点就是中国文明与地中海文明之间的各种文化的大交汇与大交流。瑞典探险家斯文·赫定（Sven Hedin）指出：

丝绸之路全程，从西安经安西、喀什噶尔、撒马尔罕和塞琉西亚，直至推罗，直线距离是 4200 英里，如果加上沿途绕弯的地方，总共约 6000 英里，相当于赤道的四分之一。

可以毫不夸张地说，这条交通干线是穿越整个旧世界的最长的

---

① ［日］长泽和俊著，钟美珠译：《丝绸之路史研究》，天津古籍出版社 1990 年版，第3—4 页。

路。从文化—历史的观点看，这是连接地球上存在过的各民族和各大陆的最重要的纽带。①

布尔努瓦指出：

> 由于上古四大帝国时代为贸易事业所提供的方便，丝绸、香料、首饰、皮货和活人商品——奴隶，在这些交通干线上川流不息。这里所指的交通干线系指丝绸之路的陆路和海路两条大道。除了干线之外，还有四通八达的岔道，整个交通网沟通了西欧，包括埃及在内的北非、埃塞俄比亚、阿拉伯半岛、波斯、黑海和里海沿岸、阿富汗、印度、西域、印度支那，最后是中国。这条路线沿途的所有发现都令人信服地证明，当时这些地区的相互交流已形成了潮流。②

季羡林则更认为，丝绸之路"实际上是在极其漫长的历史时期内东西方文化交流的大动脉，对沿路各国、对我们中国，在政治、经济、文学、艺术、宗教、哲学等方面的影响，既深且广。倘若没有这样一条路，这些国家今天发展的情况究竟如何，我们简直无法想象"。季羡林指出：

> 在全人类历史上，影响深远，持续时间很久的大的文化体系只有几个，这就是：中国文化体系、印度文化体系、闪族伊斯兰文化体系、希腊罗马文化体系，而这四大文化体系汇流的地方只有一个，这就是中国的新疆地区。其所以能够在这里汇流，则要归功于贯穿全区的丝绸之路。③

季羡林还指出，新疆和敦煌一带，是丝绸之路的精华部分，是华夏文明的一条艺术长廊和一座历史博物馆。沿途的莫高窟、嘉峪关、武威天马、西夏碑、麦积雕塑等，无一不是一个特殊时代的文明标志。

丝绸之路是整个欧亚大陆上的文化交流之路，是东方与西方各民族相遇、相识、沟通与交流之路。在这漫漫长路上，在几千年岁月之中，民间商旅、

---

① ［瑞典］斯文·赫定著，江红、李佩娟译：《丝绸之路》，新疆人民出版社1996年版，第210页。

② ［法］布尔努瓦著，耿昇译：《丝绸之路》，山东画报出版社2001年版，第116页。

③ 季羡林：《丝绸之路贸易史研究·序》，《兰州商学院学报》1990年第4期。

官方使臣、虔诚的僧侣、勇敢的探险家和旅行家，以及征战的军队和迁徙的移民，相望于道，不绝于途。丝绸、瓷器等丰饶的中华物产，经由这条国际贸易的大通道输往沿途各国，中国的生产技术、科学知识也陆续传往西方世界，而关于中国的种种游记、见闻乃至传闻，不时向西方传达着遥远东方帝国的文化信息。西方的物产和技术、科学知识和发明创造以及关于西方文化的传闻信息，也沿着这条大道，源源不断地传入中国。直到15世纪以前，丝绸之路一直是中西文化交流的主要通道。

3. 丝绸之路的正式开通

学术界通常所说的丝绸之路，从严格的学术意义上讲，或者说从狭义上讲，是指从西安或洛阳出发，经过河西走廊，出阳关或玉门关，通往西域这一条交通大道。在学术意义上，其他如"草原丝绸之路""海上丝绸之路"或"西南丝绸之路"，是这个"丝绸之路"概念在文化意义上的延伸。所以，本节所说，就是指这条大路的开通。为了区别后来比较泛用的"丝绸之路"概念，学术界又把从中原通往西域的大道称为"绿洲丝绸之路"。

如上所述，丝绸之路在历史上很早就已经开通，但是，直到汉武帝时代张骞通使西域，这条交通大道才正式进入中国官方的视野，并打通了中国通往西域的通道，开始了中原王朝与西域诸国正式的交聘往来。所以，历史学界把张骞的西域之行作为丝绸之路的正式历史起点。

这条横贯东西方的国际通道，根据地理和政治状况，从东向西划分为东段、中段和西段。西段从欧洲往东，到中亚地区，在亚历山大东征的时候已经走通。东段从长安出发，经河西走廊的武威、张掖、酒泉、安西到敦煌，敦煌郡龙勒县有玉门关和阳关，这一段地区一直是中国中原王朝传统的控制地区，交通道路一直通畅。所谓张骞的"凿空"，实际上是走通了"中段"这一部分，即出玉门关和阳关往西，到帕米尔和巴尔喀什湖以东以南地区。《汉书·西域传》记载："自玉门、阳关出西域有两道：从鄯善傍南山北，波河西行至莎车，为南道，南道西逾葱岭，则出大月氏、安息；自车师前王廷随北山，波河西行至疏勒，为北道，北道西逾葱岭，则出大宛、康居、奄蔡焉耆。"这里说的就是丝绸之路的中段。

中国与西域的交通路线，据诸史所记，代有不同。综合古代文献的记载，郭沫若主编的《中国史稿》认为丝绸之路有两条。① 白寿彝主编的《中国通史》在"丝绸之路的开辟"一目中，界定与郭沫若相似。② 两位学者说的均是丝绸之路中段。

丝绸之路的中段这一部分，分散着许多绿洲国家，是丝绸贸易带动了这些绿洲国家的繁荣和发展。在这条道路上，茫茫戈壁之间，散落着一个一个绿洲。按照希罗多德的说法，丝绸之路归根到底是绿洲的恩赐。丝绸之路上的远程贸易原本是一站转一站接力式地进行的，首先是在邻接地区之间，相互地、由甲地到乙地，逐步到达远隔地区的间接交通。也就是说，通过中亚的丝绸之路实际上就是一个个"绿洲桥"，是由此绿洲到彼绿洲逐一连接起来的交通线。所以，这条横贯欧亚大陆的交通路线并非是由一个商队从中国长途跋涉到罗马。古代的丝绸贸易实际上是一种分段贸易。勒内·格鲁塞指出："使商路上这些绿洲具有都市的、商业的特征，通过这些链条式排列的绿洲，这一地区形成了西方几大定居文明即地中海世界的文明、伊朗文明和印度文明与远东的中国文明之间的交通线。""自从这条一端是罗马和帕提亚帝国，另一端是汉帝国的、横跨亚洲大陆的丝绸之路开通起，沿塔里木南北两缘绿洲上排列的印欧诸小国就开始有了相当大的商业重要性。""古商道上的这些城市，作为沟通中国、伊朗和拜占庭之间的丝绸之路上的中转站的作用是重要的。"③

丝绸之路自西汉正式开通以后，历 1500 余年，直到明代，一直承担着内地与西域、中国与亚洲、欧洲一些国家之间政治、经济、文化联系的重要任务。其间虽因政治上的原因，出现过时通时绝的情况，但总的来说，丝绸之路是持续着、发展着、完善着的，直到后来被海洋代替和因其他原因而中断为止。

4. 从西方走向东方

在东方人致力于探索向西方的通道而开辟了丝绸之路的同时，对于遥远的西方来说，也正在为向东方开拓发展而努力。

前 553 年，波斯人居鲁士（Cyrus the great）乘当时的统治者米底人内乱，起兵反抗，于前 550 年消灭米底，建立起阿契美尼德王朝。以后几经外征内

---

① 参见郭沫若主编：《中国史稿》第 2 册，人民出版社 1979 年版，第 390 页。

② 参见白寿彝主编：《中国通史》第 4 卷，上海人民出版社 1995 年版，第 403—404 页。

③ ［法］勒内·格鲁塞著，蓝琪译，项英杰校：《草原帝国》，商务印书馆 1998 年版，第 10、71、133 页。

战，直至大流士时代，建立起一个横亘欧亚大陆的波斯大帝国。大流士一世（Darius I the Great）进行了一系列的重要改革，为东西方交通作出重要贡献，为促进东西文化交流创造了有利条件。他重新打通了东起西亚、印度河，西到波斯湾、红海、里海、爱琴海、东地中海乃至非洲的通道，而且将亚洲的道路，跨越博斯普鲁斯海峡，向西延伸到了欧洲。为便于军队的调遣和政令的传达，大流士一世以帝国的 4 个都城（波斯波利斯、苏撒、埃克巴坦那和巴比伦）为辐射中心，在原来道路的基础上，修筑了覆盖全帝国的驿道网。

其中最大最著名的干线是帝国西部的"王家大道"。这条大道从小亚细亚沿岸的以弗所经撒尔迪斯，通过美索不达米亚的中心地区，到达波斯帝国首都苏撒城，全长 2400 多千米。沿线还有通往各行省的支道。这条"王家大道"仅由波斯王室使用，在沿线各段设立驿站，现在已经有 22 个驿站被考古确认。借助每个驿站的好马和驭手，波斯王室所需要的一切物资通过这条道第一时间送至首都，再将帝王的指令传播到波斯全国。依照"王家大道"的效率，一位向大流士一世进献快信的人只需 9 天即可将信送至首都，而同样的距离对于普通人而言需要 3 个月。希罗多德说，波斯道路完美，驿递组织严密，驿道被分成"帕拉栅格"（约 5 千米），每 20 千米设置一个驿站并有旅馆，每站备用的马匹和信差，可将国王的诏书一站接一站地急速传递下去，甚至夜间都传递不止，"跑得比仙鹤还要快"①。

在波斯帝国的东部，也修筑了一条大道作为帝国的主要交通干线。这条大道是沿着古老的美索不达米亚—米底之路修建的。这条大道从巴比伦起，经贝希斯敦悬崖旁，穿越扎格罗斯山，到另一都城埃克巴坦那，然后穿越伊朗高原北缘到巴克特利亚和印度的边境，最终到达波斯帝国的东部边陲。这条驿道沿途也设有驿站商馆，并有旅舍供过往客商留宿，驿站专备快马，信差传送急件逢站换骑，日夜兼程，可达古代最快的送信速度。从苏撒至以弗所城 2400 千米，公文日夜相传 7 日就可到达。为了保证驿道的畅通和安全，沿途各地险关要隘、大河流口与沙漠边缘，皆修筑防御工事，并派兵驻守。

此外还有一条道路从伊苏湾到里海南岸的希诺普城，横切小亚细亚半岛，把爱琴海地区同南高加索、西亚北部连接起来。大流士一世还开通了古埃及

---

① ［古希腊］希罗多德著，王以铸译：《历史》第 1 卷，商务印书馆 1997 年版，第 188 页。

第二十六王朝法老尼科未完成的连接尼罗河与红海的运河。

　　大流士修驿道主要为军政需要服务，使帝国境内各个重要的经济、政治和文化中心紧密连接，有利于中央集权的加强和经济文化的发展，直接带动了各地的商贸活动。这些驿道四通八达，信使日夜飞奔，商旅络绎不绝。这样，在大流士统治时期，东至印度河、巴克特里亚，西至爱琴海岸、埃及，广泛的文化交流获得了前所未有的便利条件。如果从中国出西域，至中亚地区和印度北部，便会与波斯开辟的通往西方的大道接上头。而实际上，大流士一世开辟的这些驿道就成了丝绸之路的西段。

　　西方人向东方的另一次开拓是亚历山大大帝的东征。4世纪时，西方流行着关于亚历山大到过中国的传说。据说，传闻的作者卡利斯提尼（Callisthène）是亚历山大东征的同行者，证据是在一根刻有铭文的廊柱中提到亚历山大的名字。这一传闻以小说的形式风靡一时，被上百次地转抄。但后来发现是一部伪作，其中所谓"亚历山大中国之行"一说亦属无稽之谈，就像人们也传说亚历山大之前的希腊哲学家毕达哥拉斯（Pythagoras）和之后的圣托马斯（ST. Thomas Aquinas）的中国之行一样，至少没有充分的证据。不过，亚历山大的东征确实几乎扣到了中国的大门。作为他东征的主要成就之一，庞大的亚历山大帝国的东部疆界已经延伸到中亚地区，与中国咫尺相邻了。

　　前330—前328年，亚历山大的东征大军征服了埃及之后，入侵到中亚，直抵阿姆河上游叶赫什河旁的霍阐，并且进入两河流域，于前329年在那里建立了"极边亚历山大里亚"（Alexandria Eschate，在塔吉克斯坦）。亚历山大死后，他的继承者们将亚历山大帝国分裂为埃及的托勒密王朝、马其顿的安提柯王朝和亚洲的塞琉古王朝。

　　塞琉古王朝曾经是一个幅员辽阔经济繁荣的大国，城镇林立，商业发达。塞琉古修筑和发展了波斯原有的驿道系统，使之成为重要的国际商道。其最重要的交通路线有两条，一条是从地中海岸边的海港经首都安条克而达巴比伦附近的塞琉西亚，以此为商货的最大集散地而北通里海和高加索，南连波斯湾、阿拉伯，西则经巴勒斯坦而入埃及。另一条则是向东经伊朗、安息、大夏而达远东的商道，从大夏向南可折向印度，往北可越过帕米尔而到达中国。

　　让-诺埃尔·罗伯特指出：亚历山大的东征，"向西方人打开了亚洲，开辟了进行贸易交流的新道路"①。亚历山大东征所建立的希腊化世界，实际上形成了以西亚为中心，以地中海和中亚印度为两端的交通体系。当时的东西方商路主要有 3 条：

> 北路连接巴克特里亚与黑海，从中亚的巴克特拉沿阿姆河而下，跨里海，抵黑海。中路连接印度与小亚，有两条支路：一条先走水路，从印度由海上到波斯湾，溯底格里斯河而上，抵塞琉西亚；一条全部走陆路，从印度经兴都库什山、伊朗高原到塞琉西亚，至此，水陆两路会合，由此向西再到塞琉古王国的首都安条克小亚的以弗所。南路主要通过海路连接印度与埃及，从印度沿海到南阿拉伯，经陆路到佩特拉，再向北转到大马士革、安条克，或向西到埃及的亚历山大里亚等地。②

这些商路实际上与后来的丝绸之路西段的走向大体吻合。也就说明，亚历山大东征开创的希腊化世界，为后来的丝绸之路的开通作了前期性的准备工作。亚历山大东征及其遗产希腊化世界的建立，使后来称为丝绸之路西段（帕米尔以西）的道路实际上已经开通。法国学者 F. B. 于格（F. B. Huyghe）和 E. 于格（E. Huyghe）指出："在亚历山大之前，没有任何人从西方到东方走得那么遥远，也未曾走得那样疾速。""有一种几乎是普遍性的共识，认为亚历山大的远征，是丝绸之路开通的序曲。""若没有亚历山大，欧亚大陆之间的道路就不可能被打通。""亚历山大的英雄业绩是一场政治、军事和文化交流的序曲，而这一切又是一个经过欧亚大陆上的人员与物资的交流大网络所必不可缺的。"③

丝绸之路西段所经西亚地区，依次为伊朗高原、两河流域、地中海东岸各地。自美索不达米亚地区迄于地中海东岸，可以称作是一个"交通网络"。

---

① ［法］让－诺埃尔·罗伯特著，马军、宋敏生译：《从罗马到中国：恺凯撒大帝时代的丝绸之路》，广西师范大学出版社 2005 年版，第 14 页。

② 杨巨平：《亚历山大东征与丝绸之路开通》，中国中外关系史学会、暨南大学文学院主编：《丝绸之路与文明的对话》，新疆人民出版社 2007 年版，第 21—22 页。

③ ［法］F. B. 于格、E. 于格著，耿昇译：《海市蜃楼中的帝国——丝绸之路上的人、神与神话》，喀什维吾尔文出版社 2004 年版，第 20、13—14、16 页。

因为丝绸之路西段到了这里，四通八达，畅通无阻，可以通向东、西、南、北任何一个方向。这个地区位于地中海、红海、黑海、里海与波斯湾之间，被称为"五海之地"，处于世界最大的商业动脉网之上。

三　海上丝绸之路

1. 海上丝绸之路的文化概念

中国有着漫长的海岸线，蔚蓝的大海引发人们无限的遐想，也激起人们征服大海、由大海走向世界的愿望。很久以前，古代哲人就有"乘桴浮于海"的幻想。后来，人们逐渐在海上开辟出一条下南海、入印度洋而又通往西方的海上商路。至迟在前2世纪，我国丝绸等物产便已从海路向外传播，并从海路引进国外丰富的物产。这条途经南海传播丝绸的海路，被称为"海上丝绸之路"。"从罗马帝国到丝绸之都的陆上旅行是一次伟大的历史创举，而海上航线的发现和利用也完全可以与之媲美。"①

自古以来，在这条海上丝绸之路上，商旅往来贸易，僧侣传教求法，留下许多可歌可泣的故事。陈炎指出：与陆上丝绸之路相比，"海路开的时间，似比陆路要晚些，而持续的时间却比陆路要长得多；当陆路到唐朝中期，已经失去其重要性时，而海路却蒸蒸日上，方兴未艾"②。

法国汉学家沙畹（Emmanuel-Edouard Chavannes）在其所著《西突厥史料》中提出"丝路有海、陆两道"。1933年，斯文·赫定考察丝绸之路后也提出"海上丝绸之路"的概念。他说："在楼兰被废弃之前，大部分丝绸贸易已开始从海路运往印度、阿拉伯、埃及和地中海沿岸城镇。"③

日本学者三上次男专门研究中国瓷器在海外传播的情况，他在对菲律宾、

---

① ［法］让－诺埃尔·罗伯特著，马军、宋敏生译：《从罗马到中国：恺撒大帝时代的丝绸之路》，广西师范大学出版社2005年版，第154页。

② 陈炎：《海上丝绸之路与中外文化交流》，北京大学出版社2002年版，第67页。

③ ［瑞典］斯文·赫定著，江红、李佩娟译：《丝绸之路》，新疆人民出版社1996年版，第212页。

斯里兰卡、印度、阿富汗、伊朗和两河流域、土耳其、埃及等地的考察中，发现了大量中国古瓷器碎片。他著文《陶瓷之路与东西方文化交流》，首次将这条沟通东西交流的通道命名为"陶瓷之路"。他指出，从很早的时候起，海路就与陆上丝绸之路具有同等重要的作用，并且随着汉与西域诸国关系的复杂化，海上通道的重要性日益凸显，海路贸易在9—10世纪更是得到了爆发性发展。1967年，三上次男的学生三杉隆敏出版了具有海外游记风格的著作《探寻海上丝绸之路——东西陶瓷交流史》，书中正式提出"海上丝绸之路"的概念。他还根据历史文献记载，大致复原了当时的远航帆船以及航行路线。三上次男在为该书所作的序言中，对三杉氏的这一想法予以肯定，并在三杉氏第二部著作的序言中指出：随着时代的变化，大约从10世纪前后开始，海上丝绸之路成为东西方主要的贸易通道。后来，日本放送协会（NHK）制作了《海上丝绸之路》系列节目，使这一名称更为广泛地为人们所熟知。

1974年，饶宗颐发表《蜀布与Cinapatta——论早期中、印、缅之交通》论文，其中有一节专论"海道作为丝路运输的航线"，提出：

> 海道的丝路是以广州为转口中心。近可至交州，远则及印度。南路的合浦，亦是一重要据点，近年合浦发掘西汉墓，遗物有人形足的铜盘。而陶器提筩，其上竟有朱书写着"九真府"的字样，九真为汉武时置的九真郡……这个陶筩必是九真郡所制的，而在合浦出土，可见交、广二地往来的密切……中印海上往来，合浦当然是必经之路。而广州自来为众舶所凑，至德宗贞元间，海舶珍异，始多就安南市易。①

饶宗颐的这段论述，不但肯定了海上丝绸之路的概念及交通路线，而且提出了广州是海上丝绸之路的始发港。这一点对于研究海上丝绸之路也是很重要的。

2. 海上丝绸之路的开通

中国在南海的交通开辟很早，百越民族与东南亚地区进行沿岸交往的历史可以追溯至商、周时代。1989年，广东珠海高栏岛宝镜湾发现了3处距今4000—5000年的岩画，描绘了当时的船只和船上人物。考古学家认为，这些

---

① 饶宗颐：《选堂集林·史林》上册，香港中华书局1982年版，第390页。

岩画刻画的船是先秦时期越人用木料加工组合而成的海船，已能使用原始的桅和帆，利用风力推动船在海上航行。

春秋战国时期是我国古代航海事业的形成时期。这一时期，在海上探险、大规模海上运输、海外贸易及频繁的海战中先后出现了海上强国——齐国、吴国和越国。吴人以"舟楫为舆马"，以"巨海为夷庚"。越国一向以舟为车，以楫为马。春秋战国时期，我国东南沿海的越人经常在南海进行航海活动，并通过番禺港进行贸易。番禺是越人的一支扬越建立起来的。"九疑、苍梧以南至儋耳者，与江南大同俗，而扬越多焉，番禺亦其一都会也。珠玑、犀、玳瑁、果、布之凑。"（《史记·货殖列传》）同时，百越航海于海外所得黄金、珠玑、犀象等也作为贡品向楚国朝贡。航海实践使春秋战国时人们的地理知识扩大了。人们把大海分为东海、北海等几个海域。人们已深知海洋气象，特别是风向对航海安全的重要性。

到秦代，我国已经具备了远程航海的能力，徐福东渡的故事，说明那时候已经有了大规模的远洋船队。秦末汉初，在南方的南越政权积极发展海上交通。考古发现的资料证明，汉代南越人精于造船，擅长航海。南海是目前所知的世界上最早使用船舵、船锚的海区之一。汉代番禺是南海的造船中心，所建造和使用的木板船，能在海上进行远航和作战，在我国造船和航海史上达到了第一个高峰。在航海技术方面，指南针虽未被实际用于海上航行，但舟师用"观星定向"方法指导航行，出现了不少总结航海经验的著作，如《海中日月彗虹杂占》《海中五星顺递》等。秦汉之际已有与东南亚，甚或南亚地区建立航海贸易关系的可能。历史学家吕思勉说：

> 贸迁往来，水便于陆，故南琛之至尤早。《史记·货殖列传》言番禺为珠玑、犀、玳瑁、果、布之凑，此语必非言汉时，可见陆梁之地未开，蛮夷贾船，已有来至交、广者。①

南越王赵佗为寻找重要的军需物资资源，开始谋求海上路线通往西方国家开展贸易。广州南越王墓中出土的希腊、波斯风格的银器皿以及南越国宫殿遗迹发掘出来的石制希腊式梁柱，证实了秦末汉初与印度次大陆之间海路已经开通。以南亚为中转站，岭南地区向西方输出丝绸以换取各种物资，并

---

① 吕思勉：《吕思勉读史札记》上册，上海古籍出版社 1982 年版，第 525 页。

且可能有希腊工匠来到中国参与了南越王宫殿的建造。海上丝绸之路的兴旺和发展，促进了番禺市场的繁荣。罗马的玻璃器具，非洲的象牙、犀角，波斯的银器，南亚和东南亚的琥珀、玛瑙、珠玑、果品等异域珍品，通过海上丝绸之路运到了番禺，再经陆路转运到汉朝的都城长安。

到汉武帝时代，国力雄厚，武帝亲自七次巡海，鼓励海洋探险与交通活动。他在统一东南沿海，扫清沿海航路后，即利用雄厚的航海实力，大力开拓南海对外的交通与贸易活动，从日南、徐闻、合浦通往都元国、夫甘都卢国、黄支国、皮宗国、不已程国等地，扩大汉王朝与海外各国的政治、经济与文化联系。在班固所撰《汉书·地理志》中记载了一条通往印度洋的远洋航路，这是中国历史上记载的第一条印度洋远洋航路。

这段记载是我国航海船舶经南海，穿越马六甲海峡在印度洋上航行的真实记录，这条往返南亚地区的汉使航程，属于一条沿岸渐进的印度洋远洋航路。[①]

当时中国的南洋航海已由朝廷遣黄门（即皇帝的近侍内臣太监）执掌，并招募富有远洋航行经验的民间海员一起出航，说明民间的远洋航海活动必早于汉武帝时期。中国商人运送丝绸等商品经海路由马六甲经苏门答腊来到印度，并且采购香料、染料运回中国，印度商人再把丝绸等中国商品经过红海运往埃及的开罗港或经波斯湾进入两河流域到达安条克，再由希腊、罗马商人从埃及的亚历山大、加沙等港口经地中海海运运往罗马帝国的大小城邦。汉船在异域航行途中，"所至国皆禀食为耦"，受到热情接待，还时有外国航海者或使节参加进来，结伴同行，或者还可能有外国海船沿途护送，"蛮夷贾船，转送致之"。

这样，欧洲人乘船从海上西来，中国积极开拓海域，双方开辟的航线在南亚一带交汇，便成了东西海上交通的大通道，成为古代中西物质文化交流的大动脉。在它的西端，以地中海为中心，其触角延伸到西非、西欧和北欧各地；在东端，从中国的东南沿海各城市，向东亚、东南亚各国延伸。这样，这条海上丝绸之路与中国至地中海东岸的陆上丝绸之路，形成了早期世界的国际贸易网络，共同担负起世界经济文化交流的任务。

---

① 参见孙光圻：《中国古代航海史》，海洋出版社 1989 年版，第 164—165 页。

3．从西方驶向东方

海上丝绸之路是古代中国与外国交通贸易和文化交往的海上通道，它形成于秦汉时期，是已知的最为古老的海上航线。实际上，西方人很早就开辟了一条从埃及红海沿岸起航，出曼德海峡，横越阿拉伯海，到达印度西海岸的航线。而与此同时，中国的海上航线已经延伸到南亚地区。这样一来，在东西方之间就建立起一条以南亚为中介的世界性海上大动脉。

欧洲人很早就掌握了航海技术。前 3000 年左右，善于航海和经商的希腊人从伯罗奔尼撒半岛驾船出发，频繁往来于地中海各处海岸，与克里特、塞浦路斯、埃及等地做生意，同时也和多瑙河、奥奥德河、易北河沿岸以及斯堪的纳维亚半岛广大区域的居民接触。前 2500 年，腓尼基人靠太阳和北极星辨认航向，驾驶海船往来于东地中海和爱琴海，发展海上贸易与海外扩张活动。考古发现证实，埃及通过红海与印度的交往也可以追溯到这个时期，波斯湾地区与印度的交往可追溯到前 2000 多年以前。前 10 世纪，埃及法老希兰（Hiram）派自己熟练的水手同以色列—犹太王国国王所罗门（Shalom）的水手前往印度，从那里带回金、银、珠宝、象牙、猿猴和孔雀等。波斯阿契美尼德帝国时期，大流士于前 509 年派遣一个舰队从印度河口出发，绕过阿拉伯半岛到达埃及。

前 4 世纪末，亚历山大东征建立的埃及亚历山大城及其对红海两岸的控制，为希腊人在红海的航行及其与印度的交往创造了有利的条件。亚历山大东征自印度西返时，派部将尼亚库斯（Nearchus）考察印度到波斯湾的海岸线，后来又雇用腓尼基人在波斯湾进行航海活动，在岸边建立殖民地，以图向东发展。

至晚在前 1 世纪中叶，罗马人掌握了季风航行技术。一位叫希帕罗斯（Hippalus）的希腊海员凭借季风，驾驶坚固的大帆船，横越阿拉伯海直航印度，摆脱了以往只能驾驶一些小船沿着阿拉伯半岛和阿曼湾在近海作多次连续航行的局限。1 世纪，罗马人的季风航海贸易已经相当繁盛。据希腊人斯特拉波（Strabo）记载，在托勒密王朝末，"每年不到 20 艘船只敢于穿越阿拉伯海（红海）到（曼德）海峡以远海域"，但在罗马帝国奥古斯都时代，每年至少有 120 艘船从米乌斯·赫尔穆斯出曼德海峡到达印度。1 世纪中叶，罗马帝国保护下的希腊船只可以在 40 天内从红海口岸径直穿越印度洋到达印度西海岸。希腊、罗马的航海家们利用季风知识，发展与印度的贸易，形成了埃及与印度之间的定期航线，进而通过印度把贸易延伸到印度洋、东南亚和中国。1—2世纪的一部泰米尔作品写道："雅瓦纳（Yavavas，印度人对希腊人的称呼）的大船带着黄金而来，满载辣椒而去。"① 希腊船只大量集中在印度西部海岸、印度河的巴巴里贡、坎贝湾的婆卢羯车和马拉巴海岸的穆泽里斯。

关于罗马通往中国的海路，英国学者赫德逊（G. F. Hudson）说："奥古斯都在位时期，一年之内就有多达120艘船只从埃及的红海港口缪斯、荷尔穆斯以及贝列尼斯远航到曼德海峡之外各地，有的甚至远达恒河。"自74年被希帕罗斯发现利用季风航行以后，"就有可能从大海上直航印度西海岸三个重要商业中心的任何一个"。"在公元1世纪末，罗马商人走得更远了。西海岸各港口仍旧是绝大部分罗马船舶航行的终点，但少数船只绕过科摩林角，从科罗曼德尔海岸再次利用季风横越孟加拉湾，在大海上航行，首先抵达伊洛瓦底江和萨尔温江之口的各港，然后到达苏门答腊和马六甲海峡。最后绕过马来半岛，古罗马商人就发现了一条直抵中国的全海运的路线——即当时是中国领土的东京（交趾）。"②

《爱脱利亚海周航记》提供了研究罗马帝国与印度及其以远地区交往的重要资料，表明罗马帝国的商人十分重视印度半岛东岸及其以远地区。《爱脱利亚海周航记》是1世纪中叶一位住在埃及的希腊水手所写的，有人说他是一名常年在印度洋上航行的亚历山大时期的希腊—埃及商人。据英国地理学家本布里爵士（Edward Herbert Bunbury）说："这是一部商人著述的专为商人们所用的著作。"这本书中记述了西方商船往来于红海、波斯湾和印度东西沿岸的航线。"爱脱利亚海"意为"东方的大海"，指的是今天的红海、阿曼海乃至印度洋部分海域。书中写道："在那些利穆里（Limurice）或北方人登陆的当地市场和港口中，最重要的是吉蔑（Kamara）、波杜克（Podoulce）、索巴特马（Sopatma）等著名市场，这几个地方之为毗邻……那些驶往金洲（Chryse）或恒河河口的帆船，十分庞大，人称为'科兰迪亚'（Kolamdia）。"

---

① 牛秋实、葛臻明：《秦汉帝国与罗马帝国的交通及社会比较研究》，天津人民出版社2014年版，第65页。

② ［英］G. F. 赫德逊著，李申、王遵仲、张毅译：《欧洲与中国》，中华书局1995年版，第48页。

《爱脱利亚海周航记》着重介绍了当时的4条重要的海上航线：（1）顺着红海的非洲海岸航行到卡尔达富角的南端；（2）从红海海岸出发，绕阿拉伯半岛直至波斯湾深处；（3）沿印度海岸航行；（4）通向中国的航路，但这条航线不是很明确。

"公元1世纪，罗马人已经注意到了印度与中国的贸易交往；公元2世纪，罗马人的活动范围扩展到孟加拉湾东海岸地区和整个印度，并从海陆两路到达中国，同中国建立起了直接的贸易关系。"① 1世纪以后，罗马和中国之间开辟了绕过安息人而直接贸易的陆上和海上商路，罗马人和中国人有了直接的接触。因而，这以后的罗马文献中对中国的记述就逐渐清晰和明朗了，并且包括了通往中国的交通路线。

据研究者认为，《爱脱利亚海周航记》是欧洲文字中最早记中国为"Thinai"的，也是古代人第一次谈到从陆海两路接近中国的。作者把所记各港口、城市都放在世界范围的商业贸易网中，这也就是在经济贸易的意义上把中国纳入于世界体系。

2世纪最著名的地理学家托勒密在其《地理学》中，援引另一位2世纪初的希腊地理学家马利努斯的记载，提到一位名叫马埃斯·蒂蒂安努斯的希腊商人，世代经营赛里斯贸易，他的父亲和他都经常派遣商队前往赛里斯，虽然他本人未到过东方，他的商行却掌握了有关贸易路线的详细资料。托勒密说："马利努斯没有报道过从金洲到卡蒂加拉之间的里数，但他说亚历山大曾经记载，从金洲国开始，整个陆地都面向南方；沿着此地航行，在20天内即到达扎拜城；然后再从扎拜城向南稍偏左航行'若干天'，即可到达卡蒂加拉。"又说："我们从航海家们那里也搜集到了关于印度及其所属各省以及该地内部直至金洲，再由金洲直至卡蒂加拉的其他详细情况。据他们介绍说，为了前往该处，必须向东航行；从该处返航，须向西驶。另外，人们还认识到全航程的时间是经常变化的，无规律的。"②

托勒密还详述了自幼发拉底河口，经美索不达米亚、安息、木鹿、大夏

① 张绪山：《罗马帝国沿海路向东方的探索》，《史学月刊》2001年第1期。

② 引自牛秋实、葛臻明：《秦汉帝国与罗马帝国的交通及社会比较研究》，天津人民出版社2014年版，第70页。

等地进入中国的路线和方位。这是西方古典作家第一次对丝绸之路的记载。托勒密说，赛里斯国紧靠粟特国的东部，从石城到赛里斯国首都"丝城"需要 7 个月的行程。外国商人们一拥入丝城，便抢购丝绸。从丝国首都出发，又有两条交通要道：一条是经石城而通向大夏，另一条通向印度。托勒密的这些记载，要比前人具体多了。

在整个罗马帝国时期，两河流域和波斯湾在大部分时间控制在波斯和中间城市手中。波斯湾诸港口如哈拉克斯和阿坡洛古斯与印度保持着固定联系，这里的产品一方面向也门输出，另一方面也向印度的婆卢羯车港输出，同时从印度带回铜、黑檀木和造船用的木材。所以罗马帝国不得不在波斯湾地区从波斯人和印度人手中间接购得东方包括中国丝绸在内的各种商品。所以，罗马与中国之间的贸易往来是经过印度和波斯间接进行的。直到马可·奥勒留皇帝（Marcus Aurelius Antoninus）在位期间，才有了罗马人即所谓"安敦使团"经海路辗转到达中国。

考古发现也提供了不少罗马与东亚海上交通和贸易的佐证。1945 年以来，在南印度东海岸康契普腊姆附近的本地治里城以南 3 千米的阿里卡梅杜，也就是《爱脱利亚海周航记》提到的波杜克，中国文献记载的黄支国、建支、建支补罗。考古学家在这里发现了古罗马时代一个进行国际贸易的商埠遗址，其中有许多可能直接由罗马商人以及罗马统治下的叙利亚、埃及等地商人经营的货栈商行和染制木棉的染坑，出土了希腊的安佛拉式罐，罗马的阿雷蒂内式陶器、玻璃器、绿釉陶片、钱币，印度的香料、宝石、珍珠、薄棉轻纱，前 2 世纪至 1 世纪有古泰米尔语铭文的陶器等遗物。阿里卡梅杜遗址不在印度西海岸而在东海岸，更便于经孟加拉湾而至东南亚和中国。据考，阿里卡梅杜罗马商埠的繁荣期是在 1—2 世纪。阿里卡梅杜遗址的发现，以大量的罗马陶器和其他遗物表明了东西方航运的巨大规模。它作为当时勃兴的罗马—印度海运商站之一，为海上丝绸之路的繁荣作出了贡献。[1]

5 世纪末 6 世纪初，埃及亚历山大里亚的希腊人科斯马斯（Cosmas Indicopleustes），在印度洋游历、经商，到过锡兰（今斯里兰卡）和印度，他所写

---

[1] 参见朱龙华：《从"丝绸之路"到马可·波罗——中国与意大利的文化交流》，周一良主编：《中外文化交流史》，河南人民出版社 1987 年版，第 266—267 页。

的《基督教世界风土志》中，记载当年在锡兰所做的观察，他说："产丝之国位于印度诸邦中最遥远的地方，当人们进入印度洋时，它位于左侧……这个国家叫秦尼扎（Tzinitza），其左侧为海洋所环绕，正如同巴巴利的右侧被同一海洋所环绕一样。被称为婆罗门的印度哲学家们说，如果从秦尼扎扯一条绳子，经波斯到罗马领土，那么大地恰好被分成两半。他们也许是对的。秦尼扎国向左方偏斜相当严重，所以丝绸商队从陆地上经过各国辗转到达波斯，所需要的时间比较短，而由海路到达波斯，其距离却大得多。……这可以解释波斯何以总是积储大量丝绸。"①

4. 六朝对海上丝绸之路的经略

汉代海上丝绸之路已经很畅通发达，海外贸易发展繁荣。在三国至南北朝时期，相对北方混乱的地方割据与军事纷争而言，南方的局势比较稳定。南方各政权，即吴、东晋、宋、齐、梁、陈"六朝"，积极发展航海事业，扩大与南洋诸国的海上联系。白寿彝指出：

> 魏晋以后，南海的交通，或较前为盛……南海交通的发展，在交通史的意义，不在其能否代替两汉时的中外交通，而在预告另一个将要来到的时代中，南海在中外交通上，将占有怎样的地位。②

三国时期，吴国的疆域主要在长江中下游南岸及东南沿海。吴主孙权利用通达外海的地理条件，开创造船业，训练水师，以水军立国，并派遣航海使者开发疆土，发展海外贸易，与外通好，作出了重大贡献。范文澜说孙权是"大规模航海的倡导者"。"吴以水军立国，有船五千余艘，水军主力在长江，但航海规模也很大。""当时已有如此宏大的舰队，也足以令人气壮。"③所以东吴时期，不但沿海航行活动频繁，而且与海外的交往也相当密切。孙权时，派朱应、康泰出使东南亚诸国，泛舟南洋，历时一二十年，航迹相当广泛，对当时的东西方航路已有所了解。

孙吴政权的造船业有很大发展，船舰的设计与制造有了很大的进步，技

---

① ［英］H. 裕尔撰，［法］H. 考迪埃修订，张绪山译：《东域纪程录丛》，云南人民出版社 2002 年版，第 188 页。

② 白寿彝：《中国交通史》，团结出版社 2007 年版，第 68 页。

③ 范文澜：《中国通史简编》（修订本）第 2 编，人民出版社 1964 年版，第 214 页。

术先进，规模也很大。汉代主要造船地区在长江下游苏州、无锡、安庆等地，多是平底内河船。孙吴造船中心移往建安郡侯官、临海郡永宁县、横屿船屯、南海郡番禺县等港口。同时设置典船都尉，专门管理造船工场。孙吴所造的船，主要为军舰，其次为商船，数量多，船体大，龙骨结构质量高，最大战舰可载3000士兵，有上下5层，雕镂彩画，非常壮丽，续航能力很强。孙权乘坐的"飞云"号、"盖海"号等大船更是雄伟壮观。东吴的海船使用了前所未有的多帆技术，在多帆桅船上，斜移的帆面各自迎风，后帆不会挡住前帆的受风，大大加快了船速。康泰《吴时外国传》称，这种船自南海乘风航行至大秦只需一月，万震《南州异物志》说，多帆海船通过斜移帆面到合适角度，充分地利用风力，"斜张相取风气，而无高危之虑，故行不避风激波，所以能疾"。1955年在广州出土的东吴陶制船模，船模从船首到船尾有8根横梁，8根横梁说明有8副隔舱板，它们把船体分成9个严密的分舱（船舱）。这就是用了横梁和隔舱板形成的分隔舱结构造船技术。船在航行时，即使有一两个船舱受到破坏进水了，水也不会流入其他船舱中，船也不会马上沉没。进水的船舱可以抓紧时间抽水、堵塞漏洞和进行其他修理，并不影响船的继续航行。

孙吴武装船队出海百余艘，随行将士万余人，北上辽东、高句丽，南下夷州和东南亚今越南、柬埔寨等国。吴国灭亡时，尚有战船、商船等5000多艘。孙吴发达的造船业对后世出海远航创造了更为有利便捷的条件，对于贸易与交通的发展、海上丝路的进一步形成起了积极的推动作用。

在南海海上丝绸之路形成的过程中，也逐步增强了对海上航行及其航路的认识，形成了南海海上航行交通路线图。古代渔民在南海诸岛从事渔业生产的过程中，对那里的自然情况、岛礁位置、航行路线、渔场分布以及岛礁名称等方面进行了持续的记录。这种航海记录和航海图为远洋航行提供了极大的方便。

西晋初时与南海诸国频繁交往，由于洛阳与江淮之间的运河已经畅通，各国使节由水道频至洛阳。徼外诸国多"赍宝物自海路来贸货"。据史书记载，在南方，西晋王朝初年与林邑、扶南等国皆有官方交往。"林邑国……至武帝太康中，始来贡献。"林邑王范文"遣使通表入贡于帝，其书皆胡字"。扶南国"武帝泰始初，遣使贡献。太康中，又频来"（《晋书·南蛮传》）。甚至大秦国人亦通过海路入贡，经广州至洛阳。除了官方交往之外，海上贸易也有所发展。《晋书·南蛮传》"林邑"条记载，林邑王范文"随商贾往来，见上国制度，至林邑，遂教（范）逸作宫室、城邑及器械"。反映了商贾在林邑与中国之间的活动，他们有的还深入内地至洛阳。

东晋僧人法显赴印度求法，回国时取海路，从古印度东北部多摩梨帝国出海，经师子国，横渡孟加拉湾，航达苏门答腊东部的耶婆提国，再北上归国。从法显的记述中可以得知，当时南亚与东南亚和东亚之间的航海交往已相当频繁，200人以上的商船往返于西太平洋与北印度洋已是很普通之事。这时的商人已经熟知"常行时正可五十日便到广州"。从孟加拉湾至斯里兰卡，从斯里兰卡至苏门答腊，从苏门答腊至广州，已有相对稳定的航路与航期；多摩梨国、师子国、耶婆提国和广州，都已成为当时主要的海上通航与通商口岸；当时已有横渡孟加拉湾、暹罗湾的较为远程的航路，反映了航海技术有了进一步的提高。

南朝宋、齐、梁、陈各代政权对发展海外交通采取积极的态度。关于南朝与南亚和东南亚的海上交通，《梁书·诸夷列传》中有记载。

到梁代时，"其奉正朔，修贡职，航海岁至，逾于前代矣"。海外交通相当发达，与许多国家都有交通往来。由于北方有北朝阻隔，所以宋、齐、梁、陈诸朝的海外交通主要还是面向南海海上可以联络的国家。梁朝元帝萧绎作为很有造诣的画家，曾作《职贡图》，表现了当时外国来使的情况，展现南北朝时期国家间友好往来的繁盛场面。原画所绘有25国使臣，现存此图为残卷，描绘12位使者朝贡时的形象，依次为滑国、波斯、百济、龟兹、倭国、狼牙修、邓至、周古柯、呵跋檀、胡密丹、白题、末国的使者。图中绘列国使者立像12人，皆左向侧身，身后楷书榜题，疏注国名及山川道路、风土人情、与梁朝的关系、纳贡物品等。使臣着各式民族服装，拱手而立。从他们仆仆风尘的脸上流露出南朝朝贡时既严肃又欣喜的表情，同时也传达不同地域和民族使者的不同面貌和气质；脸型肤色，各具特点。

南朝时，中国航海者不仅与亚洲众多的沿海国家和地区有着广泛的航海贸易，而且越过南亚印度半岛，将海上丝绸之路通到了阿拉伯海与波斯湾头，直接沟通了东、西亚之间的海上联系，如《宋书》所说："舟舶继路，南使交属。"5世纪中叶以后，中国南部已与印度、锡兰乃至更远的波斯建立起固定的商贸联系。中国船舶自南海、印度洋西航，印度洋沿岸及东南亚国家船只东来。《太平御览·舟部》记载："外域人名船曰舶，大者长二十余丈，高去水三二丈，望之如阁楼，载六七百人，物出万斛。"贸易输入的物品，除传统的象牙、犀角、玳瑁、琉璃器外，吉贝（棉花）和香料也日渐增加。出口物品仍以丝绸为主，陶瓷器、铜铁器、漆器显著增加。《宋书》卷九七记载当时中国南部与西方交流的情况："若夫大秦、天竺，迥出西溟，二汉衔役，特艰斯路。而商货所资，或出交部，泛海陵波，因风远至。又重峻参差，氏众非一，殊名诡号，种别类殊。山琛水宝，由兹自出，通犀、翠羽之珍，蛇珠、火布之异，千名万品，并世主之虚心，故舟舶继路，商使交属。"

总之，从汉朝到南北朝时期，中国在南洋的海上交通已经十分发达。勇敢的航海者们乘风破浪，前赴后继，一代又一代地致力于海上丝绸之路的开拓，把航线延伸到遥远的西方。海上交通的开辟和发展，沟通了中国与南亚和东南亚诸国的联系，加强了双边的经贸交流和文化交流。唐人杜佑《通典·边防》对历代南海交通作总结说："元鼎中，遣伏波将军路博德开百越，置日南郡，其徼外诸国自武帝以来皆献见。后汉桓帝时，大秦、天竺皆由此道遣使贡献。及吴孙权，遣宣化从事朱应、中郎康泰奉使诸国，其所经及传闻，则有百数十国，因立记传。晋代通中国者盖鲜。及宋、齐，至者有十余国。自梁武、隋炀，诸国使至逾于前代。大唐贞观以后，声教远被，自古未通者重译而至，又多于梁、隋焉。"

5. 朱应、康泰报告的南海事情

东吴黄武五年（226），交州刺史吕岱派中郎将康泰和宣化从事朱应出使南海诸国，进行外交活动。《三国志·吴书·吕岱传》记载："岱既定交州，复进讨九真，斩获以万数。又遣从事南宣国化，暨徼外扶南、林邑、堂明诸王各遣使奉贡。"但是，《三国志》没有具体说到朱应、康泰的出使事宜。唐人姚思廉的《梁书·海南传》作了最早的也几乎是唯一的记载，其中说："海南诸国，大抵在交州南及西南大海洲上……及吴孙权时，遣宣化从事朱应、中郎康泰通焉。其所经及传闻，则有百数十国，因立记传。"

朱应、康泰一行远至林邑、扶南诸国，是中国古代有历史记载的，最早航海到东南亚、南亚的旅行家。回国后，朱应写下了《扶南异物志》1卷，康泰著《吴时外国传》（又作《吴时外国志》或《扶南记》《扶南传》），记述了他们出使扶南等国的见闻。这两部著作的成书时间，可能在3世纪60年代末或70年代初。这两部著作都已失传。但《隋书·经籍志》和新旧《唐书》之艺文、经籍志均载有"朱应《扶南异物志》一卷"。康泰的著作未见隋唐经籍志、艺文志著录，但《水经注》及唐、宋诸大类书广征博引，有《扶南传》《扶南记》《外国传》《吴时外国传》《扶南土俗传》等名目。也有的学者认为，所传康泰的各种不同名称的著作可能是同一部书，朱应、康泰二人之作也可能是同一种。向达说："按《北堂书钞》卷一百三十二帐引有'应《志》云：斯调国王作白珠交给帐，遣遗天竺之佛神'。所谓应志，岂即指朱应之《扶南异物志》而言耶？"① 陈佳荣认为，有可能，朱应、康泰的"记传"乃一人之作而冠以二人之名，一人为实际作者而另一人因是主使官却名列其前。

朱应、康泰既为交通南海诸国的最早的专使，他们所撰的见闻录自然也成了我国记载古代南海交通的一部重要专著，留下了他们对南海诸国认知的资料。这些佚文记载了30余个国家和地区的方位、里程、物产、人口、风俗、气候、贸易、宗教和工艺等情况。范文澜说："朱应著《扶南异物志》，康泰著《外国传》（两书唐以后亡佚），介绍海外地理知识，与甘英、班勇介绍陆上西方诸国（《后汉书·西域传》所本）同是文化史上重大的贡献。"②

康泰始在《扶南传》中记述了南海地理情况。如海中珊瑚洲地形的概貌："涨海中，到珊瑚洲，洲底有盘石，珊瑚生其上也。"（《太平御览》）文中的"珊瑚洲"即珊瑚岛与沙洲，露出水面之上，虽高潮亦不能淹没。它们是以珊瑚虫等为主的生物作用而造成的礁块。"洲底"的"盘石"，即火山锥或海中岩石。康泰在书中还记述南海中某些岛屿的动物和植物："扶南东有涨海，海中有洲，出五色鹦鹉，其白者如母鸡。"（《艺文类聚》）"扶南之东涨海中，有大火洲，洲上有树。得春雨时皮正黑，得火燃树皮正白。"（《太平御览》）

康泰、朱应在出使时，详细了解了扶南及南海诸国的风土人情，如扶南曾遣使至天竺，往返达六七年，康泰即向使者"具问天竺土俗"。《水经注》卷一引康泰《扶南传》说："昔范旃时，有嘾阳国人家翔梨，尝从其本国到天竺，展转流贾到扶南，为旃说天竺土俗，道法流通，金宝委积，山川饶沃，恣其所欲。左右大国，世尊重之。旃问云，今去何时可到，几年可回。梨言，天竺去此可三万余里，往还可三年逾。及行，四年方返，以为天地之中也。"

---

① 向达：《唐代长安与西域文明》，河北教育出版社2001年版，第566页。
② 范文澜：《中国通史简编》（修订本）第2编，人民出版社1964年版，第214页。

范文澜指出："朱应、康泰所经历及传闻凡百数十国，大抵林邑、扶南等国与'西南大海洲上'（南洋群岛）诸国是朱应、康泰所经历，大秦、天竺等国则得自传闻。"①《梁书》说他们经历和传闻的有百数十国，这个数字当然有些夸大，因为古时往往把现今同一国家的不同地方均冠以"国"字。但从康泰《外国传》的残文来看，其记述确实不限于扶南一地，还包括东南亚、南亚乃至西亚各国数十个地方。光扶南一地就有十来条，专记扶南古代诸王（如混填、混盘况、范旃、范寻等）执政时的法律、征战、物产、造船、风习和对外交通等情况。如《太平御览》卷三四七引康泰《吴时外国传》说："扶南之先，女人为主，名柳叶。有模跌国人，字混慎，好事神，一心不懈，神感至意。夜梦人赐神弓一张，教载贾人舶入海。混慎晨入庙，于神树下得弓，便载大船入海，神回风令至扶南。柳叶欲取之，混慎举神弓而射焉，贯船通度，柳叶惧伏，混慎因到扶南。"

康泰《外国传》是研究我国古代南海交通，研究东南亚各国特别是柬埔寨古代史不可多得的第一手文献。他们的记叙不仅为同时代万震的《南州异物志》和稍后的郭义恭《广志》所袭用，而且《南齐书》《梁书》《南史》等也都据以编辑南海诸国传。

6. 历代《异物志》

除了朱应、康泰的记述之外，还有一些文献记载了当时中国人对南海地理和人文的知识。方豪总结魏晋南北朝时期各类史籍所载南海诸国，"总其成，而列为15国"，这是当时中国所确知的南海国家。这15国是：林邑国、扶南国、诃罗陁国、呵罗卑国、婆皇国、波达国、婆达国、阇婆达国、盘盘国、丹丹国、干陁利国、狼牙修国、婆利国、中天竺国、天丝迦毗黎国、师子国。

上文提到朱应的纪行著作书名为《扶南异物志》。"异物志"是汉唐间一类专门记载周边地区及国家新异物产的典籍，主要盛于魏晋南北朝时期。"异物志"主要记载当时周边地区及国家的物产风俗，内容涉及自然环境、资源物产、社会生产、历史传说、风俗文化等许多方面，部分地反映了当时人们对外部世界的认识和知识。向达说："汉时南方渐与中国相通，殊异之物，多为中原所未有。览者异之，遂有《异物志》一类书籍出现，与《山海经》

---

① 范文澜：《中国通史简编》（修订本）第2编，人民出版社1964年版，第214页。

《博物志》相先后。《隋志》著录此种书籍十余种，而以汉议郎杨孚孝先《交州异物志》为最早。"①

现在所知最早的"异物志"是东汉杨孚所著《交州异物志》。《水经注》引作杨氏《南裔异物志》说，《艺文类聚》所引或作杨孝元《交趾异物志》，或作《交州异物志》。其书主要记载交州一带的物产和民族风俗，如锦鸟、麝狼、鲛鱼、桔、稻、猩猩、孔雀等。《水经注》卷三七引杨氏《南裔异物志》说："髯惟大蛇，既洪且长。采色驳荦，其文锦章。食豕吞鹿，胣成养创。宾享嘉宴，是豆是觞。"《后汉书·马融列传》记载："（鸼）能没于深水，取鱼而食之，不生卵而孕雏于池泽间。既胎而又吐生，多者生八九，少生五六，相连而出，若丝绪焉。水鸟而巢高树之上。"《初学记》卷二〇记载："橘为树，白华而赤实。皮既馨香，里又有美味。交趾有橘官长一人，秩三百石。主岁贡御橘。"

在诸种《异物志》中，以万震《南州异物志》最为著名。万震吴时为丹阳太守。向达说："万震事迹不见《吴书》，只《隋书·经籍志》注其为吴丹阳太守，未言孙吴何时。今按孙权黄武、黄龙时屡耀兵海外，比之明代，约同成祖永乐之时。又丹阳太守在黄武初为吕范，至嘉禾三年诸葛恪为丹阳太守。自吕范至诸葛恪中间相隔十余年，未闻他人继范为丹阳太守者。疑万震之为丹阳太守，即在吕范之后诸葛恪之前，正当海外征伐甚盛之际。震在丹阳，接近国都，见闻较近，故有《南州异物志》之作，以志殊方异俗。虽以异物名书，所述多海南诸国方物风俗，无异一地理书也。"② 今存的《南州异物志》佚文，多见于《齐民要术》《初学记》《北堂书钞》《史记正义》《一切经音义》《法苑珠林》《太平御览》《事类赋注》等书。

万震所记，并不限于海南诸国，于西方大秦等国亦多有涉及。书中所记如乌浒、扶南、斯调、林阳、典逊、无论、师汉、扈利、察牢、类人等国的地理风俗物产，多为前代史书所阙，有很高的史料价值。《太平御览》卷七九〇引《南州异物志》说："姑奴去歌营可八千里，民人万余户，皆乘四辕车，驾二马或四马。四会所集也。舶船常有百余艘，市会万人，昼夜作市，船皆

---

① 向达：《唐代长安与西域文明》，河北教育出版社 2001 年版，第 567 页。

② 向达：《唐代长安与西域文明》，河北教育出版社 2001 年版，第 566—567 页。

鸣鼓吹角，人民衣被中国。"《艺文类聚》卷八四引《南州异物志》："交趾北南海中有大文贝，质白而文紫，天姿自然，不假雕琢磨莹而光色焕灿。"《太平御览》卷八〇七亦引《南州异物志》说："乃有大贝，奇姿难俦（注：大贝，文贝也，交趾以南海中皆有之）。素质紫饰，文若罗珠。不磨不莹，彩辉光浮。思雕莫加，欲琢靡逾。在昔姬伯，用免其拘。"

《南州异物志》记录了从马来半岛到中国的航程，其载"东北行，极大崎头，出涨海，中浅而多磁石"。其中所言"崎头"是我国古人对礁屿和浅滩的称呼，而"涨海"即我国古代对南海最早的称谓。"涨海崎头"指南海诸岛的礁滩。

三国吴沈莹撰《临海水土异物志》。《隋志》等皆作《临海水土异物志》，《艺文类聚》《太平御览》引作《临海异物志》。沈莹和万震一样为三国吴丹阳太守，较万震要晚，晋军破吴时其为晋将王浑所杀。《临海水土异物志》书中所记多为南部沿海地区物产风俗，像鱼类、鸟类、树木等动植物。

三国吴薛莹撰《荆扬已南异物志》。薛莹为三国吴选曹尚书，光禄勋，入晋后拜散骑常侍。其父薛综曾官合浦、交趾等地太守，薛莹曾随父常居岭南，对南方各地的物产风俗都相当熟悉，故有此书。《史记·司马相如列传·索隐》引《荆扬异物志》说："（杨梅）其实外肉着核，熟时正赤，味甘酸。"《文选·吴都赋注》引《荆扬已南异物志》说："余甘如梅李，核有刺，初食之味苦，后口中更甜。高凉、建安皆有之。"

三国蜀谯周撰《异物志》说。谯周，字允南，为三国蜀光禄大夫，入晋后拜骑都尉，是魏晋之际的著名学者，其著述甚丰。据《三国志·蜀书·谯周传》说："凡所著述，撰写《法训》《五经论》《古史考》之属百余篇。"其所撰《异物志》，《史记集解》引作《巴蜀异物志》，如《史记·绛侯周勃世家·集解》引晋灼语："《巴蜀异物志》谓头上巾为昌絮。"《文选·蜀都赋注》引谯周《异物志》说："涪陵多大龟，其甲可以卜，其缘中叉，似瑇瑁，俗名曰灵。"又引："滇池在建宁界，有大泽水周二百余里，水乍深广乍浅狭，似如倒池，故名滇池。"

晋续咸撰《异物志》10卷。续咸，上党人，师事京兆杜预，永嘉中为东安太守，后仕刘琨，任从事中郎，又事石勒，为理曹参军。《晋书·续咸传》说他"著《远游志》《异物志》《汲冢古文释》，皆十卷，行于世"。续咸一生都在北方活动，先仕西晋，西晋亡后仕刘琨，又仕石勒，未到南方去过。所著《异物志》，似当以记载北方物产为主。

宋膺撰《异物志》。宋膺，事迹不详，其书大约成于汉晋之际。其《异物志》所存数条佚文分见《史记正义》《通典注》《太平御览》《太平寰宇记》等书，皆记月氏、大宛、大秦、渠搜等国异物。如《史记》卷一九引云："秦之北附庸小邑，有羊羔自然产于土中，候其欲萌，筑墙绕之，恐为兽所食。其脐与地连，割绝则死，击物惊之，乃惊鸣，脐遂绝，则逐水草为群。"《太平御览》卷七九三引云："大头痛、小头痛山，皆在渠搜之东，疏勒之西，经之者身热头痛，夏不可行，行则致死，惟冬方可行，尚呕吐。山有毒，药气之所为也。冬乃枯歇，可行也。"宋膺书中所记，像"地生羊""头痛山""大秦金""月氏羊"等，在唐以前典籍中都很独特，未见他书有相同记载。从这些佚文来看，宋膺有可能亲历西域。

此外，还有陈祈畅撰《异物志》、曹叔雅撰《庐陵异物志》、孙畅撰《异物志》、佚名的《南方异物志》《南中异物志》《南中八郡异物志》《郁林异物志》《广州异物志》《凉州异物志》等。

7. 中国与朝鲜、日本的早期交通

汉代是中国对外交通和文化交流大发展的时代。草原丝绸之路向北再向西，绿洲丝绸之路经西域通向遥远的西方，而海上丝绸之路向南，再从印度转向西方。总之，它们成为这个时代欧亚大陆诸国经贸交流和文化交流的大通道。在这个时代，向北、向南、向西的路，都已经开辟了、走通了、繁荣发展了。与此同时，中国向东方的道路也已经十分畅通。现代学者把中国与朝鲜半岛、日本的海上交通称之为"东方海上丝绸之路"，或笼统把地与朝鲜半岛和日本的海上和陆上交通称为"东北亚丝绸之路"。

从中国向东方，主要有两个国家，一个是朝鲜，一个是日本。

"朝鲜"这个名称在前 7 世纪左右就已传到中国。《尚书·大传》《战国策》《史记》《山海经》《淮南子》《管子》等都有记载。《山海经·海内经》说："东海之内，北海之隅，有国名曰朝鲜、天毒，其人水居，偎人爱人。"《山海经·海内北经》又说："朝鲜在列阳东，海北山南，列阳属燕。"说明当时中国人对朝鲜的地理位置比较清楚。商周鼎革之际，箕子走之朝鲜，从此朝鲜与中原王朝一直有交通往来，所以中国对朝鲜还是比较了解的。如《史记》和《汉书》都有《朝鲜列传》。此后的《汉书》《后汉书》《三国志》

等都对朝鲜的记载比较详细，可知中国人对朝鲜的地理、历史以及与中国的关系了解得比较清楚。

由于地理环境的关系，中国与朝鲜半岛的交通一直很便利。朝鲜半岛与大陆紧密相连，陆路交通方便，又与山东半岛隔海相望，水路也不遥远。早在石器时代，两国就有了密切的文化联系。这从许多考古遗存中可以了解到。商周交替之际，箕子去朝鲜，是一个很大的移民集团，他们是通过陆路，经辽东地区进入朝鲜半岛。战国时期的卫满带领另一个移民集团进入朝鲜，也是沿着这条路线。战国时期的燕国与朝鲜贸易，也是通过陆路。而齐国与朝鲜的贸易，则是通过海路进行的。

秦汉以后，中国与朝鲜半岛的交通和往来就更加便利了。据《新唐书·地理志》记载，唐贞元年间宰相贾耽叙述唐与外国交通最重要的路线有 7 条，其中两条与朝鲜有关。一条是陆路，即"营州入安东道"。另一条是海路，即"登州海行入高丽道"。这里说的是唐朝初年的情况，实际上这两条路在此前很早就已开辟了。

中国与日本之间隔海相望，号称一衣带水。中国与日本之间的交通也开始得很早。在日本历史上有"渡来人"之说，说在战国之际乃至秦汉时代都有大批中国移民东渡日本。最著名的故事是秦末徐福东渡。徐福那样庞大的移民集团渡海去日本，已经具备了远洋航海的技术和能力。许多学者对在当时的造船和航海技术的条件下，徐福一行是沿着一条什么航线驶向日本列岛的问题进行了研究，有"北行航线说"与"南行航线说"。"北行航线说"认为，徐率船队从琅琊出发后，沿辽东半岛南、朝鲜半岛西的海岸线，穿过对马海峡，到达日本北九州岛和歌山等地。"南行航线说"有两种意见：一是从山东半岛的青岛或成山头或芝罘横渡大海，经朝鲜半岛南部到达日本九州岛等地；二是从苏北沿海诸港口（出发港意见不一）横渡黄海，或至朝鲜半岛穿过济州海峡抵达日本九州岛，或直达日本。

孙光圻根据中日之间地理条件与海洋条件、秦代中国航海工具与航海技术水平以及中日两国的考古学成果等方面的研究，提出徐福船队东渡的可行性航路。①

---

① 参见孙光圻：《中国古代航海史》，海洋出版社 1989 年版，第 149—156 页。

从上述徐福东渡可行性航路来看，古代中国人去日本，是要从陆路去朝鲜半岛或沿朝鲜半岛海岸航行，然后再由朝鲜半岛南端渡日本海而达日本列岛。

那么，从朝鲜半岛到日本的航路是怎样的呢？日本历史学家木宫泰彦指出：

> 根据近来非常发达的考古学方面的研究，有关海流的调查和日本神话传说等，可以设想，早在远古时代，日本同朝鲜之间，不但显然有了航路，往来相当频繁，而且中国的文化也远远经由这些航路传到了日本。[1]

木宫泰彦着重指出古代朝鲜与日本之间的两条主要航路。一是从辰韩到达日本山阴、北陆地区的一条航路，即"日本海环流路"。在日本海有一向左流动的环流。"这条航路，虽是利用海流的，也可以说是半漂流性的航路，而且只能单程航行，但正因为它是利用海流的自然航路，所以在造船和航海技术都还不发达的远古时代，它就是从朝鲜航行到日本的最方便的航路。""正因为日本海环流航路是自然航路，所以很早就通航了，大陆上的民族经由这条航线三三两两地移到日本。与此同时，中国的文化也经由这条航路很早就传到日本。"[2] 另一旅路是从弁韩、辰韩地区，经对马、远瀛（冲之岛）、中瀛（大岛），到达筑前的胸形（宗像）一线，称为"海北道中"或"道中"。日本很早就称朝鲜为海北，所谓"海北道中"就是到朝鲜去的道中的意思。这是一条往返的交通线，它的开通可能要稍迟于日本海环流路。"但在远古时代，它却是一条连结日韩之间最重要的交通线，可能就是大陆上的民族来到日本的交通干线。"[3]

由此可知，日本到大陆的交通开辟得很早，到了汉代全面对外开放的时代，中日两国之间的交通已经很通畅了。

但是，对于日本，早期的中国史籍却鲜有记载，或有只言片语，也不甚了了。如《汉书·地理志·燕地》说："乐浪海中有倭人，分百余国，以岁时

---

① ［日］木宫泰彦著，胡锡年译：《日中文化交流史》，商务印书馆1980年版，第1页。

② ［日］木宫泰彦著，胡锡年译：《日中文化交流史》，商务印书馆1980年版，第2、3页。

③ ［日］木宫泰彦著，胡锡年译：《日中文化交流史》，商务印书馆1980年版，第7页。

来献见云。"直到晋陈寿编《三国志·魏书·乌丸鲜卑东夷传》首次设置《倭人传》，即日本列传，这是中国正史中第一篇记叙日本列岛地理的文献。《三国志·魏书·乌丸鲜卑东夷传·倭人传》不仅记载了日本的位置、气候、矿物、植物、风俗等，而且记载了3世纪日本西南部主要属国的方位、里程、户数、草木、山川等情况。3世纪时日本列岛的史地状况，日本没有任何记载，故此文成为世界上研究这段历史的唯一资料。而中国历代正史中的《日本传》均是以此文为祖本，再加敷衍增删而成。

据《后汉书·东夷列传》和《晋书·东夷列传》记载，日本在汉建武中元二年（57）首次派使者来华朝贡。此后，又于汉永初元年（107）、魏景初三年（239）、魏正始四年（243）和西晋泰始二年（266）4次派使者来华，其中第四次派遣了20人组成的大型使团。魏正始元年（240）魏带方郡的使者首次送倭国使者回国。汉至西晋，中日两国使者的交往，增进了两国间的相互了解，扩大了中国人关于东亚的地理和人文知识，并且在中国正史中留下记录。

四　早期中国人的世界观

有了交通，就有了物质和文化方面的交流，就有了相互之间的你来我往，相互的认识和了解，就有了文化的传播和接受，形成世界文化交流的大图景。交通是民族交往和文化交流的基本条件。而在这个过程中，对于中国人来说，一方面，不断有外来文化的各种形式、各种形态、各种因素传播过来，被中国人所了解、所认识、所接受，丰富了中华文化的内容，促进了中华文化的发展；另一方面，也在不断扩大中国人关于外部世界的知识，扩大着中国人的文化视野。

本书在许多部分会介绍不同时期中国人对外国的有关记述，这些记述有的是正史中的文献，如历代的《西域传》《东夷传》等；有的是各种文献中的相关记载，如各种《异物志》；汉唐以后的各种类书如《太平御览》《太平寰宇记》等；还有更重要的是历代行人的有关游记、报告等，如三国时期康泰的《吴时外国传》，晋法显的《佛国记》，唐玄奘的《大唐西域记》、义净的《大唐西域求法高僧传》，都是中国人认识世界、了解世界、走向世界的重要文献。海外文化在中国的传播和发生影响，并不只是一个自然的历史过程，并不只是一个被动的受容过程，而且还包含着中国人主动认识世界、主动走向世界的过程，是历代中国先贤披荆斩棘，筚路蓝缕，不畏艰险，主动走出国门，把在外国的所见所闻、交通和历史地理知识，把他们所了解的各民族、各国家创造的先进文化，把他们所接受的信仰和他们认为的生活真理，介绍给自己国家的人们，从而开阔了中国人的眼界，增加了中国人对世界的认知，丰富了中国人的知识系统。

早在中华文化的初创时期，中国人就开始有了对当时所知世界的概念。《周礼·地官司徒》说："周知九州之地域广轮之数，辨其山、林、川、泽、丘、陵、坟、衍、原、隰之名物。"郑注说："积石曰山，竹木曰林，注渎曰川，水钟曰泽，土高曰丘，大阜曰陵，水崖曰坟，下平曰衍，高平曰原，下湿曰隰。"这八大以物产生态为视点的地形地貌分类，可说是对三代以来交通地理知识的涵盖。

《禹贡》说大禹治理洪水，依据自然条件中的河流、山脉和海洋的自然分界，把广大地区分为冀、兖、青、徐、扬、荆、豫、梁、雍九州，并就各州的山川、湖泽、土壤、植被、田赋、特产和交通路线等特点，进行了区域对比；列出 20 余座山岳，归纳为 4 条自西向东的脉络；依山地循行，开启九道。这个"九州"的概念，就是当时人们所认知的世界。

夏朝疆域主要在今陕西、河南和山西 3 个省之间的黄河流域。但在夏朝的中心统治区之外，还有南方的三苗、西戎和东夷等族的大量氏族或部落。"禹会诸侯于涂山，执玉帛者万国，今其存者无数十焉。"《左传》这里所谓的"国"应是指早期的氏族和部落。可以说夏朝的统治是一个由众多部落组成的松散的政治联盟。由《禹贡》所划九州的分布来看，夏朝至商周时期的北疆和东疆包括广大的沿海地区，这些地区均可视为先秦时期海疆的基本范畴。据《禹贡》描述九州，是大禹治水成功以后所划分的九大地理区域。

在夏代，已经有了"四海"的概念。古代文献中追述的夏代交通地理观念，常用"四海观"来概括。如《大戴礼记·少闲》谓禹"修德使力，民明教通于四海"；《禹贡》谓"讫于四海，禹锡玄圭，告厥成功"；《尚书·益稷》言禹"外薄四海"；《淮南子·原道训》言禹"施之以德，海外宾伏，四夷纳职"。包括夏代商人的祖先，亦有"相土烈烈，海外有截"（《商颂·长发》）之颂，甚至所谓商汤受天命革夏，尚且承夏代而"肇域彼四海"（《商颂·玄鸟》）。《尚书·禹贡》中详细描述了九州的地理位置、土地出产、贡赋，还提到了远离"天子之国"2500里之外的荒服之地，并特别明确指出了舜禹之时"天下"的大致范围："东渐于海，西被于流沙，朔、南暨，声教讫于四海。"《尔雅》说："九夷八狄七戎六蛮谓之四海。"可见"四海之内"的本意是指包括周围蛮荒之地在内的已知"世界"。《穆天子传》中记载周穆王西游的最远之地是昆仑山以西的"西王母之邦"。《山海经》中"海内、海外、大荒"诸经所涉及的地理范围就是先秦时中国人想象中的"四海之内"和"天下"，即我们现在所说的"世界"。

商代则强调"四方"的地理概念，如《商颂·玄鸟》说"古帝命武汤，正域彼四方"；《尚书·多士》说"成汤革夏，俊民甸四方"；《墨子·非攻下》说汤"通于四方，而天下诸侯莫敢不宾服"；《史记·殷本纪》载汤见野外网张四面，"祝曰：自天下四方皆入吾网"；如此等等。"四方"即"四土"，表示一个范围相当广大的地理区域，中心点为都城大邑或商邑。商人关于周边各族群的记述也与地理方位联系起来，称周边民族政权为"方"，商人的记述中有"多方"，包括土方、羌方、鬼方、人方、井方等，这大致构成了五方的轮廓，成为商人观念中的政治空间结构。商的政治中心地位通过"方"或"多方"来突出、体现。周人继承了商的世界观，强化了中心对四方政治统御的观念，以周王室中心建构了一个以礼制为表现形式的等级化政治体系。在先秦典籍所记载的以周王室为中心的五服制、九服制中，蛮夷、戎狄也被安置在边缘的位置。对五服制较典型的记述，如《国语·周语》说："夫先王之制，邦内甸服，邦外侯服，侯卫宾服，蛮夷要服，戎狄荒服。甸服者祭，侯服者祀，宾服者享，要服者贡，荒服者王，日祭、月祀、时享、岁贡、终王，先王之训也。"

从战国至西汉，在商周宇宙观的基础上，关于中央与四方的政治观念进一步完善。占据中央位置是正统地位的象征，如《吕氏春秋·慎势》说："古之王者，择天下之中而立国，择国之中而立宫，择宫之中而立庙。"相对于中央的是四方、四极、四荒、四海等，而这些边缘地带是与民族相联系的，如《尔雅·释地》说："东至于泰远，西至于邠国，南至于濮铅，北至于祝栗，谓之四极；觚竹、北户、西王母、日下，谓之四荒；九夷、八狄、七戎、六蛮，谓之四海。"

《禹贡》《山海经》《穆天子传》等是很古老的地理类著作。虽然它们所包含的内容有许多想象和传说的成分，但大体上包含了那个时代即早期文明所认知的世界，是早期中国人的"世界观"。"先秦时期，人们即以'九州'为中国，同时又常以'四海'泛指中国四方疆域乃至域外世界。最初古人以为中国四境皆为大海环绕，九州之外即为四海。但后来则多半为了行文对举而采用'四海'之名。在中国载籍中，'四海'一词之含义不尽相同，例如《尚书·大禹谟》说'文命敷于四海'，指的是天下或全国各处。《尚书·禹贡》的'四海会同'，则泛指中国四周的海疆。"①

到了汉代，特别是张骞通使西域之后，中国古代边疆域外地理知识，有了长足的进步。从司马迁开始，中国的纪传体史书有诸如《西域传》《四夷传》《西戎传》《外国传》等，专门记述他们所知道的周边世界。中国人的"天下"观念也随着对外的接触和交往、中外文化的交流、民族融合的扩大而发生变化。

至南北朝时期，中外交通由于通商贸易的发达和佛教传播的兴盛，使某些地区中外交往至为活跃，从而促进了这些地区边疆域外地理知识的发展。这一时期，对域外地理范围的熟悉与西汉相比没有太大的变化，但是对于这一区域的地理熟悉在某些方面有了较大的进步，不少国家和地区的地理状况首次见于记载，许多国家和地区的地理情况也首次有了较具体的记录，与此同时这些记录还包括这些地方的交通道里、风俗民情、奇珍异物、历史沿革等诸多方面的内容。

随着对外交往的不断扩大，随着中国人走出国门、走向世界的步履迈得更远，中国人的世界视野在不断地扩大。葛兆光指出：

> 似乎古代中国与世界在很早就不是隔绝的，那些零星的渗透和逐渐的滋漫，就瓦解了隔绝的堤岸，于是到了汉代，由于汉王朝与匈奴争夺西域控制权的对抗，由于大月氏的西迁与贵霜王朝的崛起，由于罗马帝国与汉帝国的并立，由于陆上、海上交通技术的发展，

---

① 陈佳荣：《隋前南海交通史料研究》，香港大学亚洲研究中心 2003 年版，第 38 页。

一下子打开了中国人的视野，拓展了中国人的"世界"，并真正地在中国思想世界发生了有意义的影响。[①]

中国本土东面的疆域，《史记》和《汉书》有《朝鲜列传》。至晋陈寿编《三国志·魏书》首次设置《倭人传》，是中国正史中第一篇记叙日本列岛地理的文献。

汉代以前，中国对南部边疆及域外地理知之甚少。魏晋以降，通商贸易的发达以及西行求法的兴盛，旅外商人、出使官吏和求法僧人在域外多详记其行经之地的情况及所到国家之风土人情，并著书刊行于世，从而极大地丰富了国人对南部边疆及域外地理的熟悉。

我国西南部与域外海上交往始于汉代，至三国以后得到了进一步的发展。《史记》和《汉书》较少有关于南海的国家的记述。至三国之后，其记述渐多。朱应、康泰出访东南亚后，完成了两部有关南海地区的地理著作，是史籍所知记载南海地区最古的资料之一。此后，吴丹阳太守万震撰《南州异物志》，刘宋时亲至扶南的竺枝撰《扶南记》，所记不局限于扶南，亦包括一些南海中的国家。《宋书》和《南齐书》均在《蛮夷列传》中记述了南海中的国家。其后唐姚思廉编著的《梁书·诸夷列传》首次专设《海南诸国传》，比较系统地总结了对南海的国家的史地知识。其中记载的国家有林邑国、扶南国、盘盘国、丹丹国、婆利国、中天竺、师子国等十几个国家。

自古以来，西域是中原王朝致力于探索、开拓和认知的重点。最早的记载说黄帝西巡，并派伶伦西赴昆仑，又有关于周穆王西巡见西王母的故事。不管这些传说的真实情况如何，至少说明西方、西域是早期中国人对世界的一种"意象"。自张骞首次出使西域，开辟通往西域之路后，西域与内地交通大开，人们对西域的认知也大大加强了，认识比较具体和实在了。司马迁在《史记·大宛列传》中提到西边最远的国家是"条枝"。"条枝在安息西数千里，临西海"，有学者认为是塞琉古王国的都城安条克的缩译。此城位于地中海东岸的叙利亚奥伦特河之畔，因此，"临西海"即临地中海。《后汉书·西

---

①　葛兆光：《中国思想史》第 1 卷《七世纪前中国的知识、思想与信仰世界》，复旦大学出版社 2001 年版，第 300 页。

域传》说:"和帝永元九年,都护班超遣甘英使大秦,抵条支。临大海欲渡",但受到安息西界船人的阻挠。还提到甘英"抵条支而历安息,临西海以望大秦"。此条记载与《史记》所说"条枝"临海的方位大致相同。这大致上就是汉代中国人的"世界"的西部"边界"。1936年,贺昌群指出,《史记·大宛列传》和《汉书·西域传》表明中国人对于玉门关、阳关以西的世界,从西汉的"包括今撒马耳干及俄属土耳其斯坦,更进而西伯利亚、波斯、小亚细亚,以至印度",到东汉更进而西面到了条枝、了解了大秦(罗马共和国),而北面则知道了丁零与坚昆,到了贝加尔湖,东面则肯定与日本有了来往,日本九州发现的汉委奴王金印已经证实了这一点。[①]

汉魏以降,佛教兴盛,大批西域僧人东来传译经法。同时亦有许多佛教徒赴西域各地寻求经法。西行求法热潮的掀起,极大地促进了中原地区对西域与中亚地理熟悉的发展。这些求法的僧人有许多关于西域史地的著述,如东晋宝云《外国传记》、法显《佛国记》、智猛《沙门智猛游行外国传》、宋道普《游履异域传》4卷,北魏道药《游传》,宋法盛世《历国传》2卷、宋云《魏国以西十国事》、惠生《行记》。这一时期撰写的西域史地著作还有:西晋佛图调《佛图调传》、支僧载《外国事》,东晋道安《西域志》《西域图》和《四海百川水源记》,南朝齐昙景《外国传》5卷、法献《别记》、刘宋竺枝《扶南记》、竺法维《佛国记》、齐法献《别记》等。

对外交往的扩大,对外部世界了解的增多,人们世界视野的扩大,对人们思想的冲击是巨大的,促使人们反省本土文化的不足的部分,并且用这些新知识、新文化补充自己、改变自己、发展自己,对促进本土文化的发展也是极有意义的。在中国历史上,许多重大意义的变革,与外部世界的认知或多或少有关。所以,正是对外开放的扩大促进了自身内部的变革,开放促进了改革。葛兆光指出:

> 世界视野的拓宽必然引来文化交融与冲突,文化交融与冲突则必然导致思想世界的变化。一般说来,在意识形态逐渐完熟、定型与固定化的时代,思想体系的内部就已经不再具有自我更新与引发变异的

[①] 参见吴泽主编,金自强、虞明英选编:《贺昌群史学论著选》,中国社会科学出版社1985年版,第28—29页。

资源，即便有，更新与变异也只是在思想世界的内部，并不影响整个思想世界的格局。而此时的世界拓展与思想碰撞，就给一个相对封闭的思想世界带来了一些外在的，但又是新鲜的变革动力。①

① 葛兆光：《中国思想史》第 1 卷《七世纪前中国的知识、思想与信仰世界》，复旦大学出版社 2001 年版，第 300 页。

第三章

西域文化在中国
的传播（一）

古代中国的对外交通，以面向西方为重点。所以，在历代中国的典籍中，西域是一个反复出现并且多有记载论述的地方。历史学家吴小如说："汉代文化交流最辉煌的篇章，还是与西域的文化交流。西域与内地的联系，始于遥远的历史年代，但大规模的交流却始于汉武帝时代。"① 两汉到南北朝时期，是中西文化交流的一个高潮。中国几代王朝对西域屡有探索和开拓，苦心经营，建立了广泛的交通和联系，使中原文化广泛西传，同时通过西域将西域文化和印度、波斯乃至希腊罗马文化传播到中国内地，丰富了中国文化的内容，促进了中国文化的大发展。范文澜概述这一时期西方文化在中国的传播情况时说：

> 从西方传到中国来的，就物产方面说，家畜有汗血马，植物有苜蓿、葡萄、胡桃、蚕豆、石榴等十多种，这些物产的输入，给中国增加了新财富。就文化方面说，有乐器乐曲的传入。张骞传来《摩诃兜勒》一曲，乐府因胡曲更造新声二十八解，朝廷用作舞乐。西汉晚期，印度佛教哲学与艺术，通过大月氏传入中国。希腊罗马的绘画也在 1 世纪中传到天山一带。这些西方文化特别是佛教哲学的东来，大大影响了东方人的精神生活。②

范文澜在这里基本上概述了汉代西域文化在中国传播的几个主要方面，其中有动植物等西域的物产，有音乐和绘画等艺术形式，也有佛教和哲学的精神文化。这样，从物质文化层面，到艺术文化层面，再到精神文化层面，几乎都包括了。因此可以说，在汉代以及此后的南北朝时期，西域文化在中国的传播，是广泛的、深入的、全面的，其影响也是巨大的。这种影响不仅仅是为中华文化补充了新的内容，丰富了中国人的物质和文化生活，而且给予中华文化强大的外部刺激和推动力量，促进了中华文化自身的繁荣和发展。可以说，正是汉代和南北朝时期广泛的对外文化交流，特别是与西域的文化交流，大规模地吸收和引进西域文化，才为隋唐时代中华文化的大发展、大繁荣奠定了雄厚和坚实的基础。

---

① 吴小如：《中国文化史纲要》，北京大学出版社 2001 年版，第 71 页。
② 范文澜：《中国通史简编》（修订本）第 2 编，人民出版社 1964 年版，第 87 页。

一 中国历史地理上的"西域"

在中国的历史文献中，有一个与中西文化交流关系非常密切的地理概念，即"西域"。所谓"西域"，是相对于中国而言，即指在中国的西方。不过，"西域"是一个同历史有密切联系的概念。因为说"在中国的西方"，首先与历史上中国人关于"西方"的知识有关，是中国人所知道的"西方"，是与中国打交道的"西方"。而人们的地理眼光、打交道的范围是不断扩大的。其次，历史上各国的版图和疆界是不断变化的。因而，关于"西域"概念的含义也是不断变化的。

"西域"一词，最早见于《汉书·西域传》。匈奴早期在对"西域"地方的控制中具有优势地位，于是，有"匈奴西域"的方位代号，史称"皆在匈奴以西"。汉武帝时代与匈奴的实力对比扭转以后，汉帝国的"西域""陇以玉门、阳关"。英文中的"西域"，是英国探险家与考古学家斯坦因首先使用的。

一般说来，"西域"的所指有广狭两义。西汉时期，狭义的西域是指今甘肃敦煌西玉门关、阳关以西，葱岭以东，昆仑山以北，巴尔喀什湖以南，即汉代西域都护府的辖地。所以狭义的"西域"是指中国境内的西部疆土，主要是指新疆一带。不过，在汉唐时代，中国的西部疆土要比现在的版图远为广阔。唐代比汉代的西疆更远，直到黑海岸边，设有北庭护都府，管理军事行政，建立屯田制度。在西域包括昭武九姓的领地，在唐代都属中国，设有羁縻州。因此，向达指出："就狭义说来，中国史上的西域可说是相当于今日的中亚地方。"[①] 广义的"西域"，包括葱岭以西的中亚细亚等地，如阿富汗、中亚地区、伊朗、阿拉伯国家以及更远的地方，至地中海沿岸一带，有时连印度、巴基斯坦、尼泊尔等国以及非洲东北部的一些国家和地区也都包括在里面。吕思勉指出：

---

① 向达：《中外交通小史》，商务印书馆 1930 年版，第 15 页。

汉时所谓"西域",其意义有广狭两种。初时所谓"西域"是专指如今的天山南路,所谓"南北有大山,中央有河"。南山,是如今新疆和青海、西藏的界山;北山,是如今的天山山脉;河,就是塔里木河。这是狭义。但是后来交通的范围广了,也没有更加分别,把从此以西北的地方,也一概称为"西域"。这"西域"二字,便成为广义了。①

季羡林指出:

西域当然是一个地理名词,但同时又是一个同历史有密切联系的名词。所谓"西",指的是在中国的西方。一般说来,有广狭二义。广义的西域,包括今天的中国新疆、苏联的一些中亚加盟共和国、阿富汗、伊朗、阿拉伯国家,以及更远的西方。……唐代高僧玄奘的《大唐西域记》可以为证。②

从现代地理学的观念来看,中亚和西亚地区,是古代中外文化交流的最重要区域。古史上的"西域"概念,也主要是指这一地区。中亚所称的是里海以东,葱岭以西,伊朗、印度、中国以北,西伯利亚以南的地域,包括土库曼斯坦、乌兹别克斯坦、吉尔吉斯斯坦、塔吉克斯坦四国的全部和哈萨克斯坦的南部。德国地质地理学家亚历山大·冯·洪堡(Alexander von Humboldt)在 1829 年提出"中央亚细亚"的概念,用以指称中亚。"中亚介于四大文明区域之间的独特地理位置使其成为早期人类文明沟通和交往不可或缺的中间环节和媒介。以中亚为基点,往东靠近构成东方文明核心的中国中原文化密集区,往南毗邻印度河流域的古印度文明区域,往西则通往两河流域和古埃及文明区域。"③ 西亚位于里海、黑海、地中海、红海、阿拉伯海之间,有"五海之地"的称号。西亚各国东起阿富汗,西至土耳其,南迄阿拉伯半岛各国。

在历史上,中亚和西亚地区是世界几大文化圈波及的地方,是希腊、波

---

① 吕思勉:《中国史》,中国华侨出版社 2010 年版,第 102 页。

② 季羡林著,王树英选编:《季羡林论中印文化交流》,新世界出版社 2006 年版,第 158 页。

③ 纪宗安:《9 世纪前的中亚北部与中西交通》,中华书局 2008 年版,第 7 页。

斯、阿拉伯、印度和中国古文化的交汇地。各种文化传统在这里进行大规模、广泛的接触、碰撞、吸收和融合，形成人类文化交流和传播史上的一大奇观。"历史上无论是草原丝路还是绿洲丝路，各主要干线无不以中亚地区的草原、绿洲和山口为必经之路。在东西方之间，民族的迁徙、商贸物质的运输以及使者和僧侣的旅行，也必须在中亚地区的草原或沙漠中穿行。"①

季羡林在论及"西域"在东西文化交流史上的重要地位时指出：

> 文化交流或文化传播，总是要通过一定的道路。西域地处东西两大文化体系群的中间，是东西文化交流的必由之路。在东方文化体系群的内部，各民族之间的文化交流，有时候也要通过西域。世界历史上有名的丝绸之路，就是横亘西域的东西文化交流的大动脉。②

历史文献上所说的"西域"，大体上就是"丝绸之路"延伸的中国以西的广大地区。古代把"丝绸之路"沿途所经，统称之为"西域"。

古代的西域地区具有悠久丰富的文化，对东方和西方有一定的影响。西域地区多元文化交汇的历史特点，使西域文化形成了特殊的形态。仲高在《丝绸之路艺术研究》中将其称为"复调文化"或"复调艺术"。他引证苏联文艺理论家巴赫金的话来说明复调艺术："众多独立而互不融合的声音和意识纷呈，由许多各有充分价值的声音（声部）组成真正的复调。"③仲高指出：

> （西域的）绿洲艺术正是有许多各有充分价值的声音（声部）组成的复调。它不是一个声部，而是多声部，等于是多声部的混声合唱。……绿洲艺术不是一元的，而是多元的；不是单一的，而是复合型的；不是单一民族的，而是多民族的；不是某一方地域的，而是多地域性的。绿洲艺术的这种"复调"格局正是它勃勃生机的缘由。④

---

① 纪宗安：《9世纪前的中亚北部与中西交通》，中华书局2008年版，第7页。

② 季羡林：《佛教与中印文化交流》，江西人民出版社1990年版，第206页。

③ ［俄］巴赫金：《巴赫金文论》，引自仲高：《丝绸之路艺术研究》，新疆人民出版社2008年版，第162页。

④ 仲高：《丝绸之路艺术研究》，新疆人民出版社2008年版，第162页。

与此同时，也是更重要的，西域是历史上与文化上的中西交通的走廊。自古以来，西域就是各种文化的交汇之地，也是东西方文化交流的中心与枢纽。美国学者麦高文指出："中央亚细亚之地，在人类文化史上，久居重要的地位，它一方面是许多风俗习惯和艺术发源的中心，一方面又是上古世界一切主要文化中心间的媒介。""这些文化特征的互相交换，多数皆经过中央亚细亚。例如吸收欧洲的诸多发明，传播至中国的，就是中亚人；而许多中国的发明，也由他们带回欧洲。""中央亚细亚为西方和东方的中介者，此举实足以重大影响全人类的文化发展。"①

二　汉魏北朝在西域的经略

1. 张骞初通西域

中国与西域的正式往来关系，一般认为是从张骞通使西域开始的。此后，"历朝对于经营西域，皆有所贡献"②。

汉代张骞通西域，古史说"凿空"，意思是自张骞通西域始正式开通了丝绸之路。《史记》记载了张骞通西域后，"于是西北国始通于汉矣，然张骞凿空"。司马贞《史记索隐》注说："谓西域险阨，本无道路，今凿空而通之也。"然而所谓"张骞凿空"，实际上是就中国与西域各国的官方关系而言。在此之前很早的时期，两地之间已开始了民间往来、商贾贸易和文化交流，丝绸之路已经由中国延伸到很远的西方。不过，汉代中国与西域各国建立官方关系之后，丝绸之路更加通达，从而也就促进了中西经济贸易和文化交流的进一步发展。季羡林就此问题评论说：

> 到了汉代，频繁的文化交流促进了丝绸之路的开辟，开辟了以后，又推动了文化交流。在中国几千年的历史上，汉代是对外文化交流的高潮之一。高潮的主要标志是，东西双方相互的信息量增加

---

① ［美］麦高文著，章巽译：《中亚古国史》，中华书局 2004 年版，第 7、3—4 页。

② 方豪：《中西交通史》上卷，上海人民出版社 2008 年版，第 73 页。

了，东西双方的物质和精神的产品交换得更加频繁了。这里的东指的是中国，西指的是沿丝绸之路的国家，路的尽头就联上了欧洲。①

但是，张骞之前的民间交往，只不过是一出历史正剧的序幕，一场文化传播的美妙交响乐的前奏，真正的开始还在后面。因为，一方面，中国在汉以前，边患频仍，战事不断，自身经济、军事、文化力量，尚未充足到更自觉、更有计划和更有目的地向西拓展，而同时，西亚尤其是西欧向东发展、接触、推进的势头也还不够强劲，这就是"传播"和"引导"两方面的力量还应待加强。就人类发展史的总体状况看，进一步的发展需要等待物质的和精神的更成熟的条件。

这一情形，直到张骞的出现，才有了彻底的改变。汉武帝派张骞通使西域，开始建立起中原王朝与西域的官方关系。

汉武帝遣使西域，其直接目的是为了对付匈奴人的侵扰。匈奴长期以来是中原王朝的主要边患。汉初时，汉朝一直对匈奴采取忍让妥协的政策，与匈奴和亲并赠送大批缯絮米蘖。但匈奴仍自恃强大，每每策骑南侵，掳掠汉边民和财富，给汉朝的安定造成很大威胁，同时压迫西域各国，阻遏汉朝与中亚各国的商业往来。汉武帝继位后，改变了对匈奴的政策，积极抗击匈奴的侵扰。武帝得知原居住在河西走廊一带的大月氏人被匈奴驱赶出故地，而且匈奴单于杀了大月氏王，大月氏人常思报仇。"是时天子问匈奴降者，皆言匈奴破月氏王，以其头为饮器，月氏遁逃而常怨仇匈奴，无与共击之。汉方欲事灭胡，闻此言，因欲通使。"（《史记·大宛列传》）于是，武帝决定派遣使节出使大月氏，劝说大月氏人和汉朝联合起来共同击败匈奴。

自战国时代至汉初，大月氏人一直居住在河西走廊这一带。汉初匈奴强盛起来，前177—前176年，匈奴人向大月氏进攻，月氏大部分被迫西迁天山以北地区。老上单于时，匈奴再次大破大月氏，大月氏人被迫再度西迁，小部分未能西迁的留在昆仑山北，保南山羌，号称"小月氏"，西迁的称为"大月氏"。大月氏西迁后，在阿姆河北建立王庭，并于前126年吞并大夏，大夏故地也就成了大月氏的国土，随后又把都城南迁到阿姆河南的监氏城（又作

① 季羡林：《佛教与中印文化交流》，江西人民出版社1990年版，第207页。

蓝城，今巴尔克）。《后汉书》记载大月氏西迁之事说："月氏为匈奴所灭，遂迁于大夏。分其国为……凡五部翕侯。"

在大月氏西迁之初，这"控弦者可一二十万"的大部落联盟，一步步紧追着塞种人往西迁徙，给中亚的塞种人以很大的压力，使得中亚的塞种人——马萨革泰人、萨卡拉瓦克人、帕喜人等不得不纷纷南下，闯入了安息北边边疆，酿成安息历史上"塞种人入侵"的严重事件。而至1—2世纪，大月氏人更加兴盛，在阿姆河流域和印度河流域之间建立起强大的贵霜帝国。印度学者纳拉因（A. K. Narain）说："月氏人进入大夏地区，从东方带来了一个新的世界，中国的政治和商业利益也随之而来。贵霜充分利用了他们同中国以及在他们东面的中亚地区的关系。像丝绸这种新的外来货物从此进入西方市场。月氏人自己是不是精明的商人，我们不得而知，但是，可以肯定的是，由于贵霜的统治带来了政治稳定与和平，粟特人和大夏人加强了他们的商业活动。为了同罗马世界的联系，他们开通了新的道路。"[1] 我们在后面会多次提到，在中国与西域的交流、中国与印度的交流中，甚至佛教在向中国的传播过程中，大月氏人起到了很重要的作用。

汉武帝得知大月氏人的消息，派张骞出使西域，欲与其共抗匈奴。于是，便有了张骞西使"凿空"这样在中西关系史具有重大意义的事件。

不仅如此，汉武帝的决定可能还有更深层的原因。英国学者艾兹赫德（S. A. M. Adshead）指出：

> 丝绸之路真正的开端还是因为中国对外面的世界感到好奇。公元前126年当张骞出使中亚归来后，汉武帝很快就派了一个外交使团，其目的本来是寻找军事同盟，对付匈奴的入侵，但后来的外交活动以及为防御而建设的从敦煌穿越罗布泊到焉耆的道路，其动机却是出于文化上的考虑。汉武帝和他的继任者需要一个向西方开放的窗口，以制衡不断威胁中国的、因隔绝而出现的闭塞。[2]

---

① ［印］纳拉因著，王辉云译：《贵霜王国初探》，《中外关系史译丛》第2辑，上海译文出版社1985年版，第168页。

② ［英］艾兹赫德著，姜智芹译：《世界历史中的中国》，上海人民出版社2009年版，第26—27页。

汉武帝建元三年（前138），张骞带领向导、随员等100多人，从长安出发，出使大月氏。但当时他们只知大月氏已被匈奴赶出故地，对他们究竟迁到什么地方并不清楚。而且出使途中必须经过匈奴统治的地区，充满了危险。张骞一行经陇西时便被匈奴拘留，一住就是11年。后来他和随从人员乘机出逃，翻过葱岭，兼程西行，经过几十天的长途跋涉，到了位于今中亚费尔干那的大宛。在大宛，即"在费尔干那盆地的西部地区，古代两大民族——希腊人和中国人的代表人物所行的路线在历史上第一次汇合在一起了。大约在张骞从东方到达这里200年以前，即公元前328年，亚历山大·马其顿的一支部队由西方来到费尔干那盆地的入口处"①。

大宛国王久闻中国十分富庶，很想与中国通使交好。所以对张骞一行热情款待，并继而派向导陪同张骞等人经康居赴大月氏。康居位于锡尔河流域，是当时中亚细亚北部的大国，在中西交通史上占有重要地位。保持与康居的联系，一直是汉朝发展与西域各国关系的重点，张骞初到康居，康居王派人送他们一行到大月氏。

张骞在前129年抵达大月氏，打算约他们与汉夹击匈奴，而此时正是在大月氏刚移徙到妫水北"臣畜大夏"后不久，大月氏已立新王，吞并了大夏，安居乐业，且中国相距遥远，所以大月氏王对张骞提出的与汉结盟共破匈奴的建议并无多大兴趣。《大宛列传》说当时"大月氏王已为胡所杀，立其太子为王。既臣大夏而居，地肥饶，少寇，志安乐，又自以远汉，殊无报胡之心。骞从月氏至大夏，竟不能得月氏要领"。张骞在监氏城逗留一年多，不得要领而返。汉武帝元朔元年（前128），张骞取道南山（阿尔金山）经羌中（青海）归国，中途又被匈奴扣留。一年后，适逢匈奴内乱，张骞乘机逃出，于元朔三年（前126）回到长安。张骞西使，前后共历13年，回来时仅他与随从甘父二人。

张骞此行并未达到联合大月氏以抗匈奴的目的，但他西使的意义远远超出他的直接使命。张骞"以13年时间的跋涉于大漠荒原之中，周旋于敌国异域之间，匈奴的威逼诱惑不为所动，路途的险恶不为所阻，一路上常常依靠善射的堂邑父'射禽兽'充饥，历尽千辛万苦，终于找到大月氏。终未达到

① ［苏］马吉多维奇著，屈瑞、云海译：《世界探险史》，世界知识出版社1988年版，第6页。

原来结盟的目的，却经历了中原使者前所未有的途程"①。作为汉朝的官方使节，张骞实地考察了东西交通要道，是中国官方"开拓通往西域道路的第一人"。张骞之"凿空"，意味着东西交通大干线"丝绸之路"的正式开辟。方豪指出："张骞出使西域，号曰凿空，为中外关系史上空前大事，兹略言其与中西交通史直接有关者，盖在海道未通前，无论中国文明西传，或西方文明东传，均非先经西域不可也。"② 麦高文指出："在此之前，西亚（包括波斯及印度）和东亚，几乎完全是两个分离的世界；冲破这一阻障的，便是张骞；印度的、波斯的，乃至希腊的和拉丁的影响之传入以前素来孤立的中国，骞实开其先路。"③

汉元狩四年（前119），即距张骞第一次出使归国后7年，武帝再派张骞出使西域。这时，汉朝业已控制了河西走廊，积极进行武帝时对匈奴最大规模的一次战役，"自盐泽以东，空无匈奴，道可通"。几年来汉武帝多次向张骞询问大夏等地情况，张骞着重介绍了乌孙到伊犁河畔后已经与匈奴发生矛盾的具体情况，建议招乌孙东返敦煌一带，跟汉共同抵抗匈奴。这就是"断匈奴右臂"的著名战略。同时，张骞也着重提出应该与西域各族加强友好往来。这些意见得到了汉武帝的采纳。

张骞这次赴西域的直接目的是联络乌孙以共抗匈奴。乌孙是原住在甘肃河西一带的游牧民族，服属匈奴，后向西迁移至天山以北，摆脱了匈奴控制，为此匈奴发兵讨伐乌孙。此次张骞出使，情况与第一次迥异，一路通行无阻。他率300多人的庞大使团，带牛羊数万，金币帛直数千万之多，经数十天行程，抵达乌孙都城赤谷。但乌孙国王因汉朝相距遥远，不敢断然与匈奴为敌，且其时乌孙国内政治冲突尖锐，所以没有接受张骞结盟的建议。但在张骞回国时，"乌孙发导译送骞还。骞与乌孙遣使数十人，马数十匹报谢，因令窥汉，知其广大"（《史记·大宛列传》）。乌孙国王派遣数十名使臣随行赴长安。乌孙使臣见汉领土广大，景物繁华，回国后向国王报告，于是乌孙便有意与汉朝交好。此后，汉使多取道乌孙南境前往大宛、大月氏等中亚国家。

① 林剑鸣：《秦汉史》，上海人民出版社2003年版，第404页。

② 方豪：《中西交通史》上卷，上海人民出版社2008年版，第54页。

③ ［美］麦高文著，章巽译：《中亚古国史》，中华书局2004年版，第132页。

前110年，乌孙王与汉朝和亲，娶江都王刘建的女儿为后，双方关系更为密切。

张骞在乌孙时，还分别派遣副使到大宛、康居、大月氏、大夏、安息、身毒、于阗、扜宷（策勒）及其邻近国家，带去丝绸等贵重物品。"其后岁余，骞所遣使通大夏之属者，皆颇与其人俱来"（《史记·大宛列传》），他们回国时也带回了所到国家的使者。"于是西北国始通于汉矣"（《史记·大宛列传》），西域许多国家和汉朝有了正式外交往来。赫德逊说："从《史记》上我们看出，不管是派遣使节出去，或是招待那些被访问国家回访的使团，从不吝惜要给外国人造成中国伟大的印象。……从皇帝的观点看来，所收到的贡献来的外国物产与珍品，超过了所付出的外交费用；一般中国丝绸，在大宛、大夏或安息都被视为珍贵物品加以接受了，而作为回赠，中国朝廷则收到这些国家的稀奇物品。这样，交换使节就成为一种贸易形式，而且由于创造了习惯和需求，还为进一步非官方的贸易开辟了道路。"①

由于丝绸之路正式开通，"逐渐地，通往西方的使者多了起来，在这些中国人的行囊中带去了西方人梦寐以求的名贵丝绸。……沙漠商队很快就抵达帕西亚，他们不仅带来丝绸、黄金、桂皮，还将带回布料、香料、酒、马匹和一些新物品"②，而"与西部地区的贸易交流，使中国的绘画、音乐、新的农业产品不同程度地受到了外国的影响。汉代高度发达的天文学和算学即反映了来自印度与西亚的影响"③。

2. 张骞给汉武帝的出使报告

张骞从西域归国后，带回了有关西域诸国的许多见闻，使中国人第一次系统了解了西域诸国。他"具为天子言其地形所有"，《史记·大宛列传》记载了张骞的报告。这是中国史籍首次对西域各国详细的、较全面的、真实的记录。李约瑟认为："可以肯定，司马迁能够看到张骞的出使报告。这一报告后来似乎成为单独的著作，例如《隋书·经籍志》之列有《张骞出关志》一

---

① ［英］赫德逊著，李申、王遵仲译：《欧洲与中国》，中华书局1995年版，第38—39页。

② ［法］让－诺埃尔·罗伯特著，马军、宋敏生译：《从罗马到中国：恺撒大帝时代的丝绸之路》，广西师范大学出版社2005年版，第7页。

③ ［美］费正清、赖肖尔、克雷格著，黎鸣等译：《东亚文明：传统与变革》，天津人民出版社1992年版，第77页。

书,《古今注》(约写于300年)的作者引用该书比引用《史记》为详。另外一本书《海外异物记》后来也被认为是张骞所作。这两种书后来都已散佚。"① 历史学家阎宗临说:"自张骞此行后,中国据有西域较正确的知识,始知游牧民族之后,尚有许多富丽城郭,文物昌隆,宜于通商,即亚历山大当年所遗者,经年累月,形成伊兰希腊文化。"②

在《史记·大宛列传》之前,先秦典籍中已有了一些关于西域的记载,如《山海经》《竹书纪年》《世本》《穆天子传》等,但上述材料所记载的有关西域的内容并不系统,多有神话色彩。实际上,在张骞出使之前,中国对于西域各国的情况,或了解得很模糊,或完全不了解。而《史记·大宛列传》则是中国人对西域第一次有了完整的认知体系,丰富了中国人的地理知识。

张骞向武帝的报告,大体上分为3个部分:一是见闻,一是传闻,一是评估。见闻的部分是他到达的地方,即大宛、大月氏、大夏、康居,其中还包括他所经行的今南疆绿洲小国。传闻的部分,大国五六,如奄蔡、安息、条枝、乌孙、黎轩和身毒。其中,安息即帕提亚波斯,它的西面是条枝即塞琉古朝叙利亚,西南面黎轩即托勒密朝埃及,在安息的东南方是身毒,在安息北自黑海北面,经里海、咸海往东,直至楚河、伊犁河流域,活动着游牧部落奄蔡、康居和乌孙。当时康居领有泽拉夫善河流域。在安息的东方,大月氏征服了大夏,大月氏或大夏的东北是大宛国。以上10国,在报告中有详略不等的描述。此外,报告还介绍了西域诸国的地理位置,以大宛为中心,描述了一幅非常直观的西域地理方位图,使人们可以掌握汉代西域各国的大体分布情况。

关于这些国家的人种谱系、地域变迁是一个非常复杂的概念。从民族和人种学上来讲,一般认为大宛、大月氏、大夏、康居、乌孙以及奄蔡可能均和阿契美尼德朝波斯大流士贝希斯登铭文所见的萨迦人(或称为塞种人)有关,上述国家是它的4个部落或部族。它们于前7世纪出现在今伊犁河、楚河流域,前6世纪向西扩张到锡尔河流域。前177年左右,大月氏西迁,逐

---

① [英]李约瑟著,袁翰青译:《中国科学技术史》第1卷,科学出版社和上海古籍出版社1990年版,第181页。

② 阎宗临:《中西交通史》,广西师范大学出版社2007年版,第4页。

走萨迦人，他们一部分南下，散居今帕米尔各地，后向东进入塔里木盆地诸绿洲。大部分萨迦人渡锡尔河南下，一支进入费尔干纳盆地，一支进入巴克特里亚，后者灭亡了希腊人的巴克特里亚王朝。他们各自建立的政权，张骞分别称之为大宛和大夏。另一支萨迦人则顺锡尔河而下，迁往今咸海和里海沿岸，张骞称之为奄蔡，而将留在锡尔河北岸的萨迦人称为康居。前130年，乌孙人在匈奴的支援下，远征大月氏，夺取了伊犁河与楚河流域，大月氏人再次西迁，到达阿姆河流域，击败大夏，占领大夏的地域。

张骞向武帝提供的报告中说到的国家主要在葱岭即今帕米尔高原以西。他把当时葱岭以西的国家分为两类：一类"行国"，即游牧民族，兵强；一类"土著"，土著耕田，有城郭居室。例如，康居、大月氏、乌孙和奄蔡，是典型的行国，骑马游牧国家；其余六国，大宛、大夏、安息、条枝、黎轩和身毒则是典型的土著农耕国家。

据此，西域地志在这个时候已经非常完整和清晰了。此外，张骞还记载了西域诸国区别于汉朝的一些特有物产和习俗。如物产方面，大宛有"葡萄酒""汗血马"，安息有"葡萄酒"，条枝有"大鸟"即鸵鸟，身毒有"象"。司马迁除了对西域诸国的习俗进行了总体概括，还记载了一些特殊的习俗。另外，《史记·大宛列传》还提到了条枝"国善眩"（即魔术），身毒"乘象"，大夏"善贾市"，等等。

张骞在考察报告中介绍了西域各国的地理环境以及物产、人口、风俗和军事等方面的情况，介绍了当时的国际关系特别是诸国与汉朝的关系，向汉武帝提出了经营西域的策略。张骞还了解到西域诸国发展与中国贸易关系的愿望和对中国物产的喜爱，使汉朝知道与中亚、西亚各国交通往来，不仅在军事上极有意义，而且在经济上也会对汉朝产生很多效益。布尔努瓦指出："汉朝政府考虑到了他所搜集的各种情报的重要意义：这些资料不仅涉及了他所经过的邦国，而且还涉及了他在沿途所风闻到的其他地区的情况，甚至包括一些当时汉朝完全料想不到的地区。"[①]

张骞的报告受到汉武帝的高度重视，使汉武帝大大增强了向西域开拓的决心。《史记·大宛列传》说："天子既闻大宛及大夏、安息之属皆大国，多

---

① ［法］布尔努瓦著，耿昇译：《丝绸之路》，山东画报出版社2001年版，第15页。

奇物，土著，颇与中国同业，而兵弱，贵汉财物；其北有大月氏、康居之属，兵强，可以赂遗设利朝也。且诚得而以义属之，则广地万里，重九译，致殊俗，威德遍于四海。”

载于《史记·大宛列传》的张骞的报告，绝大部分被转录入《汉书·西域传》。这份报告大大开拓了中国的地理概念，使中国人较清楚地知道了中亚的草原和沙漠，中亚庞大的山系——天山和帕米尔高原；发源于这些山脉的中亚巨大河流——注入西海（咸海或里海）的锡尔河和阿姆河，以及流入罗布泊的塔里木河。

张骞出使西域带回来的有关西域的文化信息，大大开阔了中国人的眼界。吴小如指出：“张骞自西域探险归来，轰动朝野。他的成功对于汉人的刺激，不亚于哥伦布发现新大陆对欧洲人的刺激。它大大开阔了汉人的视野，西域奇特的风俗人情，丰富的物产，对汉人也是极大的诱惑。”① 关于张骞出使西域对于开阔中国人的世界眼光的重大意义，F. B. 于格和 E. 于格指出：

> 张骞出使的外交成果估计是令人失望的。但他揭示的新鲜事物则具有极其深刻的意义。他讲到了他在大夏国看到的产品，提及了他所遇到的民族，讲到了其存在已被证实和位于已知边界以远的民族。在这些民族中，有的是波斯的居民；有的是一个更遥远的王国——黎轩的居民，黎轩只能是指东罗马帝国。其中也提到了一个大海和成千种惊世骇俗的事物。张骞揭示了从突厥斯坦到云南的一条商路，它可能应经过印度。张骞后来又讲到了大宛的汗血马。……
>
> 张骞无疑掀起了一场“文化革命”。他揭示了一个外部世界的存在，至少是这个世界所包含的多样性、辽阔的范围和内在的潜力。他确实是讲到了天地的另一极。②

3. 汉朝在西域的经略

张骞“凿空”之后，通往西域的丝绸之路大开，汉王朝与西域各国使节

---

① 吴小如：《中国文化史纲要》，北京大学出版社 2001 年版，第 72 页。

② ［法］F. B. 于格、E. 于格著，耿昇译：《海市蜃楼中的帝国——丝绸之路上的人、神与神话》，喀什维吾尔文出版社 2004 年版，第 59 页。

往来不断，民间商旅更是相望于道，贸易十分频繁活跃，中西文化交流进入了第一个高潮时期。

武帝时，汉朝频繁向西域遣使，每年都要派遣五六批乃至十余批使团，每批由百余人至数百人组成。这些使节往返一次常常要八九年，近的也要几年。汉朝使者不仅到乌孙、大宛、大月氏等，更远者到达安息、奄蔡、犁轩、条枝和身毒。这些使节有贸易的目的，汉的缯帛、漆器、黄金、铁器是各国所欢迎的产品。《史记·大宛列传》说："而汉始筑令居以西，初置酒泉郡以通西北国。因益发使抵安息、奄蔡、黎轩、条枝、身毒国。……使者相望于道。诸使外国一辈大者数百，少者百余人。人所赍操大放博望侯时。其后益习而衰少焉。汉率一岁中使多者十余，少者五六辈，远者八九岁，近者数岁而反。"

与此同时，西域诸国也频繁向中国派遣使节，他们在中国受到相当的礼遇，如武帝巡狩时带上外国客人。

为了加强与西域诸国的交通往来，汉朝还在西北边境地带设置地方行政机构。在张骞两次出使西域期间，汉朝先后派卫青、霍去病等率大军数次西进，打击匈奴的势力。特别是元狩二年（前121）春夏，骠骑将军霍去病出征河西，给匈奴沉重打击，打通了河西走廊。此次战役后，匈奴昆邪王率4万部族降汉。汉以其地为武威郡、酒泉郡。到元鼎六年（前111）又"分武威、酒泉地置张掖、敦煌郡，徙民以实之"。河西四郡的设置，是汉朝直接统治河西地方的开始。在汉代，大抵一征服边境地区，中央即决定置郡，以加强在那里的统治和管理，并作为发展对外关系的前哨，如汉置日南九郡、朝鲜四郡等。河西四郡和其他边郡建置一样，是汉朝经略边地的重要措施。与此同时，还建置了驿道以及烽燧、亭障等军事设施。

1990年10月至1992年12月，甘肃省文物考古研究所对敦煌"汉悬泉置"遗址进行了全面清理和发掘，获得大量简牍和文物。所谓"置"，应劭《风俗通义》云："汉改邮为置。置者，度其远近之间置之也。今吏邮督掾、府督掾掌此。"说明"置"乃为邮驿之所。据说简牍达23000余枚，其中有明确纪年的就有1900枚，最早为西汉武帝元鼎六年，最晚的为东汉安帝永初元年（107）。简文中有不少有关中西交通的史料。张德芳《悬泉汉简中若干西域资料考论》一文对这些简文进行了考释，在全部悬泉汉简中检索出有关西域方面的资料 360 多条，皆为邮驿文书。当时汉与西域诸国使节往还，皆有遣使送客之通例，如《汉书·西域传》"罽宾"条引杜钦所说："凡遣使送客者，欲为防护寇害也。"这些邮驿文书记述了主客方使团行经沿途诸处食宿供应各方面的情况。据张德芳的研究，这些简文涉及的西域国家有楼兰（鄯善）、且末、小宛、精绝、扜弥、渠勒、于阗、蒲犁、皮山、大宛、莎车、疏勒、乌孙、姑墨、温宿、龟兹、仑头、乌垒、渠犁、危须、焉耆、狐胡、山国、车师 24 国，还有乌弋山离、罽宾等，一些重要国家与汉王朝的来往，有程度不同的反映。除此之外，还有一些诸如祭越、钩耆、折垣等过去未曾知晓的国家。据简文反映，彼此送往迎来，交往频繁，在一定程度上反映了张骞通西域后汉与西域间外交往来的盛况。①

汉武帝在此期间还发动了征服大宛的战争。日本学者长泽和俊说："李广利之大宛远征，因在汉代西域史上是最为重要的事件。"② 《汉书·西域传》说，这次战争之后，西域各国"多遣使来献，汉使西域者益得职。于是自敦煌至盐泽，往往起亭，而轮台、渠犁皆有田卒数百人，置使者校尉领护，以给使外国者"。长泽和俊指出："远征大宛的成功，大大提高了汉朝的声誉。汉朝的使节相继到达大宛以西诸国，带来了奇珍异物。""由于此次远征，汉朝的西域经营有了进一步的发展。"③ 英国学者赫德逊认为："武帝在中亚政策的顶点，是公元前 104—前 110 年间征服大宛。"大宛是丝绸之路在西域的起始点。实际上，正是由于李广利远征大宛的成功，丝绸之路才得以正式地顺利开通。

后来，汉朝又进一步设西域都护。西域都护始设于神爵二年（前 60）。这年匈奴日逐王降汉，郑吉发兵迎之，"北道"亦通，遂以郑吉为骑都尉，兼护车师以西"北道"诸国。西域都护是由汉朝中央政府派遣管理西域的最高官吏，相当于中原地区最高一级的地方官，即太守。西域都护的治所，叫做西域都护府。西汉时，西域都护府设在乌垒城（前名轮台国，今新疆轮台县

---

① 参见郝树声、张德芳：《悬泉汉简研究》，甘肃人民出版社 2009 年版，第 201—207 页。

② ［日］长泽和俊著，钟美珠译：《丝绸之路史研究》，天津古籍出版社 1990 年版，第 39 页。

③ ［日］长泽和俊著，钟美珠译：《丝绸之路史研究》，天津古籍出版社 1990 年版，第 42 页。

境），与渠犁田官相近，屯田都尉属都护，辖西域 36 国（后增至 50 国）。从此西域这块地方，包括北疆和巴尔喀什湖以东以南的广大地区正式列入汉代的版图，帕米尔以西以北的大宛、乌孙在都护的统辖之下。"都护"这一名称，原意就是总领丝绸之路南北两道安全的意思。西域都护的主要任务，就是在他所管辖的西域地区内，推行汉朝中央政府的各项政令，保证天山南北两道交通的安全、通畅，组织和管理西域地区的屯田。当时西域都护由皇帝亲自任命，3 年一替（也有延长和缩短的）从未间断。《汉书》记载：西汉历任都护 18 人，其中立传可考的有郑吉、郑宣、甘延寿、段会宗、廉褒、韩立、郭舜、孙健、李崇、但钦 10 人。当时轮台国是个城郭之国，都护府直接对其统辖，相当于现在的首府，似乎比其他绿洲城国和游牧行国的权力稍大。轮台王多次受皇帝亲召入朝。汉朝另设置戊侯己校尉、戊部侯等行政、军事机构，对当地民族上层人物封以王、侯、将、相、大夫、都尉等官职，他们均受西域都护府的管辖。

西域都护的设置，使汉朝对西域的经略进一步发展，与西域各国的交流往来得以巩固和扩大。可以说，设置西域都护的半个世纪，是丝绸之路最活跃的时代之一。

西汉末年，匈奴乘汉王朝内部混乱之机，重新控制了西域诸国，丝绸之路又被隔断。西域诸国不堪忍受匈奴压迫，纷纷遣使入汉，请求汉朝重新设置西域都护府，重开丝路。因此汉明帝决心"遵武帝故事，击匈奴，通西域"（《后汉书·窦国传》）。东汉永平十五年（72）冬，明帝以窦固为奉车都尉，以骑都尉耿忠为副，出屯凉州（武威），做出兵西域的军事准备。永平十六年（73），汉兵分四路出塞，驱逐匈奴。永平十七年（74），在西域设立都护、戊己校尉等官。东汉第一任西域都护为陈睦，都护府设于龟兹；耿恭为戊校尉，屯车师后五部金蒲城；关宠为己校尉，屯车师前五部柳中城。西域与中原的联系得到恢复。但不久，匈奴又发兵两万，重返西域，攻杀都护陈睦，丝路亦不复通，汉兵退回玉门关。

当时汉朝留在西域的势力主要是班超所率 36 名壮士。班超原是随窦固西征，后受窦固派遣率 36 人出使西域鄯善、于阗、疏勒等国。匈奴人进攻西域都护时，班超正在疏勒。汉章帝下诏，召班超回朝。当班超准备回洛阳时，沿途各地要求东汉政府收回成命，极力挽留班超。疏勒都尉黎弇见劝阻无效，竟以死劝留，自刎于班超面前。班超行至于阗时，于阗王侯以下啼泣号哭，挡住班超坐骑，要求留下。面对这种情况，班超决计不听朝廷命令，毅然返回疏勒，坚守于阗、疏勒地区。章帝建初五年（80），班超从西域上书朝廷说，西域各地"复愿归附，欲共并力破灭龟兹，平通汉道"（《后汉书·超传》），请求派兵支持他平定西域。朝廷答应他的要求，派徐干等人率兵支持。

经过班超等人近 10 年的努力，匈奴的势力再次被赶出西域。东汉和帝永元三年（91），东汉政府再次正式恢复西域都护、戊己校尉等官职，任命班超为西域都护，驻龟兹它干城，徐干为长史，屯驻于疏勒。班超 40 岁出使西域，在西域共 30 年，为开辟和巩固丝绸之路，为加强中原与西域的联系，作出了重大贡献。直到 70 岁时，班超才从西域返回洛阳。"班超平定天山南北以后，汉的政治势力继续向西扩展，远达帕米尔高原以西的中亚。""班超一生事业，主要是在西域开创的。他平定西域城郭诸国的内乱，抵御了强敌，恢复了祖国的统一和开辟了中西交通，使汉和西域在经济文化上的交流得以继续发展。"①

东汉永初元年（107），即班超自西域返回洛阳后的第五年，安帝下令撤西域都护，匈奴乘机南下，再度占据西域。班超之子班勇上"西域策"，向邓太后进谏说，西域与河西唇齿相依，控制西域，才能有河西的安全。而且，西域各地对匈奴的统治早就不满，"思东事汉，其路无从"。班勇建议朝廷应以敦煌为基地，设置护西域副校尉，负责与西域各地恢复联系事。延光二年（123），敦煌太守张珰又上书朝廷，备陈利害，请求政府通西域，开丝路。安帝遂决定在敦煌置西域校府，任命班勇为西域长史，屯驻于柳中，经营通西域、开丝路的事业。班勇在西域的活动，为东汉后期丝路的长期开通，奠定了基础。

4. 魏晋及北朝在西域的经略

东汉末年，西域的交通又有滞碍，直到三国时期，曹魏与西域的交通才得以恢复。《三国志·魏书》记载："魏兴，西域虽不能尽至，其大国龟兹、于寘、康居、乌孙、疏勒、月氏、鄯善、车师之属。无岁不奉朝贡，略如汉氏故事。"黄初三年（222）二月，鄯善、龟兹、于阗各遣使来献，魏文帝诏

---

① 白寿彝总主编：《中国通史》第 5 卷上册，上海人民出版社 1995 年版，第 397 页。

曰："倾者西域外夷并款塞内附，其遣使者抚劳之。"魏在西域设置戊己校尉。太和年间，设立西域长史，以对西域各地进行管理。据史书记载，当时西域各地每年向曹魏政权遣使进贡。魏太和三年（229），大月氏王波调遣使奉献，明帝封为亲魏大月氏王。

当时仓慈为敦煌太守，他抑制土豪，发展农业生产，保护来往的西域使者和商旅。《三国志·魏书·仓慈》记述了敦煌太守仓慈为胡商从敦煌去洛阳经商，颁发"过所"的情况，说胡商"欲旨洛者，为封过所，欲从郡还者，官为平取，辄以府见物与共交市，使吏民护送道路"。文中"过所"，即指当时的护照。仓慈不仅吸引胡商来敦煌，还为胡商去内地经商提供方便。结果是"西域人入贡，财货流动"（《晋书·食货志》）。仓慈任敦煌太守十余年，劳抚西域各族，深受西域各国商人爱戴和尊敬。"西域诸胡闻慈死，悉共会聚于戊己校尉及长吏（史）治下发哀，或有以刀画面，以明血诚，又为立祠，遥共祠之。"（《三国志·魏书·仓慈》）以后几任太守基本沿用仓慈的做法。

西晋时，与西域各国保持密切关系。史载晋武帝代魏登基，"四夷会者数万人"。晋武帝泰始年间及太康年间，康居、焉耆、龟兹、大宛、大秦皆有来华朝贡的活动。《晋书·四夷传》"康居"条记载，晋武帝泰始年间，康居国王那鼻遣使上封事，并献善马。太康六年（285），武帝遣杨颢出使大宛，诏封兰庾为大宛王。"大宛"条记载："太康六年，武帝遣使杨颢拜其王蓝庾为大宛王。蓝庾卒，其子摩之立，遣使贡汗血马。"太康年间，焉耆及龟兹国王均遣子前来洛阳"入侍"，及"惠、怀末，以中国乱"，龟兹仍"遣使贡方物于张重华"。西晋戊己校尉由凉州刺史兼任，管辖西域事务。晋朝在西域还设立"校尉""都尉"等官职，并给当地的部落首领册以爵位和封号，还经常向鄯善等地赏赐耕牛，帮助当地农民发展农业生产，维护晋朝对天山南北各地的统治。文物工作者在楼兰、海头等地发现了许多写有汉字的木牍、木简和纸文书，其中有一些明确标有晋朝皇帝的年号。

西晋前后，大量中原地区汉人为躲避战乱，纷纷经河西走廊迁居到高昌（吐鲁番），使该地及周边地区的人口增多，经济逐步繁荣起来。327年，河西地区的前凉政权创建者张骏进驻高昌，仿中原例，置设"高昌郡"，郡下设县，县下设乡、里，郡置郡守，县设县令，乡有蔷夫，里有里正。这是西域地区推行中原地区"郡县制"的开端，它表明西域的政治管理体制与中原地区开始趋于一致。

前秦建立后，致力于与西域发展关系。《晋书·载记·苻坚》记载："先是，梁熙遣使西域，称扬坚之威德，并以彩缯赐诸国王，于是朝献者十有余国。大宛献天马千里驹，皆汗血、朱鬃、五色、凤膺、麟身，及诸珍异五百余种。"苻坚仰慕汉文帝返千里马之事，将大宛所献良马悉数返之。苻坚东征，平洛阳，"鄯善王、车师前部王来朝，大宛献汗血马，肃慎贡楛矢，天竺献火浣布，康居、于阗及海东诸国，凡六十有二王，皆遣使贡其方物"（《晋书·载记·苻坚》）。383 年，前秦王苻坚派遣骁骑将军吕光带兵远征西域，这次战争的目的是迎高僧鸠摩罗什入中原。当时鄯善王和车师王充当向导并率部参战，焉耆不战而降，龟兹国都被攻陷后，原属小国及远方诸国纷纷表示臣服，自汉之后的魏晋等朝以来，中原政权再次在西域发挥重大影响。

在北魏统一北方的过程中，西域的车师前部王、焉耆王和鄯善王等都曾遣使到北魏朝贡，表达臣服之意。北魏声威远达西域，西域各国有通好的表现，中西交通出现新的局面。延和三年（434），"蠕蠕吴提奉其妹，并遣其异母兄秃鹿傀及左右数百人朝贡，献马二千匹"（《魏书帝纪·世祖纪》）。这一年太武帝亲幸河西，显示中西间丝路东端的通畅。太延元年（435）二月，"蠕蠕、焉耆、车师诸国各遣使朝献"。这年五月北魏首次派遣使节联络西域各国，遣王恩生、许纲等出使西域，这个使团途中被柔然所获，柔然敕连可汗"遣恩生等还，竟不能达西域"，抵达敦煌后就不得不返回。此行未果，但成为北魏中西交通的先声。

太延三年（437）三月，"龟兹、悦般、焉耆、车师、粟特、疏勒、乌孙、渴盘陁、鄯善诸国王始遣使来献"（《魏书·西域传》）。九国同时来献，这是北魏外交史上的空前盛况。大臣建议遣使回报，可是太武帝仍对交通西域感到犹豫，认为"西域汉世虽通，有求则卑辞而来，无欲则骄慢王命，此其自知绝远，大兵不可至故也。若报使往来，终无所益"。有人认为"九国不惮遐险，远贡方物，当与其进，安可豫抑后来"，于是交通西域的主张占了上风，北魏决心继续遣使交通西域。为了避开柔然的阻拦，"又遣散骑侍郎董琬、高明等，多赍锦帛，出鄯善，招抚九国"（《魏书·西域传》）。

据《魏书·西域传》记载，董琬、高明等"北行至乌孙国"，受到热情款待。在乌孙国，"其王得朝廷所赐，拜受甚悦，谓琬曰：'传闻破洛那（在今乌兹别克斯坦的费尔干纳）、者舌（又称遮逸、州逸，在今塔什干）皆思魏德，欲称臣致贡，但患其路无由耳。今使君等既到此，可往二国，副其慕仰之诚。'琬于是自向破洛那，遣明使者舌"。乌孙王派向导、译员送董琬等到达破洛那国，送高明等到者舌国。这年十一月，破洛那、者舌国"各遣使朝献，奉汗血马"。董琬和高明沿途所经各国纷纷表示归附，甚至遥远的破洛那国也捎信给他们，表示愿与北魏通好。董琬一行回到平城时，随同而来的有包括乌孙、破洛那、者舌等在内的西域 16 国的使节，朝见北魏皇帝，进贡方物。

董琬等出使西域是中西交通史上的重要事件，这次外交活动在加强中原与西域各国的关系方面起到了沟通和促进作用，使一度沉寂的中西之间的官方来往又频繁起来。"旁国闻之，争遣使者随琬等入贡，凡十六国。自是每岁朝贡不绝。"（《资治通鉴》）董琬等出使西域后，西域诸国"自后相继而来，不间于岁，国使亦数十辈矣"（《北史·西域传》序）。

北魏太武帝开始积极经营西域。太平真君六年（445），太武帝亲率大军，平定了得到柔然支持的北凉政权，打通了前往西域的河西走廊。北魏兵马继续前进，先后征服了此时已叛离的焉耆和鄯善，设立焉耆和鄯善两个军镇，驻兵守卫，任命行政官员，实行与内地一样的郡县制。随后，北魏军队又向西攻下了龟兹，游牧在龟兹以北的悦般主动要求与北魏结盟，共同抗击北方的柔然。柔然闻讯后，自知难以同北魏匹敌，便撤离了西域地区，北魏顺利地统一了西域，由此保证了西域丝绸之路的畅通。在此期间，北魏使者韩羊皮远抵波斯。波斯之名，始见于《魏书》，是北魏西使最远的国家。北魏孝文帝于太和十八年（494）迁都洛阳后，与西域的交通不断。据统计，仅从景明元年（500）至神龟元年（518）的 19 年间，诸国"遣使朝贡"至洛阳者达61 次之多。当时北魏交通的西域国家和地区，包括西域、中亚、南亚和拜占庭等。北魏之后，西魏、北周、东魏、北齐等，皆有与西域使节往还和商贸往来，只是其政权短暂，对外交通远不如北魏时的盛况。

南朝与西域虽然有北朝阻隔，但也有来往。中原与西域的交通，除了西汉开辟的绿洲丝绸之路外，还有"吐谷浑之路"，或称"青海路"，或称"河南道"和"古羌中道"，在南北朝时期成为丝绸之路主干路段之一。在正史及其他各种文献中，"河南国"基本上是指吐谷浑，《梁书·诸夷列传·河南》

说:"其界东至叠川,西邻于阗,北接高昌。"吐谷浑之路在南北朝时承担政治、外交、经济贸易乃至文化交流方面的重要作用。吐谷浑与南朝密切的通使关系,以及经由吐谷浑之地而沟通的西域各国与南朝间的通使关系,频繁地见载于南朝史书,必定给当时的人们留下很深的印象。吐谷浑并不产玉,但于阗国的玉只有经过吐谷浑才能运达南朝。在南朝时代的江左人士心目中,或者在事实上,"河南国"与运抵南朝的于阗玉,是有直接关系的。吐谷浑与南朝的交通,经过益州、荆州,沿长江抵达建康。

吐谷浑与益州的关系,据《梁书·诸夷列传·河南》记载:"其地与益州邻,常通商贾,民慕其利,多往从之,教其书记,为之辞译,稍桀黠矣。"同书同传还记载,天监十三年(514),伏连筹遣使献"金装马脑钟二口",又表请于益州立九层佛寺,并获得梁武帝允可。益州是吐谷浑贸易之路的重要一站,所以有大量胡商居住或活动在益州。《隋书·儒林列传·何妥》说:"父细胡,通商入蜀,遂家郫县,事梁武陵王纪,主知金帛,因致巨富,号为西州大贾。"何妥一家可能是粟特商胡。同样可能是粟特商胡而活动于益州的人还很多。《续高僧传·释道仙》说:"本康居国人,以游贾为业。梁周之际,往来吴蜀,江海上下,集积珠宝。"另一个常被引用的例子,见于《高僧传·宋京师乌衣寺释慧叡》:"经行蜀之西界,为人所抄略,常使牧羊。有商客信敬者见而异之。"陈寅恪说:"……六朝、隋唐时代蜀汉亦为西胡行贾区域,其地之有西胡人种往来侨寓,自无足怪也。"[1] 他还强调"蜀汉之地当梁时为西域胡人通商及居留之区域"[2]。

综上所述,在魏晋南北朝时期,虽然政权多有更迭,战乱频仍,但始终保持了西域贸易道路通畅,中西经济文化交流仍然十分活跃。大宛、大月氏、粟特国、康居、天竺、波斯等国都自丝绸之路与当时中国北方政权有贸易往来。《洛阳伽蓝记》卷三记载:"自葱岭以西,至于大秦,百国千城莫不款附。商胡贩客日奔塞下。"在魏晋南北朝时期,西域的交通确如《洛阳伽蓝记》所载之繁盛。

---

① 陈寅恪:《李太白氏族之疑问》,引自李文实等著:《历史与现实的青藏》,上海大学出版社 2016 年版,第 328 页。

② 陈寅恪:《隋唐制度渊源略论稿》,上海古籍出版社 1982 年版,第 80 页。

隋朝统一后，准备经营西域，裴矩在张掖掌管互市，从书传及向西域商人采访中，搜集到 44 国山川、姓氏、风土、服章、物产等资料，编辑成书，并绘有地图，在大业二年（606）完成《西域图记》。《西域图记》所载的"三道"诸国多为富商大贾"周游经涉"所至者，和皆"利尽西海，多产珍异"，即因通"西海"而得贸易之利者及"皆余千户"者，"山居之属"多有不载，所以《西域图记》所列的"三道"诸国比较疏略。但这个记载应该看作是魏晋南北朝时期丝绸之路畅通的路线。

从张骞"凿空"到东汉时的"三绝三通"，经过几代人的努力，开辟和巩固了丝绸之路，与西域各国乃至更远的西方建立起持续的联系和贸易关系，中西文化交流得到了加强。李希霍芬指出："中国丝虽然在公元前 1 世纪已发现于罗马，但丝之贸易，则须迟至公元后 1 世纪。且因西域交通中断，故由海道经印度而来。及公元后 100 年左右，班超征服葱岭东西各国，于是陆上交通再兴。普林尼谓中国输入之货以丝、铁为大宗，即指此时。由罗马东来者，则为金、银、玻璃、珊瑚、象牙等。"[1]

为了开通西域，中原王朝对匈奴几经征战，消耗了大量的武力和财富，付出了重大代价。

当然，这样的努力和代价并不是徒劳的。正因为如此，才有了中西交通和文化交流大发展的盛况。《后汉书·西域传》概括自西汉迄东汉 400 年间中西交通大势说："论曰：西域风土之载，前古未闻也。汉世张骞怀致远之略，班超奋封侯之志，终能立功西遐，羁服外域。自兵威之所肃服，财赂之所怀诱，莫不献方奇，纳爱质，露顶肘行，东向而朝天子。故设戊己之官，分任其事；建都护之帅，总领其权。……立屯田于膏腴之野，列邮置于要害之路。驰命走驿，不绝于时月；商胡贩客，日款于塞下。"

5. 董琬给魏太武帝的出使报告

北魏太延三年（437），魏太武帝拓跋焘遣董琬等一行出使西域，北魏与西域之间开始互通使节。董琬等出使西域是中西交通史上的重要事件。董琬回国后，对当时西域的地理和交通等方面的情况提出详细的出使考察报告。这份报告被收录在《北史·西域传》中。

---

[1]　引自石云涛：《早期中西交通与交流史稿》，学苑出版社 2003 年版，第 375 页。

董琬向朝廷报告了出使西域的经过，以及出使期间的西域见闻，并首次明确地提出西域的地理分区。董琬以简略的文字记述了西域 4 个地理区域的范围：第一区域相当于今新疆天山山脉以南的地区，当时主要是许多土著的城郭之国；第二区域，有人认为指今帕米尔以西至波斯湾一带，也有人认为，以董琬等人的行踪看，海曲不应指波斯湾，而是指今里海南端，这里是当时嚈哒所直接占领的地区；第三区域为阿姆河中、上游地区，当时为贵霜王朝的主要根据地；第四区域，有人以为两海即今里海及地中海，水泽即今黑海，则此区指今小亚细亚，也有人认为两海仅指巴尔喀什湖和咸海，而水泽则为大泽之误，它可能指今里海的北部，这里一直是游牧民族生活地区。

据董琬的报告，通往西域的道路有 4 条：（1）出敦煌玉门，西行 2000 里至鄯善；（2）自玉门度流沙，北行 2200 里至车师；（3）从莎车西行 100 里至葱岭，葱岭西 1300 里至伽倍；（4）自莎车西南 500 里，葱岭西南 1300 里至波路。

董琬还报告说，西域自汉武帝时为 50 国，后稍合并，到北魏太延时，为 16 国。他没有具体说到有哪些国，但可以肯定的是有鄯善、且末、于阗、疏勒、龟兹、焉耆、车师等国，天山以北的有乌孙、悦般等国。

董琬的报告是北朝时中国人关于西域情况的一份重要的认知材料，增进了人们对西域形势和地理知识的了解。

6. 汉魏晋南北朝史籍所载的"西域"

汉代以前人们对西域的认识，来自于古史与神话。在司马迁《史记·大宛列传》之后，中国史籍上不乏关于西域的记载，体现了这个时代人们对西域的认知和阐述。两汉魏晋南北朝正史有 15 种，包含有关西域的传记计 11 篇，即《史记·大宛列传》《汉书·西域传》《后汉书·西域传》《晋书·西戎传》《梁书·西北诸戎传》《魏略·西戎传》《周书·异域传下》《隋书·西域传》《南史·西域诸国传》《北史·西域传》和《三国志》裴注所引《魏略·西戎传》。

两汉魏晋南北朝正史"西域传"记述的出发点不是西域或西域诸国本身，而是中原王朝经营西域的角度，是从中国人的眼光所看到的"西域"。《史记·大宛列传》所载西域诸国多在葱岭以西，这是因为张骞这次西使，大多位于葱岭以西。

在司马迁之后，班固撰《汉书·西域传》转述了《史记·大宛列传》的大部分内容，但介绍最多的是葱岭以东的诸国。考定这些国家的地理位置，大部分在今我国新疆境内。此外，还有大宛、安息、大月氏、康居、浩罕、坎巨提、吉宾、乌弋山离等十几个西域小国，现在中亚及阿富汗、印度等国境内。葱岭以西诸国中，尤以安息和大秦最受重视。

《后汉书·西域传》所载"西域"的范围还超过了《汉书·西域传》所载，将亚平宁半岛和地中海东岸、北岸和南岸也包括在内。这是两汉魏晋南北朝正史"西域传"所描述的"西域"中涉及范围最大的，以后各史"西域传"再也没有越出这一范围。学术界对《后汉书·西域传》的记载十分重视，德国汉学家夏德（Friedrich Hirth）指出：

> 《后汉书·西域传》共有587字，为明代以前中国文献对极西的国家——大秦的第一次记载。书中所记关于大秦国的位置、边界、首都、人民、物产、工艺的许多事实，且不说由后来历史所提供的任何附加的材料，如果不是有些研究这个问题的欧洲汉学家，不幸抱有偏见，本来就足够可以提供作为考定这个国家所在的基础。①

让－诺埃尔·罗伯特则指出："该书虽然成书较晚，内容却是关于先前历史的事实。作者在写有关166年罗马人使节来中国进行的一次著名的访问时提到了西方，他主要依据的是班勇将军递交皇帝的一份报告。……这份报告给我们展示的是2世纪初一个中国人对西方的看法，这份资料相当重要，因为当时中国对那些濒临'西方大海'，也就是地中海的国家表现出了极大的兴趣。""我们通过《后汉书》中这些旅行者的报告，发现一个不可忽视的事实，这就是要尽量反映客观和准确。至于其夸张之处，对于天子的朝臣们来说，在编写这类文献史时是不可避免的。"②

汉魏以后，一方面，中原与西域交通的兴盛，使人们对西域地理分区的

---

① ［德］夏德著，朱杰勤译：《大秦国全录》，大象出版社2009年版，第2页。

② ［法］让－诺埃尔·罗伯特著，马军、宋敏生译：《从罗马到中国：恺撒大帝时代的丝绸之路》，广西师范大学出版社2005年版，第59、61页。

认识进一步发展；另一方面，汉魏以降，佛教兴盛，西行求法热潮的掀起，极大地促进了内地对西域与中亚地理认识的发展。

《汉书·西域传》始以通西域的南、北两道记叙其沿线各国情况之后，晋代的《魏略·西戎传》和裴矩的《西域图记》则始分3道记述西域地理。这种分道叙述交通沿线各地地理情况的方法，已具有一定的地域观念。前述北魏太延三年（437），太武帝拓跋焘派董琬等出使西域。董琬等还京师后在陈述西域情况时，首次明确地提出西域的地理分区。

汉以前对西域的沙漠仅有极少的记载。白龙堆是西域著名的沙漠之一，对此《汉书·西域传》只有鄯善"当白龙堆，乏水草"的简略记载。法显等以其亲身经历，在《佛国记》中对其荒凉情况作了生动的描述。东晋以后，有关塔克拉玛干沙漠始见于记载。法显在《佛国记》中叙述他在去于阗时说："西南行，路中无居民，沙行艰难……在道一月五日，得到于阗。"《高僧传》卷五记载法勇西行求经中，亦说："初至河南国，仍出海西郡，进入流沙，到高昌郡。"法显和法勇两位高僧西行求法所经过的沙漠位于今新疆南部、塔里木盆地中部的塔克拉玛干沙漠。

自张骞通西域之后，葱岭成为中西交通行经之地，但是汉代对这一地区地理情况的描述甚少。法显在赴西域求法时穿越了葱岭，在《佛国记》中他首次对葱岭地区的地理情况作较为具体的记述。首先他记载了葱岭地区的植物情况："自葱岭已前，草木果实皆异，唯竹及安石榴、甘蔗三物与汉地同耳。"然后，他对葱岭地区的冰川地貌作具体的描述，主要描述了高山冰裂风化作用所形成的石砾和露岩地面，又生动地记述了具有极强冲蚀力的冰雪融水所形成的峡谷峻削。其后，北魏的宋云在《宋云行纪·汉盘陀国》中生动地记述帕米尔地区高耸入云、坎坷险阻的地势："自此以西，山路欹侧，长坂千里，悬崖万仞，极天之阻，实在于斯。太行孟门，匹兹非险，崤关陇坂，方此则夷。自发葱岭，步步渐高，如此四日，乃得至岭。依约中下，实半天矣。"

早在战国时代，中国已经有了地图以及有关绘制地图的知识，汉时已有西域图。《汉书·西域传》"渠犁"条，述桑弘羊与丞相御史大夫条奏轮台屯田事，说"各举图地形，通利沟渠，务使以时益种五谷"。《三国志·乌桓东夷传》注引《魏略》说："又西域旧图云：罽宾、条支诸国出琦石。"所谓旧图，当指汉代之西域图，此种图至鱼豢时尚能得见，而且据"出琦石"三字，又可知图上注明各国各地物产，说明此种图乃有方便出使西域的汉使进行贸易的导行性质。《汉书·李陵传》记载："陵于是将其步卒五千人，出居延，北行三十日，至浚稽山止营，举图所过山川地形，使麾下骑陈步乐还以闻。"《汉书·赵充国传》记载赵充国语："百闻不如一见，臣愿驰至金城图上方略。"因此学者推测，张骞、班超、甘英等人，可能会根据自己的经历绘制西亚、中亚的地图。

7. 汉代文学对西域的奇异想象

汉代通西域，西域文化大量传入，不仅极大地开阔人们的视野，也激起人们对西域的奇异想象，全新的西域意象及神奇的西域艺术激发文人创作的兴趣。汉代人在现实的基础之上，融合大量的神话传说，加以夸饰、想象，描绘出一个奇异的西域世界，成为中原人士对异域想象的一个乌托邦。

汉代通西域后，揭开了人们重新认识西域的新纪元。人们通过同时代人的文献，知道了陆上最远处距汉有四万余里之遥，西域不少国家有大量的珍宝与奇异物产，并有让人匪夷所思的风俗，这极大地改变了人们对世界的观念。

虽然丝绸之路开通后，引起人们对其他远国异民的极度关注，对西域这片土地更充满了好奇和幻想，但是人们对西域的了解还是相当有限的，只能在有限信息的基础上，发挥想象力，将过去与现在、神话与现实贯通起来。

人们对西域的奇异风俗、奇珍异宝和奇兽珍禽充满好奇。张骞等使者所关注的对象，不是与汉朝相同的那些草木、畜产、五谷、果菜、食饮、宫室、市列、兵器、金珠，而是"有异乃记"。汉代上层人物对奇异之物更是表现出异乎寻常的兴趣。传为后汉郭宪所作的《汉武帝别国洞冥记》记载："天汉二年，帝升苍龙阁，思仙术，召诸方士言远国遐方之事。"汉武帝对西域诸国所献的大鸟卵及犁靬眩人兴奋不已。占有稀奇宝物是推动武帝开疆拓土的一个重要原因："故能睹犀布、玳瑁则建珠崖七郡，感枸酱、竹杖则开牂柯、越嶲，闻天马、蒲陶则通大宛、安息。"（《汉书·西域传赞》）东汉帝王亦有好奇之心。《后汉书·列女传》记载："每有贡献异物，（和帝）辄诏大家（班昭）作赋颂。"

中外使者带到汉朝的珍宝及所记叙的新奇人物、艺术、宗教、传说等，成为人们关注与好奇的对象。这些关注和好奇也体现在当时的文学作品中，成为文学创作的想象源泉，如汉代诗赋中出现了大量的西域物象。乐府杂曲歌辞《蜉蝣行》中提到苜蓿，《陇西行》中出现西域的坐具氍毹。《乐府》里有"氍毹毾㲪五木香，迷迭艾纳及都梁"，皆为来自西域的毛皮制品及奇花异草与香料。《羽林郎》叙述胡女独立经营酒店，其穿戴有鲜明的西域特色，浑身珠光宝气，"头上蓝田玉，耳后大秦珠"，"一鬟五百万，两鬟千万余"。朱穆《郁金赋》写郁金"邈其无双"的娇艳与"独弥日而久停"的芳香。祢衡《鹦鹉赋》以鸟自比，鹦鹉自西域而至，"性慧辩而能言兮，才聪明以识机"，迥出众鸟之上。祢衡才华横溢，能言善辩，由于出言无忌难为人容，不得不辗转流离，与鹦鹉可谓同病相怜。故见到鹦鹉后，文思汹涌，援笔立成。蔡邕《伤胡栗赋》言胡栗"弥霜雪之不凋兮，当春夏而滋荣"，赞叹其傲霜斗雪的高洁品格。武帝宫中充斥着西域来的奇宝异物。《两都赋》中写上林苑中的殊方异类："其中乃有九真之麟，大宛之马，黄支之犀，条支之鸟。逾昆仑，越巨海。"汉代作品中又有西域伎艺的生动展示。张衡的《二京赋》全面展示了百戏的演出盛况。百戏中融入马戏、杂技、幻术等大量的西域元素。

在汉代文学对西域的描写中，除了对引进的西域物产和奇珍异兽作了近乎夸张的描写外，还充满了想象、夸饰、虚构。那些从未到过西域的人，在别人记述与传闻的基础之上，与《山海经》等神话结合起来，进行更为大胆、虚幻的想象。"在中国人眼中，外邦风物本来就是奇妙神秘的，再加上人们的附会夸饰，就形成传说。到了方士的神仙家手里，便同服食飞举灵异变化的方术和仙术结合起来。"① 《汉武帝别国洞冥记》所叙别国，主要叙述西域国家所贡方物，珍稀奇异，功效神奇，极富想象力。所叙奇闻，可了解这些地区和国家的民俗与传说。这些奇物有西王母乘坐的神马，大秦国献的善走的花蹄牛，能让人白发变黑的马肝石。类似的还有《海内十洲记》中的月支香可让人死而复活。其载炎洲有火浣布："又有火林山，山中有火光兽，大如鼠，毛长三四寸，或赤或白，山可三百里许，晦夜即见此山林，乃是此兽光照，状如火光相似。取其兽毛以绩为布，时人号为火浣布，此是也。国人衣

---

① 李剑国：《唐前志怪小说史》，南开大学出版社 1984 年版，第 166 页。

服垢污，以灰汁浣之，终无洁净。唯火烧此衣服，两盘饭间，振摆，其垢自落。洁白如雪。亦多仙家。"人们将火浣布视作用火光兽毛织成。《史记正义》引《括地志》说到小人国："小人国在大秦南，人才三尺，其耕稼之时，惧鹤所食，大秦卫助之，即焦侥国，其人穴居也。"小说中勒毕国人才三寸（《汉武帝别国洞冥记》），鹊国人男女皆长七寸，西北荒人长一分（《神异经》）。

汉代文学有关西域世界的建构，是汉代人描绘其他奇异国度及仙境的基础。西域的开通，激起的是人们对远方异域的关注热情，为地理博物小说的兴起提供了契机。汉人在陆路上的交通，主要是西域方向，在海上主要是东方与南方。汉人对西域世界的建构，也推动了人们对远国夷民奇物的想象。他们把对西域的想象技巧，用于对各个方位神奇国度与异物的描绘上。《海内十洲记》描写了东、南、西、北四海中的祖洲、瀛洲、炎洲、玄洲、长洲、元洲、流洲、生洲、凤麟洲、聚窟洲十洲，虽仅有凤麟洲、聚窟洲在西海，然对其余八洲的描写很明显受到了西域传说的影响，如炎洲中的火浣布，又如流洲中的割玉刀，皆本为西域特产，却被移到了其他地方。《神异经》受《山海经》影响明显，分《东荒经》《东南荒经》《南荒经》《西南荒经》《西荒经》《西北荒经》《北荒经》《东北荒经》《中荒经》9篇。在《南荒经》中写到了制作火浣布的火鼠；《中荒经》中写至日中而汗血的马；《北荒经》中写到的枣亦以西域枣为原型，可益气安躯。大秦的奢华宫殿成为汉人描写帝王及神仙宫殿的一个范本。如《汉武故事》有关神室的描绘："铸铜为柱，黄金涂之，丈五围，基高九尺，以赤玉为陛，基上及户，悉以碧石，椽亦以金……"

前文讲到周穆王西巡见西王母的故事。西王母是中国古代神话中的一个母题。在古史传说中，西王母生活于西域，但各书记载不同。《汉书·地理志》"临羌"自注："西北至塞外，有西王母石室、仙海、盐池。"《汉书·西域传》说："安息长老传闻条支有弱水、西王母，亦未尝见也。自条支乘水西行，可百余日，近日所入云。"《史记·大宛列传》说："安息长老传闻条枝有弱水、西王母而未尝见。"《后汉书·西域传》记载："或云其国（大秦国）西有弱水、流沙，近西王母所居处，几于日所入也。《汉书》云从条支西行二百余日，近日所入，则与今书异矣。"随着人们对西域的探索，西王母生活的地方越来越西移。到汉代，随着西域道路的开辟，人们既已接近或到达西王母的生活区域，自然可将有关这一区域的地理、物产、传说等糅合起来，大大丰富了西王母的故事。在汉代，由于人们普遍有求长生的愿望，西王母的形象深入人心。除了西王母能长生不老外，她还是赐给人们长寿、福祉、嘉子，免人灾难，保人出入平安的神仙。

汉代铭镜上有大量与西王母相关的文字，如《古镜图录》卷中记载："袁氏作镜兮真，上有东王公西王母，山人子乔侍左右，辟邪喜怒无央咎，长保二亲长久。"在今天山东、河南、四川、江苏、陕西等地出土的大量画像石上亦出现西王母的形象。一些画像石上还把西王母所处的仙境与人间的生活场景组合在一起，西王母变成人们心目中的福寿之神，形象亦变得端庄大方。《山海经》中的西王母是豹尾虎齿，到司马相如的《大人赋》中尚保留着原始痕迹，"曤然白首，戴胜而穴处兮，亦幸有三足乌为之使。必长生若此而不死兮，虽济万世不足以喜"。她住在洞穴里，满头白发，只有一个三足乌供其驱使，相当孤独。伴随着人们对西王母的敬拜，西王母的形象变得越来越美："视之可年卅许，修短得中，天姿掩蔼，容颜绝世。"汉人还为独居的西王母设想了一个配偶东王公，演绎出了两人之间不远万里来相会的爱情故事。西王母还有一个儿子，开始是"金甲铁齿"，后来则变成了贬谪到人间的东方朔。

三 "胡人"与西域文化的传播

1. 行走在丝绸之路上的胡商

丝绸之路的畅通，使中国与西域乃至欧洲的贸易得到了很大的发展。而在通过丝绸之路进行的国际贸易中，中亚各民族承担了重要的职责，其中最为突出的，是被称为"商业民族"的粟特人。沙畹说："贸迁丝物者，要以康居人为众。"这里所说的"康居人"实即粟特人。粟特人是属于伊朗人种的中亚古族，在中国史籍中被称为"昭武九姓""九姓胡""杂种胡""粟特胡"等。他们原来生活在中亚阿姆河和锡尔河之间的泽拉夫珊河流域，即古典文献所说的粟特地区（索格狄亚那），其主要范围在今乌兹别克斯坦。在粟特地区大大小小的绿洲上，渐渐聚集成一个个大小不同的城邦国家，其中以撒马尔罕为中心的康国最大，此外还有安国、东曹国、曹国、西曹国、米国、何国、史国、石国，不同时期或有分合，史称"昭武九姓"。

粟特人是一个几百年间活跃在丝绸之路上的独具特色的商业民族，被诸多中外学者认为是古代中亚最活跃、最神秘的民族之一。正如腓尼基人、犹太人在地中海沿岸和北海远程贸易中所扮演的角色一样，粟特人在中原通往地中海的漫长商路上，也扮演了同样的角色。马克思在论述中世纪欧洲的商业民族犹太人时指出了"商业民族"的特点，他说："在古代人那里，交换价值不是物的联系，它只在商业民族中表现为这种联系，而这些商业民族只从事转运贸易，自己不进行生产。在腓尼基人那里，生产顶多是附带的事情，他们能够生活在古代世界的空隙中，正像犹太人生活在波兰或中世纪的情形一样。不如说，这种世界本身，是这些商业民族的前提。""财富表现为目的本身，这只是少数商业民族——转运贸易的垄断者——中才有的情形。"①

粟特人就是"生活在古代世界的空隙中"的商业民族。粟特商人大约从东汉后期开始往来于中国从事商业活动，到了 5 世纪北魏时期，他们在东方的商业活动达到高潮，活动范围已扩展到长江流域。《高僧传》卷三四记载："释道仙一名僧仙，本康居人。以游贾为业，梁周之际往来吴蜀、江海上下，集积珠宝，故其所获赀货，乃满两船……直钱数十万贯。"《旧唐书·西域传》说中原人看到的粟特人是"善商贾，争分铢之利。男子年二十即远之傍国，来适中夏。利之所在，无所不到"。玄奘《大唐西域记》中说到粟特人："自素叶水城，至羯霜那国，地名窣利，人亦谓焉。文字语言，即随称矣。字源简略，本二十余言。转而相生，其流浸广。粗有书记，竖读其文，递相传授，师资无替。服毡褐，衣皮氎，裳服褊急。齐发露顶，或总剪剃，绀彩络额。形容伟大，志性恇怯，风俗浇讹，多行诡诈，大抵贪求，父子计利，财多为贵，良贱无差。虽富巨万，服食粗弊，力田逐利者杂半矣。"②

粟特人沿着传统的丝绸之路，由西向东进入塔里木盆地、河西走廊、中原北方、蒙古高原等地区。粟特人所走出的丝绸之路，从西域北道的据史德、

---

① 《马克思恩格斯全集》第 46 卷上册，人民出版社 1979 年版，第 172、485—486 页。
② 玄奘：《大唐西域记》，上海人民出版社 1977 年版，第 8 页。

龟兹、焉耆、高昌、伊州，或从南道的于阗、且末、石城镇，进入河西走廊，经敦煌、酒泉、张掖、武威，再东南经原州，入长安、洛阳，或东北向灵州、并州、云州乃至幽州、营州。在这条道路上的各个主要城镇，留下了粟特人的足迹，有的甚至形成了聚落。① 这些聚落的主要功能，就是为过往的粟特商人提供必要的服务。粟特人奔走在丝绸之路上，以沿途的绿洲城镇为转运点。有的在一些居民点留居下来，形成自己的聚落，或在可以生存的地点建立殖民地；有的继续东行，寻找新的立脚点。《后汉书·马援传》说：“西域贾胡，到一处辄止。”

丝绸之路沿线的高昌、焉耆、龟兹、疏勒、于阗等地，是丝路贸易的集散市场。作为贸易中转站和集散市场的各绿洲城镇，在国际性的贸易中发挥了重要的作用。绿洲都市就在这种情形下，日益提高了它的驿站功能及行商基地的性质。南北朝到唐朝时期，丝绸之路及周边的楼兰、敦煌、长安和洛阳等大小城市逐渐形成了一个个移民聚落。比如疏勒，作为丝绸之路南北两线的通道，《汉书·西域传》首称其地“有市列”。所谓“市列”，就是市镇上的店铺，按商品种类陈列进行营销。“从粟特本土向东，几乎每一个大的城镇或者是位于重要的交通干道上的一些小城镇，都有粟特人的身影……成为他们的商贸据点，甚至成为他们货物的集散地。粟特商人并不总是由西向东，兴贩宝石香料，他们也以长安、武威等中原城市为基地，由东向西转运金银丝绢。不论向东还是向西，于阗、楼兰、龟兹、焉耆、高昌等等西域王国的都市，必然成为粟特人的驻足之地，这些西域王国也从粟特人操纵的丝路贸易中获得丰厚的利益。”②

吐鲁番出土有高昌国时期的《高昌内藏奏得称价钱账》，反映了在高昌地区进行贵金属、香料等贸易的双方，基本上是粟特人，也就是说，从西方来的粟特商人把大宗货物运到高昌，由高昌的粟特商人买下来，再分散或整批地运至河西或中原地区兴贩。英国学者辛姆斯－威廉姆斯（N. Sims-Williams）

---

① 参见荣新江：《从撒马尔干到长安——中古时期粟特人的迁徙与入居》，荣新江、张志清主编：《从撒马尔干到长安：粟特人在中国的文化遗迹》，北京图书馆出版社 2004 年版，第 4—5 页。

② 荣新江：《西域粟特移民补考》，引自殷晴：《丝绸之路与西域经济：12 世纪前新疆开发史稿》，中华书局 2007 年版，第 351 页。

据印度河上游中巴友好公路巴基斯坦一侧发现的粟特文岩刻题记，指出粟特人"不仅仅是粟特与中国之间贸易的担当者，也是中国与印度之间的贸易担当者，同时又是中国与北方游牧民族之间贸易的担当者。换句话说，粟特人实际上是中古时期丝绸之路贸易最重要的担当者。大概正是因为从北朝到隋唐，陆上丝绸之路的贸易几乎被粟特人垄断"①。

茫茫沙海，漫漫丝路，这些背井离乡的粟特人以及其他民族的商旅，自东而西，或自西而东，背负着中国人所创造的丝绸以及其他精美的物产，或是西域盛产的羊毛织品以及其他器皿银币，为东西民族互通着各自的物质文明成果，也带给人们异域的文化信息。而"粟特人的语言……是丝绸之路贸易中的通用语言"②。有学者非常形象地描绘了粟特人对东西方文化交流的作用："通过丝绸之路，古代世界得以沟通和交流，而中亚粟特人是东西文明的主要'搬运夫'。"③

但他们经历的却是一段长途跋涉的极为艰辛和充满风险的旅程。《汉书·西域传》说到这些商旅的险恶遭遇："驴畜负粮，须诸国禀食，得以自赡，国或贫小不能食，或桀黠不肯给，拥强汉之节，馁山谷之间，乞匄无所得，离一二旬则人畜弃捐旷野而不反。"除了自然环境的险恶之外，沿途还时常有盗匪出没，匈奴的劫掠，商旅贩客常常有被劫杀的危险。所以，长途贩运是一段极为艰险的旅程。为此，粟特人的贸易活动，都是以商队为单位集体，结伙而行，往往是数十人甚至数百人一道行动，并且拥有武装以自保。晋荀氏《灵鬼志》讲过一个西域胡商艰难的经商故事。商道上除了自然条件险恶之外，还有强盗、小偷之骚扰。而行者"鱼贯相连"，则反映出当时明商通常是以商队的形式组织集体贩运。

丝绸之路上的商队是一种民族成分多元化的混合型商队，有时商队的规模相当大。佛经中有 500 名商人遇盗的故事，反映的就是粟特商人旅途中所

---

① 荣新江：《从撒马尔干到长安——中古时期粟特人的迁徙与入居》，荣新江、张志清主编：《从撒马尔干到长安：粟特人在中国的文化遗迹》，北京图书馆出版社 2004 年版，第 5 页。

② ［英］吴芳思著，赵学工译：《丝绸之路 2000 年》，山东画报出版社 2008 年版，第51 页。

③ 王尚达：《唐代粟特人与中原商业贸易产生的社会作用和影响》，《西北民族研究》1995年第 1 期。

经历的情况。北齐天保四年（553），凉州刺史史宁俘获了一支由胡商240人、骆驼600头及杂彩丝绢以万计组成的非法商队。出土的安伽墓、史君墓，流失国外的Miho美术馆所藏北齐石棺床，青海郭里木吐蕃墓棺板画，有关于商队运营的场面，为我们提供了丰富的图像学资料。另外，吐鲁番出土的文书给我们提供了粟特人经商的详细情况，甚至在敦煌、龟兹等地的一些石窟中也常绘有与中亚、西亚商队有关的壁画。在出土的魏晋南北朝隋唐时期的北方墓葬中，常出土有骑驼或牵驼、牵马胡俑，还有载货驼俑、马俑、驴俑等一系列陶俑的组合，这些出土的大量胡人俑为我们描绘了丝绸之路上商业活动的繁荣景象，表现了墓主人对他们经商经历难以忘怀。

在东汉到唐末的数百年间，粟特商队是中国和中亚、中国和印度、中国和北方草原民族间贸易的主要承担者。从遥远的粟特故乡，到中国中原腹地，由于精心的准备和严密组织，粟特商人得以在丝绸之路上，维持了数百年的贸易往来。"作为丝绸之路上的商业民族，粟特人把东西方物质文化中的精粹，转运到相互需要的一方"①，通过商业活动这一纽带，粟特人客观上担当了中西之间文化交流使者的角色。日本学者羽田亨特别强调粟特人在东西方文化交流与传播上的作用。他说：

> 除了转运商品外，伴随着他们的文化也得到传播的机会。再有，以传播文化为目的的人，由于得到这些商人的援助，才能比较容易地从事这种艰难的旅行。他们的经商范围愈广，文化相互传播的范围也就愈大。他们的商业发达史也就是文化传播史。……他们作为文化传播者，也占有重要地位。②

9世纪以后，粟特商人所承担的丝绸之路贸易的职能，由回纥商人所取代，继续从事长途贩运的国际贸易。不过，"回纥商人"指的是回纥国的商人，这其中也包含了许多粟特人和汉人。在历史上的丝绸贸易中作出了巨大贡献的"粟特商人"，稍稍改变了身份，却仍然活跃在丝绸之路这条中西交流

---

① 荣新江：《从撒马尔干到长安——中古时期粟特人的迁徙与入居》，荣新江、张志清主编：《从撒马尔干到长安：粟特人在中国的文化遗迹》，北京图书馆出版社2004年版，第7页。

② ［日］羽田亨著，耿世民译：《西域文明史概论（外一种）》，中华书局2005年版，第125页。

的大道上。

2. 胡人在中原的活动

自汉开始，历经魏晋南北朝隋唐，胡商在中国的踪迹屡现于史籍。汉代有"商胡贩客"活跃于边境地方，内地亦"商贾胡貉，天下四会"，其中明确有"西域贾胡"，外国使团中也有被称作"行贾贱人"的商业经营者。除了商人以外，还有许多西域民族的人们陆续东行，到内地定居，形成了特殊的胡人群体。这里所说的"胡人"，主要是指西北地区诸民族，包括塔里木河流域于阗、龟兹、疏勒、鄯善等国，也包括中亚昭武九姓粟特人以及来自西亚的波斯人等。在这些胡人中，还有一些来自非洲的黑人。居延汉简著录了许多汉代流寓中国的黑皮肤西域人。据统计，46 枚汉简提到了黑皮肤的西域人，主要聚居于河西走廊。居延汉简中有一件过所文书，释文为："骊靬万岁里公乘儿仓，年卅，长七尺二寸，黑色，剑一，已入，牛车一辆。"由此可知，这些黑人是来自亚历山大里亚城的埃及人。

西域胡人进入中原早在两汉时期就已经开始了。根据文献记载，汉代，特别是东汉时期，有不少西域居民来到中原。其中有外交使节，《史记·大宛列传》说"西北外国使，更来更去"；有来自大月氏、印度等国的佛教僧人，他们在中国译经传教；还有大量的难民，到中国来寻求安身之地；更多的是商人，《后汉书·西域传》写道："驰命走驿，不绝于时月；商胡贩客，日款于塞下。"在北魏迁都洛阳后，以及在北齐和北周初期，又有大量的西域胡人再次进入中原。北朝是胡人入华规模比较大的时代，为盛唐时代的对外开放奠定了基础。

来到中原的西域胡人多数是从事商贸活动。从事长途国际贸易的粟特人在沿途设立聚落点，这些聚落点不仅分布在西域各处，而且在从中亚通往中国的沿途中，包括长安、洛阳和通往东北方面的河北道、河东道的驿道沿线的主要州属都市，有他们的聚居点。粟特人以自己建立的聚落为据点组成贸易网络，帮助来往于贸易网络中城镇的商人进行买卖活动。他们通过在中亚和中国腹地间建立起来的广泛的商业网，源源不断地将大量丝绸运往西域，把西域物产运往中国。荣新江指出，粟特人经过长时间的经营，在撒马尔罕和长安之间，甚至远到中国东北边境地带，逐渐形成了自己的贸易网络，在这个贸易网络的交汇点上，建立起殖民聚落，作为他们东西贸易的中转站。

从北朝时期开始，中央还专门设置"萨宝"这一官职，对胡人聚落进行管理。入华粟特商人进行贸易活动，必须持有政府所发的"过所"才能顺利进行。

粟特人的主要商业活动是从中原购买丝绸，而从西域运进体积小、价值高的珍宝，如瑟瑟、美玉、玛瑙、珍珠等，因此，粟特人以善于鉴别宝物著称。《南部新书》记长安"西市胡入贵蚌珠而贱蛇珠。蛇珠者，蛇之所出也，唯胡人辨之"。六畜也是粟特商人出售的主要商品，突厥汗国境内的粟特人主要承担着这种以畜易绢的互市活动。粟特商人还有高利贷者，除贷钱外还贷放绢帛，吐鲁番阿斯塔那 61 号墓出土文书中有一件《唐西州高昌县上安西都护府牒稿》，内容是汉人李绍谨借练于粟特胡曹禄山，拖欠未还，引起的一起经济诉案。此案李绍谨于弓月城一次借练 275 匹之多，可见粟特人资财之众，并以之牟利。又《册府元龟》卷九九九记长庆二年（824）"京师衣冠子弟"多"举蕃客本钱"，即借了粟特人的钱，偿还不起。由此可知，粟特人的商业活动包括丝绸、珠宝、珍玩、牲畜、奴隶、举息等，覆盖了一切重要商业领域，乃至"京师衣冠子弟"也不得不拜在他们的脚下。

西域胡人进入中原以后，有一部分在各政权中仕宦为官。如北魏时，归附的鄯善王鄯宠担任魏镇西将军，其子鄯视为平西将军，青、平、凉三州刺史。康婆的先祖在北魏孝文帝时归附，其祖、父先后担任北齐相府常侍、隋定州萨宝。有些胡商和他们的后代受到政府的重视，入朝为官。如《北史·安同传》记载："安同，辽东胡人也。其先祖曰世高，汉时以安息王侍子入洛。历魏至晋，避乱辽东，遂家焉。父屈，仕慕容。为苻坚所灭，屈友人公孙眷妹没入苻氏宫，出赐刘库仁为妻，库仁贵宠之。同随眷商贩，见道武有济世才，遂留奉侍。性端严明惠，好长者之言。登国初，道武征兵于慕容垂，同频使称旨。为外朝大人，与和跋等出入禁中，迭典庶事。"又如北齐长广王和士开，《北史·和士开传》记载："和士开字彦通，清都临漳人也。其先西域商胡，本姓素和氏。"他父亲就在北朝做官，"恭敏善事人，稍迁中书舍人"，一度当过仪州刺史。和士开得到齐世祖的宠幸，主持朝廷。"赠司空公、尚书左仆射、冀州刺史，谥文贞公。"北齐的另一位大臣安吐根也是胡人。他不满和士开的恶行，力劝皇上把他驱逐出朝廷。《北史·和士开传》记载："安吐根继进曰：'臣本商胡，得在诸贵行末，既受厚恩，岂敢惜死？不出士开，朝野不定。'"另外，还有一些胡人担负国家外交使命，充当朝廷使臣。

　　还有一些西域胡人，抱定自己的宗教信仰，到中原来传教。最初来中国传播佛教的外国僧人来自西域如月氏、罽宾、龟兹等国。他们"不吝乡邦，杖锡孤征，来臻中夏"。还有的胡人从事专门的文化艺术工作，如传播工艺、歌舞、乐器、绘画、雕刻等。

　　由于进入中国内地的胡商很多，并且已经深入到中国人的社会生活之中，所以在当时的文学作品中，有许多关于胡人、胡商的描写。蔡邕《短人赋》所写即域外人之后裔，其序云："侏儒短人，僬侥之后，出自外域，戎狄别种。去俗归义，慕化企踵，遂在中国，形貌有部。名之侏儒，生则象父。"由于西域人在中原地区人数不少，汉末人繁钦能通过观察分辨出各国人相貌的不同，他在《三胡赋》中说："莎车之胡，黄目深精，员耳狭颐；康居之胡，焦头折额，高辅陷口，眼无黑眸，颊无余肉；罽宾之胡，面象炙猬，顶如持囊，隔目赤眥，洞额仰鼻。"

　　宋刘敬叔《异苑》中描写了胡商有异于汉人的形象与习俗："胡道洽，自云广陵人，好音乐医术之事。体有臊气，常以名香自防，惟忌猛犬。自审死日，诫弟子曰：'气绝便殡，勿令狗见我尸也。'死于山阳，殡毕，觉棺空，即开看，不见尸体，时人咸谓狐也。"胡道洽，从其姓观之，即有胡人之嫌，"体有臊气"，这是白种人所特有的体味；音乐与医术，也正好是西域胡人的擅长，所以此人无疑是西域胡人。在这条记载中，我们可以看出西域胡商普遍具有的爱好与习俗。如佩戴香囊之特征，与胡人体味较重，佩戴香囊以驱秽有关，也与当时许多西域贾胡从事香料买卖有关。

　　在汉代的各类艺术品中，也可见到一些外国人的形象。例如在广州汉墓中，有一些随葬的陶俑灯座，陶俑的特征为深目高鼻，体毛发达，这些陶俑的特征同西亚和南洋群岛的人相似。1975 年，贵州兴义县、兴仁县发现了一批东汉时期的墓葬，其中一个墓出土了一件铜制的跪人灯，残高 26 厘米，跪在地上的人上半身袒露，手持灯插。头发卷曲，高鼻大眼，显然不是蒙古利亚人种。在云南晋宁石寨山的西汉中期 13 号墓中，出土了一件非常著名的"双人舞盘铜饰物"，上面的两个跳舞的男子深目高鼻，有研究者认为其"疑来源于西方"。高鼻深目的人物，也可见于汉代的壁画中。1971 年在河北安平清理了一座东汉末年的大型多室砖室墓，墓室右侧室西壁的壁画上，有一人深目高鼻，赤膊赤足，穿着黄色三角形短裤，举着双手，叉开两腿在表演。

在洛阳出土的北朝墓葬中，也发现不少胡人俑。如：北魏元邵墓出土的扶盾武士俑、扶剑武士俑、长衣俑与童俑，都是西域胡人形象，深目高鼻、卷发虬须，穿窄袖胡服，脚蹬胡靴，造型栩栩如生。该墓其中的两件"昆仑俑"头发卷曲，身体彪悍，似非洲人形象。又如洛阳邙山出土的北魏侯掌墓，有4件胡俑，高鼻深目，双目凝视，络腮胡，身着圆领窄袖长袍，束腰带，鞋尖微露，属典型的阿拉伯人形象。

3. 胡人带入中原的文化习俗

大量的西域人来到中国，深入到中国内地，与中国人交往生活，使许多西域文化元素传播到中国，深入到中国人的日常生活中，并且对中国文化的发展发生了一定的影响，有些西域文化元素被融入中华文化体系，成为中国文化的一部分。

西域传入的文化，有的是西域民族特有的文化。西域所处的地理位置，为世界上多种文化的交汇之地，他们的民族文化也受到印度文化、波斯文化乃至希腊文化的影响。所以，西域也成为印度文化、波斯文化和希腊文化向中国传播的桥梁。印度、波斯和希腊罗马文化向中国的传播，有3条道路：一条是海上丝绸之路，一条是西南丝绸之路，一条是经过西域的绿洲丝绸之路。在汉魏南北朝这一时期，主要还是经过西域陆路的绿洲丝绸之路。经由西域传播到中国的印度文化、波斯文化和希腊文化，有的是以原有的形式和内容传播过来的，有的则是经过西域各民族理解、加工和改造过的，还有的是受到它们影响的西域原生文化。这样，传播到中国的西域文化形成了比较复杂的情况。在本书的叙述中，明确属于印度文化、波斯文化和希腊文化的，将在相关章节中作介绍。但有些文化现象、文化元素，已经说不清楚其最终的来源，在这里就笼统地称为"西域文化"。

汉代以后，特别是魏晋南北朝时期，大量西域胡人进入中原，使得中华文明在其发展过程中在一定程度上显现出"胡化"的现象。他们所带来的异域文明与黄河流域的农耕文明发生融合，丰富了中华文明的内容，给中华文明的发展注入了新的活力。

东汉时期，胡人的进入使得当时的洛阳掀起一阵"胡风"。北朝时期，进入中原的形形色色的胡人，在一定程度上保持了其民族传统，将西域的风俗传统、文化艺术、生活方式等带到了中原，成为西域文化向中国传播的主要内容。如后赵政权的羯族是一个以西域胡人为首的民族共同体。从相貌上说，羯族的特征是深目、高鼻、多须，这是典型欧罗巴人种，是西域胡人的典型相貌之一。羯胡中多有西域胡姓，如石勒家族的姓氏为石姓，很有可能即是昭武九姓之一，表明其来自于石国。在中原建立政权以后，制定并实施了一系列重视西域文化的政策，提倡并弘扬西域文化，这使得西域文化的各种元素能较快地在中原流播。但与此同时，他们也开始受到中华文明的潜移默化，逐渐被"华化"。"胡化"与"华化"，是一个过程的两个方面，构成了以人为载体的文化交流的复杂景观。进入中原的胡人将他们的文化习俗带来，使中原社会生活渐染胡风，而他们在中原生活日久，向慕中华文化，逐渐华化。如果他们回国，也会把他们所了解、所学习的中华文化带回去。这样，往来在中西之间的各国人士，就成为中西文化交流的生命之桥。

如粟特人带来了他们独特的发式和服饰习俗。粟特人属剪发型民族。《魏书·西域传》记"康国丈夫剪发"，慧超《往五天竺国传》亦说"此中胡国并剪发"。波斯发型为剪发齐项，粟特人大约也是如此。《康国传》记其女子盘髻，然片治肯特壁画中少女发型则为梳五辫，左右各二，脑后一，妇人的盘髻也是由辫子盘梳而成，且面蒙黑巾。康国人还有以发油美发的习俗，杜环《经行记》记粟特人"以香油涂发"。粟特人一般穿白衣，慧琳《一切经音义》卷二一记载："西域俗人皆着白色衣。"玄奘也说："吉乃素服，凶则皂衣。"黑色乃丧服的颜色，忌服用。粟特人服装以窄袖紧身为特征，讲究突出身体线条，玄奘记其人"裳眼褊急"，刘正言诗云"胡衫双袖小"，就是这一特征的显现。粟特人的腰带特别讲究，有所谓万钉宝钿金带，即在革带上装饰各种珠宝，上佩刀剑，片治肯特壁画对此有生动描绘。下穿长筒革靴，便于跋涉风沙，舞伎则穿锦软靴，刘正言诗云"弄脚缤纷锦靴软"。此外还有软式拖鞋，粟特人在家似乎更喜欢穿这种鞋。

粟特人以麦面和羊肉为主食，慧琳《一切经音义》说："胡食者，即铧锣、烧饼、胡饼、搭纳等事。""铧锣"，即油焖大米饭，今名"抓饭"，是一种大米加羊肉、葡萄干混合制成的油焖饭。"烧饼"即今日维吾尔族食用的馕。"胡饼"则上加胡麻，类似今日的北京烧饼。葡萄酒是常备的佐餐饮料，盛在一种特殊的碗形酒器叵罗中，以金、银、铜等各种不同质料制成，岑参诗中有"交河美酒金叵罗"之语，所指就是这种酒器。此外还有奶酪、羌煮貊炙、胡烧肉、胡羹等都从西域传入中原地区。在汉代传入的诸种胡族食品到魏晋南北朝时，已逐渐在黄河流域普及开来，受到广大汉族人民的青睐，其中尤以"羌煮貊炙"的烹饪方法最为典型。所谓"羌煮"即为煮或涮羊、鹿肉；"貊炙"类似于烤全羊，《释名》卷四"释饮食"中说："貊炙，全体炙之，各自以刀割，出于胡貊之为也。"

西域人到中国以后，将他们本民族的饮食、娱乐、服饰等风俗文化带到中国，使与他们接触交往的汉地的人们了解了他们的文化传统和习俗。与此同时，传到中国的还有西域各民族的乐舞艺术、绘画雕刻艺术以及许多产自西域的植物、动物和物产，丰富了人们的生活，在人们当中引起了追求"胡风"的时尚。《后汉书·马援传》记载马援征武陵五溪蛮时，耿舒讥讽马援的用兵行动"类西域贾胡，到一处辄止"。可见此时"西域贾胡"已成常用习语，其行为习性也广为人知。

西域文化的传播，在汉灵帝时达到了高潮。据说汉灵帝非常热衷于西域艺术文化和民族风俗。《太平御览》记载，东汉灵帝好胡风，不仅喜欢中亚风情的装扮，还吃胡食，听胡乐。上有好者，下必甚焉，一时间，胡服、胡帐、胡床、胡饭、胡舞、胡箜篌大兴，蔚然成风，京师中的达官贵人纷纷仿效，乐此不疲。《后汉书·五行志》有东汉灵帝时期京城盛行胡风的记载："灵帝好胡服、胡帐、胡床、胡坐、胡饭、胡箜篌、胡笛、胡舞，京都贵戚皆竞为之。"

《晋书·五行志》记载："泰始之后，中国相尚用胡床貊槃，及为羌煮貊炙，贵人富室，必畜其器，吉享嘉会，皆以为先。太康中，又以毡为绲头及络带袴口。百姓相戏曰：'中国必为胡所破。'"晋武帝建国之初，中原的达官贵人就爱使用少数民族床和盥漱器皿，家中必备少数民族煮烤等烹调用具。宴请客人，首先上的是少数民族器具所盛的食物，这表明当时以使用少数民族器具和食用少数民族食品为时髦。接着又时兴起少数民族的毛毡，用毛毡作帕头（包头巾）以及衣带袴口。

十六国时期的后赵石虎大力提倡胡式服装。《邺中记》记载："季龙猎，着金缕织成合欢帽。""季龙"是石虎的字，他所穿的与中原天子打猎的服饰显然是不同的。金缕织成合欢帽乃是西域的一种服饰。"织成"是一种来自西域的名贵织物。据清代学者任大椿在《释缯》中的解释："不假他物为质，自然织就，故曰织成。"这是波斯锦的一种，《隋书·波斯列传》列举该国出产方物，已见"金缕织成"之名。《旧唐书·波斯列传》说："有巾帔，多用苏方青白色为之，两边缘以织成锦。"用"织成"作胡服的边饰，可缝于领沿、袖口，也有贴在上肩或下裾的。石虎对袴褶也有特别的爱好。《邺中记》对此的记载颇多，其中说："石虎猎，着金缕合欢袴。"又说："石虎皇后出，以女骑一千为卤簿。冬月皆着紫纶巾、蜀锦袴褶，腰中着金环参镂带，脚着五文织成靴。"五文织成靴应该是一种软靴，是西域服饰中与常服相配的一种通用款式。"石虎后出行，有女鼓吹，尚书官属，皆着锦袴，佩玉。"所谓袴褶，就是上服褶而下缚袴，其外不复用裘裳。此种服装属胡地传入。此名起于汉末，因为便于骑乘，所以成为军中之服。《晋书·舆服志》说："袴褶之制，未详所起，近世凡车驾亲戎、中外戒严服之。"魏晋至南北朝，上下通用，皆为军中及行旅之服。据王国维考证，汉末袴褶为将领之卑者及士卒之服。及魏文帝为魏太子时，驰骋田猎，亦照此服，自此通行于上下。尽管魏晋时这种服饰在中原地区已较流行，但毕竟不是常服，而以之施用于妇女，似是始于石虎。以妇女为鼓吹，并且穿袴褶，着靴子。这种服饰很快流行开来，尤其在北朝流传得更为广泛，成为常服、朝服，而北朝普通妇女也有穿袴褶的。

北魏时，中原人民的服饰从北方民族服饰中吸取了不少元素，如将衣服裁制得更加紧身，更加适体。到北齐时，胡服则成为社会上的普遍装束，绝大多数汉人喜欢穿胡服，不仅用于家居闲处，而且还用于礼见朝会，谒见皇帝。《资治通鉴·梁敬帝太平元年》记载："〔齐显祖〕或身自歌舞，尽日通宵，或散发胡服，杂衣锦彩。"《旧唐书·舆服志》记载："北朝则杂以戎夷之制。爰至北齐，有长帽短靴，合袴袄子，朱紫玄黄，各任所好，虽谒见君上，出入省寺，若非元正大会，一切通用。"

古代中国人长期以来形成低坐习惯，直到汉代，由于东西方的密切交往，我国才出现胡床等高型坐具的记载。由于坐胡床必须两脚垂地，这就改变了汉族传统跪坐的姿势。汉末，椅、凳等高坐家具进入了中原汉人的生活，渐被普遍使用。英国学者吴芳思认为，椅子是"经丝绸之路进口的一样令人惊异的东西，它改变了中国的服饰、建筑和生活习俗"①。各种各样高型坐具相继出现。《斯坦因西域考古记》记载新疆的尼雅城出土了一把汉代木椅（也有人认为它是一个柜子的下半部分），虽然它的座上部分已不存在，只有四条腿，但腿上有精美的四叶花纹，是典型的犍陀罗风格，从其形制与装饰来看，是典型的外来物。在佛教造像中较早的椅子形象是十六国时期敦煌雕塑中弥勒菩萨的坐具，他交脚坐于靠背椅上，双脚下均有圆形脚榻。较早的带有扶手的靠背椅造型还可见于敦煌北凉时期的 275 窟和北魏时期的 251 窟，但其扶手和靠背都很笨重，与后来的汉式木椅也不一样。从魏晋南北朝开始的家具新变化，到隋唐时期也走向高潮。这一方面表现为传统的床榻几案的高度继续增高；另一方面是新式的高足家具品种增多，椅子、桌子等已开始使用。李贺在诗歌《谢秀才有妾缟练，改从于人，秀才引留之不得，后生感忆。座人制诗嘲诮，贺复继四首》其四中有"邀人裁半袖，端坐据胡床"的句子。叶葱奇在"胡床"下面这样解释道："今之交床本自虏来，始名胡床，隋改交床，唐穆宗时又名绳床。"目前所知纪年明确的椅子形象，发现于西安唐玄宗时高力士哥哥高元王圭墓的墓室壁画中，时间为唐天宝十五年（756）。在敦煌的唐代壁画中，还发现了四足直立的桌子，壁画形象地刻画了人们在桌上切割食物。到五代时，这些新出现的家具日趋定型，在《韩熙载夜宴图》中，可以看到各种桌、椅、屏风和大床等室内陈设，图中人物完全摆脱了席地而食的旧俗。桌椅出现以后，人们围坐一桌进餐，改变了中原人席地跪坐的传统进食方式。

四　传入中国的西域物产（一）

1. "殊方异物，四面而至"

西域与中原的文化交流，首先的且主要的，是物产的交流。这是整个文

---

① ［英］吴芳思著，赵学工译：《丝绸之路 2000 年》，山东画报出版社 2008 年版，第 68 页。

化交流最初的、基本的方面。双方有对彼方物产的需求，进而产生了贸易活动，再进而有了交通、人员的接触和往来，有了相互的认识和了解，有了进一步的深层的文化接触和碰撞、传播与交流。所以，物质文化的交流是人类文化交流的基础部分。

　　物产，是天然出产和人工制造的物品，可以称作物质文明的代表。人类文明史上最古老也是最普遍的文明对话与互动现象正是以此为起点而发生的。

　　自古以来，存在于东西方各民族之间的物产交流，是人类文明对话最重要的内容之一，人类交往的需求普遍存在，互通有无是产生交往的基本原因。几千年物流绵延不绝，以物流为中心，形成了极为繁复的人类文明对话的历史现象，就此而言，古代东西方交往通道的形成源远流长，肇源于斯，并形成了影响东西方的一系列连锁反应。①

西域对中原出口的主要物品有金银器、宝石、玻璃器、香料、毛织品、珍稀动物，等等。物产往往是了解和想象异域绝国的第一媒介。这些绝域殊物的输入，不断地扩大着我们对远方异国的想象。在早期中国史书中，在记述与异族的交往和对异族的征服时，往往会提到所取得的物质成果。随着版图的扩大，不同民族的交往开始增加，对异族生活方式、物产的多样性的了解也越来越丰富。随着丝绸之路的开通，中西贸易往来十分频繁。当时"中国丝织品是各地最需要的，至少占中国出口商品的90%；剩下的10%包括肉桂、大黄和优质铁。作为回报，中国也得到了各种物产，如来自中亚的毛皮、毛织品、玉和牲畜，来自波罗的海的琥珀，来自罗马诸行省的玻璃、珊瑚、珍珠、亚麻布、羊毛织品和黄金。其中黄金占首位"②。

范文澜说汉代的对外贸易，"用黄金及丝织品与匈奴交换马、骡、驴、骆驼、兽皮、毛织物，与西羌交换璧玉、珊瑚、琉璃，与南蛮交换珠玑、犀象、翡翠。《盐铁论》说，中国出一端（二丈）素帛，得匈奴值几万钱的货物，

---

　　①　万明：《明代中外关系史论稿》，中国社会科学出版社 2011 年版，第 243 页。

　　②　［美］L. S. 斯塔夫里阿诺斯著，吴象婴、梁赤民译：《全球通史——1500 年以前的世界》，上海社会科学院出版社 1988 年版，第 183—184 页。

外国物产内流，中国利不外溢，是富国的良策"①。

在当时中国与西域的贸易中，丝绸是从东往西贩运的大宗商品。而从西向东，主要是西域乃至从地中海地区、波斯甚至印度转运到的各种特产。英国学者吴芳思指出：

> 粟特人把葡萄藤和苜蓿运到中国来喂养从费尔干纳进口的天马。他们还从绿洲城市高昌引入特种的马奶葡萄（在铅容器中用冰冷藏运输），从西方往中国贩卖奢饰品：对中国的银器工艺产生过巨大影响的波斯萨珊王朝的银器和玻璃器皿、来自叙利亚和巴比伦的念珠、来自波罗的海诸国的琥珀、来自地中海的珊瑚和铸造佛像的铜以及来自罗马的紫色羊毛布②。

美国学者拉铁摩尔也指出：当时中国与西域的"长期贸易主要是奢饰品的交换，丝（以后又有茶和瓷器）是中国的输出品。金、玉、良马，喀什以西的五金、葡萄干一类的珍味，奴隶、歌女、乐工等都输入中国"③。

在《史记·大宛列传》以及以后的中国史籍中，有不少关于西域诸国物产的记载。这些记载，有些是得自传闻，但大多数的物产已经传入中国了。所以，研究者很注意这些中国史籍中关于国外物产的记载，甚至把它们看做是国外输入中国的物产清单。日本学者长泽和俊指出："在《后汉书》和《三国志》中的大秦国的物产虽然极其丰富，但我感觉这是集中了传说中所有的西域珍品，估计其中的货物早在前汉时代就已传到了中国。"④

随着丝绸之路的开拓、发展和中西方经济文化的频繁交往，西域的安石榴、胡桃、苏合香、茉莉、酒杯藤子等植物和动物、矿物也相继传入中国。通过丝绸之路传入中国的货物有琉璃、地毯、毛织物、蓝宝石、宝石、象牙、金银器、玛瑙、琥珀、沉香，以及毛皮、良马、骆驼、狮子、鸵鸟等。

---

① 范文澜：《中国通史简编》（修订本）第2编，人民出版社1964年版，第69页。

② ［英］吴芳思著，赵学工译：《丝绸之路2000年》，山东画报出版社2008年版，第52—53页。

③ ［美］拉铁摩尔著，唐晓峰译：《中国的亚洲内陆边疆》，江苏人民出版社2005年版，第112页。

④ ［日］长泽和俊著，钟美珠译：《丝绸之路史研究》，天津古籍出版社1990年版，第56页。

由于和西域的交通畅达，往来人员频繁，各种西域物产和珍禽异兽传入中国，"其结果在长安开始流行珍视外国式样商品的异国趣味"①。《西都赋》说：汉武帝时，长安集中了四方奇物，"其中乃有九真之麟、大宛之马、黄支之犀、条支之鸟，逾昆仑，越巨海，殊方异类，至于三万里"。汉武帝的上林苑更是聚集了天下的奇珍异宝。《汉书·西域传》中有详细记载。

《三辅黄图》中说，汉武帝把搜集来的西域珍货用来进行装饰。其卷二记载："武帝为七宝床，杂宝案、侧宝屏风，列宝帐，设于桂宫，时人谓之四宝宫。"同书卷三还记载武帝的清凉殿，使用玉石来取凉，据说还赐董偃以玉晶。不仅宫廷盛行异国趣味，贵族宅邸也是如此。

在长安九市中，有专门经营西域商品的肆市店铺，和田美玉、埃及十色琉璃、罗马火浣布、印度琉璃马鞍、千涂的火齐屏风、琥珀、夜光璧、明月珠、珊瑚、琅玕、朱丹、青碧以及奇禽异兽等有在九市交易，"环货方至，鸟集鳞萃"。

2. 传入中国的西域纺织品

横贯中亚北部和伏尔加河流域的北道，沿途出产兽皮兽毛，日本学者白鸟库吉称之为"毛皮之路"。西伯利亚和乌拉尔地区的貂皮都集中在严国，成了毛皮的集散地。除貂皮以外，里海附近还有白狐青翰大量输入中国。沈福伟指出：

> 汉代通邑大都所设商店中就出售"狐貂裘千皮"，商人因此致富，比于"千乘之家"。②

还有大批产于西域的毛织品运到中国。草原民族对羊毛制品进行了开发和利用。大月氏、安息和大秦的毛织物从汉代开始源源不断地输入中国。汉初未央宫"温室以椒涂壁，被之文绣，香桂为柱，设火齐屏风，鸿羽帐，规定以罽宾氍毹"（《西凉杂记》）。西域的毛织品自古就是贡品，史书多有记载，称作氍毹、毾㲪。《说文》说："氍，氍毹、毾㲪，皆毡緂之属。"《通俗文》说："氍毹之细者名毾㲪。"

① ［日］长泽和俊著，钟美珠译：《丝绸之路史研究》，天津古籍出版社1990年版，第56页。
② 沈福伟：《中西文化交流史》（第2版），上海人民出版社2006年版，第57页。

在新疆的考古中陆续发现了许多毛织品。有学者对这些毛织品进行研究后认为，其中的普通毛织品是当地土产的，而高档毛织品则来自葱岭以西地区。这些外来的高档毛织品是在丝绸之路所经的遗址中发现的，主要有两大类：第一类是栽绒织物，其组织结构如地毯。按照栽绒织扣方法区分，此类毛织物可以分作三种：结吉奥狄斯扣，结生纳扣，结半环形扣。吉奥狄斯扣起源于现在土耳其的西部，生纳扣起源于伊朗的西北部，半环形扣的发源地则还不清楚。第二类是氍织物，其织造工艺为局部挖织花纹。这种氍织工艺的发祥地是小亚细亚，波斯语称其为"gilim"，汉代中文文献所说的毛织物"罽"很可能与此波斯语有关。新疆出土的外来毛织品并非来自一个产地，而是产自中亚、西亚以及地中海周围的不同地区。从这些毛织品的题材及风格上来看，有的是两河流域风格的狮形图案，有的则是希腊风格的马人图案。①

1984 年新疆洛浦县山普拉墓地 1 号墓中出土的一件彩色毛织壁挂，年代为公元 1—2 世纪。这件壁挂由 20 多种颜色的细毛线织成，是采用局部挖织法织成的氍织物。它被剪成 4 块，缝制成一条裤子。左裤腿上是一个倒置的武士像，右裤腿上有人首马身图案。复原后应为一块大型壁挂，右裤腿原是壁挂的上部分，左裤腿则为下部分。壁挂上部分的人首马身图案，实际上是希腊罗马神话中的马人。整幅图案洋溢着希腊艺术的风格："高耸的鼻梁几乎与额头垂直，飘动在肩头的兽（狮?）皮隐喻着勇敢，手中的号角象征着对自己荣誉的宣扬，马的四蹄也与中国传统摆法不同；马人四周的菱格图案，却带着西域韵味。"② 壁挂下部的武士右手握矛，立体感很强，具有希腊文化的特征。

1995 年，考古工作者在新疆尉犁县营盘遗址清理发掘了一个汉晋时代的大型墓地，获得文物约 400 件。出土的文物有来自中原的丝织品，也有产于中亚、西亚以及地中海地区的装饰品。其中属于东汉中晚期的 15 号墓的木棺外盖着一条长方形彩色狮纹栽绒毛毯，残长 312 厘米、宽 178 厘米。毛毯的

---

① 参见武敏：《新疆近年出土毛织品研究》，《西域研究》1994 年第 1 期，第 1—13 页；《从出土文物看唐以前新疆纺织业的发展》，《西域研究》1996 年第 2 期，第 5—14 页。

② 李吟屏：《洛普县山普拉古墓地出土缂毛裤图案马人考》，《文物》1990 年第 11 期，第 72—74 页。

主体是一头伏卧的雄狮，狮头侧视，神态和善，富于动感。整个毛毯充满西方艺术风格。墓主是一位身材高大的男性，身上穿着一件红地对人兽树纹罽袍。罽面上每一区由 6 组图案构成，每组图案之间则是长满果实的石榴树。第一、二、四、五组为人物，都是裸体男子，高鼻大眼，头发卷曲，是典型的欧罗巴人。他们两人一对，或持盾挥矛（剑），或单手刺击，栩栩如生。特别是他们的肌肉被夸张地隆起，更使画面充满力量与生气。第三组是牛，第六组为羊。这两组动物造型生动，姿态活泼。整幅图案把希腊艺术与中亚、西亚艺术有机地融合在一起。[①] 关于身穿此袍的墓主身份，墓地的发掘者认为："M15 不见墓地流行的木器、羊骨等为组合形式的随葬品。死者面罩面具、随葬冥衣、四肢缠帛等习俗也是独一无二的。墓主人服饰华丽，其外袍纹样带有浓厚的希腊化艺术风格。棺外覆盖具有异域特色的狮纹毯。15 号墓十分独特的资料，显示出墓主人生前特殊的身份。联系营盘在丝绸之路上的位置以及汉晋时期丝路沿线文化交流、贸易往来的历史背景，推测墓主人可能是一位来自西方从事贸易的富商。"[②]

在新疆，除了出土一些西来的毛织品外，还发现了一些外来的棉织品。1959 年，在新疆民丰县古尼雅遗址中发现的一座东汉晚期的墓葬中，出土了两块蓝白印花棉布的残片，这是我国目前所知的最早的棉布。其中有一块棉布中心部分已经缺失，只能见到半只赤裸的脚，一段狮尾。在它的左下角有一个 32 厘米见方的方框，框内画有一个半身女神像。女神胸怀袒露，侧身斜视，神情安详恬静，身后有圆形光环。她的颈上及臂上有装饰品，手中持有一个角状长筒容器，容器内盛满了果实。[③] 有学者认为这幅图案的主题本应是中亚与西亚风格的狮子，只是已经残缺了，图中的女神应是波斯女神。也有学者通过与贵霜王朝金币上的图案进行对比，认为棉布上的女神应是中亚的丰收女神阿尔多克洒（Ardochsho）。这样说来，我国的棉织品最早应是东汉

① 参见新疆文物考古研究所：《新疆尉犁县营盘墓地 15 号墓发掘简报》，《文物》1999 年第 1 期，第 4—16 页。

② 新疆文物考古研究所：《新疆尉犁县营盘墓地 15 号墓发掘简报》，《文物》1999 年第 1 期，第 16 页。

③ 参见新疆维吾尔自治区博物馆：《新疆民丰县北大沙漠中古遗址墓葬区东汉合葬墓清理简报》，《文物》1960 年第 6 期，第 9—12 页。

时期从贵霜传入的。

火浣布是丝绸之路上进行交流的物产之一。火浣布即用石棉纺织的布。早在西周时，可能就有火浣布的输入。《列子》记载："周穆王大征西戎，西戎献锟铻之剑、火浣之布。……火浣之布，浣之必投于火。布则火色，垢则布色，出火而振之，皓然凝乎雪。"到汉代中西交通开辟，多有西域进献火浣布的记载。《后汉书·西域传·大秦国》记载："作黄金涂、火浣布……凡外国诸珍异皆出焉。"此后，关于西域贡献火浣布的记载时常出现。《三国志·魏书》说，景初三年（239）二月，"西域重译献火浣布。"《晋书·苻坚传》称晋孝武帝太元六年（381），"天竺献火浣布"。《佛祖统记》称："和平六年，疏勒国遣使进佛袈裟，长二丈。帝命焚试之以示灵异，终日不燃。"

3. 传入中国的珍玉奇石

在传入中国的西域物产之中，还有玉石珠宝以及矿物等，或如时人所说的"珍玉奇石"，这样的奢饰品成为上层社会达官显贵们追捧的对象。

当时西域的玉石及玉器制作享有极高的声誉。中国文化中一直有以玉为贵的传统，早在新石器时代就开始了中国特有的玉石文化。商周之际，开始从西域地方输入和田玉，成为最受欢迎的玉石种类，当时由西域输入中原的玉石数量颇多，因此有学者提出了"玉石之路"的概念。张骞通西域之后，和田玉成为于阗王觐献中原王朝的重要方物，和田玉的输入数量远远超过先秦，在汉代的玉器中使用了大量的和田羊脂玉。起先于阗等地一直是向中原出口玉石原料，有记载说从6世纪中开始，于阗向中原王朝觐献用于阗玉雕琢的工艺品，实际上于阗的玉雕工艺品进入中原可能更早。《南史·于阗列传》记载："于阗者，西域之旧国也……大同七年，又献外国刻玉佛。"南朝的宫廷也用和田玉。《南齐书·皇后传》记载："永明元年，有司奏贵妃、淑妃并加金章紫绶，佩于阗玉。"另外，雕刻玉器的工匠也来到中原。

琅玕在先秦古籍中一直被当做是出产于西域的美玉。《尔雅·释地》说："西北之美者，有昆仑之墟，璆琳、琅玕焉。"《山海经·西山经》说："（槐江山）其上多青雄黄，多藏琅玕、黄金、玉。"曹植诗《美女篇》中写道："攘袖见素手，皓腕约金环。头上金爵钗，腰佩翠琅玕。"

西域出产的玛瑙工艺品是最受中原欢迎的贡物之一。《西京杂记》卷二记载：“武帝时，身毒国献连环羁，皆以白玉作之，玛瑙石为勒，白光琉璃为鞍。鞍在暗室中常照十余丈，如昼日。自是，长安始盛饰鞍马，竞加雕镂。”《通典·边防七》记载：“隋炀帝时，遣侍御史韦节、司隶从事杜行满使于西番诸国，至罽宾得玛瑙杯，王舍城得佛经，史国得十舞女、狮子皮、火鼠毛而还。帝复令裴矩于武威、张掖间，往来以引致之，皆啖于厚利，令转相讽谕。”

珊瑚是从丝绸之路进入中原的特产之一。法国学者布尔努瓦指出：地中海的红珊瑚，“在上古时代，无论是在东方还是西方，它在多方面都是无价之宝。人们认为它具有各种特殊功能……在西域、西藏和中国中原地区，也都把这种东西当做珍品，长期做药用”①。《汉书·西域传》称：珊瑚为罽宾所出。《魏书》《周书》《隋书》《新唐书》均说珊瑚出自于波斯或附近地区，《梁书·诸夷列传》并说波斯国“咸池生珊瑚树，长一二尺”。

鍮石是中国古代对黄铜的称谓。古代波斯盛产鍮石，《魏书·西域传》说：“波斯国……出金、银、鍮石。”《隋书·西域传》也说：波斯盛产“金刚、金、银、鍮石、铜、镔铁、锡……波斯每遣使贡献”。鍮石输入中国后，其工艺品很快成为贵族社会追求的时髦装饰品。唐元稹《估客乐》诗云：“鍮石打臂钏，糯米吹项璎。”在很长时间里，鍮石都是波斯输往中国的主要物产之一，一再出现在中国历代典籍中。

在当时皇室贵族的生活中，珍玉奇石被装饰在宫殿园囿，或者作为妇女身上的华丽装饰，总之是贵族豪奢生活的象征，在汉赋和诗歌中一再成为歌咏的对象。

4. 传入中国的西域植物

英国学者吴芳思说：“食品是经丝绸之路向中国进口的最重要的商品之一，因为它们大大丰富了中国人的餐桌。虽然一些食品仍然保留着显示其来源的名称……但是，让中国厨师感到吃惊的是，他们使用的一些基本的佐料当初就是从国外进口的，如芝麻、豌豆、洋葱、芫荽来自巴克特里亚，还有黄瓜等都是汉朝时从西方引入的。”②

---

① ［法］布尔努瓦著，耿昇译：《丝绸之路》，山东画报出版社2001年版，第49页。

② ［英］吴芳思著，赵学工译：《丝绸之路2000年》，山东画报出版社2008年版，第45页。

丝绸之路和南海交通开辟以来，有许多西域的奇花异草、名果异木通过不同的途径传入中国，在中国移植栽种。英国学者李约瑟说："许多为中国人所不知的天然物产这时也输入了，例如改良的马种、西方来的紫花苜蓿、南方和西南方来的柑橘、柠檬、槟榔和荔枝。此外，还有来自和阗以及可能来自缅甸的翠玉。"①

中原王朝对引进西域植物采取积极的态度。《三辅黄图》卷四记载，汉武帝修上林苑，"群臣远方，各献名果异卉三千余种植其中，亦有制其美名，以标奇异"。《西京杂记》记载，上林苑栽植奇花异木 2000 余种。《三辅黄图》则说是 3000 余种。据冯广平等所著《秦汉上林苑植物图考》一书介绍，现存各种文献载有上林苑植物名称 264 个，从中释出 61 科 94 属 116 种植物，包括蕨类 1 科 1 属 1 种、裸子植物 4 科 6 属 6 种、被子植物 56 科 87 属 109 种。②

自西汉至南北朝，从西域移植的有安石榴、苜蓿、葡萄、玉门枣、胡桃，还有胡麻、胡豆、胡荽、胡蒜、酒杯藤等。还有出自瀚海北、能耐严寒的瀚海梨，"霜下可食"的霜桃等。汉武帝元鼎六年（前 111）平定南越后，从南方引进了许多亚热带植物，种植于上林苑中。《三辅黄图》记载，在上林苑的扶荔宫中，从南方亚热带地区移植的奇花异木有："菖蒲百本，山姜十本，甘蕉十二本，留求子十本，桂百本，蜜香、指甲花百本，龙眼、荔枝、槟榔、橄榄、千岁子、甘橘皆百余本。上木，南北异宜；岁时多枯瘁。荔枝自交趾移植百株于庭，无一生者，连年犹移植不息。后数岁，偶一株稍茂，终无华实，帝亦珍惜之。"

到魏晋南北朝时，引进西域植物仍然很积极。十六国时的后赵石虎为了引种这些中原本无的植物，围起苑囿，运来土壤，并引水浇灌，以期创造适宜珍贵果种的生长条件。在此苑囿中，栽种了不少中原本无的名果。《邺中记》记载："华林苑在邺城东二里，石虎使尚书张群发近郡男女十六万人，车万乘，运土筑华林苑，周回数十里，又筑长墙数十里。张群以烛夜作，起三

---

① ［英］李约瑟，袁翰青译：《中国科学技术史》第 1 卷，科学出版社和上海古籍出版社 1990 年版，第 114 页。

② 参见冯广平等：《秦汉上林苑植物图考》，科学出版社 2012 年版。

观四门，又凿北城，引漳水于华林苑。虎于苑中种众果，民间有名果。"

石虎甚至还做了一辆大车作为培植这些作物的试验田："虎作虾蟆车，箱阔一丈，深一丈，四抟掘根面去一丈，深一丈合土载之，植之无不生。"《邺中记》还记载："石虎园中有西王母枣，冬夏有叶，九月生花，十二月乃熟，三子一尺。又有羊角枣，亦三子一尺。"又说："石虎苑中有勾鼻桃，重二斤。""石虎苑中有安石榴，子大如惋盏，其味不酸。"

综合各种史籍文献的记载，可知汉至南北朝时传入中国的西域植物主要有以下诸种：

（1）苜蓿。苜蓿是苜蓿属植物的通称，俗称"金花菜"，其中最著名的是作为牧草的紫花苜蓿。苜蓿以"牧草之王"著称，耐旱、耐盐碱，产量高，草质优良，各种畜禽均喜食。汉将军李广利从大宛带回苜蓿后，在长安宫殿旁栽培，以后在中原推广，成为我国的主要牧草。《史记·大宛列传》说：大宛"马嗜苜蓿。汉使取其实来，于是天子始种苜蓿、蒲陶肥饶地。及天马多，外国使来众，则离宫别观旁尽种蒲萄、苜蓿极望"。《西京杂记》卷一说：长安"乐游苑自生玫瑰树，树下有苜蓿。苜蓿一名怀风。时人或谓之光风。风在其间常萧萧然。日照其花有光采。故名苜蓿为怀风。茂陵人谓之连枝草"。据认为"金菜花"还有药用价值，《名医别录》就有收录。

（2）胡麻。胡麻俗称芝麻、油麻。《太平御览》卷八四一引《本草经》说："张骞使外国得胡麻豆。"沈括《梦溪笔谈》说："张骞自大苑（宛）得油麻之种，亦谓之麻，故以胡麻别之。"实际上胡麻传入中国的时间可能更早。中国人很早就掌握了胡麻的种植时令和收藏方法，据北魏时的《齐民要术》记载，芝麻已有大田栽培。胡麻还被方士们视为长生食物，中医也多以胡麻入药。

（3）胡桃，即核桃。原产于波斯北部和俾路支，前 10 世纪传往亚洲西部、地中海沿岸国家及印度。西晋张华编撰的《博物志》记载："张骞使西域还，乃得胡桃种。"《西京杂记》卷一记载：汉武帝时，上林苑始种胡桃，"胡桃，出西域，甘美可食"。因此果外有青皮肉包裹，其形如桃，故曰胡桃。此果果肉油润香美，十分珍稀名贵，仅作贡品供皇上食用，故古时称其为"万岁子"。李白有《白胡桃》诗云："红罗袖里分明见，白玉盘中看却无。疑是老僧休念诵，腕前推下水晶珠。"

（4）胡豆，包括蚕豆、豌豆、野豌豆，是从波斯和中亚传入的。《太平御览》记载，张骞使西域，得胡豆种归，公署人仍呼此为胡豆。

（5）胡瓜，即黄瓜。十六国时后赵皇帝石勒忌讳"胡"字，汉臣襄国郡守樊坦将其改称为"黄瓜"。樊坦说："紫案佳肴，银杯绿茶，金樽甘露，玉盘黄瓜。"

（6）胡荽，即香菜，为伞形科芫荽属一年生草本植物。原产地为地中海沿岸及中亚地区。晋陆翙《邺中记》说："石勒讳胡，胡物皆改名，名胡饼曰麻饼，胡荽曰香荽。"《说文解字》记载："荽作葰，可以香口也。其茎柔叶细而根多须，绥绥然也。张骞使西域始得种归，故名胡荽。荽，乃茎叶布散貌。石勒讳胡，故晋地称为香荽。"

（7）胡蒜，即大蒜。晋张华《博物志》记载："张骞使西域还，得大蒜……胡荽。"贾思勰《齐民要术》称大蒜为张骞出使西域时所得，又称"胡蒜"。

（8）酒杯藤。晋崔豹《古今注·草木》说："酒杯藤，出西域，藤大如臂，叶似葛，花、实如梧桐，实花坚，皆可以酌酒，自有文章，暎彻可爱。实大如指，味如豆蔻，香美消酒，土人提酒来至藤下，摘花酌酒，仍以实销酲。国人宝之，不传中土。张骞出大宛得之。"《续博物志》记载：西域民族用它的果壳做酒杯，故称"酒杯藤"。

（9）石榴，又名安石榴。原产于伊朗、阿富汗、印度北部及俄罗斯南部，已有 5000 年的栽培历史，其果实为鲜食佳品，石榴皮、石榴花、石榴根均可入药。最早记载石榴的是东汉中叶李尤《德阳殿赋》，赋中说德阳殿的庭院中"葡桃安若，曼延蒙笼"。曹植《弃妻》说："石榴植前庭，绿叶摇缥青。"晋张华《博物志》记载："汉张骞出使西域，得涂林安石国榴种以归，故名安石榴。"元稹《感石榴二十韵》说："何年安石国，万里贡榴花。迢递河源道，因依汉使搓。"

以上这些植物引入中国，都归到张骞的名下。实际上可能是在那个时代或更早时期这些植物就已经传入中国。美籍德国学者劳费尔（Berthold Laufer）《中国伊朗编》一书对这种将植物移植一律归功于张骞的说法进行过辨正。李约瑟也认为，这些植物是在 3 到 7 世纪之间的不同时期传入的。[1] 但

---

① 参见［英］李约瑟著，袁翰青译：《中国科学技术史》第 1 卷，科学出版社和上海古籍出版社 1990 年版，第 180 页。

是这些说法也说明了一个事实，就是张骞通西域，确实为西域的物产包括动植物源源不断地传入中国创造了条件。

（10）儿茶。维吾尔语称"卡梯印度"，是豆科金合欢属的植物，有清热生津、化痰止咳、收敛止血、安神镇痛的功效。原产于印度，经丝绸之路传入塔里木盆地。至今维吾尔医药学中尚有此名。

（11）小茴香。原产地中海地区，维吾尔语称"阿拉伯白迪安"，最初从阿拉伯传入。《救荒本草》记载："今处处有之，人家园圃多种，苗高三四尺，茎粗如笔管，旁有淡黄袴叶，拚茎而生。袴叶上发生青色细叶，似细蓬叶而长，极疏细如丝发状。袴叶间分生叉枝，梢头开花，花头如伞盖，结子如莳萝子，微大而长，亦有线瓣。采苗叶炸熟，换水淘净，油盐调食。"

（12）巴旦木，又名扁桃、偏核桃、巴旦杏、八担杏，属蔷薇科，李属落叶乔木，树高3—5米，叶、花和果实与桃相似。果核肥大，核仁为高级补品，果肉不可食。巴旦木是"Badam"一词的音译，起源于波斯语，表示"内核"的意思。段成式《酉阳杂俎》称"偏桃"出波斯国，波斯国呼为"婆淡树"，"其肉苦涩不可啖，核中仁甘甜。西域诸国并珍之"。

（13）无花果，又名阿驿、天仙果，波斯语称之为"anjir"，梵语称"anjira"。为桑科无花果亚属的落叶乔木，叶掌状，3—5裂，果实呈扁圆形。段成式《酉阳杂俎》记载："无花果亦名'阿驿'，波斯国呼为'阿驲'；拂菻呼为'底珍'。树长丈四五，枝叶繁茂。叶有五出，似椑麻，无花而实。实赤色，类椑子，味似甘柿，一月一熟。"

（14）无食子，又名没食子、墨石、没石、摩贼等，以灰绿色、质重无孔、下沉于水者为上品。原产于小亚细亚、叙利亚及波斯各国，隋朝时传入中国。《酉阳杂俎》称："波斯呼为摩贼树，长六七丈，围八九尺，叶似桃叶而长。三月开花，白色，花心微红，子圆如弹丸。初青，熟乃黄白。虫食成孔者正熟，皮无孔者入药用。"

（15）胡萝卜，原产于亚洲西南部，阿富汗为最早驯化中心，栽培历史在2000年以上。胡萝卜传入中国比较晚，大概是在元代才传入的。《本草纲目》说："元时始自胡地来，气味微似萝卜，故名。"

（16）红兰花，一年生草本植物，原产于非洲。晋张华《博物志》称中原的红花是"张骞得种于西域，今魏地亦种之。花下作多刺，花出大。其花曝干，以染真红，又作胭脂"。

（17）番红花，又称藏红花、西红花，是一种鸢尾科番红花属的多年生花卉，也是一种常见的香料。是西南亚原生种，最早在希腊进行人工栽培，主要分布在欧洲、地中海及中亚等地。据说也是由张骞传入中国的。

（18）西王母枣。《史记·封禅书》记载：李少君对汉武帝说："臣尝游海上，见安期生，安期生食巨枣。"《西京杂记》记载："弱枝枣、玉门枣、西王母枣、青花枣、赤心枣。"这种枣应该也出自西域，北魏杨炫之《洛阳伽蓝记》说："景阳山南，有百果园……有仙人枣，长五寸，把之两头俱出，核细如针，霜降乃熟，食之甚美。俗传云出昆仑山，一曰西王母枣。"

（19）奈，俗称沙果、花红、甜子、红果等。曹植《谢赐奈表》写道："即日殿中虎贲宣诏，赐臣等冬奈一奁，诏使温啖。夜非食时，而赐见及，奈以夏熟，今则冬至。物以非时为珍，恩以绝口为厚，实非臣等所宜荷之。"

（20）耶悉茗花。晋嵇含《南方草木状》卷上记载："耶悉茗花，末利花，皆胡人自西国移植于南海，南人怜其芳香，竞植之。陆贾《南越行纪》曰：'南越之境，五谷无味，百花不香。此二花特芳香，缘自胡国移至，不随水土而变，与夫橘北为枳异矣。'彼之女子以彩丝穿花心，以为首饰。"

（21）葡萄。在从西域引进的植物中，最引人瞩目的是葡萄，"空见蒲桃入汉家"。葡萄是当今世界上许多国家人民喜爱、常吃的水果之一。葡萄酒也是世界上年代最长、产量最大、品质最优的果酒品种。

唐代诗人李颀的《古从军行》写道：

> 白日登山望烽火，黄昏饮马傍交河。
> 行人刁斗风沙暗，公主琵琶幽怨多。
> 野云万里无城郭，雨雪纷纷连大漠。
> 胡雁哀鸣夜夜飞，胡儿眼泪双双落。
> 闻道玉门犹被遮，应将性命逐轻车。
> 年年战骨埋荒外，空见蒲桃入汉家。

李颀的这首诗表达的意思是不赞成汉武帝驱逐匈奴。在他说的汉武帝战果之中，只列出"蒲桃"即葡萄一项，可见在当时人们心目中，引入的西域物产中葡萄具有极高的地位。

考古资料证实，世界上最早栽培葡萄的地区是里海和黑海之间及其南岸地区，大约在 7000 年以前，南高加索、中亚细亚、叙利亚、伊拉克等地区已开始栽培葡萄。波斯是最早用葡萄酿酒的国家。20 世纪 90 年代中期，考古学家在伊朗北部扎格罗斯山脉的一个新石器时代晚期聚落遗址里，发掘出一个罐子，年代为前 5415 年，其中有残余的葡萄酒和防止葡萄酒变成醋的树脂。古埃及也是最早栽培葡萄和用葡萄酿酒的古国之一，在埃及著名的 phtah-Hotep 古墓里发现了一幅距今 6000 年以上的壁画，上面清楚地描绘了古埃及人栽培、采收葡萄和酿造葡萄酒的情形。在古埃及第一、二王朝的陵墓中发现有"王家葡萄园印章"和许多完整或破碎的酒具，有些酒具的黏土塞上的印记，还提到王家葡萄园的名称和管理它们的官员的称号，说明在前 3000 年至前 2700 年时期，古埃及已经种植葡萄和用葡萄酿酒了。

有学者认为，亚历山大东征把希腊文明带入中亚，从此种植葡萄、酿造葡萄酒和酒神崇拜开始在粟特人中流传。据罗念生考证，汉时"蒲萄"二字发音，直接源于希腊文"Botrytis"。劳费尔在《中国伊朗篇》里认为"葡萄"一词是波斯语"Budawa"的对音，而中亚粟特语里的意思是"藤蔓"。但西域栽培葡萄的历史可能更早。斯坦因在《西域考古记》中描述了在尼雅古城（前 1 世纪至 3 世纪）发现民居院落外有整齐成片的葡萄园遗址。另外，1959 年新疆博物馆南疆考察队，以及 1988—1996 年中日合作的尼雅遗址考察，在古墓出土的文物中发现成串葡萄花纹的饰物，以及容器内干缩了的葡萄。根据[14]C 技术测定，此墓地距今 2295 ± 75 年。可以推断，在前 1 世纪至 3 世纪的古精绝国已经有相当规模的葡萄栽培。在 2003 年进行的新疆吐鲁番鄯善县洋海墓地的考古发掘中，考古人员从约 2500 年前的一座墓穴中发掘出一株葡萄标本。新疆考古所专家认定它属于圆果紫葡萄的植株，其实物为葡萄藤，全长 1.15 米、每节长 11 厘米、扁宽 2.3 厘米，这是新疆考古中发现最早的有关葡萄种植的实物标本。

在汉代之前，已经有关于葡萄的记载。《神农本草经》记载葡萄"益气倍力强志，令人肥健，耐饥忍风寒，久食轻身不老延年"。成于汉之前的医书中记载了葡萄的性能和药效，说明中国葡萄应该早就开始种植了。

中国葡萄种植业的正式开始，通常认为是在汉武帝时期。《太平御览》据《汉书·西域传》记载说，汉武帝时期，贰师将军李广利征服大宛，携葡萄种归汉。"离宫别观傍尽种蒲萄"，可见汉武帝对此事的重视，并且葡萄的种植达到了一定的规模。因此，可以把《汉书·西域传》中的记述看做是关于葡萄正式传入汉土并被种植于朝廷所有的土地上的最早记录。

葡萄被引进以后，就受到人们的喜爱。北朝时，葡萄多在长安、洛阳和邺城这三个政治中心种植，并且已经有了一定的规模。到唐朝时，葡萄开始得到广泛种植。唐太宗在长安百亩禁苑中，辟有两个葡萄园。著名园丁郭橐驼为种葡萄发明了"稻米液溉其根法"，记载在他的《种树书》里，一时汉地风行。长安原来有个皇家葡萄园，后来改作光宅寺，寺中有普贤堂，因尉迟乙僧所绘的于阗风格壁画而闻名。段成式在《寺塔记·光宅坊光宅寺》中记载："普贤堂本天后梳洗堂，蒲萄垂实，则幸此堂。"

葡萄的品种，《广志》只从颜色上分为黄、白、黑3种，到唐代，马乳葡萄频繁见于记载。另外还有被称为"龙珠"的圆葡萄。杜甫的诗句"一县蒲萄熟"反映了葡萄种植已经十分普遍。刘禹锡、韩愈的《葡萄歌》对葡萄的栽种、管理、收获、加工有细致的描写。

此外，大葱原产于西伯利亚，大约在东晋时期通过西域传入中国；另一种重要的作物高粱（非洲高粱），也是在4世纪前后从非洲经印度传入中国。

这些植物传入中国后，丰富了作物品种和种类，经过中国人民千百年来的种植、选育，成为中国蔬菜、水果、油料等农业作物的重要组成部分，对中国农业、畜牧业等产生了深远影响，也改变了我国的饮食结构，极大地丰富了中国人的饮食文化。据有关统计，在周代，见于文献记载的人工栽培蔬菜大致有韭、芸、瓜、瓠、葑等有限的几种。《诗经》里提到了132种植物，其中只有20余种用作蔬菜，而且有一些早已经退出了蔬菜领域。而在汉代，由于域外植物的引进，栽培蔬菜有20多种，在《齐民要术》中记载了栽培蔬菜的方法30多种。成书于唐末的《四时纂要》按月讨论了瓜、茄、葵、蔓菁、萝卜等35种蔬菜的栽培方法。有学者统计，今天我们日常吃的蔬菜有160多种，在比较常见的百余种蔬菜中，汉地原产和从域外引入的大约各占一半。

5. 传入中国的西域香料

人类使用天然香料的历史久远，中国用香的历史可追溯到商周时期。宋人丁谓在《天香传》中说："香之为用从上古矣。所以奉神明，可以达蠲洁。三代禋享，首惟馨之荐，而沉水、熏陆无闻焉。百家传记萃众芳之美，而萧芗郁鬯不尊焉。"春秋时期用香已经比较普遍，《诗经》记载的植物中具有芳香气味的 30 多种，这可以看做是中国用香的最早记录。由于中土气候温凉，不太适宜香料植物的生长，所用香木香草的种类不如后世繁多。那时所使用的香木香草种类主要有泽兰、蕙兰、椒树、桂树、艾蒿、郁金、白芷、香茅等。人们对香木香草的使用方法已非常丰富，有熏烧（如蕙草、艾蒿）、佩戴（香囊、香花香草）、煮汤（泽兰）、熬膏（兰膏）、入酒等方法，《诗经》《尚书》《礼记》《周礼》《左传》及《山海经》等典籍都有很多相关记述。相传孔子在从卫国返回鲁国的途中，于幽谷之中见香兰独茂，不禁喟叹："兰，当为王者香，今乃独茂，与众草为伍！"遂停车抚琴，成《漪兰》之曲。屈原在《离骚》中说"既替余以蕙纕兮，又申之以揽茝"，在《九歌》中说"浴兰汤兮沐芳，华采衣兮若英"，描写的是用香。

汉通西域之后，东南亚、南亚及欧洲的许多香料陆续传入了中国。古籍中有不少关于输入香料及使用香料的记载。汉武帝时，月氏国曾派使臣渡过弱水，向汉朝贡返魂香。《汉武内传》记载："返魂树状如枫、柏，花叶香闻百里。采其根于釜中水煮取汁，炼之加漆，乃香成也，其名有六：曰返魂、惊精、回生、振灵、马精、却死。凡有疫死者，烧豆许熏之再活，故名返魂香。"郭宪《洞冥记》记载："元鼎五年，郅支国贡马肝石百斤。常以水银养之，内之柜中，金泥封其上。……如今之马肝舂碎以和九转之丹，服之弥年不饥渴也。"班固在给其弟班超的书信中说："窦侍中令载杂丝七百尺，市月氏马、苏合香。"可知当时香药是丝绸之路中外贸易的主要商品之一。

在中国古代的对外贸易中，香料一直是进口的大宗货物。这种情况从汉代开始，一直持续到明清时期，可以说贯穿于整个中国对外贸易史。进口香料的种类也比较多，有植物类、动物类和矿物类，其产地遍布中亚、西亚、印度、东南亚和非洲等地。其用途也十分广泛，除了被大量应用于药物外，在日常生活中，香料也被用于多种用途，特别是佛教、道教等宗教活动仪式，有用香的传统。从汉代以后，乃至唐宋时期，用香、识香乃至收藏香料成为许多人日常生活的组成部分，因而在中国形成了内容丰富的香文化。可以说，中国的香文化是大规模的海外贸易、大规模的香料进口催生的一种文化形式和文化传统。

自然界中的香料大多存在于动物界与植物界。植物性香料的分布最为广泛，大体上是以亚热带地区为中心产地，种类繁多，采集也比较容易，大多采自于花、草、树木。例如：蔷薇、茉莉、水仙、风信子、紫罗兰等采自鲜花；佛手柑、柠檬、橘子等采自果皮；樟脑、白檀、沉香等采自树木枝干；龙脑采自树脂。其他尚有丁香、肉桂、胡椒、茴香等，则或采自树皮，或采自果实种子。动物性香料主要有 4 种：麝香，产于云南、缅甸、喜马拉雅地区；麝猫香，产于埃塞俄比亚；海狸香，产于北美洲；龙涎香，产于印度洋、太平洋。前 3 种为动物的生殖腺所分泌，龙涎香则采自真甲鲸体内类似病体的结石组织。

汉魏南北朝时期从西域传入中原的香料，有印度的胡椒和姜，阿拉伯的乳香，索马里的没药、芦荟、苏合香、安息香，北非的迷迭香，东非的紫檀等。

（1）芸香，最早产于地中海沿岸地区，西汉时引入我国。因其散发出的香味能杀死书的蠹虫，古代的读书人常在书籍中放置芸香草来避蠹驱虫，飘散出的缕缕香气称为"书香"。

（2）龙脑香，由龙脑树干经蒸馏析出的白色晶体，具有类似樟脑的香气，或称冰片，古人谓之"龙脑"以示其珍贵。段成式《酉阳杂俎》卷一八说龙脑香又名"固布婆律"，婆律是龙脑的主要产地，位于苏门答腊岛南海岸。"其树有肥有瘠，瘠者出龙脑香，肥者出婆律膏。香在木心中。波斯断其树，剪取之，其膏于树端流出，研树作坎而承之。入药用有别法。"按此文说，固布婆律树，有肥沃的，也有贫瘠的，肥沃的产出为婆律膏，贫瘠的产出为龙脑香。

在古代，龙脑树只生长在赤道到北纬 5 度的地区，如苏门答腊、加里曼丹、马来半岛和婆罗洲等地近海的密林中。在佛教仪式里，龙脑既是礼佛的上等供品，也是"浴佛"的主要香料之一，还被列入密宗的"五香"（沉香、檀香、丁香、郁金香、龙脑香）。龙脑香在汉代已经传入中国，《史记·货殖列传》说："番禺亦其一都会也。珠玑、犀、玳瑁、果布之凑。"其中"果布"为马来语的音译，即"龙脑"。李贺诗中提到龙脑香："青骢马肥金鞍光，龙脑入缕罗衫香。美人狭坐飞琼觞，贫人唤云天上郎。"

（3）乳香，是一种小乔木，主产于红海沿岸，即阿拉伯语中的 luban，茎皮渗出的树脂凝固后就是乳香。《梦溪笔谈》记载："熏陆，即乳香也。本名熏陆，以其滴下如乳头者，谓之乳头香；熔塌在地上者，谓之塌香。如腊茶之有滴乳、白乳之品，岂可各是一物？"乳香在古代主要出自大秦，印度、波斯也有出产，据说真正生产乳香的地区是南阿拉伯的哈德拉茂，可能是经罗马商人传入中国南方沿海地区的。1983 年广州南越王墓西耳室出土的一个漆盒内就发现有乳香，呈树脂状。乳香是应用极广的香料，可以用作熏香、调料，还可以用于活血止痛药。中国医家使用乳香最早见于南朝梁，以为有"疗主风水毒肿，去恶气……疗见瘾疹痒毒"的功效。

（4）没药（末药），为橄榄科植物没药树的胶树脂。李时珍《本草纲目》卷三四说："没、末皆梵言。"近人以为是阿拉伯语"murr"的音译。没药香气浓郁，有散血去瘀、消肿止痛之功效。最早提及此药的是徐表于 5 世纪时所著的《南洲记》。李珣《海药本草》引此书说："是波斯松脂也。状如神香，赤黑色。"段成式《酉阳杂俎》卷一八说："没树出波斯国，拂林呼为阿縒。长一丈许，皮青白色，叶似槐叶而大，花似橘花而大。子黑色，大如山茱萸。其味酸甜可食。"

（5）芦荟，主产于非洲热带干旱地区，叶汁浓缩干燥后形成块状物，中药将其入药，功能为泻下、清热、杀虫，主热结便秘、虫积腹痛等症。《本草纲目》卷三四引李珣《海药本草》说："卢会生波斯国，状似黑肠，乃树脂也。"可以推断，当时中国所使用的芦荟是从欧洲传来的、将汁熬干形成的块状物。宋苏颂《图经本草》说："今惟广州有来者。"系经海上丝绸之路由波斯商人传入中国。

（6）苏合香，是用途很广的香料，提炼于一种金缕梅科野茉莉属落叶乔木植物的树脂，又有一说是从高阿打枫树枝干上流出的树胶中提取的，产于小亚细亚、叙利亚等地。苏合是希腊语"sturaz"的音译，苏合香油即"storax"油。汉代对苏合香已有较多的了解，并应用于宫廷。《后汉书·西域传》

中有"合会诸香，煎其汁，以为苏合"的记载。《梁书·诸夷列传》载扶南国于天监"十八年，复遣使送天竺旃檀瑞像、婆罗树叶，并献火齐珠、郁金、苏合等香"。此物也用于熏香，梁孝元帝《香炉铭》说："苏合氤氲，非烟若云；时浓更薄，乍聚还分。"苏合香对醒脑开窍有奇效，又能清热止痛，作外敷药。此外，苏合还可以当上等的防腐剂。

（7）安息香，是从香树切口处流出的树脂凝固而成，中国原从波斯商人手中购买此香，后来改从东南亚购进，所以李珣《海药本草》说它生于"南海波斯国"。赵汝适《诸番志》说："出三佛齐国。"段成式《酉阳杂俎》卷一八说："安息香树出波斯国，波斯呼为辟邪树。长三丈，皮色黄黑，叶有四角，经岁不凋。二月开花，黄色，花心微碧，不结实。刻其树皮，共胶如饴，名安息香。六七月坚凝，乃取之。烧之通神明，辟众恶。"实际上安息香的主要产地是非洲的索马里，因为是波斯商人贩运的，所以叫安息香。

（8）迷迭香，原产于地中海沿岸，属于常绿的灌木，夏天会开出蓝色的小花，如小水滴般。在埃及的古墓中，发现迷迭香的残余。曹丕《迷迭香赋序》说："余种迷迭于庭之中，嘉其扬条吐香，馥有令芳，乃为赋。"赋中说："越万里而来征。"曹植、陈琳、应玚等皆有同题之作，可见它很受当时贵族和文人喜爱。

（9）郁金香，原产地中海南北沿岸及中亚细亚和伊朗、土耳其。许慎《说文解字》释"郁"曰"芳草也"，"远方郁人所贡芳草，合酿之以降神。郁，今郁林郡也"。《艺文类聚》卷八一以为"郁草"即郁金香，并引有汉朱公叔的《郁金赋》）。

（10）胡椒，属热带温湿型植物，原产于印度。《齐民要术》卷二引《广志》曰："胡椒出西域。"《三辅黄图·未央宫》引《西京杂记》云："温室以椒涂壁，被之文绣，香桂为柱。"

西域香料是向中原出口的重要商品，围绕着它就产生了不少传闻，有的还进入了正史。《拾遗记》卷六记载，汉初平三年（192），"西域所献茵墀香，煮以为汤，宫人以之浴洗毕，使人以余汁入渠，名曰：'流香渠'"。更为著名的是"偷香窃玉"的故事。《晋书·贾充传附贾谧传》记载：贾充的小女儿私悦韩寿，韩寿常常在晚上逾墙而入，"时西域有贡奇香，一着人则经月不歇，帝甚贵之惟以赐充及大司马陈骞。其女密盗以遗寿。充僚属与寿燕处，闻其芬馥，称之于充"。由此可见，西域香料在当时是非常珍贵且受欢迎的。这些香艳故事被后代诗人反复提及，成为文人乐于引用的典故。

汉武帝时，皇宫之中，殿内殿外，香云缭绕，昼夜不歇。百官上朝须随身佩香，尚书奏事须口含鸡舌香，诸王出间，武帝要专门赏赐香炉以示恩宠，各地官吏、邻邦诸国则竞相进贡异香。《后汉书·钟离意传》李贤注引蔡质《汉官仪》记载："尚书郎入直台中，官供新青缣白绫被，或锦被，昼夜更宿，帷帐画，通中枕，卧旃蓐，冬夏随时改易。太官供食，五日一美食，下天子一等。尚书郎伯使一人，女侍史二人，皆选端正者。伯使从至止车门还，女侍史絜被服，执香炉烧熏，从入台中，给使护衣服也"。可见当时用香熏烤衣被是宫中的定制，并且有专门用香熏烤衣被的曝衣楼，有古宫词写道："西风太液月如钩，不住添香折翠裘。烧尽两行红蜡烛，一宵人在曝衣楼。"法国学者布尔努瓦讲到香料在中国的流行情况，指出：

> 中国社会的上层阶级，就生活在一种神香和各种香料焚烧的烟雾缭绕之中。香水浴、按摩、香油、呼吸的香气、涂敷、焚烧、消遣、保健、儒释道宗教的仪轨……在保健的问题上，于此又加入了身体疾病和神灵影响的概念，某些药物被认为能驱除邪神、梦魇、魔鬼。①

用香风气在社会上层流行，还出现了描写熏香或香料的诗文，如曹丕的《迷迭香赋》、刘绘的《咏博山香炉》等。

6. 传入中国的奇兽珍禽

在汉代乃至魏晋南北朝时期，由于中西交通大开，交流扩大，有许多奇兽珍禽从西域传到中原地区，如封牛、象、大狗、沐猴、狮子、犀牛、安息雀等。《汉书·西域传》说："巨象、师子、猛犬、大雀之群食于外面。"钱锺书的《管锥篇》援引《太平广记》中《月支使者》，记载了月氏使者向汉武帝献怪兽的事情，说：月支国献"猛兽"一头，"形如五六十日犬子"，汉武帝以付上林苑，"令虎食之，虎见兽，皆相聚屈迹如也"。钱锺书说："按《博物志》

---

① ［法］布尔努瓦著，耿昇译：《丝绸之路》，山东画报出版社 2001 年版，第 274 页。

（《指海》本）卷三记汉武帝时，大宛之北胡人献一物，大如狗，名曰'猛兽'，帝怪其细小，欲使虎狼食之，虎见此兽辄低头云云，即此事。"①

这个时期引入中国的动物主要有：

（1）狮子。主要生活在非洲，在亚洲则主要分布在印度、伊朗等地。有学者认为，先秦时期，斯基泰人入居我国新疆地区，他们使用的是印欧语系中的一种古老方言，把狮子称为"sarvanai"（形容词）、"sarauna"（抽象名词），这些词汇译成中文后就成了"狻猊"，所以先秦文献中的"狻猊"就是指狮子。中文的"狮子"或"师子"一词，最早出现于汉代，它是吐火罗语A方言中表示狮子词汇的音译。西汉时，"狻麑"一词也指狮子。《尔雅·释兽》说："狻麑，如虦猫，食虎豹。即师子也，出西域，汉顺帝时疏勒王来献犎牛及师子。"中国不产狮子，中国人看到的狮子是从国外引进的。

中国人真正得知狮子，始于汉通西域。西域狮子进入中原地区的途径是外国的朝贡，史书对此有多次记载。现在所知的有关狮子传入中国的最早记载，见于《汉书·西域传》："乌弋国有师子，似虎，正黄，尾端毛大如斗。"

《海内十洲记》记载，征和三年（前90），武帝幸安定，西胡月氏国献猛兽一头，"形如五六十日犬子，大似狸而色黄"，应该是狮子。《三辅黄图》卷三记载："奇华殿在建章宫旁，四海夷狄器服珍宝，火浣布、切玉刀、巨象、大雀、狮子、宫马，充塞其中。"说明汉武帝的建章宫旁，当时就陈列了狮子。《后汉书》说，章和元年（87）"月氏国遣使献扶拔、师子"。第二年又有安息国"遣使献师子、符拔"。《后汉书·顺帝纪》说，阳嘉二年"疏勒国献师子、犎牛"。

到南北朝时，仍时有狮子输入中国的记载。《册府元龟》卷九六九说："太平真君十一年十一月，颍盾国献狮子一。""孝庄永安元年六月，嚈哒国献狮子。"北魏孝明帝正光末年（525），"波斯国胡王所献"的一头狮子在中国境内滞留6年，到"普泰元年，广陵王即位，诏曰：'禽兽囚之，则违其性，宜放还山林。'狮子亦令送还本国。送狮子者以波斯道远，不可送达，遂在路杀狮子而返"（《洛阳伽蓝记》）。

---

① 钱锺书：《管锥编（补订重排本）》，北京：生活·读书·新知三联书店2001年版，第410页。

有学者统计，从《汉书》到《明史》，历代正史本纪记载的外国贡狮21次。最后一次贡狮是清康熙十七年（1678），葡萄牙使臣本笃携带非洲狮子朝觐。

（2）犀牛。哺乳类犀科的总称，主要分布于非洲和东南亚，是最大的奇蹄目动物，也是体型仅次于大象的陆地动物。中国古代有犀牛，新石器时代遗址中已多次发现犀牛骨，殷商甲骨文中也有焚林猎犀的记载，春秋、战国时期用犀牛皮做成的犀甲是各国武士所艳羡的装备。《山海经·海内南经》说："兕在舜葬东，湘水南。其状如牛，苍黑，一角。""兕兕西北有犀牛，其状如牛而黑。"有学者统计，在《山海经》中有11处提到"犀"，并说其"形如牛而黑"。但到汉代，犀牛已经属于珍稀动物，最迟到西汉晚期已经绝迹。汉代有外国献犀牛的记载，如《汉书·平帝纪》记载："元始二年春，黄支国献犀牛。"新莽时也有黄支国献犀牛的记载。黄支献犀牛，在当时被看做是祥瑞，《汉书·王莽传》说："肇命于新都，受瑞于黄支。"

（3）符拔，又称桃拔、扶拔。一般认为是与"天禄""辟邪"有关的一种外来动物的名称。《后汉书·班超传》说："是岁贡奉珍宝符拔、师子。"李贤注引《续汉书》说："符拔，形似麟而无角。"据沙畹研究，"符拔"一词来自希腊文"boubalis"，可能是羚羊之类的动物，即叉角羚，来自中亚希腊化国家。

（4）鸵鸟。两汉时期中国人已知被称为"大鸟""大爵""大雀""大马雀"，产地在"条支国"和"安息国"。《史记·大宛列传》说："条枝在安息西数千里，临西海，暑湿，耕田，田稻。有大鸟，卵如瓮。人众甚多，往往有小君长，而安息役属之，以为外国。"还说，安息国派使臣"以大鸟卵及黎轩善眩人献于汉"。《东观汉记·西域》说："永元二年，安息王献条支大雀。此雀卵大如瓮。"《后汉书·西域传》记载，永元十三年（101），"安息王满屈复献师子及条支大鸟，时谓之安息雀"。《汉书·郊祀志下》还记载，汉武帝在长安建造建章宫，"其南有玉堂、壁门、大鸟之属"。颜师古注曰："立大鸟象也。"即把鸵鸟的石像安置于此。

此后，从北魏至唐、至元，载籍中不断出现这种又被称作"鸵鸟""骆驼鹤"走禽的记录，只不过其所栖息的地方与前不同，分别作"波斯国""大食国""吐火罗国""富浪国""弼琶罗国"。

1995 年，中日尼雅遗址学术考察队在新疆塔克拉玛干大沙漠的古尼雅遗址中发现了一块长 18.5 厘米、宽 12.5 厘米的织锦，上面写有"五星出东方利中国"二行小篆汉字。此墓的年代为东汉末年至魏晋前凉时期，更可能是在魏晋前凉时期。"五星出东方利中国"是中国古代的天文星占用语，此物无疑是中国制造的。但是，就在这件织锦上，出现了鸵鸟的图案。尼雅遗址所出"五星出东方利中国"织锦上的鸵鸟图案，表明当时中国纺织工匠对鸵鸟这种西域动物已经比较熟悉。

（5）马。马匹是从西域传入中国的一种重要的动物，正所谓"天马来兮从西极"。家马大约在商代晚期传入中国。但中原的气候和地理条件可能不太适合的驯养马，所以一直不能培育出本地的优良品种。长期以来，从西域或北方进口马匹，一直是历代中原王朝的进口贸易的重点之一，以至于有后来的"绢马互市""茶马互市"等，用中原的丝绸、茶叶等物品换取北方的良马。最初乌孙马被称为"天马"，张骞第二次出使回国时，乌孙派使者随带好马数十匹答谢。前 105 年，乌孙向汉朝求娶公主，以乌孙马 1000 匹作为聘礼。后来汉武帝得到大宛的汗血马，就把汗血马称为"天马"，乌孙马改称为"西极马"。

据说，当时武帝特别希冀西域的名马，"大宛马"成为官方贸易的特定目标。当然武帝的这个希望不应仅仅看做是他个人的爱好，在那个时代，马匹在战争和经济中都占有特别重要的地位。汉朝强盛之后，为彻底解除北方游牧民族的侵扰，西汉王朝决定主动出击强大的匈奴，汉武帝对剿灭匈奴也做了充分准备，但战争初期互有胜负。尤其引人瞩目的是，当时中原大军马匹的质量远远无法与匈奴相比。因此"匈奴虽病，远去，而汉亦马少，无以复往"（《汉书·匈奴传》）。法国学者布尔努瓦认为，大宛马之所以能强烈地吸引张骞的注意，博得武帝的偏爱，是因为这是一种优良的大体形战马，用处特别大，尤其是当匈奴人从月氏人中引入了"铁骑"技术之后更是如此。匈奴人用挂甲的战马来补充他们善于奔驰的轻骑马，大宛的这种汗血马比汉族或蒙古地区的小马更善于运载全副披挂的重骑兵。[①]

"汗血马"又叫阿哈尔捷金马，在我国又称天马、大宛良马，产于土库曼斯坦科佩特山脉和卡拉库姆沙漠间的阿哈尔绿洲，是经过 3000 多年培育而成

① ［法］参见布尔努瓦著，耿昇译：《丝绸之路》，山东画报出版社 2001 年版，第 12 页。

的世界上最古老的马种之一。汗血马通常体高 1.5 米左右，头细颈高、四肢修长、皮薄毛细、步伐轻灵优雅、体形纤细优美，再衬以弯曲高昂的颈部，勾画出它完美的身形曲线。汗血马非常耐渴，即使在 50 摄氏度的高温下，一天也只需饮一次水，因此特别适合长途跋涉，是长距离的骑乘马。《史记》记载张骞出使西域归来说"大宛多善马，马汗血"。故在中国这种马一直被称为"汗血马"。汉元鼎四年（前 113）秋，有个名叫暴利长的敦煌囚徒，在当地捕得一匹汗血马献给汉武帝。汉武帝得到此马后，欣喜若狂，称其为"天马"。

为获得大量汗血马以改良国内马的品质，汉武帝派出百余人的使团，带上一具以纯金制作的马前往大宛国，希望以千金易"天马"。使团来到大宛的贰师城后，大宛不仅不同意交换"天马"，还因汉使臣言语张狂而干脆派人杀了使臣，将金马和其他钱物抢劫而去。太初元年（前 104），汉武帝封李广利为"贰师将军"，领 6000 骑兵攻贰师城取汗血马。但路途遥远，又多高山大漠，李广利铩羽而归。太初三年（前 102），武帝命李广利再率精兵 6 万攻大宛，还带了两名相马专家同行。李广利大军围攻大宛城 40 余日，大宛贵族们以汉退兵为条件，斩了国王的头投降，献出 3000 余匹宝马，并约定以后每年向汉朝选送两匹良马。此后"匈奴失魄，奔走遁逃"（《盐铁论·西域第四十六》），"汉发使十余辈，至宛西诸外国，求奇物，因风览以伐大宛之威德"（《史记·大宛列传》）。

在归国途中，获得的 3000 余匹汗血马中有三分之二死去，只有近 1000 匹"天马"过了玉门关，回到大汉都城。因为得到真正的"天马"，汉武帝十分高兴，作歌曰："天马来兮从西极，经万里兮归有德。承灵威兮降外国，涉流沙兮四夷服。"

由于汉武帝的珍爱，汗血马备受追捧，在当时创作的壁画、雕塑和器皿上常常发现它优美的身影。在都城长安未央宫宦者署的鲁班门前，矗立一匹由相马名家东门京主持铸造的青铜骏马——按照最佳良马尺度制作的"马式"，用来作为选择良马的标准，鲁班门也随之改称"金马门"。1981 年，在陕西省汉武帝茂陵附近一号陪葬冢出土了一件遍体鎏金的青铜马，体长 75 厘米、高 62 厘米，立姿，头小颈细，双耳如批竹，胸肌劲健，四肢修长，据此可以想见"马式"的形貌。据考证，出土于甘肃武威雷台的威武、剽悍的铜奔马，就是根据西域汗血马的形象创作的。"全世界的中国学研究专家都一致指出，在张骞通西域之前和之后的两个时代的造型艺术中，对中国马匹的描绘截然不同。"① 在《史记·大宛列传》和《淮南子》中都记载有关于汗血马的传奇故事。在我国民间，对汗血马有着更为丰富和神奇的传说，甚至产生了"马生两翼""天马行空""飞黄腾达"的神话传说。

沈福伟指出："马匹的输入对汉代社会经济和军事力量的壮大起了很大的作用。"② 西极马和汗血马的成批引进中原，促进了汉代养马业的发展。武帝时，仅中央直接掌管的军马就有 40 万匹。城市街巷、乡村田间到处都有马匹，或耕或乘，"农夫以耕载，而民莫不乘骑"（《盐铁论·未通》）。东汉时月氏马也引入中国。《史记·大宛列传》说："外国称，天下有三众，中国为人众，大秦为宝众，月氏为马众。"方豪说："中国之马种，乃以此而得改良，实为意外之收获。"③

引进了汗血马和其他西域马匹的汉朝骑兵战斗力大增，更为重要的是，从这时开始，从西域引进马匹，长期成为中国历史上对西域贸易的一个重要组成部分。英国学者吴芳思指出："从中亚输入马匹，不管是天马还是其他马种，是汉朝同'西方世界'达成协议的一个主要内容，这种做法一直贯穿中国的大部分历史。"④

此外，西域传入的珍禽异兽还有许多种。如犛牛，是产于缅甸、印度的一种高背野牛；还有大象、孔雀、沐猴、大狗、长颈鹿、白雉、黑鹰、独峰驼、长鸣鸡等。《汉书·武帝纪》记载，"元狩二年，南越献驯象、能言鸟"，说的是大象和鹦鹉。

7. 传入中国的玻璃制品

玻璃和玻璃制造技术传播到中国，是西方文化在中国传播的一个重要事项。考古和文献材料证明，玻璃器不仅从陆上丝绸之路传播，南方海路也是输入玻璃器更为持久和畅通的路线。

玻璃是人类最早发明的人造材料之一，也是最昂贵的材料之一。玻璃制

---

① 纪宗安：《9 世纪前的中亚北部与中西交通》，中华书局 2008 年版，第 72 页。

② 沈福伟：《中西文化交流史》（第 2 版），上海人民出版社 2006 年版，第 58 页。

③ 方豪：《中西交通史》上卷，上海人民出版社 2008 年版，第 81 页。

④ ［英］吴芳思著，赵学工译：《丝绸之路 2000 年》，山东画报出版社 2008 年版，第 43 页。

造工艺复杂，是人类早期科技文明的代表。

西周时期，中国人就开始掌握了玻璃制造技术。目前我国发现最早的琉璃包括洛阳庞家沟西周早期墓葬中出土的白色琉璃珠、洛阳中州路西周墓出土的淡绿色琉璃珠、宝鸡茹家庄西周墓出土的琉璃珠与琉璃管等。经中外专家用现代化光谱鉴定，得出的共同结论是：中国的"铅钡玻璃"与西方的"钠钙玻璃"分属两个不同的玻璃系统。中国与西方的玻璃源头是不同的，是独立发展起来的，中国古代已有本土独立的玻璃制造业。中国古代玻璃虽为独立发明，但发展缓慢，并一直保持着固有的特点，既具有绚丽多彩、晶莹璀璨的优点，又由于烧制温度低，多"虚脆不贞"，有轻脆易碎、不耐高温、不适应骤冷骤热的缺点。

西方生产的玻璃，钠、钙两种元素含量高，被称为"钠钙玻璃"。这种玻璃器及制造技术从西方向东方传播，改进了中国的玻璃制造技术，直接反映了中西文化的交流与融合，包含了许多中外交流和社会文化的信息。

早在前2500年，埃及人就已开始生产玻璃，之后的腓尼基人、罗马人、叙利亚人等均掌握了精湛的玻璃制造技艺，其产品色泽鲜艳、透明度高、耐冷热，形制也优于世界其他地区的玻璃制品。具体表现为：制作技术先进，产品多采用无模而自由吹制成型；工艺花样繁多，其制品常用贴丝、贴花、釉彩、刻花、磨花、模印和描金等诸多手法；原料成分虽属钠钙玻璃，但亦含较多的钾元素。罗马帝国时期的埃及亚历山大里亚是世界玻璃制造中心，这里生产的玻璃制品，有半透明红、白色，似萤石、蓝宝石或风信子石；有黑色，似黑曜石的黑玻璃杯、碗，等等。全透明玻璃有蓝、绿、黄、紫、棕红等多种色彩，其中以似石英般纯白的玻璃器最为尊贵，被称为"玉晶盘"，是当时埃及亚历山大里亚玻璃工匠的杰作。这一独特的玻璃制作方法，不仅在中东地区持续发展，绵延不断，而且影响、促进了周边许多地区玻璃制造工艺的改进。例如在玻璃瓶上贴以凸起的装饰，是采用热加工工艺，将熔玻璃料贴压在瓶体上的一种方法。这种装饰在中东地区早已盛行，并成为其主要的工艺特征。后波斯工匠汲取了这一工艺技术，并加以改进，使其成为波斯玻璃制作的特点之一。

中国古代称玻璃为"琉琳""流离""琉璃""玻琮""颇离""波黎"

"陆璃"等，从南北朝开始，还有"颇黎"之称。这些称谓均源自梵文"vai-durya"、印度俗语"veluiya"的音译，意即玻璃。这表明早期来自中东地区的玻璃制品，并非由其生产地商人直接输入，而是通过印度商人的中介。早期一些文献常常以琉璃代称玻璃，以致日文至今还称玻璃为"琉璃"。根据《广雅》和《韵集》的记载，在相当长的一段时间内，"琉璃"是用火烧的玻璃质珠子以及其他一些透明物质的统称。

战国时期就有从西域传入中国的玻璃制品。我国境内发现的最早的玻璃制品属于春秋末战国初（前5世纪前期），主要有：河南固始侯古堆一号墓中的料珠，河南辉县琉璃阁出土的吴王夫差剑柄上镶嵌的玻璃块，湖北江陵望山一号墓出土的越王勾践剑柄上所嵌的玻璃块，云南李家山22号墓出土的六棱柱形琉璃珠，山东曲阜鲁国故城发现的料珠，山东临淄郎家庄出土的料珠，湖北随州曾侯乙墓中发现的料珠，山西长治分水岭270号墓出土的料珠与琉璃管，等等。

在这些早期玻璃器中，有许多俗称为"蜻蜓眼"的镶嵌玻璃珠，其直径一般为1—2厘米。这种镶嵌玻璃珠在河南固始侯古堆一号墓、随县湖北曾侯乙墓、河南淮阳平粮台等地都有发现，其中曾侯乙墓出土了173颗。这种小巧精美的玻璃珠，是通过一种特殊的工艺，把几种不同色彩的玻璃嵌在一颗单色玻璃珠上制成的。有学者认为，在已出土的镶嵌玻璃珠中，有一些是从西方输入的。蜻蜓眼玻璃珠是埃及的一大发明，最早的标本为埃及前1400—前1350年的玻璃珠项链。"眼睛文化"发源于西亚或印度，草原文明相信眼睛有辟邪功能。前10世纪地中海出现了在玻璃母体上嵌同心圆，具有"眼睛"样式的镶嵌玻璃。在地中海东岸和伊朗西部发现了许多蜻蜓眼玻璃珠，年代在前5—前3世纪。林梅村指出：根据中国出土蜻蜓眼玻璃珠的地点，"完全可以复原一条从古波斯统治中心波斯波利斯到长江流域楚国的交通路线"①。

认为镶嵌玻璃珠来自西方的学者们提出的依据有：（1）镶嵌玻璃珠最早出现于西方，早在前10世纪初，地中海地区就已经能够制造这种玻璃珠，而它在中国出现的时间要晚几百年。（2）在西方，从单色玻璃到彩色玻璃再到

---

① 林梅村：《丝绸之路考古十五讲》，北京大学出版社2006年版，第67页。

镶嵌玻璃珠，经过了 1000 多年漫长的历程，其发展序列基本上是完整清楚的。但在中国则不存在这样一个发展序列。（3）中国的镶嵌玻璃珠不仅在工艺与外形上与西方的相似，而且，有的在化学成分上也与西方的相同。例如，河南固始侯古堆一号墓中的镶嵌玻璃珠属于西方的钠钙玻璃，不含铅钡，而铅钡玻璃正是中国早期自制玻璃的基本特征。（4）这些早期镶嵌玻璃珠出现在贵族大墓中，说明它非常罕见，只有少数大贵族才能得到。①

有学者进一步指出，中国本土的玻璃制造业，也是在外来镶嵌玻璃珠的影响下产生的。镶嵌玻璃珠传到中原地区后，受到上层贵族的喜爱，这种社会需求促进了匠人利用当地的原料进行仿制。最迟在战国中期就成功地用氧化铅或氧化钡代替自然纯碱制造出铅钡玻璃，并将早期单纯同心圆纹饰发展为与其他几何纹饰相结合，创造出世界上最漂亮的镶嵌玻璃珠。由于中国还未发现早于春秋末战国初的玻璃制品，所以可以说，随着镶嵌玻璃珠的传入和仿制，中国诞生了玻璃制造业。②

还有学者认为，除了镶嵌玻璃珠外，春秋战国时期还有一些玻璃器也是从西方传入的。例如分析表明，河南辉县出土吴王夫差剑上的玻璃块是硅酸钙玻璃，湖北江陵所出越王勾践剑上的玻璃是钾钙玻璃，不属于中国自制的铅钡玻璃系统。③ 再如，云南李家山出土的六棱柱形琉璃珠"在云南其他地区尚未发现，也不见于我国内地"，因此有可能是从埃及或西亚经印度输入的。④

秦汉以降，西域玻璃制品不断传入中国，史料上多有记载。《后汉书·西域传》说：大秦"土多金银奇宝，有夜光璧、明月珠、骇鸡犀、珊瑚、虎魄、琉璃、琅玕、朱丹、青碧"。罽宾国出产"珠玑、珊瑚、虎魄、璧琉璃"。《魏略》记载："大秦国出赤、白、黑、黄、青、绿、缥、绀、红、紫十种琉

---

① 参见龚缨晏：《古代中西文化交流的物证——中国境内发现的有关古代中西文化交流史的文物古迹》，《暨南史学》第 2 辑，2003 年 12 月。

② 参见安家瑶：《镶嵌玻璃珠的传入及发展》，联合国教科文组织、中国社会科学院考古研究所编：《十世纪前的丝绸之路和东西文化交流》，新世界出版社 1996 年版，第 351—365 页。

③ 参见高至喜：《论我国春秋战国的玻璃器及相关问题》，《文物》1985 年第 12 期，第 54—65 页。

④ 张增祺：《战国至西汉时期滇池区域发现的西亚文物》，《思想战线》1982 年第 2 期，第 82—87 页。

璃。"《魏书》记载："波斯出金瑜石、珊瑚、琥珀、车渠、玛瑙、多大真珠、颇黎、琉璃。"这些史料说明玻璃是来自波斯和大秦的商品。

《汉书·地理志》记载："有黄支国，民俗略与珠崖相类……有译长属黄门，与应募者俱入海，市明珠、璧流离、奇石异物。"这里提供了一个信息，中国商队到印度半岛的黄支等国换来了璧流离。据清王先谦《后汉书集解》考证，汉武帝时从黄支等国换来的璧流离，乃是印度人从大秦贩运过来转卖给中国商队的。段成式《西京杂记》记载："武帝时，身毒国献连环羁，皆以白玉作之，马脑石为勒，白光琉璃为鞍。鞍在暗室中常照十余丈，如昼日。"清李调元《南越笔记》说："玻璃，来自海舶，西洋人以为眼镜……昔武帝使人入海市琉璃者，此也。"魏晋南北朝时期，西域僧人和使臣屡有进贡玻璃的记载。《梁书·诸夷传》记载，天监十八年（519），扶南国遣使"献火齐珠、郁金、苏合等香"；中大通二年（530），丹丹国王遣使"献舍利、火齐珠、古贝、杂香药等"。

考古可见汉代墓葬出土的罗马玻璃器有碗、杯、盘、瓶等，在广西、广东、洛阳、江苏、内蒙古、新疆等地有出土。英国学者斯坦因认为他在和阗找到的一颗彩色镶嵌玻璃珠是典型的西方产品，它在罗马帝国很常见。据资料记载，洛阳一座汉墓出土的一只古代玻璃器瓶，上面的图案为雅典娜（Athena）的头像，经光谱分析确是前2至4世纪的埃及制品。美国学者罗斯托夫采夫（M. Rostovtzeff）的《罗马帝国社会经济史》说：

> 早在希腊化时代，亚历山大里亚生产的玻璃器就被输往印度，并从印度输入中国。多伦多皇家安大略博物馆就搜集到一只精美的亚历山大里亚生产的玻璃瓶。这个玻璃瓶是在中国（河南省的一座古墓）发现的，无疑属于希腊化时代。这个玻璃瓶刻有若干圆形装饰图案（其中一个图案是阿西娜头像）采用模制法制成，而非吹制法。此种玻璃制作技法表明它的年代不会晚于公元前2世纪。[①]

法国学者布尔努瓦也指出：

① 引自林梅村：《丝绸之路考古十五讲》，北京大学出版社2006年版，第120页。

罗马出口最多和最远的物资是琉璃制品，尤其是彩色琉璃，由叙利亚及意大利波佐利车间生产的有各种琉璃器皿、雕刻琉璃和做项链用的琉璃珠子。从英吉利海岸一直到安南海岸，人们到处都可以看到这类链珠，甚至在西域和乌克兰也有所发现。①

西汉时期，比较著名的外来玻璃器有广州横枝岗 2061 号汉墓出土的 3 只玻璃碗。这 3 只玻璃碗出土时已经破碎，复原后基本相同，都为广口圆腹的平底碗，深蓝半透明，口径 10.6 厘米，底径 4 厘米，模制成型。其中一只碗经定性分析后表明是钠钙玻璃。这 3 只碗的制作方式类似于前 1 世纪地中海南岸所制的罗马玻璃。横枝岗 2061 号墓属西汉中期（前 1 世纪），墓中所出的这 3 只玻璃碗可能是目前所知我国发现的最早的罗马玻璃器皿。在东汉时期的外来玻璃器中，主要有 1980 年江苏邗江县甘泉 2 号汉墓出土的玻璃残片。据推测，此墓的年代为 67 年。墓中发现了 3 块玻璃残块，是紫黑色与乳白色相间的透明体，复原后应为外壁饰有辐射形凸棱的钵。此种器形常见于地中海地区，而在我国极为少见。这件玻璃器是由搅胎装饰技法制成的，即先把熔化了的紫红色玻璃液和白色玻璃液混合在一起，然后进行搅拌，最后灌模成型。这种制作技法流行于地中海地区，我国所出古代玻璃器皿中采用此种技法的仅此一件。经过化学分析，这件玻璃器不含铅，不属于中国自制的铅玻璃系统，而是属于西方的钠钙玻璃系统，其化学成分与罗马玻璃相符。由于上述这些原因，这件玻璃器被普遍认为是罗马玻璃，通过海上路线传入我国。

西方具实用功能的钠钙玻璃容器也有传入中国。钠钙玻璃器克服了国产铅钡玻璃器质脆惧热等不足，光色映澈兼具实用，被视为至宝，受国人所好。在中国古代，玻璃器是一种贵重的物品，是财富和地位的象征。

产自西域且冰清玉洁的玻璃制品，被古代中国人看做是来自遥远西方难得的珍器。自汉代起，这些玻璃制品，作为中东、波斯及中亚地区重要的"方物"，以"贡品"形式被源源不断地输入中国，成为皇室后宫、达官贵人追逐的珍品，从而也对古代中国社会生活产生了深远的影响。在统治阶层的墓葬里，精美的玻璃器屡有出土，它们大抵来自西方，罗马玻璃器、萨珊玻

---

① ［法］布尔努瓦著，耿昇译：《丝绸之路》，山东画报出版社 2001 年版，第 49 页。

璃器均有发现。其后数代，西方实用玻璃器也始终是作为奢侈品进口。根据文献及实物发现，可以看到输入的西域玻璃器物款式多样，造型各异，它们中有瓶、盘、杯、茶盏、碗、珠、盅、球、镜子，以及各种玻璃饰品、工艺品等。可以说，几乎所有代表古代西域玻璃制造工艺水平的器物，在国内考古中都有出土。

西域传来的玻璃受到人们的喜爱。西汉刘歆《西京杂记》记载："赵飞燕女弟居昭阳殿……窗扉多是绿琉璃，亦皆达照，毛发不得藏焉。"东汉班固《汉武旧事》记载："其上扉屏风，悉以白琉璃作之，光治洞澈。"这里所提到的绿琉璃和白琉璃，是指绿色和白色的玻璃。南朝宋刘义庆《世说新语》称："满奋畏风，在晋武帝坐，北窗作琉璃屏，实密似疏，奋有难色。"这里提到的琉璃屏，应是由无色透明玻璃制成的，以至于实有而似无，令人仍觉室外的寒风好像可以直接刮进屋内，而生寒意。

当时的人们已经认识到西方的玻璃制造技术要比中国本土的技术先进。宋程大昌《演繁露》记载："中国所铸玻璃……色甚光鲜，而质则轻脆，沃以热酒，随手破裂。凡其来自海舶者，制差朴钝，色亦微暗，其可异者，虽百沸汤注之，与磁银无异，了不损动。"宋赵汝适《诸蕃志》中也有记载："琉璃，出大食诸国。烧炼之法与中国同。其法用铅、硝、石膏烧成大食则添入南硼砂，故滋润不烈，最耐寒暑，宿水不坏，以此贵重于中国。"

唐代仍有大量西方的玻璃制品输入到中国。已发现的进口玻璃器有陕西临潼庆山寺舍利塔下精室出土的 1 件玻璃瓶，颈部缠贴一道阳弦纹，腹部两条折纹互错，形成菱纹，可能是西亚的产品。陕西西安何家村窖藏出土的 1 件玻璃杯（无色透明，稍泛黄绿色，口沿下有一阳弦纹，腹部有 8 组纵三环纹）和陕西扶风县法门寺地宫出土的 20 多件玻璃器，多数具有鲜明的中亚细亚色彩，可能为中亚和西亚的制品。

玻璃器从西方传到中国，并进一步传入朝鲜半岛和日本。朝鲜半岛和日本也发现大量玻璃器，这些玻璃器有中国的，更多来自西方，且大部分是经中国传入的。这些玻璃器也发现在高级墓葬、寺院塔基中，情况与中国类似，许多器物可以在中国，甚至伊朗高原找到原形。

五　西域乐舞艺术在中国的传播（一）

1. 传入中国的西域幻术

早在周代，西域的乐舞艺术就传播到中国，在宫廷和民间有一些西域乐舞的表演活动，并且对中原的乐舞有一定的影响。汉魏及南北朝时期，许多西域人即"胡人"来到中国内地，其中有一些是具有专门特长的艺术家和演艺人才，他们把西域的幻术、乐舞等表演艺术带到中国，对中国的表演艺术的发展产生了一定的影响。可以说，音乐舞蹈等表演艺术，是西域文化在中国传播的一项重要内容，直到隋唐时代，还有许多西域的音乐家、舞蹈家在中原进行艺术活动，并与中原传统的乐舞相融合，丰富了中国音乐舞蹈艺术的表现形式。

我国很早就有了杂技表演。《列子集释·汤问篇》载有巧匠偃师者，制造了一个能歌善舞的木头机械人，"巧夫钡其颐，则歌合律；捧其手，则舞应节。千变万化，惟意所适"。其机关设计和制作工艺是相当精巧的，连春秋战国时代著名设计家墨子也自愧不如。《西京杂记》载有秦末"东海黄公"的故事："有东海人黄公，少时为术，能制蛇御虎，佩赤金刀，以绛缯束发，立兴云雾，坐成山河。及衰老，气力赢惫，饮酒过度，不能复行其术。秦末，有白虎见于东海，黄公乃以赤刀往厌之。术既不行，遂为虎所杀。"张衡《西京赋》中也说："东海黄公，赤刀粤祝，冀厌白虎，卒不能救，挟邪作蛊，于是不售。"他算是我国记载得最早的幻术师兼驯虎师。

西汉以后，随着与西域交往的扩大，从西域乃至印度、罗马等地传入许多新的杂技形式，促进了汉代百戏包括杂技艺术的发达。汉代百戏杂技的繁荣，在很大程度上得益于从西域传来的各种杂技艺术。英国学者李约瑟指出：

也许魔术师和杂技演员的来往情况，在科学史中应当比过去受到更多的注意。我们知道，许多早期的巧匠，例如提西比乌斯（公元前2世纪）和亚历山大里亚的赫伦（公元前1世纪），以及他们的中国同行如丁缓和马均，都曾为宫廷娱乐制作过机械玩具、魔术道具、舞台游戏机械，等等。魔术师的出现恰恰在中西交往刚刚开始的时候。①

中国史籍中有多次记载杂技、魔术的传入。《史记·大宛列传》说：安息国的使臣"随汉使来观汉广大，以大鸟卵及黎轩善眩人献于汉"。类似的话也出现在《汉书·张骞李广利传》中："大宛诸国发使随汉使来，观汉广大，以大鸟卵及犁靬眩人献于汉。"颜师古注："眩，读与幻同。即今吞刀、吐火、植瓜、种树、屠人、截马之术皆是也，本从西域来。"《后汉书·南蛮西南夷列传》说，东汉安帝永宁元年（120），掸国国王向汉朝"献乐及幻人，能变化吐火，自支解，易牛马头。又善跳丸，数乃至千。自言我海西人也。海西即大秦也，掸国西南通大秦"。

来自大秦的魔术杂技在古代看来非常著名。《魏略·西戎传》也有这样的记载，大秦国"俗多奇幻，口中出火，自缚自解，跳十二丸，巧妙非常"。注家亦以为即"吞刀吐火，种瓜种树，屠人截马之术皆能之也"。根据上述记载可知，汉代来自西方的魔术杂技主要有吐火、跳丸等。

从西域传入中国的杂技"幻术"可能很早，种类也很多，来自的地域有西域的大宛、安息、大秦、印度、掸国等地。从各种史籍中钩沉，可知其中比较有影响的有：

（1）使火术。西域使火术的传入似颇早。汉刘向《列仙传·啸父》记载："啸父者，冀州人也。……唯梁母得其作火法，临上三亮，上与梁母别。列数十火而升。西邑多奉祀之。"《列仙传·师门》称师门为啸父弟子，"能使火，食桃葩"。另有《搜神记》记载："宁封子，黄帝时人也。世传为黄帝陶正。有异人过之，为其掌火，能出五色烟。久则以教封子。"啸父传梁母"作火法"，师门"能使火，食桃葩"，宁封子掌火"能出五色烟"，显然是火术方技。这种火技的由来，《列仙传·啸父》说："西邑多奉祀之。"《史记·大宛列传》说："条枝在安息西数千里，临西海……国善眩。"即是说可能是

---

① ［英］李约瑟著，袁翰青译：《中国科学技术史》第 1 卷，科学出版社和上海古籍出版社 1990 年版，第 203 页。

从西域传来的。《后汉书·西南夷传》说："永宁元年，掸国王雍由调复遣使者诣阙朝贺，献乐及幻人，能变化吐火，自支解，易牛马头……自言我海西人。海西即大秦也，掸国西南通大秦。"

汉朝以后，西域胡人的使火幻技盛行于长安和全国各地，引起了人们的极大兴趣。东汉张衡《西京赋》在描绘当时长安流行的幻术时说："奇幻倏忽，易貌分形；吞刀吐火，云雾杳冥。"现存于南阳汉画馆的"幻人吐火"画像石上有这样的图像：一人头戴尖顶冠（尖端前倾），长胡子，高鼻梁，服装与汉服不同，显然是胡人。他手中拿的不知何物，脸部前面有一道白光，像是从嘴里吐出来的。吴曾德认为这是幻术（或称眩术）中的吐火表演。[①] 汉画像中还有几幅表现吐火的画面。例如，在山东嘉祥刘村洪福院的汉代画像石中，可以清楚地看到一个人蹲在地上，口中喷吐出火焰。

晋干宝《搜神记》对西晋末年流行于江南的胡人火术表演记载得十分细致，使我们对早年的西域使火术有更多的了解。其卷二说："晋永嘉中，有天竺胡人，来渡江南。其人有数术，能断舌复续，吐火，所在人士聚观。……其吐火，先有药在器中，取火一片，与黍糖合之，再三吹呼，已而张口，火满口中。因爇就取以饮，则火也。又取书纸及绳缕之属，投火中，众共视之，见其烧爇了尽。乃拔灰中，举而出之，故向物也。"

西域火术除"吞刀吐火"之术，尚有"入火不烧"之术。吞刀吐火之术最初只能供人们观赏，但西域使火术的另一种类"入火不烧"之术，却在宗教传播中发挥了巨大的作用。西域很早就掌握了入火不烧的技术，代表性产品火浣布也在东汉时期已经传入中土。教徒将此项技术运用于宗教经籍上，取得了神奇效果，使得佛教在与其他宗教的争斗中往往立于不败之地。据《法苑珠林》卷一八"感应缘"引《汉法本内传》称："又至汉永平十四年正月一日，五岳诸山道士六百九十人，朝正之次上表请与西域佛道捔试优劣。……此月十五日，大集白马寺南门，立三坛。五岳八山诸道士将经三百六十九卷置于西坛。二十七家诸子二百三十五卷，置于中坛。奠食百神置于东坛。明帝设行殿在寺门道西，置佛舍利及经。诸道士等以柴荻火烧坛临经……以

---

① 参见吴曾德：《汉代画像石》，文物出版社1984年版，第99页。

火取验，用辨真伪。便放火烧经，并成煨烬。道士等相顾失色，有欲升天入地，种种咒术并不能得，大生愧伏。……佛之舍利放五色光。……时司空刘峻、京师官庶、后宫阴夫人、四岳诸山道士吕惠通等一千人并求出家。……后遂广兴佛法，立寺转多，迄至于今。"

（2）驯兽术。驯兽术无疑也来自西域。中国史籍多有域外各国献珍禽异兽的记载，其中许多动物特别是大型动物，如狮子、犀牛、大象等，都是经过驯化的，同来的还有驯化师。文献也记载了西域人在中国的驯兽表演。另外，一些来华的高僧也有驯兽的方技。《高僧传·安清》说："安清，字世高，安息国王正后之太子也。……外国典籍及七曜五行医方异术，乃至鸟兽之声，无不综达。"《高僧传·求那跋摩》说："求那跋摩，此云功德铠，本刹利种，累世为王，治在罽宾国。……此山本多虎灾……或时值虎，以杖按头，弄之而去。"到晋朝以后，这一方术也已为中国道教方士所掌握。《神仙传·樊夫人》说："（刘）纲与夫人入四明山，路值虎，以面向地，不敢仰视。夫人以绳缚虎牵归，系于床脚下。"

"马戏"最早见于汉代文献，桓宽《盐铁论·散不足论篇》说："绣衣戏弄，蒲人杂妇，百戏，马戏……"把马戏与百戏并举，可见当时马戏的兴盛。汉代马戏除了驾驭本领的表演外，还把武艺、舞蹈等各种技艺运用其中。河南嵩山三阙之一的登封少室石阙画像上的两位马戏演员，一在马上倒立，一在马上舞蹈。山东临淄文庙中汉画像石刻中展示的集体马戏表演，图中有两匹马，前一匹上有一人，身后尚有一人飞身而至，恰好拉住骑者之手，另一人纵身而起，手挽马尾；后一匹马拉着车，车前方有一人腾空飞翔，车上除御者外，其余人物皆做表演动作，车后还有一人纵身欲上。正是这些技艺，为后世马戏和空中飞人等表演奠定了艺术基础。

汉画像砖石中还有反映各种驯兽节目的形象，如驯虎、驯象、驯鹿、驯蛇等，如浙江海宁东汉墓画像中的"驯兽斗蛇图"和武氏祠的"水人弄蛇图"。山东济宁东汉墓画像石上部为驯鸟图，下部为驯象图，6人坐于象背，1人立于挺起的象鼻，可见其驯服动物的水平已经甚高。另外还有驯猴、驯鹤、弄雀等形象。

（3）分身术。分身之幻术，也可能出自于西域。《高僧传·耆域》记载，耆域临行之前，"数百人各请域中食，域皆许往。明旦五百舍皆有一域，始谓独过，后相雠问，方知分身降焉"。此乃西晋末年之事。在中国的仙传中，早在三国时期，左慈就已掌握了此一方术。《后汉书·方术列传·左慈》说："（曹）操怀不喜，因坐上收，欲杀之……或见于市者，又捕之，而市人皆变形与慈同。"葛洪《神仙传·左慈》记载："吏欲考讯之，户中有一慈，户外亦有一慈，不知孰是。……使引出市杀之。须臾，有七慈相似。官收得六慈，失一慈。有顷，六慈皆失。"

（4）神行术。神行方术在《高僧传》中记载很多。如《高僧传·佛陀耶舍》记载："佛陀耶舍，此云觉明，罽宾人也……耶舍乃取清水一钵，以药投中，咒数十言，与弟子洗足。即便夜发，比旦，行数百里。问弟子曰：'何所觉耶？'答曰：'唯闻疾风之响，眼中泪出耳。'"

《高僧传·耆域》记载："域既发，诸道人送至河南城。域徐行，追者不及。"《高僧传·陀勒》记载："有人健行，欲随勒观其迟疾，奔驰流汗，恒苦不及。勒令执袈裟角，唯闻历风之响，不复觉倦，须臾至寺。"《高僧传·史宗》记载一不知姓名之道人令一小儿送信与史宗，小儿说道："道人令其捉杖，飘然而去，或闻足下波浪耳。"《神仙传·左慈》记载，左慈具有神行之本领，"（谢送）令慈行于马前，欲自后刺杀之。慈着木屐，持青竹杖，徐徐缓步行，常在马前百步。着鞭策马，操兵器逐之，终不能及"。《神仙传·刘政》称刘政"能一日之中，行数千里"。

此原为《后汉书·方术列传·左慈》所载之事迹，唯没有骑杖飞行之神话，而同传中也没有左慈神行之神迹。可见这类方术并非出自本土，而属西域幻术。左慈、介象神话乃后人根据佛僧神话而创作增饰的。

2. 受西域影响的百戏艺术

受西域传来的幻术百戏艺术的影响，汉代角抵百戏发展成为融舞蹈、杂技、幻术（魔术）、马戏、武术、滑稽表演、音乐演奏、歌唱于一体的综合艺术形式。

"角抵"原出古代冀州一带，是祭祀蚩尤的"蚩尤戏"。南梁任昉《述异记》说："蚩尤耳鬓如剑戟，头有角，与轩辕斗，以角抵人，人不能向，今冀州有乐曰'蚩尤戏'，其民两两三三，头戴牛角以相抵，汉造角抵戏盖其遗制也。"秦始皇是第一个把带有表演和角力性的"角抵戏"引入宫廷的。秦始皇统一六国（前221）后，搜集各国民间乐舞，以观民风民俗和宴享娱乐，八方乐舞齐聚秦都咸阳，"后宫列女万余人，气冲于天"，遂创设乐府，并首倡"角抵"之戏。秦时"郡县兵器，聚之咸阳，销为钟镰，讲武之礼，罢为'角抵'"。在文艺史上开后世角抵百戏的先河。

秦朝时，角抵发展成角抵俳优，增加了戏乐成分。后内容形式不断丰富扩大，增加品种，提高技艺，在汉代形成了一种以杂技艺术为中心、汇集各种表演艺术于一堂的新品种——"百戏"体系。汉代杂技的卓越成就，首先表现在它的各种节目已成系列，具备了后世杂技体系的主要内容。

汉代"百戏"具有很强的包容性，包括了十分丰富的表演节目，每个节目有很高的技巧，如寻橦（爬竿）、走索、舞剑弄丸（跳丸）、吞刀吐火、扛鼎（举重）、冲狭（钻刀圈）、燕濯（翻跟斗越过水面）、胸突铦锋（以胸腹抵刀悬空而卧）、倒立、驯兽、马戏、马术等，这是杂技武术类的节目。还有音乐舞蹈节目，如《盘鼓舞》《巾舞》《舞袖》《建鼓舞》等。有模拟鸟兽的表演《鱼龙曼衍》，还穿插侏儒、俳优等滑稽表演。"百戏"中还出现了扮演特定人物或有简单故事情节的表演。汉代"百戏"，实际上汇集了前代的和外来的多种民间表演技艺，包罗了中外古今各民族各地域精彩节目，兼容并取，合为一体。

在汉代的画像砖、画像石中，我们可以看到许多百戏表演的图像，比如，跳丸是一种常见的场面，山东、河南、四川等地都有发现。表演者一只手将丸抛出，另一只手接住，并迅速传给那只抛丸的手，如此循环不绝，抛耍的球越多，则说明其技艺越高，有的演员可抛弄十来个球。我国先秦时代就有抛丸之戏，《庄子·徐无鬼篇》说："市南宜僚弄丸，而两家之难解。"在地中海地区，抛丸是一种流行的杂技项目。由于西域耍丸之技的传入，汉代的抛丸可能融合了外来的技艺。在画像中还可以看到这样的画面：几张案几重叠在一起，演员倒立其上，并做出优美的造型，有时甚至在手中或头上顶托着碗等器皿。叠加在一起的案几往往不止5张，有时可多达10多张。这种杂技被称为"安息五案"，此处的"安息"两字本身，就表明它是从西域传入的。"安息五案"一词在汉代之后的文献中多次提到。东晋陆翙《邺中记》

说："（石）虎正会殿前作乐，高絙、龙鱼、凤凰、安息五案之属，莫不毕备。"《太平御览》卷五六九引《梁元帝纂要》记载："语衣间百戏，起于秦汉。有鱼龙曼延、高絙凤皇、安息五案、都卢寻橦。"

方豪总结汉画像石中表现的 10 种百戏：（1）侧立舞戏（伎）；（2）寻橦戏（伎）；（3）弄丸戏；（4）角抵戏；（5）马戏；（6）翻筋斗戏；（7）弄剑戏；（8）倒行；（9）踢鞠；（10）对舞。① 这 10 种百戏中许多与西域的影响有关，或是从西域直接传来的。

山东省安丘汉画像石、沂南县西八里的北寨村汉画像石《百戏图》等部分地反映了汉代百戏杂陈的面貌。沂南《百戏图》分为 4 个部分：

（1）布局上大致是正中为建鼓，有人在击鼓起舞，有的鼓无人敲击仅为装饰。表演的节目为"弄剑、跳丸"和"戴竿"，一人额顶十字长竿，三小儿倒悬翻转表演，戴竿者以额顶承重，同时因小儿的晃动要寻找平衡，因此十分惊险。下为著名的《七盘舞》，一人刚刚从盘上纵蹴而下，蹬弓步，衣袖飞扬，正如张衡《七盘舞赋》所描绘的，"盘鼓焕以骈罗"，"历七盘而屣蹑"。

（2）伴奏的乐队以建鼓为中心，上盛饰羽葆、流苏，一人手持鼓槌正在击鼓，还有二人正在敲击编磬编钟，其他有坐奏乐队十四人，分三列坐毯上，演奏琴、排箫、埙等乐器。

（3）后排为"刀山走索"，一人在地下立着刀尖朝上的索上拿顶倒立，两端各一人在索上手持兵器相对表演；前排为"鱼龙曼延"之戏，即张衡《西京赋》中所说："巨兽百寻，是为曼延……海鳞变而成龙，状蜿蜿以愠愠。"一人持鼗鼓引龙形兽，一人引巨形鲤鱼，似为一段由鱼变成巨龙的小品。前面一人持梧桐树，引一凤凰（由人扮演），都是祥瑞之兆。

（4）马戏表演，前部为 4 匹奇兽拉着有建鼓和兵器的战车。

4 个部分异彩纷呈，十分壮观。

汉代"百戏"在宫廷、贵族和平民阶层中间广泛流传。宫廷举行集宴时，多用大型"百戏"招待外来宾客和使臣，以夸耀汉王朝的富有强大。汉武帝

---

① 参见方豪：《中西交通史》上卷，上海人民出版社 2008 年版，第 119 页。

于元封三年（前108）的春天和元封六年（前105）的夏天，在京都长安平乐观举行大型角抵百戏的演出，以招待外国使节和少数民族的首领。《汉书·武帝本纪》记载：“（元封）三年春，作角抵戏，三百里内皆来观。”元丰六年夏，“京师民观角抵于上林平乐观”。汉宣帝将解忧公主嫁给乌孙王时，亲临平乐观，举行大型角抵戏表演，以送公主远嫁。

李尤在《平乐观赋》中，描写了东汉朝廷新年的游乐活动，场面极为壮观，其中许多节目似为从西域传过来的杂技表演。平乐观于东汉明帝时建在洛阳的上林苑内，是一个规模较大的百戏活动场所。张衡《西京赋》提到平乐馆演出过的百戏节目，有“乌获扛鼎”“都卢寻橦”“冲狭燕濯”“胸突铦锋”“角抵”“走索”“跳丸”“马戏”“化为仙车”“水人弄蛇”“吞刀吐火”“云雾杳冥”“划地为川”“流纬通经”“东海黄公”“鱼龙曼延”“总会仙倡”等二三十种大小不同、形式各异的节目。《平乐观赋》描写得更为生动，其中写道：“尔乃太和隆平，万国肃清。殊方重译，绝域造庭，四表交会，抱珍远并，杂遝归谊，集于春正，玩屈奇之神怪，显逸才之捷武，百僚于时，各命所主。方曲既设，秘戏连叙。逍遥俯仰，节以鞀鼓。戏车高橦，驰骋百马，连翻九仞，离合上下，或以驰骋，覆车颠倒。乌获扛鼎，千钧若羽。吞刀吐火，燕跃乌跱。陵高履索，踊跃旋舞。飞丸跳剑，沸渭回扰。巴渝隈一，逾肩相受。有仙驾雀，其行蚴虬。骑驴驰射，狐兔惊走。侏儒巨人，戏谑为耦。禽鹿六驳，白象朱首。鱼龙曼延，崼蜿山阜。龟螭蟾蜍，挈琴鼓缶。”

到南北朝时，百戏仍然大为流行。《魏书·乐志》写道：北魏天兴“六年冬，诏太乐、总章、鼓吹增修杂伎，造五兵、角抵、麒麟、凤皇、仙人、长蛇、白象、白虎及诸畏兽、鱼龙、辟邪、鹿马仙车、高絙百尺、长趫、缘幢、跳丸、五案以备百戏”。

3. 西域乐舞在中国的传播

西域各民族的音乐舞蹈艺术大量地传播到中国，给汉代以及魏晋南北朝的乐舞艺术很大的影响，促进了中国音乐舞蹈艺术的繁荣发展。

西域各民族的乐舞艺术十分发达。“在古代西域，相当长的时期内南部诸绿洲的乐舞——龟兹乐舞、于阗乐舞、疏勒乐舞、高昌乐舞、伊州乐舞流传时间最长，传播范围最广，龟兹乐舞又成了其中的代表。诸绿洲流行的是乐、歌、舞为一体的综艺形式，舞蹈往往随音乐'引节而起'，音乐也因其强烈的节奏将其推向高潮，歌又丰富了音乐、舞蹈语汇。故绿洲不存在没有歌乐的舞蹈，也不存在没有舞蹈的音乐，乐歌舞合一是西域诸绿洲乐舞最显著的特点。"①

中国早就发展起自己的乐舞艺术。到秦朝时，"妇女倡优，数巨万人，钟鼓之乐，流漫无穷"（《说苑·反质》）。秦王朝统一六国，汇集诸国乐舞艺人，多姿多彩的七国乐舞文化及其他表演艺术汇集一起，为汉代舞蹈繁荣，做了很好的铺垫。汉代歌舞之风极盛，宫廷里设有"黄门工倡"，即宫中的乐工、舞人。达官贵族之家多蓄养歌舞伎人，当时称为"倡"或"歌舞者"。"公卿列侯亲属近臣……设钟鼓，备女乐"（《汉书·成帝本纪》）；"豪人之室……奴婢千群……妖童美妾，填乎绮室；倡讴伎乐，列乎深堂"（《后汉书·仲长统传》），并由此产生了女乐歌舞表演的新的艺术形式和舞蹈节目。汉昭帝始元六年（前81），朝廷主持召开了一次关于盐铁国营和酒类专卖的辩论会，其中说到有不少情况涉及风俗民情与舞蹈艺术生活，如说达官贵人家中蓄养家伎歌舞娱乐："中山素女，抚流徵于堂上，鸣鼓巴俞作于堂下。"（《盐铁论·刺权》）"今富者，祈名岳，望山川，椎牛击鼓，戏倡舞象。"（《盐铁论·散不足》）在《汉书·孝元皇后传》中也有这样的记载："五侯群弟，争相奢侈……后廷姬妾，各数十人，僮奴以千百数，罗钟磬，舞郑女，作倡优，狗马驰逐。"足见汉代舞蹈所达到的高超的技艺水平。

汉朝初年，西域乐舞传播到中原。班固《白虎通义·德论上·礼乐》引《乐元语》说："兴四夷之乐，明德广及之也。故南夷之乐曰兜，西夷之乐曰禁，北夷之乐曰昧，东夷之乐曰离。合欢之乐舞于堂，四夷之乐陈于右。"汉朝宫廷里已经在演奏《于阗乐》。于阗乐原本是塔里木盆地绿洲诸国中最古老的乐种，声名早已远播中原。《西京杂记》记述道："戚夫人侍儿贾佩兰，后出为扶风人段儒妻……至七月七日临百子池，作于阗乐。"于阗乐在汉初就成为长安宫廷乐队每每演奏的乐曲之一。汉武帝时宫廷音乐家李延年利用张骞

---

① 仲高：《丝绸之路艺术研究》，新疆人民出版社2008年版，第169页。

从西域带回《摩诃兜勒》① 编为 28 首"鼓吹新声",用来作为乐府仪仗之乐,是我国历史文献上最早明确标有作者姓名及乐曲曲名,用外来音乐进行加工创作的音乐家。这 28 首乐曲用于军中,称"横吹曲"。这些乐曲流传甚久,直到数百年后的晋代尚能演奏其中的《黄鹄》《陇头》《出关》《入关》等10 首。

另外,从西汉末年起,印度的乐舞随佛教一起进入中国。三国时《天竺乐》已在中国流传。

向达说:"魏晋以降,古乐沦胥,外国音乐传入益盛。"② 有学者概括了魏晋南北朝时西域音乐文化在中原的传播,认为有几个标志性的事件,它们是:

(1)350 年左右,前凉王张重华占凉州时得天竺伎。

(2)382 年,前秦将领讨伐龟兹时得龟兹伎;吕光、沮渠蒙逊据守凉州时综合龟兹乐与凉州乐而形成西凉乐。

(3)436 年,北魏太武帝讨平北燕及交通西域时得疏勒、安国、高丽三伎。

(4)534—556 年,高昌伎因高昌款附而成为西魏的宫廷伎乐。

(5)568 年,突厥皇后阿史那氏和亲北周,带入康国伎。③

《隋书·音乐志》记载:"《天竺》者,起自张重华据有凉州,重四译来贡男伎,《天竺》即其乐焉。……乐器有凤首箜篌、琵琶、五弦、笛、铜鼓、毛员鼓、都昙鼓、铜钹、贝等九种,为一部工十二人。"

---

① 关于《摩诃兜勒》是什么曲子,有学者考证,"摩诃"是梵文 Maha 的汉字音译,其意为"大","兜勒"为"吐火罗"之译音。"摩诃兜勒"即为"大吐火罗"。因此,"摩诃兜勒"可视为古代吐火罗地区流行的乐舞大曲。还有学者提出,"摩诃兜勒"实际上是希腊语"马其顿"的译音。而大夏从前 329 年被亚历山大的军队征服以后,一直被希腊人所统治。因此,张骞从大夏的希腊人那儿获得了几首"马其顿"歌曲。(杨共乐:《张骞与马其顿音乐的传入》,《光明日报》1998 年 6 月 5 日)

② 向达:《唐代长安与西域文明》,河北教育出版社 2001 年版,第 246 页。

③ 王小盾、孙晓晖:《论唐代乐部》,《国学研究》第 14 卷,北京大学出版社 2004 年版,第 115 页。

魏晋南北朝时期，西域音乐在内地十分流行，胡汉合舞已成为普遍的风气。士大夫以胡舞、胡乐为时髦。曹植就是一位胡舞爱好者。《三国志·王粲传》裴注引《魏略》说："时天暑热，（曹）植因呼常从，取水，自澡；讫，傅粉。遂科头拍袒，胡舞五椎锻，跳丸，击剑。"

前秦时，吕光为迎西域高僧鸠摩罗什，远征龟兹，带回了《龟兹乐》。北魏太武帝从西域带回来了疏勒、安国的伎乐。北魏灭北燕时，又得到了北燕所传《高丽乐》。太武帝令将西域悦般国的"鼓舞之节，施于乐府"，归入宫廷乐舞机构。北魏杂乐有"西凉鼙舞""清乐""龟兹"等乐。北魏"天兴元年冬，诏尚书吏部郎邓彦海定律吕，协音乐……乐用八佾，舞《皇始》之舞……六年冬，诏太乐、总章、鼓吹增修杂伎……太宗初，又增修之，撰合大曲，更为钟鼓之节。世祖破赫连昌，获古雅乐，及平凉州，得其伶人、器服，并择而存之。后通西域，又以悦般国鼓舞设于乐署"（《魏书·乐志》）。这样，西域民族的乐舞开始与中国传统礼乐相结合，出现新声新曲。

当时龟兹诸国乐舞水平已相当当高。以《龟兹乐》为代表的西域乐舞，健朗明快的舞曲，轻盈的舞步，弹指击节、移颈动头的传神动作，急转如风的旋转技巧，令人陶醉，所以很快就在民间流传开来。《龟兹乐》的乐队也很壮观，有竖箜篌、琵琶、五弦、笙、笛、箫、筚篥，还有毛员鼓、都昙鼓、答腊鼓、腰鼓、羯鼓、鸡娄鼓、铜钹、贝等，对汉族人来说很有新鲜感。以游牧尚武立国的北魏，既有崇尚胡舞胡乐的世风，如勇武的男子舞《力士舞》，亦有热情如火的女子舞《火凤舞》。北魏高阳王元雍，有家伎五百，其中有个美姬，擅舞《火凤舞》（或作《么凤舞》）。这也是一种象形取意的乐舞，至唐代仍在流传。

北齐盛行之乐皆是胡乐，北齐后主高纬特别欣赏"胡戎乐"。北齐建立时"咸遵魏典"，祖珽上书，请求确定礼乐，"采魏安丰王延明及信都芳等所著《乐说》，而定正声，始具宫悬之器，仍杂西凉之曲，乐名《广成》，而舞不立号，所谓'洛阳旧乐者也'"（《隋书·音乐志》）。此外，宫中杂曲还有西凉鼙鼓、清乐、龟兹乐等，来自西域的曹妙达、安未弱、安马驹等人的表演很受欢迎，得到皇帝的重用。终齐一代，西域的音乐在民间和宫廷中一样盛行。宫廷比民间有过之而无不及，几乎成为病态，以至于西域音乐家有因受宠而"封王开府"者。有的史家甚至将北齐亡国归咎于朝野沉迷于西域音乐。

陈寅恪指出："曹、安等皆西胡氏族也，北齐之宫廷尤其末年最为西域胡化。"他还指出："盖北魏洛阳既有万余家之归化西域胡人居住，其后东魏迁邺，此类胡人当亦随之迁徙，故北齐邺都西域胡化尤其胡乐之盛必与此有关。否则齐周东西隔绝，若以与西域交通论，北周领土更为便利，不应北齐宫廷胡小儿如是之多，为政治上一大势力，而西域文化如音乐之类北齐如是之盛，遂至隋代犹承其遗风也。故隋之胡乐大半受之北齐，而北齐邺都之胡人胡乐又从北魏洛阳转徙而来，此为隋代胡乐大部分之系统渊源。"①

王昆吾认为："北齐时候，北周隔断了西域与洛阳的通道，但北齐胡乐却远盛于北周。这就说明早在北魏之时，洛阳贾胡即已携来大批音乐伎艺。北齐时候以乐伎得致显达的那些著名乐工，就是这批商贾的后裔。"比如，"北魏洛阳的寺会音乐，可以看作西域寺会音乐的一种反映"。②

北周天和三年（568），武帝迎娶突厥木杆可汗俟斤的女儿阿史那氏为皇后，阿史那氏带来了康国、龟兹等地杰出的音乐舞蹈家和具有鲜明民族特色的乐舞，他们的演出轰动了长安。武帝为了表示对皇后的尊重，命令将她带来的诸乐舞，加上原有的《高昌乐》，在大司乐里传习，并用这些西域乐舞的旋律，配上中原传统乐器钟磬演奏，作为"雅乐"使用。

北周宣帝即位后，"广招杂技，增修百戏。鱼龙曼衍之伎，常设殿前，累日继夜，不知休息"。

王国维在《宋元戏曲考》一文中概括北朝引进西域乐舞的情形说：

> 盖魏齐周三朝皆以外族入主中国，其与西域诸国交通频繁。龟兹、天竺、康国、安国等乐，皆于此时入中国，而龟兹乐则自隋唐以来，相承用之，以迄于今。此时外国戏剧，当与之俱入中国。③

王国维所指"外国戏剧"指诸如《钵头》《兰陵王》《苏莫遮》《神白马》《舍利弗》《上云乐》之类佛教及世俗戏曲。

---

① 陈寅恪：《陈寅恪集》，生活·读书·新知三联书店2001年版，第134页。

② 王昆吾：《隋唐五代燕乐杂言歌辞研究》，中华书局1996年版，第28、31页。

③ 王国维：《王国维戏曲论文集》，中国戏剧出版社1984年版，第9页。

南朝各代，"胡乐""胡舞"也流行起来。南朝宋时，有"西伧、羌胡诸杂舞"。南朝（萧）齐时，"羌胡伎乐"盛行，在典礼仪式中多用羌胡乐舞。南朝陈后主特遣宫女到北方学习箫鼓等乐器演奏，称之为"代北"。南朝宫廷宴乐中，除了保留汉代散乐百戏等歌舞杂技外，"胡舞""胡乐"也普遍使用。梁元帝有"胡舞开斋阁，盘铃出步廊"诗句。从周舍的曲辞中知道有个叫文康的西域舞者，领着一班乐工和舞伎来到江南，给朝廷表演歌舞，其中就可能有《胡旋舞》。

在舞蹈艺术方面，常任侠指出："北朝后魏道武帝作《皇始舞》，六年冬诏太乐总章鼓吹，增修杂技。太武帝又以悦般国鼓舞，置于乐署。北齐文宣初，未改旧章，而其时胡舞，已渐流行。"① 胡舞的传播有一个过程，中原人接受胡舞也需要一定的时间。《通典》卷一四六记载："《安乐》，后周武帝平齐所作也。行列方正象城郭，周代谓之《城舞》。舞者八十人，刻木为面，狗喙兽耳，以金饰之，垂线为发，画袄皮帽舞蹈，姿制犹作羌胡状。"看来是一种戴面具的胡舞，由此而产生了著名的《大面》（或名《代面》）。唐段安节《乐府杂录》说："大面出于北齐，北齐兰陵王长恭，才武而貌美，常着假面以对敌，尝击周师金墉城下，勇冠三军，齐人壮之……俗谓之《兰陵王入阵曲》。"这出舞属于软舞，腰部动作运用很多，"戏者衣紫腰金执鞭"，装束也很华丽。

西域传入北朝的胡舞著名的还有《五方狮子舞》与《胡旋舞》《胡腾舞》《拓枝舞》等。

《五方狮子舞》出自《龟兹伎》，设五方狮子，高丈余，饰以方色，每狮子有12人，画衣执红拂，首加红袜，谓之狮子郎。人在狮子队中俯仰驯狎，作出狮子各种动作，与中国传统杂技"舞狮子"极为相似。白居易的诗《西凉伎》生动地描写了胡人表演狮子舞的情形：

> 西凉伎，西凉伎，假面胡人假师子。
> 刻木为头丝作尾，金镀眼睛银帖齿。
> 奋迅毛衣摆双耳，如从流沙来万里。

① 常任侠：《丝绸之路与西域文化艺术》，上海文艺出版社1981年版，第134页。

紫髯深目两胡儿，鼓舞跳梁前致辞。

……

《新唐书·礼乐志》说："龟兹伎有弹筝、竖箜篌、琵琶、横笛……设五方狮子，高丈余，饰以方色，每狮子有十二人，画衣执红拂，首加红袜，谓之狮子郎。"狮子舞的引舞者有"胡人""回回""达摩"等多种称呼，由这些称呼也可以看出，这种舞蹈来自西域。胡舞以身体的形体动作而表达创作者的内心情感，中国传统舞蹈则以配合音乐与善于使用道具而著称，胡汉融合的结果是中国舞蹈从此耳目一新，为隋唐时期的强盛、开放气势奠定了基础。

魏晋南北朝时期的乐舞正处于中国音乐、舞蹈历史上承前启后的发展时期，出现了极为丰富的乐舞曲目。这些乐舞曲目大致分为由汉代继承下来的传统曲目与引进外来因素的创造曲目。大量的西域民族乐舞传入中国北方，这种交流融汇又产生了新型的汉族乐舞《西凉乐》。这是糅合了中原乐舞与西域乐舞的具有西凉风味的一种新乐舞。引进外来文化因素而创造的新曲目，即隋代大业年间正式定型的"九部乐"，依次为《清乐》《西凉乐》《龟兹乐》《天竺乐》《康国乐》《疏勒乐》《安国乐》《高丽乐》《礼毕曲》。

4. 苏祗婆传"五旦七声"

西域音乐艺术对中国音律的发展起到了重要作用。龟兹乐人苏祗婆随龟兹乐队到长安，将龟兹乐与七音输入北周乐舞中，实现了中国音乐史上最重要的变革。

苏祗婆出身于音乐世家，父亲是古突厥族有名的音乐家。在父亲的熏陶下，苏祗婆很小便弹得一手好琵琶，又精通龟兹乐律。前文提到，北周天和三年（568），北周武帝迎娶突厥公主阿史那氏为皇后，苏祗婆和龟兹乐工也跟着一起来到中原。在内地，苏祗婆演奏了大量的龟兹琵琶乐曲，让内地人倾倒在其美妙的乐声里。《旧唐书·音乐志》记载："周武帝聘虏女为后，西域诸国来媵，于是龟兹、疏勒、安国、康国之乐大聚长安。胡儿令羯人白智通教习，颇杂以新声。"

北周亡后，苏祗婆流落民间，辗转各地，广招艺徒，传授琵琶技艺和音乐理论，传播龟兹乐律"五旦七声"。后来苏祗婆将此音乐乐理传与隋朝重臣郑译。郑译奉召参加讨论朝廷音乐之事。郑译以为，北周七声废缺，从大隋受命以来，应该用新的礼乐。他与苏祗婆合作，另外修定七始，名叫《乐府声调》，总共8篇。《隋书·音乐志》记载："先是周武帝时，有龟兹人曰苏祗婆，从突厥皇后入国，善胡琵琶。听其所奏，一均之中间有七声。因而问之，答云：'父在西域，称为知音。代相传习，调有七种。'以其七调，勘校七声，冥若合符。一曰'婆陀力'，华言平声，即宫声也。二曰'鸡识'，华言长声，即商声也。三曰'沙识'，华言质直声，即角声也。四曰'沙侯加滥'，华言应声，即变徵声也。五曰'沙腊'，华言应和声，即徵声也。六曰'般赡'，华言五声，即羽声也。七曰'俟利建'，华言斛牛声，即变宫声也。译因习而弹之，始立七声之正。然其就此七调，又有五旦之名，旦作七调。以华言译之，旦者则谓均也。其声以应黄钟、太簇、林钟、南吕、姑洗五均。已外七律，更无调声。译遂因其所捻琵琶，弦柱相饮为均，推演其声，更立七均，合成十二，以应十二律。律有七音，音立一调，故成七调，十二律合八十四调，旋转相交，尽皆和合。仍以其声考校太乐所奏，林钟之宫应用林钟为宫，乃用黄钟为宫；应用南吕为商，乃用太簇为商；应用应钟为角，乃用姑洗为角。故林钟一宫七声，三声并戾。其十一宫七十七音，例皆乖越，莫有通者。又以编悬有八，因作八音之乐，七音之外更立一声谓之应声。"

这七音的原语，基本出于古代梵语，属于古代伊朗、印度的音乐系统。向达指出："苏祗婆之琵琶七调，实与印度音乐中之北宗，即印度斯坦尼派（Hindostani School）有相似者，或竟出于北宗，为其一派。"[1]

不过，苏祗婆从龟兹而来，已将七音改造，称之为《龟兹乐》，而非将印度或伊朗的音乐照搬。常任侠指出："苏祗婆的七调，溯其源流，出自印度的乐调，这是许多学者的主张。但它既入中国，已经华化，增加了中国的色彩，而且更有新的创造，并非'率由旧章'一成不变，因此它称为《龟兹乐》而不称为《天竺乐》。《龟兹乐》受印度的影响，这是事实。因此龟兹乐人苏祗婆因袭旧名，但乐调的高低，却并不一致，与中国的宫、商、角、徵、羽、变宫、变徵，也不尽合。"[2]

苏祗婆七声的输入标志魏晋南北朝时期中国乐舞制度从乐人、乐器到乐

---

① 向达：《唐代长安与西域文明》，河北教育出版社2001年版，第247页。

② 常任侠：《丝绸之路与西域文化艺术》，上海文艺出版社1981年版，第86页。

律方面，都掺入胡风。古乐大都并入雅乐，局限于庙堂乐章，民间歌舞与胡乐结合，显示极强的生命力，为社会各界所欢迎。中乐七声，即宫、商、角、变徵、徵、羽、变宫，也就是苏祗婆所输入的娑陁力、鸡识、沙识、沙侯加滥、沙腊、般赡、俟利建，可以与西乐音符 C、D、E、F、G、A、B，以及印度音符 Sa、Ri、Ga、Ma、Pa、Dha、Ni 一一对应。这是魏晋南北朝时期中国乐律改进的最重要的成就之一。在新乐律的指导下，中国乐舞得以呈现丰富多彩的面貌。

5. 传入中国的西域乐器

自西汉丝绸之路开辟，胡乐东来，西域乐器得以在中国内地传播和普及，在魏晋南北朝时期，引进西域乐器甚至成为时尚。

魏晋南北朝时期引进的西域乐器很多。《隋书·音乐志》说："（天竺乐）乐器有凤首箜篌、琵琶、五弦、笛、铜鼓、毛员鼓、都昙鼓、铜钹、贝等十五种，为一部。工十二人。""（龟兹乐）其乐器有竖箜篌、琵琶、五弦、笙、笛、箫、筚篥、毛员鼓、都昙鼓、答腊鼓、腰鼓、羯鼓、鸡娄鼓、铜钹、贝等十五种，为一部。工二十人。""西凉者，起苻氏之末，吕光、沮渠蒙逊等，据有凉州，变龟兹声为之，号为秦汉伎。魏太武帝既平河西得之，谓之西凉乐……其乐器有钟、磬、弹筝、搊筝、卧箜篌、竖箜篌、琵琶、五弦、笙、箫、大筚篥、长笛、小筚篥、横笛、腰鼓、齐鼓、担鼓、铜钹、贝等十九种，为一部。工二十七人。"

这一时期引进的西域乐器中比较重要的有以下几种：

（1）箜篌。箜篌是魏晋南北朝时风行乐器。箜篌是佛教音乐的重要乐器种类。李玫指出："佛经中如此强调箜篌，首先是因为佛教的发源地印度从太古时代就有箜篌从埃及传入，并一直延续到笈多时代，这期间箜篌广为传播、发展、成熟，已成为极受喜爱的乐器，佛教便拿来作天界美妙音乐的象征，甚至在印度古代传说中箜篌是干闼婆发明的，同时也会作为佛教音乐的重要乐器，所以说弓形箜篌是随佛教传播的。"① 在印度佛陀伽耶发掘的石雕有弹箜篌图，为 4 世纪中期至 5 世纪初期笈多王朝时代的遗物，可以由此推论古

---

① 李玫：《箜篌变异形态考辨——新疆诸石窟壁画中的箜篌种种》，《中国音乐学》1994 年第 4 期。

代箜篌形状，一开始便类似今日的"竖琴"。在山西大同云冈石窟和甘肃敦煌莫高窟中有弹奏箜篌的雕刻和壁画，均为北魏时期的作品，与印度笈多王朝相仿，两地箜篌应属同源。唐杜佑《通典》解释说："竖箜篌，胡乐也，汉灵帝好之，体曲而长，二十有三弦，竖抱于怀中，用两手齐奏，俗谓之擘箜篌。"晋曹毗在《箜篌赋》中曾描绘道："龙身凤形，连翻窈窕，缨以金彩，络以翠藻。"

日本学者林谦三说箜篌这种弦乐器原是一路经过中亚，一路经过缅甸传入中国的。[①] 箜篌在汉武帝时期输入中国内地，那时西南海上交通开辟，箜篌由西南方传入，李延年创制祀神乐舞，其中使用箜篌做乐器。汉元帝时昭君出塞，箜篌还是汉元帝赐匈奴呼韩邪单于的礼品。不过魏晋南北朝时的箜篌称"胡乐"，应是从西北传入，如《隋书·音乐志》说："今曲项琵琶、竖头箜篌之徒，并出自西域。"前凉张重华镇凉州时，天竺国重四译来贡，其乐器有凤首箜篌、琵琶、五弦、笛、毛员鼓、都昙鼓、铜鼓等9种。新疆和田发现的土偶弹箜篌像、克孜尔千佛洞发现的木雕弹箜篌像与古亚述国的浮雕弹箜篌像极为近似。因此，魏晋南北朝时西凉乐、龟兹乐、疏勒乐所用箜篌，可能与西亚地区的文化有一定的渊源。

箜篌音域宽广、音色柔美清澈，表现力强。唐李贺《李凭箜篌引》一诗中生动地展露了"箜篌"弹奏出的神奇美妙的音乐：

> 吴丝蜀桐张高秋，空山凝云颓不流。
>
> 江娥啼竹素女愁，李凭中国弹箜篌。
>
> 昆山玉碎凤凰叫，芙蓉泣露香兰笑。
>
> 十二门前融冷光，二十三丝动紫皇。
>
> 女娲炼石补天处，石破天惊逗秋雨。
>
> 梦入神山教神妪，老鱼跳波瘦蛟舞。
>
> 吴质不眠倚桂树，露脚斜飞湿寒兔。

（2）琵琶。琵琶是源出于波斯的古乐器。早在秦汉时期，琵琶（批把）就已传入中原。汉刘熙《释名》说："批把本出于胡中，马上所鼓也。推手却

---

① 参见［日］林谦三著，钱稻孙译：《东亚乐器考》，人民音乐出版社1999年版，第131－132页。

曰批，引手却曰把，象其鼓时，因以为名也。"王昭君远嫁匈奴呼韩邪单于，一路怀抱着琵琶的绘画形象，从古到今人人皆知。但那时的琵琶是个泛称，像秦琴、月琴、三弦一类的弹拨乐器，几乎全包括在内。真正的西域琵琶是在南北朝时由龟兹国正式普及到中原，逐渐改变并完善其弹奏方式和外观造型的。"批把"二字写成"琵琶"是在晋代，如傅玄《琵琶赋序》说："欲从方俗语，故名曰琵琶，取其易传于外国也。"

魏晋南北朝时，琵琶广为流行。昭武九姓之曹国人曹僧奴、曹妙达一家，三代人以善弹琵琶而在北魏至北齐时出名，特别是曹妙达尤为北齐王高洋所"宠遇"，高洋常常自击胡鼓与曹妙达的琵琶相应和。又据《北史》记载，曹僧奴的女儿也是琵琶能手，颇受北齐后主高纬的赏识和厚待。

琵琶有多种形制，如秦琵琶、曲项琵琶、五弦琵琶等。

（3）筚篥。筚篥也叫做管子，是一种吹奏管乐，以软芦为舌，与笛管同类。在南北朝时大小不一，分为大筚篥、小筚篥、桃皮筚篥等，还有竖小筚篥、漆筚篥、管子等多种形制。大筚篥声音悲咽，小筚篥声音激越高亢，桃皮筚篥则声音悲中带哑。筚篥源起于波斯，南北朝时传入中国。刘宋何承天《纂文》说："必栗者，羌胡乐器名也。"依唐杜佑《通典》所说："筚篥，本名悲栗，出于胡中，声悲。"这种乐器在南北朝的各种胡乐中，如西凉乐、龟兹乐、天竺乐、疏勒乐、安国乐、高丽乐，都是主要乐器。

（4）横笛。横笛也称"横吹""羌笛""胡笛"。马融《长笛赋》说："此器起于近世，出于羌中。"汉族传统的箫是竖吹的乐器，横吹的羌笛便被视为胡乐。如《晋书·乐志》说："胡角者本以应胡笳之声，后渐用之横吹，有双角，即胡乐也。"陈旸《乐书》记载："马融赋笛以为出于羌中，旧制四孔而已，京房因加一孔，以备五音。"《风俗通》说："汉武帝时，邱仲作尺四寸笛后，更名羌笛焉。"《宋书》说："有胡笛、小箎出于鼓吹。"《文献通考·乐考十一》说："大横吹，小横吹，并以竹为之，笛之类也。"《律书·乐图》说："横吹，胡乐也。昔张博望入西域传其法于西京，得《摩诃兜勒》一曲，李延年因之更造新声二十八解，乘舆以为武乐。"中国传统的洞箫声音低沉、呜咽，横笛则嘹亮、悲切，横笛进入中国内地使中国音乐的表现力大大丰富起来。横笛除了竹制外，还有玉制、铁制，声音与竹笛相比变化较大，这是中国民族音乐在引进外来文化元素后的创造与发展。

（5）胡角。一种横吹乐器，但是不用竹制，而是古代羌族牧马人用牛角制成的乐器。唐吴兢《乐府古题要解》卷上说："又有胡角者，本以应胡笳之声，后渐用之，有双角，即胡乐也。"李贺《塞下曲》诗云："胡角引北风，蓟门白于水。"胡角"原名拔逻回，发惊军之音"，魏晋以后士人开始依胡角曲调填词作歌，如曹植便有胡角三曲。胡角在魏晋南北朝时期使用普遍，高昌乐将胡角改成牛角形的铜角，声音变得更大、更高亢。这是宋代以后民间鼓吹乐中大喇叭的原型。

（6）胡笳。原是匈奴人的一种乐器，木制管身、三孔、芦为簧，张骞通西域后传入中国，流行于中原汉族地区，是鼓吹乐和横吹乐中使用的主要乐器。《太平御览》卷五八一记载："笳者，胡人卷芦叶吹之以作乐也，故谓曰胡笳。"东晋傅玄《笳赋序》中则有"葭叶为声"之句。"笳"字在汉代为"葭"字。《说文》记载："葭，苇之未秀者。""苇，大葭也。"晋郭璞说：葭、芦、苇三字指的是同一种植物。陈旸《乐书》记载："胡笳似觱篥而无孔，后世卤簿用之，盖伯阳避入西戎所作也。刘琨尝披而吹，杜挚尝序而赋，岂张博望所传《摩诃兜勒》之曲邪？"蔡文姬曾作《胡笳十八拍》。《乐府诗集》题解引《蔡琰别传》记载："胡人思慕文姬，乃卷芦叶为吹笳，奏哀怨之音。"唐张说《幽州夜饮》诗云："军中宜剑舞，塞上重笳音。不作边城将，谁知恩遇深。"

传入中国的西域乐器还有昙鼓、鸡娄鼓、铜钹、贝、羯鼓等。大量西域乐器进入中国内地，对于中国传统乐舞的改造有极重要的作用。前秦苻坚所用《清乐》，乐器有钟、磬、琴、瑟、击琴、琵琶、箜篌、筑、筝、节鼓、笙、笛、箫、篪、埙15种；北魏始用的《西凉乐》，乐器有钟、磬、弹筝、筝、卧箜篌、竖箜篌、琵琶、五弦、笙、箫、大筚篥、长笛、小筚篥、横笛、腰鼓、齐鼓、担鼓、铜钹、贝19种；北凉至北魏时使用的《龟兹乐》，乐器有竖箜篌、琵琶、五弦、笙、笛、箫、筚篥、毛员鼓、都昙鼓、答腊鼓、腰鼓、羯鼓、鸡娄鼓、铜钹、贝15种。中国在接受外来乐器时却又不重复外来乐器的编排使用，而且直接将外来乐器用于"华夏正声"的演奏。于是对外来音乐进行了一次又一次的改造，使得各种胡乐最后成为中国民族音乐的一部分。

6. 石窟及考古所见的西域乐舞

西域乐舞在中国，得到了广泛的流传，并且对中国乐舞艺术产生了很大的影响。不仅如此，汉至南北朝的石窟、造像、绘画以及其他雕刻艺术品，在墓葬的考古发现中，留下了生动的影像，使我们在今天也能对当时传入中国的西域乐舞艺术有直观的形象的了解。

在北朝时期，随着佛教的东传，人们开始大规模地建造石窟，沿着丝绸之路，从西向东，建造了一大批规模宏大的佛教石窟。在这些石窟的壁画和塑像中，有不少表现乐舞活动的造像，反映了那个特定历史时期的舞蹈风貌，具有独特的艺术风格及审美特征。有学者将这些表现西域乐舞的壁画和雕像大体上分为5类：

（1）天宫伎乐，凡是佛国中从事乐舞活动的乐神，都可称为天宫伎乐；在石窟中，天宫伎乐是指绘于石窟窟顶与四壁交界处、环窟四周，绘有带状之宫门栏墙，绘无数并列之方格，呈天宫圆券城门洞形，每个门洞之中，有一乐神持乐器演奏或舞蹈的伎乐形式。

（2）飞天伎乐，是佛经中的手持乐器做飞行状的香音神，经常出现于石窟窟顶的藻井、佛龛龛楣之上。

（3）化生伎乐，指莲花中化生出的手持乐器演奏的童子或菩萨。

（4）供养伎，指娱佛的供养人及菩萨。

（5）世俗伎乐，石窟中出现的世俗生活中的演乐形式。

新疆拜城克孜尔千佛洞保存了魏晋南北朝以至隋唐宋几代的龟兹壁画。千佛洞第38窟西晋时乐舞洞，两壁共14组（每壁7组），每组两个伎乐菩萨（早期的天宫伎乐）或拍掌击节，或拈花绳起舞，或弹琵琶，或击手鼓，正是古龟兹乐舞。千佛洞第101窟"伎乐菩萨"独舞，舞伎形象虽因年代久远有几处漫漶，但仍可看出其头戴宝石冠，上身全裸，戴臂钏、项链、璎珞、手镯，身材丰腴而不失秀美，尤其舞姿翻掌拧腰，颇具龟兹风貌。

敦煌莫高窟第272窟交脚弥勒坐像两侧，有众多的听法菩萨，乐得手舞足蹈，是两组精美的舞蹈，这两组舞蹈有很浓的印度风格。在第249窟中，有北魏时期的乐舞形象"天宫伎乐"，左龛为男性一舞伎，双手反掌举在头顶，是一种西域乐舞的姿态，即"背反莲掌"，右龛为吹螺伎人。该窟还有吹筚篥和擘箜篌的乐舞伎。第251窟中心柱"伎乐飞天"，手抱琵琶，上身裸，下着裙，肩披长带，尾梢似叶状，更增飘逸之感。

"飞天"是印度香音神和中国羽人结合的产物。印度和西域飞天最初较笨重，飘带短，未能飘然腾飞。中原最早出现的"飞天"是甘肃炳灵寺第 169 窟西秦时期的"双飞天"，面形已中原化，长裙共飘带翻飞。敦煌莫高窟第 275 窟北魏时期的"飞天"，以及甘肃文殊山万佛洞北凉时期的"飞天"也非常古朴。其后，敦煌莫高窟第 285 窟西魏时期的"伎乐飞天"，双手擘箜篌，上身裸，下着长裙。第 285 窟西魏时期的"龛楣伎乐"中立一女伎合掌弹指，为西域舞姿，左弹琵琶，右吹竖笛伴奏。

莫高窟也留下了突厥人的舞踪，如第 297 窟北周"树下伎乐"，在树荫下，两女舞伎，着突厥装，圆领紧身露膝筒裙，腰束带，断发，左舞人两手相叠，跂右腿，右舞人手掌心相向，双足交叉，扭腰移颈而舞。左侧有擘箜篌、弹琵琶、吹竽的乐队，旁立一男子正在欣赏。

云冈石窟也有乐舞壁画，如第 6 窟明窗西侧"伎乐天"，帷幔下乐队六人吹螺、吹横笛、击鼓、弹琵琶、击小铃，下层为一排舞伎。束高冠，着翻领敞胸紧身衣，跪右腿，合掌起舞。这是云冈窟第一期的石刻，保留着浓重的鲜卑族风貌和印度、西域的痕迹。

除了石窟壁画外，一些出土文物和遗址中也有西域乐舞方面的表现。新疆库车雀离大寺（即昭怙厘大寺）出土的乐舞舍利盒，盒盖为尖顶，木盒为圆形，外敷麻布，再涂油漆彩绘，高 31.20 厘米，直径 37.30 厘米，以朱红色为主，杂以黄色，光彩四射。盒盖彩绘由 5 个圆形图案构成，以波斯联珠纹相连，中间嵌以双鹦鹉衔授带联结。围绕中心圆为 4 个活泼可爱的裸体小天使（二身有翅膀，二身披蝉翼式天衣），三块瓦发式，左右两童子持琵琶，上面童子在弹箜篌，下面童子在吹竽箫。盒身一周为一支由 21 人组成的舞队，姿态各异，边舞边行进，前后呼应。这一组乐舞是龟兹人的风俗舞蹈。

甘肃酒泉魏晋墓乐舞壁画与汉代"百戏图"相近似，左上方为 4 个演奏琴、琵琶、箫、腰鼓的乐人，席地而坐；在这支小乐队的伴奏下，两个舞人合乐起舞：一舞者裙裾卷扬，似正在做一个矫捷奔放的舞蹈动作，另一舞者双手各执一个便面（后世的扇），举手张臂而舞。在乐舞场景的下面，是杂技柔术表演。两人在长条形物上，做滚翻动作，如今称之为"前桥""后桥"技巧，整个画面充满了动感，引人入胜。

盛行于两汉画像砖艺术，有不少表现了西域乐舞场面。如在河南西华县出土的汉代人纹雕砖上，两胡人高鼻深目，着紧身纹样衣，跪左腿举左手；

另一人跪右腿举右手，形成对称，形象地反映了胡人来洛阳献艺的场景。南阳汉代画像砖中有裸体舞的图像。翦伯赞指出："裸体舞是生活于较为原始的历史阶段中之歌舞的形式，此种歌舞的形式，在中原地区，亦曾存在过，但随着历史的进展，早已消灭了。尤其在儒家哲学支配一切文化思想的汉代，此种不合封建礼教的裸体舞绝不会在本土再生长出来，因而确切地证明这是一种外来的歌舞形式。"①

在安康一座东晋升平元年（357）墓中，出土了一块模印"骑吹"阵容的画像砖，5 匹缓缓行进的骏马上，坐着 5 个深目高鼻、满脸髭须的胡人，分别吹奏着觱篥、排箫、横笛和敲打铜钹，这些具有西域特征的乐器，显然两晋时已传入安康。

宁夏固原县城出土的绿釉瓶，在一圈联珠纹样内有 7 人一组的男子乐舞，最上面左吹横笛，右打手鼓，下左弹琵琶，右弹箜篌，中一人身穿大翻领窄袖的胡服，右臂举在头顶，左臂在身后，左手在翻袖，左腿大跨步，右腿拔起，身旁两人似在拍手击节，是一幅生动的《胡腾舞》。河南安阳北齐范粹墓出土的黄釉扁壶，上有乐舞纹饰，乐舞人均为高鼻深目、身穿胡服的西域人，四乐人为舞者伴奏。男舞者立于莲花台上，右臂侧展，左臂下垂，稍耸肩，作欲踏舞状。另一北齐传世瓷壶，在卷草花纹中，有 7 个西域乐舞人像；四乐人分别弹箜篌、弹琵琶、吹笛、击鼓。另两人奋力击掌，男舞者居中，作向前奔腾跳跃状。动作幅度大，舞姿豪放粗犷。以上两壶的舞人形象，均具有《胡腾舞》的特色。白河县麻虎亦出土了一件手持"戚"（斧）而舞的青瓷壶，舞者为男性胡人，头戴虚顶尖帽，身穿窄袖衫，腰垂长带，脚登短统皮靴，右腿提起弯曲，左脚踩在圆形舞毯上，回首顾盼，高耸双肩，挥着手上的道具，扭腰顿足，做快速前转，腾跃的舞姿。这只青瓷壶的发现，证明了在南北朝时胡腾舞就已传到中原，并在南方广泛流传，南朝的工匠因此才能设计出这只青瓷壶。

各地考古还发现了许多表现舞者的雕塑作品。广州象岗南越王墓出土的玉雕双舞人，与中原舞姿、服饰都有很大的差异，舞伎头侧梳螺髻，着长裙，长袖中间窄而袖口肥大，为喇叭袖。一舞伎为跪式，一舞伎为立式，造型非

---

① 翦伯赞：《秦汉史》，北京大学出版社 1983 年版，第 548 页。

同一般，与广州出土的汉族戴花冠女舞俑，风格迥异。

山西寿阳北齐库狄回洛墓出土一男子舞俑，长得深目、钩鼻，面带微笑，着花丝绸袍、花绸裤，敞领宽袖，双手松松握拳，正在起舞。

在安康南朝墓中出土了一个体现地域特征的陶俑群，其中有沈从文所说的那种"衣长齐膝、袖子很小；腰间束有附带钩的皮带，可松可紧；头上戴着用毛毡或皮革做的尖头帽；脚上穿着短统皮靴"① 一身胡服打扮的乐舞俑。他们有的持管横吹，有的挟持腰鼓敲击。最引人注意的是一个女舞俑，她盘腿蹲踞，右手抚地，左手屈肘于胸前，舞姿优美而又典雅。

1986年5月，安康水电站库区考古队在一座北魏和平二年（461）墓中，出土了一套乐舞伎铜带版。带版是束在腰间革带上的饰物，共发现6块，其中一块为长方形，上面铸有女性舞伎一人，头戴流苏珠翠头饰，身上缀着璎珞，窄窄的袖口，裸露的前胸上乳房突起，在环绕的飘带中，舞者高举双手，右腿跋起，赤着左足尖立于圆形舞毯上，旋转起舞。另外5块为方形，上面所铸造的5人为乐部，乐器有曲项琵琶、笙簧、羯鼓、腰鼓等（其中一块人物蚀空，乐器不明）。此5人一律穿胡服，敞胸袒腹，盘腿坐在舞毯之上，或弹奏，或鼓吹，或打击，形态各异；有高鼻深目、虬髯箕张、奋力弹拨琵琶者；有双目圆睁、两腮鼓起、聚精会神吹笙者；有高鼻深目、卷须垂胸、心无旁骛的击鼓者。此种舞蹈，与敦煌莫高窟壁画《佛国世界》中第220窟北壁《东方药师净土变》中的"胡旋舞"图相比，除手位不同外，其衣着、造型、舞姿等，均有着惊人的相似。也和大同市出土的北魏太和八年（484）司马金龙墓石刻棺床上的13个雕刻伎乐像十分相似，② 以此可知这种舞蹈就是"胡旋舞"。

陕西兴平遗存的一古佛座，史家考证为南北朝时期文物。此佛座刻有一幅华丽的乐舞图，中有莲花纹装饰的博山炉，炉左一女舞者，细腰长裙，倾身展臂而舞，汉风十足。右一男舞者，高鼻深目，身着胡服，窄袖紧衣，高举双臂至头顶，类托掌姿，跋腿而舞，后坐8个伴奏乐人。

---

① 参见沈从文：《石人为何要留胡子：谈艺论文录》，新星出版社2017年版，第239页。

② 参见谈俊琪主编：《安康文化概览》，陕西人民出版社1997年版，第161—162页。

六 波斯文化在中国的传播

1. 中国与波斯的交往与贸易

伊朗古时候叫波斯，是亚洲大陆上的一个文明古国。约前500年的时候，波斯成为东至印度河、西至地中海的幅员广阔的强大国家。亚历山大东征时，波斯被希腊人所征服，成为希腊化的塞琉古王国的一部分。前249—前247年，里海东南的帕提亚人推翻了塞琉古王国，建立了阿萨息斯王朝，罗马人称为帕提亚，中国人称为安息。阿萨息斯建国后约百年，在米特里达梯一世（Mithradates Ⅰ）统治时期，建立起一个庞大的帝国，东自大夏、印度，西至幼发拉底河，北自里海，南至波斯湾，成为当时西亚一带最大的国家。至226年，阿萨息斯王朝被萨珊王朝所取代，建立了新的波斯帝国。直到642年，萨珊王朝被阿拉伯帝国所灭。

中国与波斯有着悠久的文化联系。法籍伊朗学者阿里·玛扎海里（Aly Mazahéri）指出："如果在世界上确实有一个社会可以与波斯相比较的话，那么这个社会就只能是中国。""中国和伊朗—伊斯兰世界的文化关系要比大家一般所想象的那样重要很多。这种关系与'丝绸之路'一样古老。"① 古代波斯的传说经常提到中国。有传说讲到，古代波斯著名的国王雅姆什德（Jam-shid）与马秦（即大中国）国王马亨（Mahang 或作 Machenk）的女儿生育两个女儿，有人认为，马亨就是周穆王。当然这则传说没有多少根据，但是确实有周穆王到西方各国旅行（"西狩"）的记载。

中国与波斯的早期文化接触主要依赖于丝绸之路。前面已经提到，丝绸之路有一大段要通过波斯。波斯人在很长时间里垄断了丝绸之路上的国际丝绸贸易，将从中国运来的丝绸转手贩卖给欧洲，从中大获其利。也正是通过丝绸之路，波斯人接触到中国文明。玛扎海里指出："丝绸之路的凿空使伊朗

---

① ［法］阿里·玛扎海里著，耿昇译：《丝绸之路：中国—波斯文化交流史》，新疆人民出版社2006年版，中译本序、第254页。

社会的重心转移了，从底格里斯河沿岸转移到了阿姆河畔。伊朗将其视野从幼发拉底河两岸转移开了，从此之后便注视着锡尔河以远地区。在伊朗的眼中看来，中国占有希腊从未有过的重要地位，当然罗马就更不及了，他们从此就尊重中国。……阿萨息斯人在'亲希腊'的外装下实际上成了汉朝文明向幼发拉底河流域发展的延续。"①

　　另一方面，丝绸之路对当时波斯的国际关系和国内社会生活也产生了重要影响。苏联学者加富罗夫指出："过境贸易在帕提亚国家的经济中具有重大意义。联系西方希腊、罗马同东方中国、印度的主要商道经过帕提亚。为了控制各国之间的商道，阿萨息斯王朝同希腊——巴克特里亚王国，同衰落的塞琉古王国，同罗马，都进行过战争。著名的'丝绸之路'即经过巴克特里亚和帕提亚。为了经营中国丝绸的居间商业，阿萨息斯王朝竭力阻挠中国皇帝同罗马进行直接联系的尝试。……"② 美国学者梯加特（F. J. Teggart）指出，帕提亚（安息）的动乱与和平，除了罗马入侵的情况之外，"完全取决于由长安通往安提俄克这条著名的丝绸之路的通断变迁。……丝绸之路是远东和地中海各地经济交往的主要途径，而帕提亚的国家财富全靠控制和盘剥经过其国内的商路而来。贸易交往所起的作用如此之大，以至于阿姆河到幼发拉底河一线的和平安宁完全依赖于中亚商路的正常经营。反之，这条道路上发生的任何骚乱和阻滞，都会导致足以动摇帕提亚王位的大动荡"③。

　　丝绸之路开辟之后，中国和波斯之间可能就有了民间交往，有明确记载的、两国之间的正式官方往来则始于张骞出使西域之时。当时中国称波斯为"安息"，可能是将朝代名"阿萨息斯"的译音作为国名。张骞第一次出使西域时就已听说了大月氏以西的安息国，即帕提亚帝国。《史记·大宛列传》记载："安息在大月氏西可数千里。其俗土著，耕田，田稻麦，蒲陶酒。城邑如大宛。其属小大数百城，地方数千里，最为大国。临妫水。有市，民商贾用

---

① ［法］阿里·玛扎海里著，耿昇译：《丝绸之路：中国—波斯文化交流史》，新疆人民出版社 2006 年版，第 114—115 页。

② ［苏］加富罗夫著，肖之兴译：《中亚塔吉克史》，中国社会科学出版社 1985 年版，第 60 页。

③ ［美］梯加特：《罗马与中国》，引自丘进：《中国与罗马——汉代中西关系研究》，广东人民出版社 1990 年版，第 206 页。

车及船，行旁国或数千里。"

张骞再次出使西域时，遣副使到达安息国都番兜城〔赫康托姆菲勒斯（Hekatompylos）〕。当时的安息国王是米特里达梯二世（Mithradates Ⅱ），值安息国威兵盛之时。汉使到时，恰好是在米特里达梯二世派大军东讨塞人的末年，当时安息的大军正云集于东部边境。"汉使至安息，安息王令将二万骑迎于东界。"汉使在当时一路上所见到的情况："东界去王都数千里，行比至，过数十城，人民相属甚多。"（《史记·大宛列传》）经数千里引导，汉使于元鼎二年（前115）到达安息国都。汉使返国时，安息也派使者随之来华，"观汉广大"。元鼎五年（前112）到达长安，向汉朝献大鸟（鸵鸟）卵和犁轩的眩人（魔术师）。

汉与安息首次通使成功后，两国便展开贸易与文化交流，嗣后在前1世纪双方使臣、商贾即不断往来，从汉代遗留的有关西域的记录和遗存看来，可以相信汉与安息的通商关系相当密切。中国的锦绣丝绸等特产日益增多地运送到西方，通过安息商人之手而远达近东和罗马，丝绸之路从此畅通。同时西方的产品如珠玑、琉璃、象牙、犀角诸珍奇异物，直到红兰、葡萄、苜蓿种子等也源源输入中国。有记载的，如东汉章和元年（87），安息遣使入汉"献师子、符拔"；永元十三年（101），安息王"复献师子及条支大鸟。时谓之安息雀"。"师子""符拔""安息雀"等，是早期进入中国的奇兽珍禽。

自张骞之后，终汉一代，汉朝与安息的官方往来和民间贸易经"丝绸之路"的联系而频繁兴盛。

226年，安息被萨珊王朝取而代之。萨珊王朝和中国北朝几代政权有通使关系。北魏太安元年（455），波斯与北魏王朝建立了直接的联系。从这时开始，直到522年，《魏书》记载了10个波斯使团。如《魏书·西域列传》记载，北魏孝明帝神龟年间，波斯"其国遣使上书贡物，云：'大国天子，天之所生。愿日出处常为汉中天子。波斯国王居和多千万敬拜。'朝廷嘉纳之。自此每使朝献"。据考，此波斯王居和多即为当时萨珊王朝的喀瓦特（Kavadh）国王。这10次使团的前5次应当是到了北魏都城平城，后5次到达的则是493年迁都后的洛阳。这些使节是否均为萨珊王朝所派遣，或有商人冒充，现则无考。但无论如何，从中可知当时中国与波斯交通的频繁。1981年大同西郊北魏正始元年（504）封和突墓出土的波斯银盘，1970年大同北魏城址出土的银多曲长杯、银碗，1988 年大同北魏墓葬出土的银碗，是典型的萨珊式波斯银器，其中应当有波斯使者带来的波斯产品。

这一时期中国典籍对波斯的记载多了起来，而且比较全面和具体。《魏书·西域列传》记载了波斯的地望、物产、政治和社会生活习俗等，就当时所能达到的知识水平来看，已经比较全面了。

永熙二年（534）北魏分裂为东、西魏后，西域形势也不安宁，柔然控制着西域往来的道路，波斯与西魏、东魏的往来一度中断。552 年，突厥大破柔然，柔然衰亡。西魏废帝二年（553），波斯使者到访西魏都城长安，大概就是柔然衰亡后道路又通畅的结果。

《周书·异域传》记载：北周武帝天和二年（567），波斯王遣使来献。此时的波斯王当为库思老一世（Chosroes Ⅰ）。10 世纪阿拉伯人麻素提（Masudi）的《黄金牧地》一书记载，在库思老一世时，中国皇帝遣使来波斯王廷，献美人守护金箱。又有马尔柯姆（Malcolm）的《波斯史》记库思老一世时，中国皇帝遣使献假豹一只，全以珍珠络成，两眼以宝石嵌之，天青色绣锦袍一件，光彩华丽夺目，上有金丝绣群臣朝见波斯王图，袍以金箱盛之。又美人图一幅，面貌非常之美，惜为长发披下所掩，然自暗中视之，其光四射，美不可言。夏鼐针对这项记载说："这件事不见于中国文献，但事实是有可能的。"[1] 张星烺也指出："《周书》记波斯王遣使来献方物，而波斯史又记中国献方物于波斯。当时两国确有通好之便可无疑也。"[2]

波斯的使者也到过南朝。史籍中记载的有：南朝梁中大通二年（530），波斯国遣使献佛牙；五年（533）八月，遣使献方物；梁大同元年（535）四月又献方物。现存南京博物院的题为梁元帝萧绎《职贡图》残卷，"波斯国"条题记引道安《西域诸国志》残文，有"中大通二年遣中（使）经犍陀越奉表献佛牙"。可知波斯之通使南朝，走的也是西域经吐谷浑境而南下益州再顺长江而下到建康的道路。

萨珊王朝时，中国与波斯的交通仍依靠陆路的丝绸之路。但两国之间的海上交通也已开辟。饶宗颐指出："波斯文化的东来，西域丝路之外，还有海

---

① 夏鼐：《综述中国出土的波斯萨珊朝银币》，《考古学报》1974 年第 1 期。

② 张星烺：《中西交通史料汇编》第 2 册，中华书局 2003 年版，第 1053 页。

路一道。我曾指出汉初临淄齐王墓的银器上沏刻'三十三年'字样，西汉无三十三年，当是秦始皇时代，说明秦及更前时代早与波斯已有交通。"① 海上丝绸之路汉代时已达印度洋，形成东西海上交通大动脉，南北朝时开辟了由广州直达阿拉伯海与波斯湾的远洋航路，中国帆船越过印度半岛，直接沟通了东西亚之间的海上联系。麻素提《黄金牧地》说："中国和印度船只溯流而上去见希拉王。"② 希拉国是 3 世纪至 7 世纪初的阿拉伯古国，其盛世在 5—6 世纪。幼发拉底河的支流阿蒂的河流经希拉城，中国帆船航达波斯湾之后，溯流而上至希拉城，与当地居民进行交易。那么，由此可间接得知，中国帆船一定也到过波斯。另一方面，波斯的航海事业可能也比较发达，或许有波斯船只驶往东方。法国学者费琅（Gabriel-Ferrand）指出："从 4 世纪到 7 世纪初，中国历代王朝的史料把交趾半岛、锡兰、印度、大食以及非洲东海岸等地的产品统统称为'波斯货'，说明这些物品是从波斯运到中国的。""在公元 9 世纪以前，海上航行首先是波斯海员完成的。他们是阿拉伯人远东航行的开创者。"③ 在广州也出土过萨珊王朝的银币，或许可以看做是当时中国和波斯海上交通的物证。

　　漫长的中国与波斯的交通往来，使两国的文化交流十分活跃。通过陆上的丝绸之路和海上的丝绸之路，有许许多多波斯的商人，将他们丰富的物产输送到中国，前文提到从西域传播到中国的植物、动物和其他物产以及珍宝、药物等等，有许多就来自波斯，只不过那时候的文献有时笼统地说是"西域"。与此同时，中国人也加深了对波斯的了解，进一步开拓了中国人的世界眼光。不仅如此，在思想文化的层面，波斯文化对中国也有传播和影响。比如最早来中国传播佛教的安世高、安玄等人，就是来自波斯。

2. 波斯锦及其织造技术在中国的传播

　　中国和波斯的贸易中，中国的丝绸等物产传播到波斯，并通过波斯传播到罗马，波斯长期在中国和罗马之间垄断丝绸贸易获利。同时，也有许多波

---

① 饶宗颐：《饶宗颐二十世纪学术文集》卷七，中国人民大学出版社 2009 年版，第 111 页。

② 引自孙光圻：《中国古代航海史》，海洋出版社 1989 年版，第 223 页。

③ ［法］费琅著，耿昇、穆根史译：《阿拉伯波斯突厥人东方文献辑注》，商务印书馆 1989 年版，导言第 16—17 页。

斯物产传入中国。《魏书·西域列传》中关于波斯物产的记载，说到波斯的出产有：金、银、鍮石、珊瑚、琥珀、车渠、马脑、多大真珠、颇梨、琉璃、水精、瑟瑟、金刚、火齐、镔铁、铜、锡、朱砂、水银、绫、锦、迭、氍毹、氎毷、毾㲪、赤獐皮，及熏陆、郁金、苏合、青木等香，胡椒、毕拨、石蜜、千年枣、香附子、诃梨勒、无食子、盐绿、雌黄等物。

　　这些物产中有许多通过商贸活动和其他渠道传入中国，因此可以把上述记载看做是波斯输入中国的货物清单。美国学者麦高文说：

　　　　和中国及欧洲间的接触有密切关联的，是中国与波斯间的交通。波斯的影响，在农业方面特别明显。当公元前第 2 世纪时，中国因和中亚接触之故，遂得自伊兰区域输入苜蓿和葡萄树。此后数世纪中，许多其他的植物，也由波斯经中亚传入中国，使中国的家庭经济随之发生重大变化。中国的甲胄和战略的发展，所受伊兰的影响也重要。①

　　织造锦缎与地毡是伊朗的一项传统工艺，很早就有制造。波斯的织锦一开始是用金银线，波斯古经里就提到金地毡。随从亚力山大的历史学家们常提到波斯的这种锦缎。波斯锦起初使用的原料是亚麻与羊毛，后来中国的丝绸传入西方，他们用中国丝并利用自己独特的工艺，就能织出五彩缤纷的波斯锦缎。波斯是"继中国之后的世界第二大丝绸工业国"②。在南北朝时期的史书中，波斯就以其锦缎而闻名。《魏书·西域列传》在谈到波斯国王的穿着时说："其王……衣锦袍、织成帔。"玄奘《大唐西域记》里也说：波斯"工织大锦"。《大唐西域记》卷一一在提到"波剌斯国"的时候，说其人民"其形伟大……衣皮褐，服锦毡"。这种织造工艺应该很早为西域地区的伊朗语系民族所掌握。美国学者劳费尔认为，"波斯锦"是一种织金丝绸。③从出土实物看，还有纯丝或毛、麻混纺等，以织造精美、色彩绚丽著称。萨珊王朝的艺术发展最精彩的就是丝织品，色彩和图样十分丰富。

　　波斯锦主要有两个特点：一是织造技术上采用斜纹组织和纬线起花，这

① ［美］麦高文著，章巽译：《中亚古国史》，中华书局 2004 年版，第 4—5 页。

② ［法］布尔努瓦著，耿昇译：《丝绸之路》，山东画报出版社 2001 年版，第 193 页。

③ 参见［美］劳费尔著，林筠因译：《中国伊朗编》，商务印书馆 1964 年版，第 316 页。

与中国主要以平纹组织和经线起花的织造法不同。二是其花纹图案独具风格，以联珠动物纹最为典型，在图案花纹上用联珠圆圈分隔成各个花纹单元，其形式是联珠对兽对鸟纹，常见的有对鸭、对狮、对羊、对雁等图案。"波斯联珠纹图案艺术也成了自北魏到唐代中国中原地区和西域地区的主流图案艺术。这种图案除见于织锦外，还出现在佛教壁画、雕塑、陶瓷工艺中。"①

波斯锦大致在 6 世纪进入中国。《梁书·诸夷列传》记载："普通元年，又遣使献黄狮子、白貂裘、波斯锦等物。"这是有关来自波斯的这一织品输入中国的最早记载。

据考古发掘，斜纹的毛织物，在新疆发现于东汉的遗址中。斯坦因在阿斯塔那 6—8 世纪的古墓中发现了许多波斯式的织锦，是以纬线起花的斜纹重组织的织锦。考古工作者在 1959—1960 年对阿斯塔那的发掘中，在 325 号墓（661）和 332 号墓（665）中出土了猪头纹锦和颈绕绶带的立鸟纹锦。夏鼐从图案和工艺等不同角度对这些织锦进行了研究，他指出：这些织锦的花纹图案自成一组，不仅与汉锦不同，和隋唐时一般中国织锦也大不相同，但是和中亚和西亚的图案花纹几乎完全相同。例如猪头纹锦，阿富汗巴米扬的壁画上便有这一图案；乌兹别克的巴拉雷克·节彼遗址（5—6 世纪）的壁画中，一个伊朗人面貌的人物，便穿有满布猪头纹织锦的翻领外衣。颈有绶带的立鸟纹，也和我国的鸾鸟或朱鸟纹不同。它的颈后有二绶带向后飘飞，口衔有一串项链形物，下垂三珠。颈部和翅膀上都有一列联珠纹。这些是所谓萨珊式立鸟纹的特征。新疆拜城克孜尔石窟的壁画上，以及波斯萨珊王朝银器刻纹上，均有具有这些特征的立鸟纹。这些动物纹，一般围绕在以联珠缀成的圆圈（即所谓"球路"纹）中，这也是萨珊式花纹的特点。不仅花纹方面如此，在纺织技术上它们也自成一组。它们所用的丝线，都加捻得较紧，不像汉锦的丝线多不加捻或加捻也很松。它们的织法，是采用斜纹的重组织，经纬线的密度较疏朗。

在阿斯塔那 170 号墓出土高昌章和十三年（543）的"随葬衣物疏"中，有"波斯锦十张"的记载，表明当时波斯锦在西域高昌等地已经很流行了。特别有意思的是，在这件衣物疏中，具列了"魏锦十匹"，所谓"魏锦"，是

---

① 仲高：《丝绸之路艺术研究》，新疆人民出版社 2008 年版，第 425 页。

指内地制作的锦。

波斯锦的织造技术也传到中国。十六国时期后赵石虎设织锦署，"中尚方御府中巧工作锦"，可以织出各类品种的锦缎。晋陆岁羽《邺中记》记载："锦有大登高、小登高、大明光、小明光、大博山、大茱萸、小茱萸、大交龙、小交龙、蒲桃文锦、斑文锦、凤凰朱雀锦、韬文锦、核桃文锦，或青绨，或白绨，或黄绨，或绿绨，或紫绨，或蜀绨，工巧百数，不可尽名也。"除了各种锦以外还善织毛织品"罽"，《邺中记》说："石虎御府罽，有鸡头文罽、鹿子罽、花罽。"石虎如此重视锦与罽的织造，应该与这是一种波斯传统工艺有关，另外也表明当时宫廷中对锦、罽的需求量很大。尤其是对罽的需求与重视，更能显示出西域文化的特色。

3. 波斯甲骑具装的东传及应用

"甲骑具装"是将人马防护能力发挥到最高水平的兵种。波斯是很早使用铠甲的国家。前480年，波斯国王薛西斯（Xerxes）的军队已装备了铁甲片编造的鱼鳞甲，战马也披有鳞形马铠。波斯人不仅有著名的刀轮战车，还有精锐的波斯重骑兵，他们装备了原始的骑兵马甲，马甲的主体是胸甲（当胸），也包括了保护骑士双腿的像翅膀一样的装置。

西汉时期，中国只有轻骑兵，所有战马赤膊上阵。东汉时期，开始在战马的胸部装上皮革制成的"当胸"。波斯马具装包括波斯的锁子甲和萨珊式开胸铁甲，经过中亚地区传入中国中原，大概是在三国时期，袁绍的军队就使用过马铠。但是当时这种装备非常珍贵，官渡之战时，袁绍上万骑兵部队里只有几百具马铠，重骑兵的比例占全部骑兵的百分之三。曹植在《先帝赐臣铠表》中也提到波斯名贵的环锁甲。

十六国至隋代，我国工匠已经掌握了波斯铠甲的制造技术。《晋书》记载吕光在进攻龟兹时，见到"胡便弓马，善矛矟，铠如连锁，射不可入"。这是在中原地区没有见过的新式装备。十六国时中国军队的主力开始装备"甲骑具装"，即人与马都披铠甲的重骑兵。后赵石勒灭段末邳一役，缴获披着马铠的战马5000匹；在对姬澹的战役中，石勒又缴获了上万具马铠。后赵的三千黑矟龙骧军，是后赵的镇国之宝。因甲骑具装威力无穷，甚至在不适合骑兵作战的中国南方，也出现了这一特殊兵种。

这一时期标准的马铠，由六个部分组成：面帘、鸡颈、当胸、马身甲、搭后、寄生。"面帘"是一块狭长的金属制的护面，上面开有眼孔，主要保护马匹面部；"鸡颈"其实是一副马颈部的护甲，由甲片缀成，前面有搭扣可以扣上；"当胸""马身甲""搭后"，就是马匹前中后的大片护甲；"寄生"是一个放在马尾部的向上翘的扫帚一样的东西。此外还配备有马鞍、马镫和缰绳之类，十分精细。

甲骑具装被引进中国后，根据中国的情况做了一些改造，如环臂铠演变成东方惯用的披搏或筒袖，下身保护多用甲裙，武士铠甲由两面铠改为明光铠。弓箭作为重要兵器被引入甲骑具装系统，使甲骑具装具备了对抗轻骑兵的实力，单手长刀也是在这时取代剑，被首次引入甲骑具装的武器系统。

1988 年，在辽宁朝阳十二台乡砖厂出土的甲骑具装是目前国内第一例时代最早的实物，为前燕时代遗存，其马胄由面罩、护颊板、护唇片三部分组成，两侧的护颊板与面罩前端的护唇片均用铁销连接，不用时可以折叠，并有用于扎结的带扣，而且还采用了更为先进的铆接技术。

前燕时代的甲骑具装造型，最早是在属辽西三燕墓系统的冬寿墓壁画中发现的。冬寿是燕王慕容皝的旧臣，后背叛慕容皝逃亡他国。冬寿墓是一座大型石室墓，墓中有幅壁画，画的是一个头戴兜鍪、身披铠甲、手执长矛的骑士骑着亦着铠甲的战马的出行图。冬寿葬于东晋升平元年（357）。壁画中所反映的甲骑具装应是前燕建国前后的骑兵装备。

在这一时期的墓葬中多有甲骑具装的壁画或实物。在大同出土的北魏太和八年（484）司马金龙墓中，就有甲骑具装俑。在麦积山石窟第 127 窟的北魏壁画和在莫高窟第 285 窟与第 296 窟的西魏、北周壁画中，也有马具装铠。吉林集安三室墓和麻线沟一号壁画墓的壁画上都有头戴马胄的铠马形象；河南邓县的彩色画像砖墓中，出现甲骑具装的形象资料；江苏丹阳胡桥南朝大墓、云南昭通后海子东晋太元十一年至十九年（386—394）的霍承嗣墓壁画中有骑着铠马、头戴兜鍪、身披铠甲的骑兵形象。

隋唐时期，甲骑具装达到其辉煌时代。隋将罗艺指挥的 5000 甲骑具装，人马皆披重甲，辅以轻骑兵，锐不可当。这 5000 甲骑具装是倾隋国之力打造的。但在征伐辽东时，隋军的甲骑具装遭到当地诸侯国不逊于己的铁骑挑战。到了唐代，甲骑具装有一个遐迩闻名的称谓"玄甲军"。李世民亲自指挥这支玄甲精兵，以 1000 人之众大破王世充，斩俘 6000 人。虎牢之战中，李世民以 500 甲骑精锐居然击溃窦建德的 10 万大军。李世民登基后，拆分玄甲军，一部分成为皇宫的近卫部队"百骑"，护卫皇帝安全，其主要部分，交给了名将李靖，在唐对突厥的灭国之战中起到决定性作用。

4. 中国出土的波斯银器与银币

1978 年至 1980 年，山东省考古工作者对位于淄博市郊的西汉齐王墓进行了发掘，在 1 号随葬坑中出土了一个保存较好的列瓣纹银盒。此盒高 11 厘米，口径 11.4 厘米。1983 年在广州象岗山发现的南越王墓中发现了 3 只非洲象牙，其中最大的一只长为 126 厘米。在一个漆盒里残存着 26 克的红海乳香，呈树脂状。这些来自异域的文物，充分说明了广州通过海上航线与印度洋地区的贸易联系。南越王墓中还出土了一个列瓣纹银盒，高 10.3 厘米，口径 13 厘米，出土时里面还藏有药丸。这个银盒形状与山东齐王墓出土的银盒极其相似，与伊朗苏撒城出土的前 5 世纪刻有古代波斯国王薛西斯名字的银器则完全雷同。

上述西汉齐王墓与南越王墓中出土的两件银器，是用锤揲技法在表面打压出相互交错的列瓣纹，这与中国当时用陶范或蜡模铸造纹饰的工艺传统完全不同，显然是外来器皿。但对于这种器皿的原产地，学术界有不同的看法。其锤揲法的技术源流可以上溯到两河流域的古亚述，盛行于古波斯的阿契美尼德王朝时期。安息人的金银细工，继承和发扬了阿契美尼德时代以凸瓣纹为纹饰的风格。这种容器，源自古希腊语中借用的词汇，西方人称之为"phi-alae"，或译作"筐罍"。由于我国出土的两件汉代银盒与安息的同类银器几乎完全相同，所以它们应当是通过海路从安息输入的。"当丝路开通以前，安息产品要从陆路运到我国困难是很大的，然而从海路运输却完全有可能。"[1]

但也有学者认为，这种银盒应是罗马人的器物，山东齐王墓和广州南越王墓中的这两个银盒可能来自罗马，经海路传入。[2] 据研究，山东齐王墓的下葬时代约为前 179 年，广州南越王墓的下葬时代约为前 122 年。不管这两座坟墓中发现的银盒其原产地是西亚的安息还是地中海地区的罗马，它们都有

---

① 孙机：《中国圣火——中国古文物与东西文化交流中的若干问题》，辽宁教育出版社 1996 年版，第 139—155 页。

② 参见林梅村：《汉唐西域与中国文明》，文物出版社 1998 年版，第 316—317 页。

力地证明，早在前 2 世纪，中国与印度洋地区之间的海上交通线就已经存在了。①

银盘是波斯萨珊银器中最有代表性的作品，在中国也有发现。1981 年在山西大同市西郊小站村花圪塔台北魏封和突墓出土的萨珊银盘，就是波斯萨珊王朝的鎏金银盘。这件萨珊银盘高 4.1 厘米，口径 18 厘米，圈足直径 4.5 厘米，高 1.4 厘米，盘内沿有旋纹三道，中刻狩猎图，图中人像深目高鼻，连腮长髯，面颊清瘦，目光宁谧，有人推测为萨珊王朝第四代国王巴赫拉姆一世（Bahram I）。人像头戴半弧形冠，边缘缀以联珠，顶端有一突起的角状饰，脑后有飘带两道，耳饰水滴形垂珠，颈饰圆珠项链，腕上戴由圆珠组缀的手镯，革带上也缀两颗圆珠，身着紧身便服，腰右侧佩箭筒，足穿半长筒靴。人像正徒步行猎，两手执矛，刺入野猪头部，身旁又有两头野猪从芦苇中窜出，其构图具有典型的波斯萨珊王朝艺术风格。河北赞皇县东魏李希宗墓出土的驯鹿纹样的青金石雕指环，宁夏固原县北周李贤夫妇墓出土的铸有胡人头像的鎏金银壶等，是波斯萨珊王朝出产的银器。此外，还有大同北魏墓出土银碗 1 件，大同北魏城址出土银洗、银碗各 1 件，广东遂溪出土南朝窖藏银碗 1 件。在中国还发现过几件具有浓厚波斯萨珊王朝艺术风格的银器，这些器物很可能是波斯萨珊的输入品。

中国虽在先秦已用黄金制器，但为数极少。汉代的贵重容器仍多以青铜铸造，少数加错金银纹饰或鎏以金面。南北朝时期波斯萨珊新颖豪华的金银器传入中国，大大开拓了人们的眼界，成为一些达官贵人追求的珍品。史载，北魏秦州刺史元琛举行宴会时就有“从西域而来”的“金瓶银瓮百余口”。另外，“波斯产珠宝，唐以前各史，已屡有言者，如：《魏书·西域传》称其为大真珠；《周书·异域传下》谓出珍珠、离珠；《隋书·西域传》谓土多珍珠”②。

波斯萨珊与中国既有官方往来，民间贸易也很活跃。许多波斯商人来中国，贩中国丝绸于中亚乃至欧洲，充当了中国丝绸西运的中介和丝绸贸易的垄断者。研究者认为，当时波斯人主要是用银币支付进口的中国丝绢。萨珊王朝时期，波斯的银币是西亚和中国西域一带进行贸易时通用的货币，大量

---

① 2011 年在江苏·大云山汉墓群考古发掘中，也出土一件西亚风格的裂瓣纹银盒。

② 参见方豪：《中西交通史》上卷，上海人民出版社 2008 年版，第 205 页。

波斯银币随着波斯与中国之间的贸易流入中国境内。当时的中国人对这种货币有所了解。《史记·大宛列传》说安息国"以银为钱，钱如其王面。王死辄更钱，效王面焉"。在西安、洛阳以及沿"丝绸之路"的一些地点，出土过许多萨珊王朝银币。夏鼐据 1955 年在高昌故城中发现的沙卜尔三世（Shapul Ⅲ）等萨珊银币指出："第 4 世纪中叶，萨珊朝的势力直达阿富汗境（喀布尔等处的贵霜族的国王和波斯结盟而为其藩属）。沙卜尔二世（Shapul Ⅱ）于 360 年攻东罗马领土阿美达时，部下便有贵霜军队。""在这一段时期中，可能通过今日的新疆和阿富汗而和波斯已有交通。"①

20 世纪以来，在中国西北部和中原一带发现波斯银币的地点和数量都很多，总数近 1200 枚，发现地点包括新疆乌恰、吐鲁番、库车，青海西宁，陕西西安、耀县，河南陕县、洛阳，山西太原，河北定县，内蒙古呼和浩特，广东英德、曲江等。铸造年代包括沙卜尔一世、阿尔达希尔二世（Ardashir Ⅱ）、沙卜尔三世、伊斯提泽德二世（Yazdegerd Ⅱ）、卑路斯（Pirooz）、卡瓦德（Kawad）、詹马斯波（Jamasp）、库思老一世、荷米斯德四世（Homrid Ⅳ）、库思老二世、布伦女王（Buran）和伊斯提泽德三世（Yazdegerd Ⅲ）各朝，以及阿拉伯仿萨珊王朝式银币。从银币上面所铸的国王的名字，可以知道这些银币所属的年代几乎包含了整个萨珊王朝时期。

这些在中国出土的银币，有的是作为货币储藏起来的，另外一些则是作为装饰品，或作为具有宗教意义的物品含在死者的口中。如张掖大佛寺出土的波斯萨珊王朝银币，共 6 枚，分两种版式图案：第一种 1 枚，为波斯卑路斯王时期所铸，直径 2.5 厘米，重 2.9 克；边缘呈不规则圆形。银币正面纹饰为头戴王冠的卑路斯侧面像，面部向右，颈系飘带，王冠上有三个雉堞形纹饰，其中一对翅翼，王冠顶端有半新月形饰，上托火焰纹圆球。王冠后有似条带的装饰，王像右侧有钵罗婆文铭文，意为"主上卑路斯"，左右侧与其他纹饰相分离处，分别有一星和三轮新月。整体纹饰由一圈联珠纹组成的圆形外框框住，王冠顶部火焰纹圆球出框于边缘空白处。背面整体纹饰与正面相较，呈右旋接近 90 度，中央为祆教圣火祭坛，两侧各有行祭的祭司各一人，祭坛火焰左上方有星饰，右上方新月一轮，外框依然是一圈圆形的联

---

① 夏鼐：《中国最近发现的波斯萨珊朝银币》，《考古学报》1957 年第 2 期。

珠纹饰，从钱币呈现的特点来看，应该是卑路斯王 B 形币样式。第二种 5 枚，为库思老二世时期所铸，直径 2.5—2.8 厘米，重 2.8—4.1 克，边缘亦呈不规则圆形。银币正面纹饰为头戴王冠的库思老二世侧面像，面部向右，颈饰项链，双肩有纽结形带，王冠中间有圆点纹饰，两侧有对称的冠饰物，冠顶呈半新月形，上饰火焰纹圆形球，王冠前后有飘带装饰，紧靠王像的左侧有六角形星饰一个，王像左右两侧均有钵罗婆文铭文，也饰一圈联珠纹作为外框，王冠顶部火焰纹圆形球出于框外边缘空白处。背面整体纹饰与正面相较，呈右旋垂直 90 度，中央是袄教圣火祭坛，两侧有手持长剑的祭司各一人，圣火上侧左右方，有星、新月纹饰，外框也是装饰一圈联珠纹。

5. 狮子艺术意象在中国的传播

波斯艺术风格在中国的传播和影响，最突出的是狮子文化。中国史籍明确记载最早进入中国的贡狮子来自安息，因而汉代中国关于狮子的传说或相关文化因素，主要应该也是来自这一地区。在新疆地区及丝绸之路东段，发现了为数不少的北朝到唐朝时期的波斯萨珊风格的织锦，"对狮子纹"和"萨珊国王射狮子纹"是其主要图案。如新疆营盘 M15 出土的狮纹栽绒地毯，可以看出狮为卧狮，前足伸直，后足曲蹲，狮脸侧过来正视。稍迟出土于吐鲁番阿斯塔那墓地 99 号墓的方格兽纹锦中有狮子图案。"团窠联珠对狮纹"唐锦，狮子的鬃毛造型非常整齐，前腿带一翅膀，尾巴高翘。两狮头之间有一朵花，狮爪之下应有花台。

狮子作为帝王的代表和征服者的形象，自汉代之后，即由美索不达米亚传到了中国的新疆地区及河西走廊一带，据《北史·西域列传》记载，龟兹国王"头系彩带，垂之于后，坐金师（狮）子床"；疏勒国王"戴金师（狮）子冠"；而据《魏书·吐谷浑传》记载，吐谷浑可汗"以皂为帽，坐金师（狮）子床"。狮子象征着皇权或王权的意蕴，成为萨珊文化东传中国所带来的重要意象之一。

随着狮子的传入，它逐渐成为中原地区的一个艺术题材。20 世纪中期，在汉元帝渭陵遗址中发现了一批西汉玉雕，其中就有玉狮。在汉代画像石中也可见到狮子，例如河南南阳画像石中的狮子鬃毛竖立，雄健有力。山东嘉祥县武氏墓群石刻中，有一对石狮，东西相对，"东石狮高 1.26、身残长 1.58 米，右前爪下按一卷曲小兽，除尾巴和右后足残损外，余保存基本完好。

西石狮高 1.28、身残长 1.48 米，石狮残损较甚，尾部、左前足和右后足均残缺，嘴巴也略残"①。这两头石狮子都昂首张目，雄壮威武。从武氏石阙铭中可知，这两头石狮是在东汉桓帝建和元年（147）建造的。

在广州的汉墓中，也多次出土有关狮子的造型艺术形象。南越王墓东侧室出土的铜瑟柄上有狮形走兽，瑟柄完全是汉式的博山状。广州的西汉后期墓出土一件双狮形座陶，质松软，由两狮合成，连尾背向，狮的头部及四肢清晰，俯首，张口露齿，俯伏于地。背上各有长方形凹穴，当是插物的器座。东汉前期墓出一铜温酒樽，器盖顶刻四叶纹，四叶之间布以青龙、白虎、朱雀、玄武，器下三足作狮形，体形雄健，鬣毛和尾巴均镂刻出；铜熏炉炉体的座足上面浮雕三兽，状若狮形，一人跪坐其上，双手叉腰，以头托炉身。炉腹上镂刻飞翔的翼兽；同墓还出一铜灯，只存灯座，有浮雕式三只带翼的狮子。

有翼兽的雕刻起源于古代亚述，亚述的有翼兽的原型实际上就是狮子。这种有翼兽后来传入波斯和印度，再经犍陀罗地区传入中国，东汉时期在陕西、河南、山东、江苏、四川等地流行，广泛应用于各种雕塑题材。四川雅安县的高颐墓，建造于 209 年，墓前的石狮胸旁有一对肥短的二叠飞翼。方豪指出："置于波斯艺术之最可代表者，为后汉献帝建安十四年（209）所立高颐墓前之石狮，墓在四川雅安县（据立碑年代而假定石狮与其为同时代物）。胸之两侧，刻有翼形，为纯粹之西方艺术，乃希腊艺术之受有安息影响者。"②

这种有翼狮子的形象后来在中国又有变化，头上增加了独角或双角，称呼不一，比较通行的说法是独角的称为麒麟，双角的称为天禄，无角的称为辟邪。南京东郊和丹阳的六朝陵墓前有不少这样的有翼兽，张口吐舌，造型十分古朴雄伟，其中最大的高、长达 3 米多，重达 3 万多斤，是六朝石刻的典型作品。此外，汉朝的铜镜也常用波斯的飞马和狮子图案作为装饰。

狮子的出现引起了人们的很大兴趣，有不少文学作品中描写到狮子，其中不乏夸张的描写，并在造型艺术中出现多种狮子的形象。北魏洛阳城有专门关狮子的封闭式的里坊，《洛阳伽蓝记》卷三记载："永桥南道东有白象、狮子二坊。白象者，永平二年，乾罗国胡王所献，背设五采屏风，七宝坐床，

---

① 参见蒋英炬、吴文祺：《汉代武氏墓群石刻研究》，山东美术出版社 1995 年版，第 15 页。

② 方豪：《中西交通史》上卷，上海人民出版社 2008 年版，第 97 页。

容数人，真是异物。……狮子者，波斯国胡王所献也，为逆贼万俟丑奴所获，留于寇中。永安末，丑奴破，始达京师。"

在《洛阳伽蓝记》卷五的《宋云行纪》中说，宋云西行入乾陀罗国，在乾陀罗国的一所寺院中看到跋提国送给乾陀罗王的两头狮子，"云等见之，观其意气雄猛，中国所画，莫参其仪"。宋云远在异域看到了真实的狮子之后才发现和在中国看到的狮子形象竟然有这么大的差异，于是发出了"中国所画，莫参其仪"的感叹。

到了唐代武德、天宝之间，随着狮子或狮子皮的来献，人们获得了更多的关于狮子形貌、习性的信息，狮子成为人们歌咏描述的对象。张九龄有《狮子赞序》曰："顷有至自南海，厥繇西域，献其方物，而狮子在焉。……其天骨雄诡，材力杰异，得金精之刚，为毛群之特。仡立不动，而九牛相去；眈视且瞋，则百兽皆伏。所以肉视犀象，孩抚熊罴。其余琐细，不置牙齿。"

唐太宗还命令阎立本对狮子作画。又据称，玄宗朝以画兽类著称的韦无忝，画过一幅外国献狮子的画像，展开他画的狮子图，"百兽见之皆惧"。不仅如此，在唐人看来，一切与狮子有关的物事，都具有神秘的力量。以狮子筋作琴弦，"鼓之，众弦皆绝"；以狮子尾作拂尘，"夏月，蚊蚋不敢集其上"。甚至狮子的粪便也可以杀百虫，点燃之后可以"去鬼气"。据称在开元末年，有西国献狮子，途中系于井侧树干上，"狮子哮吼，若不自安。俄顷风雷大至，果有龙出井而去"。

狮子进入中国后，逐渐成为中国艺术想象的一个原型，并不断地被加工改造，成为中国传统文化的象征之一。南朝时，印度风格的狮子形象一度风行于中国的造型艺术中，其代表作就是吐舌石狮。梁忠武王萧憺陵墓东侧的大小石狮，一律口露长舌。平忠侯萧景墓前的石狮系列，现存为东狮，公兽，体形肥硕，胸突腰耸，首仰舌伸。帝王陵前置石狮最早出现在北魏孝庄帝静陵。

佛教以狮子为灵兽，《佛说太子瑞应本起经》说："佛初生时，有五百狮子从雪山来，待列门侧。"《景德传灯录》记载："释迦生时一手指天，一手指地……作狮子吼：天上地下，唯我独尊。"狮子为佛座，《大智度论》说："佛为人中狮子，佛所坐处若床，若地，皆名狮子座。"又传文殊菩萨的坐骑就是狮子。同时，佛教讲究"以像设教"，所以佛教石窟大多刻有金刚、力士与狮子护法。随着佛教的盛行，被佛教推崇的狮子在人们心目中成了高贵尊严的灵兽，与之相关的狮子信仰及狮子形象也进入人们的日常生活之中。

汉朝时的雕狮身上多生有双翼，古拙神奇。其后狮子形象则多呈昂扬威猛形态，如在南京周围"六朝石刻"的石狮，线条简洁，高大威武，强劲有力。隋唐时期，雕狮渐趋写实，体魄雄伟，工艺精巧，使狮子造型艺术出神入化。唐代帝陵均有以狮子作为象生，如乾陵朱雀门前的两尊石狮底座四周均有精美的线刻蔓草、祥云、瑞兽图案。突出狮子威猛的特点，昂首挺胸，两足前伸，身躯饱满，胸部宽阔厚实，肌肉突出，筋骨强壮，前肢粗壮结实，支撑着前倾的躯体。石狮头部巨大，头部及颈项部毛发卷旋，似层层鳞披；双目圆大凸起，怒视前方，鼻子宽阔向上隆起，张开大口，露出利齿，似欲发出震撼山谷的巨吼。宋代以后，狮子造型渐趋秀丽、雅致。

在形象发生变异的同时，狮子也被赋予了更多的文化意味。早期狮子是以镇物面目出现的，人们希望以狮子"百兽之王"的威猛吓阻四面八方的邪魔妖怪，这与其"天上地下，唯我独尊"的佛教圣兽意义是一致的。此时的狮子更多出现在陵墓、庙宇之前，以发挥其驱祟避邪的镇物作用。明代后，石狮子雕刻艺术在人们生活中使用的范围也更加广泛。宫殿、府第、陵寝，甚至一般市民住宅，用石狮子守门；在门楣檐角、石栏杆等建筑上也雕上石狮作为装饰。狮子还被附着了诸如官阶、权力、等级等文化象征意义。如置于达官显贵门前的狮子，门左为雄狮，其脚边踏一只绣球，绣球象征权力，俗称"狮子滚绣球"；门右为雌狮，其脚下抚一只幼狮，寓意子孙昌盛，俗称"太狮、少狮"，已成为一种习俗惯制。同时，狮子头部鬈毛疙瘩的雕刻也很有规矩，鬈毛疙瘩数量越多，则主人官位品级越高。一品官或公侯等府第前的石狮头部有 13 个鬈毛疙瘩，谓之"十三太保"。一品官以下石狮的鬈毛疙瘩，则要逐级递减，每减一品就要减少一个疙瘩，七品官以下门前摆石狮即为僭越了。狮子底座花纹的雕刻正面雕刻瓶、盘和三支戟，象征着"平升三级"；右面刻有牡丹和松柏，象征"富贵长春"；左面刻有"文房四宝"，象征"文采风流"；背面刻有"八卦太极图"，寓其"镇妖驱邪"。

到清代，狮子的艺术形象已基本定型。《扬州画舫录》中规定狮子的雕刻："狮子分头、脸、身、腿、牙、胯、绣带、铃铛、旋螺纹、滚凿绣珠、出凿崽子。"关于画狮，清郑绩在《梦幻居画学简明》中写到画狮子："狮为百兽长，故谓之狮。毛色有黄有青，头大尾长，钩爪锯牙，弭耳昂鼻，目光闪电，巨口须髯，蓬发冒面。尾上茸毛，斗大如球，周身毛长，松猱如狗。虞世南言其拉虎吞貔，裂犀分象，其猛悍如此。故画狮徒写其笑容而不作其威势，非善画狮者也。"

出现在中国文化中的"狮子"，对中国民俗产生着巨大的影响，如民间建筑、民间造型艺术、民间表演艺术、民间娱乐、民间文学等领域，都有狮子的形象或象征。在"狮子"的民俗影响中，最具特色的是"狮舞"这一民间艺术形式。

狮舞又称"舞狮"，是一种模仿狮子形象、动作，融造型艺术与表演艺术于一体的民间舞蹈形式。我国早在原始社会就有模仿各种兽类姿势起舞的"百兽齐舞"，汉代列为"百戏之一"。北魏时，如逢佛像出行日，均由人扮辟邪狮子在前导路，这应该是狮舞的雏形。唐代从西域传来狮子舞，最著名的舞狮是"五方狮子舞"。《新唐书·礼乐志》记载："设五方狮子，高丈余，饰以方色，每狮子有十二人，画衣执红拂，首加红抹，谓之狮子郎。"由人扮演五头不同颜色的狮子，各立一方，在狮子郎的引逗下，表演狮子的俯仰驯狎等情态。《乐府杂录》记载，五方狮子有一丈高，身上披着各种不同颜色的画皮，耍狮子的叫狮子郎，有12个人，戴红抹额，穿彩画衣，手里拿着红拂子。在新疆阿斯塔那曾出土一个狮子舞俑，是由两人装扮而成。明清以后，狮舞之俗尤为盛行。每逢传统喜庆节日，各地民间多有舞狮表演，相沿至今。

狮子舞从西域传入中原后，很受欢迎，唐代又传入了日本，日本《信西古乐图》上就有狮子舞图，也画着狮子郎牵着人扮的狮子。日本有两种"狮子舞"，一种叫"越后狮子"，是继承中国传统由男子舞狮。另一种叫"锦狮子"，也叫"石桥舞"，则是由女人手拿狮子头而舞。

第四章

印度文化在中国
的传播 （一）

中国和印度有着悠久的历史传统，创造了各自的丰富多彩的民族文化。同时，它们以自己本土为中心，把自己的文化向周边地区辐射和传播，泽被四邻，形成了各自的文化圈。由于地理环境的关系，两大文化圈在边缘地带多有交叉，时有碰撞、交流和融合。不仅如此，中国和印度还是近邻，在文化上有着漫长的直接交流的历史。[1]

在古代，中印两国通过相互之间的交通通道，人员往来，官方交聘，商贸繁荣，僧侣弘法，使印度文化持续在中国传播，特别是佛教在中国的传播和发展，成为人类文化交流史上的一个奇观。佛教在中国的传播以及其他印度文化的传播，给古代中国文化带来广泛的影响，在宗教、哲学、文学、科学知识、医药学以及日常生活等许多方面留下了深刻的印记。

一 古代的中印交通与往来

1. 中国与印度的早期交通

中国和印度的交通很早就已开辟，甚至在远古时代，就可能有了一定的文化联系。季羡林指出，在印度出土的彩陶，在其"花纹等方面与中国甘肃出土的史前彩陶，有一些相似或共同之处。因此学者们推断，它们之间可能有传授或互相学习模仿的关系"[2]。有许多学者注意到，在中国和印度有"二十八星宿"，其间肯定有一定的渊源关系。

前5世纪，波斯阿契美尼德王朝占领粟特、巴克特里亚和旁遮普，多次向葱岭以东地区派出商队，其中就有印度商人。到了前3世纪阿育王（Asoka）统治下的孔雀王朝，双方的往来已经确立。《佛祖统纪》卷三五记述迦叶摩腾（Kāsyapa-mātanga）对汉明帝追述历史时说道："昔阿育王藏佛舍利八万四千塔，震旦之境，有十九处。"在于阗的建国传说中也提到，于阗在前3世纪中叶尚空旷无人，中国移民1万人在王子瞿萨旦那率领下到达于阗河下游。

---

① 参见季羡林：《中印文化交流史》，新华出版社1993年版，第2页。
② 季羡林：《中印文化交流史》，新华出版社1993年版，第8页。

不久后，阿育王宰相耶舍也率7000人越大雪山来到于阗。双方经过争执，最后协商联合建国。瞿萨旦那成为于阗国王，耶舍居相位，两部移民起初划地而居，以后逐渐融合，兴建城市，世代相传。先秦时代，经过塔什库尔干的克什米尔—于阗一道已经成为中印交通的重要通道，到西汉时发展成为"乌秅、罽宾道"。

"乌秅、罽宾道"是中印交通的捷径，但行程艰难，不利于商旅通行，所以中印贸易往来大都经过塔什库尔干出明铁盖山口沿喷赤河上游西行，再由昆都士或巴尔克南转旁遮普，这条路可以称为"中印雪山道"。巴克特里亚不但是印度和两河流域、阿姆河流域交往的主要干道必经之地，而且也是汉代中印贸易的重要中转枢纽。希腊佚名船长写的《爱脱利亚海周航记》中说，来自中国的"生丝、丝线和丝织品由巴克特里亚经陆路运到巴里格柴（今巴罗哈港），或由恒河经水路运到泰米尔邦（Damirike）"。埃及的希腊地理学家托勒密在150年完成的《地理学》中根据马利努斯的材料，从那些由西方到过赛里斯国的人得知，"他们说，从中国不仅有一条路通过石塔（帕米尔瓦罕谷）到巴克特里亚，而且还有一条路可通印度华氏城（Pātaliputra，今巴特那）"。华氏城的希腊名称叫巴林波特拉。这条不经过巴克特里亚的路，一定是取道昆都士经过迦毕试（遗址在喀布尔北的帕格曼），由塔克西拉南下的大路。月氏贵霜王朝兴起后，此路对于中印交通日益重要。

中印交通除了"雪山道"外，还有"中印缅道"，由四川、云南经伊洛瓦底江流域通达印度。前139年，汉武帝派张骞出使西域，张骞在大夏国看到中国四川出产的竹杖和布匹。大夏国人告诉他，这是商人从身毒买来的。由此可以得知，至迟在前2世纪时，中国四川的物产已经输入印度，并且从印度运到大夏。可见中国和印度的交通当时已经有了一定程度的发展。英国学者李约瑟说："张骞事实上已清楚地知道，在四川和印度之间，通过云南和缅甸或阿萨密有一条商路。"[1]

沿着中印两国交通的古老通道，中国与印度进行着丰富的物质文化交流。西南丝路的起点是四川的成都。成都是当时西南地区的贸易中心，其中包括

---

① ［英］李约瑟著，袁翰青译：《中国科学技术史》第1卷，科学出版社和上海古籍出版社1990年版，第179页。

对印度的贸易。和在其他地区的情况一样，商人充当了文化传播交流的主体。虽然汉武帝时几次未打通西南国际商路，但官方使者不能通过并不意味着商人不能通行。实际上巴蜀商人可能很早就与印度保持经常的贸易。各部族阻挡汉朝使者通印度，主要原因可能就是为了垄断贸易。汉朝使者虽中途受阻，却带回一个情报："其西可千余里有乘象国，名曰滇越，而蜀贾奸出物者或至焉。"（《史记·大宛列传》）此处言"奸出物者"，是因为这些商人违背了朝廷"关蜀故徼"的禁令，继续"窃出商贾"，所以从朝廷的角度看，此种贸易带有走私的性质。据学者研究，从方位、里程、乘象习俗和"滇越"音读来看，蜀商抵达的滇越国应为东印度阿萨姆地区的迦摩缕波国。

汉武帝以后，北方的丝绸之路已经畅通，到东汉时，"西南丝绸之路"也全线畅通。南方的海上交通也很通达。《汉书·地理志》记载了海上航线。据朱杰勤考证，这条航线大致为："从雷州半岛乘船出发，船驶入南海（南中国海），沿海岸线行，经过越南、柬埔寨、泰国，入暹罗湾，到谌离靠岸登陆，步行到卑谬（夫甘都卢），又坐船沿伊洛瓦底江而下，入于孟加拉湾，西行至印度南端的黄支，最后转到锡兰，从此回航。"[①]

2. 西南丝绸之路

上面提到，在中国四川和印度之间有一条古老的商道，商人很早就通过这条古道，把中国四川的货物运到印度。这条古道即"中印缅道"，现在人们称之为"西南丝绸之路"或"南方丝绸之路"。

汉武帝从张骞的报告中得知四川和印度之间的这条"宜径"。但这条古道的具体路线，当时的汉朝官方并不很清楚。因此，武帝令张骞以蜀郡（治所在成都）、犍为郡（治所在宜宾西南）为据点，派遣秘密使者分4路探索往印度的通道。不料这4路均被当地部族所阻，没有一路抵达印度。不过，这并未打击汉武帝"指求身毒国"的决心，反而由此开始了长期经营西南的活动。汉元鼎六年（前111），汉灭南越，发兵击西南夷，夜郎、滇等国及许多部落次第请归附。汉朝先后设置牂柯、越嶲、益州、沈黎等郡，同时每年派出十多批使者，由初设郡出发探寻通往印度、大夏的道路，然而"皆复闭昆明，

---

① 朱杰勤：《汉代中国与东南亚和南亚海上交通路线试探》，《海交史研究》，1983年第3期。

为所杀，夺币物"。元封元年（前110），司马迁"奉使西征巴蜀以南，南略邛、笮、昆明"，使命之一是查办历次使节被阻于昆明的案件，同时也调查通往印度的通道。他说："昆明之属无君长，善寇盗，辄杀略汉使，终莫得通。"（《史记·大宛列传》）从元狩元年（前122）至元封六年（前105），西汉王朝历时十余年，苦心经营西南，寻求"通蜀、身毒国道"，结果只打通了成都地区至洱海地区的川滇道路，官方使者未能至保山一带，西汉王朝西南方面的国际商路始终没有打通，只能通过西南各部族的中介与印度进行间接贸易。

直到东汉明帝永平十二年（69），哀牢人内附，东汉王朝"始通博南山（金浪巅山，在今云南永平县西南），度兰仓水（澜沧江）"，建置永昌郡（治所在今云南保山），楚雄以西直至伊洛瓦底江上游的广大地区全属汉朝。《后汉书·哀牢传》记载，永平十二年，"哀牢王柳貌遣子率种人内属，其称邑王者七十七人，户五万一千八百九十，口五十五万三千七百一十一；西南去洛阳七千里，显宗以其地置哀牢、博南二县。割益州郡西部都尉所领六县合为永昌郡"。永昌郡土地广阔，东西15000里，南北2300里。汉族移民越过了澜沧江，进入高黎贡山以西缅甸北部。自此中国人和缅甸人、印度人的接触当然是非常频繁了。"中印缅道"由此打通，汉武帝孜孜以求的"通蜀、身毒国道"全线畅通。

永昌郡的设立，是西南丝绸之路上的重大事件，也是中国与印度、缅甸交通交流的重大事件。永昌郡坐落在西南丝路的要道上，是面对印度、缅甸的一个重要的通商城市。永昌郡处于交通网络的连接点上，它东接大理、益州（昆明晋宁），东南贯通进桑麋泠红河水道，西通腾越缅甸直至印度，南下缅甸抵达海边，北连澜沧江、怒江上游，直到青藏高原。各种各样的海内外产品，通过南来北往的海陆通道相互转接进入永昌。当时益州只是红河水道的枢纽，而永昌却可以同时连接当时云南的两条对外通道，成为它们的汇合点，作为太平洋经济与印度洋经济在云南的纽结。

汉晋时，永昌云集国内外商贾，不少身毒商贾和蜀地工匠侨居于此，一些中原派来这里做官的人，也可以在此谋得富及十世的财富。据史载，当时在永昌郡境内居住的居民成分相当复杂，有穿胸、僬耳（今缅甸得楞族）、越濮（缅族）、鸠獠（高棉族）、僄越（骠族）、躶濮（卡钦族）、身毒之民，也有阿萨密的印度人居住在永昌郡内。《华阳国志·南中志》记载："益州西部宝货之地，居其官者皆富及十世。""永昌郡，属县八，户六万，去洛六千九百里，宁州之极西南也，有闽、濮、鸠、獠、越、裸濮、身毒之民。土地沃腴，宜五谷，出铜、锡、黄金、光珠、琥珀、翡翠、孔雀、犀、象、蚕、桑、绵、绢、采帛、文。"

这些商品并非是永昌郡当地所产，多数是由来自印度等地商人带来的。所谓罽氀帛叠，主要产地在永昌以西的缅甸北部；光珠、琥珀等，主要来自永昌以西的滇越及缅甸北部；水精、琉璃、轲虫、蚌珠，为外来物，不产于永昌，特别是轲虫（海贝）、琉璃，自古都是从印度及其沿海经缅印道流入永昌。当然这些海产品，也可能来自交趾沿海，三国时交趾太守士燮就常常以交州的明珠、大贝、琉璃、玳瑁、犀、象等珍物，贡献孙权。而金银、黄金、文绣等类，除当地自产外则主要来自中国内地。自战国以来，永昌与蜀地有了密切交往后，蚕桑、锦绢、采帛、文绣等陆续引入永昌地区，并发展为当地的重要手工业。《魏略·西域传》说："大秦既从海北陆通，又循海南而南，与交趾七郡通夷，又有水道通益州永昌，故永昌出异物。"所以，这里汇聚了来自各地的货物，成为汉晋时期珍奇荟萃的"出异物"之地。

"中印缅道"的开通和发展，是中印两大文明接触、交往的结果和见证。这条"通蜀、身毒国道"，即古代"西南丝绸之路"，在中国境内由三大干线组成，其线路由五尺道、灵关道和永昌道组合而成，全长2000多千米。第一条是"五尺道"，以四川成都为起点，经宜宾、昭通、曲靖、昆明、楚雄、南华、云南驿至大理；第二条是"古旄牛道"，从成都南出发，经邛崃、雅安、灵关、西昌、姚安至大理，此路又称"灵关道"；第三条是上述两条通道汇合后西行，经漾濞、永平、保山、腾冲出缅甸，到达缅甸境内的八莫。从保山至缅甸段称为"永昌道"。成都是"西南丝绸之路"的起点，邛崃是南方丝绸之路西出成都第一站，腾冲是"西南丝绸之路"的最后驿站。从八莫出发有水陆两途到印度：陆路自八莫出发，经密支那，越过亲敦江和那加山脉，沿布拉马普特拉河谷到印度平原；水路从八莫顺伊洛瓦底江航行出海，经海路到印度。①

---

① 参见江玉祥：《古代中国西南"丝绸之路"简论》，伍加伦、江玉祥主编：《古代西南丝绸之路研究》，四川大学出版社1990年版，第33页。

古代“西南丝绸之路”的开辟可能很早。至迟在前4世纪的印度文献中已有关于中国和丝的记载。季羡林的《中国蚕丝输入印度问题的初步研究》及德国学者雅各布比（H. Jacobi）的研究报告引印度古文献《政事论》，说到“支那（Cina）产生丝与纽带，贾人常贩至印度”[①]。另外，前4世纪成书的梵文经典《摩诃婆罗多》和前2世纪成书的《摩奴法典》等书中也有“丝”的记载和“支那”名称。据法国汉学家伯希和（Paul Pelliot）考证，梵文典籍中“支那”一名，乃是“秦”的对音。古代中国取道西域及南海至印度，为汉武帝以后之事。而前4世纪至前2世纪，正是秦国占据四川和秦朝派常頞凿“五尺道”通云南的时期，“秦”的名称很可能随着贩丝的商人沿西南古道传入印度，记入典籍。所以，“西南丝绸之路”的历史至少可以追溯到前4世纪。正如法国学者伯希和所说：“印度人开始知道有中国，好像是从这条道路上得来的消息。”1936年，考古学家在阿富汗喀布尔以北约60千米处发掘亚历山大城时，在一处城堡中发现许多中国的丝绸。其时正当中国战国时期，北方丝路未开，因此有的研究者认为，这些丝绸，至少其中的一部分，有可能是从成都经“西南丝绸之路”运到印巴次大陆，然后转运到中亚的。[②] 西南丝绸之路是中国和印度两大文明古国最早的联系纽带。

其实古道本质上是一条民间商道。开辟古道的是经商的人和马帮，古道上流通的是各地的商品。前4世纪，蜀地商队驱赶着驮运丝绸的马匹，走出川西平原，踏上了崎岖的山间小道，翻山越岭，跨河过江，进行着最古老的中印商业贸易业务，从而开辟了这条我国通往南亚、西亚以至欧洲的最古老的商道。唐代南诏时，在古道上进行的贸易逐渐频繁起来，南诏的河赕（今大理附近）成为重要的交易市场之一，当时印缅输入中国的商品主要有毡、缯布、珍珠、海贝、琥珀等，而从中国输出的有丝绸、缎匹、金银等。

2世纪初，罗马人由海上进一步向东扩展，到达孟加拉湾东岸，由缅甸经永昌郡进入中国境内。永宁元年（120）掸国国王雍由调向汉廷遣使贡献掸国乐器和幻人。这些幻人“自言我海西人，海西即大秦也”（《后汉书·西南夷传》）。汉廷由此知道“掸国西南通大秦”。这条消息至少说明两点：一是汉

① 引自方国瑜：《中国西南历史地理考释》上册，中华书局1987年版，第6页。

② 参见童恩正：《古代的巴蜀》，重庆出版社1998年版，第205页。

时从掸国（缅甸）可以直达内地，有便利的交通道路；二是大秦（罗马）已经通过海路到达印度，然后再经缅甸从陆路进入中国内地。

东汉魏晋时，这条西南通道见于僧传者渐多，一些赴印度求法的僧人也通过这条道路往返于印度。约在 4 世纪后半叶，冀州僧人慧睿，游学四方，行至蜀西界，被人掠为牧羊奴，有商客见他精通经义，以金赎身，再着缁衣，遂"游历诸国，乃至南天竺"（《高僧传·慧睿》）。慧睿自蜀地向西进入印度的道路，就是汉武帝搜寻多年未果的西南通道。又据义净记载，唐初东印度有支那寺遗址，"古老相传，云是昔室利笈多大王为支那国僧所造（支那即广州也。莫诃支那即京师也。亦云提婆佛呾罗，唐云天子也）。于时有唐僧二十许人，从蜀川牂牁道而出（蜀川去此寺有五百余驿），向莫诃菩提礼拜，王见敬重，遂施此地，以充停息，给大村封二十四所"（《大唐西域求法高僧传》）。据内容分析，这些僧人进入东印度的年代当在 3 世纪后半叶。就是说，在慧睿之前，就已有大批僧人沿此道前往印度。

"西南丝绸之路"或"中印缅道"在古代中国和印度的交通以及文化物质交流中起到了重要作用。西南丝绸之路联结中原，沟通中印，它为中原、西南、印缅文化互相交流、互相融合创造了条件。在古代，中印之间通过这条通道，在稻作文化、建筑技术、冶炼技术、茶叶栽培、桑植养蚕、天文历法、计量方法等方面实现了交流。梁启超在《中国印度之交通》中列举了 6 条中印之间的交通路线，其中第六条为滇湎路。梁启超说："滇湎路，即张骞所欲开通而卒归失败者也。""《高僧传·慧睿》称：'睿由蜀西界至南天竺，'所遵当即此路。"[1] 方国瑜指出，古代中印两国交通"约有三途：一自葱岭，一自南海，又其一则自滇蜀；而葱岭南海之道远，滇蜀之道近，中印文化之最初交通，当由滇蜀道"[2]。这条通道要经过缅甸抵达印度，因此缅甸成为中印交通的一个中转站。缅甸学者波巴信说："上缅甸约在 1700 年以前，由于它位于西方的罗马和东方的中国互相往来的陆上通衢之间，就成为中国和印度之间的路上枢纽。……居住在缅甸北部伊洛瓦底江和亲敦江之间的帖族和

---

① 梁启超：《佛学研究十八篇》，群言出版社 2013 年版，第 153—154 页。

② 方国瑜：《云南与印度缅甸之古代交通》，《西南边疆》1941 年第 12 期。

同一族源的人民却接收了印度和中国的文化。"①

西南丝绸之路在历史上所起的作用是多方面的。除了商贸外，还有贡赋、朝贺、民族迁徙、军事、文化交流等功能，它既有向外开放的作用，也有向内维系多元一体的民族关系的作用。

3. 中国人早期所知的印度及中印两国的人员往来

前4世纪时印度人已经知道了中国，并且双方人员有所接触。但是，中国人是什么时候开始知道印度的呢？除了佛教文献中的夸大讹传之词以外，真正有根据的记载实际上始于汉代张骞通西域之时。《史记·大宛列传》中有关"身毒"的传闻应是中国史书中对印度的最早记载。在张骞向汉武帝汇报他耳闻目睹的诸国中，他没有单独介绍身毒，但却向汉武帝提到，他在大夏惊讶地发现了来自中国蜀地的"邛竹杖"和"蜀布"。问从何而来，答曰身毒。他借大夏人之口，对身毒做了简单描述："身毒在大夏东南可数千里。其俗土著，大与大夏同，而卑湿暑热云。其人民乘象以战，其国临大水焉。"（《史记·大宛列传》）

这里的介绍与前面对大宛、大月氏、安息、条枝、大夏的记载不大相同，这只是偶尔传闻所知的，内容也很简单，只提到其大致方位、民俗，但其他的内容却真实地反映了印度的特征：气候湿热，产大象，有大河为界。大河当指印度河。既然蜀物是经身毒而来，那就意味着身毒与蜀地之间可通。根据张骞的建议，汉武帝令他在蜀地犍为郡发四道使者，欲通西南夷，由此进入身毒，但均无果而还。

张骞在第二次西域之行时，坐镇乌孙，派遣副使到包括身毒在内的西域诸国。《史记》记载："其后岁余，骞所遣使通大夏之属者皆颇与其人俱来，于是西北国始通于汉矣。"据此可以认为，身毒国派使臣随张骞副使返回汉朝报聘。这件事发生在前117至前116年之间，应认为是中印之间发生了正式的外交关系。但也有人认为，不能肯定这些"大夏之属者"中有身毒人。但在张骞之后，汉武帝为了扩大在西域的影响，更是多次派遣汉使到身毒。所以，可以认为，汉代时中国和印度有了直接的官方往来。

班固《汉书·西域传》中，"身毒"消失了，葱岭之外的印度出现了一

---

① ［缅甸］波巴信著，陈炎译：《缅甸史》，商务印书馆1965年版，第14页。

个新的国家"罽宾"。该传对罽宾的记载极为详细，其中包含了对其国都、方位、人种、地理、气候、物产、建筑、织造、饮食、市场、钱币、家畜、奇物等方面的介绍。此外还特别对罽宾与汉廷的政治外交关系做了重点梳理。司马迁对罽宾没有记载，说明至少在《史记》完成时，中国方面对它还知之甚少，甚至无所知晓。但此后不久，汉朝就与罽宾有了往来。罽宾人通汉的根本目的是获得赏赐和与中国从事商贸的机会，即"实利赏赐贾市"。因此，后来虽无政治从属关系，但其使仍数年一至。

《汉书·西域传》还记载了罽宾的一个属国——难兜国。此国"王治去长安万一百五十里。……东北至都护治所二千八百五十里，西至无雷三百四十里，西南至罽宾三百三十里，南与婼羌、北与休循、西与大月氏接。种五谷、蒲陶诸果。有金、银、铜、铁，作兵与诸国同，属罽宾"。在罽宾东北方向330里（约合今130千米），应该不算遥远。位置大致在罽宾与大月氏接壤之地，可能是一葱岭绿洲国家。出产与罽宾相似，可种五谷，可产葡萄瓜果，也有金、银、铜、铁，可以铸造兵器，无疑也可铸造钱币。既然归属罽宾，大概也用罽宾钱币。此处虽然没有提到难兜的东邻，但在对乌秅国的介绍中却说它西邻难兜，难兜之东即乌秅可证。

《汉书·西域传》记载："乌秅国，王治乌秅城，去长安九千九百五十里。……东北至都护治所四千八百九十二里，北与子合、蒲犁，西与难兜接。山居，田石间。有白草。累石为室。民接手饮。出小步马，有驴无牛。其西则有县度，去阳关五千八百八十八里，去都护治所五千二百里。县度者，石山也，溪谷不通，以绳索相引而度云。"这个乌秅是个山区之国，很可能位于现在中巴边境巴基斯坦一侧的罕萨地区。"罕萨"或与"乌秅"古代读音相近。乌秅之西数百里，就是县度。这个"县"就是古代的"悬"，是"悬绳而度"的意思，县度就是"悬度"。而悬度是丝路南道通往罽宾的必经之地。正是由于悬度路程艰险，难以通行，所以，汉廷往往送其使者至悬度而还。罽宾也借此天险之利，多次杀辱汉使。"自知绝远，兵不至也。"汉成帝时，大臣杜钦力劝与罽宾断绝关系，也是以此为理由。"今县度之厄，非罽宾所能越也。其乡慕，不足以安西域；虽不附，不能危城郭。"悬度应是丝路南道最艰难的一段，大概即今中巴公路从红其拉甫山口经罕萨到吉尔吉特这一段。

《汉书·西域传》在紧接罽宾之后，提到了另外一个与其西邻的国家——

乌弋山离。该国与罽宾的不同之处在于后者的气候可能更热一些，"地暑热莽平"，有"桃拔、师子、犀牛"等特产。钱币亦不同，"其钱独文为人头，幕为骑马"。此地是丝路南道的终点。"绝远，汉使希至。自玉门、阳关出南道，历鄯善而南行，至乌弋山离，南道极矣。"据其四至，一般认为是今日阿富汗喀布尔以南和伊朗西南部以塞斯坦、坎大哈为中心的地区，即古代的阿拉科西亚和塞斯坦。此地在古代史上，也可归入一般意义上的印度西北部。

从罽宾及其属国难兜以及东西相邻地区乌秅、悬度和乌弋山离的大致方位来看，它们皆可归为古代印度或身毒的一部分。《汉书·西域传》不提身毒，大概是把罽宾之属视为身毒的替代者了。乌秅、悬度都在葱岭之中，是从塔里木盆地抵达罽宾的必经之地。《汉书·西域传》对罽宾、乌弋山离、乌秅、悬度的记载之所以如此详细，应归因于它们与汉廷的直接关系。罽宾虽然时绝时通，但它一度接受汉廷的印绶，应该说也是汉帝国的属国之一。正是由于汉廷与这些沿路国家和地区建立了不同程度的外交关系，丝路南道才得以开通，从而大大加强了古代印度与中国的联系，为后来佛教的传入和贵霜—印度文化进入塔里木盆地奠定了基础。

地处印度次大陆东南海岸的黄支国多次遣使送物到汉朝，汉朝的使者也随招募来的商人赴黄支，以黄金、杂缯去交换当地出产的明珠、璧玻璃、奇石异物。

关于西汉时与印度的官方交往，史籍还有多处记载。到东汉时，这种交往就更多了。东汉时期，由于贵霜帝国的建立和中印之间海路的开通，中国与印度交往的范围扩大了，印度文化对中国的影响加深了。交流的方式由原来的单向转为双向，交往的途径也由陆路变为海陆并行。印度在贵霜王朝时达到盛世，贵霜帝国开国君主丘就却（Kuiula Kadphises）"侵安息，取高附地，又灭濮达、罽宾，悉有其国"（《后汉书·西域传》）。贵霜帝国取得高附、罽宾、天竺（身毒）之后，帝国的版图扩至印度西北部，势力达到极盛，成为中亚、南亚地区可与东汉帝国抗衡的大国。

《后汉书·西域传》记载了一个叫高附的新出现的国家："在大月氏西南，亦大国也。其俗似天竺，而弱，易服。善贾贩，内富于财。所属无常，天竺、罽宾、安息三国强则得之，弱则失之，而未尝属月氏。……后属安息。及月氏破安息，始得高附。"高附位于天竺、罽宾、安息之间，大月氏西南，与

《史记》中"身毒"处于同一方位，应在兴都库什山以南，与原来的罽宾相邻。安息盛时，扩张至兴都库什山以南至阿拉科西亚一带。高附与喀布尔发音相近，似乎应是以今喀布尔为中心的地区。

《后汉书》说到的天竺，方位与司马迁笔下的身毒相似。它位于月氏东南数千里，"俗与月氏同，而卑湿暑热。其国临大水。乘象而战"，应在古代印度境内。天竺是一大国，西邻月氏、高附，南至海，东至盘起国。未提到北邻，但显然是指帕米尔以东的汉朝西域都护辖地，因非外国，不必提及。天竺"有别城数百，城置长。别国数十，国置王。虽各小异，而俱以身毒为名，其时皆属月氏。月氏杀其王而置将，令统其人"。罽宾当不是此别国之一，应是一独立国家，如在西汉之时，它与天竺、安息争夺高附，但终被月氏所征服。天竺、罽宾、高附最终皆归于贵霜。对于东汉时期中国西域的官员而言，贵霜（大月氏）就是原来的身毒、罽宾之地新的统治者。《后汉书》中关于天竺的记载，提供了许多重要的、有迹可查的信息。它首次提到佛教在印度的流行："修浮图道，不杀伐，遂以成俗。"

贵霜王朝时期是中国与印度政治、经济、文化关系最为紧密的时期，不论是海上还是陆地的丝绸之路，贵霜帝国发挥了关键的枢纽作用。印度的佛教在贵霜王朝时期开始传入中国，以贵霜文化为代表的印度本土和希腊化文化也是在这一时期开始进入中国的塔里木盆地。

《后汉书·班超传》中详细记述了班超与贵霜帝国的交往与抗衡。班超在西域期间，除了设法控制、羁縻葱岭以东的西域诸国，遏制匈奴势力的渗入之外，就是对付贵霜帝国的介入。贵霜帝国建国之初，愿意和汉朝建立友好关系。建初三年（78），班超上疏说："今拘弥、莎车、疏勒、月氏、乌孙、康居复愿归附。"元和元年（84），班超攻打疏勒王忠，康居派兵救援。由于月氏当时刚与康居联姻，班超就派使者带着大批丝绸给月氏王，求其转告康居王勿进兵。月氏果然出手帮忙，劝退康居兵。班超遂攻克疏勒王固守的乌即城。此为汉廷与月氏的合作。此前，月氏还帮助汉军攻打过车师，但具体时间不详。章和二年（88），月氏遣使贡奉珍宝、符拔、狮子，向汉公主求婚。班超谢绝，并拒还其使，由此引起月氏怨恨。永元二年（90），月氏派遣一位名为"谢"的副王率兵 7 万攻打班超。班超知其越葱岭千里而来，难以持久，故据城坚守，以逸待劳，并在中途截杀了向龟兹求援的月氏使者。谢王大惊，遣使请罪，愿得生归。班超允准，月氏大兵退回。从此慑于大汉雄威，岁奉贡献。汉和帝时期，天竺数次遣使贡献，后因西域反叛而绝。桓帝时，多次从日南徼外来献。如《后汉书》记载："延熹二年，天竺国来献。""延熹四年冬十月，天竺国来献。"此时的天竺商人或从印度的恒河口、印度河口或南部港口起航。

《后汉书》和《魏略》中还有车离国都沙奇城的记载，说其在天竺东南3000余里，"列城数十，皆称王。大月氏伐之，遂臣服焉"。该国"乘象、骆驼，往来邻国。有寇，乘象以战"。还有盘越，也是位于孟加拉南部地区的一个国家，这些国家和中国西南或西北地区的民族保持着较为紧密的联系。

在两晋南北朝时期，中国与印度的往来更是频繁。北天竺、中天竺、南天竺均有使臣来华，有的印度国家，一年之内竟然多次遣使。与此同时，佛教传入中国。佛教传入中国是中印文化交流史上的盛事。在很长的一段时间里，中印文化交流是以佛教为中心的。到了南北朝时期，佛教在中国盛行，中印之间的关系日益密切，不少僧人互相往返，两国间的学术文化有广泛交流。

二　印度文化在中国的传播

1. 输入中国的印度商品

在长期的中印交往中，商业贸易一直承担着主要的角色。中印之间的三条主要通道，都是由商人开辟的，并且承担着商贸运输。在双方的物质文化交流中，中国的丝绸等物产输入印度，也有许多印度物产输入中国。

季羡林认为："印度物品传入中国在汉代以前就已经有了。"[1] 进入汉代以后，这种物质交流就更多了。《后汉书·西域传》介绍了天竺的出产与对外贸易："土出象、犀、玳瑁、金、银、铜、铁、铅、锡，西与大秦通，有大秦珍物。又有细布、好毾㲪、诸香、石蜜、胡椒、姜、黑盐。"

---

[1]　季羡林：《中印文化交流史》，中国社会科学出版社2008年版，第16页。

《汉书·西域传》还记载："（罽宾）有金银铜锡，以为器。市列，以金银为钱，文为骑马，幕为人面。出封牛、水牛、象、大狗、沐猴、孔爵、珠玑、珊瑚、虎魄、璧流离。它畜与诸国同。"

这些物产可能有许多是传入中国的。《汉书·地理志》记载，黄支国"户口多，多异物。自武帝以来，皆献见。有译长，属黄门，与应募者俱入海，市明珠、璧流离、奇石异物，赍黄金杂缯而往"。从这些记载来看，汉代传入印度的中国物品，品种繁多，数量也不在少数。

希腊的《爱脱利亚海周航记》对这一时期印度进出口物品有详细的记载。据该书记载，印度的铁和钢、棉布都被贩运到了红海沿岸；当时从埃及、阿拉伯运入印度河口阿尔巴里昆地区的商品有：细布、华丽的亚麻布、黄玉、珊瑚、苏合香、乳香、玻璃器皿、金银盘、葡萄酒。由此出口的物品有：香草、没药树脂、枸杞、甘松香、绿松石、天青石、中国皮革、棉花布、丝线、靛蓝色染料。当时输入印度婆罗羯车港的外来物品包括：葡萄酒、铜、锡、铅、珊瑚、黄玉、细布、腰带、苏合香、草木樨、无色玻璃、雄黄、锑、金银币、油膏。专卖国王的商品有：银器、歌童、少女、美酒、精品服装、上等的油膏。此地的出口物则有甘松油、没药树脂、象牙、玛瑙、红玉髓、枸杞、各种棉布、丝绸、麻布、纱、长辣椒等。在印度西南端的穆济里斯、内尔辛达等城镇，出产胡椒、三条筋树叶。进口物品有钱币、黄玉、细布、华丽的亚麻布、锑、珊瑚、天然玻璃、铜、锡、铅、葡萄酒、雄黄、雌黄、小麦。出口物品有胡椒、珍珠、象牙、丝绸，各种水晶、宝石、玳瑁、甘松香等。①

《爱脱利亚海周航记》的上述货物清单中提到的从印度出口的棉布、象牙、珍珠、甘松油、没药树脂、枸杞、玳瑁、胡椒、香草（姜）等出自印度本土，但像丝线、丝绸织品、皮革以及玛瑙、水晶石、绿松石、天青石各种宝石的原产地显然不是印度，而是中国和中亚地区。进口的商品主要来自西方和海上，如苏合香、乳香等应该来自阿拉伯半岛，葡萄酒来自意大利半岛和叙利亚地区的劳狄凯亚（今贝鲁特），钱币、粗玻璃、珊瑚、亚麻布等是从

---

① 引自杨臣平：《西汉中印关系表——兼论丝绸南道的开通在》，《西域研究》2013 年第4 期。

地中海地区、埃及等地运来。

《爱脱利亚海周航记》记述的是印度输往西方的商品。但是，正如方豪所说："上举东方运往西方之物品中，亦多有输入中国者。盖大部分物品皆产于南洋、印度及中亚各地，而分别向东西输出也。"①

所以，印度输入中国的不仅有本地的产品，还有从西方进口然后转运到中国的。在中国汉代及以后有许多波斯、阿拉伯以及地中海地区的奇珍异物如钱币、玻璃器和其他艺术品等被发现，大概很多与印度的转口贸易有关。

在印度输入中国的物产中，还有一些可以作为蔬菜、粮食的植物，其中有一些是原产地在非洲，先传入印度而后再传入中国的。原产于印度的茄子在4—5世纪传入中国，南北朝栽培的茄子为圆形，与野生形状相似。元代则培育出长形茄子。茄子在浙江被称为六蔬，广东人称为矮瓜，是茄科茄属一年生草本植物，在热带地区为多年生。

2. 印度棉花传入中国

棉花是由印度传入中国的比较重要的物产。印度的阿萨姆邦一带是木本亚洲棉的发源地。棉花在印度半岛的栽培历史相当悠久，早在前1500年的《吠陀经典圣诗》中，就有"织布机上的线"的诗句，可见这一时期的棉花已经进入大规模生产以至可以用来织布。

亚洲棉从印度传入中国有两条路线：

第一条是经由东南亚传入我国的海南岛及两广地区。战国时成书的《尚书·禹贡》中有"岛夷卉服，厥篚织贝"之载，古今不少学者认为"卉服"指的就是棉布所制之衣，故作为沿海地区献给不出产棉花的中原的贡品。1978年福建崇安船棺中发现的棉布残片，据考证大约有3000年的历史。《后汉书·南蛮西南夷列传》记载："武帝末，珠崖太守会稽孙幸调广幅布献之。"珠崖为今海南岛东北部，广幅布可能就是棉布。由此可知，秦汉时海南岛已经植棉生产棉布了。

第二条是由印度经缅甸传入我国云南地区。《后汉书·南蛮西南夷列传》记载，哀牢夷"有梧桐木华，绩以为布，幅广五尺"。左思《蜀都赋》记载："布有橦华。"李善注引张揖："橦华者，树名橦，其花柔毳，可绩为布也，出

---

① 方豪：《中西交通史》上卷，上海人民出版社2008年版，第202页。

永昌。"这里的"梧桐木华""橦华"指的就是棉花。亚洲棉经南方丝绸之路从印度传入哀牢,再传到西蜀地区,经过蜀人运用中国的纺织技术,织成很高级的棉布,其质量远胜过原产地的印度布,于是棉布又由四川倒流至印度,并远达于大夏国。"从时间上看,四川开始植棉并织棉布可以上溯至公元前2世纪或更早。"①

从南方传入的印度棉原是多年生木本植物,最初是落叶乔木。晋张勃《吴录》记载:"交趾定安县有木绵,树高数丈,实如酒杯,中有绵,如蚕之丝也,又可作布。"这里指的就是木本棉花。传入我国之后,随着向北的迁徙与不断的选育,最后变为不高而一年生的"中棉"。因为棉花是由印度辗转传入,故而长期以梵文的称呼转译,故称为"吉贝""白叠""桐""橦"(至今云南佤族仍称棉花为"戴"、白棉布为"白戴"),佛经中又称为"劫波罗"。由于其初是乔木,故又称为"木绵"(古代的绵只指丝绵),以后才称为"棉"或"木棉",宋代以后才称棉花,这与我国南方的"木棉树"并非一回事。

棉花在人工合成纤维出现之前,是世界纺织品的首选原料。而棉花走出印度的前几步是非常关键的。棉花引进中国,可以看作"是一种具有长远意义的缓慢发展"②。它在全世界扩展成为纺织工业的主要组成部分。

棉花传入我国之后,长期停留在边疆地区,未能广泛传入中原。唐大中五年(851),阿拉伯旅行家苏莱曼(Sulayman al-Tajir)记述在今天北京地区所见到的棉花还是在花园之中作为"花"来观赏的。③唐宋的文学作品中,"白叠布""木棉裘"是珍贵之物。北宋末年的《北征纪实》中还称棉布为"南货",可见当时棉布主要还是在岭南地区生产的。但棉花在唐宋时期已不断向中原地区移植。宋代福建沿海已种植棉花,谢枋得《叠山集》卷三记载:"嘉树种木棉,天何厚八闽","木棉收千株,八口不忧贫"。周去非《岭外代答》、赵汝适《诸蕃志》、方勺《泊宅编》等书,有关于"南人""闽广之人"如何纺绩棉花的记载,证明中土之人对棉花已有相当清楚的认识。

---

① 赵冈、陈钟毅:《中国棉纺织史》,中国农业出版社1997年版,第18页。

② [英]艾兹赫德著,姜智芹译:《世界历史中的中国》,上海人民出版社2009年版,第98—99页。

③ 参见武程鹏主编:《世界闻名的100个海洋人物》,海洋出版社2018年版,第206页。

元代棉花种植在中原得到迅速推广，棉花种植迅速发展并超过桑麻而成为我国纺织业的主要原料。王桢《农书·农器图谱集之十九·木棉序》说：棉花"比之桑蚕，无采养之劳，有必收之效；埒之枲苎，免绩缉之工，得御寒之益，可谓不麻而布，不茧而絮……此最省便"，因而得到了比桑麻更快的发展。元代官修的《农桑辑要》称："苎麻本南方之物，木棉亦西域所产。近岁以来，苎麻艺于河南，木棉种于陕右，滋茂繁盛，与本土无异。二方之民，深荷其利。"王桢《农书》还称，木棉"其种本南海诸国所产，后福建诸县皆有，近江东、陕右亦多种，滋茂繁盛，与本土无异"。

元至元二十六年（1289），元世祖在浙东、江东、江西、湖广、福建设置"木棉提举司"，专门督课棉植，征收棉布实物，每年多达10万匹。虽然不久就撤销了这一机构，但后来又把棉布作为夏税（布、绢、丝、锦）之首，可见棉布已成为主要纺织衣料之一。

3. 海贝的传入与中国早期货币

海贝是缅甸、印度经由西南丝绸之路传入中国的另一重要物品，并长期被作为货币来使用。

中国很早就使用了贝币。东汉许慎《说文解字》说："贝，海介虫也。古者货币而宝龟，至周而有泉，到秦废贝行钱。"汉字中与钱财有关的文字，大多带有"贝"字，如贾、贩、贷、购、财及贿赂等。"贝"字与钱财关联，说明贝币的出现与文字产生在同一时代，或者更早。实际上中国最早的货币就是一种由天然海贝加工而成的贝类货币。

考古发掘所见的贝币，出土于河南殷墟等地，距今约3500年，其中妇好墓的棺内有贝6800余枚。这种贝币经过加工，形体一面有槽齿，贝币光洁美观，小巧玲珑，坚固耐磨，便于携带。在河南郑州洼刘遗址的商代、西周古墓内出土了11枚距今3000多年的贝币，其中8枚贝币的形状较大，如成年人的大拇指；另外3枚贝币偏小，如成年人的小拇指。贝币背部有人工钻磨的圆孔。在商代中期以前贝币价值很高，臣下若能获得商王用贝币赏赐是极大的荣耀。随着经济的发展，天然贝币渐渐出现了供不应求的局面，故在当时又出现了许多仿制贝币，有石贝、骨贝、蚌贝、绿松贝等，这类贝币形体较小，其长度1.2—2.4厘米。在商代晚期又出现了铜质货币，形制也仿海贝形式。铜贝出土于河南安阳和山西保德等地的商代晚期墓葬中，年代约为前14

至前 11 世纪。铜贝是我国最早的金属货币，其中有一种表面包金的铜币是作为大额货币使用的。

贝币在货币史上起着承前启后的作用，在贝币以前，没有通用的货币，人们进行以物易物的交换，如牲畜、布帛、粮食、皮毛等物品曾充当过货币使用，但它们只是等价的以物易物，不能算货币。采用了贝币以后，不同的物品可以用贝作为交换计算单位，贝才是货币的开始。商周时期，贝币以"朋"为单位计数。据郭沫若考证，"一朋"为十贝。把单个的贝加工穿孔，用绳子穿起来，叫串，两串贝在一起，便叫做朋。① 前 21—前 2 世纪，贝币流通于中原地区，到周时出现了青铜货币，贝币逐步退出流通，秦统一中国后推行"半两"，中央政府废止贝币流通。而云南则长期使用贝币，止于清初，流通时间超过 2000 年。

海贝的原产地在南洋、印度洋一带。货币史研究者认为，这几种用作贝币的海贝只产于印度洋至西太平洋的狭小区域。而据生物学家研究，齿贝仅产于印、缅海域。那么，中原出土的海贝必然是循着最近的半岛和最近的陆地传入的，学者们大都认为西南丝绸之路是主要的传播路线。

1986 年，考古学家在四川广汉三星堆遗址发掘了距今约 3200 年的一、二号祭祀坑，坑内出土 4000 余枚海贝，有虎斑纹贝、货贝等。其中数量最多的是一种齿贝，大小约为虎斑纹贝的三分之一，中间有齿形沟槽，环纹内部分呈淡褐色、浅灰色，环纹外部分呈灰褐色或者灰红色。这种海贝产于印度洋深海水域，显然是从印度洋北部地区引入的。据史载，印度地区自古富产齿贝，当地居民交易常用齿贝为货币。三星堆出土的这些齿贝，大多数背部磨平，形成穿孔，以便于串系，用作货币进行交易。这种用贝币作为商品交换等价物的情形，同南亚次大陆和中国古代西南地区以及商周贝币的功能是相同的。

先秦时期中国西南地区出土来自于印度洋的海贝，并不只有四川广汉三星堆一处，在云南大理、禄丰、晋宁、楚雄、昆明、曲靖，以及四川凉山、茂县等地，多有发现。在晋宁石寨山及江川李家山古墓群中出土的贝，就达 1230 多斤，计 247000 多枚。1979 年，昆明市文物管理委员会在呈贡天子庙

① 郭沫若主编：《中国史稿》第 1 册，人民出版社 1976 年版，第 199 页。

战国中期墓葬中，出土海贝 1500 多枚。1980 年，云南文物考古研究所在剑川鳌凤山发掘的古墓中，出土了海贝，其年代约在春秋中期至战国初期。

如果把这些出土海贝的地点连接起来，恰是中国西南与古印度地区的陆上交通线蜀—身毒道。有学者指出："如果我们将文献中产海贝的地方、经营海贝的地方、考古发现海贝的地点，用一条线将这些一个点一个点地连接起来，这正好勾画出了蜀、身毒道的路线，即印度—缅甸—永昌（保山）—大理—昆明—成都。而如果将考古发现汉代货币的地点用一条线从成都一直连通腾冲，那么发现汉代货币的地点正好与史书上记载的南夷道、西夷道、博南古道的走向线路完全吻合。"①

在西南丝绸之路上，海贝一直充当着货币。古印度一直有用贝币的传统。《旧唐书·天竺传》记载："以齿贝为货。"《新唐书·南诏传》记载："以缯帛及贝市易，贝者大若指。"《宋会要稿》卷一九七记载："天竺国俗无籍，以齿贝为货。"滇国与印度及东南亚国家买卖物品时即用海贝，云南古代的贝币很明显是由印度等地传入的。英国学者哈威（Godfrey Eric Harvey）在介绍唐大中五年（851）波斯国旅行家至下缅甸的情况时说道："居民市易，都用海贝作为货币。"还说当地人的计数方法，"用四四五进位之法，亦得之天竺，可见其时关于印度贸易之盛矣"。②《马可·波罗行纪》记载，云南"彼等所用海贝，非外乡所出，而来自印度"。《云南通志·风俗篇》记载："昔多用贝，俗名曰巴子，一枚曰庄，四庄曰手，四手曰苗，五苗曰索。"这种贝币计数方法和前述缅甸地区是一样的，显然是受到印度的影响。

云南、四川等西南地区很早就与中原地区有交通往来。所以，这些从印度经西南丝绸之路传入云南再传入四川的海贝，也很早就传入中原。这大概就是商周时期所见海贝的传来路线。

4. 印度文化在中国的传播与影响

印度文化在中国的传播与影响，受到历代中国学者的高度关注，并给予很高的评价。对此，范文澜概括说：

> 西方文化，主要是印度文化，如文学、音韵、音乐、跳舞、建

---

① 引自阮荣春：《佛教南传之路》，湖南美术出版社 2000 年版，第 50—51 页。

② ［英］哈威著，陈炎译：《缅甸史》，商务印书馆 1957 年版，第 40 页。

筑、雕塑、医学等伴随着同来，也是值得热烈欢迎的。因为在人们的交往中，除了言语与动作之外，就再没有别的什么了。而文学、音乐、跳舞等等都是从言语动作中提炼出来的最纯的精华、最高的典范。民族间文化交流，等于民族间大量优秀代表在相互交谈和学习。东汉时期西方文化开始东流，而且此后数百年间不断地大量东流，除去那些不是有益的宗教迷信，其余都有助于汉文化的逐步丰富起来。[①]

梁启超说道：

> 我国文化，夙以保守的单调的闻于天下，非民性实然，环境限之也。西方埃及、希腊、小亚细亚为文化三大发源地，有地中海以为之介，遂得于数千年前交相师资，摩荡而日进。我东方则中国、印度为文化两大发源地，而天乃为之阂，使不能相闻问。印度西通虽远，然波斯、希腊尚可递相衔接，未为孤也。我国东南皆海，对岸为亘古未辟之美洲，西北则障之以连山，湮之以大漠，处吾北者，犬羊族耳，无一物足以裨我，唯蹂躏我是务。独一印度，我比邻最可亲之昆弟也。[②]

1924 年，梁启超为欢迎泰戈尔访华，做了《中国与印度之文化亲属关系》的讲演，从音乐、建筑、绘画、雕刻、戏曲、诗歌和小说、天文历法、医学、拼写字母、著述体裁、教育方法、团体组织 12 个方面概述了印度文化对中国文化的影响。

印度文化对中国的影响是多方面的，其中许多因素是随着佛教一起传播过来的，有许多因素是以宗教的形式传播的。李约瑟指出，来往于印度和中国之间的佛教徒扮演着文化传播者的角色。比如对中国哲学、文学、音韵学、音乐、绘画艺术等方面的影响，我们将在后面有关佛教的章节中详细介绍。在这里先介绍一些日常生活方面的传播和影响。

在民间生活中，赌博游戏用的骰子来自印度，印度 4000 年前的吠陀文献

---

① 范文澜：《中国通史简编》（修订本）第 2 编，人民出版社 1964 年版，第 244 页。

② 梁启超：《佛学研究十八篇》，群言出版社 2013 年版，第 123 页。

已载有掷骰子，印度著名的史诗《摩诃婆罗多》载有坚阵王因掷骰子而输去妻子的故事。中国则在出土的晋代坟墓中始见有陪葬的骰子。

2002 年，在三峡库区老棺丘墓葬群的一座东汉墓葬里，发现了一枚陶制象棋子，直径 2.9 厘米，厚 1.3 厘米，正面阴文刻带偏旁的"车"字。年代在东汉或晚些时候，说明 2—3 世纪时象棋已经在四川地区开始流行。目前所见最古老的象棋属于贵霜王朝。有学者研究指出，象棋起源于印度，取道波斯和阿拉伯地区传入欧洲，同时通过丝绸之路传入中国。象棋的前身可能是一种名叫"八角棋"的古印度游戏，这个游戏本来还有骰子，最早出现于前 5 世纪。四川出土的象棋是目前所知年代最早的中国象棋，"它的产生显然与贵霜时代印度文化艺术的东传密切相关"[1]。

印度的幻术和舞蹈也对中国产生了影响。印度重视舞蹈，手部的各种姿态称为"手印"，象征着戏剧的内在含义，这种手印与佛教密宗有关；中国戏剧里许多象征性的动作，可能就是受到这种手印的影响。

中国古代的寓言和传说与印度相似的地方，中外不少学者认为是受到印度的影响。德国汉学家孔好古（August Conrady）在《中国所受印度的影响》一文认为，《战国策》所载若干动物寓言，完全源自印度，只是动物的名称不同。此外，《吕氏春秋》中的"刻舟求剑"，《韩非子·说林》中的"有献不死之药于荆王者"，《战国策》卷一七中的郑袖谗楚王美人，《左传》卷四四中的"师旷讽晋侯"，《列子·汤问》中的"巨鳌负山"，《山海经》中的"巴蛇吞象"，《庄子》中关于大鹏的寓言，邹衍所谓大九州说，等等，据学者们研究，都可能与印度的传说故事存在某种联系。[2] 季羡林指出，关于这些"我们没有十分确凿可靠的证据，学者们的论断有很大的假设性，但也含有很大的可能性"[3]。季羡林在谈到神话寓言传播特点时还说："一个民族创造出那样一个美的寓言或童话以后，这个寓言或童话绝不会只留在一个地方。它一定随着来往的人，尤其是当时的行商，到处传播，从一个人的嘴里到另外

---

① 林梅村：《松漠之间：考古新发现所见中外文化交流》，生活·读书·新品三联书店 2007 年版，第 55 页。

② 参见方豪：《中西交通史》上卷，上海人民出版社 2008 年版，第 42—43 页。

③ 季羡林：《中印智慧的汇流》，周一良主编：《中外文化交流史》，河南人民出版社 1987 年版，第 138—140 页。

一个人的嘴里，从一村到一村，从一国到一国，终于传遍各处。因为传述者爱好不同，他可能增加一点，也可以减少一点；又因为各地民族的风俗不同，这个寓言或童话，传播既远，就不免有多少改变。但故事的主体却无论如何不会变更的。所以，尽管时间隔得久远，空间距离很大，倘若一个故事真是一个来源，我们一眼就可以发现的。"① 季羡林认为"月亮"一词在梵语中是有各种说法的，大都包含 sasa（兔子）这一个语素，印度人从 3000 多年前就相信月亮里有兔子。印度关于月亮的传世文献远早于中国，因而说中国人是从印度学到"月中有兔"的观念。

5. 印度天文学和数学知识在中国的传播

关于古代印度科学知识在中国的传播与影响，首先要说到印度的"五明"学说。关于"五明"，后面还要介绍其中的"医方明"。"五明"在古代印度是出家、俗家及各哲学流派都学习的内容。玄奘在《大唐西域记》卷二介绍印度教育时说："而开蒙诱进，先导十二章。七岁之后，授五明大论。一曰声明，释诂训字，诠目疏别；二工巧明，伎术机关，阴阳历数；三医方明，禁咒闲邪，药石针艾；四谓因明，考定正邪，研核真伪；五曰内明，究畅五乘，因果妙理。"

据此解释可知，声明是研究语音、语法、修辞的学问；工巧明是工艺、数学、天文、星象、音乐、美术等科学知识和艺术的总称；医方明包括医药、针灸、禁咒在内的印度古代医学；因明，即印度的逻辑学；内明，是印度的宗教哲学。在北周时，《五明论》就已经翻译成汉文，得到了传播，说明在这时印度文化已经比较广泛地介绍过来了。道宣《续高僧传》卷一"译经篇初"说："至周文帝二年，有波头摩国律师攘那跋陀罗，周言智贤。共耶舍崛多等，译《五明论》，谓声医工术及符印等，并沙门智仙笔受。建武帝天和年，有摩勒国沙门达摩流支，周言法希，奉敕为大冢宰晋阳公宇文护译婆罗门天文二十卷。"

古代中国天学中的十二辰与十二次，都是对周天黄赤道带的十二等分，这与西方的黄道十二宫极为相似。而黄道十二宫之制创始于古代巴比伦。郭沫若对此作过深入研究，他从文字、图形、语义、字源、发音等方面进行比

---

① 季羡林：《季羡林文集》第 8 卷，江西教育出版社 1996 年版，第 37—38 页。

较和考释，得出结论说，十二辰本来就是黄道周天的十二宫，是由古代巴比伦传来的，古巴比伦天学中的"三十一标准星系统"与中国的二十八宿体系也有不少相似之处。但后来学者的研究表明，巴比伦天文学与中国古代数理天文学实际上是两个独立起源的体系。不过，巴比伦天文学也通过印度传入中国。为了进一步理解天文学思想的交流，李约瑟试图详细地了解印度的"纳沙特拉"系统（古代印度天文学中沿黄道分布的星群）与中国二十八宿位置上的差异。根据他的研究，中国的二十八宿距星中，只有 9 个与印度"纳沙特拉"中的联络星相同；11 个与印度的在同一个星座中，却没有一个距星与之相同；至于另外 8 个距星，甚至与印度的不在同一个星座中，这 8 个中的两个就是织女星和牵牛星。他还发现，在印度的"纳沙特拉"系统中星的分布要比中国宿的分布分散一些。有些学者认为是印度影响了中国，但也有人认为："二十八宿起源于中国，然后传入印度，时代大概是在周初。"①日本学者新城新藏、中国学者竺可桢都持这种观点。

印度天文学传入中国，可以上溯到东汉末年。其中佛教僧侣起了非常重要的作用。南北朝时，印度的天文历算已盛行于中国，对许多重要的天学家有影响。在汉译佛经和敦煌卷子中保存了相当数量的文献。此外，传入中国的还有《九执历》《符天历》等。如南朝刘宋何承天的历法改革就可能受到印度天文学的影响。《释迦方志》说："昔宋朝东海何承天者，博物著名，群英之最，问沙门惠严曰：佛国用何历术，而号中乎？严云：天竺之国，夏至之日，方中无影，所谓天地之中平也。此国中原，影圭测之，故有余分，致历有三代，大小二余增损，积算时辄差候，明非中也。承天无以抗言。文帝闻之，乃敕任豫受焉。"这件事是古人借天文学以光大宗教的事例之一。这段引文中讲到的沙门惠严提出日影之论，实际上确有一定的依据。因为北回归线恰横贯印度中部，而在此地理纬度上，夏至之日正午太阳恰位于天顶正中，故能照耀万物而无影。中国绝大部分领土皆在北回归线以北，一年中任何一天都不可能日中无影。惠严乃利用此点将印度说成"天地之中"以提高佛国地位。宋"文帝闻之，乃敕任豫受焉"，学习印度的历术。

数学方面，中国也受到印度数学很多的影响。《绳法经》属于古代婆罗门

---

① 季羡林：《中印文化交流史》，新华出版社 1993 年版，第 10 页。

教的经典，可能成书于前 6 世纪，其中讲到拉绳设计祭坛时所体现的几何法则，并广泛地应用了勾股定理。整数的十进制值制记数法产生于 6 世纪以前，用 9 个数字和表示零的小圆圈，再借助于位值制便可写出任何数字。他们由此建立了算术运算，包括整数和分数的四则运算法则，开平方和开立方的法则等。对于"零"，他们不单是把它看成"一无所有"或空位，还把它当做一个数来参加运算，这是印度算术的一大贡献。印度的数学思想在中国早有传播，《隋书·经籍志》载有《婆罗门算法》3 卷、《婆罗门阴阳算历》1 卷、《婆罗门算经》3 卷。

汉末有《数术记遗》1 卷，题"汉徐岳撰，甄鸾注"。徐岳是东汉时的数学家、天文学家。东汉灵帝时，天文学家刘洪"按数术成算"创造了"乾象历"，并"亲授其法"给徐岳。徐岳潜心钻研晦、朔、弦、望、日月交食等历象端委，进一步完善了"乾象历"，后又把该历法传授给吴国中书令阚泽，使历法得以在吴国实行。徐岳搜集先秦以来的大量数学资料，撰写出《数术记遗》《算经要用》等数学著作。《数术记遗》详细地记录了他与刘洪算术问答的精华，介绍了 14 种计算方法。甄鸾是北周时代的数学家，擅长于精算、制天和历法，注释不少古算书，著有《五经算术》等，另有《周天和年历》1 卷、《七曜算术》2 卷。学界认为，甄鸾笃信佛教，他对算经的注释多受印度文化的影响。北魏时代，算数博士段绍，其学也传自佛教徒。

南北朝时，中国算学受印度的影响有"三等数法"，即万以上之十进，万万进及倍进之法。晋译《华严经》，所举数法为倍倍变之，陈译《俱舍论》，则为"十十变之，百百变之"。中国用十位计数，共有 15 位，即一、十、百、千、万、亿、兆、京、垓、秭、穰、沟、涧、正、载。实际上，亿以上以万数表之，佛教经典中所举的洛叉、俱胝等，其数量计算位，更超过民间所用的数位，纯属宗教概念。中国的 15 位，从一数起，或为印度古来相传的计数法。

三　印度医药学在中国的传播（一）

1. 印度医药学与佛教

古代印度的医药学很发达。由于印度佛教的发达和发展，印度医学的许多内容是与佛教结合在一起的，所以在很多情况下往往把印度医药学称为佛教医学。有学者认为："佛教医学是东方医学文明的重要宝藏，是世界上唯一具有思想内涵、理论构架和临床实践的宗教医学体系。"① 在佛教东传中国的同时，印度医药学也传播到中国，为中国佛教僧医乃至中医接受和应用，并且将其融入中医药学之中，成为中医药学的一个组成部分。印度医药学在中国的传播，是佛教文化东传的一个重要内容，也是印度文化东传中国并发生影响的一个重要方面。

宗教常常自称"治病救人"，世界上的各种宗教往往对医学予以不同程度的重视，佛教也是如此。在原始佛教阶段，佛陀最初是禁止僧徒涉足医疗的，因为医疗活动往往与世俗的利益联系在一起，所以，他不允许僧徒因为行医而影响到佛法的修行。但出于慈悲救世的目的，佛陀为了医治患病的僧众以及俗人，他又允许善解医方的僧人开方下药，解除患者的痛苦。因此在佛教文献中，佛陀常被喻为"大医王"，其教义被比喻为能解众生之毒的"阿揭陀药"。佛陀为了医治众生身心的病痛，以一生的时光演说三藏十二部经典，指出一帖帖疗治身心的药方。因此，经典里比喻"佛为医师，法为药方，僧为看护，众生如病人"。依于此义，则佛教可以说是广义的医学。此外，佛教行道，本着慈悲喜舍之心，供奉病人乃一种功德。《四分律》说："佛言，自今已去，应看病人，应作瞻病。"人若欲供养我者，应先供养病人，表现出佛教徒慈悲之心。

佛教徒的医药实践活动随着佛教教义的发展，而呈现深入的趋势，特别是大乘佛教修菩萨行的出家人，为了自度度他、自觉觉他，对医学教育更自觉一些。

印度医药学的历史远远早于佛教，后起的佛教吸收了印度医药学的部分内容，医学成为寺院教育的一部分。义净介绍医方明在印度的情况时说："五天之地，咸悉遵修，但令解者无不食禄。由是西国大贵医人，兼重客商，无为杀害，自益济他。于此医明，己用功学，由非正业，遂乃弃之。"关于印度医学与佛教的关系，有学者指出："佛学又叫慧学，它与其他宗教不同。……

---

① 李良松：《佛教医籍总目提要》，引自陈明：印度梵文医典＜医理精华＞研究》，商务印书馆 2014 年版，第 134 页。

它的教义试图统摄包容一切，称为'五明'之学。一为声明，研究声韵学和语文学；二为工巧明，研究工艺、技术、历算之学；三为医方明，研究医药学；四为因明，研究逻辑学、认识论；五为内学，研究佛学。因此，印度医药学就包含在佛学体系之内。"①

关于"医方明"的具体内容，印度梵文医典《医理精华》的第一章第一颂解释为：它（医术）的诸分支为：（1）针刺首疾（眼科）；（2）治身患；（3）鬼瘴；（4）治诸疮；（5）恶揭陀药；（6）长年法；（7）治童子病；（8）足身法。

这是印度生命吠陀体系的8个部分。在汉译佛典中，这种分类法被译为八分医方、八种术、八术、八医等。根据以上"八医"，印度生命吠陀，产生了与之相对应的8个分科，亦即8种相应的疗法：第一拔除医方：为抉拔人体上惹起痛苦之物；第二利器医方，为使用利器疗治眼耳等病的外科医学；第三身病医方，为对全身疾病之治术；第四鬼病明或鬼病医方，为驱除因鬼凭而生诸心病之医方；第五看童法，为对胎儿、幼童、产妇等之看护学；第六恶揭陀药科论，为关于诸药剂，尤其是解毒剂之学；第七长命药科论，为关于长生灵药之学科；第八强精药科论，为关于强精催春药之学科。

关于佛教医学，李良松认为："什么是佛教医学？佛教医学是以古印度'医方明'为基础、以佛教理论为指导的医药学体系。什么是中国佛教医学？中国佛教医学是佛教医学与中国医学相互融合的医药学。即以佛教理论和中国传统医学理论为基础，以寺院传承的方药和诊疗经验为代表，并吸收古印度和西域医药技术的医学体系。"② 他还指出："佛教医学是以古印度'医方明'为基础，以佛教理论为指导，吸收和借鉴中国传统医药学的理论和临床特点，从而形成独具特色的传统医药学体系。由于佛教医学的理论框架和临床诊疗体系是在中国形成的，因此我们所说的佛教医学，实际上就是指中国佛教医学。"③

---

① 申俊龙：《佛教与中国传统医学》，王尧主编：《佛教与中国传统文化》，宗教文化出版社1997年版，第922页。

② 李良松：《佛教医药纵横谈》，《亚洲医药》1997年9—10月号。

③ 李良松、孙婷：《佛教医药学术体系概论》，北京大学"佛教文化与现代社会"研讨会论文，1997年12月。

印度佛教医学的主体是《大藏经》中汉译的论医佛经和涉医佛经，据初步统计有400多部。其实所谓的论医佛经并不是专门的医典，只不过有医药相关的内容稍多一些，严格地说在《大藏经》中没有一部纯粹的医典。涉医佛经中的许多是"以医为喻"类型的经典，其医理在阐述佛法义理时起到通俗易懂的比喻作用，还有一些只列举病名而没有药名的佛经。

律藏是佛教三藏（经律论）之一，它的理论色彩不及经论强烈，却保存了古代印度社会生活的百科画卷，其中的医学资料也非常丰富。律藏中的药物分为时药、更药、七日药、尽寿药四种。① 律藏的医疗方法涉及各科，且兼及咒术、卫生保健等方方面面。在汉地僧人对律藏所作的疏注中，也提到医药事。此外，在汉地僧人所编撰的佛教百科全书类著作和音义著作中，对印度佛教医药（主要是药物的名称、性能等）多有解说。在僧传作品中，既有"胡僧"的行医经历，也有汉僧严格遵守佛教医药事戒条的事迹记录。

2. 医王耆婆事迹在中国的流传

佛经中最著名的治疗个案是医王耆婆的医疗事迹。他的事迹在中国广为流传，在汉译佛经以及注疏中，耆婆的医疗事迹有80多种，所治疗的疾病主要涉及外科、内科、小儿科、皮肤科等，列在他名下的药方也被中医药学广为采用。

耆婆是一个有神话色彩的人物，据说他出生时就手中抱持针药囊而出。"耆婆"梵语作"Jiva"或者"Jivaka"（此字的原意是"生命"），又译为耆域、祇域、时缚迦。佛经中关于他的传说很多，说他是萍沙王之子无畏王子与妓女所生，生下后被弃于巷中，无畏王子见了，便问这是什么，旁边的人说是小儿，无畏又问：是死是活？答说：是活的。无畏便让人抱回收养，并给他起名耆婆（"活的"）。耆婆长大后，无畏让他外出学习技艺，他便到得叉尸罗处拜师学医。7年学成，遍识天下药物。

耆婆大体上是佛陀时代的人。《十诵律》卷二七说他曾为佛陀治病。此外，各经还有一些其他传说，尽管时间上有差别，但都一致称他为"医王"和"药王"。他不仅在僧团医疗方面享有很高的权威，而且对僧团戒律相关制度的建立（尤其是衣事、药事、出家事、食法和洗浴法）起到了促进作用。

---

① 参见陈明：《佛教律藏药物分类略考》，《北京大学研究生学志》1999 年第 1 期。

文献记载耆婆的治疗事迹主要有：

《大般泥洹经》记载："有热病者，酥能治之；有风病者，油能治之；有冷病者，蜜能治之。"酥、油、蜜是佛经最常用的药物，均属于七日药。

伽梵达摩所译的《千手千眼观世音菩萨治病合药经》记载："若有人等患眼精坏者，若有清盲暗者，若白晕赤膜无光明者，取诃梨勒果、庵摩勒果、鞞醯勒果，三各一颗，捣破油下筛当研。时唯须净护……即得精还明净光盛。"这是治眼的方子。此经中还有 40 多条与咒术相关的验方，有内服、外敷等多种疗法。在佛经中治疗眼科的方法很多，这跟印度眼科医术比较发达有关。

唐宝思惟译《观世音菩萨如意摩尼陀罗尼经》阐述了眼药的组成、制作和施药方法："尔时观世音菩萨为利益一切众生故，复说眼药之法成就最上。若有用者即得成就决定无疑。摩那叱罗、雄黄、迦俱婆婆树子汁、红莲花、青莲花、海沫（一名海浮石）、牛黄、郁金根（一名黄姜）、小柏根、胡椒、毕拔、干姜，以前件药，并捣研为极细末，以龙脑香、麝香和之，诵心咒一千八遍，以手取药触观世音菩萨足，即涂眼中已所有眼药，乃至有目青盲、胎努肉，悉得除差……"《大般涅槃经》还有"金针拨白内障"的记载，此项手术对中医深有影响。①

《龙树五明论》卷上记载："凡人得之化作大仙药者，五月五日取牛黄大如雀子、干（啰）姜四两、麻八两、黄芩一两、大黄五两、甘草二两，于七月七日，令童子捣之，以蜜和作丸用之。……"这个药方名为"大仙药"，由多味药物组成，并且能治多种疾病。其形式与印度药典中的药方非常相似。

《陀罗尼集经》卷八记载："若妇人患月水恒出，及男女鼻孔出者，取啰（上音）娑善那人、苋菜根，各取二两，粳米泔汁及蜜，共和为丸讫，诵前心咒二十一遍，分为小丸，大如梧子。如法服之，其病即差，此名阿伽陀药。"这是妇科良方，药物和咒语合用。佛藏中还有一种《迦叶仙人说医女人经》。《啰缚拿说救疗小儿疾病经》，该经注重运用安息香、白芥子等治疗儿科疾病。

外科手术主要体现在耆婆的医事中，在《四分律》卷三九、卷四〇中，

---

① 参见季羡林：《印度眼科传入中国考》，袁行霈：《国学研究》第 2 卷，北京大学出版社 1994 年版，第 555—560 页。

记载了耆婆的 6 个主要治病故事。（1）为一长者之妇治愈头痛。（2）为瓶沙王治疗痔疮时肠。（3）为一长者治疗头痛。（4）为一长者治疗肠结腹内。（5）为波罗殊提治疗头痛。（6）为世尊治疗水病。

《佛说奈女耆婆经》记载耆婆的行医经历有：（1）救活迦罗越家头痛而死的 15 岁女儿。（2）救活一个躄地而死的男孩。（3）巧计治愈一位国王的积年疾病。

《佛说奈女祇域因缘经》记载耆婆的行医经历有：（1）为一长者之妇治愈头痛。（2）为一长者之子治疗肠结腹内。（3）救活迦罗越家头痛而死的 15 岁女儿。（4）救活一个落地而死的男孩。（5）巧计治愈一位国王的多年疾病。

《根本说一切有部毗奈耶破僧事》卷二记载耆婆用计为猛光王治病。

在传入中国的佛教医学文献中，医王耆婆一再被提及，已经成为印度医学的代表和象征，许多治疗方法和药方都假托他的名下，他的医疗事迹也常常被作为经典医案来看待。所以，医王耆婆的故事在中国医药学方面有很大影响。不仅如此，在一些文学作品中也有一些对耆婆的描写，或把他作为一种意象。如宋黄庭坚《听宋宗儒摘阮歌》写道："翰林尚书宋公子，文采风流今尚尔。自疑耆域是前身，囊中探丸起人死。"

3. 印度医药学在中国的传播

在佛教传入中国的同时，印度的医药学也随之传入。中国传统医学自古就受到外来医学的影响。范行准指出："中国的医学，每一时代都有外来医学播入的种子。""自从张骞通西域后，在我国本草上也受很大的影响，如今日流传下来的《本草经》，也有不少西域的植物在内。"[①] 陈明指出："医学是探索不同国家、地区和民族之间文化交流的重要指标。"[②] 但比较重要的外来医学的影响，则是由佛教一起传入的印度医学。范行准说："在汉魏时候佛教已入中国，这时印度的医学也随僧徒而入我国了。但他们传入的医学，本来是婆罗门教的医学。那时印度最流行的医学，是耆婆的学说。"[③]

---

① 范行准：《明季西洋传入之医学》，上海人民出版社 2012 年版，第 241、239 页。
② 陈明：《中古医疗与外来文化》，北京大学出版社 2013 年版，第 566 页。
③ 范行准：《明季西洋传入之医学》，上海人民出版社 2012 年版，第 240 页。

佛教医药学是如何传入的，陈明指出："佛教医药知识传入的载体与途径不外乎这几个方面：精通医道的传法僧人的医疗实践、口头相传或者翻译的含有医学内容的佛经、西去求法僧的实地学习、外来使节或者商人的传播、某些外来职业医生的活动。印度医学传入中国，有两个基本去向，一是传入寺院，二是中医学。运用这些知识的有两类人士，一是寺院的中土僧医，二是中医人士（包括专业和非专业的）。"① 随着佛教的传入，印度医药学对中国医药学产生了广泛影响。在这一时期，西域来华僧人传来了西域，特别是印度的医药学知识；大量佛经的翻译，以文字形式将印度佛教的医药学知识介绍进来。前述有关印度佛教医学的知识以及印度神医耆婆的事迹，实际上是从已经翻译过来的佛教经典中钩沉出来的。这就是说，随着佛教典籍的翻译和传播，中国人对印度医药学已经有了比较全面的了解。印度古代的医学理论在佛书中保存了不少，因此，随着佛经的翻译，印度的一些医学理论也传入了中国。

佛教典籍中有许多有关医药方面的经，《大方广佛华严经》卷一一说："云何说此世俗医方？长者告言：善男子，菩萨初学修菩提时，当知病为最大障碍。若诸众生，身有疾病，心则不安，岂能修习诸波罗蜜？是故，菩萨修菩提时，先应疗治身所有疾。善男子，我此住处，常有十方一切众生、诸病苦者，来至我所，而求救疗。我以智力，观其因起，随病所宜，授与方药，平等疗治，普令除差。……如是随应，断诸烦恼，为欲令其发菩提心，称扬一切诸佛功德……"也就是说，学佛求道要修心，但修心首先应先修好身，要有个好的身体。身不安稳，则无法安心修道；而修好身，就可以为进一步修心扫除一大障碍。

在中外僧人的译经活动中，除了翻译佛经以外，还翻译了印度传统医学的专门书籍。《高僧传·昙无谶》记沮渠安阳从天竺法师佛驮斯那学《禅秘要治病经》，后又将此经译为汉文。此外还有三国吴竺律炎与支谦译的《佛医经》、西晋法炬与法立译的《法句喻经》、前秦昙摩难提译的《增一阿含经》、鸠摩罗什译的《大智度论》、姚秦佛陀耶舍与竺佛念译的《四分律》、弗若多罗与罗什译的《十诵律》、东晋法显与佛驮跋陀译的《摩诃僧祇律》、刘宋佛

① 陈明：《中古医疗与外来文化》，北京大学出版社 2013 年版，第 348 页。

陀什与竺道生译的《五分律》、北凉昙无谶译的《金光明经》，等等。这些书籍均涉及医理、医术、养生、药物、制剂等印度医药学知识的内容。

据《隋书·经籍三》，在佛教经典中，由印度、西域传入中国的医药专书有 12 种，即《龙树菩萨药方》4 卷、《西域诸仙所说药方》23 卷、《香山仙人药方》10 卷、《西域婆罗仙人方》3 卷、《西域名医所集要方》4 卷、《婆罗门诸仙药方》20 卷、《婆罗门药方》5 卷、《耆婆所述仙人命论方》2 卷、《干陀利治鬼方》10 卷、《新录干陀利治鬼方》4 卷、《龙树菩萨和香法》2 卷、《龙树菩萨养性方》1 卷。

佛教及其佛教医学传入我国之后，我国的高僧不仅翻译了许多佛教医学典籍，而且还结合中、印及西域各国的医学著述了不少医学著作。其中，既有结合佛教教义的著作，也有纯粹的医学论著。据《隋书》《旧唐书》《新唐书》《通志》等文献记载，中国僧侣所著述的医学著作有 15 种，即：道洪撰《寒食散对疗》1 卷；智斌《解寒食散方》2 卷；慧义《寒食解杂论》7 卷；慧义《解散方》1 卷；僧深《药方》30 卷；《诸药异名》8 卷，沙门行矩撰，本有 10 卷，今缺；莫满《单复要验方》2 卷；《释道洪方》1 卷；昙鸾《疗百病杂丸方》3 卷《调气论》1 卷；于法开《议论备豫方》1 卷；僧匡《针灸经》1 卷；行智《诸药异名》10 卷；僧深《集方》30 卷；僧鸾《调气方》1 卷。

佛教医学著作的翻译以及中国佛教学者的相关研究，使中国人对印度医学的理论及医疗实践有了比较深入的了解，并将相关内容与中医药学相结合，丰富了中国医药学知识和理论。比如《佛医经》较详细地谈论了病理，认为人体是由"四大"，即地、水、风、火四种元素和合而成；四大不调，人即生病；季节变化、饮食男女、心理状况、生活习惯等，都会影响人体四大要素的消长，从而使人体内在的机制保持平衡或失去平衡；平衡即健康，失衡即患病。这些理论与中国古代医学理论有相似之处，容易被中国人接受。《十诵律·医药法》用一整卷谈饮食卫生、用药治病以及佛陀传教时的有关例证。其中提到"四种含消药"，即"酥、油、蜜、石蜜"。还提到"四种药"，即时药、时分药、七日药、尽形药，并作了详细的说明。如解释"尽形药"（《五分律》译作"终身药"）时，说有"五种根药"（舍利、姜、附子、波提毗沙、菖蒲根）"五种果药"（呵梨勒、卑酰勒、阿摩勒、胡椒、荜钵罗）

"五种盐"（黑盐、紫盐、赤盐、卤土盐、白盐）"五种树胶药"和"五种汤"（根汤、茎汤、叶汤、花汤、果汤）。这些与中医药学有相通之处。

当时翻译和著述的经籍对印度医学有比较多的介绍。东晋法显译《大般泥洹经》卷六，将生命吠陀体系的八个部分译为"八种术"。北凉昙无谶所译《大般涅槃经》有两种译法："八种药"与"八种术"。如卷九记载："譬如良医解八种药，灭一切病，唯除必死。"卷二五记载："譬如良医善八种术，先观病相，相有三种。"南北朝时真谛所译的数论派哲学经典《金七十论》卷上曰："一者八分医方所说能除身苦。"从现存梵本《数论颂》（一译《僧佉颂》）来看，与《金七十论》所对应的词为"ayurveda-sastra"，意即"生命吠陀论"。隋章安（灌顶）法师撰写、唐天台沙门湛然再治《大般涅槃经疏》卷六，对八种术做了注解："初文明医晓八术，一治身、二治眼、三治胎、四治小儿、五治创、六治毒、七治邪、八知星，内含佛知八正道能治八倒病。"

除了汉译佛典以外，在敦煌出土文书中也提到了"八术"。悟真《索法律邈真赞》（全称《金光明寺故索法律邈真赞并序》）记载，索法律"练心八解，洞晓三空。平治心地，克意真风。灯传北秀，导引南宗。神农本草，八术皆通"。"八术"即上述印度古典生命吠陀医学体系的八个分支，亦成为印度古典医学的代称。此处说明索法律不仅通晓中医，而且对印度古典医学也有造诣。

印度医药学著作及其理论在中国的传播，印度高僧以及中国僧人的医疗活动，对中国传统医药学也有很大的启发和刺激，许多中医药学者热心学习印度医药学知识，并且将其吸收到中医药学及其医疗实践中。梁简文帝作《劝医论》，主张学习和吸收印度医学。他在《劝医论》中说道："天地之中，唯人最灵，人之所重，莫过于命，虽修短有分，夭寿悬天，然而寒暑反常，嗜欲乖节，故虐寒痟暑，致毙不同；伐性烂肠，摧年匪一。拯斯之要，实在良方，故祇域医王，明于释典，如大师乃以医王为号，以如来能烦恼病，只能治四大乖为故。"

他所说的"四大乖"即"四大不调"。在当时，印度医药学的理论和实践被中国医药学家收入他们的著作中，并且吸收为中国医药学的一个组成部分。晋葛洪编有《肘后救卒方》3卷，86篇。到南梁时，陶弘景对此书重加整理，将86篇改编为79篇，又增补了22篇，成为101篇，并改其名为《补阙肘后百一方》。陶弘景少时读葛洪《神仙传》，41 岁辞官隐居，其后又受五戒而皈依佛门。由于他受了佛教的影响，因而他所编的这部医学名著也反映出佛经中介绍的印度古医学理论。如他在此书的自序中说："佛经云：人用四大成身，一大辄有一百一病。"陶弘景引用的这句话出自《佛说医经》和《智度论》。《法苑珠林·病苦篇》引《佛说医经》曰："人身本有四病（大），一地、二水、三火、四风。风增气起，火增热起，水增寒起，土增力盛本。从是四病（大）起四百四病。"又引《智度论》曰："四百四病者，四大为身，常相侵害，一一大中，百一病起。"意思是说，四大不调会引起 404种病，一大不调即引起 101 种病。陶弘景接受了这一理论，将其书刻意编为101 篇，并改名为《百一方》。

一些僧医也将中医药学与佛教医学结合起来。如南朝刘宋僧人慧义著《寒食解杂论》7 卷。宋齐沙门医家僧深编撰《深师方》，北宋以后亡佚，部分内容被后世方书引用。据考证，《深师方》佚文中最早记载了用鹿的甲状腺制剂治疗瘿瘤，资料弥足珍贵，其中也有不少伤科方药，该著作在一定程度上反映了魏晋南北朝时期佛教医学与中医学的融合。梁时昙鸾撰有《调气论》1 卷、《疗百病杂丸方》3 卷。南北朝居士胡洽著有《百病方》2 卷、《胡居士方》3 卷、《胡居士治百病要方》3 卷（或作 1 卷）。上述诸书可能为一书多名，部分佚文尚可见于《医心方》《外台秘要》等。北齐道洪著有《释道洪方》1 卷、《寒食散对疗》1 卷、《单复要验方》3 卷。莫满、僧匡、智宣、智斌、行矩分别著有《单复要验方》2 卷、《针灸经》1 卷、《发背论》1 卷、《解寒食散方》2 卷、《诸药异名》8 卷。南梁书目《七录》著录了《摩诃出胡国方》和《杂戎狄方》，也可能与印度医药有关。

4. 入华医僧的医疗活动

两晋南北朝至唐代，是印度佛教传入中国最为活跃的时期，同时也是中国吸收印度各类文化最多的时期，医学也不例外，许多印度医学治疗方法观念，是通过僧人来华而带入的。还出现了一批懂得医药学知识并能为人用药治病的僧人，成为我国古代医疗队伍中的一支力量，为我国医药学的发展作出了贡献。佛教初传中国，更有很多高僧被人们视为"神医"而加以崇敬，他们以医术为先导，为佛教在中国的顺利传播奠定基础。

陈明认为，精通医道的传法僧人的医疗实践，是印度医学向中国传播的一个重要渠道。薛克翘也持有相同的意见，他认为，两汉之际，佛教传入我国，对我国的医药学产生了影响，主要表现在三个方面：一是西域来华僧人传来了西域，特别是南亚的医药学知识；二是大量佛经的翻译，以文字形式将南亚的医药学知识介绍了进来；三是中国出现了一批懂得医药学知识并能为人用药治病的僧人。从后汉至隋，来华的西域僧人特别是南亚僧人中，有许多人学习过"五明"。因此，西域来华僧人多懂得一些医学知识，并有不少为人治病的例子。[①]

魏晋南北朝时来华的僧医大多习过"五明"，其中之一为医方明，因此西域沙门多通医术。他们把这些医学知识传入中国中原地区，留下很多为人治病的例子，同时也带来了印度传统医学的专门书籍。有许多记载来华僧医均精通医学，且临床经验丰富，医术高超。

最早来华传教的安世高，就是以医药作为传教的辅助手段。安世高洞晓医术，妙善针脉，睹色知病，投药必济。《出三藏记集》卷六称："有菩萨者，安清字世高……博学多识，贯综神模，七正盈缩，风气吉凶，山崩地动，针脉诸术，睹色知病，鸟兽鸣啼，无音不照。"从安世高的知识背景来看，他所学的医术包含了安息和天竺两地的医术。

据《高僧传》卷二记载，印度来华僧人佛陀耶舍用药水加咒为弟子洗足，并令其最终能疾行："……弟子曰：恐明日追至不免复还耳。耶舍乃取清水一钵以药投中，咒数十言，与弟子洗足。即便夜发，比旦行数百里。问弟子曰：何所觉耶。答曰唯闻疾风之响，眼中泪出耳。耶舍又与咒水洗足住息。明旦国人追之。已差数百里不及。"

《高僧传·求那跋摩》说：印度僧人求那跋摩善医，曾在南海一带两度为当地的国王医治脚伤。这个故事说国王在战场上脚中了流箭，跋摩取水施咒，为他擦洗，一夜便好了。求那跋摩后于刘宋初年来华。

《高僧传·求那跋陀罗》说：印度僧人求那跋陀罗幼学"五明"诸论，博通"医方咒术"，元嘉十二年（435）至广州，《出三藏记集》卷一四说求那跋陀罗"天文、书算、医方、咒术，靡不博贯"。

《高僧传·于法开》说：于法开"祖述耆婆，妙通医法。尝乞食投主人

① 参见薛克翘：《印度佛教与中国古代汉地医药学》，《佛学研究》1997年第1期。

家，值妇人在草危急，众治不验，举家遑扰……主人正宰羊，欲为淫祀，开令取少肉为羹，进竟，因气针之，须臾羊膜裹儿而出"。范行准认为此为我国羊膜之最早记录。又说："升平五年（361）孝宗有疾，开视脉，知不起，不肯复入。"从这段记载看，于法开的医术主要来自印度名医耆婆的传统，但他又会针灸、切脉，已经把印度医法和中国医法针灸、切脉结合起来，使印度医学中国化并融入中国医学中。有人问于法开：法师高明刚简，何以医术经怀？答曰：明六度以除四魔之病，调九候以愈风寒之病，自利利人不亦可乎。《隋书·经籍志》有于法开《议论备豫方》1卷。

于法开可以说是佛门首位妇产科专家。于法开之后，东晋、南朝几位著名的医僧亦诊疗妇产科疾患。《外台秘要·妇人下》两引《深师方》记载：一治产后中风，一治产后冷热痢。《医心方》卷二一至二三《妇人部》和卷二四《治无子部》，则载录《深师方》27首。表明《深师方》中包含比较丰富的妇产科的内容。而深师之方，源于支法存、仰道人、释道洪等著名医僧。此外，《医心方》的《妇人部》还引用《耆婆方》6首。

佛图澄也以医术著称于史。《高僧传·佛图澄》说：佛图澄于晋怀帝永嘉四年（310）来到洛阳。后赵石虎的儿子石斌忽暴病身亡，"澄乃取杨枝咒之，须臾能起，有顷平复"。另"时有痼疾，世莫能治者，澄为医疗，应时疗损，阴施默益者，不可胜记"。佛图澄的医术可谓精湛，同时也达到了以医弘教的目的。《晋书·佛图澄传》说："百姓因澄故，多奉佛，皆营造寺庙，相与出家。"佛图澄弟子竺佛调居常山寺，常备医药。《高僧传·竺佛调》说："竺佛调……事佛图澄为师，住常山寺积年。常山有奉法者兄弟二人，居去寺百里，兄妇疾笃，载至寺侧以近医药。""兄妇"不惮百里之遥载之常山寺侧，以就医，可见常山寺僧必以善医而闻名四方。师徒间朝夕揣摩熏习，常山寺之善医者亦必非仅竺佛调一人。

《高僧传·耆域》说：晋代来华的印度僧人耆域是一名神医。当时衡阳太守滕永文得病，"经年不差，两脚挛屈不能起行"，域"取净水一杯、杨柳一枝，便以杨柳拂水，举手向永文而咒，如此者三。因以两手搦永文两膝令起，即起行步如故"。

来华高僧远道来到中土，虽然他们是为了借医传教，而且他们的医疗技术也多含神秘色彩，但他们积极治病救人，为我国带来了印度及西域的医术及治疗方法，在广泛传播佛教的同时，丰富了我国医学的内容。

5. 中国僧医对印度医药学的应用

魏晋南北朝时期，汉地也有很多僧人懂得医道。他们周游四方广播佛教、为人疗疾，同时勤于著述，为我们留下了很多宝贵的医疗经验，同时也丰富了中医临床各科。清陈梦雷等编辑《古今图书集成医部全录》的《医术名流列传》中，所列的历代名医有不少是僧医，如晋有支法存、僧深，北周有姚僧垣，南朝宋有僧道广、释洪蕴、释法坚，等等。这些知名僧医还撰有医药学著作。僧医已经成为推动中华传统医学发展的一支不容忽视的力量。唐代远涉重洋到日本弘法的鉴真，其高超的医术给他的弘法事业带来了极大的方便。鉴真和尚著有《鉴上人秘方》，主持过大云寺的"悲田院"，亲自为病者煎调药物，医道甚高，受到日本僧俗各界的尊敬。

《高僧传》等文献中记载不少懂得医道的中原地方僧人。如《高僧传·于道邃》记载，于道邃，晋代敦煌人，"年十六出家，事兰公为弟子。学业高明，内外该览，善方药，美书札，洞谙殊俗"。《续高僧传·道丰》记载，北齐时僧人道丰"炼丹黄白、医疗占相，世之术艺，无所不解"。《续高僧传·法济》记载，陈隋间僧人法济，常常为人治病，"如有疹疾，咒水饮之，无不必愈"。《续高僧传·法进》记载，隋代法进也懂得医术。开皇年间，蜀王的一个妃子病重，请许多人都治不好，蜀王便差人去请法进禅师。法进去了，手到病除。

《太平御览》卷七二四引《千金序》，提到3位汉地僧医：一是"沙门支法存，岭表僧也，性敦方药。自永嘉南渡，士大夫不袭水土，皆患脚弱，唯法存能拯济之"。二是"仰道人，岭表僧也。虽以聪慧入道，长以医术开怀。因晋朝南移，衣缨士族不袭水土，皆患脚软之疾，染者无不毙踣，而此僧独能疗之。天下知名焉"。三是"僧深，齐宋间道人，善疗脚弱气之疾。撰录法存等诸家医方三十余卷，经用多效，时人号曰《深师方》焉"。

北魏僧人昙鸾，初以研习《大藏经》而感气疾，乃四方求医，至汾州病愈，自此开始研究本草及长生之术。后因梁武帝介绍给陶弘景，得授仙方10卷，悉心钻研，调心练气，对病识缘，机变无方，乃精医术。另外北齐僧人道洪，隋以前僧人智宣、智斌等也甚精于医术，且著有医学著作。

僧人以医术为人治病，主要是一种修行助道的方便法门，并不以赢取利名为目的。西晋法矩译《佛说诸德福田经》说到有 7 法，其一是常施医药疗救病众，行之便能增功德。此经在北朝非常流行。敦煌莫高窟第 269 窟壁画，即根据此经绘有施赠医药之图像。《续高僧传》卷八说，北周时期的宝彖，"钞集医方，疗诸疾苦，或报以金帛者，一无所受"。

寺院还开展医疗救护之慈善事业，僧人中甚至有专门以为病人服务作为修行法门的。《续高僧传》说："良医上药，备于寺内。"寺院之内，已有良医，也有上等药物，用于疗治病人。由于有些僧人以医疗救济作福田，经常在寺院中贮备一些药材；有的寺院甚至储藏着大量的药材，称之为"药藏"，以便随时施济前来求医者。"药藏"的渊源久远，印度的阿育王在王城的四个城门边作"药藏"，其中满藏着药草，每天用钱一万购买药材，以济施病人。中国的僧人行化各地时，也不忘随时给施医药，甚至在驻锡的寺院中也设有"药藏"，贮存药材，做定点的施济。南朝宋末齐初，住在建康钟山灵根寺的僧人法颖，备受宋孝武帝和齐高帝的尊敬礼遇，赏赐他生活物品和费用，他另外也得到许多信徒的供养，这些收入他都用来在长干寺建造经像和设置"大药藏"。《续高僧传·释法颖》说："齐高即位，复敕为僧主，资给事有倍常科，颖以从来信施，造经像及药藏，镇于长干。"陈朝时发生疾疫大流行，百姓病死的很多，当时天台山僧人慧达在都城建康的大市设"大药藏"，施医给药救活了不少人。寺院"药藏"济助的对象不仅是僧人，也包括俗人。有的寺院虽然不像建康长干寺"大药藏"贮存着大量的药材，但是由于某些僧人熟习医方，可能或多或少收存一些药材；有的寺院甚至开辟药圃或药园，自行栽植药草。因此寺院就成为人们生病时求医的场所之一，有人甚至远行百里，将病人送到寺院医治。

此种供养病人之行为，为佛教徒所遵行。《南史》说：太子与竟陵王子良俱好释氏，立六疾馆以养穷人。"六疾馆"顾名思义当然不是养一切穷人，而是收养有病无依的穷人。《续高僧传》卷二说，北齐时僧人连提黎耶舍主"好起慈惠，乐兴福业……收养疠疾，男女别坊，四事供承，务令周给"。这是僧人修建"别坊"以收集瘟疫病人集中救治的记载。

在隋代，更在寺院中设有"疠人坊"，专门收容麻风病人。《续高僧传·释智岩》说，智岩"后往石头城疠人坊住，为其说法，吮脓洗濯，无所不为。永徽五年二月二十七日终于疠所"。此等"疠所"，与佛教关系甚深。那连提黎耶舍死于开皇九年（589），其所办的"疠人坊"可能早于南北朝时已设立，极可能源于南北朝时的六疾馆。全汉昇更认为"医院的起源，恐与佛教寺院有关"①。

佛教徒利用医术，作为其弘法的辅助手段。《根本说一切有部毗奈耶》卷四三上说："时，室罗伐城有婆罗门，于'三宝'中心无信敬。身婴疾苦绵历多年，所有医人无不弃舍，云是恶病不可疗治。时，婆罗门更不求医，端然待死。邬陀夷观彼机堪受化，持衣钵入城中，到彼家立门外，化作医人。报言：我善医疗。家人唤入，病者告曰：我病多时，诸医皆弃，但知守死，无可归依。化医报曰：汝不须忧，咒术、良药力不思议，须臾之间令得平复。病人闻已，深生欣庆。邬陀夷即为诵咒称三宝名，彼婆罗门既闻咒已，众病皆除，平复如故。尊者见已，还复本形。彼家夫妇倍生敬信，叹未曾有。办妙饮食请受供养。食已，说法，俱证初果，为受归戒。"

邬陀夷利用医术虽然只是治好一个人的病，却让佛法征服患者一家人，使他们皈依佛教。可见，通过医术治病救人，借机宣扬佛法，是一种行之有效的传教方式。

这些医僧与民间医生也有很多交流，把佛教医学的有关知识传授给民间的医生。北魏太武帝始光三年（426），宋魏交战，魏南安太守李亮降宋。李亮在北方时本来就对医方稍有涉猎，投宋以后在彭城向沙门僧坦学习医方，后来竟成为声誉远播的名医。

6. 医僧医疗的主要病症

印度佛教医药学的许多治疗方法和用药为中国医僧所应用。在魏晋南北朝时，引进印度医学的医僧们主要在这样几个方面取得了突出的成绩：

（1）脚气病。脚气病发于岭南地区，对于脚气病防治学始于晋代僧人支法存。支法存先辈为移居广州的胡人。支法存对岭南常见的热带病疟疾及寄生虫感染均有所成就，尤善于脚气病的治疗。适当时北方士大夫于永嘉之际南渡，多患"脚弱症"，其症多凶险，毙人甚众。法存以其医技治之，存活者不计其数，医名大振，与仰道人同为治"脚弱症"之高手。孙思邈《备急千金要方》卷七论述脚弱时指出："自永嘉南渡，衣缨士人，多有遭者，岭表江

---

① 全汉昇：《中古佛教寺院的慈善事业》，何兹全主编：《五十年来汉唐佛教寺院经济研究》，北京师范大学出版社1986年版。

东有支法存、仰道人等，并留意经方，偏善斯术，晋朝仕望，多获全济，莫不由此二公。"支法存著有《申苏方》5 卷，其佚文散见于后世医著如《千金要方》等。《千金要方》记载："防风汤……南方支法存所用，多得力，温而不损人，为胜于续命、越婢、风引等汤。罗广州一门，南州士人常用。亦治脚弱甚良方。"

仰道人也以疗脚气病而天下知名。僧深医师事仰道人，同时继承了著名医僧道洪的本草之学，善疗脚弱气之疾。其撰录法存等诸家医方 30 余卷，号曰《深师方》，其书所载脚气病效方百余首，为《外台秘要》《医心方》等所引录，为我国脚气病的治疗提供了宝贵的医疗经验。据载，湘东王在南州患脚气困笃，服深师紫苏子汤大得力。此后，紫苏子汤流传后世，称"苏子降气汤"，而成为降气的代表方剂，且其适应证已不限于脚气。

（2）眼病。魏晋南北朝时已有不少医师精于眼病的治疗，尤其是金针拨障术。晋僧人单道开，精医，尤善治眼疾。时秦公石韬请单道开治目疾，着药小痛，韬甚惮之，而终得效。后秦北印度三藏、译经师弗若多罗治目痛，以罗散禅涂眼。这是以药物滴眼治疗眼病的例子。南北朝梁僧人慧龙道人，以精治目疾闻名。《南史》记载，宋文帝第十子萧恢"有目疾久废视瞻。有道人慧龙，得疗眼术，恢请之。及至，空中忽见圣僧。及慧龙下针，豁然开朗"。这是说慧龙精针拨内障术。这也是中国医学史上最早的针拨术治白内障的实例。慧龙也治愈萧恢母费太妃的目疾。南北朝时汉译佛经中已经有了金针拨障术，上述在一定程度上也反映当时金针拨障术已在我国施行的史实。

（3）"解散"之方。魏晋南北朝之时，在士大夫和知识分子中兴起服食五散之风。始为何晏、王弼等名士，以后逐渐蔓延，直到隋唐才止息。据孙思邈《备急千金要方·解五石毒》所言，适当服石，有益人体。但石为"大大猛毒，不可不慎也"，"多则杀人，甚于鸩毒"。故服石的禁忌很严。此时有几位医僧对服石散发之证进行深入研究，探寻解救之方，并写成专著。影响较大者有道洪《解寒石散对治法》1 卷，智斌《解寒石散方》2 卷，慧义《寒石解杂论》7 卷，等等。

（4）疫病防治。所谓疾疫，即现在所说的传染病，在中国传统正史中，每每以"疫""大疫"来表示传染病的流行。至于究竟所指为何种传染病，很难一概而论。魏晋南北朝是疾疫流行的一个高峰期，也为佛教传播隆盛期，所以佛教在中国展开传播时，如何解释及面对疾疫流行，是一个值得探索的问题。《药师琉璃光如来本愿功德经》将"人众疾疫难"列为国家七大灾难之首。在这一时期，出现了众多治疗疾疫的医家，其中不乏僧医。

永嘉年间疫病流行，安慧则昼夜祈求天神降药以愈万民。《高僧传·释安慧则》记载："晋永嘉中，天下疫病，则昼夜祈诚，愿天神降药以愈蒂民。一日出去门，见两石如瓮，则疑是异物，取看之，果有神水在内，病者饮服，莫不皆愈。"《高僧传·竺法旷》记载："晋兴宁中，东游禹穴，观瞩山水，始投若耶之孤潭，欲依岩傍岭栖闲养志。郗超、谢庆绪并结居尘外。时东土多遇疫疾，旷既少习慈悲，兼善神咒，遂游行村里，拯危急，乃出邑止昌原寺。百姓疾者多祈之，至效，有见鬼者，言旷之行住，常有鬼神数十，卫其前后。"竺法旷在南方云游之际，在三吴一带遇上疾疫流行，于是以神咒为民治疗。《高僧传·诃罗竭》记载，晋代僧人诃罗竭本是樊阳人，"晋武帝太康九年，暂至洛阳，时疫疾甚流，死者相继，竭为咒治，十差八九"。可见利用禁咒来治疗疫疾，甚为盛行。

对于疾疫的治疗，《高僧传》《续高僧传》中记载多用咒禁。以咒禁作为治疗方法是佛家的一大特色。佛教饮咒水而治病，不仅仅用于疾疫的治疗上。东晋僧人、译经家竺昙无兰所译《佛说咒齿经》《佛说咒目经》《佛说咒小儿经》分别为采用咒法治疗口齿病、眼病和小儿病。印度医学本身是极广泛地使用禁咒，这种佛教禁咒之法，在唐代被列入官方医疗术内。《唐内典·太医署》记载设有医博士，其一为咒禁博士："咒禁博士一人，从九品下。隋太医有咒禁博士一人，皇朝因之。又置咒禁师，咒禁工以佐之，教咒生也。咒禁博士掌教咒禁生，以咒禁袯除邪魅之为厉者。有道禁，出于山居方术之士。有禁咒，出于释氏。"

蒲慕州指出："佛教的传入中国，也不是进入一个真空的状态，它之所以会广为一般人民所接受，除了在义理上必须调和中国固有的思想方式和伦理观念之外，也应该是与它能够有效的处理佛教与民间信仰之间的矛盾与冲突有相当大的关系。"[①] 在解释传染病时，僧人也以疫鬼之说为病因，以类似民间传统使用的禁咒法来施加治疗，与民间信仰相配合。在南北朝隋唐期间，佛教对病因解释及治疗方法在民间得到接受，再加上对医疗事业的重视，是使其得以传播隆盛的因素之一。据蒲慕州研究，在《高僧传》中，至少有86位高僧的事迹多少具有某种神异的性格，占总数的三分之一。与葛洪《神仙

---

① 蒲慕州：《追求一己之福——中国古代的信仰世界》，台北允晨出版社 1995 年版，第 16 页。

传》比较，高僧与神仙所具有的神异能力，基本上是相同的。僧传和仙传应该可以在某个程度上反映出一般人民的宗教心态。[①]

由于传染病会经日常接触而感染，医学上常常要求对传染病人加以隔离。但在佛教思想中，却要对病人倍加照顾，就算传染病人也不例外。《高僧传·释僧远》说："……尝一时行青园，闻里中得时气病者，悯而造之，见骈尸侣病者数人，人莫敢近，远深加痛惋，留止不忌去，因为告乞敛死抚生，恩加骨肉。"僧远所过之地，疾疫流行，心生慈悲之心，悯怜众生，人皆不敢近患病者，独他留止不去，加以照护。《高僧传·杯度》说："元嘉四年，有叨兴邵信者，甚奉法，遇伤寒病，无人敢看，乃悲泣念观世音，忽见一僧来云，乃杯度弟子。邵信念观世音，可能得观世音解救，派遣杯度弟子到来。"当遇上伤寒病之类传染病，无人敢看，佛教徒亦不避感染之危险，同样照护病人。甚至有高僧专门走到疫区，为人治病。《高僧传·竺法旷》说，竺法旷善于神咒，因见三吴之地多疾疫，乃出建康，四处游历，目的就是拯救危急的病者。

四　扶南与师子国：印度文化东传的中转站

1. 扶南：佛教东被之一大站

古代中国与印度的交通，除了通过西域的丝绸之路和云南至缅甸的西南丝绸之路外，还有通过海路的交通。所谓海上丝绸之路，在中国方面来说，那个时候主要是航行到印度，以印度为中转站，然后再由印度或阿拉伯商船转运到西方。所以，海上交通对于古代中国与印度的物质和文化交流也是十分重要的。

在中印之间的海上交通中，有一些东南亚国家居于中间的位置，它们是海上丝绸之路的中转站，也成为中国与印度之间物质、文化和佛教交流的桥梁，成为印度文化和佛教东传的中转站。

古代中国文献记载的与中国交往的东南亚国家，首先是扶南国。"扶南"

---

① 参见蒲慕州：《追寻一己之福——中国古代的信仰世界》，台北允晨出版社 1995 年版，第 281—282 页。

一度读作 B'in-nam，是古代中国人对位于今柬埔寨境内、朱笃和金边之间的嵋公河沿岸的一个王国的称呼。扶南不是它的真名（人们并不知道它的真名），只不过是它的统治者的称号。它就是古蔑语中的 phnom（山），古代高棉语则为 bnam，统治者的全称是 kurung bnam，意即"山王"。扶南的首都一度曾是毗耶陀补罗，即"猎人城"，在现今柬埔寨的波罗勉省的巴山和巴南村附近。扶南的港口是奥克·艾奥，位于暹罗湾畔湄公河三角洲沿海边缘地区，今越南南部西海岸迪石以北。它正位于当时中国与西方之间航海大道上。法国汉学家谢和耐（Jacques-Gemet）指出：

> 印度—伊朗海上贸易的发展，无疑可以通过航海技术的进步来解释……在欧亚大陆的北方之路受到阻绝时，对新产金地区的发现，无疑是公元最初几个世纪亚洲历史上最重要的事件之一。它是东亚诸国沿海平原印度化文化之起源。它也可以解释汉代中国与罗马帝国东部地区之间断断续续的接触。这个印度—伊朗贸易的大站之一，似乎是湄公河三角洲上的扶南，即古柬埔寨王国的一个港口。①

1944 年，法国学者刘易斯·马勒莱（Louis Malleret）在奥克·艾奥古海港遗址进行发掘，发现有和中国、暹罗湾沿岸、马来西亚、印度尼西亚、印度、波斯乃至还直接或间接地和地中海地区通航的迹象，证明此地为东西海上交通的中继站。在这个海港遗址发掘出的器物中，中国物产中包括西汉的规矩镜、东汉三国时期的八凤镜等。罗马遗物包括 152 年和 161—180 年发行的罗马金币，这些金币以及罗马或仿罗马式金银装饰品、雕像中的安敦时代风格，表明 2 世纪中后期是罗马帝国与东方交往的高潮时期。有研究者认为，2、3 世纪中奥克·艾奥地区的工匠按纯罗马风格制造凹形雕刻，并能够重现先进的罗马工艺。另外，遗址中还出土了罗马玻璃器残片，类似的玻璃器皿在中国境内汉晋遗址中均有发现。

"扶南是东南亚历史上第一个大国。像欧洲历史上的罗马一样，它的威望在亡国后还维持得很久。"② 扶南雄峙半岛，威镇海疆，从 2 世纪到 6 世纪的 400 年中，扶南始终是东南亚势力强大、物产富饶的国家。它不但在政治上、军

---

① ［法］谢和耐著，耿昇译：《中国社会史》，中国藏学出版社 2006 年版，第 82 页。

② ［英］霍尔著，中山大学东南亚历史研究所译：《东南亚史》上册，商务印书馆 1982 年版，第 57 页。

事上、经济上执东南亚牛耳，而且在交通上处于中国与印度、东方与西方的海上交通要冲。"当时扶南占国际市场上重要之地位……在此方面一带，握贸易权。大秦之贾船以日南、交趾与此地为主要停泊地通商地。不仅此也，锡兰与印度之商船亦来航，而马来半岛、苏门答腊、爪哇之物产，亦集凑于此。"①

中国与这一地区的最初交往，可考者为东汉章帝元和元年（84）。有学者认为，《后汉书》记载这年的"日南徼外献生犀、白雉"，此"日南徼外"即指今柬埔寨地区。吴赤乌六年（243），日南王范旃派遣使团带着乐师和产品到中国。前文已经提到，东吴孙权时，派宣化从事朱应、中郎康泰出使扶南，受到扶南王范寻的热情接待，他们还在扶南王宫廷里遇到了印度穆伦茶朝所派的使臣。朱应和康泰在扶南留居数年，探询通往大秦的海路。在范寻统治时期，扶南与中国的使节往来一直很频繁，两国关系也比较密切。据《晋书》记载，在268—287年间，范寻多次派遣使节到中国。

扶南位于中国和印度两大文明之间，深受两种文化的影响，特别是佛教在印度兴起以后，扶南"为佛教东被之一大站"，扶南成为中印两国文化交流的一座桥梁。5世纪，扶南与中国的交往更为密切。扶南王恃梨陀跋摩遣使朝见南朝宋文帝。《宋书》记载，在元嘉十一年（434）、元嘉十二年（435）和元嘉十五年（438），他遣使入贡，并拒绝帮助林邑攻打交州。

扶南晚期历史中最伟大的国王阇耶跋摩遣使用海舶载货来广州贸易。那时广州有一位印度出家人那伽仙附乘他的海舶去扶南，具述中国佛法兴盛的情况。扶南王因遣那伽仙携带国书并赍金缕龙王坐像、白檀像、牙塔等，于永明二年（484）重来中国送给南齐武帝。其国书中叙述他们国内信奉佛教，并以大自在天为守护神的情形。由于这时佛教在中国颇为昌盛，扶南的硕学沙门僧伽婆罗也附随商舶来到南朝齐首都，当时招待他住于正观寺内。僧伽婆罗博学多识，通数国语，又从当时在中国的天竺沙门求那跋陀精研《方等》，后来成为梁代有名的译经大师。

梁天监二年（503），扶南王阇耶跋摩又遣沙门曼陀罗仙入华，送珊瑚佛像、天竺旃檀瑞像及婆罗树叶，并献方物。梁武帝接受礼品后，认为礼品珍贵，应厚礼酬答。同时他还认为阇耶跋摩对促进两国邦交有巨大贡献，特封赠以"安南将军、扶南王"的称号。梁武帝的诏书说："扶南王憍陈如阇邪

---

①　李长傅等：《南洋史地与华侨华人研究——李长傅先生论文选集》，暨南大学出版社2001年版，第226页。

（同'耶'）跋摩，介居海表，世纂南服，厥诚远著，重译献琛，宜蒙酬纳，班以荣号，可（封）安南将军、扶南王。"（《梁书·海南清国传》）梁武帝请曼陀罗仙和僧伽婆罗共同翻译出《文殊师利所说般若波罗蜜经》2 卷、《法界体性无分别经》2 卷、《宝云经》7 卷等。天监五年（506），僧伽婆罗又受梁武帝的征召，于寿光殿从事译经，嗣后又在华林园、正观寺、占云馆、扶南馆等处继续翻译经论。

阇耶跋摩的后继者律陀罗跋摩也多次遣使到中国。梁大同元年（535），律陀罗跋摩的使者向梁送生犀，并言彼国有佛发。梁武帝令直使张汜等送扶南来使返国时，并遣沙门宝云往迎请佛发，还请名德三藏法师携大乘诸经论等来梁。此时，西天竺优禅尼国的真谛（拘那罗陀）也在此期间来到扶南弘法。扶南便敦请真谛三藏，并赍同经论梵本 240 策乘舶来梁，大同十二年（546）到达南海（今广东海岸），太清二年（548）抵扬都。真谛是弘扬印度瑜伽行派的著名学僧，《解脱道论》是斯里兰卡上座系佛教的代表性论著。梁朝还特设名为"扶南馆"的译经道场，以接待扶南来华的翻经沙门，可见扶南佛教文化，受到当时朝廷的尊重。

2. 师子国：海上丝路的要冲

除了扶南之外，斯里兰卡也在中印文化交流，特别是在佛教东传的过程中充当了桥梁的作用。

斯里兰卡最早见于中国载籍的称呼，有"斯调""私诃条""僧强叠"，亦"Sihaladvipa""Singhaladvipa"，即"狮子"之"国""洲"的音译。玄奘《大唐西域记》记载："僧伽罗国。周七千余里。国大都城周四十余里。土地沃壤，气序温暑。稼穑时播，花果具繁。人户殷盛，家产富饶。其形卑黑，其性犷烈。好学尚德，崇善勤福。"

中国史籍记载斯里兰卡是一个特多"奇瑰异宝"的"大洲"，产珍珠、琉璃、火浣布等，还有许多光怪陆离，充满着"怪异"色彩的珍宝。据这些记载可知，这里的居民笃信佛教，以商为业。因为斯里兰卡居于海上交通要冲，所以其"奇瑰异宝"中的货物，有许多非当地所产，而是转运贸易的商品。其中有许多是从印度乃至西方贩运到中国的。

斯里兰卡一直充当了中国通往印度的海上丝绸之路的中转站。《汉书·地理志》记载："自日南障塞、徐闻、合浦船行可五月，有都元国。"如果不算路上的停留，自今雷州半岛或附近地区的"徐闻、合浦"出发，"五月"的时间是能够到达"都元国"的。这个"都元国"也是斯里兰卡的旧称。

一直到唐宋乃至元代，海上交通繁盛，斯里兰卡的地位更为重要。李肇《唐国史补》记载："南海舶，外国船也，每岁至安南、广州。师子国舶最大，梯而上下数丈，皆积宝货。至则本道奏报，郡邑为之喧阗。"从泉州或广州前往今孟加拉湾沿岸、波斯湾沿岸以及东非各港口，是将斯里兰卡作为起点的。

古代中国人前往南亚次大陆，除了沿今安达曼海东岸航行的路线外，斯里兰卡是必经之地。也正是因为所至者多、所闻者多，中国人对这个国度有着充分的认识。义净《南海寄归内法传》卷二说："且从莫诃菩提东至临邑，有二十余国，正当襄州南界也。西南至海，北齐羯湿弥罗，并南海有十余国，及师子洲。"道宣《释迦方志》卷下说："布怛落迦山东北畔城，古僧伽罗国。今入海三千余里，至僧伽罗国，即执师子也。周七千余里，都城周四十余里，人户大盛。寺有数百所，僧二万余人，上座部也。宫侧有佛牙精舍，高广如前。宫中日建万八千僧食，十数年来，国乱方废。"王溥《唐会要·师子国》记载："师子在西南大海中洲，宋始朝贡。其洲中有山，名棱伽；多奇宝、古佛游处。国中有王，以一善化人，皆以清净学道为胜。"

在西方文献的记载中，古代锡兰也是一处贸易繁盛之地。据拜占庭作家科斯马斯·印第科普莱特斯（Cosmas Indicoplellstes）写于547年的《基督教世界风土志》记载，当时锡兰已成为东西方海上重要的丝绸贸易中心。科斯马斯同时代的另一位拜占庭作家普罗可比（Procopius）的记载为此提供了进一步的有力佐证。531年左右，查士丁尼皇帝（Justinianus I）不堪忍受波斯萨珊王朝对生丝的垄断，要求其盟友埃塞俄比亚人和希米亚提人前往锡兰购买丝绸，然后转卖给罗马人。拜占庭向后者指出："这样做可以赚取很多钱，而罗马人也可以在一个方面受益，即不再把钱送给它的敌人波斯。"[1] 埃塞俄比亚人和希米亚提人接受了请求，但却未能实现诺言。普罗可比解释失败的原因："波斯人总是占据印度（锡兰）船开进的每一个港口（因为他们是邻国），通常收购了所有货物，埃塞俄比亚人不能进港购得丝绸；而希米亚提人则无法渡过如此广阔的沙漠，与如此好战的民族（波斯）对抗。"[2]

锡兰在历史上与印度关系密切，印度文化对锡兰有着广泛而深刻的影响。据锡兰文献记载，阿育王曾经组织许多传教师到印度国内外各地弘传佛教。

---

①　引自张绪山：《六七世纪拜占庭帝国对中国的丝绸贸易活动及其历史见证》，《北大史学》2005年第11辑。

②　引自张绪山：《6－7世纪拜占庭与西突厥汗国的交往》，《世界历史》2002年第1期。

他指派他的儿子（亦说是兄弟）摩哂陀长老（Arhat Mahinda）到锡兰传教。"锡兰是印度以外第一个接触到佛教的地区。"①

摩哂陀在他 32 岁时，率领由伊提耶（Ittiya）、郁提耶（Uttiya）、桑波罗（Sambala）、跋陀萨罗（Bhaddasala）4 位比丘，以及沙弥须摩那（Sumana）、优婆塞般茶迦（Panduka）一行 7 人组成的使团，于前 247 年渡海来到锡兰岛。锡兰国王提婆南毗耶·帝须（Devanampiya Tissa）和一批大臣皈依佛教，接着国王的侄儿阿利吒（Arittha）等 50 多位青年接受剃度，弘法工作进行得非常顺利。国王把御花园"大云林园"布施给长老，修筑起"大寺"（音译作摩诃毗诃罗）供养僧团。这座大寺日后就成为整个南传上座部佛教的发祥地和弘法中心。王后阿罗那和许多女众也都发心想受具足戒，加入僧团。但由于大僧不能为女众授戒，于是摩哂陀长老的妹妹僧伽密多罗长老尼（Sangha-mitta）从印度带领 10 位比丘尼来到锡兰，为阿罗那等 500 位女子传授戒法，建立比丘尼僧团。佛教迅速普及全岛各地，成为几乎是全民信仰的国教。阿育王还将释迦佛成道处的菩提树幼苗一株移植于锡兰，这株菩提树幼苗就成了锡兰新近皈依佛教者的信仰标志。在 500 多年后，佛牙也从印度迎到了锡兰。至伐陀迦摩尼王时代为止，摩哂陀长老所传来的佛教经典，仍然是师徒间口口相授，没有用文字记录下来。在此时期，有 500 位能背诵佛经的长老聚会一处，将全部经典记录成书，产生了《巴利文三藏经》。此后，佛教的巴利文变成了锡兰的文学语言，锡兰文的字母也是从印度文字演变而成的。

中国与锡兰的联系，有记载起于 4 世纪间。据《梁书》卷五四记载，师子国国王听到东晋孝武帝崇奉佛教，便派遣沙门昙摩航海送来 4 尺 2 寸高的玉佛像一尊，于义熙二年（406）到达建康。

东晋义熙六年（410），法显经印度到达师子国，看见有商人用中国产的白绢扇供佛，可见那时中斯两国间早已通商往来。法显在那里旅居二年，求得《弥沙塞律》《长阿含径》《杂阿含经》和《杂藏经》等诸梵本回国。法显在他所著的《佛国记》中记录了师子国佛教的许多重要情况。

此后，该国使臣和僧人屡屡东来。义熙八年（412）三月，师子国律师僧伽跋弥在庐山般若台东精舍译出《弥沙塞律抄》1 卷。后秦弘始年间，鸠摩罗什在关中大弘佛法，师子国有一婆罗门来到长安，和罗什门下僧人比赛辩

---

① ［美］罗兹·墨菲著，黄磷译：《亚洲史》，海南出版社、三环出版社 2004 年版，第 111 页。

才。据此可知东晋以来锡兰和中国的人员往来已很频繁。《宋书》卷九七说：刘宋元嘉五年（428），师子国国王刹利摩诃南（即摩诃那牟）遣4名僧人、2幅白衣送牙台像来宋。又《宋书》卷五，有元嘉七年（430）和元嘉十二年（435）师子国遣使来宋馈赠方物的记载。

其时印度高僧求那跋摩也在师子国弘教，后到阇婆，又由阇婆乘外国商人竺难提的海舶抵达广州，于元嘉八年（431）到宋都建业。在这之前舶主竺难提于元嘉六年（429）从师子国载比丘尼8人到宋都，住影福寺。求那跋摩到宋后，影福寺尼慧果、净音等意欲请师子国尼如大爱道之缘重为受戒；时求那跋摩以为西国尼年腊未足，又10人不满，只好令先学宋语，另托竺难提更请外国尼来凑满10人之数。嗣后元嘉十年（433），竺难提又载师子国尼铁萨罗等11人来宋。这时先来的诸尼已通宋语，因请求那跋摩在南林寺，为中国尼众300余人次第重受尼戒。建业城内建寺供养铁萨罗等师子国尼众，寺名铁萨罗寺。

另外，还有一些师子国僧人到中国的记载。如《魏书·释老志》记载："太安初，有师子国胡沙门邪奢遗多、浮陀难提等五人奉佛像三，到京都。"张舜民《画墁集·郴行录》说："西域帛尸黎密多罗，晋永嘉中，始至中国。值乱，渡江居金陵。建初中，王导、庾亮咸敬信之，江左人呼为高座，所居曰高座寺。至咸康中，葬于石子冈升元寺，即瓦官寺，在城内西南隅。"《至正金陵新志》卷一三下记载："帛尸黎密，西域师子国王子，以国让弟为沙门。晋永嘉中，到中土，止于太市。王丞相导一见奇之，以为吾之徒也。塔寺记云：尸黎密寺，宋曰高座，在石子冈尸黎密常行头陀，卒于梅冈。晋元帝于塚边立寺，因号高座。高座道人不作汉语，或问此意，简文曰：以简应对之繁。"《历代三宝记》卷一一说，南齐永明六年（488），有一位外国三藏法师（不知其名）带着师子国高僧觉音所注优波离集的律藏《善见律毗婆沙》梵本来到广州，临到登岸又返回去，将梵本付给弟子僧伽跋陀罗。僧伽跋陀罗即在广州竹林寺和沙门僧猗等共同译出这部律，并从"众圣点记"传述了佛陀入灭的年代，成为中国佛教史上一件重要的记载。以后，梁大通元年（527），师子国国王伽叶伽罗诃梨耶遣使致书于中国，要和梁朝廷共弘三宝。

入唐之初，斯里兰卡与中国来往更为频繁，多有僧徒从师子国来华的记载。如李华《李遐叔集·惠真碑》说："中宗闻之，将以礼召。时弘景禅师在座，启于上曰：此人（惠真）遥敬则可，愿陛下不知强也。""师子国目加三藏来谒，叹曰：印度闻仁者名，以为古人不知在世，本国奉持心记久矣，一无物字一作色心一作界其尊称微言，冥究佛心，而神扃遐域一行，禅师服勤规训，聪明辨达，首出当既奉诏征，泣辞，和尚而自咎。"赞宁《宋高僧传》卷一、卷二、卷二七、卷二九记载经师子国来到中国的僧人有："释跋日罗菩提，华言金刚智。……次复游师子国，登楞伽山。开元己未岁，达于广府。""释不空，梵名阿月佉跋折罗，华言不空金刚。开元二十九年十二月，附昆仑舶离南海。既达师子国，王遣使迎之。""释智慧者，梵名般剌若也，姓憍答摩氏。泛海东迈，垂至广州，风飘却返，抵执师子国之东。又集资粮，重修巨舶，遍历南海诸国。贞元二年，始届京辇。" "释含光，不知何许人也。……开元中，见不空三藏颇高时望，乃依附焉。及不空却回西域，光亦影随。匪惮艰危，思寻圣迹。去时泛舶海中，遇巨鱼望舟，有吞噬之意。两遭黑风，天昊异物之怪，既从恬静，俄抵师子国。""释慧日，俗姓辛氏，东莱人也。……遂誓游西域，始者泛舶渡海，自经三载，东南海中诸国，昆仑、佛誓、师子洲等，经过略遍，乃达天竺，礼谒圣迹。"赞宁提到的金刚智和不空，即是唐代很有影响的"开元三大士"中的两位。

自唐中期以后，斯里兰卡岛与中国的官方交往趋于低落。与前期相比，唐中后期及五代的朝贡次数明显减少。

第五章

佛教文化在中国
的初传

佛教与基督教、伊斯兰教并列为世界三大宗教。在三大宗教中，佛教是最早传入我国的。从公元前后开始，在长达 1000 多年的历程中，佛教文化源源不断地向中国传播，并且广泛地渗入社会生活的各个方面，对中国的哲学、文学、艺术和民间风俗以及政治、经济等都有着深刻的影响。同时，佛教文化与我国传统的儒学、道教等彼此融合，互为消长，不断地中国化，逐渐发展成为中国的民族宗教，成为中国传统文化的组成部分，丰富了中国文化的内涵，同时也改变了整个东方世界的文化结构和文化特性。佛教在中国的传播，是中印两国不同的价值观念、思维方式的系统交流，是两种文化接触和互相影响的成功模式。纵观漫长的中外文化交流史、中国接受海外文化史，佛教在中国的传播以及中国化，是最广泛、最深入、最成功的，是世界文化交流史上具有典型意义的范例。经过中国文化接受、理解、改造和融合的中国化的佛教，又陆续传到朝鲜半岛、日本、越南等地，成为中华文化向海外传播的重要内容和载体，并成为中华文化圈的重要构成要素。

中国对外来文化的接受和改造有两大高潮，一是以佛教为载体的印度文化的大规模传播，另一个是以基督教为先导的近代西方文化的大规模传播。这两次文化传播，对中国文化的发展有根本性的影响。本书将用很大的篇幅来论述佛教文化东传的过程，详细地说明佛教是怎样被中国人理解、接受、改造并与中国文化融合的，中国是怎样把一种外来的宗教文化转变成自身传统文化的一部分，并丰富、发展了传统文化的内涵和体系的。

一　佛教的传播与接受

佛教在中国的传播，是中外文化交流史上的一件大事。可以说时至今日，佛教文化在中国乃至东亚社会的文化结构中，占有极其重要的地位。季羡林指出：

> 佛教传入中国，是东方文化史上，甚至是世界文化史上的一件大事。其意义无论怎样评价，也是不会过高的。佛教不但影响了中国文化的发展，而且由中国传入朝鲜和日本，也影响了那里的文化

发展以及社会风俗习惯。佛教至今还是东方千百万人所崇信的宗教。如果没有佛教的输入，东方以及东南亚、东亚国家今天的文化是什么样子，简直无法想象。①

其实不仅是季羡林，还有许多学者论述过佛教东传的重大意义。美国学者费正清指出：佛教"对中国文明所造成的威胁较19世纪西方文化的挑战更为直接，中国对佛教的涵化是它近代以前对外来文化最伟大的借鉴"②。

一般认为，佛教最初传入中国，大约是在东汉时代，而真正开始大规模传播，则是在两晋南北朝时期。中国文化经历了春秋战国时期的文化突破，开启全面独立发展的态势；经历了秦汉时代的辉煌时期，进入到中华文化的成熟之境，同时也面临着新的选择以及寻求新的发展的变革局面。在这样的情况下，佛教裹挟着巨大的文化群浩浩荡荡从西域传来，带给中国人一种全新的文化信息、文化内涵和文化体验，对中国文化的发展提供了新的刺激和发展的动力。正是佛教的进入，打开了中华文化向新的阶段发展的突破口。所以，在佛教进入之初，就造成了可能引起巨大反响和影响的态势。

佛教是以一种新的宗教形态传入中国的。在当时中国，原始宗教还具有一定的影响，民间信仰比较活跃，而作为中国本土宗教的道教，还正处于最初的成长阶段，还不是很成熟、发达。佛教则已经有了一套成熟的宗教体系，它具有完备的经典、明确的信仰、严密的僧团组织，以及一整套佛事活动和仪轨，还提供了包括符号意义、信仰、叙事体的故事，给予修行者以宗教实践和生命体验。这对于人们具有巨大的吸引力和感召力。特别是它所提供的来世信仰，适应了当时中国人普遍的心理需要。

胡适指出：佛教传入之后，"中国古代的一点点朴素简陋的宗教见了这个伟大富丽的宗教，真正是'小巫见大巫'了。几百年之中，上自帝王公卿，学士文人，下至愚夫愚妇，都受这新来宗教的震荡与蛊惑；风气所趋，佛教遂征服了全中国"③。孙昌武指出："佛教向中国输入一种新的信仰。这种信仰有系统

① 季羡林：《中印文化交流史》，中国社会科学出版社2008年版，第18页。

② ［美］费正清、赖肖尔、克雷格著，黎鸣等译：《东亚文明：传统与变革》，天津人民出版社1992年版，第88页。

③ 胡适：《胡适全集》第11卷，安徽教育出版社2003年版，第344页。

的教理来支持，又以实现崇高的宗教理想为目标，正是中土文化环境所需要的。而民众信仰的树立则造成其心理的重大变化，给予民族精神生活以重大影响。"①

按照上层建筑和经济基础两分法来分析社会，宗教处于上层建筑的顶端，属于社会意识形态和形而上学的部分。它给专注于现实社会生活的人们提供了一个彼岸的世界。人们需要这样一个彼岸世界，来关照身在其中的现实世界。佛教正好满足了当时中国人的这种需要。所以，佛教的传来，为中国文化提供了一个彼岸世界的系统，丰富了人们的精神世界，而且这个彼岸世界是博大的、深邃的和光明的。

佛教的传来，不仅仅是宗教的僧团和仪轨、仪式，更是一套缜密的思维系统和形而上学，是一套完备的理论体系。从最初来华传教的西域高僧开始，他们把翻译佛经作为传播佛教最主要的事业之一，前后900多年，一共翻译了6000多卷佛教经典。这些汉译佛教经典成为现在世界上所存的最完备的佛教理论典藏。而且，在中国的历史典籍中，佛典占有举足轻重的地位。可以说，这么大数量的佛经，极大地丰富了中国古代的文献典籍，是一份极为宝贵的文化遗产。不仅如此，中国研究佛教的学者对这些翻译过来的佛教典籍进行了大量的、深入的探索和研究，创作出大量的注疏和论辩性著作，极大地丰富了中国的思想史和哲学史。可以说，佛教及其思想的传入，不仅促进了中国思想史和哲学史的大发展，而且成为其中相当重要的内容。法国汉学家谢和耐对佛教传入中国这一重大文化事件给予高度的评价，他指出：

> 在中国和印度社会之间交流接触的伟大时代（从公元最初几个世纪到9世纪），佛教在中国的贡献显得相当重要。在拥有经典和宗教著作的良好藏经楼的寺院，成了教育与知识的主要中心的整个时代，人们甚至可以说这是一种真正的佛教文化。②

佛教在中国成功传播，在于它同时兼顾了文化的大传统和小传统，即以其深奥的佛教义理受到上层社会精英阶层的欢迎，又以通俗的方式在民间传播信仰，受到下层社会普通民众的接受和理解。这样，佛教不仅是以浩瀚的

---

① 孙昌武：《中国佛教文化史》第1册，中华书局2010年版，第41页。

② ［法］谢和耐著，耿昇译：《中国社会史》，中国藏学出版社2006年版，第169页。

佛经和艰深的哲学，更以与中国民间信仰相适合的方式宣传普及，提供给人们一种新的生活方式、崇拜方式甚至是娱乐方式。这样，佛教的影响就深入到中国人的日常生活中，成为中国人日常生活的组成部分。而这才是它所具有的强大的生命力之所在。

和许多大的宗教一样，佛教本身除了信仰系统之外，还是一个巨大的文化群、文化丛，是一个包含着丰富内容、多种形式的文化集合体。这个文化群、文化丛或者说文化集合体，主要包含两个方面：一是佛教本身所要呈现、表达的艺术形式，如造型艺术、音乐艺术、文学艺术等等，这些艺术形式本身就是传播佛教的手段或方式；另一方面是与佛教一起传播进来的印度文化和西域文化，如印度的天文历法、医药科学等等。这样的区分并不具有严格的意义，它们本身都是一体的，都是在佛教的大系统下的小系统或支系。有学者指出："佛教是印度对中国的贡献。并且，这种贡献对接受国的宗教、哲学与艺术有着如此令人震惊并能导致大发展的效果，以至渗透到中国文化的整个结构。"[1] 费正清指出：

> 它也可以称为一种鼓舞人心的新思想。中国人第一次偶然地邂逅了这个有组织的世界性宗教。而在此种形势背后也隐藏着另一种文化成果——佛教带来了印度的形而上学和早期科学，贵族文化，优美的宗教艺术，给人以美感的仪式，乱世中安静的寺院生活之诱惑，以及在人的现实问题尚未解决的情势下个人的解脱。[2]

我们在这里只是要说，这些紧随着佛教传入而发展起来的各种文化要素、文化内容，都在中国文化中产生重大的影响，影响到中国文化各个方面的变化和发展，进而扩大了中国人的知识系统，改变或重塑了中国人的认知方式，也大大开阔了中国人的世界视野和文化眼光。中华文化是中华民族创造的宝贵财富，而创造这样财富的中国人，在这一阶段，接受了来自佛教文化成果的装备，从而扩大了自己，丰富了自己，壮大了自己，使之发挥出更大的文

---

① 引自 [印度] A. L. 巴沙姆主编，闵光沛等译：《印度文化史》，商务印书馆 1997 年版，第 669 页。

② [美] 费正清、赖肖尔、克雷格著，黎鸣等译：《东亚文明：传统与变革》，天津人民出版社 1992 年版，第 91—92 页。

化创造力。

佛教在中国的传播是成功的，这可以说是世界文化史上跨文化交流的一个成功范例。佛教在中国传播的成功，主要的经验之一就在于它成功地实现了"中国化"。这使得中国人在心理上认同它，把它当做自己民族的宗教，把佛教的信仰作为自己民族的信仰，同时也在文化上容纳了它，使它成为中国文化传统的一个组成部分。这样，佛教就不再是一种外来的宗教，不再是一种外来的文化了。

"中国化"是两方面共同努力的结果。一方面，佛教以其开放的态度，主动与所进入的异域环境即中国文化环境相适应、相协调，努力使自己成为中国人能接受的、能理解的东西。可以说，佛教自进入中国后进行了这样的努力，并在佛教东传中国的过程中始终贯穿这一策略。可以说，这个"适应性策略"是成功的。佛教在适应中国文化环境的过程中，并不是完全去迎合中国的文化传统，而是在"适应"中尽量保持自己的思想特性和文化特性。这样，中国人看到和理解的佛教又是新鲜的、有自己独特的文化内涵的。佛教进入中国，与中国文化环境相适应，又保持自己的宗教和文化特性，这是它的"中国化"能够成功的重要原因。

另一方面，中国文化传统也是以开放、热烈欢迎的态度，主动地去迎接、接受佛教，并且按照中国文化的需要对其进行改造和剪裁，使其与中国文化传统相契合、相融合。我们将看到，那些致力于传播佛教的中国僧侣，那些欣赏和接受佛教文化的上层知识分子，为佛教的中国化做出了很大的努力。他们翻译佛教经典，阐述佛教学说，与儒学和道教争辩切磋，高僧与名士交游论辩，成为建设中国化佛教的重要活动。当然，作为一种外来文化，佛教在中国的传播，也受到中国本土文化的排斥和抗拒，受到儒家知识分子的质疑和道教人士的诋毁，甚至演变成"三武一宗"的政治性毁佛行动。但总体上来说，中国文化传统对于佛教是欢迎的，是接受和容纳的。

佛教在中国传播的成功，中国文化对佛教的理解和接受，对它的改造、剪裁和融合，深刻地说明了中国文化的开放性和包容性。钱穆指出：

> 中国人的文化观念，是深于民族观念的。换言之，即是文化界限深于民族界限的。但这并不是说中国人对于自己文化自高自大，对外来文化深闭固拒。中国文化虽则由其独立创造，其四围虽则没

有可以为他借鉴或取法的相等文化供作参考，但中国人传统的文化观念，终是极为宏阔而适于世界性的，不局促于一民族或一国家。换言之，民族界限或国家疆域，妨害或阻隔不住中国人传统文化观念里一种宏通的世界意味。我们只要看当时中国人对于印度佛教那种公开而恳切，谦虚而清明的态度，及其对于异国僧人之礼敬，以及西行求法之真忱，便可为我上述做一绝好证明。

> 那时的中国人，对印度佛教那种热忱追求与虚心接纳的心理，这全是一种纯真理的渴慕，真可说绝无丝毫我见存在的。[1]

这样，一方面是佛教的主动适应，另一方面是中国文化的积极吸收，所以佛教的中国化就是成功的、有效的。这也是双向的选择，互相的选择，而后者的意义更为重大。我们将看到，自从佛教进入中国以后，中国人就不是被动地去接受，而是主动地去迎接、引进、吸取。因此，有许多高僧到西域和印度"取经"，有许多佛教知识分子投身于佛经翻译的文化事业当中，有许多高僧研修和注疏佛教经典，广泛地传播佛教。梁启超把当年去西域取经的高僧与近代的留学运动相比较，认为他们出于宗教的热诚，更出于求知的渴望、追求真理的精神，而不畏艰难，前赴后继，是后代学人的典范。与此同时，还有许多西域和印度的高僧来中国传播佛法，翻译佛经，他们同样是出于高尚的宗教热情和传播真理与知识的伟大精神。

二　佛教在中国的初传

1. 有关佛教传入中国的传说

佛教传入中国的年代，至今并没有确切的说法。方豪指出："确定佛教传入之年代为不可能，盖最初传入者或不为人知，故无记载；有记载者未必即为最初之年；且最先传入者或为最皮毛最肤浅之佛教仪式，如膜拜佛像，而

---

[1] 钱穆：《中国文化史导论》，商务印书馆 1994 年版，第 148—149、206 页。

非重要之教义。"①

佛教刚传入中国时，只是在一小部分人中悄悄流传，后来史书上所记载的佛教初传，大多只是根据传说。魏晋以后，佛教为了抬高自己的地位，编造了许多神话传说，尽力把佛教传入的时间提前。这为我们了解佛教进入中国的早期历史带来一定的困难。当然，这些传说也并非完全是无稽之谈。虽然有些说法没有根据，也不可信，但或许也曲折地反映了一些佛教传入的早期情况，或者至少提供了与这些传说的编造者们相关的文化信息。

有的传说认为，早在三代以前中国就已经知道佛教了。刘宋宗炳《明佛论》说："伯益述《山海》：'天毒之国，偎人而爱人。'郭璞传：'古谓天毒即天竺，浮屠所兴。'偎爱之义，亦如来大慈之训矣。固亦既闻于三五之世也。"伯益是舜帝时东夷部落的首领，帮助大禹治水。所谓"三五之世"是指三皇五帝。唐僧人道宣在所著《归正篇·佛为老师》中也说："余寻终古三五帝皇，有事西奔，罕闻东逝，故轩辕游华胥之国，王邵云即天竺也；又陟昆仑之墟，即香山也。……以事详之，并从于佛国也。"据此说来，佛法并非仅"闻于"三五之世，比舜还要早的黄帝本人已至佛国。但是，释迦牟尼生活在前6—前5世纪，远远晚于三皇五帝的时代，所以三代以前就知道佛教的说法是不可信的。

唐僧人法琳于武德五年（622）就太史丞傅奕上疏"请除佛法"所作《破邪论》引《周书异记》说："周昭王即位二十四年甲寅岁四月八日，江河泉池忽然泛涨，井水并皆溢出。宫殿人舍，山川大地，咸悉震动。其夜五色光气入贯太微，遍于西方，尽作青红色。周昭王问太史苏由曰：'是何祥也？'苏由对曰：'有大圣人生于西方，故现此瑞。……一千年外声教被于此土。'昭王即遣镌石记之，埋在南郊天祠前。"周昭王之世当为前10世纪左右，说释迦牟尼生于此时，就将佛教的历史往前推了四五百年。法琳的意思是说，既然佛教在周代早期即有，而周传世800年，并不因"周世佛法久来"而使"祚短"，那么就没有取缔佛教的必要了。法琳的这个说法主要是针对唐初的反佛思潮提出的，是出于论辩的需要，并没有事实的根据。

一些佛教僧侣为了说明佛祖释迦牟尼比道教教祖老子还早，有意歪曲史

① 方豪：《中西交通史》上卷，上海人民出版社2008年版，第91页。

书和经籍，编造释迦牟尼的生卒年月。三国时吴国谢承《后汉书》有记，佛在周庄王九年（前688）癸丑七月十五日寄生于净住国摩耶夫人腹中，至周庄王十年（前687）甲寅四月八日生。《魏书·释老志》说："释迦生时，当周庄王九年。"隋费长房《历代三宝记》以及《隋书·经籍志》等均采用此说。西晋道士王浮伪造的《老子化胡经》说老子西涉流沙，入天竺为佛，化导胡人，释迦牟尼实为其后世弟子。佛教徒针对这种说法，提出种种理由进行反驳，说早在老子之前佛陀已经在世，说释迦牟尼早在周昭王时已经出世，并且当时中国已有人知道西方有圣人诞生。

还有的传说认为，孔子在世时已知有佛教。《列子·仲尼》载太宰嚭问孔子："孰者为圣？"并列举三皇五帝以询之，皆不得要领。夫子动容有间，曰："西方之人，有圣者焉，不治而不乱，不言而自信，不化而自行，荡荡乎民无能名焉。"后世的佛教徒常常据此说孔子已知有佛。另有人认为，战国末年佛教就已传入中国。晋王嘉《拾遗记》卷四记载：战国时燕昭王七年（前305），"沐胥之国来朝，则申毒国之一名也。有道术人名尸罗，问其年，云百三十岁。荷锡持瓶，云发其国五年乃至燕都。善衒惑之术，于其指端出浮屠十层，高三尺"。《史记》《水经注》等书记载燕昭王礼贤下士，相信方士。说燕昭王时已传入佛教大概从此事附会而来。

唐法琳还说，秦始皇时佛教已入中国。他引用道安《经录》一书，说：始皇之时，"有外国沙门释利防等一十八贤者，赍持佛经来化始皇。始皇弗从，乃囚防等。夜有金刚丈六人来，破狱出之，始皇惊怖，稽首谢焉"。说秦始皇时有佛僧众到中国来，在南北朝以前也没有任何人记载这件事。《历代三宝记》也没有引用道安《经录》。如果《经录》记载有这件事，那么南朝梁僧佑的《出三藏记集》、北齐魏收的《魏书·释老志》当会有所记述。可见，说秦始皇时有佛僧到中国来的事是靠不住的。

此外，还有汉武帝时传入说。《魏书·释老志》依《史记·大宛列传》说，张骞使大夏还（前126），传其旁有身毒国，一名天竺。始闻有浮屠之教。《魏书·释老志》还记载，汉武帝元狩年间，霍去病讨匈奴，获休屠王金人，"帝以为大神，列于甘泉宫。金人率长丈余，不祭祀，但烧香礼拜而已。此则佛道流通之渐也"。此说源自南朝宋王俭托名班固撰之《汉武故事》，国内学者一般持否定态度，但海外有些学者认为可信。不过，有一点可以肯定，就是张骞通使西域，交通大开，确实为佛教的东传创造了客观条件。另外，张骞到西域时，佛教已经在西域传播，那先比丘引导大夏舍竭国王弥兰陀皈依佛教的故事发生不久，这位国王当时还在世。所以，或许张骞在那里听到一些关于佛教的传闻。

除了上述种种传说之外，还有一些说法，但都没有真实的根据，并且有的明显是编造和穿凿附会之说。

2. 西域：佛教东传的中转站

汉武帝时，张骞通使西域，打开了中原与西域的交通大通道丝绸之路，此后，西域各国与汉内地的政治往来和经济、文化交流一直十分频繁。正是在这种交流的过程中，佛教从印度向西北邻国传播，通过西域传到了中国内地。汤用彤说："佛法来华，先经西域。在汉代，我国佛教渊源，首称大月氏、安息与康居三国。"①

西域是中西交通的历史文化走廊。自古以来，西域是多种文明的交汇之地，也是东西方文化交流的中心与枢纽。在古代，西域之地在中西文化交流史上占有非常重要的地位，发挥着重要的作用。历史上有名的横亘东西的文化交流大动脉丝绸之路就途经西域。在佛教东传的过程中，西域更是发挥了极为重要的作用，是大佛东行的主要通道。西域被佛教僧侣视为"小西天"，或誉为佛教的第二故乡。日本学者白鸟库吉说：

> 佛教究竟何时何地传入中国？后汉明帝永平十年建立白马寺或稍前楚王英信仰佛教，即后汉初佛教传入中国无疑。……其传入的道路只有一条，即见于《汉书》的所谓"罽宾—乌弋山离道"。②

前3世纪以后，由于印度阿育王的支持和帮助，佛教开始在印度以外的一些国家和地区如缅甸、斯里兰卡以及中亚、西域一带得到传播。北传佛教首先传入犍陀罗和迦湿弥罗（罽宾国，今克什米尔）。在前2世纪，大夏入侵印度西北所建立的舍竭国已流行佛教，约在前2世纪上半叶，佛教传进希腊人统治的大夏。这时的大夏，即巴克特里亚，领域北起阿姆河上游，南抵印度河流域，是势力最强盛的时期，有很多的希腊和马其顿的移民，也有许多

---

① 汤用彤：《汉魏两晋南北朝佛教史》，昆仑出版社2006年版，第75页。

② ［日］白鸟库吉：《西域史研究》上册，岩波书店1981年版，第497页。

希腊化城市。汉译《那先比丘经》（南传巴利文《弥兰陀王问经》），就反映了佛教在这个地区的一个城市国家舍竭初传的情况。舍竭国王弥兰陀是希腊人，他向来自罽宾的那先比丘征询佛教教义，他们就沙门性质、人生本质、善恶果报、生死轮回、佛陀其人等一系列问题进行了深入的讨论。弥兰陀王非常赞赏那先的观点，决定日供八百沙门，凡那先所欲，皆可从王取之，以为"得师如那先，作弟子如我，可得道疾"。此外，一些碑文还记载了大夏希腊移民信仰佛教的情况，他们供养佛舍利，向寺院施舍石柱、水池和其他物品。

佛教传进大夏后继续向西北流动，至迟在公元前后交替之际安息（帕提亚）已有佛教传播。此时的安息为中亚的一个大国，前2世纪已吞并大夏和印度西北的一部分，到前1世纪已领有西到小亚细亚、叙利亚和巴勒斯坦的广大土地，这些地方都有接触佛教的条件。在今阿富汗西部迦尔拉巴特盆地的安息旧址，已发现一些1—2世纪的佛塔遗址。

前130年左右，大月氏迁入大夏地区，一些希腊式城市国家逐渐并入大月氏领地，至迟在前1世纪时，大月氏由于受大夏佛教文化的影响，已开始信仰佛教。在贵霜王国建立并占领印度广大领土以后，佛教便在大月氏所占领的地方广为传播，迦腻色迦王更是大力倡导佛教，佛教取得很大发展。大约前1世纪后半叶，佛教传入于阗、龟兹、疏勒、若羌、高昌等地。首先把佛教传入西域于阗的是来自迦湿弥罗的高僧毗卢折那。玄奘《大唐西域记》称他是来自迦湿弥罗的阿罗汉，他劝说于阗王建造覆盆浮图，归信佛教，以佑王祚。王果感得罗睺罗变形为佛，遂造赞摩大寺供养，时当前1世纪，正值大月氏统一之际。据此，于阗佛教一开始就与崇拜偶像有关。于阗自佛教传入后，逐渐成为大乘佛教的中心，魏晋至隋唐，于阗一直是中原佛教的源泉之一。

龟兹是丝绸之路北道的交通要塞，也是佛教传进的必经之路，同罽宾、于阗、疏勒以及天竺交往颇频繁。龟兹王室也崇信佛教。

由葱岭通向龟兹的第一大都是疏勒。疏勒之传进佛教，应早于龟兹。《后汉书·西域传》记载，东汉元初中，疏勒王舅臣盘被徙于月氏，及至疏勒王死，月氏送臣盘归国，立为疏勒王。《大唐西域记》记载，迦腻色迦王兵威至于葱岭以东，"河西蕃维畏威送质"。迦王为此质子住处建立专门伽蓝。有学者认为，此质子当就是臣盘。臣盘回国为王，即在疏勒推广佛教。据后人历次游历疏勒的记载，此地供养"佛浴床""佛钵""佛唾壶""佛袈裟"等佛遗物，明显地保留着早期佛教的特色，僧人也尽是小乘学者，偶尔才有外来的大乘僧人出现。此后疏勒历代国王大都提倡佛教。

在大月氏北部的康居，佛教也颇流行。到 3 世纪时，康居的译经者来汉地的已有不少，所译经典大小乘都有。

梁启超认为，在佛教东传的过程中，大月氏人起了重要作用。他指出：

> 后汉一代，中国月氏之交通，即中国印度之交通也。考中国佛教最古之史迹三，而皆与月氏有关系。其一，汉武帝时，遣张骞使大夏还，传其旁有身毒国，始闻有"浮屠"之教（《魏书·释老志》）。当时……大夏，即月氏所臣服也。其二，哀帝元寿元年，博士弟子秦景宪受大月氏王使伊存口授浮屠经。是最初传译佛经者，实月氏使臣也。其三，明帝梦金人，因傅毅之对，乃于永平七年遣蔡愔、秦景、王遵等适天竺求佛经像，愔等至月氏，与迦叶摩腾、竺法兰偕，赍经像以归。是当时所谓通印度者，即通月氏也。……佛教既遍被西域，乃由西域间接输入中国。①

当时，西域各地主要流传的是小乘佛教的"说一切有部"。"说一切有部"为说明万法的因果关系，创立"六因说"，把"因"分为 6 种，把"缘"分为 4 种，把"果"分为 5 种，并加以诠释与发挥，据以建立因、缘、果的完整架构，这就是著名的"六因、四缘、五果"的理论系统。小乘佛教得到王室支持，占统治地位，大乘佛教被视作婆罗门外道，还没有取得完全合法的地位。

从佛教流传的初期起，各种佛典不断地被译为各种中亚语言，如粟特语、吐火罗语、龟兹语、于阗语，之后又译为突厥语。② 这些中亚语言释义的佛经已在很大程度上不同于印度佛典了。从当时人们对佛经翻译的抱怨中，我们能够大致了解一些情况："一位于阗诗人的抱怨是很典型的：'于阗人认为于阗语的（佛）法没有价值。他们对印地语的法典的理解糟糕透顶。于阗语的法典在他们眼里似乎不是法，在汉人眼里，法则是汉语的。'这位诗人一定是特别感到心灰意冷，因为于阗布道僧如提云般若、实叉难陀和尸罗达摩在洛

---

① 梁启超：《佛学研究十八篇》，群言出版社 2013 年版，第 104 页。

② ［日］参见羽田亨著，耿世民译：《西域文化史》，新疆人民出版社 1981 年版，第 64 页。

阳和长安为汉译经所做的努力受到如此微薄的赞赏。"① 日本学者汤山明指出：

> 关于中亚佛教的特征，根据我的"假说"，我认为这是一种"注释性"的传承……有关中亚的佛教典籍，简单概括起来说，我认为，无论是大乘还是小乘，在语言方面，文法和文体上都有过增减或改变。……中亚佛教的受容，是追求经典的简明易懂，以取得民众的接受。而且这种受容有着它"解释性"的风土，即专门的僧侣迫于要求理论上的明白解释。②

此外，据有关学者研究，在佛本生谭等作品中已有与梵本很不同的东西。③ 这说明印度佛经在中亚转译过程中发生了变化。吕澂也指出：

> 中国初期传译的佛经，大都是通过西域得来的。……佛经经过西域文的翻译而成为"胡本"，传入内地的佛经，就是用这种"胡本"翻译的，在文字的转换中，自然会有些改动，再经过译者因学说师承不同作些变改，西域佛学，不能说与印度的完全一样。④

自印度佛教传入西域后的几百年间，西域佛教有了长足的发展，佛教图像、寺庙和石窟等佛教建筑开始在西域大地出现，佛窟成群，塔寺林立，浮雕、立雕的大小佛像琳琅满目。不仅雕塑技艺高超，佛教的绘画、音乐、舞蹈、文学等艺术和佛教演讲辩论都达到了很高的水平。到了魏晋南北朝时期，佛教在西域进入了鼎盛发展时期，各国佛事频繁，高僧辈出，年年举行盛大的佛会。同时，西域佛教也在不断演化，产生了不同佛教宗派。

西域佛教兴起以后，就开始向内地传播。西域各国派往中原王朝的外交使节、侍子以及往返于两地商人中就可能有佛教徒。此后，常有内地僧人到西域取经求法，赴内地的西域高僧也将自己的思想、学风等带到了中原，与中原地区的高僧共同相处，探讨佛学真谛，为中国佛教的传播和佛学发展作

---

① ［美］R. E. 埃墨利克：《中亚的佛教》，《西域研究》1992 年第 2 期，第 60 页。

② ［日］汤山明：《从中亚地区对佛教典籍的接受情况来看罗什汉译〈妙法莲华经〉的特色》，《世界宗教研究》1994 年第 2 期。

③ 参见［日］羽田亨著，耿世民译：《西域文化史》，新疆人民出版社 1981 年版，第 65 页。

④ 吕澂：《中国佛学源流略讲》，中华书局 1979 年版，第 39—40 页。

出了贡献。吕澂指出：

> 中国佛学一开始就与西域发生关系，因为内地的佛学，最初并不是直接来自印度，而是通过西域传来的，有的甚至是西域的佛学。①

蒋维乔指出：

> 翻译者多来自安息、康居、月支、兜佉勒（中央亚细亚地方）及西域、罽宾等处。西域者，今天山南路各地是也。罗什，西域龟兹国人也。于阗国亦属西域，其国与大乘佛教，关系极深。中国大乘教重要经典，皆来自于阗。……西域诸国，夙行佛教，于是辗转传入中国。②

从印度到西域再到中国的西部，从敦煌进入中国内地，一条通往中国的"佛教之路"形成了。在这条充满着艰险和信仰激情的大路上，西去求法的中国僧侣，东来传教的西域教徒，筚路蓝缕，相望于道，不绝于途。而同样是在这条大路上，遗存着无数的佛教东传的遗址、遗迹，有寺庙的遗址、精美的壁画、荒芜的塔冢，以及壮观无比的遍布沿途的佛教石窟。通过这条大路，佛教、佛经，佛教的绘画、建筑、音乐艺术，以及佛教所携带的、所裹挟的印度和沿途民族的艺术、医学、天文学、哲学和逻辑学等等，源源不断地传播到中国，深刻地影响了中国的传统文化以及中国人的精神世界。所以，这又是一条文化之路，文化传播之路。荷兰汉学家许理和（Erik Zürcher）指出：

> 事实上，佛教何时传入中国，已不可得知。它可能从西北慢慢渗入，经过横跨欧亚的丝绸之路上的两条支线在敦煌进入中国，并且从那里穿过河西走廊进入"关中"和华北平原，那里正是后汉都城洛阳坐落的地方。……佛教首先必须依赖那些原本携有佛教信仰的外国人维持其存在，他们包括商人、难民、使节和人质。③

---

① 吕澂：《中国佛学源流略讲》，中华书局 1979 年版，第 11 页。
② 蒋维乔：《中国佛教史》，群言出版社 2013 年版，第 11—12 页。
③ ［荷兰］许理和著，李四龙译：《佛教征服中国——佛教在中国中古早期的传播与适应》，江苏人民出版社 2003 年版，第 34 页。

学术界和佛教界普遍认为，汉哀帝元寿元年（前2），大月氏王使臣伊存口授佛经，为佛教传入汉地之始。这是佛教史上的一个重大事件。

关于大月氏使臣在汉朝口授佛经，裴松之在《三国志·魏书·乌丸鲜卑东夷传》篇末的注中引鱼豢的《魏略·西戎传》说："昔汉哀帝元寿元年，博士弟子景庐受大月氏王使伊存口授《浮屠经》。曰复立（豆）者，其人也。《浮屠》所载临蒲塞、桑门、伯闻、疏问、白疏闻、比丘、晨门，皆弟子号也。""浮屠"是"佛陀"的早期译语，即人们平常所说的"佛"，《浮屠经》实际上就是《佛经》。这部经主要是讲述释迦牟尼的故事。

由于在前1世纪以前，尚没有成文的佛教经典，佛教的传播是通过口授佛经进行的，直到东汉时我国早期的佛经，也多为口授。伊存口授佛经的故事标志着佛教已正式传入中国，中国人也正式接触到佛教了。

梁启超认为："此事在历史上虽为孤证，然其时大月氏王丘就郤，正征服罽宾，而罽宾实当时佛教极盛之地，则月氏使臣对于佛教有信仰，而我青年学子之怀抱新思想者，从而问业，亦意中事。"[1] 汤用彤也认为："伊存是否实以此年中曾至中国，不能妄断。但自张骞通使以来，葱岭以西诸国皆颇有使者东来，则大月氏是时有使人至中国，亦可信也。……则谓伊存使汉，博士弟子景卢受经，或较为确实也。"[2] 汤用彤还进一步指出，伊存的故事"可注意者，盖有三事。一汉武帝开辟西域，大月氏西侵大夏，均为佛教来华史上重要事件。二大月氏信佛在西汉时，佛法入华或由彼土。三译经并非始于《四十二章》，传法之始当上推至西汉末叶"[3]。

任继愈认为："博士弟子景庐之所以愿意接受大月氏使者伊存口授《浮屠经》，说明这种宗教信仰已经引起当时社会上某些人们的注意。"[4] 这一看法已为学术界和佛教界的定论。但是，当时，这只是一个开始，并没有形成大的影响。

西域是佛教东传的主要中转站，是主要的通道。但是，佛教初入中国可能并不只有这一条道路。上一章介绍印度与中国的早期关系时提到，古代中

---

[1]　梁启超：《佛学研究十八篇》，群言出版社2013年版，第14页。

[2]　汤用彤：《汉魏两晋南北朝佛教史》，昆仑出版社2006年版，第49页。

[3]　汤用彤：《汉魏两晋南北朝佛教史》，昆仑出版社2006年版，第50页。

[4]　任继愈主编：《中国佛教史》第1卷，中国社会科学出版社1985年版，第90—91页。

印之间有三条主要交通通道，即西域一条"雪山道"，南海一条海上的交通道路，还有西南通道"中印缅道"。那么，除了通过西域的"雪山道"之外，佛教也可能通过海上的通道和"中印缅道"传入中国。关于佛教从南海经海路传入的情况，前面已经提到过。

> 由中国经缅甸达印度，在东汉三国间这条道是相通的。中国僧人可结队成行去印度，印度僧人带经像由此道来华传教也是可能的。事实上在早期来华僧人中，就有许多人是经由此道的，这些僧人不仅驻足于四川或长江沿线，也有由此北上东洛的，中国佛教史上最早来华僧摄摩腾与竺法兰，或经由此道。腾、兰俱为中天竺人，且在《四川通志》中曾记载大邑雾中山寺为腾、兰于永平十六年（73）创建。①

这个记述也颇值得注意。如果此说成立，那么四川就应为佛教进入中国最早的地点和通道了。宗教的传播经历了一个漫长而复杂并且起初在很大程度上是一个不自觉的过程，所以很难确切地指出哪一件事是佛教进入中国的标志性事件，哪一条路线是最初的传播路线。

3. 楚王英：中国最早的信佛者

关于佛教在中国初传的情况，胡适写道：

> 我常说，佛教入中国的前期史迹现在只存几根记里的大石柱子：
> （1）第一世纪中叶，楚王英奉佛一案。
> （2）第二世纪中叶，桓帝在宫中祠祀浮屠老子。
> （3）同时（166），襄楷上书称引佛教典故。
> （4）第二世纪晚期，长江下游，扬州、徐州一带，有笮融大宣佛教，大作佛事。
> （5）同时，交州有《牟子理惑论》的护教著作。
> 这三期五事，我们应该明白承认作记里的石柱，可以用来评判别的史料，而不用别的史料来怀疑这五根柱子……
> 我的看法是，我们应该把这三期五事排成时间与空间的五座记

① 阮荣春：《早期佛教造像的南传系统》，《东南文化》1990年第3期，第163—164页。

里柱：时间自下而上推，空间则自南而北推，然后可知佛教初来中国时的史迹大概。①

孙昌武认为，胡适列举的"五事"，"作为汉代佛教流传情况仅有的可靠文字记录，仍是研究早期中国佛教的主要依据"②。

胡适列举的第一个"柱子"是东汉楚王英奉佛事件。佛教刚刚传入中国的时候，还不是公开的，传播的范围主要是上层社会，信仰佛教的人只局限于统治阶级的某些上层人物。楚王刘英就是中国历史上第一个信仰佛教的上层人物。

楚王刘英是光武帝刘秀的儿子，明帝刘庄的异母弟弟。刘英年轻时好游侠，结交宾客，在建武十五年（39）封为楚公，十七年（41）晋爵为王，二十八年（52）就国。刘英在晚年的时候，更喜黄学，学为浮屠斋戒祭祀。汉明帝永平八年（65），诏令天下死罪皆入缣赎。刘英可能在封国内的某些做法、行为有违人臣之礼，派郎中令奉黄缣白纨30匹送到朝廷赎罪，说："托在藩辅，过恶累积，欢喜天恩，奉送缣帛，以赎愆罪。"明帝不计过失，下诏安慰说："楚王诵黄老之微言，尚浮屠之仁祠，洁斋三月，与神为誓，何嫌何疑，当有悔吝？其还赎，以助伊蒲塞、桑门之盛馔。"（《后汉书·楚王英传》）

《后汉书》的这一记载，是佛教传入中国最早而且最可靠的史料。文中所说"浮屠""浮图"是"佛陀"的古译，"伊蒲塞"是"优婆塞"的古译，是在家佛教徒的称号，"桑门"是"沙门"的古译，是出家佛教徒的通称。从这份诏书中可以看出，当时佛教已取得贵族的信奉，楚王门下有不少在家和出家的佛教徒。而且明帝并没有因此怪罪楚王英，反而予以慰藉。表明当时明帝对他信奉佛教是知道的而且并不反感。

楚王英的故事表明，佛教刚刚传入之时，人们往往将佛教与黄老并举，将黄老与浮屠并行祭祀，佛陀被认为是一种能庇佑人们的神祇，通过祭祀可以向佛陀祈求福祥。刘英信奉佛教，不但要受"斋戒"，而且要行祭祀。明帝的退赎诏文下达之后，刘英遂又"大交通方士"，作"金龟玉鹤"，刻文字以为"符瑞"。在他所招的方士中，就有不少信奉佛教的沙门和居士。明帝对刘

---

① 胡适：《从〈牟子理惑论〉推论佛教初入中国的史迹》，孙昌武：《中国佛教文化史》第1册，中华书局2010年版，第126页。

② 孙昌武：《中国佛教文化史》第1册，中华书局2010年版，第127页。

英奉佛不但不进行惩罚，反将此诏书传示各封国中傅，明显含有表彰和推广的意思。这说明佛教在当时已有流传，并在上层社会产生了一定的影响。

但是，就在明帝下诏之后几年，永平十三年（70），有人告发刘英"与渔阳王平、颜忠等造作图书，有逆谋，事下案验，有司奏英招聚奸猾，造作图谶，擅相官秩，置诸侯王公将军二千石，大逆不道，请诛之。帝以亲亲不忍，乃废英，徙丹阳泾县，赐汤沐邑五百户。……明年，英至丹阳，自杀。立三十三年，国除"（《后汉书·楚王英传》）。

汉明帝虽然"以亲亲不忍"没有诛杀刘英，但对于楚王英一案追究很严，诛连"自京师亲戚诸侯州郡豪杰及考案吏，阿附相谄，坐死徙者以千数"。楚王门下宾客和亲戚被杀和判刑的千余人，系狱的有3000余人，桑门、伊蒲塞当也在其中。

4. 明帝感梦遣使求法

汉明帝虽然处分了史载第一位奉佛的楚王英，但在佛教传入中国的历史事件中，他是一个代表性的人物。明帝"夜梦金人，遣使求法"的说法是佛教东传史上最为著名的故事。在佛教界，普遍把明帝作为佛教传入中国的开始。

此说最早见于《四十二章经序》，牟子《理惑论》所说的明帝求法传说，是由《四十二章经序》继承下来，所记大同小异，但都没有标明明帝求法的具体年月。东晋袁宏《后汉纪·孝明皇帝本纪》、刘宋范晔《后汉书·西域传》、北齐魏收《魏书·释老志》等正史所记与此大体相同。《后汉纪·孝明皇帝本纪》首先记叙明帝永平十三年（70）发生的楚王英谋反事件，然后便记述明帝时佛教传入中国的情景："初，帝梦见金人，长大，项有日月光，以问群臣，或曰：西方有神名曰佛，其形长大，而问其道术，遂于中国而图其形象焉。"

《后汉书·西域传》说："世传明帝梦见金人长大，顶有光明，以问群臣。或曰：西方有神名曰佛，其形长丈六尺而黄金色。帝于是遣使天竺问佛道法，遂于中国图画形象焉。楚王英始信其术，中国因此颇有奉其道者。"这个记录表明，范晔不是将明帝求法的故事作为史实记录下来，而是作为一种佛教传入的故事载入史册。梁代慧皎《高僧传》，更称汉明帝于永平中遣蔡愔等往"天竺"求法，并请得迦叶摩腾、竺法兰来洛阳，译《四十二章经》，建白马寺。于是佛、法、僧完备，佛教在汉地由此开端。

按照这些记载，明帝派遣郎中蔡愔、中郎将秦景、博士王遵等 18 人，前往西域寻求佛法。在月支国遇到天竺沙门迦叶摩腾和竺法兰二人，带了经像回到洛阳。迦叶摩腾译出《四十二章经》1 卷，竺法兰译出经 4 部 15 卷，是大乘经典和佛传。明帝将译本密藏在兰台石室，未广流传。二人初到洛阳时，被招待在鸿胪寺。后来明帝特为他们建立了专用的住所，叫做"白马寺"。传称使臣所带回来的佛像是佛在世时最初创雕佛像的憍赏弥国优填王旃檀师的第四个作品。明帝当时在白马寺壁上，宫内清凉台上，洛阳的开阳门上，及为自己预建的寿陵上都画了许多佛像。

虽然这个故事广为流传，但许多学者并不采用，如前引胡适的"五事"或"五根柱子"说，就没有提到这件事。然而，汉明帝求法说虽有虚构成分，但从其基本情节来说是可信的，包含有明帝派人到西域求法，此后佛教正式流传于中国等方面的内容。而范晔还引用史料，谓"楚王英始信其术，中国因此颇有奉其道者"，说明佛教在中国初传的情形。明帝和楚王英是兄弟关系，楚王"奉佛"和明帝"梦佛"，是同时期发生的事情。前文说到当楚王英以缣自赎时，明帝所下诏书内容说明他早已知道佛教的存在，而且对佛教已相当了解并有好感，所以他派人到西域求法也就是顺理成章的事了。即便是因为做了一个梦而引起的，也没有什么不妥。所以，汤用彤指出："汉明求法，吾人虽不能明当时事实之真相，但其传说，应有相当根据，非向壁虚造。"①

此事发生在楚王刘英谋反事发的前几年。刘英案发后，明帝有鉴于该次谋反中楚王对佛教的利用，禁止汉人出家奉佛。佛教受此打击，此后多年寂然无闻。

5. 桓帝的祠佛活动

汉明帝之后，佛教沉寂。直到 100 年之后，汉朝出现了第一位信奉佛教的皇帝，即汉桓帝。

汉桓帝名刘志，是蠡吾侯刘翼的儿子。建和元年（147），外戚梁冀毒杀年仅 9 岁的汉质帝刘缵后，立 15 岁的刘志入继帝位，由梁太后临朝，梁冀把持朝政。延熹二年（159），梁太后死去，汉桓帝在宦官单超、徐璜等人的合谋下诛杀了梁冀，朝政又转到宦官手里。延熹九年（166），世家豪族与太学

_____

① 汤用彤：《汉魏两晋南北朝佛教史》，昆仑出版社 2006 年版，第 27 页。

生联合反对宦官专政，桓帝命令逮捕李膺等200余人，后称"党锢之祸"。

汉桓帝为了延年祈福，迷信宗教。据《后汉书·孝桓帝本纪》记载，延熹九年春，汉桓帝派中常侍左悺到苦县祭祀老子。同年冬天，又派中常侍管霸到苦县祀老子。《后汉书集解》引《孔氏谱》说："桓帝立老子庙于苦县之赖乡，画孔子像于壁。"此外，桓帝还在宫中祭祠黄老。《后汉书·孝桓帝本纪》记载，延熹九年（166）七月，桓帝"祠黄老于濯龙宫"。《后汉书·祭祠志》也说，汉桓帝"亲祠老子于濯龙，文罽为坛饰，淳金银器，设华盖之坐，用郊天乐也"，即是说，桓帝祭祠黄老用的是祭天的仪式，非常隆重。

汉桓帝受炽烈的成仙欲望所驱使，在祭祠黄老的同时也祭祀浮屠。《后汉书·孝桓帝本纪》说："前史（《东观汉记》）称，桓帝好音乐善琴笙，饰芳林而考濯龙之宫，设华盖以祠浮图、老子，斯将所谓听于神乎。"《后汉书·西域传》也说："汉自楚英始盛斋戒之祀，桓帝又修华盖之饰。"《后汉书·襄楷传》说到大臣襄楷于延熹九年到洛阳就祠黄老浮屠之事上疏汉桓帝。襄楷在奏议里说："又闻宫中立黄老浮屠之祠。此道清虚、贵尚无为，好生恶杀，省欲去奢。今陛下嗜欲不去，杀罚过理，既乖其道、岂获其祚哉？"

"此道清虚，贵尚无为"，表明尽管佛教已传入很久，但在人们心目中，佛、道是一样的。桓帝佛、老并祠，无非是要"听于神"而求得神佛的福祥。佛、老并祠，表明在桓帝之时，佛教被看做是黄老道术的一种，佛陀是被当做有攘灾招福、长生不老之灵力的神祇来信仰。

6. 笮融"大起浮图祠"

笮融是早期信奉佛教的官僚"居士"。笮融是丹阳人，受任督管广陵、下邳、彭城三郡粮运，并任下邳相。当年楚王英崇佛，也是在这一地带。

笮融崇信佛教，大造佛寺。《后汉书·陶谦传》说："初，同郡人笮融，聚众数百，往依于谦，谦使督广陵、下邳、彭城运粮。遂断三郡委输，大起浮屠寺，上累金盘，下为重楼，又堂阁周回，可容三千许人。"《三国志·吴书·刘繇传》记载，笮融"乃大起浮图祠，以铜为人，黄金涂身，衣以锦采，垂铜槃九重，下为重楼，阁道可容三千余人，悉读佛经"，并且告示天下，举凡愿意信仰佛教的，一律免去其徭役。当时，由于北方的洛阳、关中一带连年军阀混战，人民纷纷逃亡来到这里，笮融用信佛免役的方法招来远近五千多民户。他还举行盛大的浴佛会，"多设酒饭，布席于路，经数十里，民人来观及就食且万人，费以巨亿计"（《三国志·吴书·刘繇传》）。

笮融的信佛，与楚王英、汉桓帝相比，有了很大的变化，那就是出现了诵读佛经、铸造佛像、建立寺院、举行浴佛会和实行施食佛事活动等。特别是笮融所建造的佛寺，规模宏大，能容纳 3000 人，佛像涂上黄金，极为辉煌，信佛诵经还可免除徭役，实已开了以后为逃避徭役而入寺为僧尼的风气之先。"每浴佛，多设酒饭"，说明当时已有纪念"佛诞"之类的佛教节日。而据"悉读佛经，令界内及旁郡人有好佛者听受道"的记载，可知当时已经流传着汉译佛教经典，佛教已相当流传并普及民间了。季羡林指出："从楚王英和笮融皈依佛教的行动中，我们约略可以看出汉代佛法地理上之分布。楚王英的辖区跨今天的山东、江苏、河南、安徽等省，治所在彭城（今徐州）。后来楚王废徙丹阳，跟随他南移的有数千人。这些人中，即使不全是佛教徒，至少有一部分是。笮融是丹阳人，他皈依佛教必有根源，绝非偶然行动。由此可见，淮河南北地区是当时的佛教中心之一，且是最大的中心。"[①]

7. 严佛调：最早的汉人僧侣

在汉明帝时，可能已有汉人出家为僧。赞宁《僧史略》卷上《东夏出家》题下，有"汉明帝听阳城侯刘峻等出家，僧之始也；济阳妇女阿潘等出家，尼之始也"等语。刘峻等出家事出《汉法本内传》。但一般认为《内传》为伪书，不足置信。《高僧传·佛图澄》记载："往汉明感梦，初传其道，唯听西域人得立寺都邑以奉其神，其汉人皆不得出家。"似乎其时已经有汉人出家，然后才有此项禁令。

汉人出家为沙门见于载籍的，是从严佛调开始的。梁僧佑《出三藏记集·安玄传》记载："佛调，临淮人也。绮年颖悟，敏而好学，信慧自然。遂出家修道，通译经典，见重于时。"《高僧传·支楼迦谶》也载有严佛调出家为僧的事情。

汉灵帝末年，安息商人安玄来洛阳经商，渐谙汉语，常与沙门讲论佛教，因为有功被封为"骑都尉"，世称"都尉玄"。《出三藏记集·安玄传》记载："安玄，安息国人也。志性贞白，深沈有理致。为优婆塞，秉持法戒，毫厘弗亏；博诵群经，多所通习。"安玄与严佛调是好朋友，他俩合作，共同翻译过

---

① 季羡林：《中印文化交流史》，中国社会科学出版社 2008 年版，第 24 页。

佛经。翻译时，由安玄口译，严佛调记述，有名的《法镜经》就是他们共同翻译的。《法镜经》是一部大乘佛经，与《大宝积经·郁伽长者会》属同本异译，其主要内容是劝告人们信仰大乘佛教，其中还谈到大乘出家，即戒律的问题。

严佛调除与安玄共同翻译佛教经典外，还撰写有《沙弥十慧章句》1卷，这是中国最早的汉僧佛教著作。其序说："昔在佛世，经法未记，言出尊口，弟子诵习。辞约而义博，记鲜而妙深。……有菩萨者，出自安息，字世高，韬弘稽古，靡经不综，愍俗童蒙，示以桥梁；于是汉邦敷宣佛法，凡厥所出，数百万言，或以口解，或以文传，唯《沙弥十慧》，未闻深说。夫'十'者数之终，'慧'者道之本也。物非数不定，行非道不度，其文郁郁，其用亹亹，广弥三界，近观诸身。调以不敏，得充贤次，学未浃闻，行未中四，夙罗凶咎，遘和上忧。长无过庭善诱之教，悲穷自潜，无所系心。于是发愤忘食，因闲历思，遂作《十慧章句》。"可以看出，严佛调不仅是一个佛经译师，而且是一位兼通梵、汉文的汉僧学者，他的这部著作是宣传小乘佛教基本教义和修行方法的"禅数"著作。

三　佛经汉译事业（一）

1. 佛经汉译：空前的文化壮举

佛教经典是和佛教一起传入中国的。在东汉至三国时的佛教初传期，汉译佛经是主要的活动形式之一。实际上，不仅是这一时期，在以后的两晋南北朝乃至隋唐时期，汉译佛经在佛教东传的过程中都是一项极其重要的事业。因为"没有可供中国信众阅读的佛教典籍，佛教在中国就无法传播，更谈不上学术的研究与发展。因此，佛教典籍的翻译就成为佛教在中国传播发展的首要任务"①。在佛教文化从印度向中国传播的过程中，佛经的翻译是最具有根本性的文化工程，中印文化的交往始终以佛经的翻译为基础，正是基于这

① 张怀承：《中国学术通史（隋唐卷）》，人民出版社2004年版，第35页。

种源源不断的营养，中国佛教才得以获得大的发展。法国汉学家谢和耐指出：

> 印度佛经（梵文、布拉克利特文和巴利文）的汉译经文，分阶段地延续了近 10 个世纪。最早的汉译佛经被断代为公元 2 世纪下半叶，最后的译经则应断代为 11 世纪。它们覆盖了印度和佛教化地区的所有佛教教派，形成了一批数量可观的经文——大约有 4000 万左右的汉字和 1692 种经目，其中的某些经文在不同时代曾被多次翻译。这就是在曾被用作佛经传播工具的亚洲各种语言中，现存的有关经藏（被归于佛陀的说法）、律藏、论藏、经院哲学文献的最丰富和最广泛的史料。①

前述大月氏人口授佛经，被认为是佛教传入中国之始。汉明帝从西域请来两位高僧迦叶摩腾和竺法兰，他们分别译出《四十二章经》1 卷和大乘经典佛传 4 部 15 卷。严佛调的事迹也是和翻译佛经联系在一起的。初期来华的天竺、西域高僧，不辞艰劳，穿越流沙峻岭，远道而来，开创传法、译经先河，参与了汉译佛经的事业，对佛教在中国的传播功不可没。据现存文献记载，佛典汉译从东汉后期开始，到北宋中期废止译经院止，大规模的汉语佛典翻译工作持续了 900 余年，有名姓记载的佛教翻译家有 200 余名，共译佛教典籍 2100 余种、6000 余卷，还不包括没有收录的"藏外"典籍。这样庞大的数字已经表明，这是一项多么宏大的事业。

从开始翻译佛教典籍开始，佛教文献"sutra"（修多罗）就被称为"经"。在汉语的语境中，"经"的寓意为圣人之教，是不变的道理，恒常不变之道。只要是翻译佛教经典，其内容不管是经，是律，抑或是论，通常均以"经"称呼。例如，将罗什译的《大智度论》称为"摩诃衍经"，僧伽提婆的《三法度论》，慧远常称之为《三法度经》。当然，应称为律却以经命名者很多，如《沙弥十戒经》《舍利弗问经》《大爱道比丘尼经》《迦叶禁戒经》等。正如僧肇解释"经"为："经者常也，古今虽殊，觉道不改，群邪不能沮，众圣不能异，故曰常也。"（《维摩经卷》）梁法云在《章义记卷》中说："经者盖是佛教之通名，圣语之别号，然经之为义，本训常训法，常是不坏之称，法是可轨为目。"

---

① ［法］谢和耐著，耿昇译：《中国社会史》，中国藏学出版社 2006 年版，第 168 页。

总之，"经"就是记载圣人尊贵教法的书籍——经书，这一观念通行于初期的中国佛教界。

所谓佛经汉译，就是指将梵本或其他西域语言版本的佛典翻译为汉文，从事译经的僧侣称为"译经僧"，翻译经典的场所叫"译场"。在中国佛教史上有称作"四大翻译家"的鸠摩罗什、真谛、玄奘和不空，他们是历代从事佛经汉译工作的中外僧人的杰出代表。这4位大翻译家，其中鸠摩罗什、真谛、不空是东来弘传佛法的外国佛学大师，玄奘则是西行求法的中国高僧。另外，像竺法护、菩提流支、善无畏、义净、金刚智、实叉难陀、菩提流志等人也都是名重一时的佛典翻译家。虽然他们所处的时代不同，经历不同，但他们以毕生的精力从事译经事业，在他们各自的时代取得了光辉的成就，并在我国的佛教史和翻译史上留下了光辉的篇章。由于他们突出的贡献，佛教典籍被系统地译介到我国，从而推动了佛教在我国的传播和发展。僧佑《出三藏记集》概括了早期佛经翻译的成就，他说："提、什举其宏纲，安、远振其奥领，渭滨务逍遥之集，庐岳结般若之台，像法得人于斯为盛。"

持续近千年、多达几千卷的佛经汉译，是一项极为庞大的文化工程，是一项极其壮丽辉煌的文化事业。或者如钱穆所说："这实在是中国文化史上一绝大事业。"[1] 从最早来华的西域胡僧，到前赴后继的中国佛教学者，都为这项伟大的事业付出了极大的心血，倾注了全部的热情。这种热情源自他们高尚的宗教热忱，更来自于崇高的文化责任感和使命感。而至后秦之后，从鸠摩罗什开始，译经活动就纳入到国家的社会发展规划之中，成为国家组织提供财政和人力支持的国家文化事业，从后秦一直到唐宋，译经活动都是在政府的直接支持下进行的。这样，既有僧人们高度的热情，又有上层社会的全力支持，汉译佛经终成了一项极其伟大的前所未有的文化壮举。正如孙昌武指出：汉译佛经事业"是世界文化交流史上空前绝后的壮举，其贡献首先是在中国传播并发展了佛教；而对于中华文明发展产生的多方面的影响和贡献更是不可估量的。佛典本来是佛教教理、教义的载体，更包含了古代印度、西域文化、学术方面十分丰富多彩的内容。所以它们除了作为宗教圣典的意

---

① 钱穆：《中国文化史导论》，商务印书馆1994年版，第148页。

义而外，又具有多方面的、极其巨大的文化、学术价值"①。

在大多数情况下，学术思想、精神文化乃至科学发明等重要的文化要素，大多数情况下都是通过书籍来传播的。在中华文化向海外传播的过程中，特别是向朝鲜、日本传播过程中，中国输出了丰富的学术典籍包括数量巨大的汉译佛经，以至于朝鲜、日本至今仍有极为丰富的汉籍收藏。在佛教传入中国的过程中，汉译佛经具有十分崇高的地位。庞大的汉译佛经，为历代的佛教信徒和佛教学者提供了完整的、丰富的可供研读和探索的文本，为他们崇高的信仰提供了强有力的精神支持。不仅如此，这么庞大的佛教典籍，为中国的典籍文献增加了极为丰富的收藏，极大地充实了中国的典籍宝库，同时对中国哲学以及其他学术文化的发展，提供了丰富的资源，产生了巨大的影响。

2. 第一部汉译佛经

佛教初传时期的经典翻译，所译大多为小部小品之经典，译经所依据的"是天竺文字还是西域文字，现在还不甚清楚，其中，可能有不少是西域当地的语言"②。不过，据统计，汉代东来译经僧人 10 人，其中，4 人来自天竺，6 人来自西域；三国魏、吴两国共有外国译经僧人 10 人，7 人来自西域，仅有 3 人来自天竺。可见，早期佛教之传入，是经由西域这一中介进行且以西域僧人为骨干的，因而许多佛教经典并非直接从梵语译出，而是由古代中亚地区的"胡语"转译的。

当时的洛阳是翻译中心，译者大都为印度和西域的僧人学者，汉地僧人或居士只是做些辅助工作。这时的译经事业还没有得到政府的直接支持，并没有组织译场，不过得到了许多民间人士和文人学士的资助。当时的洛阳孟福、南阳张莲等人就直接参与佛经的翻译工作，而孙和、周提立等人则是译经的资助者，他们提供译经资金、场所和各种生活用品。当时的风气是，译经的同时即行宣讲。据记载，安世高出经时，听者云集，"安侯世高者……宣敷三宝，光于京师。于是俊人云集，遂致滋盛，明哲之士，靡不羡甘"。许理和谈到早期佛经传译的情况说：

① 孙昌武：《中国佛教文化史》第 1 册，中华书局 2010 年版，第 230 页。
② 任继愈主编：《中国佛教史》第 1 卷，中国社会科学出版社 1985 年版，第5 页。

从公元 2 世纪中期到 3 世纪的最初几十年间，许多来自不同国家的外国法师和译师活跃于洛阳。最早的文献提到大约 10 位大师，他们据说在这一时期译出了相当数量（据道安记录有 51 部）的佛经……在进行翻译期间，可能也包括其他场合，大师对所译经典的内容给以口头解释（口译）。这种解释经常可能被混入正文；"译者注"出现在大多数汉译本中，并且至少是汉代译经形成了一种正文和注释无法分清的混合物……翻译工作的物质基础由被称作"劝助者"的世俗人提供。公元 179 年，两位此类捐助者的名字在题记中被保留下来。①

最早的汉译佛经是从迦叶摩腾开始的。迦叶摩腾是中印度人，据传他幼年聪敏、博学多闻，曾经在印度一个小国家讲《金光明经》。当时正值邻国兴兵攻伐，将要攻入国境，忽然受到障碍，士兵不能前进。其邻国士兵怀疑军队无法前进，是有异术作法所致，私下派遣使者探察，只见大臣们安然共集，听迦叶摩腾讲大乘经。后来，迦叶摩腾亲往邻国军营劝和，邻国退兵讲和并向其求法。

汉明帝时，使臣迎迦叶摩腾和竺法兰到洛阳。他们二人是史载最早来华的外国僧人。因为佛法初传于中土，一般人未能深信，所以迦叶摩腾不多做其他经典的宣述，仅撮取诸经之要而编译成《四十二章经》，用以传播佛教教理。隋费长房《历代三宝纪》说它"本是外国经抄，元出大部，撮要引俗，似此《孝经》十八章"。佛教史上常常把《四十二章经》作为中国第一部汉译佛经。英国汉学家崔瑞德（Denis Twitchett）、鲁惟一（Michael Loewe）认为："这部经文与其说是一部翻译作品，不如说是一部介绍佛教教义要旨的入门书籍，特别是按照所谓小乘教义介绍佛教的道德的书。它不是用佛祖讲法的形式，而是仿照中国的《孝经》之类的经书或老子的《道德经》的形式。"②

---

① ［荷兰］许理和著，李四龙译：《佛教征服中国——佛教在中国中古早期的传播与适应》，江苏人民出版社 2003 年版，第 45 页。

② ［英］崔瑞德、鲁惟一编，杨品宗、张书生等译：《剑桥中国秦汉史（公元前 221—公元 220 年）》，中国社会科学出版社 1992 年版，第 796 页。

《四十二章经》由42段短小的佛经组成，内容主要是阐述早期佛教（小乘）的基本教义，重点是人生无常和爱欲之蔽，认为人的生命非常短促，世界上一切事物都无常变迁，劝人们抛弃世俗欲望，追求出家修道的修行生活。全经虽然很短，但叙述却生动活泼，特别是妙用各种比喻，娓娓道来，颇具说服力。

《四十二章经》的内容多见于阿含部经典。佛教学者周叔迦认为，迦叶摩腾所译《四十二章经》，由于"印度经典是写在贝多罗树叶上，称为贝叶经，极易碎破，不耐翻检。所以师资授受都是口耳相传，全凭背诵记忆。这《四十二章经》是迦叶摩腾就所记忆的《阿含经》背诵出的四十二章。译者笔受其意，写成此经以供汉明帝阅览的，未必是依文直译"①。

汤用彤指出："《四十二章经》，虽不含大乘教义，老庄玄理，虽其所陈，朴质平实，原出小乘经典。但取其所言，与汉代流行之道术比较，则均可相通。一方面本经诸章，互见于巴利文及汉译佛典者（几全为小乘）极多，可知其非汉人伪造。一方面诸章如细研之，是在在与汉代道术相合。"② 吕澂认为，《四十二章经》"不是最初传来的经，更不是直接的译本，而是一种经抄"③。他认为其基本内容抄自《法句经》。

但是，无论如何，《四十二章经》是佛教在中国初传的时期，社会上比较流行的一部佛经，文字简练而又包含了佛教基本的修道纲领，对当时佛教的传播和发展起了相当重要的作用。东汉襄楷给汉桓帝上奏章时，就引用过其中的一些内容。牟子《理惑论》第二十一章所载几乎与《四十二章经序》完全相同，记载着汉明帝感梦求法的故事，足见两书有密切关系，说明此书在当时是有一定影响的。

竺法兰也是中印度人，能背诵经论数万章，为印度诸佛学者的老师。他到达洛阳不久，便通达汉语。迦叶摩腾圆寂后，竺法兰又翻译出《十地断结经》《佛本生经》《佛本行经》《法海藏经》等经典。

3. 汉末三国的佛经汉译

《四十二章经》是第一部汉译佛经。但这只是为汉明帝个人阅览之用，明

①　周叔迦：《周叔迦佛学论著集》上集，中华书局1991年版，第118页。

②　汤用彤：《汉魏两晋南北朝佛教史》，昆仑出版社2006年版，第42页。

③　吕澂：《中国佛学源流略讲》，中华书局1979年版，第21页。

帝将它收藏起来，并没有得到流传。真正的汉译佛经事业，是在汉末和三国时期开始的。据《开元释教录》所记，在此时期内有译师 10 人，译出经论 146 部 221 卷，翻译地点大多是在洛阳。此外有"失译经"，即不知译者的经论 141 部 158 卷。这 10 位译师中主要有两个系统：一是安息的系统，二是月支的系统。安息系统是小乘学派，以次第禅门为主要修行，对佛教在当时的发扬起主要作用，同时也以传译巧妙著称。月支系统是大乘学派，以般若慧解和净土思想为主要修行思想，为佛教在后世的发展奠定了基础，同时以博学多知见长。

第一批来中国内地译经者有月氏人支娄迦谶和安息人安世高，他们是东汉时期最重要的译经家。据说安世高是安息国的王子，父王死后，他"深悟苦、空，厌离名器"，把王位让给了叔父，自己出家修道，"博综经藏，尤精《阿毗昙》学，讽持禅经，略尽其妙"。他曾游历西域各国，通晓各国语言。《高僧传》卷一说，安世高"幼以孝行见称，加以志业聪敏，克意好学，外国典籍及七曜、五行、医方、异术，乃至鸟兽之声，无不综达"。《出三藏记集》卷一三说，安世高是一位集通晓天文、风角、医学于一身的博学的佛教学者，在西域各国远近闻名。东汉桓帝建和元年（147），安世高至洛阳，未久即通达汉语，开始翻译禅经及阿含部类经典，到汉灵帝建宁年间为止，翻译工作长达 20 余年。安世高在中国之时，爆发了黄巾起义，整个黄河流域处在动乱之中。安世高因"关雒扰乱，乃振锡江南"，从洛阳转到江南一带活动。《高僧传》记载了安世高在南行途中颇多的灵异事迹，其中多为逆知前生因果等事。他南行先经庐山、南昌等地，后到广州，最后又到了浙江，在会稽圆寂。

安世高的佛经翻译工作历来各种经录多有记载。东晋道安《综理众经目录》所列的安世高译经共 35 种 41 卷。其后历经散失，现存 22 种 26 卷，属于阿含的 16 种，属于修持的 5 种，属于阿毗昙的 1 种。东汉严佛调在《沙弥十慧章句序》中说，安世高翻译的佛经"凡厥所出，数百万言，或以口解，或以文传"，由安世高口译而由他人执笔成书。如《十二因缘经》在别的经录里被称为《安侯口解》。但安世高的翻译仍以笔译为主，他的译文条理清楚，措辞恰当，不铺张，不粗俗，恰到好处，总的来说仍偏于直译。道安评价说，安世高"译梵为晋，微显阐幽"，"言古文悉，义妙理婉"，"辞旨雅密，正而不艳"，"世高所出，贵本不饰"。唐代智升编的《开元释教录》称其所译文风"义理明晰，文字允正，辩而不华，质而不野"。

安世高所译的佛经给当时初学佛教的人带来了极大的方便，佛教徒可以通过这些译典加深对佛教的理解。所以，安世高的翻译，在佛教史上产生了重大的影响。日本学者镰田茂雄指出："当然在此之前，或许有些无名的译经者，但都是一些断简的经文或小部分的译经而已，或是由口授的传述而译为汉语，但有组织的译经者，最初当属安世高和支娄迦谶。特别是安世高，在中国佛教史上是以最初翻译经典而最享盛名者，故其地位自极为重要。"① 梁启超更称誉安世高为"译经之第一人""中国佛教开山之祖"。②

大月氏国人支娄迦谶于东汉桓帝永康元年（167）至洛阳，以秉持佛法、持戒精勤著名。在汉灵帝光和至中平年间，他在洛阳翻译了大量佛教经典。支娄迦谶在洛阳从事 10 余年的佛经翻译工作之后却不知去向了。支娄迦谶译出的佛经，确切部数很难确定。道安的《综理众经目录》据所见写本，认为年代可考的只有 3 种。另外，道安从译文体裁上认为似属支娄迦谶所译的有 9 种。

支娄迦谶除了独自翻译佛经外，有时还和早来的天竺人竺佛朔（也称竺朔佛）合作翻译。影响最大的《道行般若经》和《般舟三昧经》就是两人共同翻译的。竺佛朔从天竺携带《道行般若经》梵本来到洛阳，在光和二年（179）把它译成汉文。僧佑《出三藏记集·道行经后记》说："光和二年十月八日，河南洛阳孟元士口授天竺菩萨竺朔佛。时传言者月支菩萨支谶，时侍者南阳张少安、南海子碧，劝助者孙和、周提立。"可知《道行般若经》是由竺佛朔宣读梵文，支娄迦谶译为汉语，孟元士笔录成文的。同年 10 月，竺佛朔在洛阳与支娄迦谶还共同翻译了《般舟三昧经》。

支娄迦谶翻译的佛经，由于有安世高的译作可资观摩取法，在遣词造句方面已积累有一定的经验，所以支娄迦谶的译文比较流畅，能尽量保全原意，故多用音译。后人说他译文的特点是"辞质多胡音"。支愍度评价说，支娄迦谶"博学渊妙，才思测微，凡所出经，类多深玄，贵尚实中，不存文饰"

---

① ［日］镰田茂雄著，关世谦译：《中国佛教通史》第 1 卷，佛光出版社 1985 年版，第 135 页。

② 梁启超：《佛学研究十八篇》，群言出版社 2013 年版，第 39 页。

（《合首楞严经记》）。说明支娄迦谶的译经，质胜于文。《开元释教录》称其所译"审得本旨，曾不加饰，可谓善宣法要，弘道之士"。

东汉时期，自古印度和西域来到汉地的佛经翻译家中，安世高和支娄迦谶是最有影响的两个。在桓帝、灵帝、献帝时代，还有安玄、竺佛朔、支曜、康巨、康孟详等人，他们的翻译活动也很活跃。东汉可考的译师有12人（其中有3人的译著7部19卷全部佚失无存），连失译部分在内共出经300余部400多卷，现仅存97部134卷。

安息商人安玄，晚安世高40年到洛阳。汉灵帝光和四年（181），安玄与严佛调合作翻译了《法镜经》5部8卷。翻译这部《法镜经》时，安玄口译梵文，严佛调笔受。《法镜经》是《郁伽长者所问经》《郁迦罗越问菩萨行经》的同本异译，是阐明在家修菩萨的大乘经典。此经特别为"居家开士"（在家菩萨）说法，把"救护众生""度脱众生"作为信奉佛教的第一大誓，以"布施"为中心，概述了"六度"的修道方法，这些大异于早期佛教的思想。后人对这部译经给予了高度的评价。康僧会说："骑都尉安玄，临淮严浮调，斯二贤者，年在韶龀，弘志圣业，钩陈致远，穷神达幽，愍世朦惑，不睹大雅，竭思译传，斯经景模。都尉口陈，严调笔受，言既稽古，义又微妙。"（《法镜经度》）僧佑评价说："玄与沙门严佛调共出《法镜经》……理得音正，尽经微旨。郢匠之美，见述后代。"（《高僧传·支娄迦谶》）由此可见，安玄翻译的佛经，尽管仅此一部，但在当时的影响却是很大的。这部《法镜经》流传到江南后，由康僧会注释并作序。

西域人支曜，从姓氏判断可能是大月氏人，于汉灵帝中平二年（185）抵达洛阳，先后译出《阿那律八念经》《成具光明定意经》等大小乘经10部11卷。汉灵帝时来到洛阳的还有康巨，译有《问地狱事经》1卷。梁慧皎称赞他的译经"言直理旨，不加润饰"。

康居国人康孟详是在汉灵、献间来到洛阳的，《出三藏记集·安玄传》记载："次有康孟详者，其先康居人也。译出《中本起》。"《中本起经》是宣传释迦牟尼出生、成长、出家修道、传教的经典。据说，此经的梵本是昙果从迦维罗卫带来的。康孟详所译的佛经，文辞雅驯，译笔流利，在当时很有影响。

汉末三国时期，曹魏有昙柯迦罗（法时）、康僧铠等译经僧来华。译师6

人，共出经 12 部（不包括失译在内），现存 11 部 17 卷。孙吴有康僧会及支谦优婆塞。译著者 6 人，现存 58 部 84 卷（包括失译在内）。

昙柯迦罗是中天竺人。他精通婆罗门教义、风云星宿和图谶运变，自认天下文理皆已入于胸中。25 岁那年，他在一座僧舍偶然见到一部法胜著的《毗昙经》，随手拿来翻翻，竟茫然不解。认真重读一遍，还是不知所云。于是请一位比丘略为解说。听讲之后，很快就领悟了因果报应、三世轮回的佛教基本观点，始知佛法博大精深，非俗书可比。他决心放弃荣华富贵，出家为僧，精苦修行，诵习了大小乘经典，成为一位很有修养的佛教学者。曹魏嘉平中，昙柯迦罗来到洛阳。佛教传入中原虽已有时，但此前译出的都属于经部和论部，律部还未有人翻译。因此，中国僧人不知有戒法，也都未受戒。为了矫正弊俗，昙柯迦罗邀集了一批梵僧和胡僧，严格按照佛律，在所住寺院"大行佛法"。他们正规的佛门行仪很快引起了众僧的注意和欣羡，于是共请迦罗译出戒律。迦罗感到，律部的各种规制复杂，文字也很繁琐，中国僧众不易一下子掌握，于是选择了比较实用的大众部律典，节译出《僧祇戒心》一书，供僧徒们早晚行事应用。又请印度和西域僧人担任戒师，为中国僧徒受戒。中国的佛教戒律正是从此开始的。

康僧铠于曹魏嘉平四年（252）至洛阳，于白马寺译经。他译出的《无量寿经》为净土宗根本的经典之一。

康僧会先祖为康居国人，其父原居印度，因经商而移居交趾。康僧会在《安般守意经序》中说："余生末踪始能负薪，考妣徂落，三师凋丧，仰瞻云日，悲无质受，眷言顾之，潸然出涕。"孙吴赤乌十年（247），他由海路抵达建业，是有史记载的第一个自南而北传播佛教的僧侣。吴主孙权初见沙门，疑为矫异，问其有何灵验？康僧会回答说："如来迁迹忽逾千载，遗骨舍利神曜无方，昔阿育王起塔乃八万四千，夫塔寺之兴所以表遗化也。"孙权以为夸诞，对他说："若能得舍利，当为造塔，如其虚妄，国有常刑。"经三七日，果得舍利，五色光焰照曜瓶上，举朝集观，置舍利于铁砧上，使力士击之，砧、锤俱陷，舍利无损。孙权叹为神异，为之建寺，号建初寺，其地名佛陀里，于是佛法在东吴开始兴起。佛教史籍将康僧会的传教活动作为江南佛教兴起的开端。

康僧会很崇敬安世高，曾从安世高弟子南阳韩林、颍川皮业、会稽陈慧随学，并帮助陈慧注解了《安般守意经》。康僧会译出了许多佛教经典，但他的佛学撰著比其译经影响更大。佛教史学界评价他的经注和经序"辞趣雅赡，义旨微密，并见重后世"。汤用彤说康僧会"生于中国，深悉华文，其地位重要在撰述，而不在翻译"①。

康僧会把佛教思想和儒家思想调和起来，尤其是把佛教中出世的思想改造成儒家所崇尚的治世安民精神，说明佛教在初传时期就已经注意到与中国传统本土文化相适应的问题。《高僧传·康僧会》说他"为人弘雅有识量，笃志好学，明解三藏，博览六经"，对佛教经典和儒家经典都十分精通，公开提倡"儒典之格言，即佛教之明训"。他的思想同孟子思想尤为接近，提出"正心"说，并把小乘的"正心"糅合进大乘的"救世"之中。主张"则天行仁，无残民命，无苟贪，困黎庶，尊老若亲，爱民若子，慎修佛戒，守道以死"。康僧会追求的是"君仁臣忠，父义子孝，夫信妻贞"的伦理关系，而这也正是儒家所要实现的伦理理想。

支谦一名支越，字恭明，原籍月支，其祖在汉灵帝时来到中国。支谦曾受业于支谶弟子支亮。因为孙权讲解佛经中的深隐之义，令其无有疑惑，遂被拜为博士。据《高僧传》记载，支谦通晓 6 国语言，博览汉地典籍，参加过许多部佛经的翻译工作。《开元释教录》记载，支谦所翻译的经典共 88 部 118 卷，并称其译经"曲得圣义，辞旨文雅"。支愍度赞扬他说："越才学深澈，内外备通，以季世尚文，时好简略，故其出经，颇从文丽。然其属辞析理，文而不越，约而义显，真可谓深入者也。"（《合首楞严经记》）支谦所译经典的最大特色是在"深入"原著的基础上力求文丽、简约，并且为了适合汉人的口味，多用意译代替音译。支谦后隐居于穹隆山，持守五戒，不涉俗务，终老山中。支娄迦谶、支亮、支谦三人学问渊博，时人赞扬道："天下博知，不出三支。"

支谦最重要的译经是《大明度无极经》《维摩诘经》。《大明度无极经》是《道行般若经》的改译本，原译的晦涩诘诎处，大部改得通畅可读。此处所谓"大明"，就是"般若"的意译，"无极"则是支谦添加的，是对"大明度"威力无限的形容。《维摩诘经》同《道行般若经》的空观思想相通，《维

---

① 汤用彤：《汉魏两晋南北朝佛教史》（增订本）上卷，昆仑出版社 2006 年版，第 125 页。

摩诗经》认为，佛教的根本目的，在于深入世间，解救众生，所以修道成佛不一定落发出家，只要证得佛教义理，居士也能出俗超凡，在享受"资财无量"的世俗生活乐趣中，就能达到涅槃解脱的境界。因为佛国与世间，无二无别，离开世间的佛国，是不存在的，"如来种"存在于"尘劳"（烦恼）之中，离开"尘劳"，也就无所谓"如来"。此经在西晋时还有竺法护、竺叔兰的两个异译本，至后秦鸠摩罗什、唐玄奘也有重译本，在魏晋南北朝的士族阶层中，大受欢迎，比《道行般若经》的影响还要深远。

支谦与康僧会作为三国时期两位主要译经家，有许多共同之处：他们是祖籍西域而生于中土，由于深受中土文化的影响，他们的译述不但文辞典雅，而且善于用中国传统的名词与理论来表述佛教思想，表现出了佛教与中国固有文化相结合的趋势，也进一步推动了佛教的中国化发展。

汉末三国时期的汉译佛经，是汉译佛经事业的初创阶段。蒋维乔说："当时翻经之处，非由朝廷指定，朝廷亦不加以保护。不过布教修道之暇，偶尔从事。或成书于行旅之际，或就大部中抽译一二。"① 虽然这一时期的佛经译出的数量不少，但还都是些断章零品。到中国来的印度僧人往往按照印度习俗，以口授相传的方式弘法。他们往往将暗诵与口授相结合来翻译佛经。这时译经的过程是：（1）由梵僧甲任译主诵出；（2）由梵僧乙笔受为梵文；（3）由梵僧丙用汉语宣译；（4）由汉地僧人或居士笔录为汉文。

如果梵僧的汉语程度比较高，翻译的过程也可以简化暗诵和笔受两个程序。由于当时来华的僧人多是来自西域，汉语的修养有限，而执笔传写的汉人对佛教的教义和梵文的语法又缺乏了解，所以译出的佛经难免有错误和疏漏之处，译名不规范，甚至不准确。宋僧赞宁说："初则梵客华僧，听言揣意，方圆共凿，金石难和"，"咫尺千里，觌面难通"。（《高僧传》）

季羡林总结了汉末三国时期佛经汉译工作的特点，他概括了这样几条：

（1）从事译经的主要是西域人，汉人仅有几个人，可见印度佛教传入中国，是经过中亚民族的媒介。

（2）当时所译佛经，大乘小乘都有，而大乘空宗似占上风。《般若经》译本之多，值得注意。

---

① 蒋维乔：《中国佛教史》，群言出版社 2013 年版，第 10 页。

（3）大体上来看，翻译初期主要是直译，但也有一些是意译的。

（4）支谦、康僧会在翻译过程中，也以中国的一些名词和理论附会佛教。

（5）最早翻译过来的佛经已经有禅学的内容，但研究中国禅宗史的人往往忽略了从安世高到菩提达摩这 400 来年的禅法史。①

安世高、安玄、支基迦谶、支曜、竺佛朔、康巨、康孟详等西域佛教学者来到中国内地，在与中国学者的合作下，将许多的佛教经典译成汉文，由此把佛学思想介绍到中国，为中国哲学和思想注入了新的思想元素。

四　佛教在中国的初步流行

1. 佛教在中国初传的存在形态

杜继文指出："从两汉之际到东汉末年的 200 多年，是佛教在中国的初传时期。它经历了一个反复、曲折的变化过程，终于在中国特定的社会条件和文化背景上定居下来。""从西汉末年到东汉末年的 200 年中，佛教从上层走向下层，由少数人信仰变为多数人信仰，其在全国的流布，以洛阳、彭城、广陵为中心，旁及颍川、南阳、临淮、豫章、会稽，直到广州、交州，呈自北向南的发展的形势。"②

佛教在中国的初传，以及最早的译经事业基本在洛阳进行，洛阳最先成为佛教中心。后传到丹阳、彭城、广陵等地，即江淮流域。楚王英的领地是以彭城为中心，丹阳人笮融督管广陵、彭城、下邳运漕，利用手中掌握的粮食资源，建造浮屠寺，课读佛教，可见江南佛教已经流行。汉灵帝末年，关中一带百姓，逃难到江南，佛教也跟着传到淮河和长江流域。之后，又传到豫章、会稽，直到广州、交州，呈自北向南发展的态势。可见，在东汉末年，以洛阳为中心的广大地区，佛教已经有了初步的传播，人们对佛教也有了一

---

① 季羡林：《中印文化交流史》，中国社会科学出版社 2008 年版，第 26—27 页。

② 杜继文：《佛教史》，江苏人民出版社 2006 年版，第 85—56、88—89 页。

定的了解。

　　三国时期，佛教在朝廷和上层社会的倡导和支持下，迅速地在社会上蔓延开来。此时的佛教传播，仍然是以翻译佛经活动为主，一批佛教经典被译成汉文。曹魏初期，佛教作为黄老之术的一种，一度消沉，因此洛阳佛教也呈沉寂的态势。但到了嘉平年间以后，佛教渐兴，昙柯迦罗、康僧铠、昙谛等僧人先后来到洛阳，从事译经和传教活动。支谦和康僧会等人的译经布教活动，使吴地的佛教兴盛一时，吴都建邺则发展成为佛教重镇，成为江南佛教中心。

　　随着佛教的广泛传播，开始出现了佛寺等佛教建筑。汉明帝时就已有佛寺出现，白马寺是我国汉地最早的佛寺。后赵中书著作郎王度的奏议说："汉明感梦，初传其道，唯听西域人得立寺都邑以奉其神，其汉人皆不得出家。魏承汉制，亦循前轨。"说明当时的佛寺是为西域僧侣居住和过宗教生活使用的。

　　东汉末年，洛阳、徐州、豫州等地区先后兴建了一些佛教寺塔，并开始塑造佛像。据郦道元《水经注·汳水篇》说："汳水又东径梁国睢阳县故城北，而东历襄乡坞南。"《续述征记》说："西去夏侯坞二十里，东一里，即襄乡浮图也。汳水径其南。汉熹平中，某君所立，死因葬之。其弟刻石树碑，以旌厥德。隧前有狮子、天鹿，累砖作百达柱八所，荒芜颓毁，雕落略尽矣。"史载楚王英为浮屠斋戒祭祠，但没有说有佛像。汉桓帝在宫中祠黄老、浮屠时有没有祭佛像不得而知。笮融大起浮图祠，"以铜为人，黄金涂身，衣以锦彩"，这是史籍中关于建寺祠佛像的最早记载。

　　佛教传入中国之初，正值汉地神仙方术盛行之际，人们对佛教哲学思想不甚深悉，还没有把佛教与黄老方术区别开来，而是把佛教理解为黄老神仙方术的一种，所以当时是"佛老"并称。方立天说："佛教的教理也被视为'清虚无为'而和黄老之学相提并论。"[①] 佛教在初传中国之时，与当时流行的道术互为混杂。楚王英是将中国的"黄老"和印度的"浮屠"不加区别，同时崇拜，将佛陀当做神来祭祀，当做以祈求现世利益和长生不老为主旨的宗教来信仰的。襄楷讲佛教教义是为了劝谏桓帝不要胡作非为，但桓帝祀浮

---

①　方立天：《中国佛教与传统文化》，上海人民出版社 1988 年版，第 46 页。

屠，显然不是因为信奉佛教的教义和伦理，而是把佛教和祈愿长生不老的黄老信仰同等看待。

总之，在佛教初传之时，佛陀常被当做禳灾祈福的神灵来信仰。汤用彤认为："汉世佛法初来，道教亦方萌芽，纷歧则势弱，相得则益彰。故佛道均借老子化胡之说，会通双方教理，遂至帝王列二氏而并祭，臣下亦合黄老、浮屠为一，固毫不可怪也。"①

佛教还借用了中国传统文化中的一些思想和用语，特别是道家和儒家的思想来解释佛教思想。早期译经把"涅槃"叫"无为"。襄楷的奏文称佛教为"道"，并说"此道清虚，贵尚无为"，完全是老子的思想。《四十二章经》称佛教为"释道"。牟子《理惑论》称佛教为"佛道"，仿老子《道经》三十七篇以叙佛理，并且说："锐志于佛道，兼研老子五千文。"这正如朱熹所说："道家有老庄书，却不知看，尽为释氏窃而用之，却去仿效释氏经教之属。譬如巨室子弟，所有珍宝悉为人所盗去，却去收拾他人家甕破釜。"（《朱子语类》）

任继愈认为，这种情况可以说明人们是"用当时当地的中国流行的宗教观念和文化思想来认识佛教的。一种新的宗教思想信仰，传到一个陌生的民族中间，并要求取得当地群众的信任，不是一件容易的事。传教者要善于迎合当地群众的思想和要求，并且采取一些办法以满足他们的要求"②。他指出：

> 东汉三国时期的佛教，属于佛、道融合时期，它依附于方术、道士；晋、南北朝时期的佛教，属于佛玄融合时期，它依附于玄学，并在依附的情形下逐渐得到滋长。③

佛教就是这样逐渐在中国土地扎根、从上层走向下层，在社会上流传起来。

一种宗教要传播到另一种文化环境中，首先要适应这个文化环境，并且用这种文化能够理解的语言、概念和思想系统来解释，这是文化传播的一个规律性特点。佛教初入中国时，往往借助某些方术来吸引信徒，扩大影响。

---

① 汤用彤：《汉魏两晋南北朝佛教史》，北京大学出版社 1997 年版，第 43 页。

② 任继愈主编：《中国佛教史》第 1 卷，中国社会科学出版社 1985 年版，第 5 页。

③ 任继愈主编：《中国佛教史》第 1 卷，中国社会科学出版社 1985 年版，第 14 页。

汉代神仙方术，往往通过符咒、治病、占星、禳灾、祈福、预言祸福来吸引信徒群众。汉代佛教徒也往往迎合当时社会上的神仙方术之士、道士们的传教手法，兼用占卜验卦、预卜吉凶、看病等方术，以接近群众。那些来到中国的西域高僧，都会一些方术。《高僧传·佛图澄》说："石勒召澄问曰：佛道有何灵验？澄知勒不达深理，正可以道术为征……即取应器盛水，烧香咒之，须臾生青莲花……"《续高僧传·菩提流支》说："支咒水上涌，旁僧嘉叹大圣人。支曰：'勿妄褒赏，斯乃术法，外国共行，此方不习，谓为圣耳。'"安世高、康僧会等都具有这些方术手段。梁启超指出：

> 此期之佛教，其借助于咒法神通之力者不少。摩腾角力，虽属诞词，然康会在吴，佛澄在赵，皆借此为弘教之一手段，无庸为讳。质言之，则此期之佛法只有宗教的意味，绝无学术的意味。……神通小术，本非佛法所尚，为喻俗计，偶一假途。[1]

佛教初入中国得到流传推广，还与当时统治集团的接纳和扶植有密切的联系。道安在总结早期佛教的传播时得出结论："不依国主则法事不立。"前文多次提到楚王英的事迹，他本身就是大贵族，最初的佛教就是依附于他才开展活动的。而楚王英又得到汉明帝的支持，明帝为他下了一道诏书，这在客观上对佛教的传播有推动作用。前面还提到明帝"感梦遣使求法"的故事，说明汉明帝是支持佛教的。但后来由于楚王英谋反，明帝转而打击佛教，因而在此后近百年里，中国史书几乎没有关于佛教的正式记载。直到后来桓帝信奉佛教，在宫中设"浮屠之祠"。因为皇帝的提倡，佛教逐渐在中国传播开来，不仅仅限于宫中，也不仅是王公、贵族，老百姓中也有信佛的人了。

三国之时，东吴孙权对宗教采取宽容的态度，战乱中逃到江南的西域高僧支谦找到孙权，被孙权"拜为博士，使辅导东宫，甚加宠秩"，并在孙权的大力支持下，从黄武元年（222）开始，用了30年时间，译出佛经36部。东吴赤乌十年（247），康僧会由交趾来到东吴的首都建业，也是借助孙权的力量弘扬佛法的。孙权为他建寺，"以始有佛寺，故号为建初寺，因名其地为佛陀里，由是江左佛法大兴"（《高僧传》）。

---

[1]　梁启超：《佛学研究十八篇》，群言出版社2013年版，第4页。

佛教在中国的传播，从这个时候开始，从涓涓细流汇成滔滔大河，逐渐对中国文化产生了重大影响。这影响随着佛教东传的逐步展开而日益彰显。

2. 佛教在交趾的传播

地处越南地区的交趾是中国早期佛教南传和印度佛教向中国传播的交汇处。但是，佛教究竟什么时候传到越南地区的，历来有不同的看法。

前面提到，西域作为佛教最早东传的主要通道，这一点似乎没有什么疑问，许多佛教研究者都持这一种看法。所以，一些人认为，交趾地区的佛教也是在中原接受了佛教之后传过来的。法国汉学家沙畹（Emmanuel-èdouard Chavannes）说："中国接受了佛教影响之后，就产生了反应，它大大地帮助了佛教的发展。凡汉文所及的地方，就是说，南至越南，北至高丽，佛教亦随之而传播。"①

但也有人认为，当时佛教传入中国可能并不止这一条路线，因为当时南海交通已经开辟，所以还有可能从南边海路由印度直接传入。汉代以后，越南地区成为印度与中国海上交通的要道。海上道路的开辟，使佛教由海路向内传播成为可能。因此，梁启超认为：

> 向来史家为汉明求法所束缚，总以佛教先盛于北，谓自康僧会入吴，乃为江南有佛教之始。其北方输入所取途，则西域陆路也。以汉代与月氏、罽宾交通之迹考之，吾固不敢谓此方面之灌输绝无影响。但举要言之，则佛教之来非由陆路而由海，其最初根据地不在京洛而在江淮。②

法国学者伯希和认为："2世纪时，交州南海之通道，亦得为佛法输入之所必经。"③ 日本学者镰田茂雄依据在山东、江苏、四川等地所发现的石刻造像，推论佛教最早由海路传入的可能性很大。他指出："历来都认为佛教传入中国的最早路线是由中亚经西域而传入中国，但如果孔望山的石像确认是佛像，而且是后汉之物，那么，佛教最早是经由南海航路传播到中国的东海岸一带也是很有可能的。这条南海航路，从相当古老的时期就已发达，佛教通

---

① 引自［越］陈文玾：《越南佛教史略》，《法国远东博古学院集刊》第32期，1932年。

② 梁启超：《佛学研究十八篇》，群言出版社2013年版，第37页。

③ 冯承钧：《中国南洋交通史》，商务印书馆1937年版，第8页。

过这条航路传入中国东海岸，也是相当有可能的。"①

有的研究者推断，交州地区最初的佛教传播是同当时的商业贸易联系在一起的。大批印度或南亚、东南亚其他国家的商人接连不断地来到交州，他们随船带来了许多佛教僧侣，或许他们本身就是信佛的居士，越人在其熏陶之下，逐渐接受了佛教。因此，在中原地区佛教兴盛不久，江东吴地佛法初起之时，交州佛教业已由海上传来，并且达到了相当高的水平。由于交州地区处于特殊的地理位置，从海路来华的西域、扶南等地的高僧往往由此北上，至中原弘教，交州地区起到了佛教由海路向中国传播的桥梁作用。冯承钧说："南海一道亦为佛教输入之要途；南海之交趾犹之西域之于阗也。"② 交州与扶南接壤，而扶南与印度有往来，受印度文化影响。扶南为佛教东传的中继站，从陆路可通交趾，其重要性与西域的于阗、龟兹相同。

汉末士燮任交趾太守，在郡40余年，相对安宁，中原士人往依避难者以百数，一时学术荟萃，思想文化十分活跃。士燮本人钻研儒学，但不排斥佛教，与印度僧达摩耆域及丘陀罗同出游玩。《三国志·吴书·刘繇太史慈士燮传》记载："燮兄弟并为列郡，雄长一州，偏在万里，威尊无上，出入鸣钟磬，备具威仪，笳箫鼓吹，车骑满道，胡人夹毂焚香者，常有数十。"交趾是海港，胡商一定不少，其中有佛教徒和胡僧可以想见，他们以佛教礼仪来迎送太守。

东汉末年南下避乱的中原人士有牟子，著《理惑论》，在中国佛教史上很有影响。另一位从中原来的康僧会也对佛教在越南地区的传播有很大影响。又有西域高僧支疆梁，于东吴五凤二年（255）在交州译出《法华三昧经》6卷，由中国沙门竺道馨笔受。《大南禅苑传灯录》记载："交州一方道通天竺，佛法初来，江东未被，而嬴又重创兴宝刹二十余所，度僧五百余人，译经一十五卷……于时有比丘尼摩罗、耆域、康僧会、支疆梁、牟博（即牟子）之属在焉。"

汉末三国之际，交州佛教的发展已达到比较高的水平。牟子《理惑论》

---

① ［日］镰田茂雄著，关世谦译：《中国佛教通史》第2卷，佛兴出版社1986年版，第78页。

② 冯承钧：《中国南洋交通史》，商务印书馆1937年版，第8—9页。

说："今沙门被赤布,日一食,闭六情,自毕于世。"可见当时交州地区的僧侣已经有一整套的僧规戒律。在康僧会到东吴之前,交州地区就已经出现了佛寺。《岭南摭怪》反映了这方面的情况:汉献帝时,太守筑城于平安江边,城之南有佛寺名福胜寺,有西来僧人伽罗阇黎住持此寺,知独脚之法,男女老少信慕敬奉,号为尊师,人人皆求学佛道。

3 世纪时,中国高僧法显等人西行求经,多取道交趾,更带动了那里的崇佛风尚,信佛者日益增多,当地的僧侣也多以谙通汉语为荣耀。

3. 朱士行:西行求法第一人

汉代直至三国时期,佛教在中国的初传,主要得益于来自天竺、西域的僧人,他们在中国进行汉译佛经事业,将佛教及其思想传播开来。对于佛教在中国的初传,他们作出了主要的贡献。在这一时期,也有中原人士开始西行求法,成为后来以法显、玄奘、义净等西行求法的高僧们的先驱。

第一位西行求法的中原僧人是三国时期的朱士行。梁启超说:"西行求法之人,此其首也。"①

朱士行,法号八戒,是颍川(今河南许昌)人。朱士行少年即怀远志,摆脱俗尘,出家为僧。曹魏齐王曹芳嘉平二年(250),印度律学沙门昙柯迦罗到洛阳译经,在白马寺建立戒坛,首创戒度僧制度。当时,朱士行正在洛阳,立志学佛,首先登坛受戒,成为中土第一位出家沙门。因此,他被认为是中国佛教史上第一个依律受戒成为比丘的汉人,在中国佛教史上被誉为"中国第一僧"。《出三藏记集·朱士行传》说他"出家以后,便以大法为己任。常谓入道资慧,故专务经典"。朱士行在白马寺钻研《小品般若经》,并且开讲,成为最早讲经的中国僧人。但他在研读中感到"此经大乘之要,而译理不尽",因为当初翻译的人把领会不透的内容删略了很多,讲解起来词意不明,又不连贯。他听说西域有完备的《大品般若经》,就决心远行去寻找原本。《出三藏记集》卷一三记载:"每叹此经大乘之要,而译理不尽。誓志捐身,远求《大品》。遂于魏甘露五年发迹雍州,西度流沙。既至于阗,果写得正品梵书胡本九十章,六十余万言。遣弟子不如檀,晋言法饶,凡十人,送经胡本……至陈留仓垣水南寺。"

---

① 梁启超:《佛学研究十八篇》,群言出版社 2013 年版,第 228 页。

朱士行西行求法早于法显140年。曹魏甘露五年（260），朱士行带领弟子数人从雍州出发，通过河西走廊到敦煌，经西域南道，越过流沙到于阗国，看到《大品般若经》梵本。他在那里抄写此经，共抄写90章60多万字。他想派遣弟子弗如檀等人将抄写的此经送回洛阳。于阗是天山南麓的东西交通要道，虽然此地大乘已广为流行，但居正统的仍是小乘。于阗国的小乘信徒对朱士行横加阻挠，将《大品般若经》诬蔑为外道经典，向国王禀告说："汉地沙门将以婆罗门书惑乱正典，大王如果准许他们出国，大法势必断灭，这将是大王的罪过。"因此国王不许弗如檀等人出国。这件事令朱士行愤慨不已，他要求以烧经为证，誓言道："若火不焚经，则请国王允许送经赴汉土。"说完就将《大品般若经》投入火中，火焰即刻熄灭，整部经典却丝毫未损。其弟子弗如檀等10人终于在西晋太康三年（282）将该经送回洛阳，此时离他们到于阗国已有20余年。弗如檀等人回国后，朱士行自己仍留在于阗，后来在那里去世，享年80岁。

西晋元康元年（291），陈留仓垣水南寺天竺僧人竺叔兰等开始翻译、校订朱士行抄写的《大品般若经》，历时12年，译成汉文《放光般若经》共20卷。该经译出之后，颇受佛学界的重视。

朱士行求法的经典虽然只限于《大品般若经》一种，译出的也不够完全，但在当时影响却很大。高僧帛法祚、支孝龙、竺法汰、竺法蕴、康僧渊、于法开等人为之作注或讲解，形成两晋时代研究般若学的高潮。中山的支和上（名字不详）派人到仓垣断绢誊写，回到中山时，中山王和僧众具备幢幡，出城40里迎接，可谓空前盛况。

后世的佛教学者对朱士行西行求法的壮举给予极高的评价。吕澂说："从汉僧西行求法的历史上看，朱士行可说是创始的人。那时去西域的道路十分难走，又没有人引导，士行只凭一片真诚，竟达到了目的；他这种为法热忱是可以和后来的法显、玄奘媲美的。"[①] 向世陵更指出了朱士行西行求法对于中国学术发展的深远意义，其中说道：

> 甘露五年（260），在中国学术史上是一个值得留意的日子。这

---

① 吕澂：《中国佛学源流略讲》，中华书局1979年版，第295页。

一天朱士行开始踏上了西去的道路。中国学术在经历了数千年以我为中心的自我发展之后，第一次真正感觉到了域外学术的清新和魅力。要使自己的学术能得以长进，就必须要向"西方"学习。中华文化自此开始了绵延至今的西行留学"取经"之路。①

安世高、安玄、支娄迦谶、支曜、竺佛朔、康巨、康孟详等西域佛教学者来到中国内地，在与中国学者的合作下，将许多的佛教经典译成汉文，由此把佛学思想介绍到中国，为中国哲学和思想史注入了新的思想元素。

4.《理惑论》：中国人对佛教的初步理解

牟子的《理惑论》一书，是第一部我国学者自著的佛教典籍，是佛教传入中国初期，由中国文人学士所写的一本宣扬佛教思想的著作。荷兰汉学家许理和指出："它是有关早期中国佛教护教文字中最详尽且饶有趣味的范例之一。"②，《理惑论》最早见于南北朝时宋明帝敕中书侍郎陆澄所撰的《法论》，陆澄因这本书记载了汉明帝遣使求法的故事，所以将此书著录在《法论》第十四帙"缘序"集中，并注曰："一云苍梧太守牟子博传。"

牟子现在已不知其名，有传为牟融或牟博的。牟子是苍梧人。《理惑论》中"序传"部分详细介绍了牟子的生平。从生平可知一些牟子的信息，牟子是一位饱学之士，而对于神仙方士之书，虽心生敬仰，却并不十分相信。当时，正值东汉末年，汉灵帝驾崩之后，曹操挟天子以令诸侯。在这种动荡不安的政治情况下，大量北方士绅、名门望族，相率渡江南下。他们大都相信黄老之学，崇尚神仙辟谷、长生不死之术。这种历史现象，反映了传入中国的佛教，正面对着一个黄老之道相当流行的社会环境。牟子处身于这样动荡不安的历史环境下，只希望能避世偷生，绝无官仕之念。因此，年轻时牟子便与母亲避难交趾。26 岁时，他回苍梧娶妻生子，而当时的梧州太守对他十分景仰，希望能请他出仕当官，为国家效力，他却拒绝不就。当时，各州郡相互猜疑，以致交通阻隔不通。朝廷希望任命他出使荆州，解除各州郡之间的矛盾。可是，牟子被当时的州牧优文处士批评，于是他便称疾不起。后来，

---

①　向世陵：《中国学术通史（魏晋南北朝卷）》，人民出版社 2004 年版，第 179 页。

②　［荷兰］许理和著，李四龙译：《佛教征服中国——佛教在中国中古早期的传播与适应》，江苏人民出版社 2003 年版，第 13 页。

优文处士的弟弟，原是豫章太守，被中郎将笮融所杀。州牧本欲派刘彦出兵讨伐之，然而又恐外界猜疑，不敢出兵，于是便敦请牟子出面相助，后因母卒而作罢。

牟子是一位文武兼备的才子，可能是由于时代混乱，不得仕途。从此即钻研佛老，修身保真，研读《老子》的五千言，并把儒家的五经，视作消遣玩味的对象。他信奉佛教，"世俗之徒，多非之者，以为背五经而向异道"，受到人们的误解。为了要澄清自己的见解，他写下了这篇《理惑论》。

《理惑论》全书共 39 章，首章一般称为"序传"，最后一章称为"跋"，正文共 37 章。"序传"部分介绍牟子的经历和著书的缘由。全书采用自设客主进行问答的形式展开，所假设的"问者"是个来自北方的儒者，对佛教提出种种疑问。而设置的答者是牟子，他根据对方提的不同问题，大量引用儒、道和诸子百家之书给以解释或辩驳，对佛教教义学说加以发挥阐述，以论证佛、道、儒观点的一致性。问者提出的问题代表了当时的人对佛教的不解和疑问，牟子的答辩则代表了信徒对佛教的理解和辩护。《理惑论》一书从两个不同角度反映了当时人们对佛教的看法和理解程度。

牟子指出，时人对佛教有 6 种怀疑：（1）疑经说迂诞大而无征；（2）疑人死神灭，无有三世；（3）疑莫见真佛，无益国治；（4）疑古无法教，近出汉世；（5）疑教在戎方，化非华俗；（6）疑汉、魏法微，晋代始盛。这"六疑"都是当时儒道两家攻击佛教的焦点性问题。牟子据此一一提出自己的看法。

牟子在用问答形式论述佛教的过程中，大量引用儒家、道家经典，广取譬喻，而极少引用佛经。他一方面引证《老子》讲解佛教，又引述佛教教义附会《老子》；另一方面以儒者的面孔去问，又以儒家思想去解答。这说明在牟子身上，已明显地表现出了融会儒、道、佛三家的倾向。北方的儒者责难牟子说："吾昔在京师，入东观游太学，视俊士之所规，听儒林之所论，未闻修佛道以为贵，自损荣以为上也。"问牟子为什么不以佛经，而以《诗》《书》回答他人问话。牟子说："吾以子知其意故引其事，若说佛经之语，谈无为之要，譬对盲者说五色，为聋者说五音也。"

任继愈指出："牟子精通儒家经传，又博览诸子百家之书，信奉佛教后，仍欣赏《老子》，他是从中国传统观点来理解佛教的。""《牟子》认为佛教与中国封建社会的传统思想并无根本对立，其总的思想倾向具有鲜明的佛教、道家、儒家一致，特别是佛教、道家一致的观点。"① 任继愈还指出：

> 牟子对佛教的这种理解，说明佛教这种外来宗教要在中国这块新的土地上扎根，深入传播，不得不依附和利用中国传统的道家和儒家的某些思想、词句来进行宣传，争取统治阶级和人民的支持。不用说，牟子的许多比附和论述是十分牵强的，是不符合印度佛教原义的，但是，佛教正是经过这样无数的被"歪曲"和改造才最后发展成为中国的佛教的。②

牟子以儒家和道家思想解释佛教，并与之进行论辩与对话的做法，在佛教东传史上和中国思想史上都是很有影响的。杜继文指出：

> 佛教作为外来的一种宗教，在中国的流传过程中，曾长期受到传统文化观念，特别是儒家观念的挑战，引起多次争论，虽历两晋南北朝而至隋唐，未曾停止。而就其涉及的根本内容言，大体不出《理惑论》的范围；从佛教立场解决中外两种宗教文化的冲突与融合，也基本上采取《理惑论》这种既保持佛教的一定独特性，又依附或适应中国某些传统思想的路子。③

作为第一部中国学者所撰的佛学著作，《理惑论》确立了一种特殊的表达模式，这一模式在相当长一段时期内成为东传佛教与中国传统文化对话的基本模式之一。牟子之后，佛教界有很多进一步系统解释佛教思想的文章出现。比如：郗超撰有《奉法要》，这是一种主动性的解释，介绍佛教的基本教义教规，对佛教的三皈依、三界、五戒、五阴、六情、报应等基本理论都有通俗的解释。对于儒道批评的不实之处，佛教则心平气和地据理论辩和反驳。比如儒家常批评佛教违反了孝道，佛教认为，孝有小孝和大孝，佛教的孝属于

---

① 任继愈主编：《中国佛教史》第1卷，中国社会科学出版社1985年版，第204页。
② 任继愈主编：《中国佛教史》第1卷，中国社会科学出版社1985年版，第204页。
③ 杜继文：《佛教史》，江苏人民出版社2006年版，第93页。

大孝，行大孝并不拘泥于形式。孙绰撰有《喻道论》，回答了对佛教的问难，并将牟子隐含的儒佛融合、佛教本位立场明确呈现出来。道士提出"三破论"，批评佛教入国而破国、入家而破家、入身而破身，不利于国家、家庭和个人。刘勰作《灭惑论》逐条反驳，从理论和事实上说明，佛教利政、利家、利身。到元代至正十一年（1351），子成撰《折疑论》，对《理惑论》的质疑，又作出回答，仍然是"理惑"的模式。

牟子本人或《理惑论》本身在历史上也不断被后人提起，足显其历史影响。《佛祖统纪》称其为"如来之使"："牟子，不得其名，当佛道未大行之日，而能为论，援三家之事义比决优劣，以祛世惑，以御外侮，是殆大士示迹，如来之使也。"这一评价是相当高的。《佛祖历代通载》评价说："吾佛法源滥觞之初，凡西域沙门至中国者，由腾兰而下不过十人，所新出经三百余卷，俱小乘教，若微妙大乘诸经，皆所未至，牟子乃能玄鉴颖悟，契佛心宗，得法味若是之深。""牟子贤矣哉。"在当时经文未备、译典稀少的情况下，牟子对于佛教的理解能达到如此深度，相当不容易，因此称其为贤者，并不为过。

五　关于佛教在中国初传的几点认识

本章讨论了佛教进入中国的早期历程，从东汉初到三国时期，有300多年的历史。这是一个很漫长的、很艰难曲折的过程。然而我们看到，尽管历时这么久，佛教在中国的传播还不广泛、还不深入，不过正是由于这漫长的铺垫，在这之后不久佛教迎来深入传播的一个高潮。无论如何，在这个时期里，佛教这种来自外国的宗教，毕竟是进入到中国来，一些佛教经典也翻译过来了，有中国人开始阅读和了解了，甚至还有了佛寺等进行宗教活动的场所。在这个时期，有外国僧侣来传教，有中国人开始信仰佛教，参加佛事活动，还有人出家为僧（如严佛调），有人西行求法（如朱士行），还有中国学者进行关于佛教思想的研究著述，如牟子《理惑论》，等等。虽然这些只是一个开端，不成规模，没有形成广泛的大规模的宗教力量，但是，这却是一个不可缺少的而且极有意义的开端，佛教在中国传播的主要形式都具备了。在这里涓涓溪流即将汇成佛教文化在中国大传播、大发展的滔滔江河，并且融入到中国传统文化的大海之中，成为中国传统文化重要的组成部分，丰富着中国人的精神文化生活。

在我们叙述佛教文化初传中国的过程中，也得出了有关文化传播和交流的几点规律性认识：

第一，文化传播的基本规律是高势能文化向低势能文化传播。在东汉三国这一时期，中国文化已经发展到很高的水平，与同时期的印度文化的发展大体相当，都属于"轴心时代"文化突破之后繁荣发展的阶段。但是，如果仅就宗教形态而言，印度的佛教明显处于高势能的位置。在这个时期，佛教在印度已经发展了几百年，具备了成熟的思想体系和宗教组织以及活动仪式，并开始大规模地向外传播。而中国的民间信仰如中国自生的宗教道教，虽然已经出现，但还没有脱离早期方术的阶段，在思想体系和宗教组织等方面远没有佛教完备。"佛教使中国人第一次接触到一种理论深邃，拥有教会组织，强调个人超度的复杂宗教。""佛教给人的安慰在中国固有迷信中或哲学体系中是无处可寻的。这种安慰并非贵族专有，对所有的等级都佛门广开……新宗教富于想象性，吸引了众多信徒；而传播佛教的僧侣随身带来了卷帙浩繁的经文，使崇拜学问的中国人印象尤深。"① 所以，在这个时候，佛教进入中国，就具有了被接受的可能性，具有了与道教分割中国信仰和精神世界的实力。

第二，早期佛教在中国的传播，主要是印度和西域的僧侣深入内地来进行的。在当时的交通条件下，从那么遥远的地方来到中国，其路途是十分艰险的。他们不畏险阻，翻山越岭，穿越流沙，来到完全陌生的地方，为的只是传播他们的信仰，把他们认为的生活真理介绍给这里的人们。实际上，他们在中国传播佛教的过程可能也是充满困难的，语言不通，生活

① ［美］菲利普·李·拉尔夫等著，赵丰等译：《世界文明史》上卷，商务印书馆1998年版，第439页。

不适，频频遭到人们的误解甚至迫害，这些虽然在文献上没有记载，但是完全可以想象的。这种为传播信仰而舍身的精神体现了他们的信仰自信、文化自信，以及高度的文化自觉。文化传播总是要通过人来实现的，在相当多的情况下，这种传播是不自觉的、附带的，而宗教的传播却在相当大的程度上是靠僧侣们自觉自愿的行动来实现的。这在文化交流史上是一个值得注意的现象。

第三，宗教的传播是与文化交流的大趋势分不开的。汉武帝时，张骞通使西域，丝绸之路大为畅通，中国内地和西域的交通和商贸交流日益频繁。与此同时，南海的海上交通也已经开辟，从交趾、广州到印度乃至更远的阿拉伯地区的海上航行十分活跃。这就为佛教的东传创造了客观的便利条件。早期佛教进入中国内地，一方面主要是靠西域的交通，佛教在此之前已经传播到这一地区，并且有了比较充分的发展，涌现出一批深通佛教经典的高僧，所以我们看到，到中国内地传教的有许多西域各国的僧侣。另一方面，还有从海路直接来的印度僧侣，他们到达交趾地区，再从交趾向内地传教。所以交趾也是早期佛教比较活跃的地区。

第四，早期来华的西域高僧，他们的主要活动是从事佛经的汉译工作。我们前面介绍的这些僧侣，或多或少有翻译佛教经典，有的人甚至从事译经事业几十年，翻译了大量的佛教经籍，为佛教思想的传播作出了重大的贡献。这些经籍是佛教文化的主要载体，他们的翻译工作十分重要，为中国人了解和认识佛教的基本教义、基本概念和思想提供了一个可以研读的文本。

第五，佛教初传中国，有一个现象值得注意，就是它往往离开了佛教原始的含义，附会中国传统的思想、概念乃至方术信仰来介绍、解释，甚至使用了道教的一些概念词汇。中国人最初也是按照已有的观念系统来理解和接受佛教，比如最初把佛教与黄老之术相提并论，甚至当作黄老之术的一种。这也是文化交流中的普遍现象。一种文化，特别是宗教，要进入到一种完全陌生的新文化中，就要采取"适应性策略"，特别是在开始的时候，要舍弃自身的一些东西，适应当地的文化生态和文化环境，按照当地人能接受的方式来传播。而中国人面对佛教这种崭新的宗教和思想观念，也是从自己已有的"接受屏幕"、已有的观念系统来理解和接受，甚至进行某些剪裁和歪曲。这是一个必然的过程，是文化传播的过程中不可缺少的一个阶段。经过这样的传播，经过这样的接受，传到中国的佛教就可能与原来印度的佛教有所不同了，就是有"中国特色"的了。这就为佛教进入中国打开了方便之门。而在以后漫长的发展过程中，中国的僧侣和学者不断地加入自己的东西，加入中国文化的内容，使之与中国传统文化和民间信仰相融合，成为中国传统文化的一个组成部分。这样，佛教就成了"中国化佛教"。而这样的中国化佛教再传播到朝鲜、日本等地，就成为中华文化向那里传播的一个重要载体。

第六，值得注意的，就是佛教传播的非功利性。英国当代宗教学者弗兰克·惠林（Frank Whaling）说："佛陀在他的领悟中接受了一个超越现实、不可抵抗的异象，并且感到非将这个异象超越正常的社会和政治界线进行传播不可，而且这个异象被千百万人在所谓的佛教运动中所传播、所改变，并且创造性地当地化。"① 佛教向中国的最初传播是以一种自觉的、主动的和平方式进行的，是纯粹意义上的宗教传播。而中国人接受佛教主要出于探索真理、寻求精神解脱的纯文化动机，这在历代赴印求法的高僧身上有充分的体现。可以说，佛教传播到中国基本上摆脱了政治上的功利主义色彩，而中国人也以一种超功利的文化态度来接受印度佛教。佛教初入中土为两汉之际，统治者对佛教的信仰只是为了祛灾得福，求得个人的幸福，基本上没有从政治上加以利用。只是到了两晋时期，对佛教的利用才逐渐加强，但这始终不是佛教在中国传播的主要方面。这种忽视政治功利性的倾向，使得中国佛教徒能真正做到为法捐躯，自觉传法，理解佛教文化，并与中国传统文化融合，进行佛教文化的创新。佛教的传播是一种真正意义上的宗教的传播、文化的传播，而这种传播又是在和平与平等的对话中进行的。来华的外国僧侣怀着对宗教的热忱传播佛教，却没有文化的傲慢；中国的佛教学者虚心求教求法，以高度的文化自信参与对话。这

---

① ［英］弗兰克·惠林：《佛教、基督教和伊斯兰教中传教移植的比较宗教研究》，《世界宗教资料》1983 年第 3 期。

在世界文化交流史上也是值得特别提起的。

第七，在佛教东传史上，从一开始就有中国知识分子的介入和参与。初来的西域僧侣的译经活动，得到了中国文人的帮助，后来又有牟子《理惑论》这样的理论性著作。又往后，知识分子对佛教的热情越高，他们参与的程度就越深。南北朝时名士与高僧的交游，唐代士人与高僧的交游，他们与僧人交好，不仅仅是因为个人友谊，更主要的是出于对佛教的接受和热情。而在佛教僧侣的队伍中，还有一大批高级知识分子，正是他们西行求法，翻译佛经，阐述佛法，为佛教在中国的传播与发展作出了巨大的贡献。有学者指出，知识阶层接受外来文化（包括外来宗教文化）在中国文化发展史上具有重大意义，这种作用"无论作何估价都不会太高。要知道，外来文化流传中国的最大障碍，就是中国传统价值与帝国政治，而士大夫知识阶层正是传统价值之最有力的维护者和社会文化之承袭者。在君主权威的阴影下，他们或许从未获得过真正的政治主体的地位，但他们无疑是影响帝国政治中有能量与活力的阶层，对帝国政治的运作乃至君主的意志具有深刻的影响力。何况作为传统之唯一合法的解释者，他们还持有这种极为有效的武器，因为在中国这样一个典型的传统导向的社会中，个人对群体，群体对传统的依附乃是绝对的，即使君主也不能例外，正是这个能量极大的社会阶层从根本上影响着官方对于外来文化的态度，深刻制约着外来文化在中国的发展。事实上，两千年来，佛教传法中国所遇到的主要抗力并非来自民众，而是来自士大夫知识阶层。只要认识到这一点，就不难理解佛教同士大夫阶层的契合，在佛教传播中国的过程中，该有多么重要的意义"[1]。佛教在中国传播的历史证明：任何一种外来文化的移植，首先必须在本土文化精英（知识分子）中取得认同，使它成为本土文化精英的自觉事业，不然，它必将长期处于文化表层，而在文化深层结构中无立足之地，处于被批判、被阻碍、被排斥、被挑战的地位。[2] 与此相反的例子，祆教、摩尼教和景教曾在唐代流传一时，但由于没有取得广大知识分

---

① 刘莘：《论汉晋时期的佛教》，《中国史研究》1994 年第 2 期。

② 参见李鹏程：《当代文化哲学沉思》，人民出版社 1994 年版，第 456—457 页。

子阶层的认同，因而最后昙花一现，没有在中国文化的历史上留下特别重要的影响和痕迹。而明清之际天主教入华的时候，利玛窦等耶稣会士首先在高层知识分子中活动，主要做知识分子的工作，则是一条与中国文化相适应的传教策略。

第六章

佛教文化在中国
传播的深化

经过汉末三国时期佛教在中国的初传之后，到了两晋南北朝时期，佛教在中国的传播出现了一次大高潮。范文澜指出："外来的佛教，要在宗教信仰淡薄、伦理（根本伦理是孝和忠）基础深厚的汉族精神生活里，争得一个立足点并且发展起来，并不是一件容易事。东晋和南北朝，正是佛教经历着艰难的但是发展的一段路程。"[①] 在这一时期，西域的僧人陆续来华传法，中国僧人接连到西方取经；佛教经典大批地、高质量地翻译出来，极大地丰富了中国的文化典籍；佛教吸引了众多的信徒，上至帝王将相，下至平民百姓，都趋之若鹜。尤其是进入南北朝时期以后，僧尼人数大为增加，寺院经济急剧膨胀，佛教学派南北林立，石窟大量开凿，僧官制度建立，佛教在中国文化土壤上深深地扎下了根，佛教也成了中国人自己的佛教。正如季羡林所说，在南北朝时期，"南北两方都对佛教垂青。佛教可以说是在中国已经牢牢地立定了脚跟"[②]。美国学者拉尔夫（Philip Lee Ralph）等人也说："大约到公元5世纪时，中国实际上已经成为一个佛教国家。"[③] 在这一时期，佛教内部关于般若空观、涅槃佛性、因果报应等问题的讨论，吸引了大批名士参与，而佛教与道教、儒学的交锋和互动，造成中国学术思想史上的巨大激荡。佛教哲学成了当时社会思潮的中心，对中国文化的发展产生了极大的影响。

一 两晋南北朝佛教东传高潮

1. 佛教在中国大传播的时代契机

东汉三国时期，佛教进入中国，传播速度缓慢、形式简单，在中国上层社会有一些流传和影响，对中国宗教思想文化还没有明显的影响，尤其在民间没有广泛流传。而到了西晋以后，佛教在中国的传播迅速提速，西域和印度高僧陆续东行，纷至沓来，中国僧侣西行求法，前赴后继。大批佛经被翻

---

① 范文澜：《中国通史简编》（修订本）第2编，人民出版社1964年版，第429页。

② 季羡林：《佛教十五题》，中华书局2007年版，第113页。

③ ［美］菲利普·李·拉尔夫等著，赵丰等译：《世界文明史》上卷，商务印书馆1998年版，第439页。

译成汉文，历朝帝王全力支持和崇信佛教，寺院林立，僧徒遍地，甚至文人学士也纷纷谈佛论佛，与高僧清谈交游，出现了佛教文化在中国大传播、大发展、大普及的兴盛局面。汤用彤指出：

> 然自宗派言之，约在陈隋之际，中国佛教实起一大变动。盖佛教入华，约在西汉之末，势力始盛在东晋之初。……自陈至隋，我国之佛学，遂大成。……且自晋以后，南北佛学风格，确有殊异，亦系在隋之际，始相综合，因而其后我国佛教势力乃达极度。隋唐佛教，因或可称为极盛时期也。[①]

佛教在中国这一时期出现大传播、大发展的高潮，是与这一时期中国的政治局面和社会发展态势有密切关系的，是中国特有的社会环境为佛教在中国传播提供了良好的发展空间。

东汉末年，中央皇权逐步削弱，形成军阀割据，及至出现魏、蜀、吴三国鼎立的局面。三国之后，虽然出现了西晋短暂的全国统一，但不久出现"八王之乱"，北方民族乘机内迁中原，先后建立政权，即所谓"五胡十六国"。与此同时，汉族政权退据江东，建立东晋，以后又有宋、齐、梁、陈四个短命王朝。这样，就出现了北方"胡"族政权和南方汉族政权长期对峙的局面。这400年间，王朝更迭频繁，割据政权林立，战乱兵燹频仍，社会动荡不安，国家遭受了空前的劫难，社会文明各方面受到了严重摧残。魏晋南北朝时期是一个分裂乱离的时期，是一个充满忧患、痛苦与哀伤的时期。

战乱和动荡严重摧残着曾经十分发达的秦汉文明，也向中华民族的文化传统提出尖锐的挑战。然而，中华文明并没有在这严峻的考验和惨烈的摧残下衰败或中绝，而是经过硝烟的洗礼，并吸收了新的血液而获得了新的活力和生机，为随后出现的隋唐文化盛世奠定了基础。魏晋南北朝的动荡时代，使中华文化更显示出它延绵不绝的文化精神和巨大的生命力。

魏晋南北朝是中国历史上的大动荡时代，而这空前动荡的局面，已经孕育着文化发展的生机。学术事业并未因社会的急剧动荡和长期乱离而走向衰微，相反取得了超越前代、越轶后世的发展与繁荣。秦汉王朝的大一统，为文化的繁荣创造出稳定的社会环境，但也因思想文化上的专制而抑制了文化

---

① 汤用彤：《隋唐佛教史稿》，中华书局1982年版，第1页。

的创造性和生命力。随着汉王朝崩溃，汉武帝以来独尊儒术的文化政策被冲破，思想文化领域获得了新的解放。传统价值的权威失坠了，人们着力去探索新的人生价值与个体价值，不断开辟着学术新领域，不断创造着文化新观念。社会发展进入了一个思想解放、学术自由的时代，思想学术界在一定程度上再次出现了"百家争鸣"的局面。这不仅为佛教的输入、道教和玄学的兴盛，开拓出一片自由的天地，而且使士人任情适性，被压抑的思想和才华被充分地发挥出来。他们或者恢复被罢黜的诸子之学，或者全力开拓不再附翼于正统儒学的哲学、文学、艺术和史学。在中国文化史上，魏晋南北朝是少有的思想活跃、学术繁荣、文学勃兴的时代。其学术风气之活跃、学术成果之丰硕、文学创作之繁盛，成为中华文化史上一个高峰。这是一个富于智慧、充满热情的时代，是一个富于创造性的生机盎然的时代，也是取得了空前文化成就的时代。对于这一时期的文化发展状况，钱穆指出：

> 若论学术思想方面之勇猛精进，与创辟新天地的精神，这一时期，非但较之西汉不见逊色，而且犹有过之。那时一般高僧们的人格与精力，眼光与胸襟，较之两汉儒生，实在超出远甚。我们从纯文化史的立场来看魏晋南北朝时代，中国文化演进依然有活力，依然在向前，并没有中衰。①

这一时期儒学的衰落，在中国的思想界形成了一种空隙，为佛教的传入创造了一种千载难逢的时机。佛教以其独有的出世思想，不仅填补了因儒学衰落所形成的思想空间，并在与方兴未艾的玄学的交汇中，给士人开立了一种新的安身立命之道。同时，佛教又弥补了汉文化形而上领域缺失和彼岸世界图景模糊两大缺陷。在汉民族思想发展史上，周代以前有过较为发达的国家宗教，但是古代宗教从周初开始便走上了人文主义的发展方向。周代崇尚德政，敬德保民等观念，一改商代文化重鬼治轻人治的倾向，反映了周人开始对天命观念的动摇和对人事的注意。汉代谶纬迷信虽然发达，但关于彼岸的一些问题并没有解决。佛学的理论多集中于人生的痛苦与解脱，在这个问题上作出了自己独特的价值判断，其中的一些理论如"轮回""业报""因缘""因果""三世"等观念，正是中国固有文化所欠缺的。佛教的传入，正

---

① 钱穆：《中国文化史导论》，商务印书馆 1994 年版，第 148 页。

好解决了中国文化这方面的难题，灵魂不死、业报轮回、因果报应、天堂地狱、解脱涅槃，佛教将人生与死后的问题比较圆满地联结在一起，满足了中国人对自我存在于彼岸世界的思考。王国维指出：

> 自汉以后……儒家唯以抱残守缺为事，其为诸子之学者，亦但守其师说，无创作之思想，学界稍稍停滞矣。佛教之东，适值吾国思想凋敝之后。当此之时，学者见之，如饥者之得食，渴者之得饮……①

李约瑟指出：

> 它的确为人们提供了一些东西：一是使人得到精神寄托的普遍信仰，人们愈是虔诚笃信，它也就愈得人心；二是使人得到一门可以深入思索探讨的精巧完备的神学；三是使人得到中国传统的哲学思想体系中所缺少的宇宙论的哲学。②

魏晋南北朝时期的文化生机，还表现在当时大规模、大范围的民族文化的冲撞和融合。在这一时期，游牧于中国西部和北部的一些民族，主要是匈奴、鲜卑、羯、羌、氐等所谓"五胡"，陆续内迁，汇聚于中原，出现了全国范围内的民族大迁徙、大混杂、大同化。这些民族所具有的草原游牧文化，在他们内迁中原后，与汉民族的农耕文化发生大规模冲突和碰撞，并逐渐趋于融合。这些内迁的草原民族在与汉族错居的情势中，不仅"语习中夏""多知中国语"，而且潜移默化地接受汉文化观念意识的影响，接受农耕文化的生产方式和生活方式。在这样的民族融合的过程中，各民族结集于高度发展的文明之中，逐步破除了种族界限，趋向于渗透和融合，最后与汉族融为一体。陈寅恪指出："汉人与胡人之分别，在北朝时代文化较血统尤为重要，凡汉化之人即目为汉人，胡化之人即目为胡人，其血统如何，在所不论。"③民族的大融合，不仅使北方游牧民族大量学习中原汉族文化，成为"汉化之人"，同

---

① 王国维：《静庵文集》，辽宁教育出版社1997年版，第122页。

② ［英］李约瑟著，袁翰青译：《中国科学技术史》第1卷，科学出版社和上海古籍出版社1990年版，第120页。

③ 陈寅恪：《隋唐制度渊源略论稿、唐代政治史述论稿》，生活·读书·新知三联书店2001年版，第200页。

时也把他们的民族文化传播于中原，大大丰富了汉族的精神生活，将一股豪放刚健之气注入汉文化系统的肌体之中，为中华文明输入了新的因子、新的血液，增加了新的生命力。北魏人崔浩说："漠北醇朴之人，南入中地，变风易俗，化洽四海。"（《魏书·崔浩》）指的便是这种趋势。陈寅恪论及"胡"文化南传的历史意义时也指出："李唐一族之所以崛兴，盖取塞外野蛮精悍之血，注入中原文化颓废之躯，旧染既除，新机重启，扩大恢张，遂能别创空前之世局。"①

与此同时，这一时期的对外文化交流也空前活跃。自汉代开辟丝绸之路之后，至北朝一直致力于在西域的经略，丝路畅通，贸易发达，往来频繁，西域文化陆续传入中国。方豪指出："其时中西文化之交流，音乐则继汉之后，发展西域之流风，而促成日后隋唐时代之全盛状态；美术如以南京为中心，在江南诸地之齐梁陵墓上有翼石狮，其波斯色彩，极为显然。"② 汉至魏晋南北朝中国与西域交通和文化交流频繁，其时畅达的交通，官方间的往来，频繁的商贸，以及其他西域物产和民族文化在中国的传播，为中国文化的发展提供了新的刺激因素，也为佛教在中国的大传播创造了客观条件。

魏晋南北朝 400 年的乱世，实际上是中华文化再次实现大突破、大变革、大发展、大繁荣的时代，是一个充满生机活力、创造激情的时代。正是在这样的时代背景下，佛教经过 200 多年的缓慢发展之后，一跃登上中国宗教思想文化的舞台，并逐渐占据了显著的位置。方豪指出：

> 然佛教入中国，确使中国思想界发生变化。良自秦汉以前，中国四周之文化均为远逊于我国者，汉武罢黜百家，推重儒学，限人民于训诂传注之内；新莽、曹魏，亦依托儒教；正直之士又多受外戚宦官之祸；汉末，又战祸不已，佛教适于此时传入，遂大受国人欢迎；且知域外尚有学问，其玄理视老庄尤为深邃而神秘；三世之说，更予痛苦中人民以无限安慰。③

从世界文化交流史的一般规律来看，一种文化进入另一种文化系统，并

---

① 陈寅恪：《金明馆丛稿二编》，生活·读书·新知三联书店 2001 年版，第344 页。
② 方豪：《中西交通史》上卷，上海人民出版社 2008 年版，第 138 页。
③ 方豪：《中西交通史》上卷，上海人民出版社 2008 年版，第 91—92 页。

取得显著的影响，需要多种因素。其中最主要的有两条：一是传播的文化是高势能的文化；二是接受这种传播的文化区正处在大变革的时代，正在寻求文化突破，新的文化传播过来以后，为本土文化提供了新的刺激、新的因素、新的思考方向。对于当时的中国宗教文化来说，佛教就是这样一种高势能的文化。从印度传播来的佛教之所以能在中国得到广泛传播，并且对中国文化的发展产生重大的影响，正是因为这个时代需要这样一种新的文化因素。印度的佛教文化传入中国，并且得到迅速传播和广泛接受，对中国文化的诸多方面，不仅是宗教领域，在文化艺术、哲学思想乃至日常生活，都产生了重大影响。美国汉学家史华慈（Benjamin I. Schwartz）指出：

> 人们要注意这个显而易见的事实，在许多世纪中，无论是在上层文化还是在民间文化层面上，中国都受到了来自中国文化范围以外的、规模宏大的大乘佛教世界的深刻影响。中国人吸收了佛教，正反映了当时的中国存在着某种迫切的需要。它之所以可能被吸收，乃是因为它似乎能对当时已经提出的问题提供新的答案。①

所以我们看到，在这个时代里，佛教文化的传播以及引起的巨大反响，成为一幅内容丰富、色彩斑斓的巨幅画卷。

2. 两晋：佛教东传高潮的起点

佛教在中国大规模的传播和发展，是从西晋开始的。唐法琳在《辩正论》中所述"十代君王三公宰辅通经博识敬信佛者"，是自西晋开始，而不及东汉三国。洛阳和长安是西晋时期佛教传播的中心，"西晋二京（长安、洛阳）合寺一百八十所"。这虽然是后世的记录，未必即为信史，然而竺法护时代已有"寺庙图像崇于京邑"之说。而见于现存记载中的，西晋时洛阳有白马寺、东牛寺、菩萨寺、石塔寺、愍怀太子浮图、满水寺、盘鵄山寺、大市寺、宫城西法始立寺、竹林寺10余所寺庙。《魏书·释老志》说，晋世洛中有佛图42所，译经者13人，译经73部，僧尼3700余人。当时这3000多僧尼，由于出了家，便成无籍之民，王法所不拘，徭役所不及，不但不敬君王，而且受到君王尊敬，因此僧侣的社会地位受到特别重视。

---

① ［美］史华慈著，程钢译：《中国古代的思想世界》，江苏人民出版社2004年版，第431页。

西晋时期，统治者对佛教采取温和态度，建立寺院，供养众僧，但还未曾以政令推行佛教。著名的佛教学者竺法护、安法钦、强梁娄至等人分别在敦煌、洛阳、天水、长安、嵩山、陈留、淮阳、相州、广州等地，或翻译经典，或弘传教义，或从事其他佛教活动，因此佛教比起前代有了相当的发展。当时朝野对佛教的信仰，已经相当普遍。

两晋以后，佛教宣扬的人死精神不灭、生死轮回、因果报应、慈悲为本等思想传入中国后，逐步为中国社会各阶层所接受，成为实行精神统治、处理人际关系和个人精神寄托的可行途径和有用工具，佛学研究和佛教势力因此得以逐步扩展。无论北方南方，无论上层下层，佛教很快成为一种普遍的信仰宗教。

西晋的佛教活动，主要还是在译经方面。这一期间从事译经的国内外沙门及优婆塞共 12 人，其中最突出的竺法护，为这一时期的佛经汉译事业作出了很大的贡献。西晋的佛教义学，以方等、般若为正宗。竺法护虽然译出许多重要典籍，但他的中心思想是继承支谶、支谦传弘方等、般若之学。他的译业，主要在于弘扬般若性空的典籍。无罗叉、竺叔兰译出的《放光》，即盛行于当时。淮阳支孝龙常钻研《小品》以为心要。他获得竺叔兰刚译出的《放光》，阅读旬余，便从事敷讲。后来河内帛法祚（帛法祖之弟）作了一部《放光》的注解。卫士度略出《道行》，也在此时。另外《首楞严》在西晋有竺法护、竺叔兰两种译本，帛法祖还作了一部注解。可见当时义学沙门是十分重视方等、般若的。

季羡林指出：佛教进入中国，"逐渐为中国人所接受，最后达到了融合的阶段。到了东晋，应该说这个阶段已经到达了"①。佛教史上有所谓"佛法确立，实自东晋"之说。说佛法确立于东晋，并非谓东晋前未现佛法，而是指至东晋佛教始进入士人阶层，为士人所普遍接受。因此，许理和视东晋为"佛教征服中国"的时代。东晋初期，名流相继避世江东，玄风也跟着南渡，长于清谈的义学名僧竺潜、支遁都为时人所重。自此之后，佛教开始成为上流士大夫思潮的中心，东晋南朝士人由此与佛教结下了不解之缘，名士和名僧交游往来，成为一时的文化风景。

----

①　季羡林：《佛教十五题》，中华书局 2007 年版，第 113 页。

东晋时期，诸帝无不信奉佛法，结交僧尼，传播佛教成为由国家力量来推动的宗教文化事业。晋元帝以宾友礼敬沙门，诏令沙门竺道潜入内殿讲经，可以"着屐登殿"，又"造瓦官、龙宫二寺，度丹阳、建业千僧"。晋明帝善书画，尤善画佛像，挂于宫内，习凿齿《与释道安书》中说明帝"手画如来之容，口味三昧之旨"。明帝还"造皇兴、道场二寺，集义学、名称百僧"（《辩正论》），讲论佛道。哀帝"好重佛法"，请竺道潜入宫讲《大品般若》。简文帝"尤善玄言"，亲临瓦官寺听竺法汰讲《放光般若》。孝武帝立精舍于殿内，引沙门居之，允许僧尼出入宫廷，干预政事。他和琅琊王司马道子尤敬尼姑妙音，妙音显赫一时，"供无穷，富倾都邑"，"权倾一朝，威行内外"，公卿百官竞相奉承结交，门口常有车马百余辆。晋恭帝更是"深信浮屠道"，造丈六金像，往瓦官寺迎接。

东晋更广立寺院，铸造佛像。康帝时褚皇后立延兴寺，简文帝立波提寺，孝武帝立精舍于殿内，引沙门居住。恭帝铸货千万，造丈六金像，亲迎瓦官寺，从行 10 余里。其他名门豪族也大兴寺庙建设。如许询舍永兴、山阴二宅为寺，谢尚舍宅为庄严寺，王坦之舍园为安乐寺。安乐寺东有丹阳尹王雅宅，西有东燕太守刘斗宅，南有豫章太守范宁宅，并施以成寺。何充在扬州修崇佛寺，征役吏民，功赏万计，为遐迩所讥。

两晋时士大夫阶级的子弟出家的逐渐增多，如竺法深是大将军王敦的兄弟，道宝是丞相王导的兄弟，道安也是家世英儒。士大夫阶级的妇女也渐有出家的。如武威太守钟诞的女儿令仪，于西晋建兴中出家，名竺净检，从西域沙门智山受十戒（沙弥尼戒），后于东晋咸康中又从昙摩竭多受具足戒，是为汉地最早的比丘尼。东晋的佛教，以庐山的东林寺和建康的道场寺为中心。东林寺是慧远的活动基地，佛驮跋陀罗、法显、慧观、慧严等人则以道场寺作根据地，宣扬佛教。

东晋偏居江南，北方有匈奴、羯、鲜卑、氐、羌等民族所建立的二赵、三秦、四燕、五凉及夏、成（成汉）等十六国。这些地区的统治者，多数推崇佛教，使佛教的传播和发展在北方地区十分兴盛。特别是前秦、后秦的佛教，在中国佛教史上占极重要的地位。

北方各民族区域的佛教，发轫于西域沙门佛图澄在后赵的弘传。佛图澄于西晋永嘉四年（310）来到洛阳。其时后赵石勒屯军在葛陂，以杀戮来壮大声威。佛图澄用道术感化他，阻止了他的残杀，从此中州人民逐渐奉佛。后来石虎即位，迁都到邺城，也很尊崇佛图澄，一时人民多营寺庙，争先出家。北地佛教最盛的是前秦。前秦第二代统治者苻坚笃好佛教，他在位时，佛教称盛。道安就是苻坚请到长安的，住在长安城内五重寺，领众数千人，宣讲佛法，并组织佛典的传译。到后秦时，佛教更为兴盛。后秦第二代统治者姚兴，也笃好佛教，又因得鸠摩罗什，译经讲习都超越前代。与鸠摩罗什同时来到长安从事译经的，还有弗若多罗、佛陀耶舍、昙摩耶舍等印度和西域高僧。在后秦佛教鼎盛时，长安的僧尼数以万计。后秦弘始七年（405），姚兴以罗什的弟子僧略为"僧正"，僧迁为"悦众"，法钦、慧斌为"僧录"，建立了国家管理佛教的体系，由他们管理僧尼事务。

在东晋时，兴起了佛徒西行求法的浪潮，其中以法显为代表，开启了长达上千年的浩浩荡荡的西行求法运动。这时南北两地的佛典翻译，也作出了许多超越前代的业绩。东晋时代的佛教义学，上承西晋，以般若性空之学为中心。佛教学者对于般若学深入钻研，从而对般若性空的解释，产生种种不同的说法，而有"六家七宗"之分，出现了很活跃的场面。

3. 南北朝：佛教东传史上的黄金时代

南北朝时期，是中国佛教全面持续高涨的时期，是佛教东传史上的一个黄金时代，佛教在中国的北方和南方都得到很大发展。在这一时期，佛教与中国传统文化进一步融合，教理研修远远超过前代，并且中国佛教独立发展出自己的学派。可以说，南北朝佛教学派的出现以及寺院规模、人数的剧增，表明佛教已在中国扎下根，为隋唐佛教的大繁荣准备了条件。不过，由于南北的分立，两地的佛教发展也有一些不同的特点。简而言之，正如钱穆所说的那样：

> 北方佛法常受王室拥护，颇想造成一种神权政治而没有成功。南方佛法则多由士大夫自由专研习，他们多用纯哲学的探究，要想把佛教哲学来代替儒家思想，成为人生真理之新南针。他们大体都是居士而非出家的僧侣。因此北方佛教常带"政治性"，南方佛教则多带"哲学性"。北方佛教重在"外面的庄严"，南方佛教重在"内部的思索"。[①]

---

① 钱穆：《中国文化史导论》，商务印书馆1994年版，第144页。

佛教在南北朝的兴盛，首先得益于皇权的大力提倡。南朝历宋、齐、梁、陈数代，朝野皆皈依佛教。刘宋一代，在建康组成了以佛驮跋陀罗和求那跋陀罗为核心的译场，涌现出慧观、慧严等一大批学僧，继续影响着士大夫的思想风貌。在刘宋的诸帝中，文帝最重视佛教，他听到侍中何尚之等的佛化有助于政教之说，即致意佛经，后来常和慧严、慧观等论究佛理。孝武帝也崇信佛教，建造了药王、新安两寺，令道猷、法瑶住新安寺，"使顿渐二悟义各有宗"，并往新安寺听讲。孝武帝还信任僧人慧琳，使他参与政事，世人称为"黑衣宰相"。萧齐帝室也崇信佛教，竟陵文宣王萧子良从事佛教教理讲论，著有《净住子净行法门》《维摩义略》等，其平生所著宣扬佛教的文字集为 16 帙 116 卷。当时荆州名士刘虬研精佛理，撰有《注法华经》《注无量义经》。子良作书招请他，共同讲论法义。

宋齐之世建塔造寺日益增多。刘宋时，已经是"调役百姓，修营佛寺，务在壮丽"。刘宋元嘉十二年（435），丹阳尹萧摩之论奏说道："佛化被于中国，已历四代，形像塔寺，所在千数，进可以系心，退足以招劝。而自顷以来，情敬浮末，不以精诚为至，更以奢竞为重。旧宇颓弛，曾莫之修，而各务造新，以相姱尚。甲第显宅，于兹殆尽，材竹铜彩，糜损无极，无关神祇，有累人事。"（《宋书·天竺嘉迦毗黎国传》）

至齐、梁两朝，皇室、贵族更大兴营造之风。仅以太后宣修容为例："常无蓄积，必行信舍。京师起梁安寺，上虞起等福寺，在荆州起禅林、祇洹等寺，浔阳治灵邱、严庆等寺。前后营诸寺佛宝帐百余领，躬事后素，亲加雕饰，妙于思理，若有神功。性好赈施，自春及冬，无日而怠。"（《金楼子·后妃》）

南朝佛教在梁武帝时达到极盛。梁武帝萧衍最初研究儒学，既而信奉道教，最崇信佛法，皈依于智藏、法云、僧旻三大师，依慧约法师受戒。梁武帝即位的第三年（504）四月八日，率僧俗两万人，在重云殿重阁，亲制文发愿，舍道归佛，对佛教表示信仰。天监十八年（519）从智约受佛戒，法名冠达。为表示其信仰，梁武帝于大通元年（527）、中大通元年（529）、中大同元年（546）、太清元年（547）前后 4 次"舍身"奉佛，到同泰寺为寺奴，每次舍身时都在同泰寺升讲堂法座为四众讲经。他对义学更是多方提倡，事佛后撰《涅槃》《大品》《净名》《三慧》等经义记数百卷，自讲《波若》义，自立《神明成佛》义，诏编《众经要钞》《经律异相》《义林》等佛教类书，推崇《成实》论师和《十诵》律师。梁武帝直接参与了佛教的研究、撰述、辩论，刺激佛教内部的学术思想发展，为独立的思想体系的完成做了准备。梁武帝令道朗将各家《涅槃经疏》汇成为《涅槃经集解》，天监七年（508）令僧旻撰《众经要钞》88卷，又令智藏撰《义林》81卷，天监十四年（515）令僧绍撰《华林殿众经目录》，二年后又令宝唱改定。令宝唱集《续法轮论》70余卷、《法集》130卷、《经律异相》55卷。简文帝萧纲也撰《法宝联璧》267卷。这些著作对于当时佛教研究起了促进作用。特别是《义林》之类，纂述义章，成为治理经论的主要方法。武帝极力倡导《涅槃》等大乘经的断禁肉食，作有《断酒肉文》四首，严令僧徒遵守。这对后世影响很大，它改变了汉代以来僧徒食三净肉的习惯。由于武帝笃好佛教，他的长子昭明太子萧统、第三子简文帝、第七子元帝，也都好佛。

梁武帝还大兴佛寺，他即位之后，即"为奉太祖于钟山起大爱敬寺，又为奉献后起大智度寺"，又造法王寺，其地本号新林，是前代宫苑，以兴义军首祚王业，故号"法王"。沈约《法王寺碑》有详细说明。通过碑文可以了解到当时把护持佛法与夺取皇权结合起来，建寺成为兴国的实际行动。后来又舍故居建光宅寺，沈约又作《光宅寺刹下铭》。铭文记载了以建寺的行动祈求江山永固。这时所造佛像，有光宅寺的丈八弥陀铜像，爱敬寺的丈八栴檀像、铜像，同泰寺的十方佛银像等。

在帝王提倡之下，梁武帝天监年间，皇室和臣僚、僧侣造寺形成高潮。《建康实录》记录的还有长乾寺、永建寺、佛窟寺、敬业寺、敬居寺、明庆寺、涅槃寺、翠微寺、本业寺、解脱寺、劝善寺等。从建康一地的部分记载，可以窥见梁、陈两朝各地造寺的盛况。在梁武帝的带动下，王公、后妃以及门阀士族纷纷建寺，一时间寺院之数剧增，仅建康一地便有500余所。据《辩正论》所记，南朝梁时，全国共有寺院2346所，僧尼82700人，比东晋时寺院增加1000余所，僧尼增加3倍多。

陈朝皇祚较短，在推行佛教方面继承梁朝的做法，继续推行舍身、忏法和戒律，弘扬佛教。陈武帝设四部无遮大会，到大庄严寺舍身，由群臣表请还宫。他提倡"广流《大品》，尤敦三论"。文帝任宝琼为京邑大僧正，也在太极殿设无遮大会并舍身，招集僧众举行《法华》《金光明》《大通方广》《虚空藏》等忏，并别制《愿辞》，自称菩萨戒弟子。宣帝命国内初受戒的沙门一齐习律五年。陈后主也在太极殿设无遮大会舍身大赦。

南朝历代的佛典翻译，相继不绝。刘宋的前半期，译经事业已相当发达。梁末陈初，真谛在译经方面的突出功绩，发展了南朝的译业。南朝的佛教义学在宋、齐二代，先是《涅槃经》代《般若经》而兴，到梁代而极盛。同时三论渐见推行，和《成实论》各立门户。到了陈代，武帝、文帝、宣帝均推重三论，《成实论》遂不复与三论抗衡。另有《华严经》，从宋初的法业以后一直到梁代，几乎无人研习，到梁代以后而渐盛。

在北朝，虽然发生过北魏太武帝和北周武帝发动的两次毁佛事件，但总体上说，大多数王朝的统治者是重视利用和扶植佛教的，在佛教的规模上，北朝远盛于南朝。北魏太祖道武帝立国，"好黄老，颇览佛教"，在统一北方的战争中，"见诸沙门道士，皆致精敬"。同时，建立"道人统"，对僧尼严加管理，一开始就规定沙门须拜王者。明元帝继位，史称"尊太祖之业，亦好黄老，又崇佛法，京邑四方，建立图象"。他明确提出"佛教万善同归，敷导民俗"的口号，赋予佛教"巡民教化，安抚一方"的任务，对佛教和僧尼的重视又加一等。

北魏太武帝，初亦崇信佛法，后奉行寇谦之的天师道，并接受了司徒崔浩诽毁佛教的观点。他于440年改元"太平真君"，限制沙门，征兵僧侣。446年，太武帝至长安，听从崔浩的建议，自称"承天之绪，欲除伪定真，复羲农之治"，诏令魏境悉坑沙门，破毁佛像胡经。这就是佛教史上"三武一宗"之祸的"一武法难"。未久寇谦之死，崔浩亦因事被诛，太武帝颇以毁佛法事为悔。这一毁佛行动的直接后果，是使中国佛教增强了"末法"意识，驱使佛徒大批南下。

魏文成帝继位后，朝野上下一片复佛的呼声。他下诏复法，重振佛教，"释迦如来功济大千，惠流圣境，助王道之禁律，益仁之善性，排除群邪，开演正觉"。令京城和诸州郡县民居之所，各修寺庙图像，以供善男信女礼佛。又为高僧师贤等五人落发，赐袈裟，封师贤为道人统，令其总摄沙门。又封王遇为匠作大将，让他们在武周山"造令如帝身的佛像一尊"。又下诏令京城五极大寺，为太祖以下五帝各铸佛像一尊，身高一丈六尺，备铜25万斤，将他的列祖列宗列入佛帝序列，把佛教与国家的政治更加紧密地结合在一起。又任昙曜为昭玄沙门都统，于城西武州塞开凿石窟五所，各镌佛像，雕饰奇伟，冠于一世，这就是著名的云冈石窟。

孝文帝"笃好佛理"，常于禁中亲讲经论。《魏书·高祖本纪》说："雅好读书，手不释卷。《五经》之义，览之便讲，学不师受，探其精奥。史传百家，无不该涉。善谈《庄》《老》，尤精释义。"并为西域来僧建永明寺，组织了以菩提流支为首的译场，影响遍及整个北国。北魏王朝在平城期间，把佛教推向了鼎盛，也使平城成为佛教传播的中心。北魏太和十九年（495），孝文帝迁都洛阳，也把众多的寺庙建设带到洛阳，把石窟造像之风从云冈带到了龙门。迁都次年，诏于少室山阴立少林寺，安居西域沙门跋陀。

宣武帝也大兴佛教，他为太子时，"雅爱经史，尤长释氏之义，每至讲论，连夜忘疲"。宣武帝即位之初，诏于洛南伊阙山为其父母营造石窟二所。此后经历代陆续营造，开创了规模宏大的龙门石窟群。时有不少外国僧人来到洛阳，宣武帝为之立永明寺，房舍一千余间，共住外国沙门千余人，其中有著名的译师昙摩流支、菩提流支、勒那摩提、佛陀扇多等。菩提流支到洛阳时，宣武帝殷勤慰劳，他在内殿翻译《十地经论》的第一日，宣武帝亲自笔受。永平二年（509）十一月己丑，"帝于式乾殿为诸僧、朝臣讲《维摩诘经》"。"世宗笃好佛理，每年常于禁中亲讲经论，广集名僧，标明义旨。沙门条录，为《内起居》焉。上既崇之，下弥企尚。至延昌中，天下州郡僧尼寺，积有一万三千七百二十七所，徒侣逾众。"（《魏书·释老志》）其皇后胡氏，"性聪悟，多才艺，姑既为尼，幼相依托，略得佛经大义"。她遣敦煌人宋云偕崇立寺比丘惠生往西域朝礼佛迹，访求经典。

受北魏诸帝奉佛的影响，朝野风从，人们经官私得度出家为僧的日益增多。《魏书·释老志》记载，北魏太和元年（477），有寺6478所，僧尼77258人。延昌中，有寺13727所，增加一倍多，僧尼亦应成倍增加。孝明帝时，灵太后专权，在城内起永宁寺，建佛图9级，高40余丈，中有金玉佛像10余躯，僧房楼观1000余间，此时全国有寺院3万余所，其中洛阳就有寺500余所，天下僧尼大众200万人。《洛阳伽蓝记·序》说："逮皇魏受图，光宅嵩洛，笃信弥繁，法教愈盛。王侯贵臣，弃象马如脱屣，庶士豪家，舍资财若遗迹。于是昭提栉比。宝塔骈罗，争写天上之姿，竞摹山中之影。金刹与灵台比高，讲殿共阿房等壮。岂直木衣绨绣，土被朱紫而已哉！"

北魏不仅建寺多，而且规模宏大。永宁寺塔规模之宏大堪为京师洛阳寺院之首，其他寺院的建筑也颇有气势。长秋寺的三层佛塔，"金盘灵刹，曜诸城内。作六牙白象负释迦在虚空中。庄严佛事，悉用金玉。作工之异，难可具陈"。瑶光寺的五层佛塔，高五十丈，"仙掌凌虚，铎垂云表，作工之妙，埒美永宁讲殿"。还有"尼房五百余间，绮疏连亘，户牖相通，珍木香草，不可胜言。牛筋狗骨之木，鸡头鸭脚之草，亦悉备焉"。景乐寺有佛殿一所，"像辇在焉，雕刻巧妙，冠绝一时。堂庑周环，曲房连接，轻条拂户，花蕊被庭"。昭仪尼寺"有一佛二菩萨，塑工精绝，京师所无也"。胡统寺"宝塔五重，金刹高耸。洞房周匝，对户交疏，朱柱素壁，甚为佳丽"。修梵寺和嵩明寺"并雕墙峻宇，比屋连甍，亦是名寺也"。景林寺"讲殿迭起，房庑连属，丹槛炫日，绣桷迎风，实为胜地"（均出自《洛阳伽蓝寺记》）。

孝静帝时，北朝魏分裂为东西两国。东魏孝静帝迁于邺都，洛阳僧尼大半随迁，于是邺都又成了佛教重镇，新寺竞立。到东魏末年（550），魏境"僧尼大众二百万矣，其寺三万有余"。虽然这些统计数字并不准确，但由此可以看出佛教在南北朝的发展速度，是异常迅猛的。北齐取代东魏（550）后对佛教愈加看重。文宣帝即位后，极力提倡佛教，请高僧法常入内庭讲《涅槃》，并拜为国师，又置昭玄寺管理佛教。邺都有寺4000所，僧尼近8万，东魏全境寺院4万所，僧尼200万。据《隋书·地理志》记载，北齐人口有303万户，每3户便有2人为僧，如以口计，约7人至10人中便有1人为僧。西魏以长安为都，重兴长安佛教。

北周取代西魏（557）后，也大事建寺度僧。但在魏太武帝法难150余年后，佛门一度再遭厄难。北周武帝时，益州成都僧人卫元嵩上书请废佛，并自还俗。卫元嵩的上书有15条之多，它的基本思想是：不分在家出家，所有的人都可加入平延寺；以为只供出家人住的寺院没有必要存在，世俗的城隍就是寺塔，皇帝就是如来；又以在家生活的夫妇为圣人，积极赞成婚姻生活，肯定儒家的家庭制度；人人应以不贪的心态过社会生活，说"平延寺思想"实现时，和平的理想社会就会出现于世间，并说这种"平延寺思想"是《大智度论》中天王佛的政令，天王佛教人装束和生活要与在家者无异，不要用僧人常用的钵，不要过出家人特有的生活。建德三年（574），武帝把"平延寺思想"称为"至道"，并把它表述为"即事而言，一切无非道"。武帝在这种理论的支配下，推行了极为严厉的灭佛政策。《房录》卷一一记载："建德敦牂（三年），迄于作噩（六年，平齐），毁破前代关山西东数百年来官私所造一切佛塔，扫地悉尽。融刮圣容，焚烧经典。八州寺庙出四十千，尽赐王公，充为宅第。三方释子减三百万，皆复军民，还归编户。"建德六年（577），武帝以佛教费财伤民、悖逆不孝为名，正式宣布毁佛。这就是史称的"二武法难"。

但武帝死后，宣帝嗣位，还俗僧任道林等力请恢复佛教，得到许可。大成元年（579），于东西二京立陟岵寺，选择旧日有名望的沙门220人，须发冠服，在寺行道，并命智藏等长发为菩萨僧，任寺主。至于民间禅诵，一概不加干涉。次年（580）五月，静帝继立，命全国恢复佛教。北周武帝的毁佛事件反而促进了佛教的发展。这说明佛教传入中国后，已经深深扎根，具有广泛的群众基础，单靠行政手段是不能将其摧毁的。孙昌武指出：

> 中国历史上佛教每次遭到尽毁，终究又得到恢复，也是因为佛教已融入中国文化传统之中，无论作为宗教信仰和思想学说，还是作为社会组织或理论体系，都已深深扎根，不可动摇；它作为维护统治的辅助手段和一般民众的精神寄托，又都是不可或缺的。结果使辟佛或毁佛的言论和措施无论多么严厉、激烈，客观上反而会促使佛教更进一步调节与世俗政权、与本土传统的关系，促进其自身的发展和演变，从而建设更能够适应本土环境、更能体现中国文化发展需要的佛教。[1]

北朝各代的佛典翻译，也赓续不绝。北朝佛教义学，小乘以《毗昙经》《成实经》为盛，大乘则是《涅槃经》《华严经》《地论经》并弘。但是北朝佛教的特点，还在于侧重实践，特别是禅观，而非空谈理论，这和同时的南方佛教有显著的不同。

佛教初传时期，本土人士出家的很少，朝廷对于汉人出家也加以限制。因为按照中土固有的文化观念，出家修行难以被更多的人接受和施行。所以中国居士佛教发达，并成为以后中国佛教的重要特征之一。但到东晋十六国之后，民众出家为僧的渐多，皇族和其他高门士族普遍崇佛，其家族成员出

---

[1]　孙昌武：《中国佛教文化史》第2册，中华书局2010年版，第768—769页。

家为僧也成为一时风气。一些著名的高僧，如道安、慧远、竺道生、僧佑等，是士族家庭出身，他们自幼接受过良好教育。又如东晋竺法深，桓彝说"此公既有宿名，加先达知称，又与先人至交"（《世说新语》），肯定也是出身高门。

据以上所述，两晋南北朝佛教东传出现了高潮，进入到中国佛教发展的黄金时代，这不仅表现在佛寺庙宇的广泛建立，出家僧尼人数众多，更主要的是佛教得到了上层社会的接受、认可和支持以及下层社会、民间百姓的信奉、追捧，这说明佛教在中国社会生活中已经有了一定的社会心理基础，有了群众的认同与拥护，在民间文化中扎下根来。我们看到，在两晋南北朝时期，除了个别情况如魏太武帝和周武帝的毁佛灭佛行为外，大多数的帝王以及整个朝廷都是对佛教持欢迎、接受和支持的态度。流风所至，整个社会的上层，皇亲国戚、高门士族都热烈地追捧、信奉佛教，这对佛教的传播是至关重要的。因为国家的认同与否，决定了佛教这种外来文化能否在中国社会中立足。不仅如此，更因为皇帝、朝廷以及高门士族等等拥有国家的行政资源和财力资源，他们把传播和发展佛教作为一种国家的事业，提供各种尽可能的支持，甚至摆在优先发展的地位。这对佛教的传播和发展是十分有利的。

在两晋南北朝时期，佛教进入到在中国大传播、大发展的黄金时代。在社会下层，有广大的信众，塔寺林立，香火缭绕；在社会上层，皇帝、朝廷和高门士族的大力支持和追捧，使之成为社会的主流意识形态；更有大批知识分子参与其中，与高僧们广泛交游、诗文唱和、谈玄论道。这样，佛教与中国社会的各阶层、与中国的大传统和小传统之间实现了前所未有的良性互动，共同上演着佛教东传的宏伟壮阔的历史画面。

4. 名士与沙门的交游

自从汉代佛教传入中国以来，就有浮屠与黄老并称。到两晋之时，老庄之学发展成为玄学和清谈，而佛教义学发展为般若思想，于是般若与玄学之交锋，沙门与名士之交游，成为当时一道独特的文化风景。鲁迅说：

> 中国自南北朝以来，凡有文人学士，道士和尚，大抵以"无特操"为特色的。晋以来的名流，每一种人总有三种小玩意，一是《论语》和《孝经》，二是《老子》，三是《维摩诘经》，不但采作谈

资，并且常常做一点注解。①

柳诒徵也说道：

（玄学）稽其理论，多于释氏相通，故自晋以来，释子盛治《老》《庄》，清谈者亦往往与释子周旋。佛教之与吾国学说融合，由是也。梁、陈讲学，或在官殿，或在僧寺，或以佛与儒道诸书并称。足见清谈讲学者，皆与佛教沟通，当时盛流，咸受缁衣熏染矣。②

魏晋名士以建安七子、正始名士、竹林七贤为代表，尤以竹林七贤最为著名，他们的言谈与仪表以及由此反映的文化素养与精神状态，从一个侧面表现了那个时代的文化面貌。在很多人看来，魏晋风度是一种真正的名士风范，所谓是真名士自风流，由正始才俊何晏、王弼到竹林名士嵇康、阮籍，中朝隽秀王衍、乐广以至于江左领袖王导、谢安，莫不是清峻通脱，表现出那一派"烟云水气"而又"风流自赏"的气度，几追仙姿，为后世景仰。实际上，这种"风度"是那个时代的特殊产物。社会动荡迷茫，名士们思治而不得，苟全性命于乱世，于是，摆脱名教而自命通达，成为当时的流行风尚。

魏晋名士崇尚清谈。东汉末年，士人中间"清议"之风盛行。他们"品核公卿，裁量执政"，"上议朝政，下讥卿士"，体现了古代知识分子积极参与政治的责任感。然而由于党锢之祸，很多名士被杀害。以后又因军阀混战，政权频繁更迭，造成"魏晋之际天下多故，名士少有全者"的恐怖局面。于是，名士大都缄默下来，不言时政，由"清议"转向"言及玄远"的"清谈"玄学。这些名士言辞高妙，精神超俗，"托杯玄胜，远咏庄老"，"以清谈为经济"，喜好饮酒，不务世事，以隐逸为高。

也正是在这个时候，佛教在中国的传播蔚成潮流，受到很多人的关注。佛学典籍的高深义理，高僧们飘然世外的行为态度，以及新奇的佛教仪轨和佛事活动，都对当时追求玄学高远的名士们有很大的吸引力。李定一说："佛教与老庄的哲理一拍即合，所以南方的僧侣常有与名门世族相与清谈，盖气

① 鲁迅：《准风月谈》，人民文学出版社 1973 年版，第 96 页。

② 柳诒徵：《中国文化史》上卷，东方出版中心 1988 年版，第 381—382 页。

味相投故也。"① 所以，在这种佛教文化大传播的形势下，出现了名士奉佛的时尚潮流。汤用彤指出：

> 《高僧传》曰，孙权使支谦与韦昭共辅东宫，言或非实。然名僧名士之相结合，当滥觞于斯日。其后《般若》大行于世，而僧人立身行事又在在与清谈者契合。夫《般若》理趣，同符老庄。而名僧风格，酷肖清流，宜佛教玄风，大振于华夏也。……名人释子共入一流，世风之变，可知矣。②

许理和指出：

> 公元 4 世纪的中国佛教，尤其是一种特定形态的士大夫佛教……是中国知识分子在皈依佛教之初实际上就已开始的某种发展进程的决定性阶段……中国的"上层阶级"佛教最初的形成，"士大夫僧人"（gentlemen monks）的活动及其开始渗透到有文化的上层社会和思想中去，可以最早回溯到公元 3 世纪末、4 世纪初。
>
> 我们发现在公元 3 世纪末、4 世纪初，出现了形成僧人知识精英（intellectual clerical elite）的明显最初迹象。他们由中国或本地化了的僧人组成，去创生或弘扬一种完全汉化了的佛教教义，这些教义从那时以降开始渗入中国上层社会……僧人在公元 290 年以前与有文化的中国上层阶级联系的例子微乎其微，可以忽略不计……③

名士奉佛，在思想倾向上大体有两种类型，其一是像谢鲲等属于"八达"中的人物，"散发裸裎，闭室酣饮"，继承玄学中放浪形骸不拘礼法的传统，同《般若》《维摩》的大乘空宗接近。另一类是调和佛教同儒家的正统观念，也很注重佛教的因果报应和佛性法身等说，倾向于佛教有宗，比如孙绰和郗超等人。

郗超在桓温时为中书侍郎，权势倾朝，与竺法汰、支遁等讨论佛教般若学，被誉为"一时之俊"。其所著《奉法要》，论述佛法要点，是东晋士大夫

---

① 李定一：《中华史纲》，中国长安出版社 2012 年版，第 215 页。

② 汤用彤：《汉魏两晋南北朝佛教史》，昆仑出版社 2006 年版，第 142 页。

③ ［荷兰］许理和著，李四龙译：《佛教征服中国——佛教在中国中古早期的传播与适应》，江苏人民出版社 2003 年版，第 28、94—95 页。

对佛教的典型认识，属中国佛教义学史上的重要文献。此文提倡用佛教五戒"检形"，用十善"防心"。善恶有报，天堂地狱，均系乎心，强调人们必须"慎独于心，防微虑始"，把本已强调超脱的人生哲学，解释成了一种治心从善的道德学说，把佛教的道德作用提到了首位。此文特别改正了中国传统上认为积善积恶必将福祸子孙的报应说，认为"善自获福，恶自受殃，是祸是福，都是自作自受，不能延及后代亲属"。据此，他推演人生遭遇，"通滞之所由，在我而不在物也"。郗超对般若学也有独特的认识：般若之"空"，绝不是"空中行空"，"夫空者，忘怀之称，非府宅之谓也……有无由乎方寸，而无系于外物"，故"非灭有而后无"。对般若空观的这种解释，就是后人称为"心无宗"的一种具体主张。

梁时太学博士周弘正为清谈名士。他年轻时，"（智）藏法师于开善寺讲说，门徒数百，弘正年少，未知名，着红裤锦绞髻，踞门而听，众人蔑之，弗遣也。既而乘间进难，举坐尽倾。法师疑非世人，觇知，大相赏狎"（《南史·周朗传》）。梁代著名学者、文人裴子野，"末年深信释氏，持其教戒，终身饭麦食蔬"。梁武帝大通年间官至尚书左丞的刘杳，撰有《要雅》《古今四部书目》等。"杳治身清俭，无所嗜好。为性不自伐，不论人短长，及睹释氏经教，常行慈忍。天监十七年，自居母忧，便长断腥膻，持斋蔬食。及临终，遗命敛以法服，载以露车，还葬旧墓，随得一地，容棺而已，不得设灵筵祭醊。其子遵行之。"（《梁书·刘杳传》）到溉历官齐、梁二代，官至国子祭酒，参与撰著《佛记》，史载："溉家门雍睦，兄弟特相友爱。初与弟洽常共居一斋，洽卒后，便舍为寺，因断腥膻，终身蔬食，别营小室，朝夕从僧徒礼诵。高祖每月三置净馔，恩礼甚笃。蒋山有延贤寺者，溉家世创立，故生平公俸，咸以供焉，略无所取。"（《梁书·到溉传》）

南朝梁、陈间诗人徐陵年少时就被高人赞誉为"天上石麒麟""当世颜回"。他"少而崇信释教，经论多所精解。后主在东宫，令陵讲《大品经》，义学名僧，自远云集。每讲筵商较，四座莫能与抗"（《陈书·徐陵传》）。徐陵之弟孝克，"居于钱塘之佳义里，与诸僧讨论释典，遂通《三论》。每日二时讲，旦讲佛经，晚讲《礼传》，道俗受业者数百人……开皇十年，长安疾疫，隋文帝闻其名行。召令于尚书都堂讲《金刚般若经》"（《陈书·徐考克传》）。陈朝右卫将军、秘书监傅绎也笃信佛教，从兴皇寺惠朗法师受《三论》，尽通其学。

陈朝另一位著名文人江总为一代名士。张缵、王筠、刘之遴，乃一时高才学士，皆对江总雅相推重，与之为忘年友。史载："台城陷，总避难崎岖，累年至会稽郡，憩于龙华寺，乃制《修心赋》……总尝自叙，其略曰……弱岁归心释教，年二十余，入钟山就灵曜寺则法师受菩萨戒。暮齿官陈，与摄山布上人游款，深悟苦空，更复练戒，运善于心，行慈于物，颇知自励，而不能蔬菲，尚染尘劳，以此负愧平生耳。"（《陈书·江总传》）

一方面，名士奉佛，不仅是接受了一些佛学的理论，探讨佛教的义理，更重要的是他们喜欢沉浸在佛教的文化气氛中，享受这种佛教文化。日本学者冢本善隆指出：

> 南朝文化，如晚唐诗人杜牧在《江南春》诗"南朝四百八十寺，多少楼台烟雨中"所怀念的，并非是佛教自身的全盛期；与其说作为宗教的佛教全盛，不如说是佛教文化的全盛。在佛教文化的笼罩下，南朝贵族文化极尽繁荣华丽。这里不说佛教而说佛教文化，是因为贵族佛教并不是追求觉悟、精进求道的宗教，也不是出自宗教体验、有意献身社会的宗教。极端而言，这只是沉溺于佛教、享受佛教文化。①

另一方面，当时的高僧大多是很有学问修养的知识分子，他们不仅精通佛典，而且对于中国传统文化也有很高的造诣。孙昌武指出："名僧实际是出家为僧、披上袈裟的本土知识分子。他们参与僧团，大大提高了僧团的文化水平，对于扩大佛教在社会上层的影响起了关键性的作用；而从另一方面看，有他们这样一批人在教团内部活跃，也促进了僧团自身素质的提升。"② 因此，他们的影响所及，不仅仅在佛教界，在社会上也有很高的声望。所以在当时出现了以名流比拟沙门的评论，把他们作为一类社会精英来看待，即所谓"名僧名士化"。僧侣所展现出来的风格，和清谈名士相比是丝毫不逊色的。例如：支遁"幼有神理，聪明秀俊"，支孝龙"少以风姿见重。加以神采卓

---

① ［日］冢本善隆：《中国净土教史研究》，引自孙昌武：《中国佛教文化史》第 1 册，中华书局 2010 年版，第 28 页。

② 孙昌武：《中国佛教文化史》第 1 册，中华书局 2010 年版，第 346 页。

荦，高论适时"，竺僧度"虽少出孤微，而天姿秀发，年至十六，神情爽拔，卓尔异人"，慧远"弱而好书，珪璋秀发"。这些《高僧传》中所描述的文辞中，透露出当时社会的风气。

孙绰著《道贤论》，用玄学名士的标准来评论当时的名僧，把两晋竺法护、帛远、支遁等7位名僧比作魏晋之际的"竹林七贤"，各为之吟咏赞叹。另又作《名德沙门题目》，品题道安、法汰、支愍度等名僧。他写的《喻道论》，把佛视作"体道者"，其"无为，故虚寂自然；无不为，故神化万物"，以玄学惯用的《老子》语言，塞进大乘法身与化身的思想。他特别宣称"周孔即佛，佛即周孔"，提倡儒佛全面一致，唯内外有别而已。

这样，名士奉佛，名僧谈玄，玄学之士要借助于般若本无的思想来提高自己的玄解，佛教之中更多博学之士出家入道，形成名流交结沙门的时尚。宗教史的人文化、士大夫化进程，以中国知识分子阶层的社会人际交往即交游为独特方式。《荀子·君道》说："其交游也，缘义而又类。"这是志趣、爱好、情感，甚至是理想的投契与一致。缁流杖锡远游，结交时贤，蔚为风气。如魏晋著名僧人支孝龙"神采卓荦，高论适时。精研小品经，以为心要"。他与阮瞻、庾凯、谢鲲、胡毋辅之、王澄、光逸、董昶等当世名士共结知音之交，世人称为"八达"（《高僧传》、陶潜《圣贤群辅录》作"八法龙"）。支孝龙说："抱一以逍遥，唯寂以致诚。剪发毁容，改服变行。彼谓我辱，我弃彼荣。故无心于贵而愈贵，无心于足而愈足矣。"（《高僧传》）

两晋之际，中原不少佛教名僧避难渡江，在南方积极开展传教活动，很受欢迎。他们与信奉佛教的王公士大夫交往密切，成为他们的座上客，一起游山玩水，赋文作诗，谈玄说法，设斋礼佛。唐柳宗元《送文畅上人登五台遂游河溯序》说："昔之桑门上首，好与贤士大夫游。晋宋以来，有道林、道安、远法师、休上人，其所与游，则谢安石、王逸少、习凿齿、谢灵运、鲍照之徒，皆时之选。由是真乘法印与儒典并用，而人知向方。"

在南渡高僧中，竺法汰先投身桓温于荆州，后至建康，为简文帝所敬，请其讲授《放光经》，王侯公卿莫不毕集。法深（琛）名竺潜，渡江之后，受到中宗、元后和明帝礼遇，为丞相王茂弘、太尉庾元规所敬友，号称"方外之士"，曾受哀帝诏，于御筵开讲《大品》。《高僧传》记载："潜尝于简文处遇沛国刘惔，惔嘲之曰，道士何以游朱门？潜曰：君自睹其朱门，贫道见为蓬户。"这种身游朱门、目为蓬户的说法，活画出一些名僧的品格和风度。

另一个影响极大的名僧是支遁。支遁，字道林，时人评他不减王弼，比作向秀。他与王洽、刘恢、许询、殷浩、桓彦表、王敬仁等一代名流过往甚密，尤为谢安所重，晚年为哀帝讲《道行般若》，郗超、王羲之等师其学说。他把般若的"空观"同庄子的"逍遥"结合起来，使般若学和玄学都达到了一个新的水平。支遁和名士王羲之、许询等交游，作为名士记录的《世说新语》竟有54处记载。支道林对《庄子》有精深研究，自比竹林七贤中的向秀，他和许询、谢安共聚王濛家中，以《庄子·渔父》为题，"当共言咏，以写其怀"，"支道林先通，作七百许语，叙致精丽，才藻奇拔，众咸称善"。有学者统计，仅有文献记载的，与支遁有交往的著名上层文化人就有35人。葛兆光指出："支遁的意义则在于将佛教般若学的深奥道理与玄学思辨的最高成就融汇，并在佛教徒之外，影响了相当多的文人士大夫，使得中国思想世界以佛学接续并超越玄学。"[1]

东晋太元六年（381），慧远一行人来到庐山，在此隐居30余年。慧远以东林寺为教化中心，与东晋士大夫中的许多隐居者交往深厚，其中有刘遗民。刘遗民幼读百家书，任县令，后隐居庐山，专心空门，与陶潜、周续之并称"浔阳三隐"。刘遗民和慧远共研僧肇的《般若无知论》，并提出问难，可见其对般若学修养有素。另撰有《释心无义》。周续之读《老子》《周易》，通《五经》《纬候》，入庐山师事慧远，刘宋初年，应征入京，教授儒典《礼》《毛诗》《公羊传》等，与戴逵就善恶报应问题进行辩论，作《难〈释疑论〉》，驳戴逵的《释疑论》。宗炳入庐山与慧远考寻文义，现存有他的《明佛论》，发挥慧远的"神不灭论"和道生的"众生皆可成佛"的思想，以为"精神不灭，人可成佛；心作万有，诸法皆空"，是晋宋之际最有代表性的佛教文献之一。雷次宗少入庐山，师事慧远，明《三礼》《毛诗》。慧远讲《丧服经》，雷次宗与宗炳等并执卷受教，后雷著《略说丧服经传》。雷次宗晚年应征至京师，为皇太子、诸王讲《丧服经》。雷次宗在《与子侄书》中谈到庐山的学习氛围："逮事释和尚，于时师友渊源，务训弘道，外慕等夷，内怀

---

[1] 葛兆光：《中国思想史》第1卷《七世纪前中国的知识、思想与信仰世界》，复旦大学出版社1998年版，第539页。

悱发。于是洗气神明，玩心坟典，勉志勤躬，夜以继日。"

从以上所述，名僧和名士的交往在当时成为风气。

士大夫与名僧们的来往并不限于一般的游山玩水、吟唱赋诗，还要举行各种各样的斋忏法会，最常见的便是八关斋会，八关斋是通过斋戒申明且实行佛教戒律的宗教仪式。"八关"，指五戒（戒除杀妄盗淫酒）加上戒除花（鬘）装点及华丽服饰、不睡高广大床、过中不再进食三者。名僧与士人聚在一起行"八关"斋戒是当时很常见的信仰活动。佛教徒在当时持这种斋戒的，一月应有 6 次，称"六斋日"。每年又有 3 个月的前 15 天也是要奉斋的。士大夫们的信仰活动还包括造像造塔、施钱造寺、舍府第为寺、舍身为舍奴。而"一旦僧人和士大夫开始接触，佛教在许多领域便明显地表现出突然起来的影响。僧人加入了'清谈'，作为传教者、国师、谋士和朋友出入皇宫和大族庄园。僧人们阐释儒家礼制的意义，注释《老子》和《庄子》，回答有关文学创作、政治策略和风俗习惯的问题，与有影响的世俗人士保持经常的书信往来，借以表达他们对佛法和其他问题的看法"①。

据此我们看到，这一时期的知识分子们、社会精英们，即所谓的"名士"，大多对佛教持有欢迎和接受的态度。而只有社会知识分子的接受、同情、理解，才有可能使佛学义理进入到中国传统文化的系统之中，才能与中国传统思想相融合，这是佛教在中国得以发展，并且被吸收到中国文化的体系之中成为其一部分的很重要的前提条件。我们在多处提到，佛教在中国传播取得成功的关键，就在于它的"中国化"。而"中国化"，必须得到拥有传统社会文化资源的知识分子们的理解、接受和参与。佛教的中国化改造实际上是历代中国知识分子们，包括佛教界高僧和世俗社会文人学士共同完成的事业。这一点我们可以与唐代传入中国的所谓"三夷教"（祆教、摩尼教和景教）的情况作一比较。"三夷教"来到中国后，也致力于与皇帝等上层社会的沟通，也拥有一定的信众和群众基础，但始终没有得到中国知识分子的认同，没有得到他们的理解和参与，所以它们在中国的传播没有取得成功，最后成为一种"流产的文明"。

---

① ［荷兰］许理和著，李四龙译：《佛教征服中国——佛教在中国中古早期的传播与适应》，江苏人民出版社 2003 年版，第 73 页。

二 鸠摩罗什：传播佛法的文化使者

1. 接踵而来的西域高僧

佛教在中国的初传时期，一个重要特点是西域或印度等地的一些僧人陆续来到中国。他们最早向中国人介绍了印度佛教的文化信息，携带来一批佛教经典并且将之汉译，使中国人有了初步接触佛教的文本，他们还把佛教僧团和寺院的仪轨介绍过来，使中国有了最早的出家僧侣和最早的佛事活动。到了两晋南北朝时期，佛教在中国的传播形成了高潮，更吸引了大批西域和印度的高僧挟道东来，他们为佛教典籍的汉译、佛教思想和宗派的传播，以及佛教艺术在中国的推广，作出了重大的贡献。方豪说："东来外国僧俗，当以译经之功为最弘，与中西文化交流之关系亦最深。"①

这些高僧是一批自觉的文化传播使者。他们没有国家的委托，没有商业利益，完全是出于一种宗教和文化的责任、使命。他们远道而来，就是为了弘化讲学，传播佛教。《高僧传》中此类记载有很多。

西域高僧不辞数万里旅途的艰辛，不顾生活和语言上的困难，前赴后继，络绎来华，除了由于佛教学人"弘化利济"的宗教和文化理想以外，我国古代文明富饶，在国际颇有声誉，也是吸引许多国外贤哲羡慕而来的另一原因。如《续高僧传》卷二叙述达摩笈多来华的因缘："远传东域有大支那国焉，旧名真丹，震旦者，并非正音，无义可译。惟知是此神州之总名也。……于商客所，又闻支那大国三宝兴盛，同侣一心属意来此，非惟观其风化，愿在利物弘经。……笈多远慕大国，跋涉积年……届斯胜地……悲喜交集。"

又《开元释教录》卷七叙述毗尼多流支来华的因缘："不远五百由旬，振锡游方，来观盛化。"唐贞元《续开元释教录》卷上叙述般若三藏来华的因缘："远慕支那，聿来瞻礼。"菩提达摩历涉诸国，游至魏都洛阳，称赞永宁寺之宏伟精丽，"阎浮所无"，"实是神宫"。又说："匠此宫者，从忉利天来，

---

① 方豪：《中西交通史》上卷，上海人民出版社2008年版，第148页。

成便还天上矣。"

这些来华的高僧，分别来自大月氏国、安息国、康居国、于阗国、龟兹国、罽宾国、印度、师子国、扶南国等国。他们大部分是通过丝绸之路经西域进入中国内地的，也有少数人如师子国人、扶南国人和部分印度人是通过海上丝绸之路在交趾、广东沿海登陆再进入内地的。据冯承钧《历代求法翻经录》统计，西晋时来华的可考者 5 人，东晋 27 人，南朝刘宋时 10 人，南朝齐、梁、陈为 10 人，北朝 12 人。

中国内地佛教以其昌盛繁荣的程度和独有的风貌以及所涌现的名僧大德，转而流向西方早期的佛教流行地区并被其认同，这种现象在东晋时期已经相当明显。《华严经》称清凉山是东方菩萨的聚居地，佛徒普遍认为此山就是山西省的五台山。道安名播西域，号称"东方菩萨"，受到鸠摩罗什的敬仰。外国僧人烧香礼拜慧远，誉他为"大乘道士""护法菩萨"。来自天竺的著名译家菩提流支，尊称北魏昙谟最为"东方菩萨"，并将他著的《大乘义章》译为梵文，传回大夏。北齐刘世清译汉文《涅槃经》为突厥语，以赠突厥可汗。

晋宋以后，西来的僧侣越勤越密。北魏洛阳永明寺，接纳"百国沙门三千余人"（《洛阳伽蓝记》），远者来自大秦和南印度，洛阳成为当时世界佛教最盛的圣地。南朝的建康是江南外籍僧侣的活动中心，也是出译籍、义理的主要基地。梁时优禅尼国月婆首那被任命为京都"总知外国使命"，江南佛教同域外佛教的联系，也强化起来，建康与中天竺、南天竺、斯里兰卡和扶南等国的佛教联系尤为密切。

在这些来中国的高僧中，天竺人佛图澄是比较著名并且有很大影响的。佛图澄本姓帛氏（以姓氏论，应是龟兹人），9 岁在乌苌国出家，两度到罽宾学法，西域人都称他已经得道。晋怀帝永嘉四年（310），佛图澄来到洛阳，时年已 79 岁。他能诵经数 10 万言，善解文义，虽未曾读过中国的儒史，但在与诸学士论辩时，"无能屈者"。他知见超群、学识渊博并热衷于讲导，有天竺、康居名僧佛调、须菩提等不远数万里来从他受学。中国本土名僧如道安、竺法雅等，也来听他讲说。《高僧传》说他门下受业追随的常有数百人，前后门徒几及一万人，其教学盛况可见一斑。佛图澄重视戒学，平生"酒不逾齿，过中不食，非戒不履"，并以此教授徒众，对于古来相传的戒律，多所考校。佛图澄的著名弟子有法首、法祚、法常、法佐、僧慧、道进、道安、僧朗、竺法汰、竺法和、竺法雅、比丘尼安令首等。《高僧传》中叙述他的神通事迹颇多，说他显密兼修，志弘大法，善诵神咒，能役使鬼神，彻见千里外事，又能预知吉凶，兼善医术，能治痼疾应时瘳损，为人所崇拜。

佛图澄到了洛阳之后，本想在洛阳建立寺院，适值刘曜攻陷洛阳，地方扰乱，因而潜居草野。西晋永嘉六年（312）二月，石勒屯兵葛陂（在今河南新蔡），准备南攻建邺。佛图澄仗其超人的智慧，取得石勒的信任，他极力以德化劝导石勒。《佛图澄传》说："（石勒）专以杀戮为威，沙门遇害者甚众。澄悯念苍生，欲以道化勒。"石勒接受了佛图澄的谏劝，"凡应被诛余残，蒙其益者十有八九"。石勒去世后，石虎自立称天王，对佛图澄更加敬奉，尊之为"大和尚"。

佛图澄在赵国（十六国时后赵）推行佛教，所经州郡，建立佛寺893所。由于他的影响，民众竞造寺宇，相率出家。任继愈说："佛图澄是中国佛教史上第一个争取最高统治者把佛教纳入国家保护之下，利用国家力量帮助佛教发展的僧人。"[1] 范文澜也说："佛图澄的法术，道安的传教，鸠摩罗什的译经，合起来为佛教奠定了大发展的坚实基础。"[2]

南朝宋时来华的最有影响的高僧之一是菩提达摩。菩提达摩生于南天竺，婆罗门族，是印度禅宗第二十七代祖师般若多罗尊者的大弟子，成为印度禅宗第二十八代祖师。菩提达摩在南朝宋末年从南天竺泛海到广州，被尊称为"东土第一代祖师""达摩祖师"，与宝志禅师、傅大士合称"梁代三大士"。梁武帝是笃信佛教的帝王，他即位以后建寺、写经、度僧、造像甚多。传说达摩到金陵与梁武帝相见。梁武帝很自负地询问达摩："我做了这些事有多少功德？"达摩却说："无功德。"武帝又问："何以无功德？"达摩说："此是有为之事，不是实在的功德。"武帝不能理解，达摩即渡江入魏。达摩抵魏，游嵩山少林寺，在那里独自修习禅定，时人称他为壁观婆罗门。道育、慧可两位沙门礼见达摩，并亲近和供养他四五年。达摩感觉他们真诚，授以衣法。又把四卷《楞伽经》授予慧可说："我看中国人的根器于此经最为相宜，你能依此而行，即能出离世间。"他在中国住了将近50年，在北方的时间最久，"随其所止，诲

① 任继愈主编：《中国佛教史》第 2 卷，中国社会科学出版社 1985 年版，第 147 页。
② 范文澜：《中国通史简编》（修订本）第 2 编，人民出版社 1964 年版，第342 页。

以禅教"。他的禅教"不立文字，直指人心，见性成佛"。佛陀拈花微笑，迦叶会意，被认为是禅宗的开始。菩提达摩在世时他的教化并未得到发展，正如《续高僧传》所说："于时合国盛宏讲授，乍闻定法，多生讥谤。"后来禅宗昌盛以后，对于达摩又多附会之说，达摩逐渐成为传说式的人物。

2. 鸠摩罗什从西域来到长安

在西域来华传教的僧侣中，鸠摩罗什是对中国佛教影响最大、贡献最大的高僧。

鸠摩罗什，中文名童寿，是西域龟兹国人。当时的龟兹不仅是西域佛教的中心之一，而且是佛教文化从印度传入我国内地的必经之路。那时龟兹有大小佛寺千余座，僧尼一万多人，克孜尔千佛洞和库木吐拉千佛洞盛极一时。鸠摩罗什祖籍天竺国，家世显赫，罗什的祖父达多在国内很有名气，担任丞相。罗什的父亲鸠摩炎，聪明而有美德，本应嗣继相位，然而他推辞不就，离家出走，越过葱岭到龟兹国。龟兹国王非常敬慕他的高德，亲自到郊外迎接，聘请为国师。

鸠摩罗什走上学佛之路，与他的母亲有直接的关系。关于他的母亲，有许多神异的传说。《高僧传》记载，龟兹国王有个妹妹，年 20 岁，聪敏、有识见、有悟性，能过目不忘且解悟其中妙义。她嫁给了鸠摩炎，不久怀上了罗什。她风闻雀梨大寺有很多有名望、有德行的高僧，还有得道成佛的神僧，就与王族贵女及一些有德行的尼姑，整日设供，请斋听法。她还忽然对天竺国语言无师自通，甚至对于佛学中的驳难之辞都非常精通，对此众人都感叹万分。一次，她出城游览，看见坟地里枯骨纵横，深感人世苦海无边，就坚持要求出家为尼。当时，鸠摩罗什年方 7 岁，也跟随母亲一同出家。

罗什的整个求学过程都在他母亲的伴随之下。她是鸠摩罗什的保护者，也是他的激励者。后来罗什的母亲辞别龟兹国前往天竺国，她在临行前对罗什说："大乘佛教博大精深，应该大力阐发，传布到东土，只有依靠你的力量了。但这一切都对自身没有什么利益，你将如何？"罗什说："菩萨之道，在于忘我利人。若是能使大乘佛法流传各地，能洗去我的蒙昧和世俗，即使是让我吃尽人间之苦也决无遗憾。"表明了他不顾个人名利和艰险，立志到东方传法弘教的决心。

鸠摩罗什留住龟兹前后计 26 年，他广研大乘经论，声名日隆，所谓"道震西域，名被东国"。每年举行讲经说法，西域诸王都云集闻法。

鸠摩罗什的名声不仅远播西域，也东传至中国。前秦苻坚建元十三年（377）正月，太史上奏说："有星见于外国上空，当有大德大智的人来辅助中国。"苻坚说："我听说西域有高僧鸠摩罗什，襄阳有高僧道安，可能是指他们吧。"建元十五年（379），有沙门僧纯、昙充等来自龟兹，盛称罗什"才大高、明大乘学"。这时道安已到长安，主持译经事业，他得知罗什在西域有很高的声誉，一再劝苻坚迎他来华。

次年九月，苻坚派遣骁骑将军吕光、陵江将军姜飞，率领7万大军，讨伐龟兹及乌耆诸国。临出发前，苻坚在建章宫为吕光等人饯行，对吕光说："夫帝王应天而治，以子爱苍生为本。岂贪其地而伐之，正以怀道之人故也。朕闻西国有鸠摩罗什，深解法相，善闲阴阳，为后学之宗。朕甚思之。贤哲者，国之大宝。若克龟兹，即驰驿送什。"（《高僧传·鸠摩罗什》）苻坚的意思是说，罗什法师精通大法，是佛教后学之宗，是一位贤哲。贤哲才是国家真正的宝贝。如果攻克龟兹国，要快马加鞭把罗什法师送到长安来。

吕光这次统兵西行，是自汉武帝时张骞通西域以来中原对西域最大的一次政治和军事行动。吕光率军未到龟兹国时，罗什知道龟兹国发兵抗拒无异于以卵击石，就对龟兹国王白纯进言说："国运已衰，当有劲敌。日下人从东方来，宜恭承之，勿抗其锋。"白纯听不进罗什的话，执意动员国内全部军事力量抗击。吕光统兵打败了龟兹国军队，杀了白纯，立白纯的弟弟为国王，同时也抓获了罗什。吕光并不知道罗什有多大的智慧和能量，又看罗什年轻，就像对待一般人那样戏弄他，强迫罗什娶龟兹王的女儿为妻，罗什拒而不受，苦苦推辞。吕光说："和尚的操行，也超不过你的父亲，为什么要坚决推辞呢？"又强迫罗什喝酒，还把罗什和侍女同关在一间密室里。罗什被逼不过，遂亏其节。

吕光西征历时两年零三个月，行程万里，降服西域36国，掳掠奇异珍宝无数，在西域"抚宁诸番，维恩甚著"，于是动了在西域称王的念头，"欲留王西国"。罗什洞察到吕光的想法，就劝告他说："此凶亡之地，不可淹留……中路必有福地可居。"预言吕光在回国途中必有称帝的那一天。吕光念及秦王苻坚的托付，也考虑到众将士背井离乡思念家乡心切，于是采纳了罗什的建议，率军返回中原。

在此前一年，发生了中国历史上有名的淝水之战，苻坚为东晋所败，前秦国内大乱。吕光在归军途中，听到了苻坚被姚苌杀害的消息。于是，吕光占据凉州，自立为帝，国号凉，建都姑臧（今甘肃武威），建元太安，史称后凉。后凉在姑臧大兴土木，修建罗什寺，让罗什和自西域追随罗什而来的僧人们在这里驻锡译经，开坛说法。一时间，河西各地慕罗什之名前来拜访和求教的僧人络绎不绝，西域和中原高僧也常来交流研习佛学，佛教在凉州蔚然成风，罗什寺成为这一时期丝绸之路上思想传播和文化交流的重要场所。实际上，在两晋时期，凉州已经成为佛教传播的一个中心。"凉州是佛教沿丝绸之路进入中国的中转站。有许多重要佛经的翻译是出自凉州。西方僧人到中国内地，往往先到凉州熟悉汉语。"①

鸠摩罗什在凉州羁留 16 年，以说阴阳灾异等为吕氏充当军政咨询。吕光父子对罗什很尊重，常就一些军政大事向法师求教。但对于佛教，"吕氏父子，既不弘道"，鸠摩罗什也只能"蕴其深解，无所宣化"。不过，在此期间，他向当地居民学习汉语，为今后着手翻译经卷做准备。僧肇听闻罗什在姑臧应化佛法，从长安来到姑臧，向罗什求教，两人互学互补，罗什的汉语水平有了飞跃式进步。鸠摩罗什留居凉州期间，"在弘法方面虽然没有大的作为，却有条件熟悉汉地文化，学习汉语。这使得他后来从事译经有了其他外来译师鲜有其比的优势。当他走上东去长安的征途的时候，无论是内、外学修养，还是中、外语水平，也无论是对中土风俗习惯的了解，还是人情世故的练达，都为规模宏大、成就辉煌的弘法事业准备下十分充足的条件"②。

后秦姚苌也仰慕罗什的大名，邀请罗什前去长安，但后凉吕氏一直不允许罗什走。姚苌死后，姚兴继承王位，又遣使敦请罗什。后秦弘始三年（401）五月，姚兴派陇西公硕德去讨伐后凉吕隆。到九月，吕隆被打败，上表归降后秦，罗什于十二月二十日来到长安。此时，他已 58 岁了。

3. 鸠摩罗什在长安的僧团

鸠摩罗什来到长安后，给中国的佛教和佛学研究带来了巨大影响。"他为中国佛教带来的刺激和振奋，是前所未有的；也为中国佛学研究带来新的高

---

① 任继愈主编：《中国佛教史》第 2 卷，中国社会科学出版社 1985 年版，第 3 页。

② 孙昌武：《中国佛教文化史》第 2 册，中华书局 2010 年版，第 452 页。

潮，不但翻译了大量的经典，且影响了许多杰出的弟子。"① 吕思勉说，鸠摩罗什到长安后，"佛教在中国（宗教界和学术界），就放出万丈的光焰"②。蒋维乔说："罗什学识，诚足冠绝当代。""罗什在长安之势，如旭日方升，其声名遂洋溢乎域外。"③

鸠摩罗什来到长安后，受到僧俗大众、朝廷上下的热烈欢迎，姚兴待之以国师之礼，非常优待、宠爱，他们二人常常整日交谈，研讨佛理，乐而忘倦。《高僧传》记载，罗什"为人神情朗彻，傲岸出群，应机领会，鲜有伦匹者"。论其性情，则"笃性仁厚，泛爱为心"。化俗导众方面，能"虚己善诱，终日无勌"。秦王姚兴赞誉什公"聪明超悟，天下莫二"。姚兴是十六国时期北方诸国中最有作为的帝王之一。他注意招徕人才，提倡儒学和佛学。一时长安集中了许多学者，成为文化重镇，影响及于江南、西域和天竺。《资治通鉴》卷一一四记载："秦王兴，以鸠摩罗什为国师，奉之如神！亲帅群臣及沙门听罗什讲佛经。又命罗什翻译西域经论三百余卷。大营塔寺。沙门坐禅者常以千数。公卿以下皆奉佛。由是州郡化之，事佛者十室而九！"

姚兴寄意于佛教 12 部经，罗什为此著《通三世论》，以勘示因果，王公以下各官，都钦佩、赞叹他的风范。大将军常山公显、左军将军安城侯嵩，都笃信佛法，多次请罗什在长安大寺宣讲新译出的经书。

姚兴请罗什入住逍遥园西明阁，组织了庞大的译经集团和讲经活动，"使沙门僧䂮、僧迁、法钦、道流、道恒、道标、僧叡、僧肇等八百余人，咨受什旨。更令出《大品》，什持梵本，兴执旧经，以相雠校"（《高僧传》）。正是从鸠摩罗什开始，翻译佛经正式成为国家的一项宗教文化事业，由国家提供资金、组织人力以及其他一切所需要的支持。

姚兴为鸠摩罗什所建的逍遥园在长安城北，渭水之滨，殿庭规模很大。逍遥园内有西明阁，是鸠摩罗什译经场所之一，还有澄玄堂，是鸠摩罗什讲经说法的地方。此地为佛教传入东土之后第一所大型国立译场。宋代宋敏求《长安志》卷五说："姚兴常于逍遥园引诸沙门听番僧鸠摩罗什演讲佛经，起

---

① 韦政通：《中国思想史》下册，上海书店出版社 2003 年版，第 517 页。

② 吕思勉：《中国史》，中国华侨出版社 2010 年版，第 177 页。

③ 蒋维乔：《中国佛教史》，群言出版社 2013 年版，第 37—38 页。

逍遥宫，殿庭左右有楼阁，高百尺，相去四十丈，以麻绳大一围，两头各拴楼上。会日，令二人各从楼内出，从绳上行过，以为佛神相遇。"

姚兴敕令800多名僧人追随鸠摩罗什，参与译经事业。对于这些僧人，文献中不可能有详尽的记载，但是从《高僧传》记载的曾受学于鸠摩罗什的27名僧人，可以看出这800名学僧当时在佛学界的巨大影响力。这27名位僧人中，有13名在鸠摩罗什抵达长安前就已经是学有所长、声名赫赫的成名高僧，他们有的是长安僧团的名僧，有的来自周边寺庙。如僧䂮是长安大寺著名"法匠"弘觉的弟子，"通六经及三藏，律行清谨，能匡振佛法，姚苌、姚兴早挹风名，素所知重，及䂮有关中，深相顶敬"；僧叡是关中名僧僧贤的弟子，他在长安讲经传道，被姚兴赞为"四海标领"；道生受业于名僧竺法汰；慧观、道温年轻时受业于庐山慧远；昙鉴受业于竺道祖；慧叡曾游历西域诸国求法学习；慧严"迄甫立年，学洞群籍"；道恒"游刃佛理，多所兼通"；道融"迄至立年，才解英绝，内外经书，闇游心府"；僧肇早在西上凉州之前，就已经是"学善方等，兼通三藏，及在冠年而名振关辅"的名僧，又在凉州姑臧追随鸠摩罗什多年，其佛学学术水平很高，在僧界的影响力很大。其他如僧迁、道标等也都是一时才俊。任继愈指出："他们把全国的风气带到了长安鸠摩罗什的译场，又把鸠摩罗什介绍的思想，传播到全国。通过与玄学的糅合，在形成中国佛教的思想体系方面，起了重大作用。"①

周边及全国各地的僧人闻讯纷纷负笈前往长安受学。《高僧传》说："自童寿入关，远僧复集。"《高僧传》中还说，"三千徒众皆从什受法"，一时佛化大行，"事佛者十室而九矣"。如昙无成"闻什公在关，负笈从之"。鸠摩罗什问他："沙弥何能远来？"昙无成答曰："闻道而至。"《出三藏记集》记载："于时，四方义学沙门不远万里，名德秀拔者才、畅二公，乃至道恒、僧标、慧叡、僧敦、僧弼、僧肇等三千余僧，禀访精研，务穷幽旨。庐山慧远，道业冲粹，乃遣使修问。龙光道生，慧解洞微，亦入关咨禀，传法之宗，莫与竞爽。盛业久大，至今式仰焉。"

《晋书》卷一一七记载，当时来到长安向鸠摩罗什求学的僧人达到5000多人，"兴如逍遥园，引诸沙门于澄玄堂听鸠摩罗什演说佛经。罗什通辩夏

---

① 任继愈主编：《中国佛教史》第2卷，中国社会科学出版社1985年版，第447页。

言，寻览旧经，多有乖谬，不与胡本相应。兴与罗什及沙门僧略、僧迁、道树、僧叡、道坦、僧肇、昙顺等八百余人，更出大品，罗什持胡本，兴执旧经，以相考校，其新文异旧者皆会于理义。续出诸经并诸论三百余卷。今之新经皆罗什所译。兴既托意于佛道，公卿已下莫不钦附，沙门自远而至者五千余人。起浮图于永贵里，立波若台于中宫，沙门坐禅者恒有千数。州郡化之，事佛者十室而九矣"。

鸠摩罗什的传译，不局限于般若系经论，因而关中学士的所学、所传，皆"各随其根性之好乐，而自由讲习"。而他最为注重的，是《般若》"四论"之学，所以"其弟子之秀杰，未有不研习大乘论者。昙影注《中论》，道融疏《大品》《维摩》，道生注《大品》及《维摩》，僧导作《三论义疏》"。此外，还有僧叡研习鸠摩罗什所译传的各种大乘经论的文义，著有《大品》以及《小品》"四论"等经序；僧肇体悟《大品经》义及"毕竟空"义，作《般若无知论》《不真空论》等，被鸠摩罗什赞誉为"秦人解空第一"。吉藏《中论疏》说："什至长安，因从请业。门徒三千，入室唯八，叡为首领。文云：老则融叡，少则生肇。什叹曰：传吾业者，寄在道融、昙影、僧叡乎！"孙昌武指出：

> （鸠摩罗什）所领导的僧团，除了翻译佛典，更吸收这样一批人参与，进行了高水平的教学、研究工作。在他的教育和指导下，他的及门弟子僧肇、僧叡、道生等就教理的重大课题，从不同的角度广泛、深入地进行研讨，深化了对它们的理解，同时又适应中土思想文化环境进行独具特色的发挥，从而创建了中国佛教的义学"师说"。这些人也成为具有独特建树的中国佛教思想家。这样，鸠摩罗什及其弟子们的贡献就不限于"旧译"的成就，更重要的是开拓出中国佛教独立发展的道路。[1]

罗什门下聚集了当时全国僧侣精英，人才辈出，他们大都"学该内外"，既善佛典，又通《老》《庄》《论》和六经。在跟随鸠摩罗什的三千弟子中，经过长时间的经义探讨和学习，涌现出了著名的"十哲"，即：僧䂮、僧肇、僧叡、道融、道生、昙影、慧严、慧观、道恒、道标。其中前八人又被称为

---

① 孙昌武：《中国佛教文化史》第 2 册，中华书局 2010 年版，第 439 页。

"八俊"，僧叡、道融、道生、僧肇4位最出色的弟子被称为"关中四子"。他们都是当时以学问、禅修著称的杰出佛学知识分子，他们发展中国化的佛学理论，扩大佛教义学的传播范围，对中国佛教的发展很有影响。他们的学问和风度，于南北朝的学术界影响至深，最为当世所仰慕。如：僧䂮为"国土僧主"（即僧正）；僧迁为"悦众"；法钦、慧斌"共掌僧录"，成为国家统一管理僧尼的正式官吏，自此为始，中国佛教及僧团开始由国家委派的僧官管理，形成此后一直延续的制度；僧肇被誉为"解空第一"，他的佛学思想达到了中国佛教般若学的顶峰，是佛教中国化的关键人物，对后世的三论宗和禅宗也产生了重大影响；竺道生精研《涅槃经》诸经典所体悟倡导的"顿悟成佛"，开创了中国佛教修炼中的"顿悟"法门。当时，这么多的高僧云集长安，共宣佛法，号称"八百狮子吼秦川"。

《高僧传》记载，受学于鸠摩罗什的27位高僧，在罗什去世前后已遍布各地，成为当地的佛学名僧。除了留在长安的僧䂮、僧肇、僧叡等人及隐居山林的几位以外，有14位南下传道，信徒盈门。如：道融到彭城，"闻道至者千余人，门徒数盈三百"；竺道生先后到建康青园寺、庐山精舍等处，宣扬"顿悟成佛"；慧严到建康东安寺说法；慧观到荆州高悝寺讲经说法，"使夫荆楚之民回邪归正者，十有其半"；慧睿到建康乌衣寺，宣说众经；僧弼在彭城寺，僧苞在建康祇洹寺，昙鉴在江陵辛寺，昙无成在淮南中寺，僧导在寿春东山寺，道温在襄阳檀溪寺，僧业在姑苏闲居寺，慧询在建康道场寺、长乐寺，昙顺在江陵竹林寺。他们的声望和学问都影响一时。

鸠摩罗什在长安时最大的贡献是进行了大规模的佛经汉译工作，他被称为中国佛教史上的"四大翻译家"之一。关于他的译经事业，本章将在第五节做比较详细的论述。

4. 与鸠摩罗什合作的西域高僧

鸠摩罗什在长安的译经活动还有一些西域僧人参与。汤用彤说："苻秦时长安外人已甚多。姚秦时当更有增加。"① 这些"外人"中，有许多是天竺或西域来的僧人，他们大部分参与鸠摩罗什译场的译经活动。

这些由外国来的西域高僧，和鸠摩罗什及其弟子们一起，共图汉译佛经

---

① 汤用彤：《汉魏两晋南北朝佛教史》（增订本）上卷，昆仑出版社2006年版，第273页。

大业，"使长安译业一时呈彬彬之盛"①。在他们当中，主要有以下几位高僧：

罽宾国人弗若多罗（功德华）。他以戒律见长，《高僧传》说他"备通三藏而专精十诵律部"。后秦弘始年间，弗若多罗来到长安，姚兴待之以上宾之礼，罗什对他也十分尊重。鉴于汉地律典不备的状况，罗什请他诵出《十诵律》梵本，由罗什译为汉语，但未等全部诵出，弗若多罗就因病去世。《十诵律》的翻译也因此停止。

西域僧人昙摩流支（法乐）。他以律学驰名，于弘始七年（405）秋天到达长安。《十诵律》的翻译因为弗若多罗病逝而未能完成，只译出三分之二，昙摩流支正好带来了此经的梵本。庐山慧远写信给他，以为律学之徒"毕此经本，开示梵行，洗其耳目"，请他译完此经。姚兴也敦请他译完此典。于是昙摩流支和罗什一起，译完了《十诵律》余下的部分，共成51章。

罽宾国人卑摩罗叉（无垢眼）。他出家后先在龟兹弘阐律学，鸠摩罗什在龟兹时，向他问学。龟兹陷落后，他避走别国，后来听说鸠摩罗什在长安弘教，就冒险来到中国，于弘始八年（406）到达长安。罗什见到他后，仍以师礼相待。罗什去世后，他离开长安，在寿春石涧寺弘律，一时间律众云集。他将罗什等人译出的《十诵律》的最后一诵《善诵》增译为3卷，名《毗尼诵》。他后来又到江陵讲律，弘扬律学。他的弘传，使得"析文求理者，其聚如林。明条知禁者，数亦殷矣"（《高僧传》）。

罽宾国人佛陀耶舍（觉明）。13岁出家，但一直到27岁时才受具足戒，后来游沙勒国，受到王太子的赏识，留在宫中供养。鸠摩罗什自罽宾回龟兹途经沙勒国时，也从他受学，学习《阿毗昙八犍度论》和《十诵律》。当苻坚遣吕光攻打龟兹时，龟兹王向沙勒王求救，沙勒王亲自率兵相救，并将国事委托给佛陀耶舍。但沙勒救兵还没有赶到，龟兹已亡。沙勒王回国后告诉佛陀耶舍，罗什已经被掳走了，他不禁悲叹道："我何时才能再见到罗什啊！"在沙勒国继续留住十多年后，佛陀耶舍到龟兹国弘法。在姑臧的罗什曾写信给他，请他也到姑臧来。他接信后当即要动身，但龟兹国人苦留不放，他后来设法逃了出来，而当他到姑臧时，罗什已到长安去了。罗什得知消息后，建议姚兴把他请来，但姚兴没有采纳。开译后，罗什再次要求请佛陀耶舍来，称自己对于佛法"虽

---

① 孙昌武：《中国佛教文化史》第2册，中华书局2010年版，第467页。

诵其文，未善其理，唯佛陀耶舍深达幽致"。姚兴这才请他来长安。这时，罗什正准备翻译《十住经》，但犹豫了一个多月还没有动笔，佛陀耶舍来后，两人共同研讨，译定此经。道俗3000人赞叹此经译得精当达要。佛陀耶舍后来又译出法藏部律典《四分律》60卷（或作44卷），此经是他和竺佛念共同译出的。又译《长阿含经》22卷，也是和竺佛念合译的。他后来回国，途中在罽宾国得到一部《虚空藏经》梵本，交给商人带回凉州流传。

天竺高僧佛驮跋陀罗（觉贤）。他在这一时期也来到长安。东晋隆安五年（401），智严来到了罽宾国求法，并邀请在罽宾的天竺高僧佛驮跋陀罗传法东土。于是，立志要弘扬佛法于边国的佛驮跋陀罗遂"步骤三载，绵历寒暑。既度葱岭，路经六国，国主矜其远化，并倾心资奉。至交趾乃附舶……至青州东莱郡，闻鸠摩罗什在长安，即往从之。什大欣悦，共论法相振发玄微多所悟益"（《高僧传》）。佛驮跋陀罗是越过葱岭，取道印度洋，从交趾坐船来到了山东，然后又到长安投奔鸠摩罗什。佛驮跋陀罗初到长安时，和罗什相处甚好。在学问上，他们互有切磋，发挥奥义。但他们的学风不同，师承渊源也各异。罗什专弘经教，特别是龙树一派的大乘学说，深得姚兴的信任。罗什和门下3000多人，出入宫廷，声势显赫。佛驮跋陀罗谨守声闻乘上座部的教学规模，修禅习定，聚徒数百人，甘于淡泊，不喜繁华。罗什也传授禅法，不过只介绍了上座部旧师各家禅要，还没有很好的组织，而佛驮跋陀罗的禅法自始一脉相承，保持了它的纯洁性。这些分歧，使他们之间逐渐产生了隔阂。东晋义熙七年（411），佛驮跋陀罗偶然说了一些自炫神异的话头，罗什门下僧叡、道恒等指责佛驮跋陀罗犯了妄语戒，逼他离开长安。佛驮跋陀罗带着慧观等40余人去了庐山，参加慧远组织的译经活动。

三　中国僧侣的西行求法运动

1. 波澜壮阔的"留学运动"

佛教在中国的传播，和任何文化传播一样，首先要有传播的载体，即要通过人的活动来进行。不同的是，佛教的传播更是一项"人的自由自觉的活动"。在佛教传播的过程中，最主要的就是佛经的翻译工作。一方面，许多来自印度和西域各国的僧人，把佛经携带到中国，并翻译成为汉语，使之在中国流传。他们在佛教东传史上的贡献是巨大的。另一方面，还有许多中国的僧侣负笈远行，到西域或印度取经。他们的主要任务是在印度搜寻佛教经典，把它们带回中国，并翻译成汉语。在佛教文化东传中国的历史上，历代都有刻苦耐劳、品德高尚又才华横溢的中国高僧往"西天"取经，他们为传播佛教文化作出了重大贡献。

在当时的交通条件下，从中国到印度，万里之遥，旅途是十分艰险的。唐代西行求法高僧义净曾说："观夫自古神州之地，轻生殉法之宾，显法师则创辟荒途，奘法师乃中开王路。其间或西越紫塞而孤征，或南渡沧溟以单逝，莫不咸思圣迹，馨五体而归礼；俱怀旋踵，报四恩以流望。然而胜途多难，宝处弥长。苗秀盈十而盖多，结实罕一而全少。实由茫茫象碛，长川吐赫日之光；浩浩鲸波，巨壑起滔天之浪。独步铁门之外，亘万岭而投身；孤漂铜柱之前，跨千江而遣命。或亡餐几日，辍饮数晨，可谓思虑销精神，忧劳排正色，致使去者数盈半百，留者仅有几人。设令得到西国者，以大唐无寺，飘寄栖然，为客遑遑，停托无所，遂使流离蓬转，牢居一处，身既不安，道宁隆矣？呜呼！实可嘉其美诚，冀传芳于来叶。"（《大唐西域求法高僧传》）

所以，西行求法之路途艰难险阻，是超乎想象的。唐太宗在《大唐三藏圣教序》中说到玄奘的艰难行程及其伟大贡献："我僧玄奘法师者……法游西域。乘危远迈，策杖孤征。积雪晨飞，途间失地；惊沙夕起，空外迷天。万里山川，拨烟霞而进步；百重寒暑，蹑霜雨而前踪。诚重劳轻，求深欲达。周游西宇，十有四年。穷历异邦，询求正教。双林八水，味道餐风；鹿苑鹫峰，瞻奇仰异。承至言于先圣，受真教于上贤。探赜妙门，精穷奥业。三乘五律之道，驰骤于心田。一藏百箧之文，波涛于海口。爰自所历之国无涯，求取之经有数。总得大乘要文，凡三十五部，计五千四十八卷，译布中华，宣扬胜业。引慈云于西极，注法雨于东陲。圣教缺而复全，苍生罪而还福。"

自朱士行始，历代西行求法的中国僧侣前赴后继，不绝于途。据梁启超统计，有名可查的赴印高僧有 105 人，实际则有数百人。据方豪统计，西晋至南北朝时期西行求法可考者有近 150 人。在当时交通不便利的情况下，有这么多人不畏艰辛劳苦，从事佛教的传播事业，实在是世界文化交流史上了不起的大事。他们绝大多数并没有政府的背景或资助，也不是受佛教僧团的指派，而是自行前往的，是发自内心的决定，并且有的还因受到阻挠，不得不偷渡出去，玄奘就是这样走出国门的。"求法队伍所表现的勇气和胆识，意志和决心，参与者那种舍生忘死、不惜牺牲、百折不回、互助友爱的精神，那种一步一个脚印、一步步跨越万里长途的执著、坚定的态度，辉耀千古，成为中华民族的骄傲，传之永久的精神财富。"①

那么，是什么原因促使他们甘冒风险，坚持西行求法呢？这主要是信仰的力量。这些僧侣是信仰坚定的佛教徒，在印度有他们心目中的圣地，那是他们心灵的归宿、精神的故乡。这种出于信仰的宗教热情对于广大信众也是一个巨大的精神鼓舞。"僧侣们以对佛教的坚定信仰，克服常人难以克服的困难，用自己的生命和热情追求心中的理想，这是一种信仰的力量，也是一种人格的力量，它对其他的佛教信众产生了榜样的作用，激发了民众的宗教热情。"②

当然，更主要的还是求知的欲望。我国历代西行的僧侣中，绝大多数人不是为了到圣地巡礼，而是"取经"。如朱士行、法显、玄奘、义净等人，是在国内研究佛经时遇到了困惑，对已经翻译过来的佛经不满足，所以要到佛教的发源地寻找"真经"。"中国僧人西行求法活动的显著特点之一，就是具有十分明确的'求知'的目的。即是说，作为宗教行为，中国僧人不畏艰险，历尽险阻，西行到佛教的发祥地，不同于一般宗教信徒'朝圣'或巡礼胜迹，也不是单纯自我修行、锻炼身心的个人行为，而普遍地带着寻访真经、了解佛法真谛的明确的理性目的。"③ 所以，梁启超说，当时的西行求法，其动机出于学问，"盖不满于西域间接的佛学，不满于一家口说的佛学。譬犹导河必于昆仑，观水必穷溟澥，非自进以探兹学之发源地而不止也"，"自余西游大德前后百数十辈，其目的大抵同一。质言之，则对于教理之渴慕追求——对

---

① 孙昌武：《中国佛教文化史》第 1 册，中华书局 2010 年版，第 259 页。

② 张怀承：《中国学术通史（隋唐卷）》，人民出版社 2004 年版，第 41 页。

③ 孙昌武：《中国佛教文化史》第 1 册，中华书局 2010 年版，第 256 页。

于经典求完求真之念，热烈腾涌，故虽以当时极坚窘之西域交通，而数百年中，前赴后继，游学接踵，此实经过初期译业后当然之要求"。①

所以，中国佛教徒的西行求法，更多的是去寻求知识、寻求真理、寻求信仰。佛学本身就是一个庞大的思想体系和知识系统。与佛教和佛经一起传过来的，还有印度的医学、天文学、哲学和逻辑学等等。这些域外的文化、知识和学问是丰富的、先进的、新奇的。它们极大地刺激了中国知识分子的好奇心和求知欲。但是他们还不满足，还要到这些文化知识的源头，去获取更多的文化知识。这种对知识和智慧的渴望，是持续千百年的西行求法运动的最根本的心理动力。所以，梁启超将其称为"千五百年前之中国留学生"。

西行求法运动，不仅仅是一项宗教的交流，不仅仅是为了寻求宗教真理的"取经"。他们不畏艰险、一批又一批地前往五天竺礼拜圣迹，足迹遍于西域诸国、印度、尼泊尔、斯里兰卡、马来西亚等许多国家和地区。在漫长的求法途中，求法僧们除了学习佛法、求得经籍之外，还深入细致地学习了各国的文化，广泛地考察了各地的历史地理和风土人情，增长了知识，极大地扩充了中国人的知识系统。如梁启超说的"西方之绘画、雕塑、建筑、音乐，经此辈留学生之手输入中国者，尚不知凡几。皆教宗之副产物也"②。所以，"中国僧人西行取经的意义不仅仅是宗教性的，在学术发展史上，也具有极为重要的意义"③。汤用彤也认为，佛教自印度传入中华，除了西域僧人东来弘法外，中国知识分子亦推波助澜，致西行求法运动如日中天。而西行求法者，亦为博学深思的学者型僧人，故能广搜精求异域文化，于中国文化和佛教思想之发展做出了开拓性的贡献。④ 孙昌武也指出：

> 中国古代佛教的求法活动就具有特别丰富的文化内涵和浓厚的学术性格。它不止极大地推动了中国佛教的传播与交流，更起到古代中国与世界交流的桥梁和纽带的作用。这样，持续不断的、形成

---

① 梁启超：《佛学研究十八篇》，群言出版社 2013 年版，第 187、188 页。

② 梁启超：《佛学研究十八篇》，群言出版社 2013 年版，第 152 页。

③ 张怀承：《中国学术通史（隋唐卷）》，人民出版社 2004 年版，第 40 页。

④ 参见汤用彤：《汉魏两晋南北朝佛教史》（增订本）上卷，昆仑出版社 2006 年版，第 335 页。

规模的求法活动乃是古代中国人积极、持续地向西方寻求新知的活动,不绝于缕的艰难西行的人们则是古代文化交流的功臣。①

许多西行的求法者还记录了他们求法活动中的经历和见闻,形成"求法行纪"一类的极有价值的著作。其中如法显《佛国记》,玄奘《大唐西域记》,义净《大唐西域求法高僧传》《南海寄归内法传》,新罗僧慧超《往五天竺国传》等著作。"这类著作作为求法僧人个人经行的记录,遵循中华文化传统的'知行'和'实录'精神,忠实于见闻,举凡著者经行之地的地理形势、道里山川、物产交通以及社会状况、风土人情等等,都翔实地加以记述;而著者们又是虔诚信徒,对于宗教信仰、佛教胜迹以及相关神话传说等记载尤为详细。这样,这类著作中就包含有关各国、各民族历史、地理、宗教、民俗、艺术、文化等多方面的、极其丰富的内容。"② "这些著作,比起正史或笔记一类的著作,叙述往往更加详细,材料一般更可靠。因为前者是史官或文人学士所作,或录自官方档案,或综括所见各书,或得于他人传闻,精粗杂糅,常有想象之辞,而后者则是求法僧们身所经历,亲闻目见后所写成。"③ 所以,这些著作不仅向中国介绍了所到国家和地区各方面的知识,大大开阔了中国人的视野,对于中国人了解西域文明和印度文化有巨大的帮助,更保存了古代中外史地、中外文化交流的重要资料,成为相关领域研究的主要经典。正如梁启超所说: "留学运动之副产物甚丰,其尤显著者则地理学也。"④

据有关资料统计,历代西行求法高僧所撰写的行纪等史地著作主要有:(1) 法显《佛国记》1 卷、宝云《游履外国传》、昙景《外国传》5 卷、智猛《游行外国传》1 卷、法勇(即昙无竭)《历国游记》、道普《游履异域传》、法盛《历国传》2 卷、道药《道药传》1 卷、惠生《惠生行传》1 卷、宋云《家记》1 卷、宋云《魏国以西十一国事》1 卷、玄奘《大唐西域记》12 卷、慧立《大慈恩寺三藏法师传》10 卷、义净《南海寄归内法传》4 卷、义净

---

① 孙昌武:《中国佛教文化史》第 1 册,中华书局 2010 年版,第 258 页。

② 孙昌武:《中国佛教文化史》第 3 册,中华书局 2010 年版,第 1278 页。

③ 王邦维校注:《大唐西域求法高僧传校注》,中华书局 1988 年版,前言第 5 页。

④ 梁启超:《佛学研究十八篇》,群言出版社 2013 年版,第 148 页。

《大唐西域求法高僧传》2卷、无行《中天附书》、慧超《往五天竺国传》3卷、继业《西域行程》。

2. 两晋南北朝的西行僧人

在魏晋南北朝时期，陆续有一些中国僧侣主动走出国门，远赴西域取经求法，他们为佛教文化的东传作出了很大的贡献。

根据汤用彤统计，西行求法活动自朱士行而后，以晋末宋初为最盛。这时期最知名的求法者有以下一些人：康法朗和其他4人；于法兰；竺佛念；慧常、道行、慧辩；慧叡；支法领、法净；法显、智严、智羽、智远、宝云、慧简、僧绍、僧景、慧景、道整、慧应、慧嵬、慧达；昙学、威德等8人；僧纯、昙充、道曼；智猛与昙纂、竺道嵩等15人；法勇、僧猛、昙朗等25人；沮渠京声；道泰；法盛共师友等29人；僧表；法维；道普。① 另据冯承钧《历代求法翻经录》统计，西晋中国西行求法者3人，东晋西行求法可考者51人，南朝刘宋时70余人，北朝19人。

东晋的于法兰，"常居长安山寺，与竺法护同隐"，在当时就是一位很有影响的高僧。孙绰的《道贤论》将之比阮嗣宗。于法兰也有志西行求法，常感叹说："大法虽兴，经道多阙，若一闻圆教，夕死可也。"乃远适西域，欲求异闻。但是，很可惜的是他走到途中就病逝了。于法兰是从海路西行的，是有记载的第一位走海路的求法僧人。

东晋僧人康法朗自幼出家，他立誓前往印度瞻仰佛迹、探觅遗经，邀集同学4人。据说，他们自甘肃张掖出发，中途见一故寺，内有败屋二间，屋中各有一人，一人诵经，一人患痢，屎尿纵横。两人虽比房而居，然各行其事，不相照料。康法朗以悲悯之心，延留数日，悉心浣洗呵护。至第7日，见房中皆是香花，乃知神人化身。诵经和尚劝服4人勿须远游诸国，唯当自力行道，勿令失时，并预言法朗游诸国，返后当作大法师。其后同行4人就留在这里不往西行了，"留此专精业道"。康法朗独自往西迈行，遍游诸国，研寻诸经，回国后在中山开座传法，阐扬法相之学。

晋代最著名的西行求法高僧是法显。与法显一起西行的智严和宝云，求

———————————
① 参见汤用彤：《汉魏两晋南北朝佛教史》（增订本）上卷，昆仑出版社2006年版，第335—336页。

法经历也很艰巨，也是对求法事业多有贡献的人。

法显等人于后秦弘始元年（399）从长安出发，第二年孟夏之初在张掖遇到智严、宝云等人。智严、宝云等是从凉州出发的，他们可能是凉州一带的人，因此对西域的情况了解更多，求法的热情也很高。法显与智严等人一起在张掖坐夏。两拨求法人不约而同地相遇。

后来智严到了罽宾国。《高僧传》说："弱冠出家，便以精勤著名。纳衣宴坐，蔬食永岁，每以本域丘墟，志欲博事名师，广求经诰，遂周流西国进到罽宾，入摩天陀罗精舍，从佛驮先比丘咨受，禅法渐深，三年功逾十载。佛驮先见其禅思有绪，特深器异，彼诸道俗闻而叹曰，秦地乃有求道沙门矣，始不轻秦类，敬接远人。时有佛驮跋陀罗比丘，亦是彼国禅匠，严乃要请东归，欲传法中土。跋陀嘉其恳至，遂共东行。于是逾沙越险，达自关中，常依随跋陀，止长安大寺。"

佛驮跋陀罗为罽宾大禅师佛大先的门人，为当时著名禅师，受到各方重视，也引起了中土求法高僧的关注。智严与佛驮跋陀罗为同学关系，知其境界，故邀其东归。相传佛驮跋陀罗当时已得阿那含果，具他心通，且能上升兜率天见弥勒。他本人也有游方弘化的愿望，因此一受到智严的邀请，便欣然俱行。《出三藏记集·佛驮跋陀传第四》记载："佛驮跋陀，齐言佛贤，北天竺人也。五岁而孤，十七出家。与同学数人诵经，众皆一月，佛贤一日诵毕。其师叹曰：'佛贤一日敌三十夫也。'及受具戒，修业精勤，博学群经，多所通达。少以禅律驰名，常与同学僧伽达多共游罽宾，同处积载。达多虽服其才明，而未测其人也。后于禅室见佛贤神变，乃敬心祈问，方知得不还果。常欲游方弘化，备观风俗。会沙门智严至西域，遂请俱东。于是杖锡跋涉，经历三年，路由雪山，备极艰阻。"

佛驮跋陀罗随智严到了长安，开始与鸠摩罗什合作译经，后来受到鸠摩罗什及其僧团的排挤，遂南下到庐山参与慧远的译经活动。

与智严一起赴西域的宝云，在与法显会合后，一直与法显同行，相处三年多。宝云回国后，在译经事业上也做了很多工作。此外，他还著有《外国传记》。

刘宋永初元年（420），即法显返回建康7年后，黄龙沙门法勇（昙无竭法师），受法显事迹鼓舞，"发迹北土，远适西方"。招集僧猛、昙朗等25人，从陆路至中天竺，由南天竺搭乘商船返回广州，选择的路线与法显大致相同。他们的旅途十分艰险，同行 25 人，回国时仅剩 5 人。

此外，在法显西行的同时，庐山慧远也派弟子西行，"旷岁方返，皆获梵本"。

在法显从长安出发赴西域求法 5 年后，即后秦姚兴弘始六年（404），又有京兆新丰沙门智猛从长安出发，踏上了奔赴西域求法的行程。与智猛同行的有 15 人。在当时西行诸贤中，他在天竺停留的时间最久，加上往返时间则长达 20 多年。

智猛，雍州新丰人，他少年出家，专修心业，讽诵之声昼夜不绝。据说他每闻外国沙门说天竺佛迹及方等众经，慨然而有求法远游之志。姚秦弘始六年（404），智猛与昙纂等 15 人，自长安出发，西行求法。

智猛采取了和法显大致相同的路线西行。即从长安出发，出阳关，西入流沙，"地无水草，路绝行人。冬则严厉，夏则瘅热。人死聚骨以标行路。骡驼负粮，理极辛阻"，十分艰险。他们继续前行，历鄯善、龟兹、于阗诸国，一路备观各国风土民俗。然后，"从于阗西南行二千里，始登葱岭，而同侣九人退还。猛遂与余伴进行千七百里，至波沦国"。后三越雪山，路极险峻，"冰崖皓然，百千余仞，飞缅为桥，乘虚而过，窥不见底，仰不见天，寒气惨酷，影战魂慄，汉之张骞、甘英所不至也"（以上具见《出三藏记集·释智猛传》）。再南行千里，至罽宾国渡印度河，雪山险阻，更甚于前。经千辛万苦，始达罽宾城。进入罽宾时他们一行只剩下 5 人。罽宾国的高僧见到智猛等人远道而来，十分高兴，并大为赞叹。他们从罽宾出发，"复西南行千三百里至迦惟罗卫国"，在这里礼佛发、佛牙等舍利，并朝菩提圣树及佛涅槃处。

最后，智猛一行到达阿育王首府华氏城。城中有一位婆罗门，名叫罗阅，举家奉佛，造高 3 丈的白银塔。法显旅印时，从其家得 6 卷《泥洹经》梵本带回中国。智猛亦从罗阅家中获得《泥洹经》。后来又得到《摩诃僧祇律》及诸经梵本。他们在天竺的时间比法显停留的时间多了两倍，在各地访问了很多佛迹。

刘宋元嘉元年（424），智猛一行循旧道返回，途中又有 3 位旅伴去世。唯与昙纂一人回到中国。元嘉元年（426），他们到达凉州。在凉州期间，智猛翻译了《二十卷泥洹记》。"智猛传云：毗耶离国有大小乘学不同。……智猛即就其家得《泥洹》胡本，还于凉州，出得二十卷。"（《出三藏记集》）僧佑的《出三藏记集》中说智猛从印度回来时，还获得众经梵本。"文帝时，沙门释智猛游西域还，以元嘉中于西凉州译出《泥洹经》一部。至十四年赍还京都。"（《出三藏记集》）

据说，智猛于元嘉十四年（437）到达蜀地，于元嘉十六年（439）由长江而下，在湖北咸宁县钟山定林寺撰述了他的游记。该书见于《隋书·经籍志》里面的《游行外国传》一卷。后来他再次返回蜀地，于元嘉三十年（453）在成都去世。《游行外国传》在隋唐时似仍在流传，同时也是人们广为阅读的图书之一。

3. 宋云、惠生的西行及其行纪

在南北朝时期西行求法的僧侣中，宋云、惠生也很著名。北魏神龟元年（518）冬，胡太后遣洛阳崇立（灵）寺比丘惠生与使者宋云等向西域求经。《魏书·西域传》记载："熙平中，肃宗遣王伏子统宋云、沙门法力等使西域，访求佛经。时有沙门慧生者亦与俱行，正光中还。"

惠生和宋云从洛阳出发，出赤岭（今青海西宁日月山），穿流沙，入吐谷浑受其庇护取道今青海省入西域，"路中甚寒，多饶风雪，飞沙走砾，举目皆满"。他们经鄯善、左末、捍么、于阗、朱驹波国、汉盘陀国，进入葱岭之钵盂城，不可依山，至钵和国，抵达嚈哒统治境。途中历尽艰辛，"其处甚寒，冬夏积雪。……自此以西，山路欹侧，长坂千里，悬崖万仞，极天之阻，实在于斯。太行孟门，匹兹非险；崤关陇坂，方此则夷"。嚈哒"土田庶衍，山泽弥望，居无城郭，游军而治，以毡为衣，随逐水草，夏则随凉，冬则就温。乡土不识文字，礼教俱阙。阴阳运转，莫知其度。年无盈闰，月无大小，用十二月一岁，受诸国贡献。南至牒罗，北尽敕勒，东被于阗，西及波斯"。宋云一行谒见嚈哒王，"王张大毡帐，方四十步，周回以氍毹为壁。王着锦衣，坐金床，以四金凤凰为床脚。见大魏使人，再拜跪受诏书。至于设会，一人唱，则客前，后唱则罢会。惟有此法，不见音乐"（以上具见《宋云行纪》）。

宋云等谒见嚈哒王之后，经波斯国、弥国、钵卢勒国，进入乌苌国和干陀罗国。当他们游历到印度河上游河谷的古国乌苌时，谒见乌苌国王。《宋云行记》"乌苌国"条记载："北接葱岭，南连天竺，土气和暖，地方数千。民物殷阜，匹临淄之神州；原田膴膴，等咸阳之上土。鞞罗施儿之所，萨埵投身之地。旧俗虽远，土风犹存。国王精进，菜食长斋。晨夜礼佛，击鼓吹贝，琵琶箜篌，笙箫备有。日中已后，始治国事。假有死罪，不立杀刑，惟徙空山，任其饮啄。事涉疑似，以药服之，清浊则验，随事轻重，当时即决。土地肥美，人物丰饶，百谷尽登，五果繁熟。夜闻钟声，遍满世界，土饶异花，冬夏相接，道俗采之，上佛供养。"

宋云向乌苌国王具说周孔庄老之德，介绍蓬莱山上的银阙金堂，神仙圣人；又说"管辂善卜，华佗治病，左慈方术"。国王遥心顶礼，认为魏境即是佛国，"我当命终，愿生彼国"。

此后，宋云、惠生游历了这些地区的诸多佛迹，最西到达那迦罗呵国那竭城（阿富汗贾拉拉巴德）。他们的西行历时 4 年，于北魏正光三年（522）回国，取回大乘经论 170 部，摹写了犍陀罗佛图之仪状大小，详记了天竺佛迹佛塔之方位所在，对于当时佛教在中原内地的发展、佛典翻译以及犍陀罗佛教造像、雕刻、绘画艺术的传播起到了十分重要的作用。

宋云等人由于肩负着佛教的使命，因此他们在旅途中，特别注意"寻如来教迹"。"如来教迹"不同于一般的古迹，而是代表佛陀的人格的奇迹与教化的神力，因而"教迹"本身就是神异的。《宋云行记》记载：

（1）佛晒衣处——"初，如来在乌场国行化，龙王瞋怒，兴大风雨，佛僧迦梨表里通湿。雨止，佛在石下，东面而坐，晒袈裟，年岁虽久，彪炳若新。"

（2）佛履石之迹——"履石之处，若践水泥，量之不定，或长或短。"

（3）杨枝植地成大树处——"佛本清净，嚼杨枝，植地即生，今成大树，胡名曰婆楼。"

（4）佛剥皮为纸、折骨为笔处——"折骨之处，髓流着石，观其脂色，肥腻若新。"

（5）佛作摩竭大鱼以肉济人处——"至辛头大河，河西岸上，有如来作摩竭大鱼，从河而出，十二年中以肉济人处，起塔为记，石上犹有鱼鳞纹。"

宋云和惠生的西行，是北魏派出的国家代表，同时负有宣扬国威和华夏文化的使命。这与法显、智猛等出于信仰的个人行动有所不同。他们出发时，皇太后救付五色百尺幡 1000 口、锦香袋 500 枚、王公卿士幡 2000 口，沿途将其供养于于阗至干陀罗的所有佛迹处，前后还为浮图施舍奴婢 4 人，可见此行规模之宏大。

宋云、惠生还各自撰写一本记载西行见闻的书籍。宋云写《魏国以西十一国事》1 卷，惠生写《惠生行传》1 卷。这两部行纪记述了当时从中原往印度的交通路线，对沿途国家、地区的物产、政治、风俗、信仰等进行了具体的记录，其中对于阗国、嚈哒国和葱岭的记述具有珍贵的史料价值。日本学者内田吟风认为："宋云的使命主要包括与西方各国进行外交交涉、视察国情等正式的国家使节的内容，而惠生则主要作为胡太后的私人佛教使节。……因此，《宋云行纪》不仅是个旅行记录，而且也是详细记录了各国情况的侦察报告。"[1]

宋云和惠生的这两部行纪在唐、宋时期还流传于世，以后皆失散不见。所幸这两本书的内容均被杨衒之进行综合记录和整理，以《宋云惠生使西域》为题编入《洛阳伽蓝记》中，成为后世研究中西交通史、佛教史的极其宝贵的参考史料。

四　法显：天竺取经第一人

1. 法显西行的艰难行程

在魏晋南北朝时期西行求法的中国僧侣中，以法显最为著名。中国历史上的佛教求法僧，最杰出、最有成就的，公推法显、玄奘和义净，其中法显的年代最早，比玄奘早 200 多年。法显是第一位沿着陆路西行，而乘着海船从南洋回到汉地的取经高僧。而且，他是我国僧人到"西天"（印度）研究佛学的第一人。

法显是山西平阳人，俗姓萧，3 岁出家，10 岁丧亲，20 岁受具足戒，此

---

① ［日］长泽和俊著，钟美珠译：《丝绸之路史研究》，天津古籍出版社 1990 年版，第491 页。

后，他对佛教信仰之心更加坚贞，行为更加严谨，时有"志行明敏，仪轨整肃"之称誉，后来逐渐成为有名的僧人。在长期的诵经讲经活动中，他发现几经转译的佛经多有缺失，且谬误甚多，不知所云。为了解决中国佛教经书的这种混乱状况，他不顾雪眉霜鬓，毅然告别僧友，从仙堂寺辗转到达长安，决心到佛教的诞生地天竺（印度）求取真经。

《出三藏记集》说法显"常慨经律舛阙，誓志寻求"。《佛国记》说："法显昔在长安，慨律藏残缺。"他在印度时写道："法显本心欲令戒律流通汉地。"这些记载说明，法显西行，是有明确的目的的，就是"慨律藏残缺"，因而去佛教的发祥地印度获取完整的律藏，使之流传中国。这种寻求真理和知识的渴望，是法显能够克服艰难险阻而奋力前行的强大心理动力。作为最早西行的中国僧侣，法显为整个西行求法运动确立了寻求知识、寻求真理这一宏伟的目标。正是这一目标，鼓舞了西行求法的僧人们在上千年的时间里，前赴后继地去完成一项伟大的引进外来文化的壮举。而经过他们引进的印度佛教文化，成为刺激中华文化发展的一个重要的文化资源。

东晋隆安三年（399）春天，法显同慧景、道整、慧应、慧嵬 4 人一起，从长安起身，向西进发，开始了漫长而艰苦卓绝的旅行。而在这两年后，鸠摩罗什经过在凉州多年的困顿，终于到了长安。这两位在中国佛教史乃至中国文化史上留下巨大影响的高僧，一个向西，一个向东，都是为了把佛教文化传播到中国的大地上。法显出行时，已是年届 63 岁的老人。

古代中外文化交流是一个充满艰辛与痛苦的过程。西天佛国印度在中国的西边，中途要经涉几十个国家，还要穿越戈壁沙漠，忍受常人难以忍受的苦难。法显西行就是一个极为艰险的行程。法显这样描述他西行之时的心情："顾寻所经，不觉心动汗流。所以乘危履险，不惜此形者，盖是志有所存。专其愚直，故投命于不必全之地，以达万一之冀。"

法显一行到了张掖后，遇到了同样去西域求法的智严、慧简、僧绍、宝云、僧景 5 人，与之会合，组成了 10 个人的"巡礼团"。后来，又增加了慧达，总共 11 人。"巡礼团"西进至敦煌，得到太守李浩的资助，西出阳关渡"沙河"（即白龙堆大沙漠）。法显等 5 人随使者先行，智严、宝云等人在后。白龙堆沙漠气候非常干燥，时有热风流沙，旅行者到此，往往被流沙埋没而丧命。他们冒着生命危险勇往直前，走了 17 个昼夜，1500 里路程，终于渡过了"沙河"。接着，他们又经过鄯善国到了焉夷国。他们在焉夷国住了两个多月，宝云等人也赶到了。当时，由于焉夷国信奉的是小乘教，法显一行人属于大乘教，所以他们在焉夷国受到了冷遇，食宿无着落。不得已，智严、慧简、慧嵬3人返回高昌筹措行资，僧绍随着西域僧人去了罽宾。法显等7人得到了前秦皇族苻公孙的资助，又开始向西南进发，穿越塔克拉玛干大沙漠。塔克拉玛干大沙漠地处塔里木盆地中心，这里异常干旱，昼夜温差极大，气候变化无常。行人至此，艰辛无比。他们走了1个月零5天，总算平安地走出了这个"进去出不来"的大沙漠，到达了于阗国。于阗是当时西域佛教的一大中心，他们在这里观看了佛教"行像"仪式，住了3个月，接着继续前进，经过子合国，翻过葱岭，渡过新头河到了那竭国。慧景到那竭国后病了，道整陪他暂住。法显和慧应、宝云、僧景等人经宿呵多国、犍陀罗国而到了弗楼沙国。慧达一个人去到弗楼沙国，与法显他们会面。弗楼沙国是北天竺的佛教中心，慧达、宝云和僧景在这里参访佛迹以后便返回中国，慧应在这里的佛钵寺病逝。法显独自去了那竭国，与慧景、道整会合，3人一起南越小雪山。此山冬夏积雪，3人爬到山的北阴，突然遇到寒风骤起，慧景被冻死。法显抚摸着慧景的尸体，无限感慨地哭着说："取经的愿望未实现，你却早死了，命也奈何！"然后与道整奋然前行，翻过小雪山，到达罗夷国。又经跋那国，再渡新头河，到达毗荼国。接着走过了摩头罗国，渡过了蒲那河，进入中天竺。

法显和道整用了4年多时间，周游中天竺，巡礼佛教故迹。东晋元兴三年（404），他们来到了佛教的发祥地拘萨罗国舍卫城的祇洹精舍。传说释迦牟尼生前长期在这里居住和说法，这里的僧人对法显不远万里来此求法，深表钦佩。《佛国记》记载："彼众僧叹曰：奇哉，边地之人乃能求法至此。自相谓言：我等诸师，和上相承，未见汉道人来到此地也。"法显还参访了释迦牟尼的诞生地迦维罗卫城。东晋义熙元年（405），法显走到了佛教极其兴盛的摩竭提国巴连弗邑。他在这里住了3年，学习梵书梵语，抄写经律，收集了《摩诃僧祇律》《萨婆多部钞律》《杂阿毗昙心》《方等般泥洹经》《綖经》《摩诃僧祇阿毗昙》6部佛教经典。道整在巴连弗邑十分仰慕此地的沙门法则和众僧威仪，追叹故乡僧律残缺，发誓留住在这里不回国了。而法显一心想着将戒律传回祖国，便一个人继续旅行。他周游了南天竺和东天竺，又在恒河三角洲的多摩梨国住了两年写经画（佛）像。

东晋义熙五年（409）年底，法显离开多摩梨国，搭乘商舶纵渡孟加拉湾，到达师子国。他住在王城的无畏山精舍，求得《弥沙塞律》《长阿含经》《杂阿含经》和《杂藏经》4 部经典。

义熙七年（411）八月，法显完成了取经求法的任务，坐上商人的大舶循海东归。舶行不久，即遇暴风，在危难中漂泊了一百多天，到达了耶婆提国。关于这一旅程，《佛国记》有详细记载。

这个"耶婆提国"在哪里，历来有不同的说法，有说是苏门答腊岛或爪哇岛，还有人认为是在美洲。不过关于美洲一说并没有确切的依据。但无论如何，这一记载说明了法显的经历极为艰险。法显在这里住了 5 个月，又转乘另一条商船向广州进发。不料行程中又遇大风，船失方向，随风漂流，在船上粮水将尽之时，忽然到了岸边。法显上岸询问，方知这里是青州长广郡的劳山。青州长广郡太守李嶷听到法显从海外取经归来的消息，立即亲自赶到海边迎接。时为东晋义熙八年（412）七月十四日。法显 65 岁出游，前后共走了 30 余国，历经 13 年，回到祖国时已经 78 岁了。在这 13 年中，法显跋山涉水，经历了人们难以想象的艰辛。

法显以年过花甲的高龄，完成了穿行亚洲大陆又经南洋海路归国的惊人壮举。他留下的杰作《佛国记》在佛教界受到称誉，也得到了中外学者的高度评价。与法显同时代并且相识的一位僧人在《佛国记》"跋"文中说："于是感叹斯人，以为古今罕有。自大教东流，未有忘身求法如显之比。然后知诚之所感，无穷否而不通；志之所奖，无功业而不成。成夫功业者，岂不由忘失所重，重夫所忘者哉！"

梁启超说："法显横雪山而入天竺，赍佛典多种以归，著《佛国记》，我国人之至印度者，此为第一。""自显之归，西行求法之风大开。"[①] 法显西行以及所撰写的西行游记，大大拓展了中土僧人的眼界，在当时就产生了巨大的反响，并激励后人去学习效法。此后，中国僧侣西行求法者越来越多，至隋唐时期达到了高潮。他们中的不少人受到法显西行事迹的鼓舞。玄奘"言昔法显、智严，亦一时之士，皆能求法，导利群生，吾当继之"，义净"仰法

① 梁启超：《佛学研究十八篇》，群言出版社 2013 年版，第 181 页。

显之雅操，慕玄奘之高风"，甚至包括朝鲜的僧人，也"径入中华，追法显、玄奘之逸迹，竭来绝域，视如里巷，比之奉使张骞、苏武之类乎"。

2. 法显带回的佛教经典

东晋义熙九年（413），法显在山东半岛登陆后，应兖、青州刺史刘道怜的邀请，到彭城居住，并且在彭城度过了夏坐。而此年春天，天竺僧人佛驮跋陀罗与宝云一起，随刘裕从江陵到达建康，住于道场寺。七月底或八月初，法显南下至建康，和佛驮跋陀罗共同译经。在此期间，法显将自己西行取经的见闻写成了一部不朽的世界名著《佛国记》。法显还曾于义熙十二年（416）应庐山高僧慧远的邀请，到庐山讲经。他在建康道场寺住了 5 年后，又来到荆州辛寺，东晋元熙二年（420）终老于此。

法显西行对中国佛教文化产生了深远的影响。在法显之前，虽然已有朱士行往西域求法，但他未到印度，并且未返汉地。西行求法，并带返大量的梵本文献的第一位汉僧，乃是法显。法显带回大量佛经，并亲自参与翻译工作，为中国戒律学、佛性论思想和毗昙学的发展作出了杰出贡献。

法显携带回国的经律，依据《出三藏记集》卷二所载，共有 11 部：《大般泥洹经》6 卷、《方等泥洹经》2 卷、《摩诃僧祇律》40 卷、《僧祇比丘戒本》1 卷、《杂阿毗昙心论》13 卷、《杂藏经》1 卷、《綖经》《长阿含经》《杂阿含经》《弥沙塞律》《萨婆多律抄》。

在这些经卷中，被法显译出的有 6 部 63 卷，即《大般泥洹经》6 卷、《方等泥洹经》2 卷、《摩诃僧祇律》40 卷、《僧祇比丘戒本》1 卷、《杂阿毗昙心论》13 卷、《杂藏经》1 卷。其他未及译出的由后人译成汉文。

法显偏重于律部梵本的求取，除了四分律及新的有部律之外，现存于汉文中的诸部广律，几乎全是法显带回来的。佛教的文献总称三藏，律是其中之一。佛教僧人依律而住，律是佛教宗教生活最基本的原则。律对于中国佛教和印度佛教，都具有关键性的意义。在法显赴印之前，虽然已经有一些佛教的戒律陆续传到了汉地，但没有一部是完整的，这已经影响到中国佛教的正常发展。道安在为《鼻奈耶》写的序言中说："经流秦地，有自来矣。随天竺沙门所持来经。遇而便出。"说的便是这样一种情况。为此道安采取了两项举措：一是尽量与西域僧人取得联系，邀请通解戒律的僧人到汉地，翻译戒律，讲传律学；二是鼓励和支持汉地僧人西行，到西域诸国，或者进而到印度本土去求取戒律，尤其是所谓的"广律"。这在当时是许多僧人的想法。所以《法显传》的第一句话就说："法显昔在长安，慨律藏残缺，于是遂以弘始二年，岁在己亥，与慧景、道整、慧应、慧嵬等，同契至天竺寻求戒律。"

　　法显去印度求法，主要目的就是求取戒律。"法显住此国二年，更求得《弥沙塞律》藏本，得《长阿含》《杂阿含》，复得一部《杂藏》。此悉汉土所无者。"法显所得 11 部佛经中，有四种是律，分属三个部派，即大众部的《摩诃僧祇律》及《僧祇比丘戒本》，化地部的《弥沙塞律》，说一切有部的《萨婆多律抄》。这三种律，加上《四分律》，代表了汉地最早传承的佛教的四个部派律系统。

　　法显在中天竺摩竭提国巴连弗邑抄回《摩诃僧祇律》《萨婆多律抄》各一部，在师子国求得《弥沙塞律》藏本。《摩诃僧祇律》于东晋义熙十四年（418）由法显与佛驮跋陀罗合作译出，共 40 卷。法显未来得及译出《弥沙塞律》，在其圆寂后，《弥沙塞律》由道生、佛陀什等译出。

　　而当法显从天竺归来时，《萨婆多律抄》已经由鸠摩罗什与佛若多罗等于后秦弘始七年（405）译出，名为《十诵律》，共 61 卷。此外，法显还与佛驮跋陀罗合作译出《僧祇比丘戒本》1 卷。《摩诃僧祇律》译出后，在当时影响甚大，与《十诵律》一起成为南北朝时期佛教戒律学的主要依据。正由于此，法显对于戒律在中国的弘传起到了关键性作用。直至隋唐时期，由于以《四分律》为归旨的律宗的形成，《摩诃僧祇律》才逐渐退出了律学主流。

　　法显带回并且亲自参与译出的《大般泥洹经》，是大乘《涅槃经》的最初译本。大乘《涅槃经》讲"如来性品"，主张"一切众生，虽有佛性，要因持戒，然后乃见"（《大唐西域求法高僧传》）。大乘《涅槃经》一边说佛性常住，一边又极力强调若不受持戒律，便不可能见到佛性，通常称之为"扶律谈常"。这也影响到大盛于唐朝的禅宗寺院，例如百丈立丛林清规的准则，便是不拘泥于大小乘戒律，也不违背大小乘戒律，使得禅修者们，在清净和精进的禅修生活中，达到亲证本自现成的佛性。这证明法显译出《大般泥洹经》的宗旨是在弘扬戒律，却也附带传递了一个崭新的消息："一切众生，皆有佛性。"

　　《大般泥洹经》是我国佛教史上最著名的一部大乘佛教巨著，对南朝流行的佛性说的建立有至关重要的影响。《大般泥洹经》的译出，扭转了当时的佛学思潮，形成了中国大乘佛教以"一切众生皆有佛性"为主流的大势。此经在佛学思想史上的意义在于，如来藏思想由此代替了大乘般若学而成为中国佛学的主流。这部经典不仅促使佛教流布教化，咸使见闻，而且还开了新思潮之端。僧佑法师曾指出："法显后至，泥洹始唱，便谓常住之言，众理之最，般若宗极，皆出其下。""关中四圣"之一的道生法师受法显译的《大般泥洹经》启发，唱"一阐提之人皆当成佛"之说，孤明先发，使涅槃佛性思潮一时竞起，笼罩旧说，妙有渊旨，检阅真俗，精练空有，天华坠席，顽石点头，为后世禅宗的成佛作祖之说，奠定了理论基础。

法显在巴连弗邑住了3年，抄得《杂阿毗昙心论》约6000偈与《摩诃僧祇阿毗昙》。《发智论》是说一切有部的根本论书，后人为了解释此论，邀集500人，费时12年，写成《大毗婆沙论》10万颂，玄奘后来把它译成汉文，共200卷。对此卷帙浩繁的论典，为了便于领会其中要义，又出《阿毗昙心论》，"心"是核心、纲要之义。《杂阿毗昙心论》，即是解释这部《心论》。法显回国以后，与佛驮跋陀罗共同译出这部《杂阿毗昙心论》，推动了当时毗昙学研究的进一步发展。而晋末宋初的毗昙学研究，为此后中国唯识学的传播与发展奠定了基础。

3. 法显带回的佛教文化信息

法显在西域和印度游历多年，亲身考察了许多佛教遗迹和寺庙等佛教活动场所，在他所著的《佛国记》中记载了西行途中的大量见闻，给中国带回来大量的有关印度佛教的信息，具有丰富的学术价值。

法显之所以西行，是有感于中土戒律的残缺和僧众威仪的欠缺。因此，法显对西域、印度诸国戒律的实行情况格外留心，并且对其整肃严谨之风貌大为欣羡。如对于阗国的情况，法显这样记述：于阗"彼国人民星居，家家门前皆起小塔，最小者可高二丈许。作四方僧房，供给客僧及余所须，国主安堵法显等于僧伽蓝。僧伽蓝名瞿摩帝，是大乘寺，三千僧共揵搥食。入食堂时，威仪齐肃，次第而坐。一切寂然，器钵无声。净人益食，不得相唤，但以手指麾"（《佛国记》）。在天竺部分，类似于这样的叙述比比皆是。法显记述道："佛得道处有三僧伽蓝，皆有僧住。众僧民户，供给饶足，无所乏少。戒律严峻，威仪、坐起、入众之法。佛在世时，圣众所行，以至于今。

佛泥洹已来，四大塔处，相承不绝。四大塔者，佛生处，得道处，转法轮处，般泥洹处。"（《佛国记》）

法显介绍了西域和印度大小乘佛教流行的情况。在西域方面，首先说到诸国原来语言不尽同，而僧人一致学习印度语文，鄯善国、焉夷国各有僧四千余，竭叉国有僧千余，都奉小乘教，于阗国和子合国都盛行大乘佛教。在印度方面，陀历、乌苌、罽饶夷、跋那等国都奉行小乘教，罗夷、毗荼、摩竭提等国都大小兼学，毗荼国僧众多至万数，摩竭提国为印度佛教的中心，佛法大为普及。东印度多摩梨帝国有二十四伽蓝，佛教也很兴盛。

《佛国记》介绍了印度佛教的供养制度。印度佛教自创始以来就以供养为主要信仰方式。可以参见《佛国记》中多条记载。其时印度僧团受王室及贵族之供奉，财富积聚，已不是昔日之比，珍宝之稀奇连王都起心动念，所以寺院经济的发达并非只在中国才有。在印度本土，僧团已是极度富有，可见"小小戒可舍"的影响。早期僧团的"十事非法净"已听不到声音。当然，僧团在享用这些生活资料时，依然是按照僧腊之惯例来定。

佛灭度后，佛之崇拜以舍利信仰最为盛行。关于佛教史迹，法显在《佛国记》中详细记载了佛陀降生、成道、初转轮、论议降伏外道、为母说法、为弟子说法、预告涅槃、入灭8大名迹之盛况；记载了佛石室留影、最初的佛旃檀像、佛发爪塔以及佛顶骨、佛齿和佛钵、佛锡杖、佛僧伽梨等的保存处所和守护供养的仪式；记载了佛陀的大弟子阿难分身塔，舍利弗本生村以及阿阇世王、阿育王、迦腻色迦王所造之佛塔；过去三佛遗迹诸塔以及菩萨割肉、施眼、截头、饲虎四大塔，祇洹、竹林、鹿野苑、瞿尸罗诸精舍遗址，五百结集石室，七百僧检校律藏纪念塔以及各地的著名伽蓝、胜迹。《佛国记》记载，不论是大乘或小乘各派，都把佛的遗骨、遗物、遗迹，视作信奉的中心。这些信息告诉人们，不但佛圆寂后受到供养，连其遗物、弟子以及阿罗汉等也受到供养。

在《佛国记》中，法显对于西域、印度诸国的规模较大的法会叙述得尤其详细。如于阗国、摩竭提国的"行像"仪式，竭叉国的五年大会（般遮越师），弗楼沙国的佛钵崇拜仪式，那竭国的佛顶骨崇拜仪式，师子国佛齿供养法会以及师子国国王为入灭罗汉举行的阇维葬仪，等等。

法显还对其在天竺所瞻礼过的佛塔一一作了描述。法显和道整渡恒河南行，辗转到了摩竭提国。那里是古印度孔雀王朝阿育王的治城。前 2 世纪，阿育王统一了除半岛南端以外的印度全境。他大兴佛教，于国内广建寺塔，留下大量的佛教文化遗址。此外，法显瞻仰了王宫，深为王宫的"累石起墙阙，雕文刻镂，非世所造"的豪华壮美所折服。法显对有关佛教的民俗活动特别感兴趣，挤在观众中参加了城内居民迎佛像进城供奉的"行像"活动。"行像"活动于每年 12 月 8 日举行，佛像供奉在四轮车上，车用竹篾扎制成五塔楼，上铺白毡，用彩画出飞天形象，佛龛缀饰着金银琉璃，四角缯幡高悬。"行像"一次，通常有 20 辆这样的车，每辆车各不相同。"当此日境内道俗，皆集作倡伎乐，华香供养。"人们不分僧俗，都集合于路旁狂欢通宵。

法显对于佛教夏安居的仪礼与经过也有详细介绍，尤其对夏安居最后一个月的仪式记载尤详。一是希求福报之家可为众僧奉献"非时浆"；二是解夏前的最后一日的夜晚举行"大会说法"，说法完毕，比丘供养舍利弗塔，比丘尼供养阿难塔，沙弥供养罗云；三是解夏之日，信众即俗弟子可向僧尼布施物品。另外，法显还追叙了师子国国王为僧众建新精舍的常规："先设大会，饭食僧。供养已，乃选好上牛一双，金银宝物庄校角上，作好金犁。王自耕顷四边，然后割给民户、田宅，书以铁券。自是已后，代代相承，无敢废易。"（《佛国记》）

法显对当地受到佛教影响的日常生活也多有记述。崇佛之盛，不仅是寺塔林立，僧人众多，如《佛国记》中对出家人的人数记载甚多："无畏精舍东四十里有一山中有精舍名支提。可有二千僧。""城南七里有一精舍名摩诃毗诃罗。有三千僧住。"而且对当地民众生活亦有着重大影响："从是以南名为中国。中国寒暑调和无霜雪，人民殷乐，无产籍官法。唯耕王地者，乃输地利。欲去便去，欲住便住。王治不用刑斩，有罪者，但罚其钱。随事轻重，虽复谋为恶逆，不过截右手而已。王之侍卫左右，皆有供禄。举国人民，悉不杀生，不饮酒，不食葱蒜，唯除旃荼罗。旃荼罗名为恶人，与人别居。若入城市，则击木以自异。人则识而避之，不相唐突。国中不养猪鸡，不卖生口。市无屠店，及沽酒者。货易则用贝齿。唯旃荼罗渔猎师卖肉耳。"呈现出一个佛教国度的气象。

4. 《佛国记》的历史和学术价值

孙昌武指出：《佛国记》"是有关中南亚史地和中西交通的经典论述，也是中国文献中旅行记即游记一体的开创性著作"①。

《佛国记》是法显回国后在建康居住期间撰写的，全文 9500 多字，别名有《法显行传》《法显传》《历游天竺纪传》《佛游天竺记》等。它是中国人最早根据个人的所见所闻，以实地的经历，记载一千五六百年以前中亚、南亚和部分东南亚的历史、地理、宗教的杰作，是中国和印度间陆海交通的最早记述，是中国古代关于中亚、印度、南洋的第一部完整的旅行记，在中国和南亚地理学史和航海史以及世界学术史上占有重要地位。可以说，《佛国记》的价值早已经超越了佛教史本身，而具有多方面的文化学术价值。法显同时代的道场寺僧人为《佛国记》所撰的跋文说："其人恭顺，言辄依实。"章巽将《大唐西域记》与《佛国记》作对比说：

> 恬退恭顺的法显，能有时间亲笔写下他的游记，言辄依实，质朴明畅；而玄奘却不得不假手辨机代笔写下他的游记，虽然文辞绚烂，却也不免带上一层浮华的色彩。且《法显传》虽然质朴，但由于亲身经历，亲笔自写，常能在行间字里发射出深厚的感情，十分触动人心，有许多境界往往是《大唐西域记》所未能到达的。②

方豪指出："法显之功绩不仅在译经及弘宣教旨，其所记历程虽仅九千五百余言，然精确简明，包括往返西域历程及航海经验，尤为今日研究中西交通史及中亚中古史地者必需之参考数据。"③ "法显是在那个时期研究佛教世界的众多中国朝圣者中最著名的一位，也是我们拥有完备记述材料的唯一的一位……他的《佛国记》连同其他朝圣者的一些内容重要的残篇仍然是不朽的资料，没有这些东西，我们对于公元 1 世纪亚洲佛教的历史就会基本上一无所知。"④

法显此次西行，是从长安出发，经过张掖、敦煌到鄯善，然后从鄯善北上至焉耆，再经过龟兹至于阗。法显走的是丝绸之路的北道。至焉耆后，法

---

① 孙昌武：《中国佛教文化史》第 3 册，中华书局 2010 年版，第 1279 页。

② 章巽：《法显传校注》，上海古籍出版社 1985 年版，第 10 页。

③ 方豪：《中西交通史》上卷，上海人民出版社 2008 年版，第 150 页。

④ ［英］崔瑞德、鲁惟一编，杨品泉、张书生等译：《剑桥中国秦汉史（公元前 221—公元 220 年）》，中国社会科学出版社 1992 年版，第 819—820 页。

显一行又转向西南，取道塔克拉玛干大沙漠，直达南道重镇于阗。法显等人从于阗前行，经过子合国，进入葱岭山中的于麾国、竭叉国，最后到达北天竺境内。法显回国取的是海道，即从巴连弗邑沿恒河东下，到达多摩梨帝国海口，然后从此乘船西南行，到达师子国。在师子国停留2年，法显乘船东下，后经马六甲海峡到达加里曼丹岛。在加里曼丹岛停留5个多月，法显又乘船沿着东北方向直奔广州，不料在西沙群岛附近遭遇风暴，船队在海上漂流70余日最后到达山东崂山南岸。法显《佛国记》对其亲身经历的往程与归程的基本情况，作了较为详细的记载，成为人们研究古代中国与西方交通通道的最可信的资料。北魏郦道元撰写的《水经注》中，有20余处引用《佛国记》的记载，其涉及的地域范围甚为广泛，包括北起我国新疆境内，南及印度河、恒河流域。后来历代正史的"地理志"不同程度地吸收了法显的材料。值得注意的是，中国与印度、波斯等国的海上贸易，早在东汉时期已经开始，而史书上却没有关于海风和航船的具体记述。《佛国记》对信风和航船的详细描述和系统记载，成为中国最早的记录。

法显对5世纪之前的西域诸国、中亚以及印度历史、政治、经济、民族、文化、风俗习惯以及亲眼所见的诸国社会生活的真实叙述，特别是关于西域、印度行程的记载，为研究古代西域、印度城市及国家的地理沿革提供了第一手数据，是研究这一地区古代历史的宝贵文献。中国西域地区的鄯善、于阗、龟兹等古国，湮灭已久，传记无存，《佛国记》中所记载的这些地区的情形，可以弥补史书的不足。法显是第一位史书明确记载到达印度本土的中国人，《佛国记》所涉及的5世纪及以前印度的历史地理状况，已经成为考订古代印度历史地理的权威材料。古代印度没有留下专门的地理学著作，甚至连这方面的记载也很缺乏。《佛国记》尽管不是严格意义上的地理学著作，但法显在记述中依照游记体的规范，以言必依实的原则，详细、准确地记载了自己所到之处的地理状况。他对印度5世纪之前的历史，特别是佛陀时代、孔雀王朝、贵霜王朝以及笈多王朝早期历史，作了追述。法显到达印度之时，正值印度史上的黄金时代笈多王朝后期，是有名的超日王（Vikramaditya，Candragupta Ⅱ）在位时期。《佛国记》对当时所见所闻做的翔实记录，对于研究5世纪的印度社会弥足珍贵。关于笈多王朝古史缺乏系统的文献记载，而超日王时的历史，只有依靠《佛国记》来补充。

在法显《佛国记》之后，有玄奘的《大唐西域记》、义净的《南海寄归内法传》及《大唐西域求法高僧传》与之遥相辉映。这4部著作所涉及的时代相互衔接，内容相互补充印证，共同建构了7世纪之前印度历史的可信坐标，也是研究该段历史的基本材料。现今凡是涉及这一段时期西域、印度历史的著作和相关研究，欲越过或忽略中国僧人的这些著述，几乎是难以进行的。日本学者足立喜六把《佛国记》誉为西域探险家及印度佛迹调查者的指南。他说："《佛国记》为1500年前之实地考察的记录，凡关于中亚、西亚、印度、南海诸地之地理、风俗及宗教等，实以本书为根本资料。故其价值，早为世界所共认。至其年代与事实之正确及记述之简洁与明快，亦远出于《大唐西域记》之上。"[1]

五　佛经汉译事业（二）

1. 以竺法护为代表的西晋译经事业

许多东来的佛教僧徒和西行求法的中国僧人，是把汉译佛经作为他们最主要的事业。东来的人随身携带佛经，西去的人是要"取经"，带来的也好，取来的也好，都要翻译成汉语，供人们阅读和理解。佛教东传中国，是一个漫长的文化交流过程。在这个过程中，佛教经典的汉译是一项持续的和具有中心地位的文化事业。中国佛教的发展过程，就是印度佛教在思想上和精神上逐步被中国人熟悉和了解的进程。佛教思想得以展现给中国人，也是外来经典被翻译成汉文，并由佛教学者向人们讲解的结果。中国的译经历史，是早期印度佛教在中国文化背景中逐步浸润扩散的历史。

在佛教初传中国的东汉三国时期，来华的西域和天竺僧侣，主要的传教活动是汉译佛教典籍，它使中国人开始接触这些不同于中国传统的宗教思想。那个时候翻译过来的佛教典籍虽然已经不少，但总的来看，还是零星的、随

---

① ［日］足立喜六著，何健民、张小柳译：《法显传考证》，商务印书馆1937年版，第1页。

意的，传播也不广泛。那个时代的译经事业，最重要的意义就在于开辟佛教典籍流传中国的先河，为以后的大规模译经事业奠定了基础。到了两晋以及南北朝时期，佛教在中国的传播出现了高潮，随着大批西域和天竺高僧入华，以及中国僧侣西域求法活动的开展，在中国出现大规模的佛经汉译活动。绝大部分的汉译佛经就是在这一时期和而后的隋唐时期翻译完成的。

梁启超把中国的佛经翻译分为三期，第一期是东汉至西晋，第二期是东晋南北朝，第三期是唐贞观至贞元。第一期是外国人主译期，第二期是中外共译期，第三期是本国人主译期。

西晋时期，佛教活动仍以译经为主。西晋国运共52年，《开元录》记载这期间从事译经的国内外沙门及居士共12人。连失译各经在内，现存经籍160部322卷。竺法护是西晋时期汉译佛经的杰出代表。方豪指出："中国佛经之翻译，其在鸠摩罗什之前者，应以竺法护为第一。"① 可以说，中国历史上第一次大规模翻译佛经的历史是由竺法护揭开的。

竺法护又名昙摩罗刹，其先是月支人，本姓支，世居敦煌。8岁时礼"外国沙门高座为师"出家，跟随师父改姓为竺。竺法护童真入道，天资聪慧，博闻强记，早年时就开始接受汉文化的教育。

竺法护与朱士行都，是因为在讲习佛学时遇到困难，而立志西行。史籍说，竺法护看到"寺庙图像虽崇京邑，而《方等》深经蕴在西域"。寺庙图像虽在京城已经兴盛了，而大乘经典弘传的不多。竺法护遂"慨然发愤志弘大道"，随师到西域诸国求取大乘典籍。

从最早西行求法的朱士行，到竺法护，他们不远万里艰苦跋涉，最主要的心理动力就是"求知"，就是要全面准确地学习和理解佛学的真谛，就是要去寻求他们心中的真理。这表现了中国人对新知识、新文化的热烈渴望和追求。这种追求知识、向往真理的精神也是中华文化数千年生生不息、持续发展的精神动力。

竺法护跟随他的师父竺高座从敦煌经西域南道，先往于阗国，再到疏勒，转往西域北道，经龟兹而回敦煌，完成了周游西域之旅，大致游历了安息、月氏、剑浮、龟兹、于阗、疏勒、鄯善、焉耆、匈奴、鲜卑等十几个地方，

---

① 方豪：《中西交通史》上卷，上海人民出版社2008年版，第144页。

遍学各国语言。据称竺法护能通达西域 36 国语言，熟谙印度、西域各国的字体、发音等，回国时带来很多梵经，包括《贤劫经》《大哀经》《法华经》《普曜经》等，"还归中夏。自敦煌至长安，沿路传译，写以晋文"。

在竺法护之前，洛阳是佛经翻译的中心，南京也有一些人从事翻译，但都是零星的，规模不大。竺法护毕其一生"孜孜所务，唯以弘通为业，终身写译，劳不告倦"。他到长安后，先后在长安白马寺、敦煌寺、西寺等处翻译佛经。所译经典，《高僧传》记有 165 部，《贞元释教录》作 175 部 354 卷。其中相当一部分只有经名，经书已不复存在。"他的译经不仅时间长，而且内容广泛，译文也较为忠实。""由于竺法护翻译的范围扩大了，翻译的质量提高了，对后来中国佛学的发展，有着十分重大的意义。"①

竺法护是汉晋时期译经最多的人，其对译经的贡献，僧佑评价说："经法所以广流中华者，护之力也。"唐道宣在《释迦方志》中说："晋武世，敦煌沙门竺法护，西游三十六国，大赍胡经，沿路译出，至长安青门外立寺，结众千余。教相广流东夏者，法护深有殊功。"由于竺法护译出大量重要经典，也由于他把译经与讲经密切结合，一时成为佛学界巨擘，生前拥有广大的信众。他晚年立寺于长安，精勤行道，追随他的门徒，竟达数千之多。时人称为"敦煌菩萨"。道安曾说："护公，菩萨人也。寻其余音遗迹，使人仰之弥远。夫诸《方等》《无生》、诸《三昧》经类，多此公所出，真众生之冥梯。"（《出三藏记集》）孙绰作《道贤论》，将他与竹林七贤中的山巨源相提并论，说："护公德居物宗，巨源位登论道，二公风德高远，足为流辈矣。"

竺法护翻译的佛经以般若类为主，多是佛教在中土发展初期的重要典籍。其中《光赞般若经》《维摩诘经》《正法华经》等是大乘的根本经典，此外还有《华严经》《宝积经》《大集经》等经的支分别译。竺法护的译经对于大乘佛教的开展，影响很大。其中《正法华经》的译介，使观音信仰普及于民间。当代佛教学者印顺法师说："法护所出，皆初期性空大乘之经，且尝抽译龙树之《十住论》。盖一般般若性空学者也。"②

竺法护的翻译工作是与中外僧人、居士合作完成的，可以说是一项集体的事业、合作的产物。道安、鸠摩罗什和玄奘等人，都主持过庞大的国家译场，而竺法护开启了集体翻译事业的先河，只是他还没有得到国家的支持和赞助，完全是信徒和朋友间的个人行为。竺法护精通华梵，又邀集多人共参润笔译校的工作。如聂承远、聂道真父子，竺法首、陈士伦、孙伯度、虞士雅等文人学士。其中聂承远父子对竺法护译事帮助最大。聂承远父子长于梵学，热心佛经汉译事业。聂承远明练有才，除了笔受以外，还常常参正文句。像竺法护所译《超日明三昧经》，原稿文句繁重，聂承远即加以整理删改。又竺法护译缺本中有《删维摩诘经》，似乎也是聂承远所删节的。聂承远之子聂道真通达梵语，并擅长文学，他参加竺法护的译事，积累了丰富的经验。在竺法护圆寂后，道真自译《无垢施菩萨分别应辩经》等20余部佛经。他又将竺法护的译籍编成目录，即后世所称《聂道真录》。竺法护的弟子，还有竺法乘、竺法行、竺法存，都不同程度地参与了译事。如竺法护于西晋太康五年（284）译出《修行道地经》7卷，法乘也参加了笔受。由于这些人的帮助，竺法护所译经籍译笔宏达欣畅，妙显无生之旨，更有益于弘通。

此外，在同一时期，洛阳有安法钦、法立、法炬，陈留有无罗叉（一作无叉罗）、竺叔兰，广州有强梁娄至，关中有帛远、支法度、若罗严等，在从事佛经的翻译。他们所译出的经、律和集传等共275部，加上新旧各种失译人的经典58部，合计333部。

与竺法护同时的法炬、法立两人在西晋惠、怀二帝时合译出《楼炭经》6卷、《法句譬喻经》4卷和《佛说诸德福田经》1卷。在竺法护译出《光赞经》6年后，即西晋元康元年（291），无罗叉和竺叔兰在陈留仓水南寺译出《放光般若经》20卷。原本是由朱士行在西域抄写，由其弟子弗如檀（法饶）等送回汉地的。无罗叉是于阗人，稽古多学。竺叔兰是天竺人，生在河南，善梵晋语。他们译出的《放光般若经》是《大品般若经》的第二译。后来，太安二年（303），沙门竺法寂和竺叔兰为之考校书写成为定本。竺叔兰后在洛阳自译《异毗摩罗诘经》3卷、《首楞严经》2卷。

帛远是河南人，他博学多闻，通梵语，对佛经深有研究。时在长安建造佛寺，从事讲习。后来在陇西译有《菩萨逝经》1卷、《菩萨修行经》1卷、《佛般泥洹经》2卷、《大爱道般泥洹经》1卷、《贤者五福德经》1卷等，共16部。强梁娄至是西域人，他于西晋武帝太康二年（281）在广州译《十二游经》1 部 1 卷。安法钦是安息人，于武帝太康二年（281）至惠帝光熙元年（306）在洛阳译《道神足无极变化经》4 卷、《阿育王传》7 卷等，共 5 部。沙门支法度在惠帝永宁元年（301）译出《逝童子经》1 卷、《善生子经》1 卷等，共 4 部。外国沙门若罗严译出《时非时经》1 部。

西晋一代的佛典翻译，还处于摸索阶段，尚未成熟。道安在《合放光光赞随略解序》中评竺法护的《光赞》译本："言准天竺，事不加饰，悉则悉矣，而辞质胜文也。"评无罗叉、竺叔兰的《放光》译本："言少事约，删削复重，事事显炳，焕然易观也，而从约必有所遗。"在《摩诃钵罗若波罗蜜经抄序》中评无罗叉说："斲凿之巧者也，巧则巧矣，惧窍成而混沌终矣。"僧肇在《维摩经序》中评竺叔兰所译《异毗摩罗诘经》也说："理滞于文，常惧玄宗堕于译人。"任继愈指出：

> 西晋的佛经翻译大体有如下三个特点：（1）所译的佛教典籍从形式上看，几乎全是"经"，从内容上看，主要是大乘佛经；而在各类大乘佛经中，又以《般若经》所占分量较大。从社会影响来看，以竺叔兰、无叉罗译《放光般若经》和竺法护译《正法华经》最为流行，对当时及以后的影响也较大。（2）……随着佛教的进一步普及，已在汉民族信徒中逐渐形成一批译经和传教的骨干，而这些骨干不免带有中国传统文化以及当时魏晋玄学的影响的烙印。这是促成佛教中国化的一个重要条件。（3）西晋的佛经翻译仍在民间分散进行……规模不可能太大，动用人力也不可能太多，因而所出佛经短篇多，长篇少。①

西晋时期汉译佛经，按照梁启超的看法，还属于早期阶段。在这个阶段，虽然"规模不可能太大"，所译佛经数量也不太多，但却是中国佛经翻译史上一个很重要的阶段。

2."格义"：佛经与中国思想早期接触和融合的形式

在佛经早期的汉译过程中，一般采用"格义"的方法，这成为佛教与中国文化最初接触和融合的一种形式。

在现存典籍中，对"格义"给予比较明确的解释的是梁代慧皎所撰的

---

① 任继愈主编：《中国佛教史》第 2 卷，中国社会科学出版社 1985 年版，第 47 页。

《高僧传》，其中说道："法雅，河间人，凝正存器，少善外学，长通佛义。衣冠士子咸附咨禀。时依门徒，并世典有功，未善佛理。雅乃与康法朗等以经中事数，拟配外书，为生解之例，谓之格义。及毗浮、昙相等，亦辩格义以训门徒。"引文中的"事数"为中国早期佛教学者所用，相当于佛典中法数。《世说新语·文学篇》记载："事数谓若五阴、十二入、四谛、十二因缘、五根、五力、七觉。"汉晋佛书中，"四大"常被喻为"五行"。北魏僧昙净所造伪经《提谓波利经》用"五常"（仁、义、礼、智、信）比佛教"五戒"（不杀、不淫、不饮酒、不盗、不妄语）。

竺法雅是东晋时期人。他精通世典，出家前当为清谈之士，出家之后深究佛理，故能内外结合，向门人讲说。许多"衣冠士子，咸附咨禀"。这些向他请教的人，是有深厚的传统文化功底之学者，但不懂佛学。于是竺法雅"以经中事数，拟配外书，为生解之例"。这种方法，被称为"格义"。竺法雅训示门徒时，总是"外典、佛经，递互讲说"。他与道安是同学，于邺都从西域僧人佛图澄受教。竺法雅所创"格义"，为当时佛学界普遍使用之方法，道安青年时亦曾使用。道安、支遁等解释佛理时，曾经对比所谓"庄老三玄"中的言句。《高僧传》还说慧远"年二十四，便就讲说。尝有客听讲，难实相义，往复移时，弥增疑昧。远乃引庄子义为连类，于是惑者晓然"。陈寅恪认为，"讲实相而引庄子义为连类，亦与'格义'相似也"①。

佛教所说的"外书"，是指佛典之外的中国书籍，佛书则被称为"内书"。"经中事数"，是指佛经中的名词概念。"拟配"，即是对比，即用原有中国的观念对比外来佛教的观念。因此，可以说，"格"就是"比较"和"对应"的意思；"义"则是词义、语意的意思。"格义"就是比较对应观念或名词意义的一种方法或手段，既是概念对等的翻译方法，也是比附连类的解说方法。使用"格义"这种方法的起因是由于学习佛典的门徒"世典有功，未善佛理"。由于佛教是外来宗教，它原来赖以产生和流传的古代印度社会历史背景和中国社会历史条件并不完全相同，佛教的内容结构、思想方法和经常使用的概念范畴，也与中国固有的学术世界不一样。因此，要使中国人弄懂产生于异质文化的佛教原理，在最初的佛经翻译和解说中就要以中国固有

---

① 陈寅恪：《陈寅恪史学论文选集》，上海古籍出版社 1992 年版，第 100 页。

的名词概念、思想方法来予以说明，并适应中国学说和现实社会的需要进行一些调整和变通。可以说，格义这种方法是佛教进入中国之初的一种必然的选择，也是使跨文化的概念能够融会贯通的方法。

"格义"的方法并不是西晋时才使用的。早在东汉时西域和印度的僧人来中国传经，就开始使用这种方法。晋僧慧睿说："昔汉室中兴，孝明之世当是像法之初，自尔以来，西域各人，安侯之徒，相继而至。大化文言渐得渊照边俗，掏其鄙俗。汉末魏初广陵彭城二相出家，并能任持大照，寻味之贤，始有讲次。而恢之以格义，遇之以配说。"（《出三藏记集》）说明在佛教最初传入中国之时，外国僧人在演讲佛理中，就采用了以"配说"为特征的"格义"方法。最早的佛典翻译家如安世高、支谶、支谦、竺法护等人，也是用中国固有的名词概念对译佛教的名词概念。袁宏在《后汉纪》中说："浮图者，佛也。西域、天竺有佛道焉。佛者，汉言觉，将悟群生也。其教以修善慈心为主，不杀生，专务清净。其精者号为沙门，沙门者，汉言息也，盖息意去欲，而欲归于无为也。又以人死精神不灭，随复受形，生时诵所行善恶，皆有报应，所贵行善修道，以炼精神而不已，以至无为而得为佛也。……有经数十万，以虚无为宗，包罗精粗，无所不统，善为宏阔胜大之言，所求在一体之内。"这段话反映了汉代人对佛教的认识和解释。文中，"浮图""沙门"，用的是音译，然后，用中国固有的词语"觉"来阐释"佛"，用"息心"解释"沙门"，将"涅槃"解为"无为"，这就很有"格义"的意味。

佛图澄在解说佛学时也还在运用格义的方法，不同的是，他在运用道术解佛的同时，还增引了儒学思想解释佛学。佛图澄"以道术为征"，"傍通世论"，"暗若符契"，在解说佛经时，用的是道教术语和儒家学说。竺法雅、道安是佛图澄的徒弟，他们对佛图澄的格义方法是有体会、有感受的。

佛教在中国的初期传播，采取格义方式，其最初的出发点是为了使佛教教义易为中国人所了解，这样做的同时也就强化了佛学与中国文化的共同性，增强了人们在它与中国文化之间的"求同倾向"和对它的认同，削弱了排拒心理，这是佛教能够在中国立足生根的心理基础，也是外来文化进入本土的必要过程。有了求同意识，就会表现出对外来文化的宽容，反之则会严加排拒。从格义方法的产生和运用，可以看到佛教和中国本土文化两个方面有着求同的倾向，这对于佛教在中国的生存和发展以及中国文化吸收外来文化不断地发展都有着深刻的意义。许理和认为：

> （这一时期佛教学说）为中国僧人所接受的仅仅是：一方面通过随意的、脱漏的和经常是几乎无法理解的译文这种改变了原样的中介，一方面通过因使用中国术语而增加的误导，而这些术语已经有了确定的哲学涵义并因而拥有了广泛的非佛教意蕴。所有这些因素都必定影响到佛教的完全汉化（即使是在僧人中间），影响到以中国姿态出现、为中国心灵所理解、转化成中国思想方式的佛教的形成。①

但是，外书和佛典毕竟有相当的距离，所以格义容易流于外典而和佛典的本义乖违，如道安"先旧格义，于理多违"。鸠摩罗什的弟子僧叡说："格义迂而乖本。"就是说，格义的翻译方法会对佛学的理解发生歧义。道安等人已经看到了格义方法在翻译佛经中所表现出的确切性不足，而开始探究佛学的意义网络，寻求更深广的融合。这一时期的格义表现为大量佛学论著的出现，虽然在论述中仍旧使用了中国现成的术语和观念，但已开始转向以当时的时代思想解说佛理，具有独特思维。一方面这些僧人在努力寻求着佛学的真谛，另一方面因为采用的是中国哲学的概念和术语，所以佛学与中国哲学不可避免地相互影响和初步融合了。

道安为了克服前期翻译的缺陷，提出直译的翻译理论，然而还是有人批评他的翻译"梵语尽倒，而使从秦"。鸠摩罗什在对格义方法进行批评时说："自大法东被，始于汉明，历涉魏晋，经论渐多。而支、竺所出，多滞文格义。"更说："但改梵为秦，失其藻蔚，虽得大意，殊隔文体，有似嚼饭于人，非徒失味，乃令呕哕也。"（《高僧传》）因此他鉴于先前所译经文"多滞文格义"，"不与胡本相应"，提出在忠实于原文的基础上采取达意译法，使中土诵习者能够接受和理解。此后，佛经翻译进入了一个新的水平，不仅仅是概念语言的格义对应，而是与音译相结合，在完整理解佛学原意的基础上，按照中国人的思维习惯创造出新的翻译方法，既使其具有中国特色，又使佛教理论本身有大的发展。

---

① ［荷兰］许理和著，李四龙译：《佛教征服中国——佛教在中国中古早期的传播与适应》，江苏人民出版社 2003 年版，第 3 页。

关于"格义"在佛经翻译史上以及在佛教东传史上的意义，孙昌武指出：

"格义"作为翻译佛典方法，有歪曲，有误导，后来随着佛典输入渐多，人们对佛理的认识渐明，理所当然地被批判、淘汰了。但作为佛教输入中土早期的产物，其作用和贡献是不可否定的。而且就佛教作为陌生的外来文化产物输入中国的具体环境而言，又有其必然性与合理性。一方面，它作为佛教输入并融合进本土文化的一种途径，对其教理在中国的传播起了重大作用。而从更广阔的角度看，"格义"所造成的不可避免的歪曲与误解，又是佛教被中土人"改造"、逐步实现"中国化"的一种具体形式。实际上外来的佛教正是掺杂着有意无意的曲解被传播和接受的，而中国佛教又正是在不断地克服这种歪曲、误解的过程中向前发展的。因此所谓"格义佛教"乃是外来佛教与中国本土文化相交流、相融合的一种初级形态。①

3. 东晋时期的译经事业

东晋时期，汉译佛经又有很大发展。在此之前的佛经翻译主要是由外来僧人进行的，这一时期，按照梁启超的说法，是西域来的高僧与中国僧侣合作翻译的时期。这一时期的译经事业主要在三个地方进行，形成了三大译经中心：一个是在长安，由道安主导；一个是在南方，分别在建康和庐山，主要人物有慧远、法显、佛驮跋陀罗等人；第三个是在西部的凉州，以昙无谶为核心。

在北方，前秦建元年间，苻坚崇信佛法，大力推动译经事业的发展。这一时期的佛经翻译，已不像东汉、三国时期那样是私人行为，政府已经开始介入，苻坚开始有组织地进行佛经翻译的工作，并派秘书郎赵政来主持这项工作。

这一时期陆续有一些西域或印度僧人来到长安参加佛经的传译。据唐智升《开元释教录》卷三记载的有以下6人：昙摩持、鸠摩罗佛提、僧伽跋澄、昙摩难提、昙摩蜱和僧伽提婆。

昙摩持，或云侍，是西域人，据说他"善持律藏，妙入契经"。前秦建元

---

① 孙昌武：《中国佛教文化史》第1册，中华书局2010年版，第296页。

三年（367）于长安翻译3部经，由慧常笔受。他所译的3部经是：《十诵比丘戒本》1卷，《比丘尼大戒》1卷，《教授比丘尼二岁坛文》1卷。

鸠摩罗佛提也是西域人，于建元中来到长安，翻译《四阿含暮抄解》（亦称《四阿含暮抄经》）2卷。

僧伽跋澄是罽宾国人。据称他"博览众典，善能通晓禅观、法数、阿毗昙等部派经论"。据《出三藏记集》卷二记载，僧伽跋澄的译经共3部：《杂阿毗昙毗婆沙》14卷；《婆须蜜集》10卷；《僧伽罗刹集经》3卷。僧伽跋澄翻译的3部经，都有道安写的序。

昙摩蜱，印度人，《开元释教录》卷三说他"器宇明敏，志存弘喻"。建元十八年（382），译《摩诃般若波罗蜜抄经》5卷，由佛护译传，慧进笔受，道安校定。

僧伽提婆，罽宾国人，姓瞿昙，建元十九年（383）来长安。共译佛经2部：《阿毗昙八犍度论》30卷、《阿毗昙心》16卷。由竺佛念译为汉语，慧力、僧茂笔录为汉文，法和校理，僧伽提婆检校，道安作序。此后，道安去世，关中战乱愈烈，僧伽提婆便与法和到了洛阳。在洛阳又译出了《阿毗昙心》16卷、《鞞婆沙阿毗昙》（又名《广说》）14卷。至后秦初年，僧伽提婆南下江南。东晋孝武帝太元十六年（391），为庐山慧远所请，入庐山继续从事译经活动。后游建康，晋琅琊王司马珣请他讲授"阿毗昙"，并集京都义学沙门40余人。他在江南译出了《阿毗昙心》4卷、《三法度论》2卷、《中阿含经》60卷、《增一阿含经》51卷、《教授比丘尼法》1卷。

昙摩难提是兜佉勒国人。据《出三藏记集》卷二记载，昙摩难提只译过两部《阿含经》：《增一阿含经》和《中阿含经》。《开元释教录》卷三则记载他译了5部经，除两部《阿含经》以外，还有《三法度论》2卷、《僧伽罗刹集》2卷、《阿育王息坏目因缘经》1卷。

以上这些外国僧人为佛经的汉译作出了贡献。但是，这些高僧不通汉语，译经时，必须有人传译。当时竺佛念正在长安，被公推为传译人。竺佛念其家世居凉州，20岁左右出家为僧。《高僧传》卷一称赞他"外和内朗，有通敏之鉴"，学识渊博，道德高尚。他不但研习佛典，而且对世俗书籍，亦无不博览，训诂之学，尤为他的特长。因为居家之地接近西域诸国，所以他通晓多种语言，成为有名的语言学家。前秦建元年间，西域僧人僧伽跋澄和昙摩难提等人陆续来到长安，由于不通梵、汉语，他们带来的经典不能译出。竺佛念却是"华、戎音义，莫不兼解"。于是，竺佛念开始与这些西域高僧合作译经，由他译梵为汉。建元十九年（383），他和罽宾僧人僧伽提婆合译出《阿毗昙八犍度论》30卷。建元二十年（384），他译出《婆须蜜菩萨所集论》10卷、《僧伽罗刹所集经》3卷，均由僧伽跋澄执梵，同年又译出《中阿含经》和《增一阿含经》，由昙摩难提执梵。他还和昙摩持合译律典《十诵比丘戒本》1卷、《比丘尼大戒》1卷、《教授比丘尼二岁坛文》1卷。这些译事，是在道安的主持下进行的，竺佛念在道安的译场中是一个十分活跃的人物。竺佛念除了为别人的译经任传译外，他自己也翻译了经、律12部，共74卷。竺佛念对译经事业的贡献是巨大的。

鸠摩罗什东入长安（401）后，在后秦姚兴的支持下大兴译经事业，在佛经汉译史上具有划时代的意义。

自竺法护之后，沿河西走廊建立的诸凉和西秦等国，译事从未中断。道安时列凉土译经59部79卷；《开元录》著录的有西秦圣坚译15部24卷，前凉支施仑出4部6卷。沮渠氏建立北凉，译事有了更大的发展。这个政权所在的38年中，9位译者共译出佛典82部311卷。

北凉从事佛经翻译的主要是昙无谶。昙无谶，原籍天竺，游历过罽宾、龟兹、鄯善等地，最后转至敦煌、姑臧。他自称能役神使鬼，左右灾异，咒龙禁雨，令妇人多子，并能"言他国安危，多所中验"，为蒙逊所敬惮，在西域号称"大神咒师"。他所译佛籍，《出三藏记集》列11部104卷，《开元录》刊定为19部131卷。内容大略可分《涅槃经》《大集经》《菩萨戒经》3类。现存《大方等大集经》60卷，前30卷即是昙无谶译。在佛学思想上影响重大的《大般涅槃经》认为，不但一切众生悉有佛性，而且人人皆能成佛。这一说法立刻风靡全国。《涅槃经》在南北朝广泛流行时，几乎没有一个中国僧侣不加研习。由于此论对于佛性下过多种定义，由此引起的先天"佛性"与后天修持的关系问题，成为当时热烈讨论的论题。

时在凉州译经的还有浮陀跋摩等。他译出的《阿毗昙毗婆沙》100卷，参与译事的僧侣有慧嵩、道朗、道泰和道挺等300余人。

在南方，道安的弟子慧远对译经事业作出了很大贡献。慧远出身于士族，13岁时随舅游学于许昌、洛阳，学习儒家六经，尤精老、庄。后来他与弟弟慧持在恒山遇见道安，听其讲《般若经》，颇有领悟。于是与慧持一起投道安门下，出家为僧。道安很赞赏慧远的聪明和勤奋，说："使道流东国，其在远乎！"慧远 24 岁时即登讲席。东晋太元六年（381），慧远奉道安命来到庐山。慧远在庐山 30 余年，影不出山，迹不入市，平时送客以虎溪为界，故得"庐山慧远"之称，以别周武帝时的另一位慧远。他的隐修之道和"沙门不敬王者论"影响深广，而他倡导的念佛法门，在其后演衍成净土宗，他亦被奉为净土宗初祖。

慧远到庐山之后，大力开展佛经的翻译、流通、搜集和宣传工作。他多方延揽天竺、西域来华的高僧，组织译场，如僧伽提婆、佛驮跋陀罗等。在慧远的主持下，他所住的东林寺成为当时南方的译经、弘法中心。慧远深感"初经流江东，多有未备，禅法无闻，律藏残缺"，派弟子法净等人长途跋涉去西域取经，获得很多极有价值的梵本佛经。

东晋太元十六年（391），罽宾沙门僧伽提婆自长安转至庐山，受慧远之请，重译《阿毗昙心论》，改译《阿毗暮钞解》为《三法度论》，由此推动了毗昙学由北向南的流通，加深了人们对佛教内容更确切的认识。《阿毗昙心论》主要论述小乘佛教的有漏、无漏、色法、十八界、十二因缘、三十七道品等。慧远整理成 4 卷，并作序言。

义熙六年（410），北天竺沙门佛驮跋陀罗及其弟子慧观等 40 余人被鸠摩罗什逐出长安，南下至庐山，应慧远之请，译出《修行方便禅经》。此经按不净观、慈悲观、因缘观、数息观、界分别观对治贪、嗔、痴、寻思等烦恼，其中数息观和不净观被称为"二甘露门"，得到特别重视。此种禅法比安世高和鸠摩罗什所译介的禅法更加系统，也更讲传承，对于增强修禅者的师承观念，起了重要作用。

慧远和他的师父道安一样，本人不曾从事翻译，但组织别人译经，并亲自写序言，对佛经翻译亦很有贡献，其功不亚于译经的名僧。他在序言中对佛经翻译提出一些独到见解，如《三法度经序》说道："自昔汉兴，逮及有晋，道俗名贤，并参怀圣典，其中弘通佛教者，传译甚众。或文过其意，或理胜其辞，以此考彼，殆兼先典。后来贤哲，若能参通晋胡，善译方言，幸复详其大归，以裁厥中焉。"

慧远在《大智论抄序》中分析了以往译经出现的不足之处，对译文的文、质问题提出自己的看法："若逐令正典，隐于荣华，玄朴归于小成。则百家竞辩，九流争川，方将幽沦长夜，背日月以昏逝，不亦悲乎，于是静寻所由，以求其本，则知圣人依方设训，文质殊体。若以文应质，则疑者众；以质应文，则悦者寡。是以化行天竺，辞朴而义微，言近而旨远。义微则隐昧无象，旨远则幽绪莫寻，故令常训者，牵于近习，束名教者惑于未闻。若开易进之路，则阶藉有由；晓渐悟之方，则始涉有津。远于是简繁理秽，以详其中，令质文有体，义无所越。"

慧远还与身在长安的鸠摩罗什取得联系，吸收并推广其所翻译的成果。义熙元年（405）左右，慧远接到姚左军（即姚嵩）书，第二年乃致书通好。当时庐山僧人道生、慧观等访问关中，向鸠摩罗什学习。鸠摩罗什接到慧远的信，即时答复，书中称慧远为东方护法菩萨。又说慧远具备"福、戒、博闻、辩才、深智"五种优点，对之倾倒备至。后来传闻鸠摩罗什亟于回国，慧远又致书劝勉，提出问题数十条，请为批释。鸠摩罗什一一答复，今存十八章，即《大乘大义章》。鸠摩罗什在世之际，庐山诸僧入关者不少。鸠摩罗什既逝，竺道生等先后南下，把鸠摩罗什所译的经典带到南方。

梁启超评价慧远在佛经翻译事业上的贡献说：

> 遣弟子法领等西行求经，赍《华严》以返者，远也；佛驮见摈，为之排解延誉，成其大业者，远也；指挥监督完成两部《阿含》及《阿毗昙》者，远也；在庐山创立般若台译场，常与罗什商榷义例者，远也。故诸经录中，虽安、远两公，无一译本，然吾译界无名之元勋必推两公。①

佛驮跋陀罗在庐山住了一年以后，来到建康，住道场寺，前后译出佛典13 部125 卷。其中他与法显等共译的《大般泥洹经》10 卷。此经的译出，是中国佛教思潮由般若学转到佛性论的重要标志。《大方广华严经》60 卷，由支法领自于阗取回，佛驮跋陀罗在建康集百余人将其译出，开创了全面研习《华严经》的新阶段。《华严经》在理论上将说明世界人生本原的十二缘起统一到"唯一心作"；在实践上，号召僧侣学习生产和其他谋生技能，把菩萨行彻底贯彻到社会日常生活。这种理论与实践的结合，要求融合各种关系，磨

---

① 梁启超：《佛学研究十八篇》，群言出版社 2013 年版，第 230 页。

灭一切矛盾，据说这就是佛光普照无限万有，无限万有都能纳进诸佛胸怀的表现。此经特别推崇毗卢舍那佛，贬低释迦牟尼的地位，显示了佛教在信仰上的又一变化，为密宗在中国的发展提供了新的崇拜对象。

佛驮跋陀罗的译事由他的弟子慧观、慧严主持。他们二人原是从鸠摩罗什问学的，后来成为佛驮跋陀罗译经的得力助手，得到刘宋的支持，设立了国家译场。重要的译家有求那跋摩、僧伽跋摩、卑摩罗叉、求那跋陀罗等，他们是南朝宋最主要的佛教组织者和学者。从西域归来的学僧，如法显、宝云等，也在这里参与译事。

两晋是我国佛经译事的奠基期。任继愈指出：

> 这一时期，译经的数量及质量均超过汉魏，后来影响中国佛教的教派及宗派的重要经典的汉译本已基本具备。翻译质量也有所提高。三国及其以前，译经大都为少数信奉者参加，译经费用为信徒捐助。两晋时期的译经已由国家举办，有较完备的译场组织，财力及人力均极充足。汉译经律论基本上是这个时期介绍过来的。鸠摩罗什的汉译本给我国的翻译事业增添了光彩，为翻译工作提供了可贵的经验。[1]

4. 道安对译经的总结和贡献

道安是早期推动佛教发展的中心人物，被视为当时北方学界的领袖，也为佛经汉译作出了突出贡献。

道安，俗姓卫，常山扶柳人。他幼丧双亲，被表兄孔氏收养，7 岁读书，五经文义已稍微通达。13 岁出家为僧，但外貌丑陋，不被师父看重，让他到田园干活。数年之后，师父赏识他的才华，改变了态度，让他受具足戒，并派他外出游方参学。约 24 岁时，道安在后赵的邺都拜访佛图澄，并拜佛图澄为师，得到佛图澄嫡传。佛图澄每次讲经，都让道安复述，并常代佛图澄讲说，解答理论上的疑难问题，故有"漆道人，惊四邻"之誉。

佛图澄去世后，道安赴山西译经，不久又去飞龙山宣扬佛图澄的学说。东晋永和五年（349），应后赵国主石遵之请，道安返回邺都。不久石遵被杀，道安又去山西和河南。后应名士习凿齿之请，率弟子慧远等 400 余人南下襄阳，

---

[1]　任继愈主编：《中国佛教史》第 2 卷，中国社会科学出版社 1985 年版，第 1—2 页。

与习凿齿相会。习凿齿给谢安写信说："来此见释道安，故是远胜，非常道士。师徒数百，斋讲不倦。无变化技术可以惑常人之耳目，无重威大势可以整群小之参差，而师徒肃肃，自相尊敬，洋洋济济，乃是吾我由来所未见。其人理怀简衷，多所博涉，内外群书，略皆遍观，阴阳算数，亦皆能通。佛经妙义，故所游刃。作义乃似法兰、法祖辈，统以大无，不肯稍齐物等，智在方中驰骋也。恨不使足下见之，其亦每言，思得一见足下。"（《与谢安论释道安书》）

道安在襄阳前后 15 年间，穷览经典，钩深致远，注般若、道行、密迹、安般诸经；又为四方从学之士制定"僧尼轨范"，即行香定座止经上讲之法、六时行道饮食之法以及布萨悔过之法。道安声望不断提高，四方学士竞相前来拜师。

前秦国主苻坚素闻道安声望，常说："襄阳有释道安是名器，方欲致之，以辅朕躬。"后来苻坚攻破襄阳，道安、习凿齿等人被俘。苻坚说："朕以十万之师取襄阳，唯得一人半。""安公一人，习凿齿半人也。"苻坚带道安回到长安，对其备至恭敬。同时敕令诸学士，"内外有疑，皆师于安"。苻坚甚至表示："安公道冥至境，德为时尊，朕举天下之重，未足以易之！"（《晋书·苻坚传》）从此以后，道安住长安五重寺，僧众数千人，大弘法化。一时间，京师盛行"学不师安，义不中难"之风。

道安在长安的七八年中，除了领导几千人的大道场，经常讲说之外，最主要的是组织翻译事业。这项工作得到苻坚的大力支持，其在财力、物力上为译经提供了丰厚的资给，还有官员积极参与组织。曾任著作郎、黄门郎与武威太守的赵正，就积极参与组织译经工作。"道安在长安发现了一个很大的僧徒社团，他们同西域、印度，特别是同克什米尔有密切的联系，因为前秦帝国已把版图扩展到了中亚。他接管了指导他们的翻译工作，注意到他们有很好的原文版本，而且他们的翻译也是准确的。"① 梁启超指出："大抵西晋以前之译业，皆由一二私人口传笔受。苻秦时，道整（赵正）、道安在关中，网罗学僧，创译《中》《增》二《含》及《阿毗昙》，译场组织起源于此。"②

---

① ［英］崔瑞德、鲁惟一编，杨品泉、张书生译：《剑桥中国秦汉史》，中国社会科学出版社 1992 年版，第 816 页。

② 梁启超：《佛学研究十八篇》，群言出版社 2013 年版，第 292 页。

在道安之前，佛经的翻译已经进行了几百年，译出了不少佛教经典。但是，道安对原有的译经很不满意。他认为原有的译经经常出现错误，佛经的深奥义理表达不出来，致使人们在讲经说法的时候，只能讲个大概意思，不能细讲。道安谈到他讲《般若经》的情况："昔在汉阴十有五载，讲《放光经》，岁常再遍。及至京师，渐四年矣，亦恒岁二，未敢堕息。然每至滞句，着尾隐没，释卷深思，恨不见护公、叉罗等。"（《摩诃钵罗若波罗蜜经抄序》）这使他下决心参与译经的工作。

道安组织的译经，主要是小乘经典，参加的译僧，主要有竺佛念、佛护、慧嵩、道安的同学法和及弟子僧佑、僧叡、僧导等等。其中尤以竺佛念最为突出。

道安组织翻译的经典，多由外来沙门带来或口诵。苻秦建元十七年（381），罽宾沙门僧伽跋澄到长安。道安召集沙门，请僧伽跋澄口诵梵经，昙摩难提笔录为梵文，佛图罗什再译为汉语，汉僧敏智再笔录为汉文，道安最后校对，译出《阿毗昙毗婆沙》14卷。僧伽跋澄还带有《婆须蜜》（又作《尊婆须蜜菩萨所集论》）梵本，由僧伽跋澄、昙摩难提、僧伽提婆3人共执梵本，竺佛念译为汉语，慧嵩笔录为汉文，道安与法和对校修饰，再由赵正稍加润色，译出《婆须蜜》10卷。僧伽跋澄还诵出《僧伽罗刹所集经》3卷，仍由竺佛念译为汉语，慧嵩笔录为汉文，道安与法和对校。昙摩难提口诵梵本，慧嵩笔录为汉文，译出《中阿含经》59卷。接着仍由昙摩难提口诵梵本，竺佛念译为汉语，慧嵩笔录为汉文，道安与法和考校审定，僧佑、僧茂校补漏失，译出《增一阿含经》41卷。

道安在组织翻译上述小乘经论前，还组织翻译了戒律。因当时戒律不备，道安非常重视。正值善于戒律的西域沙门昙摩持在长安，道安便请昙摩持译出《十诵比丘戒本》《比丘尼大戒》《教授比丘尼二岁坛文》3部戒律。

道安直接主持译出的佛经约14部183卷，"百余万言"，其中小乘佛经占绝大部分，共有13部178卷。道安继汉末安世高后第二次大规模地翻译小乘经典。后世虽然大乘盛行，但小乘对佛教的基本概念、教义作了分门别类的解释，便于信徒学习掌握，因此也广为流传。在翻译过程中，道安与法和共参校定，诠定音字，详核文旨，使新出诸经得以考正。梁启超指出："盖东晋南北朝文体，正所谓'八代之衰'，靡藻淫声，令人欲哕，以此译书，何能达旨！安公瘝口匡救，良非得已。故其所监译之书，自谓'案本而传，不令有损言游字，时改倒句，余尽实录。'（鞞婆沙序）究其旨趣，殆归直译矣。翻译文体之创设，安公最有功焉。"[1]

道安在组织译经中，还总结了历代译经的经验教训，总结出"五失本，三不易"的翻译原则，作为译经的指导思想。"五失本"是说有五种情况可以允许汉语译文与梵文原典不一致：

（1）从语法上考虑，梵语往往是倒装句，一般来说是把动词放在后边，如果死译，汉语不通，所以汉语译文应当服从汉语的语法形式，方成通顺译文。

（2）梵本佛经都很质朴，但中国人喜欢漂亮文雅的汉语。为了迎合这种喜好，佛经译文一定要修饰。

（3）梵本佛经表达感叹、歌颂或叮咛的时候，不厌其烦地再三重复，这不符合中国人的习惯，在翻译的时候，要把重复的部分删除掉。

（4）梵本佛经往往以长行把问题说明之后，再用颂文进行总结，此称"义说"，很像是中国韵文的韵语。从内容上来看，颂文与长行无任何区别。翻译时要把重复的部分删掉。

（5）前文已经把所要讲的问题都说清楚了，在后文论述其他问题的时候又要涉及。在这种情况下，梵本佛经往往出现重复，在翻译时要把重复的部分删除掉。

"三不易"是说有三种情况使佛经翻译很困难、很不容易：

（1）《般若经》等佛经，是具三明（三种神通）之佛所说，圣人说法因时而异，因人而异。把这种典雅的古文翻译为适合今人的语言，是第一种"不易"。

（2）佛教经典的作者佛（说经）、菩萨（造论）都是智者，都是圣人，我们是凡夫俗子，相距甚远。圣人说的话深奥难懂，时间又相距甚远，要翻译为适合当今俗人阅读的经典，是第二种"不易"。

（3）第一次佛教结集时，阿难背诵出佛说的经，离佛涅槃不久，尊者大迦叶让500有6种神通的阿罗汉互相审查，相互校对书写。现在距此已经有

---

[1] 梁启超：《佛学研究十八篇》，群言出版社2013年版，第294页。

1000年了，那些阿罗汉是那样的有智慧，处于生死轮回中的有情众生又是这样的平庸，怎能不知传法之难呢？这是第三种"不易"。

道安提出"五失本，三不易"的译经原则，是要告诫时人，在翻译佛经的时候，肯定要遇到很多困难，很不容易解决。所以要慎之又慎，千万不可草率行事，并主张直译，译笔应力求质朴，"不令有损言游字"。道安对译经工作的这种总结，不但对当时的佛经翻译有指导作用，对后世也有巨大的影响。鸠摩罗什译经时，其助手僧叡非常推崇道安的"五失本、三不易"："予既知命，遇此真化，敢竭微诚，属当译任，执笔之际，三惟亡师五失及三不易之诲，则忧惧交怀，惕焉若厉。"隋彦悰也非常推崇道安的"五失本，三不易"（《出三藏记集》）。在《辩正论》中，他具体列出"五失本，三不易"的内容，然后赞美说："余观道安法师，独禀神慧，高振天才，领袖先贤，开通后学。修经录，则法藏逾阐，理众仪，则僧宝弥盛。世称印手菩萨，岂虚也哉！详梵典之难易，论译人之得失，可谓洞人幽微，能究深隐。"此中所说"梵典之难易"即指"三不易"，此中所说"译人之得失"，即指"五失本"。彦悰认为，只有执行"三不易，五失本"的译经原则，才能表达印度佛经深奥难懂的佛教义理。

道安还作了许多注经工作，注述经义，予以发挥。《出三藏记集》卷五称："佛之著教，真人发起，大行于外国，有自来矣。延及此土，当汉之末世，晋之盛德也。然方言殊音，文质从异，译胡为晋，出非一人。或善胡而质晋，或善晋而未备胡，众经浩然，难以折中。初经出已久，而旧译时谬，致使深义隐没未通。每至讲说，惟叙大意，转读而已。安穷览经典，钩深致远，其所注……序致渊富，妙尽深旨。条贯既序，文理会通。经义克明，自安始也。"

道安"穷览经典，钩深致远"，对一些佛经作了注释，这也是前无古人的创举，所以后人说，"注佛经者自安公始"。至此，由初期单纯翻译佛典转到译、注兼备上来。这说明佛教在中国的传播，正在不断地深入和发展。

从汉到晋，翻译的佛经越来越多，有的译师不记名字，后人追忆又搞不清年代。为清楚起见，道安著《综理众经目录》，又称为《道安录》或《安录》。内容始自东汉光和年间，止于道安逝世前，约200年，共收入译家17人，所录译经律论244部，失源佛典309部，疑伪经26部，注经25部，总计

604 部，说明译师、译时、新译、旧译等。这是我国首部有规模、内容翔实和结构严谨的佛经目录。道安就编写经录这样写道："此土众经，出不一时。自孝灵光和年以来，迄今晋宁康二年近二百载，值残出残，遇全而全，非是一人，难卒综理，为之录一卷。"（《出三藏记集》）

在道安以前只有一代或一人所翻译的经录。道安始作总录，开后代佛典目录学的先例，为考察佛教流传的全体，辨别真伪，区分外来译著和本土撰著提供了条件。《出三藏记集》卷一五说："自汉暨晋，经未稍多，而传经之人，名字弗记。后人追寻，莫测年代。安乃总集名目，表其时人，铨品新旧，撰为经录。众经有居，实由其功。"唐道宣说："众经有据，自此而明。在后群录，资而增广。"（《宣录》）以后的人只是在道安《众经目录》上增加而已。许理和指出："道安的著作有很大的学术价值，为当时这个仍处于初阶发展阶段的学科做出了重要贡献。他通过此书为后来所有经录作者提供了一个范例。"①

道安是弘传佛教的大师，在中国佛教史上有很大影响。吕澂评价说："道安是作风踏实，为着寻求他心目中的真理而孜孜不倦的学者。"② 他徒众甚多，并主张"教化之体，宜令广布"，故有意两次分散徒众，使之遍布于大江南北，这对佛教的传播普及，起了很大的作用。当时在西域的鸠摩罗什称道安为"东方圣人，恒遥而礼之"。东晋孙绰撰《名德沙门论目》称道安"博物多才，通经明理"。在道安去世后，又为之赞曰："物有广赡，人固多宰，渊渊释安，专能兼倍，飞声汧陇，驰名淮海，形虽草化，犹若常在。"（《高僧传》）隋天台智者大师赞扬："佛图澄、道安、慧远三叶相承，若日月星之丽天也。"梁启超对道安的贡献更有全面的评价，他指出：

　　安为中国佛教第一建设者，虽未尝自有所译述，然符秦时代之译业，实由彼主持；符坚之迎鸠摩罗什，由安建议；四《阿含》《阿毗昙》之创译，由安组织；翻译文体，由安厘正，故安实译界之大恩人也。③

① ［荷兰］许理和著，李四龙译：《佛教征服中国——佛教在中国中古早期的传播与适应》，江苏人民出版社 2003 年版，第 33 页。

② 吕澂：《中国佛学源流略讲》，中华书局 1979 年版，第 55 页。

③ 梁启超：《佛学研究十八篇》，群言出版社 2013 年版，第 179—180 页。

5. 鸠摩罗什的译经事业

鸠摩罗什来到长安时，道安已经去世 16 年。实际上，当初苻坚起意迎请鸠摩罗什，就是道安推荐的。虽然道安与鸠摩罗什未曾谋面，但他们之间是互相了解、互相欣赏的，并且都给对方以很高的赞誉。鸠摩罗什来到长安后，继承了道安的事业，创造了中国译经史上一个规模宏大的译经高潮。梁启超比较道安和鸠摩罗什的贡献说：

> 道安、罗什，实当时佛教之中心人物。而安公以其高尚之人格，宏远之规划，提挈众流；什公以其邃密之学识，锐敏之辩才，创建宗派，可谓相得益彰也矣。①

鸠摩罗什在长安时期最大的贡献是开展了大量的佛经汉译工作，他的翻译事业不但在当时是空前的，而且在整个佛经汉译的历史上也是非常辉煌的，被称为中国佛教史上的"四大翻译家"之一。方豪说："东晋时，东来高僧应以鸠摩罗什为第一，而这个佛教译经巨子，前有罗什，后又玄奘，固先后辉映，昭耀中国佛教史乘者。"② 汤用彤说，由于鸠摩罗什，"长安译事，于十数年间，称为极盛"③。蒋维乔也说，鸠摩罗什在长安的译经事业，"为我国佛教翻译大革新时期"④。

鸠摩罗什从弘始三年（401）到长安，到弘始十五年（413）去世，前后 12 年间，译有《中论》《百论》《十二门论》《般若经》《法华经》《大智度论》《维摩经》《华手经》《成实论》《阿弥陀经》《无量寿经》《首楞严三昧经》《十住经》《坐禅三昧经》《弥勒成佛经》《弥勒下生经》《十诵律》《十诵戒本》《菩萨戒本》以及佛藏、菩萨藏等等。有关鸠摩罗什翻译佛经的总数，依《出三藏记集》卷二记载，共有 35 部 297 卷，据《开元释教录》卷四记载，共有 74 部 384 卷，费长房《历代三宝记》卷八说是"九十八部，四百二十五卷"（除去鸠摩罗什自撰的《实相论》，应为 97 部 424 卷），道宣《大唐内典录》因袭费说，并且具体列出了经、论、传记的部名

---

① 梁启超：《佛学研究十八篇》，群言出版社 2013 年版，第 166 页。

② 方豪：《中西交通史》上卷，上海人民出版社 2008 年版，第 145 页。

③ 汤用彤：《汉魏两晋南北朝佛教史》（增订本）上卷，昆仑出版社 2006 年版，第 268 页。

④ 蒋维乔：《中国佛教史》，群言出版社 2013 年版，第 17 页。

和卷数。

鸠摩罗什所译佛经，大致可分两类。一类是应长安僧俗要求，新译或重译的佛典。如《坐禅三昧经》，是适应中土对禅法的需要而自行编译的，既非原本，亦非鸠摩罗什本人的主张。重译的《妙法莲华经》《小品般若经》《维摩诘经》等，既为中土人士所需，又与鸠摩罗什的思想倾向一致。另一类是鸠摩罗什侧重弘扬的龙树、提婆的中观学派的代表论著，如《中论》《百论》《十二门论》等三论和《大智度论》。他所译的经典中大多数是大乘经论，其中重要的有《摩诃般若波罗蜜经》《金刚经》《妙法莲华经》《维摩诘经》《中论》《百论》《十二门论》等。这些经论，对大乘佛教在中国的传播，对中国佛教宗派理论的形成有着划时代的影响。他所译介的"三论"是中国三论宗所依据的基本经典，他本人亦被佛教史家奉为三论宗的鼻祖之一。《妙法莲华经》等则是中国天台宗赖以创宗的主要经典。其他如《金刚经》等则更是家喻户晓，对我国禅宗的形成起到了直接的推动作用。

鸠摩罗什因在凉州居留多年，对中土民情非常熟悉，谙熟汉语，在语言文字上能运用自如。他博学多闻，兼具文学素养，因此，在翻译经典上，重视文质结合，自然生动而契合妙义，文妙义精，流畅易读。他的译文在忠于原文和文字的表达上达到了前所未有的水平，在传译的历史上，缔造了一番空前的盛况。《高僧传》说他所翻译的典籍 300 余卷，皆"畅显神源，发挥幽致"。僧肇称赞道："其文约而诣，其旨婉而彰，微远之言，于兹显然！"又说："考校正本……务存论旨，使质而不野，简而必诣，宗致划尔无间然矣。"僧佑对于鸠摩罗什译经评论说："逮乎罗什法师，俊神金照……大乘微言，于斯炳焕！"鸠摩罗什译经，"显扬神源，发挥幽致……传法之宗，莫与竞爽，盛业久大，至今式仰焉"。

陈寅恪评论鸠摩罗什在译经事业上的贡献说：

> 寅恪常谓鸠摩罗什翻译之功，数千年间，仅玄奘可以与之抗席。今日中土佛经译本，举世所流行者，如金刚法华之类，莫不出自其手。若言普及，虽慈恩犹不能及。①

---

① 陈寅恪：《金明馆丛稿二编》，上海古籍出版社 1980 年版，第 209 页。

鸠摩罗什学通汉文来做主笔，由中国名士才子相助，不仅使佛经翻译别开生面，也为中国文学界开创了佛经文学的新体裁。这些经文，便是当时创作的语体文学。日本学者镰田茂雄指出：

> 在构成中国佛教圈的中国、韩国、日本以及东南亚华人社会的诸区域中，虽然读诵的经典发音各异，但却是汉译佛典，这是一个共同点。如：《观音经》《阿弥陀经》《金刚经》等都依用了鸠摩罗什翻译的经典，其中《观音经》虽有其他译本，但是罗什译的（《妙法莲华经》第二十五品《观音菩萨普门品》）被广为读诵。……从译经的内容及给后世影响方面看，罗什在译经史上占有很高地位。但早在玄奘之前，罗什译出了《大品般若经》及《小品般若经》，使中国佛教界系统地吸收了般若思想。鸠摩罗什的译经对中国佛教的理论发展及后世中国佛教教派的创立都产生了深远的影响。①

在我国的译经史上，鸠摩罗什首开集体译经的先例。前述早先的翻译佛经是中外人士合作的结果。但那时的合作还是少数人的、属于私人性质的，所需经费也是由私人赞助的。到了鸠摩罗什这个时候，译经成为一项重要的国家文化事业。由国家提供巨大的译场，组织一批学有所长的庞大队伍。鸠摩罗什在圭峰山下逍遥园千亩竹林中"茅茨筑屋，草苫屋顶"，起名草常寺，后经扩建，殿宇巍峨，他率众僧住此译经。在鸠摩罗什主持之下，译经场中有译主、度语、证梵本、笔受、润文、证义、校刊等传译程序，分工精细，制度健全，这种译风被后世继承并形成一整套译场制度。

鸠摩罗什的译经事业对中国佛教的理论发展及后世中国佛教教派的创立产生了深远的影响。鸠摩罗什是一位著名的佛经翻译家，又是一位宣传、阐释佛学的佛教哲学家。鸠摩罗什在佛学上有很深的造诣。汤用彤指出："然古昔中国译经之巨子，必须先即为佛学之大师。"② 正是因为鸠摩罗什高深的佛学造诣，才使得他在佛经翻译事业上作出巨大贡献。

鸠摩罗什对于中国佛学的主要贡献在于传播《般若》学说。在 2—3 世

---

① ［日］镰田茂雄：《鸠摩罗什对东亚佛教史的影响》，引自张国领、斐孝曾主编：《龟兹文化研究（二）》，新疆人民出版社 2006 年版，第 110 页。

② 汤用彤：《汉魏两晋南北朝佛教史》（增订本）上卷，昆仑出版社 2006 年版，第 266 页。

纪，印度的龙树、提婆师兄弟两人根据《般若》思想，撰述了《中论》《十二门论》（龙树撰）和《百论》（提婆撰），通称为《三论》，如果再加上龙树的《大智度论》，则称为《四论》，创立了佛教史上的第一个大乘教派——空宗。《三论》（或《四论》）的出现，在佛教史上开辟了一个新时代——由小乘发展为大乘的时代。鸠摩罗什之前，只有《般若》译成了汉文，龙树、提婆的著作很少有人翻译。鸠摩罗什把龙树和提婆的重要著作全部翻译出来。这些论著一经介绍到中国，立即产生重大的影响，使中国佛教思想的发展进入一个新阶段。

鸠摩罗什本人及其门人通过翻译和宣讲为传播《三论》思想作出了巨大努力。鸠摩罗什的弟子一般都能传播《三论》思想，特别是从凉州就开始跟随鸠摩罗什受学、"在什公门下十有余载"的僧肇，根据《三论》学说，先后写出了《不真空论》《物不迁论》《般若无知论》和《涅槃无名论》（后人汇编为《肇论》）。这4篇论文表达了僧肇的哲学与神学思想。由于鸠摩罗什的译传和他弟子们的敷演，龙树—提婆系的中观学说，被完整地、系统地介绍到了中国，很快得到了广泛的传播。在鸠摩罗什时代，《三论》思想成了"关河学说"的中心，风靡一时，并促使了南北朝《三论》学派的兴起和隋代三论宗的创立。

6. 真谛的译经事业

在南北朝时期的佛经汉译事业中，真谛也是一位比较重要的人物，被称为中国佛教翻译史上"四大翻译家"之一。如果说，北朝的译经事业是以鸠摩罗什为核心，那么，在南朝，真谛则是首屈一指的代表人物。

与鸠摩罗什比较起来，真谛在中国的译经活动却是命运多舛，十分艰难。鸠摩罗什一到长安，就受到朝廷上下的礼遇，建立庞大的译场，配备众多的学僧和助手，具有十分优越的生活和工作条件，尽享荣华。真谛虽然也是应南朝皇帝之邀而来，但时运不济，过着颠沛流离、艰难坎坷的生活。而他所翻译出来的为数众多的佛经，就是在这长达十数年的漂泊流亡生涯中"随方翻译"而出的。如果考虑到真谛这些年的生活境况，再看他翻译出来的佛经的数量和规模，就更令人感叹了。

真谛为西天竺优禅尼国人，梵名拘那罗陀或波罗末陀，是印度大乘唯识学创始人无著、世亲的嫡传，后游学扶南。南朝梁大同年间，梁武帝派官员张氾送扶南朝献使返国，顺便求请名僧和各种大乘经论。扶南国便与真谛商量，请他应命携带经论入梁。真谛素闻梁武帝崇奉佛教，中国名僧济济，可以行化，欣然答应了扶南国的要求，随张氾扬帆渡海，带了梵本经论240捆，于中大同元年（546）抵达南海，后经两年来到梁都建康。此时真谛虚龄已经50岁。

真谛在中国命运多舛，经历坎坷。正如吕澂所说，他是从印度来华的翻译家中遭遇最为不幸的一位。真谛始达建康，受到朝廷热情欢迎，梁武帝亲加顶礼，并把他安置在华林园宝云殿供养，准备译经。可是，此时正值"梁季混淆""侯景之乱"。真谛到建康的第二年，即太清三年（549），叛将侯景攻破建康，梁武帝被困而死。侯景进入建康后，真谛不得不辗转流亡。他先于太清三年（549）年至福建，得到富春县令陆元哲的接纳，并招沙门20余人助其译经，协助他在自己家中翻译《十七地论》。由于战乱扩大，只译出5卷就被迫中止。天正元年（552），侯景兵败，真谛回到建康，住在正观寺。此寺原为梁武帝天监年间的译经场所，真谛利用旧有译经条件，抓紧时机，与原禅师等20余人，翻译《金光明经》。次年转至建康县长凡里一位施主家中，继续译《金光明经》，共得7卷。其时侯景之乱虽已平息，梁室的内争却愈演愈烈，战火仍在蔓延，江淮一带兵荒马乱。真谛在京畿待不下去，只得于承圣三年（554）南下，二月抵达豫章，住宝田寺，译《弥勒下生经》等。此后，陆续在今江西、福建一带漂泊流亡，无有定所，"随方翻译"。在这段流徙过程中，先后译出《大空论》3卷，《中边分别论》3卷并《疏》3卷，《正论释义》5卷。

后来，真谛前往荒陬海隅的晋安郡，寄寓于佛力寺。当时的晋安郡，还是一个经济落后、文化荒凉的地区。但因为真谛的到来，一些义学僧如智文、僧宗、法准、僧忍等陆续来到晋安，追随真谛受业。真谛在这些僧人的帮助下一边译经，一边讲解，使得晋安郡一度出现"讲译都会，交映法门"的兴旺景象。南朝陈永定三年（559），真谛已是61岁的老人，僻处在寂寞萧条的晋安，虽然并未终止传译经论的事业，但总感到周围的环境，与自己原先设想的相差太远，自己弘扬大乘经论的壮志难酬，因此萌发了离开中国，另求理想的弘化之地的念头。只是因为道俗的苦苦挽留，他才在晋安又待了一段时间，并与僧宗、法准、僧忍等一批知名于梁代的僧人重新审订旧译的经典。

天嘉二年（561），真谛离开晋安乘船至梁安郡。三年（562），登舟西行，欲还天竺，因大风漂抵广州，得到广州刺史欧阳頠之父僧宝的挽留和优礼，迎住制旨寺。请为菩萨戒师，尽弟子礼甚恭。真谛自来中国，漂泊了16年，至此才有了一个比较安定的环境，开始了一段比较专心的译经生涯。

在广州跟从真谛受业，并助译经的有僧宗、法准、僧忍、慧恺、法泰、智敫、道尼等僧人，还有曹毗等在俗弟子。他们有的是从晋安追随真谛来到广州的，有的是特地从都城渡岭前来广州相从的，还有一些是从广州附近州县就近前来问学的。他们中不少人已经是很有成就、享有盛誉的义学宗匠，慕真谛的道德学问，不惮艰辛，远来相寻。他们的到来，对真谛的译经事业有很大的帮助。他们有的担当真谛译经的笔受职责，有的记录真谛的讲义，整理成义疏、注记、本记、文义等行世。真谛在广州的 7 年时间，译出的经论及义疏等，在数量和质量上都大大超过了前 16 年。参加真谛译场的人，最初有沙门宝琼、愿禅师等，继有沙门慧宝担任传语，居士萧桀担任笔受。60岁以后，真谛已渐善解华言，不须传译，当时担任笔受的有僧宗、法虔、慧恺和法泰。他晚年的译事则和慧恺合作最为密切。慧恺助师译《摄大乘》《俱舍》二论，建议重治《俱舍》译文，并记录口义，最著功绩。

真谛随翻随作义疏，并讲解弘敷，同时领众修行，从不废止，这是他译经活动的一大特色。译经的助手同时又是他的学生。这些学生在他的培养下成了《摄论》名家。

任继愈说："真谛是中国译经史上富有成果的译家之一，也是南北朝时期最有学识的外来僧侣。"[①] 真谛从中大同元年（546）48 岁来华，到太建元年（569）71 岁圆寂，共计在华 23 年，纵跨了南朝梁、陈两代。《续高僧传》卷一记载，真谛共出经论记传 64 部 278 卷；《历代三宝记》记载为 48 部 232卷；《开元释教录》记载为 38 部 118 卷。真谛带来的经书共有 240 捆，翻译出来的经书仅仅只有几捆，占他所带来经书的很少一部分。不过，真谛所译出的这部分经论，涉及的范围已相当广泛，经、律、论三藏皆有。

真谛译介和注疏的核心，是瑜伽行派无著、世亲、陈那等人的论著，属佛教大乘有宗体系，与陈代推崇"三论"和《成实》的空宗学说抵触很大，

① 任继愈主编：《中国佛教史》第 3 卷，中国社会科学出版社 1985 年版，第 226 页。

因而受到建康官方僧侣的激烈排斥。但在译介瑜伽行体系中，真谛的思想同菩提流支等的译籍接近，同玄奘所传则有较大差别，由此在中国形成了"相宗"的新旧两译。真谛代表性的译籍是《摄大乘论》及其《释论》《俱舍论》《大乘唯识论》《无相思尘间》《十八空论》《佛性论》《解拳论》《三无性论》等。

真谛传播的思想，是瑜伽行派的命题：唯识无尘。但他把这一命题分解成双重内容：一是"方便唯识"，用"阿黎耶识"说明客观对象的虚妄，从而也说明阿黎耶的不实；二是"正观唯识"，在"阿黎耶识"之上，另立一个"阿摩罗识"（无垢识），亦名"自性清净心"，或云第九识。就虚妄不实的阿黎耶识及其派生的世俗认识和世俗世界言，一切皆空；但普遍存在和适用于一切现象的这种虚妄不实的道理，或曰"空理"，则是"不空"，是"常乐我净"，或曰"佛性""法界""如来""自性清净心"等。因此，"唯识空理"，既作为一切事物的"通相"（共性）实存，也作为世间出世间的本原（无垢识）实存，并为一切凡圣、一切众生所共有。真谛译籍的这类说法，同《大般涅槃经》的佛性说遥相呼应，成为此后中国佛学思潮的主流。

真谛所传之学，在梁、陈二代并不显著。真谛去世后，他的弟子们散布于岭南、九江、湘郢、建康、江都、彭城、长安，不屈不挠地弘阐《摄论》，学者渐众，宗奉者渐多。后来北方著名僧人昙迁南下，获读新译《摄论》，接受了《摄论》学说，认为可以补北方《地论》学说之不足，因而备极推崇，及应召入长安，创讲《摄论》，请从受业者竟达千数。昙迁先后在彭城、江都、长安大加弘阐，奠定了《摄论》在北方传播的基础。名僧慧休以及北地《摄论》学者道英、道哲、静琳、玄琬等，出其门下。当时长安名僧慧远，亦敬礼听受，其弟子净辩、净业、辨相等都相从研习《摄论》。后来唐玄奘服膺《摄论》，西游取经，回国后开创了法相宗，终使瑜伽师的唯识学说遍于中国。

7. 南北朝时期的译经事业

南北朝是中国佛教史上产生译人与译典最多的时期。据《开元释教录》记载，从南朝宋永初元年（420）到陈后主祯明三年（589），经南北 8 个朝代 169 年时间，共有译者 67 人，译籍 750 部 1750 卷。"南北朝时期译经的最大特点是部类多，译者多，分别超过其前后时代的总和。这直接反映了当时内外文化交流的加强、佛典流通渠道和翻译场点的增多。"①

南北朝时期的译经事业，在南北不同的朝代和地区情况有所不同。

南朝的译经，在中国佛教史上占有重要的地位。道宣说："魏、宋、齐、梁等朝，地分圯裂，华夷参政，翻传并出，至于广部，绝后超前，即见敷扬，联耀惟远。"（《历代众经传译所从录》）

义熙九年（413）鸠摩罗什圆寂后，聚集在鸠摩罗什周围的知识僧侣先后南下，成为刘宋的佛教中坚。太延五年（439），北魏拓跋焘进军姑臧，掠掳僧侣，焚荡佛籍，使凉州的僧众，除西行者外，也大都流入宋境。元嘉二十三年（446），拓跋焘下"灭佛法诏"，又迫使魏境内沙门大批南逃。这样，散布于全国的义学僧侣，大都集中到江南一地，带动了刘宋一代译经事业的蓬勃开展。

南朝的译经，以刘宋朝最为重要。据统计，刘宋近60年间，共有译者22人，所出佛典（包括失译）465部717卷，是南北朝时期成果最丰硕的朝代。

刘宋时期的译经，以求那跋陀罗所译最多。求那跋陀罗是中天竺人，因长于大乘学，世号为"摩诃衍"。求那跋陀罗于南朝宋元嘉十二年（435）至广州，宋文帝便遣使迎至京都。初住祇洹寺，深受文帝崇敬，名士颜延之到门拜谒，"于是京师远近冠盖相望，大将军彭城王义康、丞相南谯王义宣并师事焉"，有徒众700余人。求那跋陀罗从僧众之请，集义学诸僧译经，在祇洹寺译出《杂阿含经》，于东安寺译出《法鼓经》，又于丹阳郡译出《胜鬘经》《楞伽经》。

求那跋陀罗从元嘉中开始译经，中经宋孝武帝，至宋明帝泰始四年（468）去世停止，其译经范围涉及小乘经及戒律、禅学等。据《大唐内典录》所载，求那跋陀罗共译经77部116卷。其中有些经典对当时和后世影响都很大。如《杂阿含经》是汉译4部《阿含》之一，并且在4部《阿含》中最为重要；另有慧观笔受的《胜鬘师子吼一乘大方便广经》，简称《胜鬘经》，此经对中国佛学的影响极大，由此形成所谓"如来藏缘起"的理论体系；《楞伽阿跋多罗宝经》，简称《楞伽经》，以"一切佛语心"作为全经品名，用"五法""三自性""八识""二无我"等唯识法相家的组织方法，发

---

① 任继愈主编：《中国佛教史》第3卷，中国社会科学出版社1985年版，第129页。

挥"如来藏缘起"的思想，同时也谈及大小乘在禅观上的差别，为多种宗派所信奉；此外，传说《十二头陀经》也是求那跋陀罗译，此经提倡远离村落都邑，游化乞食，苛戒苦行，行所谓"头陀行"，与"不净观"禅法结合起来，在下层僧侣中有广泛影响。

在刘宋初译经的还有汉僧如智严、宝云等。智严和宝云与法显同行赴西域求法。后来宝云、智严在晋末到了建康。智严从西域带回的梵文经还未来得及翻译，遂于宋文帝元嘉四年（427）与宝云先译出《普曜经》《广博严净经》《四天王经》等。后来宝云还在六合山寺译出《佛本行赞经》。另据记载，刘宋元嘉中所译之经"多云所治定，华梵兼通，音训允正，云之所定，众咸信服"。《大唐内典录》记载，宝云译有《付法藏经》《佛所行赞经》《新无量寿经》《净度三昧经》4部15卷；智严译有《普曜》《无尽意菩萨经》《菩萨璎珞本业经》《阿那含经》等14部36卷。此外，元嘉初宋文帝还迎请罽宾沙门求那跋摩来建康，译出《菩萨善戒》等，又补足《杂阿毗昙心》。又有畺良耶舍在建康译出《观药王药上二菩萨经》《观无量寿佛经》等。还有昙无竭译出《观世音受记经》，等等。

刘宋之后，南朝译事相对沉寂，自齐至陈的110年间，译者15人，译籍92部260卷。梁陈之际的译经事业主要是以真谛为代表。

自鸠摩罗什死后，北方诸国再无重要译事。北魏自迁都平城，佛教持续兴隆，信仰盛于南方，但着力在兴办佛教福事。除昙靖伪造《提谓波利经》和昙曜造《付法藏因缘传》外，在译介佛典上几乎无可记述。据《开元释教录》记载，有魏一代155年，共出译者12人，译经83部274卷。基本上集中在宣武帝至迁邺后的35年中，这就是以菩提流支为"元匠"的译经集团。

菩提流支是北印度人，于弘始七年（405）秋天到达长安，参与了鸠摩罗什的译经工作。北魏永平元年（508）至洛阳，通过昙无最的举荐而为魏帝所重，后随迁至邺城（534）。他共译出佛籍30部101卷，笔受者有僧朗、道湛、僧辩、昙林、觉意、崔光等。他将4卷本《楞伽经》译成10卷本《入楞伽经》，解释"如来藏缘起"，同以后所传的《大乘起信论》的思想接近。

比菩提流支稍后的佛陀扇多，也是北印度人，自李昌元年（525）到大统五年（539）年，译出佛籍10部11卷，昙林等笔受；中印度人勒那摩提，永平二年（508）来洛阳，译经3部9卷，笔受者有僧朗、觉意、崔光等；中印度人瞿昙般若流支，熙平元年（516）来洛阳，随迁邺城后，自大统四年（538）到大统九年（543），译经 18 部 92 卷，笔受者昙林、僧昉、李希义等；北印度人毗目智仙，从大统四年（538）到大统七年（541），于邺城译出佛籍 5 部 5 卷，也是由昙林笔受。以上 5 僧所译经籍的种类虽不尽相同，但却共传无著、世亲的瑜伽行派的经论。

8.《出三藏记集》：佛经汉译的目录学文献

道安著《综理众经目录》，为他之前翻译的佛典做了目录，并进行了总结。梁朝天监年间，又有 3 部讲经目录书问世，即僧绍的《华林殿众经目录》、宝唱的《众经目录》及僧佑的《出三藏记集》。其中以《出三藏记集》最为有名，是南北朝时期佛典翻译的重要的目录学文献。

《出三藏记集》是现存最早的佛典目录，为南朝梁僧佑所撰，故后人又简称为《僧佑录》《佑录》。僧佑，俗姓俞，祖居彭城下邳，生于建康。据说僧佑幼时即有向佛之心，14 岁出家，先后入扬都建初寺、钟山定林寺，受业于法达、法颖，精通律学。20 岁时，僧佑受具足戒，又从法颖律师学毗尼，悉心钻求，晨昏不懈。齐竟陵文宣王礼请他，为之设讲席，一时座下听律者达七八百众。武帝永明年间，僧佑奉敕到吴中整顿僧伽，并讲《十诵律》，申受戒之法。他精于《十诵律》，春秋开讲，40 余年间演此律达 70 余遍。

僧佑除精通律学外，还广探内典，披览群籍，其撰述文字有史传、僧传、行仪、杂缘者百余卷。僧佑一生撰制的佛教文史著述有《出三藏记集》15 卷、《萨婆多部相承传》、《十诵义记》、《释迦谱》5 卷、《世界记》5 卷、《法苑集》10 卷、《弘明集》14 卷、《法集杂记传铭》10 卷。这 8 种著述，总名之为《释僧佑法集》。《释僧佑法集》的自序说："窃有坚誓，志是大乘，顶受方等，游心四含。加以山房寂远，泉清松密，以讲席间时，僧事余日，广讯众典，披览为业；或专日遗餐，或通夜继烛，短力共尺波争驰，浅识与寸阴竞晷……仰禀群经，傍采记传，事以类合，义以例分；显明觉应，故序释迦之谱；区别六趣，故述世界之记；订正经译，故编三藏之录；尊崇律本，故铨师资之传；弥纶福源，故撰法苑之编；护持正化，故集弘明之论；且少受律学，刻意毗尼……既禀义先师，弗敢坠失，标括章条，为律记十卷；并杂碑记撰为一帙。总其所集，凡有八部。冀微启于今业，庶有借于来津。"

僧佑凭借定林寺丰富的经藏，在道安《综理众经目录》的基础上"订正经译"，撰成《出三藏记集》。他在《出三藏记集》的自序中说，自佛教传入中国后，译经渐多，而在传译中，出现了经题相同而译文不同的现象，又有些译经不知译者和译出年代，这就使佛经的流传十分混乱。道安有鉴于此，编纂了《经录》，但道安以后又出了大量新经，"而年代人名莫有铨贯，岁月逾迈，本源将没。后生疑惑，奚所取明"，所以编了这部新的经录。

僧佑编纂此书的用意，重点在于对佛典翻译沿波讨源，所以将全书分为4个部分：撰缘记，诠名录，总经序，述列传。正如僧佑自己所说："缘记撰则原始之本克昭，名录诠则年代之目不坠，经序总则胜集之时足征，列传述则伊人之风可见。"只有从这4个方面来看佛典翻译，译经的源流才能一目了然。这4个部分的内容，大致如下：

（1）卷一为"撰缘记"，记述佛典结集和翻译的起源。首先引《大智度论》《十诵律》《菩萨处胎经》等经律论，叙述佛典结集的缘起、经过及八藏的名称，其次论胡汉译经音义的同异，最后列举新旧译重要名相的不同。撰缘记相当于普通目录的辑略或总序。

（2）卷二至卷五为"诠名录"，是全书的主体部分。从汉至梁六代400多年之间译出和撰集的一切佛典，不管有无译者姓氏，一一搜罗，归纳为15录。每录之前有小序，略述该录源流。因对其所依据的《综理众经目录》有所增订，故一律称为"新集"。据《历代三宝记》统计，15录共收佛典2162种4328卷。这比《综理众经目录》增加了1500余种3300余卷。

（3）卷六至卷一二为"总经序"。卷六至卷一一辑录一些佛典的前序与后记，共110篇，其中77篇未见于现存的佛典。这些序记实际上就是佛典提要，使后人知道译经的经过、内容、地点和时间。卷一二为"杂录"，收录陆澄的《法论目录》、齐竟陵王萧子良的《法集总目录》以及僧佑的《释迦谱记目录》《世界记目录》《萨婆多部师资记目录》《法苑目录》《弘明集目录》《十诵律义记目录》《法集杂记铭目录》等。

（4）卷一三至卷一五为"述列传"，叙述历代译家和义解僧人的生平事略。前两卷记叙外国僧人如安世高等共22人；后一卷记叙中国僧人如法祖等共10人（附见者尚有多人）。这是现存最早的僧传。

僧佑对佛经进行了广泛的调查研究，"总集经藏，访讯遐迹，躬往咨问，面质其事"。然后认真整理，"悉更删整，标定卷部，使名实有分，寻览无惑焉"，"雠校历年，因而后定"。僧佑对所著录的佛典大都作过鉴定，甄别其异同和真伪，判定译者和翻译的时间地点，考证佛典的卷数、存阙，注明出自何种大本以及所依据梵本的来历，使其著录《出三藏记集》更为可靠。日本学者牧田谛亮指出：

> 这些诸经录之目的，主要是将从来流传到中国的梵语及其他外语原典的既译经典，不管其现存与否，尽所知所能地多予搜集、登录，并将译者名、译出年代明确者，按照大小乘、经律论的次序整理，译者不明者即作为失译，失译经中若确知其搜得之地区者，乃依地区别予以编集。总之，对于各个经典尽量明示上述各事项，以作为现在及将来之学者的依据。其编纂之努力与热忱，实令人钦佩。①

僧佑在《出三藏记集》一书中使用多种体裁，以经录为主，又有前序、后记、列传相辅，互相补充，大大加强了目录的功能。他利用前序、后记来代替解题和提要，使读者知道译经的源流、佛典流传的过程及其大意，这在中国目录学史上具有开创意义，后来马端临的《文献通考·经籍考》、朱彝尊的《经义考》都在《出三藏记集》的影响下，发展成为辑录体的解题目录。"总经序"后的"杂录"收录了佛教论文总集的篇目，使目录兼具索引的功能。陈垣对此作了很高的评价："本书之特色，全在第三方式之经序，为其他经目所未有，可以考知各译经之经过及内容，与后来书目解题、书目提要等用处无异。其后记多记明译经地点及年月日，尤可宝贵。""不幸而其书不存，吾人亦可据此篇目，略知其书之内容为何，此目录学家亟当效法者也。"②"述列传"不仅对经录内译者的事迹和译经年月作了进一步的补充，而且使经录与僧传相结合，为后人研究汉魏两晋南北朝时期的佛教提供了珍贵的资料。

《出三藏记集》在类目设置方面也有创新之处。一些佛典有数种译本，而且还有译本不同、经名也不同的现象。因此，佛教专科目录的一个重要内容，就是要详细著录各种译本。《出三藏记集》设置了"异出经"的类目，以译

---

① ［日］牧田谛亮：《疑经研究——中国佛教中之真经与疑经》，《中国佛教史论集》，贵州大学出版社 2013 年版，第 205—206 页。

② 陈垣：《中国佛教史籍概论》，上海书店出版社 2005 年版，第 2—3 页。

经先后为序，将"胡本同而汉文异"的佛经收在同一书名之下，加以比较，可以考证该经的流传和各种译本的情况。

佛经译出后，就有人根据某一种佛经抄撮其要旨，使其成为一种新的佛典，这一类佛典称为"抄经"。抄经出现较早，一直未引起人们的重视。在《综理众经目录》中，抄经与所据佛经混在一起。僧佑在《出三藏记集》中则专门设立"新集抄经录"，使抄经与所据佛经分开，不至于本末倒置。《出三藏记集》还将律典从佛经中独立出来，对律学的源流、部派以及在中国的流传情况详加叙述。

《出三藏记集》的类目设置为以后佛教经录的编纂开创了许多法门，促进了佛教目录学的进一步发展。此后法经的《众经目录》采用《出三藏记集》的分类方法。智升的《开元释教录》，也没有超出《出三藏记集》的范围。

随着佛教在中国的进一步流传和发展，以儒家思想为正统的普通目录也著录了佛典，如南朝宋代王俭的《七志》、梁代阮孝绪的《七录》都附有佛典。一些佛教学者在普通目录之外寻求佛教专科目录的独自发展。僧佑注意借鉴普通目录的编纂方法和分类体系，努力探索适应佛典的分类体系，促使佛教专科目录进一步的完善。反之，僧佑创立的体例如辑录序、记等，又影响了普通目录的发展。

9. 两晋南北朝时期佛经汉译的特点

两晋南北朝300多年间，汉译佛经事业的发展是空前的。这期间总共翻译出大小乘《三藏》3000余卷，奠定了中国佛教宗派理论发展及教义基础。其中最主要的有：（1）四部《阿含经》翻译完成。（2）鸠摩罗什及其弟子翻译讲说"三论"《成实论》。（3）律藏翻译了《十诵律》《四分律》《摩诃僧祇律》《五分律》及大乘《梵网》。（4）《涅槃经》的翻译成立了涅槃学派；《十地经论》及《摄大乘论》的翻译学习，开启了地论宗及摄论宗学风；《妙法莲华经》成为智者大师一乘实相见地与判教根本。唐代贤首大师，则依据晋译《华严经》教法，开创了华严宗。

任继愈把这个时期佛经翻译的内容分为4类："（1）关于佛教基本知识的入门书，佛教名词、概念的解释。这是佛教徒每个人都好学习的，不论大乘和小乘，如《成实论》《俱舍论》等，属于'佛教知识手册'之类的。（2）关于佛教戒律的，这是用来维持僧众的集体生活的纪律的。（3）关于佛的传记、故事的。（4）关于佛教宗教基本理论的。"他还认为，最后一类，即关于佛教基本理论的，影响所及，"不限于佛教徒内部，它是面向广大社会的，与当时社会思潮有极密切的关系"。①

梁启超认为，自东汉至西晋为译经事业的第一期，东晋至南北朝是译经事业的第二期，即"拓展期"，奠定了佛经翻译的基本格局。按照梁启超的看法，这第二期又可分为东晋至二秦的广译阶段、刘宋元魏迄隋的研索和会通阶段。广译阶段，各路高僧致力于选版本，译全书，成绩斐然。研索和会通阶段，译者集中于研讨和论述佛经的本意，其翻译较前一段广译有进一步的提高。梁启超指出："此期中之译业，远不逮前期，其趋势则由经部渐移于论部。"② 对于两晋南北朝时期的佛经汉译，孙昌武总结道：

> 相当完整、系统也十分及时地翻译了大批佛教典籍。佛教大、小乘各部派、各学派的经典至此已基本译成汉语。许多新结集的经典，往往在梵本（胡本）形成后很快就传入并几乎立即被翻译了。这一大批佛教经典，数量上远远超过当时中土儒家经典，更远远超过诸子百家任何一家著作。它们提供了新颖、丰富、对中国思想界具有重大价值的思想资源，不仅给中国佛教的进一步发展提供了充足滋养，而且作为文化典籍也成为中国文化各个领域发展取之无尽的宝藏。③

佛经的汉译是一项宏大的文化事业。两晋南北朝300多年间，有许多高僧和文人学士参与到这一伟大的事业中来。其规模之大足以表明，在那时佛经汉译不仅仅是一项宗教事业，而是一项全民族的文化建设事业。所以，许多人在这项事业上投入了很高的热情，付出了极大的努力。当时，除了信佛的僧俗等外，有4个重要的知识分子群体，领导或赞助了这个译经运动：第一是从印度和西域来华的高僧，他们持续东来，代不乏人；第二是中国高僧继起发愤西行，不辞劳苦前往佛教的发祥地"取经"；第三是历代帝王和统治阶层的大力提倡和支持，为佛经汉译事业提供了必不可少的帮助和鼓励，使

---

① 任继愈：《汉唐佛教思想论集》，人民出版社1973年版，第252—253页。

② 梁启超：《佛学研究十八篇》，群言出版社2013年版，第235页。

③ 孙昌武：《中国佛教文化史》第2册，中华书局2010年版，第481页。

之成为一项国家的事业；第四是中国知识界的领袖也多参加这个运动，如有许多第一流的学者参加译场润饰经文，梁朝还特设翻经博士。所以，可以说，在两晋南北朝时期出现的大规模的佛经翻译，是一场有众多人士参与、统治阶层和佛教界相互呼应的影响广泛的文化运动，对于佛教在中国的广泛传播以及中国文化的发展，都有着极为重要的影响。

这一时期佛经汉译事业的一个重要特点，就是由政府支持并组织译场来进行集体的翻译工作。道安可能是译场的创建者，后来鸠摩罗什也在长安建立了大规模的译场。译场这种组织形式，使早期的译经由个人的、零散的行为变成有组织、有计划和国家集体行为，因而所译佛经无论在质量上还是在数量上都上了一个大台阶。除了道安和鸠摩罗什的译场外，还有许多著名的译场。季羡林指出：

> 从《梁高僧传》等书的记载中可以找到下列这一些译场：东晋时有庐山慧远的般若台，陈代富春之卢元哲宅，陈隋间广州之制旨寺。国立译场有姚秦长安之逍遥园，北凉姑臧之闲豫宫，东晋建业之道场寺，刘宋建业之祇洹寺、荆州之辛寺，萧梁建业之寿光殿、华林园、正观寺、占云馆、扶南馆，元魏洛阳之永宁寺及汝南王宅，北齐邺之天平寺，隋长安志大兴善寺、洛阳之上林园，唐长安之弘福寺、慈恩寺、玉华宫、荐福寺等等。这都是最著名的译场。[①]

两晋南北朝时期，为佛经汉译作出巨大贡献的中外僧侣，可谓群星灿烂，而其中最为耀眼的则是鸠摩罗什。季羡林说："在翻译组织方面，鸠摩罗什开辟了一个新的时代。"[②] 佛教史把鸠摩罗什以前称为佛经的"古译时期"，把罗什到唐贞观初称为"旧译时期"。在这个时期，由于鸠摩罗什等杰出翻译家的努力，译典质量大大高于前一时期。"旧译"时期的佛典翻译有几个特点：一是这个时期译典的原本，多数已不再是西域转译并夹杂当地土音的胡本，而是以直接从佛教发祥地印度输入的梵本为主，这为译本的准确性提供了有利条件。二是与前期相比，"论"的翻译逐渐增多，但因不同传承的异本和各家释论的见异，不可避免地影响翻译传习，以致产生学派论争。这种论争，

---

① 季羡林：《佛教十五题》，中华书局 2007 年版，第 149 页。

② 季羡林：《佛教十五题》，中华书局 2007 年版，第 148 页。

大大地加深了人们对佛学的认识和理解，从而极大地推动了佛教在中国的发展。随着对"经藏"解释的"论藏"翻译增多，逐渐形成了学派竞立的局面。这说明中国佛教已由早期的传译为主，向研究、消化和立说方面过渡。三是这个时期的译主，多数虽然仍为外国人，但是，他们娴熟汉语，文学造诣甚高。这在相当大的程度上，杜绝了早期因语言隔阂而不能使译文畅达原意的弊病。同时，又有诸如法显、宝云等谙熟梵文的汉僧协助或独立翻译，所以经本内容日益丰富，质量也得到了很大的提高。四是在翻译方法上，意译是这个时期的主流，而且已趋成熟。鸠摩罗什对译法所持的见解，与最早探讨翻译文体的道安不同。道安极力推崇直译，如，赞扬支谶的译本是"弃文存质，深得经意"，反对竺佛念的"笔受诸经，好事润饰"。鸠摩罗什则认为印度国俗"甚重文藻"，翻梵为汉，实在无法兼顾到原文的辞藻，即使能得大意，文体则完全变了样。他形象地将朴拙的直译喻为"嚼饭与人，非徒失味，乃令呕哕"。因此，他力主在不失原意的基础上，尽可能地顺从译文文法习惯，并保存原来语趣，即所谓"曲从方言，趣不乖本"。这种翻译方法，事实上非常适合中国的文风。总之，"'旧译'众多代表人物的译籍也就创造出翻译艺术的新高峰"，"'旧译'时期作为译经史上的辉煌时代，不仅创造了翻译经典的伟大业绩，更有力地推动了中国佛教的发展，对于佛教文化建设及其长远发展更产生极其巨大、深远的影响"。① 孙昌武概括这一时期佛经翻译事业的成就时指出：

> 这一时期佛典翻译的质量大为提高。一方面因为二百余年来众多译家已经积累起丰富的经验教训，可供后来的译家参照；另一方面也由于佛门培养出大批本土优秀翻译人才，外来的译师也多有掌握汉语并熟悉中土思想、学术、风俗的。从而早期翻译过程中那种"梵客华僧，听言揣意，方圆共凿，金石难和……咫尺千里，睹面难通"的局面已经根本改变了。这一时期翻译的经典，特别是那些后来广泛流传的，译文大都十分精美。译文的成熟主要体现在三个方面。一是更恰当地处理好文、质关系。这实际牵涉到翻译原则、译者能力、文字表达技巧等多个方面。在长期探索的基础上，到这一

---

① 孙昌武：《中国佛教文化史》第2册，中华书局2010年版，第441、443页。

时期这些方面都得以提高，终于形成了文质兼重、流利畅达的译风。再是尽可能保持翻译原典在语言表达风格上的特长，使译文体现出外域天人的"语趣"。三是更恰当地移植外来经典的文体，在尽量把译文纳入到汉语传统表达规范之中的同时，又借鉴、输入外来文体而有所创新。①

当然，从事佛经翻译的西域高僧和中国内地僧侣，不辞劳苦地从事大规模的翻译工作，是为他们的弘教事业服务的。对于他们来说，主要的宗旨是在中国广泛地传播佛教，而译经则是他们实现这种事业的主要手段。译经是传教的首要工作，更是建设中国佛教的基本工作。所以，在从事佛典翻译中，他们把译经和讲学结合起来，将佛典的翻译、诠释、解说和理解连为一体。这些主译大师，是此中的宿学专家，在译经的同时，阐发他们所怀蓄的丰富的学问心得。译经的过程，实际上也是讲经的过程。慧观《法华宗要序》记载："法师鸠摩罗什……更出斯经，与众详究，什自手执胡言，口宣秦言……什犹谓语现而理沈，事近而旨远，又释言表之隐，以应探赜之求。"

这样译场又成为学府，译主又兼为导师，经论注疏又大多是译师的讲学笔录。从这时起，陆续出现了一些佛经的注疏，比如道安就曾注疏佛经多卷，这成为以后的一个传统。

译经与讲学相结合的形式也有多种多样，主要有这样几种：

（1）译不忘讲。如僧伽提婆"建立精舍，广招学众……仍于其舍，讲阿毗昙。名僧毕集。提婆宗致既精，词旨明晰，振发义奥，众咸悦悟"。又如卑摩罗叉"于辛寺夏坐，开讲十诵；既通汉言，善相领纳；无作妙本，大阐当时"。

（2）讲而后译。如佛陀耶舍，"时有清信女张普明咨受佛法，耶舍为说佛生缘起，并为译出差摩经一卷"。又如真谛讲译经论，"席间函丈，终朝靡息……释义若竟，方乃著文"。

（3）译中有讲。如竺法护译《正法华经》，"口校古训，讲出深义"。鸠摩罗什译《妙法莲华经》，"释言表之隐，以应探赜之求"。真谛译《律二十二明了论》，"都下阿育王寺慧恺谨为笔受，翻论本得一卷，注记解释得五

---

① 孙昌武：《中国佛教文化史》第 2 册，中华书局 2010 年版，第 441 页。

卷"。

（4）且译且讲。如鸠摩罗什译《维摩经》，"什以高世之量……既尽寰中，又善方言；时手执梵文，口自宣译，道俗虔虔，一言三复"。菩提流支勒那摩提译《十地经论》，"善会地情，妙尽论旨；皆手执梵文，口自敷唱，片辞只说，辩诣靡遗"。

（5）译后复讲。如鸠摩罗什"于长安大寺讲说新经……并畅显神源，发挥函致"。真谛译《俱舍释论》，"文义究竟，论文二十二卷，论偈一卷，义疏五十三卷，刺史仍请于城内讲说，颇识大宗"。又真谛所译，"彼此相发，绮绩铺显；随处翻传，亲流疏解"。

像这样译经和讲学相辅而行，阐扬个中的蕴奥，发挥言外的精微，只有专门学者才能胜任。例如鸠摩罗什译《般若三论》，佛陀耶舍译《四分律》，昙无谶译《涅槃经》，实义难陀译《华严经》，菩提流支译《地论》，真谛译《摄论》。因此当时达摩笈多，"自居译人之首，惟存传授；所有覆疏，务存纲领"。鸠摩罗什宣译《法华经》，"指其大归，直若披重霄而高蹈，登昆仑而俯眄。于时听受领悟之僧八百余人，皆是诸方英俊一时一杰"。

这一时期的译经事业，还有一个特点，就是对译经事业进行自觉的总结。一方面，根据以往的译经经验，提出了比较系统的翻译理论，如道安提出的"五失本，三不易"的翻译原则，以及鸠摩罗什关于佛经汉译的一些看法，都对后世的译经事业有指导作用，产生了很大的影响。另一方面，就是对以往的译经进行系统的编目，如道安《综理众经目录》是最早的佛典目录学文献，也从一个侧面回顾了佛教东传中国的历史。而佛典目录学的另一个重要文献僧佑的《出三藏记集》也出现在这个时期。

10. 抄经：汉译佛经的流传

众多佛经译出以后，为了能在广大信众中流传，就出现了大规模的抄经活动。六朝以后各朝都有非常多的虔诚的佛教信仰者，包括出家僧人和帝王、官吏、宫人、士大夫、平民等在家居士，为了弘扬传播佛法而抄经。抄经成为一种普遍的社会文化现象。在寺庙中一般设有藏经阁，抄藏佛教典籍，供僧尼诵读、学习。《魏书·冯熙传》记载："熙为政不能仁厚，而信佛法，自出家财，在诸州镇建佛图精舍，合七十二处，写一十六部一切经。"隋文帝时期，抄写佛经 13 万卷，修治故经 400 部，形成重视抄经的风气。"开皇元年……并官写一切经，置于寺内；而又别写，藏于秘阁。天下之人，从风而靡，竞相景慕，民间佛经多于六经数十百倍。"（《隋志》）

当时译出的经典，除了抄写传播而外，还流行"细字经"和"供养经"等。信奉佛教的人把抄经作为一种"功德"，为了祈福、报恩、布施、超荐亡人而写经。抄写佛经，念诵佛经，功德无量。僧徒还把书写经卷提升到如亲见释迦牟尼、如亲闻佛祖口授的终极价值高度加以体认。《妙法莲华经·普贤菩萨劝发品第二十八》说："若有受持读诵，正忆念，修习书写是《法华经》者，当知斯人，则见释迦牟尼佛，如从佛口闻此经典。"佛陀成佛弘法度众之时，大家用手来抄写经卷流通供养利益大众。《普贤菩萨行愿品》中有"剥皮为纸，析骨为笔，刺血为墨，书写经典，积如须弥"之说。此偈是说释迦牟尼佛行菩萨道时的典故。另外，《佛说长寿灭罪护诸童子陀罗尼经》也说道："时颠倒女庆幸无量，削骨为笔，身肉支解，以血为墨，供给书人。"经中说的"颠倒女"即文殊菩萨。

抄经活动在两晋南北朝时十分流行。如永嘉中，有安慧则工正书于洛阳大市寺，在黄缣上用细字书写《大品般若经》一部，字如小豆，而分明可识，一共写了十几本。西晋时期抄写的"供养经"，有些还流传到现在，如敦煌出土的西晋惠帝年间所书写的《宝梁经》上卷，土峪沟出土的西晋惠帝年间所书写的《诸佛要集经》等。

这种抄经活动到唐朝以后仍持续不断。据唐岑勋《大唐西京千福寺多宝塔感应碑文》所记，建造西京多宝塔的楚金禅师，"先刺血写经《法华经》一部，《菩萨戒》一卷，《观普贤行经》一卷……同置塔下"，"又奉为主上及苍生写《妙法莲华经》一千部，金字三十六部，用镇宝塔。又写一千部，散施受持"，书写量实属惊人。

与此同时，原本佛教徒均可抄写的佛经，出于佛事兴旺的需要，转而委托寺庙的僧侣来抄写，于是抄写佛经的"经生"在佛门形成了专门的职业。经生的收入水平和他们的书写水平有联系，写经高手生活要好一些，大多数的经生只能维持生计。寺院的写经有一套专门的组织机构，由经生、官经生、书手、楷书手、校书手、典经师等组成。经书的抄写每个时代的形式稍有不同，但大致的形式是约定俗成的。首先在专用的写经用纸上画出界格，在经文起首处标明题目、品名，然后是正文的抄写，卷尾的落款则相当繁琐，要写明抄写的时间、地点、写经人的姓名、用纸的数量、装潢手、初校手、再校手、三校手、详阅、判官、监制等，有的竟达十余项之多，说明当时写经的庄重和严肃程度。

在没有印刷术的当时，抄经造就了一大批写经的高手。由于经书抄录有统一的形式要求，经过几百年的发展，逐步规范成特有的用笔、结构和章法，形成独有的书写风格，后世称其为"抄经体"。早期的写经体多以南北朝字体和隶书入书。如北魏时期的写经就有明显的魏碑笔法和结构。到隋唐的写经法度则精准到极点。写经体与当时书写风格的结合拓宽了书写佛经的风格。通常写经体小楷笔法以王羲之的笔法为基础。初唐时期，虞世南、褚遂良等在朝廷内的威望影响到民间的佛经书写。敦煌写经主要是楷书，而且是小楷，书写工整清楚，通篇从结体、笔法和章法布白形式，都趋于统一稳定，形成了一定的范式，数量有4万多卷，时间跨越7个世纪，形成了一种独特的书法风格。写本中最多的是墨书，书写形式有横行、竖行两种，此外还有朱书、色书等，有些佛经中带有彩绘插图。

起于佛门经生的这种抄经体对于后世的书法有着一定的影响。佛门色彩的书法遗迹成为一种特殊的审美模式，在书法史上留下了鲜明的一笔。有学者概括写经体的书法风格特征如下：

（1）气象高古，肃穆静谧。写经是对佛的信仰，书者的心灵是虔诚而纯洁的，书写的内容是庄严的，表现在纸上的墨痕是心灵轨迹的流露。佛理禅法主张破除妄想，遗荡一切诸相，罪福并舍，空有兼忘，经生们神游于佛的神圣、虚幻的境界中，写经成为一种精神的超越。

（2）朴素自然，率意天真。经生们并非书法名家大师，无社会名利所累，无宗派的褒贬颂扬，书写状态自由宽松，无矫饰做作，不故弄玄虚，无意于书法创作而尽得书法风流。

（3）小楷书体，法度严谨。抄写经书的目的是为了实用，要容易辨认，容易流传，就相当于现代规范的出版物、传媒上的用字。再加上写经是对佛的崇敬，书写应该规范、郑重，因此，敦煌写经的主体就是小楷书体，而少有行草、篆书、隶书更是少见。700年的写经体其实就是中国楷书的演变史。①

---

① 参见冉前林：《敦煌写经书法述略》，《丝绸之路》2009年第22期。

11.《高僧传》：佛教东传史的初步总结

自从佛教传入中国，到南北朝时已有几百年。到这个时候，大规模的佛教僧团建立起来，全国各地寺塔林立，拥有广大的信众，几千卷的佛经被译成汉文，在学术思想领域，佛教也占有了一片天地。几百年间，岁月沧桑，风云变幻，人事代谢，而佛教在中国的传播事业却如日中天，蒸蒸日上，有着越来越大的影响。也正因如此，不少僧人对这段历史进行了初步总结。前述道安对佛经的翻译方法和原则进行了总结，道安和僧佑编纂汉译佛经目录，从文献学上进行总结。而在晚僧佑半个世纪之后，又有慧皎作《高僧传》，从人物传记的角度对到他那个时候为止的整个佛教东传史进行了大规模的总结。

慧皎是梁代会稽嘉祥寺僧人，俗家姓氏失载，生卒年月不详。只知他学问渊博，兼通佛学与儒道百家之学，对于经、律尤为擅长。他在嘉祥寺春夏两季弘传佛法，秋冬则专心从事著述，著有《涅槃经义疏》和《梵纲经疏》，流行于当时，受到人们的欢迎。传世的著作唯有《高僧传》30卷。

两晋南北朝时期的史书以我国僧人传记最为发达，其名见于《高僧传》《隋书·经籍志》以及诸目录和类书者极多。据有关学者统计，在慧皎之前的僧人传记，著名的有下列17种：（1）《出三藏记集》，僧佑撰；（2）《名僧传》，宝唱撰；（3）《高逸沙门传》，竺法济撰，1卷；（4）《僧传》，法安撰，5卷；（5）《方传》，僧宝撰；（6）《江东名德传》，法进撰；（7）《宣验记》，刘义庆撰，30卷；（8）《幽明录》，刘义庆撰，20卷；（9）《冥祥记》，王琰撰，10卷；（10）《京师寺记》，昙宗撰，2卷；（11）《感应传》，王廷秀撰，8卷；（12）《征应传》，朱君台撰，2卷；（13）《搜神录》，陶渊明撰，10卷；（14）《三宝记传》，齐竟陵王撰；（15）《僧史》，王巾撰；（16）《庐山僧传》，张孝秀撰；（17）《沙门传》，陆明霞撰。

但是，以上所列早于《高僧传》的僧人传记，大多是零散的或专门的，无论是规模上，还是体例上，都未形成篇幅大、时代长、人物多、卷帙大的综合性传记。其中有一人的专传，有某一类型僧人的传记，有一时一地僧人的传记。慧皎《高僧传序》说："中书郗景兴（超）《东山僧传》，治中张孝秀《庐山僧传》，中书陆明霞（杲）《沙门传》，各竞举一方，不通今古，务存一善，不及余行。"此三书当均属此类。还有记述佛、菩萨感应事迹的感应传如《宣验记》《幽明录》《冥祥记》等。又有佛教通史，见于正史的为北齐魏收之《魏书·释老志》，专记汉魏至晋时佛道二教史。南齐竟陵王的《三宝记传》10 卷，分为 3 部：一佛史，二传法，三僧录。北周静蔼的《三宝集》。这两书都叙述佛的生平，以及教化东流以后的状况。上列三书均为纪事本末体。僧佑《出三藏记集》15 卷，本为目录，而其后 3 卷附以僧传。

不限时地、不限类型的僧人通传，较著名的是梁代宝唱的《名僧传》31 卷。宝唱初随僧佑出家，深为梁武帝所赏识，受命纂集历代佛教论著《续法轮论》70 余卷，又撰《法集》140 卷、《经律异相》55 卷、《饭圣僧法》5 卷，还受命重撰《华林佛殿经目》，并掌华林园宝云殿经藏。在此基础上。他编撰了《比丘尼传》，前有宝唱自己写的序，说佛教传入中国后，两晋之际的净检首先为比丘尼，以后比丘尼增多，修持著称者亦不少。为了记述他们的事迹以流传后代，故博采碑颂，广搜记集，或询之博闻，或访之故老，"铨序始终，为之立传。起晋升平，讫梁天监，凡六十五人。不尚繁华，务存要实"。升平是东晋穆帝年号，从 357 年至 361 年。宝唱这种说法，是从净检受比丘尼具戒算起的。净检从沙门法始剃落受十戒，是在西晋愍帝建兴中，而从昙摩羯多受比丘尼具戒，则在升平元年（357）二月八日，故宝唱在记述净检受具戒后说："晋土有比丘尼，亦检为始也。"从升平元年起，至梁天监间，共一百五六十年。传中所记述比丘尼本人的事迹可上溯至西晋末。《比丘尼传》是中国佛教史籍中唯一专述比丘尼事迹的专书。

《续高僧传》说："初，唱天监九年先疾复动，便发二愿，遍寻经论，使无遗失，搜括列代僧录，创区别之，撰为部帙，号曰《名僧传》三十一卷，至十三年始就条列。"据《名僧传抄》所载原书目录可知，全书分 18 科，收有 426 人的传记。18 科的"科目"分别为：外国法师、神通弘教外国法师、高行中国法师、隐遁中国法师、中国法师、律师、外国禅师、中国禅师、神力、兼学苦节、感通苦节、遗身苦节、守素苦节、寻法出经苦节、造经像苦节、造塔寺苦节、导师、经师。慧皎的《高僧传》受宝唱《名僧传》的影响很大，利用了《名僧传》的许多材料。《高僧传》正传 257 人之中与《名僧传》相同的有 221 人；附见 244 人之中与《名僧传》相同的有 92 人。但《名僧传抄》中的道韶、纳衣、法惠、道矫、昙副、法祥等人，都有略传，《高僧传》却没收录。《名僧传抄》还保存了当时一些佛教学说，如卷三"三乘渐解宝相事""无神我事"，卷一八"礼法事"，附录"说处"中的卷一〇"庐山慧远习有宗事"、竺道生所立佛性论、观空不受报的说法等。

慧皎对于这些著作很重视,搜罗甚富,但仍感到不满意。他说:"自尔西域名僧往往而至,或传度经法,或教授禅道,或以异迹化人,或以神力求物,自汉至梁,纪历弥远,世涉六代,年将五百。"(《高僧传叙》)近 500 年间,虽然西域名僧纷至,沙门间出,通撰传论,但终因录载各异,辞事疏阙,而不复备论。他认为那些专门性或区域性的僧传不但有很大的局限性,而且不少此类著作质量不高,存"辞旨相关,混滥难求,更为芜昧"的缺点。宝唱的《名僧传》虽然搜集宏富,克服了只为某一类型或某一地区僧人立传的偏失,但是也有取材不精、褒贬失当、内容空洞之弊。慧皎尤其不赞成宝唱对入选僧人的取舍原则。宝唱立传的对象主要是知名度大、享有各种世俗荣誉的僧人,那些超绝尘世的高行僧人反而多被遗漏。这类人即使被列入传中,宝唱在行文时也以避免繁广为辞删去其"高蹈独绝、辞荣去爱"的事迹。所以慧皎决心写出一部《高僧传》。他在《高僧传·序录》中解释《高僧传》与《名僧传》的区别时说,有些人虽享有大名,并无好的道德,只会一味地攀附权贵、迎合时俗,博取虚誉,有些人道德高尚,却因韬光潜修,不为时俗所喜,名声不显著。前者是名僧,不是高僧,他的书所不取;后者是高僧,但未必是名僧,他却要专为这样的高僧立传。陈垣指出:"本书以高僧为名,本有超绝尘世之意。""故此书之作,实为一部汉魏六朝之高隐传,不徒详于僧家事迹而已。"①

慧皎在《高僧传》自序中说:"尝以暇日,过览群作,辄搜捡杂录数十家,及晋宋齐梁春秋史书,秦赵燕凉荒朝伪历,地理杂篇,孤文片记,并博咨故老,广访先达,校其有无,取其异同。"

《高僧传》所传高僧,始于东汉明帝永平十年(67),终至梁天监十八年(519),凡 453 载,257 人,又旁出、附见者 200 余人,堪称一部迄至梁代为止以人物活动为主的中国佛教通史。

《高僧传》以科分类,计有 10 科,14 卷。其中第 14 卷是作者自序及本书总目录,卷末附有王曼颖与释君白(慧皎之号)二人往返的书信两篇。各科内容包括:(1)译经科。共收入东汉至齐译经者 65 人。(2)义解科。共收入

---

① 陈垣:《中国佛教史籍概论》,上海书店出版社 2005 年版,第 18 页。

自晋至梁解义高僧 266 人。(3) 神异科。共收入 32 人。(4) 习禅科。共收入 32 人。(5) 明律科。共收入 21 人。(6) 亡身科。共收入 15 人。(7) 诵经科。共收入 32 人。(8) 兴福科。共收入 17 人。(9) 经师科。共收入 34 人。(10) 唱导科。共收入 17 人。

《高僧传》记载了从汉至梁的佛教活动主体——主要僧人的生平事迹，提供了所载僧人译经注经、所学所研、讲说论辩、师资传授以及著述内容等方面的情况，使我们能够全面地了解佛教东进之后是如何宣传、融合以及占据哲学领域显要位置的。虽然《高僧传》也记载了一些荒诞不经的神异故事，采录也有失实之处，但比较其他史书，则保存了许多可信的史料，并可补正其他史书之失。历代都对《高僧传》予以很高的评价。关于此书的史学价值，清代孙星衍有评价："慧皎《高僧传》，《四库全书》未及收。余读释藏于金陵瓦官寺见之，顷官安德，借录此本。僧人事迹，率多文人粉饰，然六朝士夫，无所自存，遁入释道，故多通品，辞理可观，且足资考史，地方古迹亦可借证，实为有用之书。"(《善本书室藏书志》)

《高僧传》后，唐道宣《续高僧传》30 卷，宋赞宁《宋高僧传》30 卷，明如惺《明高僧传》，合称"四朝高僧传"，以系列传记的形式记录了佛教文化东传中国的历史。

六　排斥与融合：佛教与中国传统文化（一）

1. 佛教与中国思想的相遇

两晋南北朝时期，是中国思想文化极为活跃的时期。在这一时期，汉武帝以来独尊儒术的文化政策被冲破，思想文化领域获得了新的解放，不断开辟着新的学术领域，不断创造着新的文化观念，再现了"百家争鸣"的场面，进入了一个思想解放、学术自由的时代。在这个时代里，思想和学术的发展，最突出的就是佛教的输入、道教和玄学的兴盛。

汉武帝时实行"独尊儒术"的文化政策，于是经学大兴。所谓"经学"，就是训解和阐发儒家经书之学。在经学兴盛的同时，还产生了"谶纬之学"。

"谶"是预言，"纬"是相对"经"而说的，即集录过去的一些预言和神话传说以解释或附议经书。东汉末经学日渐衰微，在魏晋时期兴起了一种"玄学"思潮，取经学而代之，成为学术文化的主流。所谓"玄学"，是由研究《老子》《庄子》和《周易》这三部号称"三玄"的书而得名。玄学的基本特征是崇尚"玄远"，故玄学又称"玄远之学"。其体现于言语论辩，是"玄言""玄谈""清谈""清言""微言"；体现于著述文字，是"玄论""玄注"；体现于思想与见解，是"清识""远识""高致""精解"。玄学的学术内容，概括地说，是以"三玄"为经典，会通儒道，旁及名法诸家学说，采取思辨哲学的方法与形式，探讨"有无""本末""体用""言意""动静"以及"自然"与"名教"等范畴，并对天人关系等问题赋予了新的含义和论证。

从根本上说，玄学的学术主题是名教与自然之辩，其终极的目标，是试图从理论的高度，重建名教与自然的关系。具体而言，其学术论题和所试图加以解决的问题：一是在于穷究天人之际，寻找和论证宇宙间万事万物超越具体物象的形而上的本体；二是通过对宇宙事物本体论的探索，重新审定生命存在的意义和人生的价值，建立关于生命价值的本体论；三是通过本体论问题的探讨，为政治人伦寻找一种形而上学的根据。玄学的理论特色在于用老庄的思想去诠释儒家的《易经》和《论语》，将儒、道两家学说加以综合，去探求保持儒家道德标准的新形式。玄学是超世的哲学，它强调人不仅在社会中存在，而且每一个人即每一个精神主体，都是直接面对宇宙而存在的。因此人生的根本意义，也不在于世俗的荣辱毁誉、得失成败，而在于精神的超越升华，对世界对生命的彻底把握。宇宙的本体是玄虚的"道"，四时运转、万物兴衰是"道"的外现。从这种观念中引导出人对自然的体悟、追求，以及人与自然统一和谐的观念。

玄学是魏晋时期居于主流地位的理论学说。魏晋玄学以儒、道思想结合为特征，专注于辨析明理，以清新俊逸的论证来反对沉滞繁琐的注释，以注重义理分析和抽象思辨来代替支离破碎的章句之学，较之汉代经学更为精致，更具有一种真正思辨的、理性的"纯"哲学意味。魏晋玄学将中国古代思想学术水平提升了一大步。

尽管魏晋南北朝时期中国文化的发展趋于复杂化和多元化，儒学受到了巨大的冲击，但同时也面临着变革发展的时机。所以，这一时期的儒学不但没有中断，相反，却有较大的发展。孔子的地位及其学说经过玄、道的猛烈冲击，脱去了由两汉造神运动所添加的神秘成分和神学外衣，开始表现出更加旺盛的生命力。魏晋南北朝的学术思潮，在一定程度上反映了当时一部分知识分子改革、发展和补充儒学的愿望。他们不满于把儒学凝固化、教条化和神学化，故提出有无、体用、本末等哲学概念来论证儒家名教的合理性。他们虽然倡导玄学，实际上却在玄谈中不断渗透儒家精神。儒学虽然失去了两汉经学独尊的地位，但在社会生活和文化各领域仍然发挥着实际的主导作用。

　　魏晋南北朝是一个宗教文明勃兴的时代，其重要标志是道教的成熟与定型以及佛教的广泛传播并在中国文化的土壤中扎根。与佛教广泛传播的同时，东汉末期在民间仙道方术基础上形成的太平道和五斗米道（天师道），经一批知识分子的梳理、清整和提升，形成新道教，构建了其独特的宗教理论。道教是我国土生土长的宗教，它的思想来源，主要是先秦老子创立的道家哲学。道教把老子说的"道"看做是"神异之物"，突出了"道"的超越性、绝对性、神秘性，进一步发挥了老子思想的离俗超脱精神，形成出世的心性练养理论。道教还把老子奉为教主，称其为"阴阳之主宰，万神之帝君"，把庄子也列为道教尊神。此外，道教还把古代民间巫术、儒家和墨家的一些思想以及神仙方术、阴阳五行等等都包容到自己的体系中，"杂而多端"，兼收并蓄。

　　道教的发展、成熟和定型，重要原因之一，是这一时期出现了葛洪、寇谦之、陆修静、陶弘景等一大批道教活动家。他们根据时代的变化，逐步改革道教的组织结构和理论，剔除其平民性和地方性，突出其贵族性和正统性，使道教从早期那种比较原始的状态发展为有相对完整的经典、教义、戒律、科仪和教会组织的成熟宗教，并以维护纲常名教的姿态，取得统治者的信任和支持，由早期民间宗教团体逐渐转变为官方承认的正统宗教。道教成熟的另一个重要标志，是道教理论的完善和道书的大量涌现。东晋初年葛洪作《抱朴子》，总结了战国以来神仙家的理论，又继承魏伯阳的炼丹理论，集魏晋炼丹术之大成，所举仙经神符，多达282种。对早期道教理论进行的整顿和改造，充实和发展了神仙道教的学说，促使道教转向以追求长生成仙为最高目标，系统论证了道教"长生久视"的基本信仰，研究了人成仙的具体办法，以及道教为人处世的原则，为道教构造了一个比较完整的理论体系。南朝梁代的陶弘景集南北朝道教理论之大成，编造了道教的神仙谱系，对道教理论的成熟产生了重大影响。

由于道教既得到上层统治者的支持，又在下层民众中广泛流行，具有多层次的宗教内涵和广泛的适应性，因而能够植根于中国社会，成为一支有全国影响力的宗教势力，并对中国人的精神生活造成长远的影响。道教文化对中国的民俗、文学、科技、建筑、艺术等有一定的影响。

道教的勃兴和玄学的活跃，以及儒学在新形势下的发展，就是当时佛教在中国所面临的思想文化环境。正是在这样的思想环境下，佛教进来了。对于中国人来说，佛教是一种外来的、新鲜的而且与中国传统完全不同的东西，是一种完全迥异的文化形态。葛兆光指出：

> 在思想史上应当注意的是，毕竟这是一个生成于异域的宗教，它对于宇宙、社会和人生的理解、解释和应付策略终究与中国有大不同，因此，对于中国的信仰者来说，佛教初入中国时所带来的、对宇宙社会与人生的思想中，有一些是过去中国思想世界所不曾听说过或不曾确立过的，比如宇宙的虚幻，比如生存的痛苦，比如三世的轮回，以及追求真实、解脱痛苦和超越轮回时那些看来匪夷所思的方法与途径。①

因此，当外来佛教的思潮和典籍大规模涌进内地时，就必然会与中国的传统文化和传统观念发生全面的接触，与当时同样活跃的玄学、道教以及儒学碰面、交流、对话与交锋。其中有激烈的论战，也有相互的融合；有尖锐的对立，也有相互的补充。在汉代，初传的佛教主要依附黄老道术而在社会上流传，并通过汉译佛经而表现出了道化和儒化的倾向。儒家则从佛教出家修行有违孝道等方面对之加以排斥，而正处于初创阶段的道教却往往借助佛教这一比较成熟的宗教形式来发展自己。佛教对儒学基本上以妥协调和为主，有时甚至采取积极迎合的态度。对道教，佛教则把道教与道家作了区分，引老子与老子之道来为自己辩护，同时既借助神仙方术来传播佛教，又对道教推崇的辟谷长生等进行了抨击。魏晋南北朝时期儒家的反佛，主要还是从社

---

① 葛兆光：《中国思想史》第 1 卷《七世纪前中国的知识、思想与信仰世界》，复旦大学出版社 1998 年版，第 512 页。

会经济、王道政治和伦理纲常等方面来排斥佛教，也开始出现从哲学理论的层面来对佛教加以批判。范文澜概括当时思想文化领域的复杂局面时说：

> 儒家佛教道教的关系，大体上，儒家对佛教，排斥多于调和，佛教对儒家，调和多于排斥；佛教和道教互相排斥，不相调和（道教徒也有主张调和的）；儒家对道教不排斥也不调和，道教对儒家有调和无排斥。①

许理和在《佛教征服中国》中将这个时期反佛教思潮归纳为 4 个方面，即："由经济政治问题引起的批评"；"从实际利益角度进行的批评"；"由文化优越感而引起的批评"；"关乎道德的批评"。葛兆光则把佛教传入中国后引起的冲突归纳为 3 个问题，即在古代中国文明的特殊环境中："宗教团体是否能够与世俗国家礼仪共处并拥有独立存在的可能？宗教信仰是否可以优先于社会的伦理信条和道德规范拥有绝对的地位？宗教理想是否可以消泯民族文化的特殊性而拥有普遍的意义？"②

但是，在笔者看来，从中外文化交流史的视角说，最核心的问题，还是纠缠在中国文化史的"夷夏之争"，即本土文化对外来文化的应对和抗拒，以及欲迎还拒的纠结心态。一方面，出于文化本位的立场，对外来文化首先是提防、反感、排斥和抗拒，以维护本位文化的地位和尊严；另一方面，对于外来文化所带来的新鲜的、陌生的东西，又想去接触、去了解、去接受，以促进本位文化的丰富和发展。这两种倾向的纠结，实际上是一切人类文化系统内在的文化矛盾，这种文化矛盾反映了文化系统内部的守成与发展两种力量的张力，也是人类文化史发展的根本动力。

在当时思想文化界这样复杂的关系中，佛教在与儒、道、玄的斗争与调和、交涉与融合之中得到进一步发展，特别是通过依附玄学而"因风易行"，迅速传播。由于玄学本质上是儒和道的融合，因而玄佛合流实际上也就表现出了三教融合的重要意义。由沙门敬不敬王者引发的佛法与名教之辩和由"老子化胡说"引发的佛道之争等，反映了这个时期儒佛道三教在并存共进中

---

① 范文澜：《中国通史简编》（修订本）第 2 编，人民出版社 1964 年版，第 439 页。

② 葛兆光：《中国思想史》第 1 卷《七世纪前中国的知识、思想与信仰世界》，复旦大学出版社 1998 年版，第 568 页。

的冲突，而这种冲突往往也从反面促进了三教各自的发展。随着三教的不断发展，特别是佛道二教的成熟，南北朝时期三教关系得到了全面的展开，它们共同汇成一股强大的思想洪流，推动着中国文化的发展。范文澜指出："东晋和南北朝，表现儒佛道玄四家分离结合，斗争调和诸现象，在思想发展史上是战国诸子大争鸣以后的又一次大争鸣。"①

在这股思想洪流中，佛教也直面中国的文化思想环境，在博弈中促进了自己的传播与发展。许理和指出：只有与中国佛教的发展"所赖以产生的文化环境相联系，以及在盛行于这一时期的中国世界观的背景下，它才能够被研究和理解"②。

2. 政教冲突的"礼仪之争"

佛教与儒学的第一场正面的冲突，是沙门是否应该敬王者的"礼仪之争"。在中国传统文化的背景下，"礼仪"问题具有至关重要的意义和地位。在中国文化的语境中，"礼仪"不仅仅是"礼节"和"仪式"的问题，不仅仅是统治者的"面子"问题，更是文化的本位、文化的基线。陈寅恪说，在南北朝时期，"华"与"胡"的差别不在血缘而在文化。遵从中国的"礼仪"，就是认同中国文化，就是尊重中国文化，就是"华化"，否则就是"胡化"。这是"夷夏之防"的第一道防线。我们在以后还会看到，在中外文化交流的过程中，"礼仪"问题一再成为争论的焦点和中外文化交流的障碍。如唐玄宗时，有人提出外国使节不跪拜中国皇帝的"严重问题"，唐玄宗胸怀大度，一笑了之；明清之际基督教传教士接受中国教徒祭拜祖宗的礼仪，则受到教廷的坚决抵制和制止；第一个英国使团来中国访问，却因为是否跪拜皇帝的问题与中国官员百般交涉，最后不得要领，悻悻而归。"礼仪之争"之所以在中外关系史上这么重要，因为它关乎中华传统文化的核心问题，即中国人固有的"中央大国"的心态，关乎所谓"夷夏之防"，更关乎中国封建社会的礼制秩序。虽然在总体上说，中国文化采取开放的态势，广泛地吸收域外各民族优秀的文化成果，使自己成为博大精深的文化系统，但其中又有一

---

① 范文澜：《中国通史简编》（修订本）第2编，人民出版社1964年版，第299页。

② ［荷兰］许理和著，李四龙译：《佛教征服中国——佛教在中国中古早期的传播与适应》，江苏人民出版社2003年版，第1页。

些保守的、封闭的文化因素，阻碍着、困扰着这样的文化交流，特别是涉及传统文化的核心问题，斗争就会空前地尖锐起来。所以，诸如"礼仪之争"这样的问题，会在不同的时期、以不同的形式一再表现出来。所以，各个时期的对外文化交流，特别是在大规模地出现外来文化输入的情况下，都会有许多争论、论辩，有许多对外来文化的抵触，甚至于比较激烈的抗拒行为。中外文化的交流，中国对外来文化的接受、理解和吸收，并不是一帆风顺的，不但要克服自然环境以及外部力量的阻力，更要克服本身的文化阻力，克服自己民族心理上的阻力。

佛教在传入中国之时，就面临着与儒家、道教等传统思想文化的交涉。儒家与佛教的第一个正面冲突，就是"礼仪问题"。这场争论最初发生在东晋时期。当时佛教已经十分盛行，在王公贵族中虔诚信奉佛教的人很多。一些儒臣以儒家纲常名教为依据，批评"佛者夷狄之俗，非经典之制"，提出对佛教进行制约乃至限制、清理的主张。这样的主张反映了佛教的扩展已经达到了与世俗政权相冲突的程度。

东晋成帝咸康六年（340），大臣庾冰辅政，提出佛教僧人必须遵从传统的儒家名教，应当忠于皇帝和孝顺父母，对君主施跪拜之礼。庾冰在代晋成帝执笔的诏书中说，自古以来"因父子之敬，建君臣之序，制法度，崇礼制"的传统是不能改变的，称佛教所做属于"方外之事"，不应该照搬在"方内"实行，对佛教的"矫形骸，违常务，易礼典，弃名教"的做法提出质疑，明确地反对沙门借口佛教仪礼公然拒绝礼敬皇帝，所谓"抗殊俗之傲礼，直形骸于万乘"。庾冰的主张得到朝廷中部分大臣的支持。虔信佛教的尚书令何充等人则对此持有不同意见，认为佛教有益于王化，且自古及今，并无不妥。最后这场争论不了了之。

60多年后，到了东晋末年的元兴元年（402），权臣桓玄攻入建康，翌年代晋自立为帝。桓玄在夺取东晋政权后，提出沙汰（清理）佛教的政令，《弘明集》载有他下达的《与僚属沙汰僧众教》，除精于经论的学僧、严守戒规僧、"山居"修行僧三种人外，一律"罢道"还俗。这是佛教进入中国以来，政府首次对僧伽进行干预。不久，桓玄又效法庾冰，再次提出沙门应当礼敬君王的问题。他在与朝廷诸大臣书中，说当年庾冰提出沙门应当礼敬王者，"意在尊主，而理据未尽"，何充"出于偏信，遂沦名体"（《弘明集·与入座论沙门敬事书》)。对于咸康六年（340）的那场辩论，他认为不够彻底，没有得出最终结论，所以有继续讨论的必要。并且引证《老子》中将王侯与"道大、天大、地大"并列的说法，说王者协和道与天地，使万物"资生通运"，沙门既然受其"生生资存"之德，"日用于理命"，就应当礼敬与道、天、地"三大"并列的君王，所谓"岂有受其德而遗其礼，沾其惠而废其敬哉"（《弘明集·与人座论沙门敬事书》）。

这在当时的大臣中引起争论。桓谦上书认为佛教与孔教属于两种不同类型的文化，所以不应强求统一。王谧则请求桓玄不要过分计较儒释在外表上的细小不同，而要看到它们对于国家统治所具有的共同的作用。而且佛教的存在，在当时已经有相当长的历史，受到过很多君主的提倡与礼遇。但是这些解释并不能令桓玄感到满意，他坚持认为既然能够对佛礼敬，为什么就不能对帝王礼敬呢？

桓玄为此事专门请教在庐山的慧远，慧远作《远法师答》，系统地阐述了自己的观点。慧远表示，佛教内部分两种人：一种是"处俗弘教"的在家信众，一种是"出家修道"的沙门。对于前者，他们理应实行"奉上之礼，尊亲之敬，忠孝之义"，完全适应桓玄要求礼敬的理由；对于后者，是不应当要求他们礼敬君王的，因为他们是"方外之宾"，与在世俗情况迥然不同。

按照慧远的意思，出家则为方外之宾，出家求道，已非世俗的礼仪所可以笼罩。慧远同时又表示，沙门虽不礼敬君王，但在实际上并不违背孝亲敬君的规范，他们通过传法教化民众，以"协契皇极，大庇生民"。

其后，桓玄兵败身亡，慧远作《沙门不敬王者论》，更加全面系统地论述沙门不应礼敬君王的道理。慧远在总结晋末的这场争论中，为建立既不同于外来佛教，又不完全依附中国传统文化的独立的中国佛教，奠定了理论基础。他分佛教为"内道"，儒学为"外道"，确立了"内外之道可合"的原则，认为佛教理应发挥社会教化的作用，为巩固皇权、维护封建秩序服务，但是僧尼"出家"即是变俗，在仪行礼制上，必须保持独立的风貌。佛教传播迅速，导致僧尼秽杂，难以避免，国家干预澄清是必要的；但佛教有自身的特殊修道科门，有约束沙门生活的明确戒律，也应该得到国家的尊重和保护。

关于礼仪问题，这场争论并没有得出明确的结论，但是这并不意味着问题消失了，也不可以认为世俗政权改变了自己的立场和观念。葛兆光指出：

"从根本上来说，这是一个宗教象征的文化精神是否可以优先于政权代表的世俗利益的问题，从源流上来说，这是印度佛教试图使僧团等级超越世俗的种姓等级，建立宗教理想世界的传统是否可以在中国延续的问题。"① 康乐也指出："这应该是一个信仰的问题。"他分析说，首先，"中国社会并没有普遍接受宗教权威超越政治权力之上的观念，也没有一个高踞于社会金字塔顶端的祭师阶层"；其次，"当时中国的社会位阶已经是以'士人'为首，在所有位阶之上"。因此，印度传统的"沙门不礼白衣"即面临严酷的考验，特别是面临着中国祖先崇拜和孝道的对抗。② 之后，宗教权威与世俗权威的对抗这个问题又多次以不同的形式表现出来，而佛教也逐步调整了自己的策略，主动适应皇权的权威，向皇权靠拢。

3. 儒佛之间的"神灭之争"

佛教初传中国时，在孝亲祭祖、奉上敬王等最基本的伦理观念和政治观念上，完全服膺儒家学说，这使佛教的基础意义有了全新的变化，所以历来只有儒家批判佛教，佛教只是对这类批判进行辩解，很少表露对儒家的不满。东晋以来，随着儒家学说的衰落和佛教势力的增长，佛教不但对道教，而且对道家的经典和儒家思想也开始公开的批评。如僧肇每以老、庄为心要，但认为比之佛教，"犹未尽善"。慧远听道安讲《般若经》，乃悟"儒道九流皆糠秕耳"。到南北朝时，儒学与佛教在理论上开始出现冲突。

儒学与佛教的主要争论集中在"神灭之争"。佛教传入中国以后，业报轮回说曾经被当作佛教的根本教义，后来又同我国原有的善恶报应思想结合起来，深入到民俗信仰和士大夫的精神世界之中，产生了深远的影响。与此同时，也引起了一些封建士大夫的怀疑和批判。汉魏以来，因果报应问题的争论成了当时佛教与反佛教斗争的一大焦点。随着争论的不断深入，双方认识到因果报应说的逻辑前提是神灵不灭，承认神灭还是神不灭是佛教因果报应说能否成立的关键。因此，反佛派釜底抽薪，力图证明人死神灭、轮回虚无，以斩断因果报应的链条；护法派则阐幽溯源，极力论证人死神存、三世实有，

---

① 葛兆光：《中国思想史》第 1 卷《七世纪前中国的知识、思想与信仰世界》，复旦大学出版社 1998 年版，第 572 页。

② 参见康乐：《沙门不敬王者论——"不为不恭敬人说法"及相关诸问题》，台北《新史学》第 7 卷第 3 期，1996 年。

以维护业报轮回的权威。这样，中土传统的形神问题也就衍变成神灭与神不灭的争论。这一争论事关佛教的生死存亡，所以，当时的佛教界，从高僧慧远到名士宗炳，从朝廷重臣沈约、萧琛到最高统治者梁武帝萧衍，皆参与了这场旷日持久的大论战。

最初提出神不灭论的是汉末的牟子。牟子《理惑论》说："魂神固不灭矣，但身自朽烂耳。""身譬如五谷之根叶，魂神如五谷之种实。根叶生必当死，种实岂有终亡，得道身灭耳！"当时人对精神的主张，是由汉地魂魄之说转化而来，多数人以为心神是有形的，只是妙于万物。与道安同时的竺僧敷作《神无形论》，认为有形便有数，有数则有尽。神既无尽，故知无形。此论一出，便得到当时大众的信服。

到了东晋末年，围绕神不灭的问题开展了论战。慧远针对"形尽神灭"的主张反驳道：生与死是一个自然而然的过程，人死便回归自然，并没有独立于身体的灵魂存在，提出"夫神者何耶？精极而为灵者也"。慧远运用前人"薪尽火灭"的譬喻，在《沙门不敬王者论》中创造性地提出："火之传于薪，犹神之传于形。火之传异薪，犹神之传异形。前薪非后薪，则知指穷之术妙；前形非后形，则悟情数之惑深。惑者见形朽于一生，便以谓神情俱丧，犹观火穷于一木，谓终则都尽耳。此曲从养生之谈，非远寻其类者也。"

慧远认为人的躯壳只是"神"的一个容器，躯壳有前生、今生、后生，而"神"却并不因之而消灭，就像薪火相传一样。慧远的这种"形尽神不灭"的主张，与他的佛性论是相贯通的，对于中国后世佛教的影响巨大。

到了刘宋时期，神灭与神不灭之争更为激烈。罗含作《更生论》说："神之与质自然之偶也。偶有离合，死生之变也。质有聚散，往复之势也。"孙盛写信给罗含讨论这一问题，说："形既粉散，知亦如之。纷错混淆，化为异物。他物各失其旧，非复昔日。"罗含答复说："本亦不谓物都不化，但化者各自得其所化，颓者亦不失其旧体。"

宋慧琳作《白黑论》，论儒佛的宗旨（白学先生指儒家，黑学道士指佛家），抨击佛教幽灵神验之说、"本无""析空"之理，认为佛教所讲的空是虚构的，善恶果报之说也是不实的，从而否定了神不灭论。慧琳是站在儒家立场反对佛教神不灭论的。《白黑论》受到儒家学者何承天的支持。何承天是东晋以后最先阐述神灭论思想的人。他依据他的天文历算的科学知识，并结合儒家的人文观点进行反佛的理论斗争。何承天认为，佛教不失为九流之别家，杂以道墨，慈悲爱施，与中国不异，其鬼神之论，作为神道设教也未尝不可，但若目之为实，则缺乏明证。

居士宗炳作《难白黑论》，批驳慧琳《白黑论》说："人形至粗，人神实妙。以形从神，岂得齐终。"何承天答复宗炳说："形神相资，古人譬为薪火。薪弊火微，薪尽火灭。虽有其妙，岂能独传。"宗炳又驳他说："夫火皆薪之所生，神非形之所作。意有精粗，感而得形随之。精神极则，超形独存。无形而神存，法身常住之谓也。"宗炳再著《明佛论》，论证人死神不灭及轮回果报之必有，认为"中国君子明于礼义而阁于知人心"。《周易》所谓"阴阳不测"，而不能置言，其实指的就是不死的精神。群生"神"本相同，随缘迁流而成粗妙之"识"，练粗成精，即是圣人。神、识、形三者本质不同，神之不灭，缘会之理，积习而圣，构成了佛教全部学说的大纲。

宗炳此说甚得慧远思想的精髓，把中国传统哲学同外来佛教哲学巧妙地结合了起来。中国佛教哲学此后的发展，大体上是沿着这个方向行进的。

何承天又撰写《报应问》，否定了因果报应说，说"杀生者无恶报，为福者无善应"。而刘少府《答何衡阳书》又反对何承天之说，肯定因果报应之必有。因佛教所说的因果报应，是应验于来世，或未来若干世，所以无法证实。郑鲜之也作《神不灭论》，说"夫形也五脏六腑四肢七窍，相与为一"，而"神体灵照，妙统万形"。又说："夫火，因薪则有火，薪非火之本。火本自在，因薪为用耳。故薪是火所寄，非其本也。神形相资亦犹此矣。"又有任函作《无三世论》，于是僧含作《神不灭论》以为抗辩。何承天还作《达性论》，进一步反对佛教把人与"飞沈蚑蠕并为众生"之说，从另一角度反对佛教的因果报应说。他说："生必有死，形毙神散，犹春荣秋落，四时代换，奚有更受形哉。"何承天之论，引起了颜延之的反驳，他在《释达性论》中说："神理存没，尝异于根菱变谢。"又说："精灵必在，果异于草木。"何承天在回答颜延之书中不得不承认魂魄之说，以为神魄惚恍，游魂为变，发扬使怆，亦于何不之。颜延之便质问他，游魂是有形还是无形？若虽有而无形，天下宁有无形之有，如是适足以证明神是不灭的。何承天的答复，只是说，昔人以鬼神为教，乃列于典经，却不作正面答复。颜延之再追问他说：精神不无既已经取得一致，而对于所以有的情况却避而不答，显见神灭的主张是不能成立的了。二人多次反复争辩，引起了宋文帝的重视。宋文帝说："近见颜延之折《达性论》，宗炳难《白黑论》，明佛法深，尤为名理，并足开奖人意。"（《佛祖统记》）

神灭和神不灭的问题，成了刘宋学术界讨论最热烈的话题，你来我往，双方发表了大量的见解，互相论辩和砥砺，形成热烈的思想交锋的气氛。其中罗含的《更生论》，运用毗昙思想把神不灭论与儒家"祖宗有序，本支百世"的观念铸为一体，达到颇高的理论水平。此外，范泰、谢灵运还主张，"六经典文，本在济俗为治耳；必求性灵真奥，岂得不以佛经为指南耶？"（《答宋文帝赞扬佛教事》）佛教在这里提出的"性灵"之学，就是指承认三世因果，看重心神之用。何尚之对此加以发挥，受到宋文帝的赏识。

到了齐代，"神灭之争"达到最高峰，这就是围绕着范缜《神灭论》的一场争论。范缜《神灭论》自设宾主，共30个问答，要点是：（1）形神相即。（2）形质神用。（3）人质非木质，死形非生形。（4）心为虑本。（5）凡圣不同体。（6）人死不变鬼。

范缜的《神灭论》体现了形神之争在齐梁时期的新进展。《神灭论》涉及的理论面很广，锋芒所指，无不披靡，据说自称"辩摧众口，如服千人"，影响很大。《神灭论》是中国哲学发展史上具有里程碑意义的无神论著作。

范缜在竟陵王萧子良西邸为宾客。《神灭论》初稿出后，萧子良便召集僧侣与范缜辩论。到了梁代，梁武帝大集朝臣与范缜辩论，参加者共有临川王萧宏等63人。沈约作了《佛知不异众生知义》《六道相续作佛义》《因缘义》《论形神》《神不灭论》《难范缜神灭论》6篇文章，就范缜《神灭论》的弱点和漏洞进行驳斥。萧琛写了《难神灭论》，逐条驳斥范缜，主要论点为：（1）形神相即，辨而无征。（2）刃利不俱灭，形神不共亡。（3）人之质犹如木之质，人木皆有知。（4）神以形为器，非以形为体。（5）形无凡圣之别。

反对《神灭论》的代表性人物曹思文认为："形非即神也，神非即形也，是合而为用者也，而合非即矣。生则合而为用，死则形留而神逝也。"（《难范缜神灭论》）他举庄周化蝶的故事为例："斯其寤也魂交，故神游于蝴蝶，即形与神分也。其觉也，形开遽遽然周也，即形与神合也。然神之与形，有分有合，合则共为一体，分则形亡而神逝也。"（《难范缜神灭论》）坚持把形与神分开来作为二种事物来论述："论云：'形之与神，犹刀之于利。未闻刀没而利存，岂容形亡而神在？'雅论据形神之俱灭，唯此一证而已。愚有惑焉。何者？神之与形，是二物之合用，即论所引蜱蛣相资也。是今刀之于利，是一物之两名耳。然一物两名者，故舍刃则无利也，二物之合用者。故形亡则神逝也。"（《弘明集》）

围绕范缜《神灭论》的争论十分活跃。在当时的论辩中，范缜与沈约、萧琛、曹思文之争很难确定孰胜孰败，似乎谁也说服不了谁。但双方的辩论拓宽了人们的眼界，增加了形神问题的复杂性。

4. 佛教与经学的相互渗透

"沙门敬拜王者"之争和"神灭之争"，反映的是佛教进入中国之后，处于意识形态主导地位的儒家经学对佛教的抵制、对抗和批判态度，这种对抗和抵制是十分激烈的。这也是文化交流的一般规律。通常一种新的文化因素进来以后，会遭到传统文化特别是文化核心的意识形态的抵制。因为新的文化因素触动了传统思想的主导地位，所以这种抵制往往是非常激烈的。但是，另一方面，在这种思想交锋中，双方也通过接触而互有了解，进而互相渗透和补充，共同促进了中国哲学思想的发展。范文澜指出：

> 南朝佛教发展的特点，在于这一时期里，汉族信徒对佛教哲学部分，表现出初步消化的趋势。自东汉时起，佛教徒的事业，主要是译经。翻译佛经，等于吞咽食物。大体上释道安以前，属于吞咽的阶段。魏晋以来，玄学盛行，从探求老庄的义理扩展到探求佛经的义理（译经事业自然并不偏废），由此，外来的佛教逐渐成为汉化的佛教，佛教的思想逐渐融合在汉族思想里，成为汉族哲学的一个组成部分。儒佛道三家鼎立，互相斗争，也互相吸收，这是初步消化的阶段。以道安慧远为标志，开始了这个阶段。宋明理学则是完全消化的阶段，这时候儒学又恢复独尊的地位，实现儒为主佛老为辅的局面，佛老之学（主要是佛学），被用作养料来丰富儒学（理学）。[①]

---

① 范文澜：《中国通史简编》（修订本）第2编，人民出版社1964年版，第430—431页。

中国的儒学，经过两汉的经学阶段，在魏晋时期受到了玄学的冲击而变异，到南北朝时期，经学重振，仍然在意识形态领域里占据核心地位。在这种形势下，佛教学者强化了传习、注疏儒家经典之热情，并进一步促进了佛教的儒学化，使外来的佛教思想进一步适应和融合中国传统思想。

东晋南北朝时，为迎合当时的主流学术思潮，以借其力量促进佛教广泛传播，僧徒多兼习外书。东晋时僧侣主要涉猎《老》《庄》，致力于与道家思想的接触和融合。到南北朝时，他们更热衷于儒家经典，以很高的热情讲习、注疏儒家经典。

当时僧人学习儒经之因缘情况各有不同。有的出自家学渊源，如释法通"家世衣冠，礼仪相袭"；有的在出家前就已习经，如释慧严年 12 岁为诸生，博晓诗书，16 岁出家又精练佛理；释慧约"七岁便求入学，即诵《孝经》《论语》乃至史传，披文见意"，17 岁始出家；也有的在出家后受僧师之命而习经书，如道融"十二出家，厥师爱其神采，先令外学，往村借《论语》，竟不赍归，于彼已诵，师更借本覆之，不遗一字"；僧旻"七岁出家，住虎丘西山寺，为僧回弟子，从回受《五经》"，如此等等。可见当时兼习外书是佛教学者们的一种共同的习尚。有些高僧的经学修养甚至独标一时，以讲习儒家经典为时所推。如法瑗注经、论议之隙讲《孝经》《丧服》；僧盛特精外典，为群儒所惮，至学馆诸生常以之为胁。而此时也有不少儒生跟随僧人学习佛学典籍。

南北朝时关于佛教问题的论难多次发生。比如前面说到的关于"神灭之争"等。这种争论是从儒学和佛学两种不同的立场出发的，尽管双方对争论的问题及争论的结果存在较大分歧，但以儒家经典为指导，从儒家经典中寻求立论的依据。也就是说，佛教论难如果丧失了儒家经典之凭依，佛教教义在中国也就失去了立足之地。因而他们从儒家经典中寻求与佛教的共通之处，以证明佛儒"教有殊途，理还一致"，"中外两圣，影响相符"。

当佛教教义与儒家基本理念发生冲突时，佛教以不违背并尽量顺从儒家伦理道德为原则。早在东晋，慧远即对佛教的出世观念与中国传统忠孝思想之间的矛盾提出了基本的处理办法，认为"佛经所明，凡有二科，一者处俗弘教，二者出家修道"，指出无论处俗弘道还是出家修道，不违背儒家忠孝观念为根本原则，所谓"内乖天属之事而不违其孝，外阙奉主之恭而不失其敬"；宋世沙门慧琳著《均善论》，主张"六度与五教并行，信顺与慈悲齐立"，也指出了佛教教义当以与儒家伦理并行不悖为原则；刘勰《灭惑论》则说："夫孝理至极，道俗同贯，虽内外迹殊，而神用一揆。若命缀俗，因本修教于儒礼；运禀道果，固弘孝于梵业。是以咨亲出家，《法华》明其义；听而后学，《维摩》标其例。"亦说明孝道为道俗同贯，梵门亦须弘孝，出家当先咨亲。

在佛教致力于与儒家思想相适应以谋求在中国的发展的同时，佛学思想也渗透到儒家学者中，对儒家的讲经与注经也产生了影响。这种影响涉及儒家讲经、注经的内容、语言、形式及原则等各个层面，在某些方面的影响远及此后的整个中国经学史。

南北朝时期，如前所述，名士与沙门交游成为一时风气。儒佛双修或三教并重成为该时期学术风尚之主流，南北朝的通经之士也因此多与佛教结下了不解之缘。南朝通经者或兼习佛典，如何胤、周弘正皆精究佛典，并有佛教著作；或与僧人交往密切，如南齐著名经学家刘瓛，虽"承马郑之后，一时学徒以为师范"，亦与僧人相往来，僧传载讲《法华经》之慧基，"瓛与张融并申以师礼，崇其义训"；讲《涅槃经》《成实经》之法安，"瓛与张融、何胤等并禀服文义，共为法友"。

这种风气在北朝亦然。北朝为佛教极盛之时期，"沙门道登，雅有义业，为高祖眷赏，恒待讲论"。北魏贵族达官多崇佛教，儒林人士受帝王好尚之影响而与佛教再生因缘，乃势在必行。吕思勉在论及北朝儒林中人时指出："释老之震撼一世，儒家非极专固者，皆不容故步自封矣。"[①] 高允为北魏最著名的儒臣之一，而《魏书》称高允"年十余，奉祖父丧还本郡，推财与二弟，而为沙门，名法净，未久而罢"，"雅信佛道，时设斋讲，好生恶杀"。高允有篇《征士颂》，其中说："高沧朗达，默识渊通，领新悟异，发自心胸。"此颂虽为沧水太守高济画像，实亦高允夫子自道，其言明显受佛家心论之影响，与吴康僧会《法镜经序》"夫心者，众法之原"之说相通。佛教界或持此心法以讲经撰疏，高允亦以此为研治儒典之不二法门。

北朝传经授业的大儒，亦多如此，如徐遵明、李宝鼎、刘献之、孙惠蔚、

---

① 吕思勉：《两晋南北朝史》，上海古籍出版社 1983 年版，第 138 页。

卢景裕、李同轨等皆崇佛教。刘献之"每讲《左氏》，尽隐公八年便止，云义例已了，不复须解"。其每每叹道："孔门之徒，初亦未悟……嗟乎先达，何自觉之晚也！"（《魏书·刘献之传》）其言颇具佛家顿教色彩。徐遵明师事王聪、张吾贵均不过一年数月，便弃师而去，同学或以"终恐无成"劝之，徐遵明说："吾今始知真师所在。"同学问何在，"遵明乃指心曰：'正在于此'"（《魏书·徐遵明传》）。其言与高允如出一辙。徐遵明为北魏后期大儒，当时儒生传《周易》《尚书》及《三礼》，几乎皆出遵明之门。徐遵明还从僧范受《菩萨戒法》。孙惠蔚"周流儒肆，有名于冀方"，"正始中，侍讲禁内，夜论佛经，有惬帝旨，诏使加'惠'，号惠蔚法师焉"。卢景裕"又好释氏，通其大义。天竺胡沙门道悕，每论诸经论，辄托景裕为之序"（《北史·卢景裕传》）。李同轨使梁，梁武帝"遂集名僧于其爱敬、同泰二寺，讲《涅槃大品经》，引同轨预席。兼遣其朝士并共观听。同轨论难久之，道俗咸以为善"（《北史·李义深传》）。北周沈重，史称"学业该博，为当世儒宗。至于阴阳图纬、道经、释典，无不通涉"，沈重之论三教义，"咸为诸儒所推"。这些情况都反映了当时儒林兼综博涉的背景及学术风气，形成了当时儒佛同讲、道俗同听之盛况。

佛教教义及其讲经、译经之形式、原则等在一定程度上渗透进经学学者的思想中，从而影响了这一时期的经学注疏，讲儒家经典而仿释氏撰为义疏，浸为风气。南北朝时期，经与疏本不在一本，经文与注为母本，义疏则为经注所生之子本。最早仿释氏而注儒经的是北朝的刘献之，《魏书·儒林传》本传称其撰《毛诗章句疏》3卷，此与其未就之《涅槃经注》当取同一体例。《北史·儒林传序》说："通《毛诗》者，多出于魏朝刘献之。"刘献之仿释氏所撰之疏，几乎影响整个北朝之学《诗》者。徐遵明"持经执疏"临讲，与僧徒译经时行翻行讲的形式相同，《魏书·儒林传》本传称"其学徒至今浸以成俗"。徐遵明又以永嘉旧本《春秋服氏》为母本，撰《春秋义章》30卷，与慧远的《大乘义章》相映成趣。《北史·儒林传序》说："河北诸儒能通《春秋》者，并服子慎所注，亦出徐生之门。"由此可见，徐遵明以后，河北诸儒讲《春秋》，所持之经必《春秋》经文及服注，所执之疏多为遵明之《春秋义章》。北周熊安生撰《礼记义疏》。《北史·儒林传序》说："其后生能通《礼经》者，多是安生门人。"《北齐书·儒林传》说："凡是经学诸生多出魏末大儒门下。"又谓诸儒"多自出义疏，虽曰专门，亦皆粗习也"。唐代孔颖达为五经正义，对北朝诸儒之批评持一种基本的认识。孔颖达在《周易正义序》中指出："原夫《易》理难穷，虽复玄之又玄，至于垂范作则，便是有而教有，若论住内住外之空，就能就所之说，斯乃义涉于释氏，非为教于孔门也，既背其本，又违于注。"他又说："熊（安生）则违背本经，多引外义，犹之楚而北行，马虽疾而去愈远矣。"说明南北朝诸义疏援佛释经之事不少。借用佛教术语阐述儒家伦理，在当时的儒经注疏中也比较常见。孔颖达《周易正义序》所说体现了佛教语言对儒经注疏的渗透。"住内住外"之"住"是佛教用语，指事物形成以后的相对稳定状态，"住内住外"就是指事物的本体与现象。"能""所"也是佛教名词，即"能知"和"所知"的简称，指认识主体和认识对象的关系。

南北朝儒家讲经与注疏原则与两汉也多有不同。两汉注重文字训诂与章句之义，以合乎文本为阐释原则；南北朝则以释滞祛惑、追求圆通为目的。这一阐释原则的形成也是受到了佛教讲经、译经之影响。魏晋以来佛经翻译渐趋成熟，形成了通大义、能自圆其说、以通滞为上的阐释原则。佛教讲经在圆通的前提下，还追求新异，通滞即意味着除旧立新。佛教讲经以圆通为上的原则也启发了儒家讲经原则的变更，从而使通滞、去惑成为南北朝讲经的共同追求。刘献之、孙灵晖、封伟伯、刁冲、徐伯珍、谢几卿、王元规等皆以善通疑滞而著名。《北史·儒林传》说："魏承丧乱之后，《五经》大义，虽有师说，而海内诸生，多有疑滞，咸决于献之。"刁冲"学通诸经，偏修郑说，阴阳、图纬、算数、天文、风气之书莫不关综，当世服其精博，刺史郭祚闻其盛名，访以疑义，冲应机解辩，无不祛其久惑"。《梁书·儒林传》说："自梁代诸儒相传为左氏学者，皆以贾逵、服虔之义难驳杜预，凡一百八十条，元规引证通析，无复疑滞。"释滞祛惑、追求圆通之原则在儒经注疏中也得到了较好的实践。①

北朝儒士讲经论难的风气，也与僧徒讲论佛经相类似。周末隋初，元善讲《春秋》，"初发题，诸儒毕集。善私谓妥曰：'名望已定，幸无相苦。'妥然之。及就讲肆，妥遂引古今滞义以难，善多不能对"（《隋书·元善传》）。

---

① 参见焦桂美：《论南北朝时期佛教与经学的相互渗透》，《北方论丛》2007 年第 3 期。

讲经先发题，再就讲肆的形式，此前汉魏讲经并没有，却是东晋南北朝讲论佛经的普遍形式。何妥对元善的辩难，情节正与《世说新语·文学》所载许询对王修的辩难相似。北魏张吾贵，"海内皆曰儒宗，每一讲唱，门徒千数"。引文中"唱"即《高僧传》"宣唱法理，开导众心"之"唱"。张吾贵讲经，就是采取僧徒讲佛法之形式。

5."老子化胡说"

在两晋南北朝时期，佛教面对儒学与道教两方的争辩。佛教和道教在争辩中相互渗透、相互影响。蒋维乔指出："佛教弘传中土，首先与之龃龉者，当属道教；其宗旨与之相近者，亦道教也。窃思道教与初期佛教之间，并以超俗脱尘为旨；而道教盛时，适值佛教传来；于是最初入佛教之人，多研究老子之学者，亦因二教消息互通之故也。此事实可以两晋之事证之；盖两晋崇尚老、庄之际，佛教固与之并兴而不悖也。"①

如前所述，"神灭之争"是儒佛之争的一个尖锐的表现。但道家主张长生和尸解，所以不可能与佛家争论神灭与神不灭的问题。佛道之间的争论是在另一问题上出现的，就是"夷夏之争"。夷夏之争始于西晋王浮伪造《老子化胡经》。

《老子化胡经》是西晋道士王浮所撰，起初为1卷，以后陆续扩增为10卷，这10卷本非一时一人之作，可能是后人陆续增添的。《老子化胡经》的主要内容是敷演老子携关令尹喜西入天竺，化为佛陀，立浮屠教，从此才有佛教产生的故事。《老子化胡经》固是西晋道士王浮所伪造，但是，"老子化胡"的传说却不自王浮始。作为中外文化交融产物的"老子化胡"传说，不仅反映出汉地佛教早期传播方式上的某些特点，也在一定程度上促进了道教仙人观念的变革。它既是佛道文化相撞击的产物，又同时对佛道两教的发展产生影响。

初入中土的佛教常常依附于黄老道教传播，早在佛教初传的东汉时期就流传老子入胡为浮屠的传说。这个"老子化胡"的故事开始比较简单，《后汉书·苏杨郎襄列传》记载："延熹九年楷自家诣阙上疏曰：……臣前上琅琊宫崇受于吉神书，不合明听……闻宫中立黄老浮屠之祠……或言老子入夷狄为浮屠。"

---

① 蒋维乔：《中国佛教史》，群言出版社2013年版，第51页。

这是目前所知最早涉及"老子化胡"的文字，一般学者认为它是从《史记·老子传》中的一段故事演绎而来。"或言"应是一种传说。这段记载只是说明当时有"老子入夷狄为浮屠"的传说，这种传说的出现很可能是由于把老子和浮屠都作为神加以礼拜的缘故。《老子化西胡品》引《太平经》说："老子往西越八十余年，生殷周之际也。"这种说法似乎一直沿袭到汉末。到了三国魏末，鱼豢《魏略·西戎传》沿成其意说："罽宾国、大夏国、高附国、天竺国皆并属大月氏。临儿国《浮屠经》云：其国王生浮屠。浮屠，太子也。父曰屑头邪，母曰莫邪。浮屠身服色黄，发青如青丝，乳青毛蛉，赤如铜。始莫邪梦白象而孕。及生，从母左肋出。生而有结，堕地能行七步。此国在天竺城中。天竺又有神人名沙律。昔汉哀帝元狩元年，博士弟子景卢受大月氏王使伊存口授《浮屠经》，曰复立（豆）者，其人也。《浮屠》所载临蒲塞、桑门、伯闻、疏问、白疏闻、比丘、晨门，皆弟子号也。《浮屠》所载，与中国《老子经》相出入。盖以为老子西出关，过西域，之天竺，教胡。"

与鱼豢大约同时有杜挚作《笳赋》，在其序中说："昔李伯阳避乱西入戎。戎越之思，有怀土风，遂造斯乐。美其出入戎貉之思，有大韶夏音。"《后汉书·窦章传》注说："笳，胡乐也，老子作之。"《魏略》述老子化胡之说，杜挚《笳赋序》说老子入西戎作笳乐，可见三国时老子教化胡人的故事甚为流行。或因为佛教这种外来宗教在当时仍依附于中国原有的道术，而老子不仅是两汉以来黄老之学推崇的对象，而且也是魏晋玄学所推崇者，在人们心目中的地位当在佛之上，所以还没有人对"老子化胡"这一说法提出异议。

至西晋初年，"老子化胡说"仍很流行，如作《高士传》的皇甫谧尝说："老子出关，入天竺国，教胡王为浮屠。"到了西晋惠帝世，道士王浮根据汉魏流传下来的传说撰写了《老子化胡经》，将佛教说成是老子在域外传授的"外道"。《老子化胡经》本经已佚，北周甄鸾《笑道论》中保存了若干片段。

关于记载王浮撰写《老子化胡经》以及他和僧人法祖关于佛道二教正邪争论的材料，有东晋末竺道祖《晋世杂录》、刘宋刘义庆《幽明录》、梁裴子野《众僧传》等。记载"老子化胡"故事的书也不少，如葛洪《神仙传》、孙盛《老聃非大贤论》《老子疑问反讯》等。但最重要的材料是僧佑《出三藏记集·法祖法师传》中的记载，其文说："有一人姓李名通，死后更苏，云见祖法师在阎罗王处为王讲《首楞严经》……又见祭酒王浮，一云道士基公，次被锁械，求祖忏悔。昔祖平素之日，与浮争正邪。浮屡屈，即意不自忍，乃作《老子化胡经》，以诬谤佛法。殃有所归，故死方思悔。"慧皎《高僧传·帛远传》也有同样的记载。

上述"老子化胡"的说法，从汉至西晋，少有佛徒提异议。许理和指出：

> 化胡说起初并非被用来作一种排佛的策略。至少有一例（襄楷奏书）能明确说明这个故事并未被用来显示佛教的卑劣和荒谬，而是把它与中国古代圣人的名字相联系，借此强调佛法清净而又慈悲为怀的特点……

> 化胡说不过是提供了一个道教的思想和实践与一知半解的佛教相混合的佐证，而这种佛教明显带有汉代佛教的特征。因此，道教徒对这种外来教义跟他们自己的理论之间的相似性倍感惊讶，并在老子"西去"的传说故事中找到了解释这种异乎寻常的对应关系的原因。而且，正如汤用彤所说，这个理论很可能受到了成长的道教阶层以及最初的佛教教团领袖的双重欢迎。因为一方面这可能促使道教徒吸收佛教的实践与制度，尽管它似乎起源于外国但却能溯本于老子；另一方面，它有能通过把佛教说成"道教的外国分支"而使佛教对中国百姓更具有亲和力。①

全汉昇在《清末的"西学源出中国"说》一文中指出："老子化胡说的意义在消灭反对佛教者的论据——攘夷说，以利佛教的发展。因我国自战国时起，孟子已提倡用夏变夷，而反对变于夷。此种态度给予佛教在中国的发展以莫大的阻碍，因为佛教既是属于夷的外国货，当然为中国人所排斥了。可是，事实上外来的佛教却在中国大行其道，这就不能不归功于老子化胡说了。老子化胡说告诉我们：'佛教虽然是外来的，但我们信仰它并不能算是耻辱。因为佛是我们的老子教化出来的，实是老子的弟子。所以我们信仰佛教，绝对不是表示我们次于夷狄，恰正是表示中国第一。'"②

---

① ［荷兰］许理和著，李四龙译：《佛教征服中国——佛教在中国中古早期的传播与适应》，江苏人民出版社2003年版，第378页。

② 全汉昇：《清末的"西学源出中国"说》，《岭南学报》第4卷（1935）第2期，第57—58页。

值得注意的是，全汉昇是在讨论清末"西学中源说"的时候提出上述论点的，就是将汉魏之际的"老子化胡说"与晚清的"西学中源说"加以比较和参见。"西学中源说"不仅是在晚清才出现，在清初的西学东渐时就已经有了系统的论证，并得到康熙皇帝的支持。将这两种相距千年的论说加以比较是很有意义的，说明在中国历史上出现大规模外来文化输入的时候，就会出现相似的言论。这种言论出自中国知识分子，固然反映了一种民族文化的自尊自大心理，有坚守"夷夏之防"的意义，但更重要的，还有一层意义，就是为接受外来文化作为一种策略上的铺垫。从坚守"夷夏之防"、民族文化本位的立场来看，因为佛教是"老子化胡"，"西学"是"中源"，那么，都是源于"中国"的东西，学习它、接受它就没有什么问题了。在讨论"老子化胡说"和"西学中源说"的时候，学者们多注意的是其"夷夏之防"和文化本位立场，但它作为一种接受外来文化的策略这层意义也是值得注意的。汤用彤指出：

> 夫异族之神不宜为诸华所信奉，则老子化胡之说，在后世虽为佛家所痛恨，而在汉代想实为一般人所以兼奉佛老之关键。观乎现在所保存甚少之汉魏佛教史料，而化胡之说竟一见于朝廷奏疏（《后汉书·襄楷传》），再见于史家著作（《三国志》引鱼豢《魏略》），则其说大有助于最初佛教之流行可以想见也。①

然而自东晋中叶后，佛教的势力渐盛，不再需要攀附道教，于是开始反过来攻击老子化胡之说。《弘明集》卷一有未详作者的一篇《正诬论》，这篇文章在一开头就提出了佛道先后的问题，其文说："夫尹文子即老子弟子也，老子即佛弟子也。故其经云：闻道竺干，有古先生，善入泥洹，不始不终，永存绵绵。竺干者天竺也，泥洹者梵语，晋言无为也。若佛不先老子，何得称先生？老子不先尹文，何故讲道德之经邪？以此推之，佛故文子之祖宗，众圣之元始也。"

这样，就把佛提高到老子之上，来为佛教争取地位。东晋支遁作《释迦文佛像赞》，其《序》说："昔周姬之末，有大圣号佛……呈百使以为粹，导庶物以归宗，拨尧孔之外犍……络聘周以曾玄……"这样一来，佛不仅是老

---

① 汤用彤：《汤用彤学术论文集》，中华书局1983年版，第80—81页。

子的老师，而且是他的祖师，老子和庄周只是佛的曾孙和玄孙辈，连作佛的弟子的资格也没有了。支遁又作《月光童子赞》："灵童绥神理，恬和自交忘。英姿秀干竺，名播赤县乡。"月光童子是佛弟子，支遁说是月光童子来中国教化了中国，而不是佛自己来教化。

6. 佛道之间的"夷夏之争"

佛教在南北朝有很大发展，帝王士族以及黎民百姓信奉者日众，此时道教虽同样也有很大发展，但毕竟赶不上佛教的发展。因此，到刘宋以后道教本身也逐渐受到佛教的影响。于是在道教中开始出现了一种向佛教让步，调和佛道的趋势。

宋齐之际有道士顾欢作《夷夏论》，使佛道之争更为激烈。在顾欢著《夷夏论》前，"佛道二家，立教既异，学者互相非毁"。顾欢持中国传统的"华夷之分"的观点，以华夏为礼仪之邦，而佛教为外族之教，是夷狄之法。《夷夏论》重复化胡说，以证道在释先、道在释上、老子为师、如来为徒，否认佛的正统。

顾欢认为，佛道两家本来同源，释迦牟尼就是老子到天竺所化生，故"道则佛也，佛则道也"。佛和道在本质上是一样的，只是表现的形式不同，或者是和光同尘以明近，或者是灵光照耀以示远。佛道的真理都是为拯救天下，所以在任何地方都应适用。佛道的大圣人的智慧普及万物，对任何事物都是一视同仁的。但佛道二教因其教化的环境和对象不同，就有所差异，这就是"其入不同，其为必异"，"教华而华言，化夷而夷语"。道教是华夏之教，"国师道士，无过老庄"；佛教是夷戎之教，"鸟王兽长，往往是佛"。正因为道教是华夏之教，佛教是夷戎之教，所以"佛教文而博，道教质而精。精非粗人（指夷戎）所信，博非精人（指华夏人）所能"。"虽舟车均于致远，而有川陆之节；佛道齐乎达化，而有夷夏之别！"既然两者适应的环境对象不同，怎么能"以中夏之性，效西戎之法……下弃妻孥，上废宗祀？"因此，"欢虽同二法，而意党道教"。他还在《夷夏论》中比较佛教与道教的优劣："圣匠无心，方圆有体，器既殊用，教亦异施。佛是破恶之方，道是兴善之术。兴善则自然为高，破恶则勇猛为贵。佛迹光大，宜以化物；道迹密微，利用为己。优劣之分，大略在兹。"

顾欢在《夷夏论》中还抓住佛教与中土文化在礼仪上的不同，斥之为夷狄："端委搢绅，诸华之容；剪发旷衣，群夷之服。擎跽磬折，侯甸之恭；狐蹲狗踞，荒流之肃。棺殡椁葬，中夏之制；火焚水沈，西戎之俗。全形守礼，继善之教；毁貌易性，绝恶之学。"

值得注意的是，顾欢这里又提出"礼仪"问题，正如我们上面说到的，"礼仪"是在面对外来文化冲击时一再被人拿出来的主要的理论工具。

顾欢的观点引起佛教信徒的强烈反对。首先起来反对的是刘宋司徒袁粲。他假托沙门通公之名，撰文驳斥说，佛教是可行于华夏的，"今佛法在华，乘者常安。戒善行交，蹈者恒通"。又认为，佛道二教是不同的，"孔、老、释迦，其人或同，观方设教，其道必异。孔、老治世为本，释氏出世为宗。发轸既殊，其归亦异"（《南齐书·顾欢传》），即二者的修行目的也是不同的。道教的"仙化以变形为上"，佛教的"泥洹以陶神为先"，而"变形者白首还缁，而未能无死；陶神者使尘惑日损，湛然常存。泥洹之道，无死之地"（《南齐书·顾欢传》）。由此可见，佛教是优于道教的。

此外，驳顾欢《夷夏论》的还有明僧绍《正二教论》，谢镇之《与顾道士书》《重与顾道士书》，朱昭之《难顾道士夷夏论》，朱广之《咨顾道士夷夏论》，慧通《驳顾道士夷夏论》，僧愍《戎华论折顾道士夷夏论》等。他们都以为佛教优于道教，不能以夷夏之别来排斥佛教。慧通说："论云：'老孔非佛，谁则当之？''道则佛也，佛则道也'。以斯言之，殆迷厥津。故经云：'摩诃迦叶，彼称老子；光净童子，彼名仲尼。'将知老氏非佛，其亦明矣。"慧通宣扬佛教的慈与孝，强调其与本土文化内在的一致性："若乃烟香夕台，韵法晨宫。礼拜忏悔，祈请无辍。上逮历劫亲属，下至一切苍生。若斯孝慈之弘大，非愚瞽之测也。"

僧愍肯定地说老子是释迦的弟子，而且说明为什么会有老子西出关之说："是以如来使普贤行西路，三贤并导东都。故经云：大士迦叶者，老子其人也。故以诡教五千，翼匠周世，化缘既尽，回归天竺。故有背关西引之邈，华人因之作《化胡经》也。"先是佛派老子教化中华，在老子对中华进行了一番教化作了"五千言"之后，他的任务算完成了，于是西出关回天竺，而据此有人就造出所谓"化胡经"的问题。僧愍的这些说法为"老子西出关"问题找到一种有利于佛教的解释。僧愍还说到佛道的优劣："故知道经则少而浅，佛经则广而深。道经则鲜而秽，佛经则弘而清。道经则浊而漏，佛经则素而贞。道经则近而暗，佛经则远而明。君染服改素，实参高风也。首冠黄巾者，卑鄙之相也。皮革苦顶者，真非华风也。贩符卖箓者，天下邪俗也。搏颊扣齿者，倒惑之至也。反缚伏地者，地狱之貌也。符章合气者，奸狡之穷也。斯则明暗已显，真伪已彰。"（《弘明集》）

宋明帝时的散骑常侍谢镇之两次致书顾欢，批驳他的观点，认为外国的东西并不一定必然就是不好的，而礼仪的不同只是外在形式不同而已。"人参二仪，是谓三才。三才所统，岂分夷夏？则知人必人类，兽必兽群。近而征之，七珍，人之所爱，故华夷同贵；恭敬，人之所厚，故九服攸敦。是以关雎之风，行乎四国。况大化所陶，而不洽三千哉？""至如全形守祀，戴冕垂绅；披毡绕贝，埋尘焚火。正始之音，娄罗之韵。此俗礼之小异耳。"（《与顾道士书折夷夏论》）说到底佛教的诸多风俗之所以与道教不同，是由特定的需要决定的，既与传统意义上的夷狄不是一回事，也绝非中土道教可以替代的。"修淳道者，务在反俗。俗既可反，道则可淳。反俗之难，故宜祛其甚泰。祛其甚泰，必先堕冠削发，方衣去食。堕冠则无世饰之费，削发则无笄栉之烦。方衣则不假工于裁制，去食则绝情想于嗜味。此则为道者日损，岂夷俗之所制？及其敷文奥籍，三藏四含，此则为学者日益，岂华风之能造？"（《重书与顾道士》）谢镇之还对道家经典中的服食长生、穿凿附会进行了批驳："道家经籍简陋，多生穿凿。至如灵宝妙真，采撮《法华》，制用尤拙。及如上清黄庭，所尚服食，咀石餐霞，非徒法不可效，道亦难同。其中可长，唯在五千之道，全无为用。全无为用，未能违有。"（《重书与顾道士》）

又有道士假借张融的名义，作《三破论》以批评佛教，可以说是《夷夏论》思想的继续。《三破论》指责佛教"入国破国，入家破家，入身破身"，是为"三破"。《三破论》首先说佛教"入国而破国，"是因为佛教伪妄，耗财伤民，致使国空民穷，人民损减，故"国灭人绝，由此为失"；其次说佛教"入家而破家"，是因为僧徒"遗弃二亲，孝道顿绝"，"服属永弃，悖化犯顺""五逆不孝，不复过此"；再次说佛教"入身而破身"，是因为僧徒"一有毁伤之疾，二有髡头之苦，三有不孝之逆，四有绝种之罪，五有亡体从诫"。

刘勰与僧顺针对《三破论》分别撰写了《灭惑论》与《释三破论》，一一加以反驳。《灭惑论》认为，佛教"穷理尽妙，故明二谛以遣有，辨三空以标无，四等弘其胜心，六度振其苦业"。伪妄之毁谤，无伤于佛教。而兴修塔寺，是弘教的需要，"功立一时，而道被千载"。至于是否破国，在佛教传入前，华夏也有战乱，佛教传入后，中国也有盛世，"验古准今，何损于政"？《释三破论》说，佛教"固助俗为化，不待刑戮而自淳，无假楚挞而取正……破国之文，从何取说"？《灭惑论》对破家之说又反驳道："夫孝理至极，道俗同贯，虽内外迹殊，而神用一揆。"就是说，佛教也和儒家相同，也讲孝道，只是方式有所不同；并且佛教之孝亲作用更大，因"学道拔亲，则冥苦永灭"。即是说佛教徒修行得道后，还可使亲人灵魂脱离苦海。

在佛道之争中，道教以本土文化代表自居，以"夷夏之辨""夷夏之防"作为攻击、排斥佛教的依据和出发点，认为佛教是外国的宗教，不适合本国的国情，不符合本国的礼俗，况且中国已有自己的道教，所以佛教是有害无益的，至少是无用的。这种出于"夷夏之辨""夷夏之防"的观念，实际上古已有之，而在此后漫长的中外文化交流史上，一再以不同的形式表现出来，甚至在近代面对西方文化冲击的时候，仍然有人以"夷夏之大防"作为抗拒、排斥西方文化输入的理由。近代以来中国现代化之艰难，所遇到的思想阻力之一，即是这种对外来文化排斥和抗拒的观念。可以看出，此种文化保守主义思想观念，渊源有自，在南北朝时期经表现得很突出了。

南朝时期虽有佛道的争论，但也有主张两者的交流与融合。如张融家世奉佛而舅氏奉道，因此张融不得不调和两家，以《孝经》《老子》和《小品》《法华》调和三教之道，以为"道之与佛，逗极无二。寂然不动，致本则同；感而遂通，达迹成异"，可以专遵于佛迹而无传于道本。并以《门论》示二何、两孔及周颙。周颙答书问难说："言道家者岂不以二篇为主，言佛教者亦应以般若为宗。二篇所贵，义极虚无，般若所观，穷照法性，虚无法性，其寂虽同，住寂之方，其旨则异。"（《答张书并问张》）周颙认为《老子》以"虚无"为主，《般若》以"法性"为宗，表面上似乎一致，但前者置"无"于"有"之外，是把"有""无"分裂了，实践上必然造成世间与出世间的对立，所以称之为"有外张义"，后者提倡"色即是空，空即是色"，以非有非无为最高境界，他名之为"即色图空"，是道家所不能及的。在以后的历史发展中，佛道之间还会不断地发生冲突，但总的趋势却是越来越接近相互启发和交融，也在这种既冲突又交融的形势中促进自己的发展。

对于佛道之间的矛盾冲突，孙昌武指出：

> 中国历史上佛、道二教的关系所呈现的形态由是极其特异的，可以说是世界宗教交流史上的范例。从总体上看，二者都没有表现出一家独断的极端倾向，二者的差异、冲突也没有形成你死我活的对抗。在中国历史上没有宗教裁判，更没有宗教战争。二者的矛盾、冲突基本通过论辩的方式解决。在论辩中当然难免有激烈的攻击、骂詈等等，而更多的是说理、辩难，又表现出可贵的包容、宽厚精神。这极大地促进了思想的活跃和思维的深入。佛、道二教的斗争从而又成为促进思想、文化发展的巨大推动力。①

7. 佛教文化对道教的影响

佛教传入中国后，就与道教发生纠葛、碰撞和交流。佛教最初攀附道教的某些概念阐释教义和进行传教活动，后来又批评道教，而道教也对佛教持有激烈的批评态度。道教对佛教也采取了某种程度的包容的态度，无论在教义、仪式还是神话上都接受了来自佛教的影响。实际上，佛教与道教的冲突和交集也促进了佛教的成熟和发展。由于早期佛教是由西域各国的教徒所传入，他们在传播佛教的同时，也将自己的民族传统文化带入中原，并同样对道教产生着重要的影响。孙昌武指出：

> 中国人第一次碰到了一种完全独立于他们自己的传统的思想方式，而且这种思想并不亚于他们自己的思想。这是一种震动，使他们本能地做出反应，把佛教吸收到道教中来。②

在当时来华的西域胡人当中，有一部分人直接参加了道教组织的宗教活动，并被视为道教徒的一员。《无上秘要·得鬼官道人名品》记载："支子元，作道人，裴君小时师。……仙伯辛彦云，胡姓安，名法昙，赤君弟子。石仙公王遥有，胡姓竺，名石宾，赤君弟子。"《无上秘要·得太清道人名品》记载："叔度，胡姓康，名献师，赤君五岳司西门。"其中的某些人物在《上清

---

① 孙昌武：《中国佛教文化史》第 1 册，中华书局 2010 年版，第 351 页。

② ［英］崔瑞德、鲁惟一编，杨品泉、张书生等译：《剑桥中国秦汉史（公元前 221—公元 220 年）》，中国社会科学出版社 1992 年版，第 792 页。

众经诸真圣秘·太上大道君传》中作为太上大道君的仙童而出现，《太上大道君传》说："甲子之旬，壬申癸酉之年，当有一人先出于赤城江阴之山、东南之野。一人者，道士也。当披七色法衣，从六人执仗器，皆是仙童也。其一仙童安法聂，其二侍童支安香，其三侍童干智道，其四侍童康献师，其五侍童帛上越，其六侍童竺石宾。"

显然，这6位仙童都是西域人。当然，道教经籍喜欢攀附并非是道教徒的历史名人来造声势，以上的材料并不一定可信。不过，有西域人甚至佛教徒直接参与道教活动，似可从一些方士传记以及上清经传经神话中得到证实。《云笈七签·清灵真人裴君传》记载："清灵真人裴君，字玄仁，右扶风阳夏人也……家奉佛道……尝于四月八日与冯翊赵康子、上党皓季成共载诣佛图……佛图中道人支子元者亦颇知道，宿旧人传之云已年一百七十岁，见君而叹曰：'吾从少至老见人多矣，而未尝见如子者。'乃延君入曲室之中……因以所修秘术密以告君。道人曰：'此长生内术，世莫知也。'"

裴姓乃是西域诸姓之一，裴玄仁有可能本为胡族。另外，这段记载也表明《得鬼官道人名品》中的记载并非空穴来风。据焦封桐等编的《修武县志》引颜鲁公《魏夫人仙坛碑铭》说："魏夫人，讳华存，字贤安，任城人，晋司徒剧阳文康公舒之女也……年二十四，强适太保掾南阳刘幼彦，生二子，璞、瑕。幼彦后为修武县令，夫人心期幽灵，精诚苦尽，迨子息粗立，离隔室宇，清修百日。太极真人安度明、东方大神方诸青童、扶桑碧阿阳谷神王景林、小有仙女、清虚真人王褒来降。青童曰：'清虚，尔师也。'王君乃命侍女出《八素隐身大洞真经》《高仙羽元》等书三十一卷，手授夫人。景林又授夫人《黄庭内景经》，徐别去。已而幼彦以暴疾殒世，值荒乱，夫人携细小径来东南。"

收入《顾氏文房小说》的《南岳魏夫人传》，其记载与此大体相同。支子元、安度明的种族有两种可能：一种是胡人而从国姓，那么安度明是安息人，支子元为月支人；另一种可能是汉人而从师姓，这表明他们是道佛并崇。在东汉时期往往有这种情况，据《出三藏记集·道行经后记》记载，光和二年（179）协助翻译佛经的侍者中有南阳张少安、南海子碧。《出三藏记集·般舟三昧经记》记载，光和二年翻译《般舟三昧经》时，乃支谶授予"河南洛阳孟福字符士"。而在汉《三公碑》侧文有"处士房子孟卿，处士河□□

元士"，所缺二字或为"南孟"；《白石神君碑》阴第一列第十行文曰"祭酒郭稚子碧"，实即《道行经后记》中之南海子碧、《般舟三昧经记》中之郭稚。《三公碑》记载："或有隐遁辟语言兮，或有恬淡养浩然兮，或有呼吸求长存兮。"白石神君祠祀之立，是由于巫人盖高之请求，此项祭祀，兼涉神仙家言。由此可以看出，东汉早期，很多职业教徒，往往是佛道并崇。另一种可能是原本是佛教徒而改宗道教。魏晋南北朝偶尔会有类似情况，据《高僧传·神异下·竺法慧附范材》记载，范材原本是沙门，后"遂退道染俗，习张陵之教云"。

这些记载说明，至少道教神话中有不少西域人或者受西域影响的佛教徒。

另外，魏晋时期，有位著名方士叫帛（白）和，《神仙传》卷七有他的传记，《抱朴子内篇·祛惑》也曾提及他，说："乃复有假托作前世有名之道士，如白和者，传言已八千七百岁……有一人于河北自称为白和，于是远近竞往奉事之，大得致遗至当。"帛（白）是龟兹国姓，所以魏时的帛和可能是西域人。

8. 《弘明集》：佛教应对文化冲突的文选总集

面对儒、释、道、玄的矛盾、冲突、交织和渗透这样复杂的思想文化局面，各方左突右冲、激烈交锋、互相攻讦、合纵连横，上演了一幕幕波澜壮阔的思想大戏。在这样的思想交锋中，各方除了坚守自己的思想阵地、抵御他方的辩难外，也在积极地准备思想材料，锻造自己的思想武器，同时也积极地努力吸收对方的思想成果，丰富和发展自己。所以，这一时期的思想文化领域展现出极为活跃、丰富和具有创造性的态势。

作为一种外来文化，佛教所面临的任务更为艰巨。一方面，它要努力适应中国本土文化传统，以便被更多的群众、特别是知识精英阶层理解和接受；另一方面，它又要在思想上和理论上保持自己的独立性和独特性，为自己在中国的思想舞台上争取一席之地。这两个方面又都会受到中国本土文化势力的攻击和批评。因为这样就意味着对中国本土的传统思想提出挑战和冲击。所以，佛教在中国这样博大精深的本土文化传统面前，也遇到了欢迎和拒斥的两种力量。如僧佑在《弘明集序》中所说，大法东流差不多五百年，佛教在中国引起各不相同的反应，赞礼者有之，也不乏毁谤者："至于守文曲儒拒为异教，巧言左道则引为同法，拒有拔本之迷，引有朱紫之乱，遂令诡论稍繁、讹辞孔炽。夫鹡鸰鸣夜不翻白日之光；精卫衔石无损沧海之势。然以暗乱明，以小罔大，虽莫动毫发而有尘视听，将令弱植之徒随伪辩而长迷，倒置之伦逐邪说而永溺。此幽途所以易坠，净境所以难陟者也。祐以末学，志深弘护，静言浮俗，愤慨于心。遂以药疾微间，山栖余暇，撰古今之明篇，总道俗之雅论，其有刻意剪邪，建言卫法，制无大小，莫不毕采。又前代胜士，书记文述，有益三宝，亦皆编录，类聚区别，列为十卷。"

在这种交锋与冲突中，许多佛教学者撰写了弘扬佛教，或与儒、道两家论辩的著作。吕澂说："中国佛学是接受外来思想而又参酌传统思想消化融会的产物。但这两种思想，又往往发生冲突而有争论，于是产生了一类专门弘扬佛教的著作。"① 僧佑所编纂的大型文献学著作《弘明集》，把这些护教的著作搜集汇总，同时也搜集了儒道两家批评佛教的著作，进行比较排列，作为应对这场文化冲突的一种方式，并从佛教的方面对这一时期思想文化领域的斗争进行了总结。对自己采编本集的宗旨，僧佑说："夫道以人弘，教以文明，弘道明教，故谓之《弘明集》。"

从西晋到南朝陈时，佛教经历了一个较大的发展阶段。在这一时期，佛教努力摆脱对传统的中国宗教思想的依附，因而也就直接面对与传统思想的冲突。《弘明集》记录了这种基本的思想论争。如僧佑在《弘明集后序》中所说，他仔细考察了固有的宗教（俗教，应指周孔之教）和经典（五经），认为它"所尊惟天，所法惟圣"，但一般人对于这种宗教仍然说不上了解，所谓"莫测天形，莫窥圣心"，因此其了解也就是朦胧和含糊的，至于佛教"佛尊于天，法妙于圣，化出域中，理绝系表"，非常博大，超出了凡俗之人的了解，人们对此大法自然也就更加惊疑不信了。这种疑问表现在 6 个方面："一疑经说迂诞，大而无征；二疑人死神灭，无有三世；三疑莫见真佛，无益国治；四疑古无法教，近出汉世；五疑教在戎方，化非华俗；六疑汉魏法微，晋代始盛。"（《弘明集后序》）

僧佑认为世人以此六疑，信心不树，将溺宜拯。据后序所载，作者编纂本书的目的是为破除世人上述之疑惑，树立对佛教的信心。

《弘明集》收录了自佛教东传以来的重要佛教文论，同时还收录了数篇排

---

① 吕澂：《中国佛学源流略讲》，中华书局 1979 年版，第 6—7 页。

佛的论著，如范缜《神灭论》等，另有作者自撰《弘明论》，意在驳斥非佛疑佛之说。《弘明集》共 14 卷，前 11 卷是答复儒、道的批判，而彰明儒、释、道三教的异同，后 3 卷是阐释佛教教义。载文总计 183 篇，涉及人物 122 人。所收文章的时间范围，上自东汉，下迄编者在世的南朝齐梁时代。体裁以往复辨析、阐题明意的论述文为主，还有一些帝王的诏敕及臣下或僧人的应答之文。所采编的文章，凡"刻意剪邪，建言卫法"者，则"制无大小，莫不毕采"。实际上，此书不仅收集了不少很有研究价值的佛教徒的论文，还收编了一些有影响、有代表性的反对佛教的论著，为研究中国佛教东传史和这一时期中国思想文化领域的斗争，以及当时儒、释、道三教的交流，提供了极为重要的材料。

《弘明集》所录文章，大部分是散文，少数用骈体。体裁不一，有专论，也有书启诏章等。其辩难，或自己设难作答，或明确辩驳论敌，大多观点鲜明，条理清晰，文笔犀利。其中有的文章，如《达性论》《神灭论》《正诬论》《驳顾道士夷夏论》和《难神灭论》等，或用形象比喻和历史故事，深入浅出地阐发抽象理论，或用整齐的句式铺陈排比，气势充沛地表述哲理的推演，议论生动，词采雅赡，发人兴味，有一定的文学性。例如其中以薪与火、刃与利比喻形与神的关系，历来被誉为析理妙喻。因此，在两晋南北朝散文史上，《弘明集》也有一定的价值。

《弘明集》是为了应对当时复杂的文化冲突，从佛教方面进行的文献学性质的总结，概括了有关儒释道玄诸方面的观点和论辩，大体理清了这一时期思想文化领域斗争和交锋的发展线索。关于《弘明集》的学术价值，历来受到充分的肯定。《弘明集》"作为第一部中国佛教的文选总集，保存了许多在后来已不存的佛教文献资料。僧佑紧扣佛教发展这一主线，所选文献涉及形神、报应、三教冲突、佛教与社会国家的关系等多个方面的问题，而这些问题也的确是佛教作为宗教和学术理论，要在中国社会获得发展所必须解决的问题"，"不只收录了佛教文献，而且将与佛教辩难的儒道两家的对立方的文章也汇集在其中，这对于完整了解和把握当时佛教发展的内部和外部理论环境、各方的学术观点及代表人物的思想，都有着非常重要的意义"。①

---

①　向世陵：《中国学术通史（魏晋南北朝卷）》，人民出版社 2004 年版，第 282、283 页。

9. 般若学对玄学的影响

魏晋时期佛教文明与中华文明的对话，既有激烈的碰撞和排斥，也有相互的补充和融合。实际上，这一时期儒释道玄诸方的论战，同时表现出相互接受和融合的趋势。许理和指出：

> 通常，新宗教——尤其是外来的——从来没有作为完全代替旧信仰的新教义被接受，而中国佛教形成了一个极端的例子：它增加及融合了同期中国思想的主流，即对中国人来说以"玄学"著称的儒教学说和不可知论及对本体的思索。①

佛教与中国传统思想的融合，主要体现在佛学与玄学的对话上。范文澜说，在这一时期，"清谈家取佛经来扩充自己玄学，胡僧依附玄学来推行自己的宗教"②。

自西晋至南北朝，随着佛经传入的增多，人们对佛教理论的兴趣也大增，这一时期被称为佛教义学时期，即人们多注重佛教的理论，而少有抱其信仰而入庙进寺的。这一时期的佛学，主要是阐发般若学，不仅继续翻译大量般若学佛经，而且注解和阐述般若理论的著作也开始涌现。而当此之时，也是玄学勃兴之际。魏晋玄学，是以老庄为宗，就形而上的内容和人生的现实问题进行讨论。形而上方面，学者们就体用、本末、有无、一多等哲学范畴互相讨论，反复思辨，称为清谈。而大乘佛经中的般若学理论与玄学非常相近，其核心也是阐发万物的空有和人生的意义问题，两者有着共同关心的主题。"尽管玄学和般若学学术宗旨迥异，入世和出世是两个完全不同的境界，但双方在理论建构和思辨方法上，却又是相互发明的。"③

般若类经典是印度大乘佛教经典中的一大类，最早的汉译本是支谶于汉末灵帝光和二年（179）在洛阳译出的《道行般若经》10 卷。自此以后，般若类经典源源不断地传到中国。到西晋时，社会上已经流传着好多不同的版本。到鸠摩罗什东来，"既览旧经义多乖谬，皆由先译失旨，不与胡本相应"，

---

①　[荷兰]许理和著，李四龙译：《佛教征服中国——佛教在中国中古早期的传播与适应》，江苏人民出版社 2003 年版，第 3 页。

②　范文澜：《中国通史简编》（修订本）第 2 编，人民出版社 1964 年版，第 298 页。

③　向世陵：《中国学术通史（魏晋南北朝卷）》，人民出版社 2004 年版，第 201 页。

于是又重译大、小品。《般若经》的再三译出，从一个侧面反映了般若思想一度在中土的盛行。

"般若"是梵语"prajna"的音译，本义是"智慧"。不过在佛教教理中，这不是世间一般的认识、知识、智慧，即所谓的"世智"，而是对宇宙最高"真实"的"空"的证悟。般若作为大乘"六度"（六波罗蜜）之一，也是大乘佛教信徒修证的六个主要科目之一。而"禅、慧双修"更是中国佛教修持的主要内容，即把禅定（禅）和般若（慧）特别并列提出，作为"六度"之中两个最重要的科目。般若学说的中心思想是"我法两空"，不仅认为"人无我"，而且认为"法无我"，即主体和客体都是没有"自性"，没有规定性的，世界的本质只是虚幻的存在（真如实相）。般若学说通过对精神现象和物质理象、主体和客体的"自性"的否定，消融它们的差别，体认"真如"的境界，即认为作为现象的本质的"真如"，只有在对现象的彻底否认中才能实现。因为尚玄想、重思辨的般若学在一定程度上能满足士大夫们谈玄说空的需要，因而在包罗万象、千头万绪的佛教学说中格外地受到了士大夫们的青睐。

佛教与玄学交涉的最早例证是支谦翻译的《大明度无极经》（《道行经》的异译）。玄学是何晏、王弼的首创，足以代表他们思想的命题，如"得象在忘言""意在忘象"与般若理论的"无相""善权"，都有一定的联系。据吕澂的研究，《大明度无极经》译出的时间应在222—241年间。此后不久，何、王便倡导新义。何、王二人均死于正始十年。正始为曹魏的年号，当240—249年间。支谦的译籍虽然在江南，但洛阳一带也有人讲习。因此玄学受般若的影响，可以从中看出一些端倪，另外也能从玄学本身看得出一些。吕澂指出："影响总是相互的，在这个交涉的过程中，玄学也会受到佛学一定的影响，这从两者的流传年代看，可以得到证明。"[1] 他还指出，在般若学与玄学的交流中，"一方面影响了佛学的研究，使它把重点放在与玄学类同的般若上，以致佛学玄学化；另方面，不仅用老、庄解佛，同时还以佛发展了老、庄"[2]。

---

① 吕澂：《中国佛学源流略讲》，中华书局 1979 年版，第 33、34 页。

② 吕澂：《中国佛学源流略讲》，中华书局 1979 年版，第 44 页。

般若思想得以广泛流传，这与它的思想内容和中国当时的社会历史条件以及思想文化背景是分不开的。吕澂从玄学发展的角度概括说：

> 般若学说的流行与受人重视，是因为它与玄学有类似之处，当时我国玄学方面也有所发展。先是王弼、何晏的玄学重老，用《老子》解儒家的《易经》《论语》，学说的中心是主张从无生有。其后裴頠在此基础上发展一步，提出了"崇有"。到向（秀）、郭（象）时，注重解庄的途径……从而主张"自然"之说，认为既非从无生，也非从有生，而是自生。①

玄学立足于有无的抽象思辨，落实于名教与自然，般若学立足于空与有，真俗二谛的统一，其目的在于论证现实世界的虚幻不实。玄学有无兼顾，真俗双取，般若学是空有相即，起于双遣而又终极于解脱。二者相类又相异，这种异同为后来的玄佛合流埋下了伏笔。般若学说与玄学在某些方面是契合的，这使它们在各自的发展过程中又相互启发和影响，并且为对方提供发展的空间。"'般若'思想结合本土的玄学得以传播与发展，玄学融入般若空观的内容和方法而开拓出新局面，正是这种影响的集中体现。而值得特别注意的是，般若空观教理体现的本来是与中土传统全然不同的宇宙观、人生观、认识论、方法论，对于中土人士是完全陌生的宗教哲学体系。而这一思想内涵十分丰富并具有重大理论价值的外来的思想体系，却能够被具有悠久文化积累的中国知识阶层所接受，逐渐融入到中国思想传统之中并持续发挥出巨大的影响和作用，从而造成对中国思想发展的重大贡献。"②

般若思想在中国传播越来越广，到东晋之初更在士大夫阶层中蔚然成风，王室贵族和一切奉佛的士族官僚，几乎没有不研习《般若经》思想的。《般若经》成了名士玄谈的重要资料，般若学上升到东晋佛教显学的地位。李定一指出："汉末魏晋，佛学依附于黄老，至南朝则以佛学说老庄矣。佛学传入中国两百余年后，始主客异势，成为思想主流。""老庄与佛学汇合激扬而成的哲理，自更邃密博大。"③

---

① 吕澂：《中国佛学源流略讲》，中华书局1979年版，第43—44页。
② 孙昌武：《中国佛教文化史》第1册，中华书局2010年版，第278页。
③ 李定一：《中华史纲》，中国长安出版社2012年版，第215—216页。

另一方面，所谓名僧，需要研习《老》《庄》等经典，具有较高的传统文化的修养，但其成名，大都由于讲说般若能出"新义"。因此，对般若的解释按照不同的理解，也出现了分化倾向。"对《般若经》有不同的理解，玄学也有不同的学派，双方的结合使般若学自身产生了分化……般若学的概念，实际上就是当时研究《般若经》的各派学术汇集而成的思潮的总称。"①

葛兆光则从中国思想史的角度论述了佛教与玄学的关系，他指出："3 世纪以后佛教在中国的传播，虽然看上去是'佛教征服中国'，但在上层思想界，其意义反而更多在于使老庄思想中的某些精神凸显出来，并使这种一直处于中国思想世界边缘的思想得到精深的理论支持。过去作为混杂着人生格言与思辨片断的道家玄思经过 3 世纪玄学的提炼，已经初步具备了一种形而上的哲理系统，而它的形而上的内容，由于其最接近佛教，所以成了最初理解佛教的语境，正如吉藏在《中论序疏》中所说：'良有此土，无别外道，而用老庄以为至极'，人们借助老庄对佛教进行解释，佛教也是在不断翻译和解释之中，加入了这一思想系统，并使之开始彰显它的系统性，在这个意义上，中国也征服了佛教，因为佛教在中国上层思想世界的传播，实际上是取代并接续了向秀、郭象以来老庄玄学的思路，继续着中国古代思想世界那种关于宇宙与人生的玄思。"②

10. 佛学与玄学的合流：六家七宗

佛教与玄学的对话，一方面表现为般若学对玄学的影响，另一方面也表现为玄学对般若学的渗透。般若学因玄风而远扬，玄风依般若而转盛，两股思潮相融而激荡，构成了魏晋时期思想界的主流。

在这一时期，佛教的般若学研究呈空前高涨的局面。老庄玄理为魏晋清谈所依托，而般若空观和老庄玄理相似，从而般若性空之学随老庄虚无之说而风行。道安在《鼻奈耶序》中指出："经流秦地，有自来矣。随天竺沙门所持来经，遇而便出，于十二部，毗在罗（译云方等）部最多。以斯邦人庄老教行，与方等经兼忘相似，故因风易行也。"

---

① 向世陵：《中国学术通史（魏晋南北朝卷）》，人民出版社 2004 年版，第 201 页。

② 葛兆光：《中国思想史》第 1 卷《七世纪前中国的知识、思想与信仰世界》，复旦大学出版社 1998 年版，第 531 页。

据姚秦僧叡总结，在鸠摩罗什之前，般若学的发展有两个阶段，即"格义"和"六家"。道安后期觉察到了"格义"对理解佛理的乖违，转而译介《毗昙》。因为《毗昙》采取给概念下定义的方法表达佛理，其准确性远比"格义"要高。但这并没有在根本上动摇人们继续从传统文化和现实需要的角度解释佛理的总趋向。由于玄学有贵无、崇有、独化各派别的分歧，般若学受此影响，依附不同的派别，因而产生了既不完全同于印度的大乘般若学说，又与玄学有异的中国式的般若思潮，出现了"六家七宗"等学派的分化。各派相互吸收和质难，从各个角度去阐述般若"空观"。汤用彤在《汉魏两晋南北朝佛教史》中将"六家七宗"当作中国学人受玄学影响而形成的早期般若学派。

据《肇论疏》所引述的资料，在鸠摩罗什来华之前，般若学者已分化为"六家七宗"，在"六家七宗"中，最主要是三派，"什师未至，长安本有三家义"，即本无宗、即色宗和心无宗，而这三派正好和玄学的贵无、独化、崇有三大派别相对应。鸠摩罗什高徒僧叡在《〈毗摩罗诘提经〉义疏序》中说："自慧风东扇，法言流泳以来，虽曰讲肆，格义迂而乖本，六家偏而不即。性空之宗，以今验之，最得其实。"概括了这一较长时期中国佛学的面貌。唐元康《肇论疏》引梁宝唱《续法论》，刘宋昙济作《六家七宗论》，并列出各家名目。《肇论疏》说："'或六家七宗，爰延十二'者，江南本皆云六宗、七宗，今寻记传，是六家七宗也。梁朝宝唱作《续法论》一百六十卷云：宋庄严寺释昙济作《六家七宗论》，论有六家，分成七宗。第一本无宗，第二本无异宗，第三即色宗，第四含识宗，第五幻化宗，第六心无宗，第七缘会宗。第一家分为二宗，故成七宗也。言十二者，《续法论》文云：下定林寺释僧镜作《实相六家论》，先设客问二谛一体，然后引六家义答之。第一家以理实无有为空，凡夫谓有为有；空则真谛，有则俗谛。第二家以色性是空为空，色体是有为有。第三家以离缘无心为空，合缘有心为有。第四家以心从缘生为空，离缘别有心体为有。第五家以邪见所计心为空，不空因缘所生之心为有。第六家以色色所依之物实空为空，世流布中假名为有。前有六家，后有六家，合为十二家也，故曰'爰延十二'也。"

这里所谓"宗"，不是宗派，而是指一类主张，其所用的名目，在般若经类大部能找到出处，以此概括当时流行的思想，大体反映了东晋般若学的面貌。"六家七宗"是魏晋玄学时代思潮的中国佛教思想的具体反映。般若学沿着魏晋玄学发展的路径而发生分化，是义学僧人"以庄、老三玄，微应佛理"的必然结果。实际上，佛教般若学派因与玄学各派相格义而区别于印度佛教般若学说，并为中国的学者所接受，从而为印度佛学走向中国化开辟了路径。般若学的"六家七宗"，在本旨上根据支谶、支谦等所译的十卷道行、放光、光赞等般若经，采取拟配在前、解说在后的方法，随着语意的推动慢慢向般若经的实意发掘，虽脱离不了中国语言文字和玄学背景的影响，但已脱去了纯止于事物名相的拟配方法，各自运用自家的体悟和思维去领会般若的深义，对般若学的"性空本无"思想提出不同的看法。这"六家七宗"是：

（1）心无宗。倡导者主要是支愍度与竺法蕴。

（2）即色宗。代表人物支道林、安澄。

（3）缘会宗。代表人物于道邃，著有《缘会二谛论》。

（4）义合宗。代表人物于法开。

（5）本无宗。代表人物道安。

（6）玄妙宗。代表人物吉藏。

（7）幻化宗。代表人物竺道壹。

"六家七宗"这些学派涌现于两晋之际，其争论的中心问题仍然是魏晋玄学争议的本末、有无的关系问题。它们虽以佛教思辨方式出现，实质上是魏晋玄学发展的一个新阶段。"六家七宗"的出现，标志着中国僧人对佛教理论的钻研深入了一步，它不满足于传译外来佛教典籍的章句之学，而要求结合中国当时实际，有所创新。般若学一开始就受到玄学的影响，而且通达般若的僧人又多精通玄学，一些人更是名僧兼名士，再加上僧人有意无意的装饰，般若学便以接近于玄学的面目走上思想舞台，而且其说法能够讲出新意来，因而受到玄学名士的欢迎。般若学依附玄学，推动了佛学的普及与发展，抬高了佛学的地位。到后来玄学反而依附于佛学，佛学逐步上升为占主导地位的社会思潮。

般若学"六家七宗"将自己的体会融入到解释当中，已经比前期直白、比附的解释有所进步，但是，这些解释还是具有过分玄学化的色彩，不完全符合大乘佛教般若学观点。以己度人的格义方法，是佛学传入中国初期所必须经历的一个阶段，但真正要通过借鉴使自己的思想方法得到发展，还得对他人有一个正确的理解，即理解一个新的思想方法。因而，到了南北朝时期，人们对这种过于玄学化的解释产生怀疑和批判，开始探求佛学真义，认为只有了解佛学的深义和核心，对其学说的理由和原则进行研究，才能使中国佛学走向独立的道路，并在深层意义上与中国文化相结合。汤用彤指出：

> 六家七宗，盖均中国人士对于性空本无之解释也。道安以静寂说真际。法深法汰偏于虚豁之谈。其次四宗之分驰，悉在辨别心色之空无……
>
> 道安时代，《般若》本无，异计繁兴，学士辈出，是佛学在中夏之始盛。西方教理登东土学术之林，其中关键，亦在兹乎。[①]

把"佛玄"推向一个新阶段的代表人物是鸠摩罗什的弟子僧肇。印度中观学派学说通过鸠摩罗什的传译而进入中国，他的弟子僧肇进一步发挥这一学说，对般若学所讨论的重大理论问题，对"六家七宗"几乎都作了历史性的批判总结，写下《不真空论》《物不迁论》《般若无知论》等重要论文，这意味着般若学的研习也正式结束，佛学研习的重心从此以后便转向了对佛性的讨论。僧肇所阐发的非有非无、动静相即以及不知即知的观点，也都分别与魏晋玄学的动静理论和言意之辨相呼应。由此也可以说，僧肇的般若学理论不仅是佛教哲学理论发展的新阶段，也是对魏晋玄学的补充、深化、丰富和发展。

11. 中国佛教学者对佛典的研习和阐释

儒释道的斗争在更深层的领域展开，促进了三教的相互吸收和相互融合。在这种形势下，中国佛教取得了既有异于外来佛教，又有异于传统文化的独立地位。这种独立地位主要表现在日渐增多的汉文佛教著述上。这些论著是中国佛教学者对佛教的理解，也是为了应对儒、道的挑战而作出的论述。

自从佛教进入中国以后，中国佛教学者就把对佛教教理的理解，置于中国传统文化的背景之下。日本学者中村元在《东方民族的思维方法》一书中说，中国人并没有以佛教的印度形式来接受佛教。佛教引入中国之后，在中国人某些传统的思维方式的影响下被修正，所以，中国佛教在很大程度上与印度佛教疏离了。中村元具体总结了中国佛教与印度佛教的不同和歧异之处。

---

① 汤用彤：《汉魏两晋南北朝佛教史》，昆仑出版社 2006 年版，第 246—247 页。

（1）中国人把诸佛教的经典完全译成自己的语言。他们没有用梵语（samsakrta）或俗语（prakrti）作为佛教教团的神圣语言。

（2）在翻译中，中国学者和评注家对原著的解释常常给予特意的改写。这样，那些印度文献不总是得到忠实的翻译，不时被加上了一些注释。那些文句常常被用中国文学的修饰来润色，因而取得了中国文学著作的新颖的外貌。

（3）后期的中国佛教者几乎毫不例外，都没有停留在原地论述或理解印度的原著文献，有时他们甚至不理解早期汉语译著的含意。

（4）中国佛教许多文献所遵沿的发展路线是与印度诸教派的教说完全不同的。

（5）中国佛教徒的评注技巧完全不同于印度人的评注技巧。

这些不同和歧异可以理解为是中国人习以为常并且具有其特色的思维方法的影响下发生的。①

汉文的佛教著述，在汉末已开始陆续出现，至东晋南北朝，由少至多，由浅入深，越来越多，越后越精，已经达到了可观的规模。到唐代初年，根据《法苑珠林》的记载，中国佛教撰述已经达到 3000 卷左右，以后的数量更庞大。僧佑说："自尊经神运，秀出俗典。由汉届梁，世历明哲。虽复缩服素饰，并异迹同归。讲议赞析，代代弥精；注述陶练，人人竞密。所以记论之富，盈阁以牣房，书序之繁，充车而被轸矣。"（《出三藏记集》）僧佑编纂的《弘明集》，就是这些中国佛教学者论著的汇集。中国学者的著述包括经序、注疏、经文纂集、论文、论文集、史地编著、目录、疑经等。这些著述和相关的文字极有学术价值。法国学者谢和耐指出：

译经的序言、跋尾和题跋以及经书目录，都提供了有关经文被翻译时的情况，包括了将之传入中国的人士、有关经文本身的传说、其作者、印度与佛教化地区佛教宗派与教派的宝贵资料。正是由于这些表现了中国人对于史料的具体性和准确性的非常深刻之爱好的资料，人们才得以再现亚洲的佛教史。

---

① ［日］中村元著，林太、孙鹤译：《东方民族的思维方法》，浙江人民出版社 1989 年版，第 124 页。

甚至除了印度经文的译经之外，还存在着一种从 4 世纪起发展起来的丰富的汉文佛教文献。这就是有关印度或中国佛教史、大藏经疏注文、中国高僧传集、中国教派史、伪疑经和在中国本土写成的著作，都不会不对世俗体裁的中国文学施加广泛而又巨大的影响。①

在这些佛教学者撰写的文献中，最能代表当时民族文化和时代风貌的首先是各种论著。刘宋陆澄撰《法论》，辑此前释教论著 16 帙 103 卷。梁宝唱撰《续法论》，所辑当亦不少。僧佑的《弘明集》是一部佛教历史文献总集。汉末魏晋南北朝时期有关佛教的篇章多已散佚，《弘明集》所保存的这一部分，就成为后世研究汉末魏晋南北朝时期佛教和社会文化思想的珍贵资料。唐代道宣也沿袭此例，纂集了《广弘明集》。各种经论序记反映了当时人们对佛教思想的理解和发挥，也是重要的文献，大都被集中在僧佑的《出三藏记集》中。

经典注疏是中国佛教发挥自身思想最常用的方式。所谓"经典注疏"，是研究、阐发和弘扬外来经典的著作。域外佛教经典自汉代开始翻译成汉文以后，就逐渐产生了各类注经解经的著作。注解经典有不同的目的，或为阐发经义，或为另立新说，或为授徒传法，或为记录师言。注解经典的形式多种多样：或随文释义，常称为"义疏"；或概括经典核心思想，常称为"悬谈"；或划分经典章节段落，常称为"科文"；或记录祖师讲解经典，常称为"述记"；或汇编已有的经典注释著作，常称为"集"等。汉魏之际的《安般守意经》，就夹有多家的注疏。自康僧会、道安之后，佛学大家都做注疏经论。隋唐时期，以解经注经为主要形式的佛教理论创造，达到后代无法企及的高峰，许多注疏著作成为建立宗派学说体系的基本典籍。比如，智顗的《法华文句》《法华玄义》等通过解释《法华经》，奠定了天台宗的教理基础。智俨注释《华严经》的多种著作，基本完成了华严宗的核心教义。道宣注解《四分律》的多种著作，构建了南山律宗的理论体系。隋唐庞大的经院哲学，就是在这样的基础上发展起来的。

表达中国佛教思想的另一种形式，是对汉译佛典的抄略和编纂。如支愍度《合首楞严经》、慧远《大智度论钞》、僧旻《众经要钞》、昙显《菩萨藏

---

① ［法］谢和耐著，耿昇译：《中国社会史》，中国藏学出版社 2006 年版，第 169 页。

众经要》等。齐梁魏末期间，编纂大部头的佛教类书达到高潮。

编撰佛教史传和经录，是中国佛教的一大创造。魏晋以来，与玄风相应，一般名僧多有品藻，简略的传记在有关的序言中也有记载。至于东晋，为名僧个人写专史的已经不少。梁慧皎编撰的《高僧传》，为这一时期代表性著作。中国僧传的创建，使东传佛教史增进了相当准确的历史纪年和地理概念，形成一种良好的传统，有多方面的重要意义。经录也是两晋以来内地佛教的创造，自道安至僧佑而逐步完善。僧佑的《出三藏记集》所辑佛经目录，条例清楚，由此可见此前中国佛教典籍的全豹，可以说是隋唐佛教经录大发展的先声。

以种种名义假造佛教经论，也是南北朝佛教发展的重要一面。"疑经"是道安《综理众经目录》中，怀疑为真经的一类经。自道安有此称后，后世经录皆沿袭此例，列有"疑经"一类，或分为疑、伪二类。《隋书·经籍志》说："大业时，又令沙门智果，于东都内道场，撰诸经目，分别条贯，以佛所说经为三部：一曰大乘，二曰小乘，三曰杂经。其余似后人假托为之者，别为一部，谓之疑经。"疑经包括中国佛教徒编选的佛经和伪造的佛经。道安记其所知之伪经 26 部 30 卷，可见造经之风很早即已流行，这些疑经是：《宝如来经》2 卷，[①]《定行三昧经》1 卷，《真谛比丘慧明经》1 卷，《尼吒国王经》1 卷，《胸有万字经》1 卷，《萨和菩萨经》1 卷，《善信女经》1 卷，《护身十二妙经》1 卷，《度护经》1 卷，《毗罗三昧经》2 卷，《善王皇帝经》2 卷，《惟务三昧经》1 卷，《阿罗呵公经》1 卷，《慧定普遍神通菩萨经》1 卷，《阴马藏经》1 卷，《大阿育王经》1 卷，《四事解脱经》1 卷，《大阿那律经》1 卷，《贫女人经》1 卷，《铸金像经》1 卷，《四身经》1 卷，《普慧三昧经》1 卷，《阿秋那经》1 卷，《两部独证经》1 卷，《法本斋经》1 卷，《觅历所传大比丘尼戒经》1 卷。

僧佑《出三藏记集》在《新集疑经伪撰杂录》中，即列了不明作者的疑经 20 部，如《比丘应供法行经》（原题鸠摩罗什译）、《居士请僧福田经》（原题昙无谶译）、《弥勒下教》等等。还有标明作者和年代的，如齐武帝时

---

① 《宝如来经》2 卷，僧佑注为"南海胡人作，或云宝如来三昧经"，其他的诸经录如《法经录》《仁寿录》《大唐内典录》等，皆以此为依据。而且《大周刊定众经目录》《开元释教录》等，乃将此疑经之名从疑经录中予以删除，而作为真经入藏。

道备撰《菩提福藏法化三昧经》，梁天监二年（503）道次撰《众经要揽法偈二十一首》。疑经历代皆有，宝唱《梁世众经目录》所载疑经有 62 部 67 卷，至唐智升的《开元释教录》，疑经竟达 406 部 1074 卷之多。

疑伪经论中的绝大多数，是出自中土人士的创造。疑经多为适应社会需要，尤其是儒、释、道斗争的需要，并结合中国传统思想文化而编造的。任继愈指出：

> 从内容上看，有的伪经与儒、释、道三教斗争有关，有的是吸收儒、道思想迎合社会需要而编造的，有的是当时流行的佛教信仰（阿弥陀、弥勒、观音、地藏等）的产物，也有的是通过编造佛经而发抒对当时政治的不满。

> 疑经的出现标志着佛教在中国的传播已进入一个新的阶段，一些佛教徒已不满足于仅仅翻译外来的佛教，而是把自己所掌握的佛教教义与中国传统文化的文化思想、宗教习俗结合起来，使用便于民众理解的语句，假借佛经的形式编撰出来进行传教。①

西晋道士王浮造《老子化胡经》，称老子为教化胡人而为释教之祖。南北朝时流行的《清净法行经》则谓孔子、颜渊、老子系佛为教化震旦而派遣的三弟子，这是释、道二教宗派斗争的产物。北魏孙敬德梦授《高王观世音经》，反映观世音崇拜在南北朝的普及；昙靖造《提谓波利经》，以五行五方配五戒，另有所谓《首罗比丘见月光童子经》，记"甲申年洪水，月光童子出世事"，推算吉凶，妄言祸福，显然是受图谶方术的影响。此外，像《佛说决罪福经》《像法决疑经》《小法灭尽经》等，表达了自晋末世乱迄于北朝毁佛的末世思想。此外，专记因果报应和菩萨灵验的著作，如《冥祥记》《幽明录》等也有不少。它们对中国民间信仰和文学创作都有影响。

12. 中国佛教学者的"师说"

钱穆指出："两晋以后，佛教便转成一种纯真理探求与纯学术思辨的新姿态而出现。此后印度佛教便在中国文化园地上生根结果，完全成为一种中国

---

① 任继愈主编：《中国佛教史》第 3 卷，中国社会科学出版社 1985 年版，第 550、564—565 页。

化佛教，在中国开创了许多印度原来没有的新宗派。"①

由于佛教译籍多渠道多种类的大批量涌进，一些有代表性的佛典大都有僧俗学者研习发挥。这些学者被称为"师"，他们据以发挥的思想叫做"师学"或"师说"，形成了以专弘某一经或某一论的佛教学派。正如汤用彤指出的："中国佛教，虽根源佛典，而义理发挥，在于本土撰述。注疏论著，表现我国僧人对于佛理之契合，各有主张，遂成支派。"② 在这一时期，围绕着《大般涅槃经》《杂心论》《成实论》《摄大乘论》《俱舍论》《十地经论》等等经典而形成专门研习这些经论的涅槃师、毗昙师、成实师、三论师、地论师、俱舍师、摄论师，新的思潮彼此竞起，诸种师说有如雨后春笋，层出不穷，极大地开拓了佛教的创作领域，也丰富了整个思想文化的内容。而这些学派的兴盛，是隋唐佛教得以鼎盛的最主要条件。范文澜也指出：

　　一部分精通佛学的僧徒，阐发宗旨，在中国哲学的发展过程中，却起着开拓的作用。天竺各教派，南北朝时期，大体上都传入中国，中国僧徒各就所学，标举心得，聚徒传授，成立学派，为隋唐佛教全盛时期作了重要的准备。③

两晋以后影响较大的"师说"主要有以下几种：

（1）三论学。"三论"是指鸠摩罗什所译《中论》《百论》《十二门论》，加上《大智度论》，亦称"四论"，这些都是大乘中观学派的基本著作。最早研习"三论"的是僧叡、僧肇、昙影等，僧肇所著《肇论》被推为三论学的中国经典。此外还有道生作《二谛论》，昙影作《中论疏》，道融作《三论注》，成为中土最早的"三论"弘扬者。而后，慧观、道生等多弘法江南，僧肇、昙影、道融等则宣教关中，遂形成三论的南北二学派。刘宋明帝时期，智林"申明二谛有三宗不同"，著《三宗论疏》，周颙作《三宗论》，成为这个时期的"三论学"的代表作。

萧梁初年，僧朗于摄山栖霞精舍弘扬"三论"，梁武帝曾派人就学，于此形成了以僧朗为中心的"摄山三论家"，成为梁陈二代三论学的重镇。隋吉藏

---

① 钱穆：《中国文化史导论》，商务印书馆 1994 年版，第 149 页。
② 汤用彤：《隋唐佛教史稿》，北京大学出版社 2010 年版，第 2 页。
③ 范文澜：《中国通史简编》（修订本）第 2 编，人民出版社 1964 年版，第 510 页。

在《大乘玄论》中说："摄山高丽朗大师，本是辽东城人，从北土远习罗什师义，来入南土，住钟山草堂寺，值隐士周颙，周颙因就师学。次梁武帝敬信三宝，闻大师来，遣僧正智寂十师，往山受学。梁武天子得师意，舍本《成论》，依大乘作章疏。开善亦闻此义，得语不得意。"梁武帝亲自讲解《般若经》，对三论宗学兴起也起了推动作用。

僧朗之后，僧诠继起，将研习、弘扬的重心放在"三论"的玄旨上。僧诠门下有法朗、辨公、慧勇、慧布"四哲"，其中以法朗尤为突出，为三论宗的创立准备了条件。

法朗，徐州沛郡人，俗姓周。梁大通二年（528）二月二日，"游学杨都，就大明寺宝志禅师受诸禅法，兼听此寺彖律师讲律本文，又受业南涧寺仙师《成论》、竹涧寺靖公《毗昙》"。后至摄山依止"僧诠法师，餐受《智度》《中》《百》《十二门论》并《华严》《大品》等经"。至陈武帝永定二年（558）十一月，法朗"奉勅入京，住兴皇寺，镇讲相续。所以《华严》《大品》'四论'文言，往哲所未谈，后进所损略，朗皆指摘义理，征发词致，故能言气挺畅，清穆易晓。常众千余，福慧弥广，所以听侣云会，挥汗屈膝，法衣千领，积散恒结。每一上座，辄易一衣，阐前经论各二十余遍。二十五载，流润不绝"（《续高僧传》）。法朗对于"四论"的弘扬居功至伟，听讲僧俗常常有千余人，25年间宣讲"四论"未曾稍歇，其知名弟子号称"二十五哲"，吉藏是其中影响最大的一位。"三论学派"在法朗时期已经有了一定的规模。由于在佛教义学中的成就，法朗在梁陈两代获得了很高的社会声望和地位，使得"三论"之学在陈代成为佛教的显学。

（2）涅槃学。东晋义熙十四年（418），法显的6卷《大般泥洹经》在建康译出，引起佛学界的震动。宋永初二年（421），40卷本《大涅槃经》在敦煌译出。宋元嘉中期，又依上述二本整理为南本《大涅槃经》，研习《涅槃》及其所论"佛性"思想，成了宋梁二代最时髦的佛学思潮，道生是最著名的涅槃学者。

道生曾于东晋元兴三年（404）到长安追随鸠摩罗什，义熙五年（409）离开长安到建康，参加了法显与觉贤合作翻译《大般泥洹经》的工作。通过在关中时对性空学的理解，道生深悟般若实相之理，剖析经义，把作为精致哲学形态的般若学和粗俗的成佛说教结合起来，着重阐发涅槃佛性说，认为

"真空""妙有"契合无间，开创佛学一代新风。他强调佛无净土，认为不存在西方极乐世界。他在佛教理论上不去描绘涅槃境界，而是论述成佛的原因、根据。他在中国佛教史上影响最长久的主张是"顿悟成佛义"，认为佛性是众生的最善本性、最高智慧、最后真理。他提出人人都有佛性的观点，指出法显译 6 卷本《大般泥洹经》所讲的"一阐提"（不具信心、断了善根的人）不得成佛的说法不能成立。后来昙无谶译的《大般涅槃经》传到南方，称"一阐提"也有佛性，也能成佛。道生因此也被佛教界称为"涅槃圣"。谢灵运追随道生著《辨宗论》，用儒家的"理归一极"来加以补充。道生之说，受到刘宋诸帝的赞赏，他们请其弟子道猷、法瑗和宝林等持续弘扬。此后出现众多的涅槃师说，都以"佛性"为理论重心，对所谓成佛的原因、根据进行深入的、广泛的探讨，推动佛性说充分地、多方面地展开。

由于《涅槃经》的说法前后不同，中国僧人对《涅槃经》的理解各异，以至各种见解脱颖而出，竞相争逐，从而出现了涅槃佛性理论空前繁荣的局面。梁武帝曾命宝亮撰《涅槃义疏》，并为之作序，以为佛教经论不出两途，"佛性开其本有之源，涅槃明其归极之宗"。在这种思想指导下，本与《涅槃》主张迥异的经论，也被调和起来，像梁代弘扬《成实论》的三大师及"三论"学者，大部分也是涅槃师。北朝《地论》学的兴起，与南朝涅槃学的盛行遥相呼应，成为南北朝后期遍及全国的强大潮流。

道朗与慧嵩在佛教义学上独步河西，直接参与了《大涅槃经》的翻译。道朗有《涅槃义疏》，强调涅槃与"法性"为一，"法性以至极为体，至极则归于无变"，因而法性也是"常乐我净"。据此，他抨击当时讥谤《涅槃经》非佛说的言论，为佛性思想的传播开路。

（3）毗昙学。"毗昙"是"阿毗昙"的简称，唐译"阿毗达摩"，是梵文的音译，意译或称"对法""无比法""大法"等，实际所指，就是论著。作为中国佛教毗昙学的毗昙，特指东汉安世高所传"禅数学"中的"数学"。"毗昙学"实质上也是"禅数学"，即"禅学"加上"数学"，所谓"数"，又称"事数""名数""法数""慧数"，也就是用"数字"标示名词，以便于分析和记忆，例如"四谛""五阴""八正道"。所谓"禅数"，就是把"禅"与"数"结合起来，一起加以修习。

《毗昙》的研究发端于道安。僧伽提婆受慧远之请，重译《阿毗昙心》

和《三法度论》，东晋隆安元年（397）进入建康，得到名士王珣、王弥等的支持。宋元嘉十年（433），僧伽跋摩与宝云按慧观要求重译《杂阿毗昙心》。于是，《毗昙》几乎成了南朝所有论师共习的科目。其中僧绍专以《毗昙》擅业，法护以《毗昙》命家，慧集于毗昙学擅步当时，其他僧侣多是兼学。道安也为北方毗昙学打下了基础。东晋义熙十年（414），昙摩耶舍等又译出《舍利弗阿毗昙》，备受重视。此后，北方的成实论师大部分兼习《毗昙》，其中慧嵩活跃在元魏高齐之际，足迹遍及江表、河南，时人称为"毗昙孔子"，弟子甚多。

（4）成实学。成实学派是指在南北朝形成的以研习、弘传《成实论》为主的佛教思想流派。在整个南北朝时期，成实学派势力很大，与般若"三论"学派、涅槃学派一起构成这一时期的三大显学。成实学派所弘传的《成实论》，为4世纪中印度的诃梨跋摩（师子铠）所著，鸠摩罗什译于长安。《成实论》最有影响的弘扬者，都出自鸠摩罗什的门下。鸠摩罗什译出《成实论》之后，其门下的昙影鉴于论的结构散漫，就按照文义区分为5篇，即"五聚"——发聚、苦聚、集聚、灭聚、道聚。鸠摩罗什另一弟子僧叡对这部论很有体会。《高僧传》卷六记载："后出《成实论》，令叡讲之。什谓叡曰：'此诤论中有七变处文破毗昙，而在言小隐。若能不问而解，可谓英才。'至叡启发幽微，果不谘什而契然悬会。什叹曰：'吾传译经论，得与子相值，真无所恨矣。'"

对《成实论》有详细的注疏并加以弘扬的，是鸠摩罗什门下的僧导与僧嵩，并且以二人为源头逐渐形成了成实学的"寿春系"和"彭城系"两大流派。成实学在北方地区的传播主要是由曾经受学于鸠摩罗什的僧嵩及其一系的弟子僧渊、昙度、慧记、道登、慧球等完成的。《成实论》在南方的传播，主要得益于寿春系的努力，僧导为其开端。僧导并学"三论"、《维摩经》，门徒众多，动辄上千，其中昙济亦修《涅槃经》，以《七宗论》名闻后世。就学于寿春的还有道猛和道钟。宋元嘉二十六年（449），道猛东游京都，结交湘东王刘彧。后刘彧即位为明帝，对道猛倍加礼敬，敕道猛为兴皇寺纲领，该寺成为南朝成实学的重要据点。萧齐王朝也重成实学，其中僧钟、慧次、僧柔等成实论师均受到王室的特别崇敬。萧子良召集京师硕学名僧500余人，讲说《成实论》，最后集成《抄成实论》9卷问世。周颙、僧佑都是此次聚会的参与者，据他们说，当时《成实论》之所以被看重，不是因为它像北朝那样去励行教义，而是因为它的条理清楚，更便于理解大乘妙典，排斥外学。

同北魏孝文帝提倡扶持成实学派相呼应，南齐成实学派也有新的发展。南齐永明初，"魏使李道固来聘，会于寺内。帝以钟有德声，敕令酬对……尔后盘桓讲说，禀听成群。齐文惠太子、竟陵文宣王数请南面"。这件事一方面反映了僧钟在南齐佛教中的特殊影响，另一方面也反映了成实学派在南、北二朝的突出地位。南齐成实学派的代表人物还有僧柔和慧次等。僧柔20岁后便登讲席，后东游会稽，住灵鹫寺讲学。自齐太祖至世祖继位之间，僧柔曾受请至京师，在定林寺主讲经论。慧次受学于彭城的法迁，他常讲《成实论》和"三论"，弟子有智藏、僧旻、法云等人。梁代是成实学派最隆盛的时代，法云、僧旻、智藏三人都极为著名，号称"梁代《成实论》三大师"。梁末以及陈朝，成实学派尽管不如"三大师"在世时候活跃，但仍然有较大影响，有所谓"新成实论师"的出现，如时人誉称的"白、乌二宝琼"就是当时很有影响力的高僧。

（5）地论学。地论学派是以研习、弘传《十地经论》为主的佛教思想流派，以讲习《十地经论》为主的僧人则被称为"地论师"。《十地经论》是印度大乘佛教学者世亲所著的解释《十地经》的著作，汉语译本12卷，由菩提流支、勒那摩提同译，佛陀扇多传语，于北魏永平元年（508）译出。地论学继成实学之后，成为北魏以至东魏的官学。其中弘扬《地论》最早的僧侣是道宠和慧光。

道宠是儒生出身，元魏东迁之后，从菩提流支学《地论》，随所闻作疏，就疏开讲，声誉日高，为邺下所推许，其"堪可传道"的弟子千有余人，知名者有僧休、志念等。志念从道宠学《地论》，又往西秦从高昌毗昙学者慧嵩学毗昙。学成回到本乡，前后开讲《智度》《杂心》二论10余年，到周武帝毁灭佛教，逃到海边，重新研寻小乘论部。隋开皇四年（584）开讲《心论》。历住晋阳的开义、大兴国等寺，所著有《八犍度论疏》《杂心论疏》及《广钞》等，从他受学的僧俗弟子有好几百人。这一地论师系统被称为"北道系"。

慧光，曾向少林寺佛陀学律，后参与《地论》翻译，深得《地论》纲领。在北魏末年即见重于当朝，随入邺都，以"绥缉有功"，转为东魏国统，至于北齐，"重之如圣"。他注释了许多经论，如《华严经》《涅槃经》《维摩经》《地持经》《胜鬘经》《遗教经》等，并著有《四分律疏》《玄宗论》《大乘义律章》《仁王七诫》及《僧制十八条》等。因为他对律部也很有研究，著过《四分律疏》，故后世尊为四分律宗的开祖。他的弟子仅见于僧传的即有十五六人。在魏、齐、周、隋数朝中，出自这一系的僧官，包括大统、国统、国都、州统等，为数最多，南地道论师成了北朝后期最有权势的佛教力量。

法上是慧光诸弟子中最突出的代表，当时已经译出的主要大乘经，他无不讲习，并有注疏。后为魏大将军高澄邀请入邺，成为魏齐二代统师，综理佛教将近40年，当时有许多寺僧，都秉承他的教化，远到高句丽国，也遣僧来邺都问法。所著除他所常讲学的《十地》等经疏外，有《增一法数》40卷、《佛性论》2卷、《大乘义章》6卷以及《众经录》1卷等。法上有弟子慧远、法存、灵裕等，以慧远的成绩最大。慧远创讲《地论》，听众千余人，周武帝酝酿毁佛时，慧远曾出众抗争，后畏祸潜入山。隋文帝开皇七年（587），勒召六大德入关，慧远为其中之一，出任洛州沙门都，后敕居西京净影寺，故称"净影慧远"，以别于庐山的慧远。

在上述南北二系以外，还有一些地论师。其中靖嵩于周武毁佛时，与同学300余僧南达江左，从建康法泰咨探研索真谛所传瑜伽行派经论，包括《摄论》《唯识》等。隋开皇十年（590），重还江北，留住徐州，着重弘扬《摄论》，著《九识》《三藏》等。净愿先学《地论》，后学《摄论》，隋初至长安，同时讲说《地论》《摄论》《四分律》和《涅槃经》等。

（6）摄论学。摄论学派是指形成于陈隋之际的以宣讲弘扬真谛所译《摄大乘论》为主的佛教思想流派，其研习者后世统称为"摄论师"。

《摄大乘论》是印度大乘学派中"瑜伽行派"的重要著作，由无著造论。《摄大乘论》初译由北魏佛陀扇多完成，但流行不广。在真谛重译并另译了世亲的《摄大乘论释》且自行解说为《义疏》之后，《摄大乘论》才得以广泛流行。《摄大乘论》是瑜伽派唯识学的奠基性著作，着重探究"心"的性质和"心"生万有的机制，以及人的认识过程和据此修持成佛的道路，创造了一个庞大的思想体系。特别是它的"八识说"，提出了阿黎耶作为世界的本体和认识的本原，确立了"唯识无尘"的宇宙观，在南朝引起震动。但陈王朝及其官僧支持的是《般若》和"三论"学，对真谛一系公开排斥，所以直至陈亡，真谛之说在建康甚少流布。

摄论学的著名僧人来自两个系统：一是真谛门下，如智恺、智敫、道尼、曹毗、法泰等，其中以慧恺、道尼最为出色。慧恺即智恺，他尤致力钻研《摄论》，并撰《摄论疏》25 卷。道尼依真谛宗旨，开讲《摄论》，知名海内。隋开皇十年（590）奉诏入长安，弘讲《摄论》，由此，真谛之学大行于京师。道尼的弟子多人，其中知名者有道岳、慧休、智光。道岳的弟子有僧辩、玄会。玄奘在去印度之前，曾从道岳及玄会学《俱舍》。玄奘亦曾从慧休学《摄论》。另一个系统是地论甫道，如慧光的再传弟子昙迁，法上的再传弟子靖嵩、净影，慧远的弟子辩相等。出自真谛门下的摄论师，大部分在陈隋之际由广州向北，经建康，或去蜀或入长安，出身地论学者的摄论师，在周隋之际，发自京邺，或至金陵，或住徐州、长安。这表明摄论学与地论学在新形势下，同风靡当时的佛性论、唯识论等最后汇合，为隋唐佛教宗派的形成，作了理论上的准备。

（7）律学。"律宗"之"律"本指"戒律"，所谓"戒"与"律"，在佛陀时代，各有其含义及作用。律，梵语音译"毗奈耶"，或作"毗尼""比尼"，含有调伏、灭、离行、善治等义。这是佛陀在修道生活中，针对实际、具体的需要而订定的规范，此谓"随犯随制"（随缘制戒），"律"必附有处罚的规定。律是应出家众而制定的，是被动的，所以有别于戒。戒，音译"尸罗"，意指行为、习惯、性格、道德、虔敬。广义而言，凡善恶习惯沿袭成风，令人遵守者，皆可称之为"戒"，一般专指净戒、善戒，特为出家僧众及在家信徒制定的戒规，有防非止恶的功用。戒律是约束佛徒行为和规范僧团生活的纪律。只有按一定仪式发誓接受一定戒律的人，才能充当僧侣或居士，也才是完全意义上的佛徒。

佛教制度的核心是"戒律"，而中国佛教的初期发展最突出的问题恰恰是"三藏"传入与弘扬的不平衡性，表现为重视经论而忽视律藏。随着佛教在中国的深入传播，日益显现出引进戒律的重要性。法显西行求法，直接的动机就是寻求"律"。法显回国后将《摩诃僧祇众律》译出，在当时影响甚大，与《十诵律》一起成为南北朝时期佛教戒律学的主要依据。

梁慧皎说，"入道即以戒律为本，居俗则以礼义为先"，大体代表了律学的基本观点。小乘戒律均规定"四波罗夷法"：即以淫、盗、杀、妄语 4 种行为为重罪，犯者必须摈除出僧团，也就是最严厉的处分。以"淫"为重罪之首，把"杀"排在第三位，且重点在制止僧尼的自杀，正反映了早期佛教严苛的禁欲主义和厌生之风。另有一些小本律典，归纳诸戒为"五戒"：即戒杀、盗、淫、妄语、酒。此中"杀"与"淫"的次第作了颠倒，而戒"杀"扩展到了一切有生类，成了仁爱万物的一种硬性规定，戒"淫"仅限于合法婚配之外的性行为，对家庭伦理已全无妨碍，佛教的原始面貌为之大变。大乘菩萨戒也有"四波罗夷法"，但内容更加不同，其侧重限制的是受戒者的思想动机，而非行为的实际后果。衡量思想动机是否纯正，最根本的一条是对"大乘"的态度，若勤于"大乘"，就是忠于"本戒"，在"大乘"的名义下，可以不受任何约束。

在南北朝，所谓"大乘菩萨戒"多是授给帝王贵族和居士。国家支持并在僧侣中通行的仍然是小乘戒律。僧佑是南朝律学大家，尤重《十诵律》，齐竟陵王每请讲律，听众常七八百人；梁武帝倍加礼遇，凡僧事硕疑皆敕就审决，曾为六宫授戒。北魏慧光是北朝律学之宗，造《四分律疏》，删《羯磨戒本》，著《仁王七诫》《僧制十八条》等，在僧侣中广为奉行，被后人视作律宗的奠基者。

（8）禅学。魏晋文士重般若轻禅定，至晋宋之际，禅智并重观念始在僧侣中占主导地位。及至佛驮跋陀罗、慧严、慧观等传罽宾达摩多罗和佛大先的5门禅法，"以禅命宗"，力图用"禅"统摄佛教的一切修为，禅学逐步独立，成了与义学鼎立的另一股力量。在贫困和破产的民众中有一定的影响力和号召力，一些著名的禅师，往往能聚拢很多禅僧共同行止，所以受到官方的特别注意。佛驮跋陀罗在长安传习禅法，聚众数百人，因而被摈出走；玄高自麦积山蓄徒至300人，先后为西秦、后凉、北魏所敬，但也屡遭打击，终于被拓跋焘杀害。就总体说，北朝更重禅法。惠始、佛陀、僧稠等，都受到北朝帝王的殊礼。

在官方支持的禅法之外，还有更多鲜为人知的禅法在民间流行，其中之一是菩提达摩。唐初学者把菩提达摩与僧稠并提，成为南北朝后期影响最大的两个禅僧团。僧稠在北魏北齐，由民禅上升到官禅。他的禅法是"四念处"，与"五门禅"属同一类型的小乘禅。菩提达摩以4卷《楞伽》传法，崇尚"虚宗"，在思想倾向上与僧稠禅对立。传说达摩又以"二入四行"教人，不仅重视坐禅，而且重视教理。他要求通过壁观，识自本有"真性"，在实际上达到无爱憎、无得失、无悲喜、无是非、超脱一切的精神境界。他和他的弟子慧可等，也在北朝活动，在慧可门下，形成大批"楞伽师"，于周、隋、唐之际，向南流动，成了唐代禅宗的先驱者。

13. 关于佛儒道交涉的几点认识

佛教传入中国之后，如涓涓细流，经过东汉三国时期比较小规模的传播，逐渐为一些中国人所了解、所接受，进入两晋南北朝时期，则汇成了滔滔大河，波涛汹涌，成为一幅文化交流与传播的宏大文化景观。佛教作为一种外来的宗教文化和思想文化体系，如滔滔江河般涌来时，给中国人思想观念和习俗文化的巨大冲击，给中国传统的宗教和文化以及中国传统的思想体系提出的严峻挑战，是可以想见的。一个严密的中国文化体系的大门，被佛教的力量冲撞开了，佛教以及佛教裹挟着的各种文化形态奔腾而来，甚至登堂入室。面对这样的冲击和挑战，本土的思想文化披挂上阵，仓促应战，与之进行激烈的、尖锐的思想交锋和学术论辩，演绎成两晋南北朝时期波澜壮阔、丰富多彩的思想文化大论战，极大地促进了中国思想文化领域的大交流、大辩论、大变革、大发展。这是中国思想文化史上一个空前活跃的时期，一个百家争鸣、新论迭出的时期。而出现这一切场面的根本原因，就在于佛教及其思想学说的传入，在于一种异质文化对于传统的刺激和激发。

一般而论，这一时期思想文化领域的交锋和论战，主要是儒、道、释三家的论战和斗争。此外还有玄学一家。从佛教东传史的角度来看，玄学与佛教互相契合，互相依附，较少有矛盾和斗争，所以总体上还是儒道释三家的论战。实际上，这样的提法就已经意味着佛教东传的一大胜利。儒家学说经过汉武帝"独尊儒术"的文化政策，已经成为占统治地位的国家学说和意识形态，尽管汉末经学出现了衰微的气象，但其正统的地位并没有改变，没有动摇。道教是正在兴起的宗教，它从老子思想中获取文化资源，从民间信仰中获得支持，是一个地道的中国土生土长的宗教形态。虽然在此时尚不完善，但它根植于中国传统文化的土壤之中，这就预示着它有强大的生命力。儒家与道教，都是中国的本土文化，一个是思想的，一个是宗教的，都在社会的上层建筑中占据主要的位置。它们是当时中国思想文化领域中最主要的两家。但是，这个时候已开始说"三家"或"三教"，把佛教加了进来。陶弘景说：

"百法纷凑，无越三教之境。"（《茅山长沙馆碑》）陈寅恪指出：

> 南北朝时，既有儒释道三教之目……至李唐之世，遂成固定之制度。如国家有庆典，则召集三教之学士，讲论于殿廷，是其一例。故自晋至今，言中国之思想，可以儒释道三教代表之。此虽通俗之谈，然稽之旧史之事实，验以今世之人情，则三教之说，要为不易之论。①

"三教"概念在魏晋南北朝时率先由佛教提出。三国之前人们的论著中还没有"三教"一词。《广弘明集》卷一载有《吴主孙权论述佛道三宗》一文，同时提及儒、道、释三家。"牟子作《理惑论》，论儒佛思想之一致；道安以《老子》语解《般若经》；这些可以说是三教一致的最初意见。"② 以后"暨梁武之世，三教连衡"，"三教"一词出现在文献上的频率也越来越高了。在两晋南北朝时期，道教和佛教作为强大的社会存在已经无可置疑。

南北朝以来，笼统言之，称之为"三家"或"三教"。这意味着作为外来文化的佛教已经登堂入室，与中国本土的传统思想文化儒学和道教鼎足而立、分庭抗礼了。作为一种外来文化形态，作为一种中国人从未知晓的外来宗教体系，佛教在几百年间竟然达到这样一个地位，实属不易。在这期间，某些儒家学者和道教人士对佛进行批判、辩难甚至詈骂，对佛教的传入给予坚决的抵抗和排斥，但这种情况正说明，佛教作为一种社会思想文化的力量，其存在是不可忽视的、不可小视的。甚至说明，佛教的传入已经成为一种"客观的存在"，是不可否认的。在那些激烈排斥佛教的人士看来，佛教带来的对中国本土文化的冲击及其影响，也是不可不被重视的。在近代以前，虽然一直有广泛的海外文化传播到中国，中国人也时常受到外来文化的冲击及其带来的困惑，但像佛教这样的情况，从来未曾有过。据此可以想见，当时佛教传播到中国具有多么大的影响和意义。

佛教在中国的传播，也就是佛教文明与中华文明的对话。魏晋南北朝时

---

① 陈寅恪：《金明馆丛稿二编》，上海古籍出版社 1980 年版，第 250—251 页。

② 王治心：《中国宗教思想史大纲》，东方出版社 1996 年版，第 117—118 页。卿希泰认为，南北朝时期"三教开始鼎立，三教之称亦起于此时"。参见卿希泰主编：《道教与中国传统文化》，福建人民出版社 1990 年版，第 165 页。

期是佛教东传的扎根期，隋唐时期是佛教东传的开花结果期，这两个时期是佛教文明与中华文明对话最重要的时期。唐以后，随着三教合流，随着中国化佛教禅宗的盛行，中国化的佛教已经成为中华文明的有机组成部分，佛教已经不是在异族异质文明意义上与中华文明展开对话了。如陈寅恪所说："采佛理之精粹，以之注解四书五经，名为阐明古学，实则吸收异教。声言尊孔避佛，实则佛之义理，已浸渍濡染，与儒教之宗传，合而为一。"①

佛教在中国的传播，不是一个被动的过程，更多的是中国人主动接受和吸取的过程。自法显以后，一代一代的求法僧人，历尽万难，奔赴佛教的发祥地印度求取"真经"，他们不仅仅是出于宗教的热忱，更出于求知的渴望，因而被梁启超誉为最早的"留学运动"。东来的印度和西域佛教学者，更多的是一代一代的中国佛教学者，披肝沥胆，精益求精，将大批的佛教典籍翻译成汉文，极大地丰富了中国的文献典籍宝库，给中国人了解和阅读印度佛教的精髓提供了精致的文本。中国佛教学者对研究这些佛教经典付出了极大的心血，讲经注疏，形成了对佛教思想的独特理解和解释，形成了中国人自己的"六家七宗"和各种"师说"，为建立中国化的佛教宗派奠定了基础。所以，佛教在中国的传播，是中国人自己引进来的过程，是中国人接受、学习新文化、新思想的过程。佛教文化对中国传统思想文化所造成的冲击，是因为中国的知识分子不满于已有的儒家一家独大的沉闷局面、停滞状态，主动寻求新的突破、新的发展的结果。所谓儒、道、释的矛盾和冲突，实际上是这一派中国文人学者和另一派中国文人学者之间的矛盾和冲突，是中华文化传统内部寻求变革的力量与坚持守成的力量之间的矛盾和冲突。只不过其中的一部分人披上了袈裟，成为佛教学者、佛教知识分子，是他们援引来自外国的佛教理念、佛教思想，为中国传统思想文化领域注入新的因素，激起新的变革。

这样看来，儒道释之间的对抗与冲突，实质上就是中国人，特别是那个时代的中国知识分子展开的文化对话，是中国知识分子与世界的对话。佛教的传入，为他们提供了一个可以对话交流的对象。这种对话，首先意味着交锋与冲突。我们从牟子《理惑论》中已经看到，佛教传入之初，就已经受到

① 引自吴学昭：《吴宓与陈寅恪》，清华大学出版社 1992 年版，第 10—11 页。

来自本土文化、传统思想的种种辩难，受到它们尖锐的指责和激烈的批判。随着佛教传播的深入，随着大量佛典的翻译流传，人们越来越看到佛教的传入引起的思想震荡，所以抗拒这种传播的力量也越发强烈，斗争也越发尖锐，并且变成了有系统、有计划的攻击和诘难。在我们所讨论的这个时期，就一再发生儒学与佛教、道教与佛教的斗争。三家之间的争论有时表现得很激烈，震动朝野，甚至发生流血的事件。其荦荦大者有：在晋末关于沙门敬不敬王者的"礼仪之争"；在南朝宋文帝时的儒家与佛教之间有关因果报应之争；齐梁之间的神灭、神不灭之争；宋末齐初的道教与佛教的"夷夏之辨"；在北朝时由于佛、道斗争所引起的北魏太武帝和北周武帝的二次毁佛法难事件，以及北齐文宣帝时由于佛、道倾轧而导致的毁道举措。

　　虽然有过这一波又一波的斗争风云，但是佛教却并没有被消灭，也没有自己沉寂下来，而是得到了进一步的发展。从外部原因上来看，虽然两次大的"法难"也是毁灭性的打击，但并没有彻底铲除佛教生存的土壤，它的生长环境还在。而且这种打击也是暂时的，几年后，佛教又接着发展并活跃起来。说到底，是因为当时的中国文化需要这种外来的宗教、外来的文化。与此同时，这样尖锐的斗争，意味着思想的交锋，也意味着相互的砥砺和激励。为了应对这样激烈的交锋，各方面需要准备自己的思想武器，准备自己的思想资料，同时也在调整自己的论辩策略，这就从内部促进了自己思想的发展和思维的缜密。我们看到，佛教引起的思想冲突，促使佛教、道家和儒学在自己固有的轨迹上得到了进一步的发展。一些学者甚至认为，两晋南北朝乃至隋唐五代时期的哲学史，基本上是佛学在中国的发展史。这样说，并不是认为没有别的哲学内容，而是强调，这个时期的思想、哲学是围绕着佛教引起的争论和刺激而展开的。关于佛学在与儒学和道教的斗争论辩中的作用，范文澜指出：

> 　　既刺激佛学的加速消化，也催促佛学的逐渐汉化，对佛教的发展，作用最大。因为在激烈的思想斗争中，佛教徒如果不精通佛理，机械地搬运佛经的辞句来应敌，是不能立足的……①

　　佛教在这种冲突中得到了发展，同时也在冲突中逐渐占据了主动地位。

---

　　① 范文澜：《中国通史简编》（修订本）第2编，人民出版社1964年版，第431—432页。

郑振铎在总结六朝时的这场文化冲突时指出：

> 以外来的佛教，占有那么伟大的力量，当然本土的反动是必要
> 发生的了。汉、魏是吸收期，六朝却因吸收已达饱和期而招致反动
> 了。故六朝便恰正是本土的思想与佛教的思想，本土的信仰与佛教
> 的信仰作殊死战的时候。这场决战的结果，原是无损于佛教的毫末。
> 却在中国思想史上，文学史上留下一道光明灿烂的遗迹。我们看，
> 佛法的拥护者是有着一贯的主张，具着宗教家的热忱的，其作战是
> 有条不紊的。然而本土的攻击者，却有些手忙足乱，东敲西击，且
> 总是零星散乱，不能站在一条战线上作战的。①

另一方面，在儒、道、释之间的冲突与论辩中，相互之间也在寻求沟通
和理解、寻求相互的融合和调和。孙昌武指出：

> 自佛教初传，就进入与中国传统思想、文化相调和、相融合的
> 过程。这也是佛教"中国化"的主要内容之一。但同样主张三教并
> 用、统合儒释，不同时代的不同人物具体态度和做法不同。在南北
> 朝时期，三教并用形成更强大的潮流，其特点之一是更多的人把佛
> 教置于更突出的位置，有些人更强调佛教比儒、道优越，甚至可以
> 包容儒、道。这在当时作为一种具有典型意义的观念，实际是主张
> 用外来佛教取代本土文化传统。虽然这种观念终究没能征服整个中
> 国思想、文化界，但其所发挥的历史作用却是相当深远的。②

佛教作为一种外来文化，首先考虑的并不是与本土文化对抗，而是尽量
努力与本土文化相适应，尽量减少传播过程中的阻力。这样，佛教在努力保
持着文化独立性的同时，也努力在中国本土文化中寻找思想资源。许多佛教
学者都是内外学兼通，不仅在佛教学说上面有很高造诣，在儒学和老庄、玄
学方面也很精通。他们融会贯通，援儒入佛，大大提高了他们思想的力量。
同时也就使佛教走上了以中国传统思想为其论证的道路，走上了中国化的道
路。这种"三教一致""儒佛会通"现象，代表着一种从"文化冲突""文化

---

① 郑振铎：《插图本中国文学史》上册，上海人民出版社 2005 年版，第 264—265 页。

② 孙昌武：《中国佛教文化史》第 2 册，中华书局 2010 年版，第 657 页。

妥协"到"文化融合"的历史辩证过程。

所以，许多佛教学者主张"三教合流""三教汇通"。他们认为："夫觉海无涯，慧境圆照，化妙域中，实陶铸于尧舜；理擅系表，乃埏埴乎周孔矣。"（《弘明集序》）"孔、老、如来，虽三训殊路，而习善共辙。"（《弘明集·明佛论》）佛教传入中国后，为了依附中国传统的思想文化，为图调和儒、道的矛盾，不断地援儒、道入佛，论证三教的一致性。例如，在我国最早编译的《四十二章经》中就已掺入了很多儒、道思想的内容，该经一方面宣传小乘佛教的无我、无常和四谛、八正道，但同时也杂有"行道守真"之类的道家思想，以及"以礼从人"等等的儒家道德行为规范。佛教一直在努力寻找与中国传统文化对话的途径与空间。如牟子的《理惑论》主旨是宣传佛教教义的可靠性以及优越性，但他采用的办法是对话，通过对话来讲道理。牟子在对话中展开佛教优越性的论证，有时就借鉴或迎合儒、道思想。正是这种基于对话的文明融合的努力使佛教逐步在中国扎下根来。在早期佛经的翻译解释中大量采用"格义"的方法，即用中国原有经典中的精义与典故来比配佛经中的道理，以便中国信徒能理解与接受，显然是一种有效的文明对话与融合的方式。

由于"三教一致""儒释一家"的渲染，社会风气也蒙受影响，相传南北朝的傅翁头戴"儒冠"，身穿"僧衣"，脚着"道履"，集儒、释、道于一身，表示"三教一家"。另外，传说中的"虎溪三笑"（名士陶渊明、僧人释慧远、道士陆修静在庐山的会见）也成为后人的美谈，信奉佛教的沈约认为佛法可以包容百家。

不仅是佛教方面主张三教融合，许多道教人士和儒家学者也有同样的看法。当时的人们于佛儒、佛道、儒道之间的互补共通之处，分别有很多的建议论述，尤其是南朝人士偏于谈理，故常见三教调和之说。如孙绰在《喻道论》中说："周孔救极弊，佛教明其本耳，共为首尾，其致不殊。"明僧绍认为："佛开三世，故圆应无穷；老止生形，则教极浇淳"，所以"周孔老庄诚帝王之师"而"释迦发穷源之真唱，以明神道主所通"。道教提倡"三教一致"的思想始于东晋时葛洪。葛洪使道教思想系统化时，提出以神仙养生为内，儒术应世为外，将道教的神仙方术与儒家的纲常名教相结合，所谓"以六经训俗士，以方术授知音"。以后宣传"三教合一"思想的有梁朝的道士陶弘景等。在葛、陶之后，道家中提到"三教"的愈来愈多，论证也愈来愈深入。总之，"这'其乐也融融'的三家共一门的奇特景观，就折射着那个时代的某些士人中融合儒释道的思想取向"①。孙昌武指出：

> 中国固有思想文化传统内容有于佛教不一致、相抵触的部分，也有相近似、相包容的部分，从而中国对于外来的佛教，既存在抵制、限制的内容和力量，又存在容纳、接受的条件与空间。而就相抵制、相矛盾的方面说，佛教有和本土固有传统根本不兼容的部分，也有本土所缺乏、所需要、可以接受的部分。佛教面对这样复杂的思想文化环境，一方面要克服不利条件，尽可能消弭矛盾与抵触，另一方面则积极地利用自身特有的资源，争取生存、发展的更大空间。正是在这样的情况下，外来佛教的丰富内容、巨大价值和优秀特质逐渐显现出来。它也在适应"异域"环境的过程中，被动或主动地改变自身而得以发展、壮大。中国人则在接受这一外来宗教的同时，积极参与了对这一宗教的改造和变异，终于创造出作为中国文化支柱之一的汉传佛教和中国佛教文化。②

所以，儒、释、道三教在魏晋南北朝时期除了冲突，也有互相靠拢、互相吸收、互相融合的情况。除了佛教在这个过程中得到发展以外，玄学借助佛教般若学的影响而得到发展，经学也在许多方面受到佛教的影响。至于道教，无论在理论的精密程度上，还是宗教仪轨和活动上，甚至在道庵的建造上，都从佛教那里得到了更多的启发。范文澜指出：

> 外来的佛教逐渐成为汉化的佛教，佛教的思想逐渐融合在汉族的思想里，成为汉族哲学的一个组成部分。儒佛道三家鼎立，互相斗争，也互相吸收，这是初步消化的阶段。③

葛兆光指出：

---

① 葛兆光：《中国思想史》第1卷《七世纪前中国的知识、思想与信仰世界》，复旦大学出版社1998年版，第567页。

② 孙昌武：《中国佛教文化史》第1册，中华书局2010年版，第74—75页。

③ 范文澜：《中国通史简编》（修订本）第2编，人民出版社1964年版，第431页。

从公元 5 世纪到 7 世纪这两三百年间的思想史，往往被看做是儒、道、佛三种思潮纷争角力与彼此融合的历史过程，在这种互相渗透、交锋与砥砺中，中国思想世界这三大思潮各自确立了自己的思想畛域，也逐渐接纳了异端的思想成分。"三教合流"虽然是一个后起的名词，但是用在当时却也可以指示思想的取向。①

虽然在这个思想激荡的时代，佛教在中国获得了更大发展的空间，但是，儒学在中国思想文化领域的主导地位并没有改变。例如十分热烈地信奉佛教的梁武帝在做皇帝后就为孔子立庙，置五经博士，在《立学诏》中说"建国君民，立教（儒学）为首，砥身砺行，由乎经术"，强调儒学对治国的重要性。

两晋南北朝时期的思想激荡，引起了思想文化领域的大争鸣、大论辩，促进了中国思想文化的大发展。在这种激荡交锋中，儒道释以及玄学都相得益彰，各自得到了发展。作为外来文化的佛教虽然引发了文化冲突，但没有取代中国传统文化的地位，而是在这个过程中使佛教本身中国化，使佛教融入中华文明，与儒家、道教一起成为中国思想文化的结构性力量，从而使中国文化得到了丰富和发展。而且佛教自身也获得了持续发展的活力，从一个地方性宗教上升为世界性宗教，直到今天仍然发挥着其重要的精神作用。与此同时，佛教也给中国思想文化的发展提供了刺激的外部力量，提供了新的思想资源。佛教的东来"成了中国思想世界自我调整的契机，汉代以后中国思想史在很大程度上就是佛教的传入与中国化、道教的崛起及其对佛教的回应，中国传统思想对佛教不断的融会，以及在这种对固有资源的不断再发现过程中持续地提出新思路"②。

总之，无论是三教之间的斗争与冲突，还是三教并行或三教融合，作为外来文化的佛教已经成了中国文化的一个组成部分，并且是比较重要的一部分。英国历史学家赫·乔·韦尔斯说："这三教成了以后全部中国思想的基础

① 葛兆光：《中国思想史》第 1 卷《七世纪前中国的知识、思想与信仰世界》，复旦大学出版社 1998 年版，第 567 页。

② 葛兆光：《中国思想史》第 1 卷《七世纪前中国的知识、思想与信仰世界》，复旦大学出版社 1998 年版，第 419 页。

和出发点。东方和西方世界伟大民族之间在知识和道德方面如果要达到任何真正的相通，对这三教的彻底研究是必须做的第一步。"①

七　佛教对中国文学的影响

1. 佛教传入与中国音韵学的发展

佛教在中国的传播，不仅给中国人带来一种新的宗教和宗教思想，而且作为一个巨大的文化丛，将印度佛教的文学、美术、造像、音乐等艺术形式也带到中国，给中国的艺术发展提供了新的样式，给中国艺术发展带来新的刺激。这些佛教艺术传播到中国后，经过中国艺术家们的吸收、借鉴和改造，形成了中国的佛教艺术形式，成为中国艺术发展史上的一个重要组成部分。梁启超指出：

> 凡一民族之文化，其容纳性愈富者，其增展力愈强，此定理也。我民族对于外来文化之容纳性，惟佛学输入时代最能发挥。故不惟思想界生莫大之变化，即文学界亦然。②

大批佛教典籍被翻译成汉文在中国流传，除了大大地促进了中国人对佛教及其思想的了解和接收，因而推动了佛教文化在中国的广泛传播外，对中国文学也产生了极大的影响，促进了中国文学的发展。郑振铎指出：

> 中世纪文学史里的一件大事，便是佛教文学的输入。从佛教文学输入以后，我们的中世纪文学所经历的路线，便和前大不相同了。我们于有了许多伟大的翻译的作品以外，在音韵上，在故事的题材上，在典故成语上，多多少少的都受有佛教文学的影响。最后，且更拟仿着印度文学的"文体"而产生出好几种宏伟无比的新的文体出来。假如没有中、印的这个文学上的结婚，我们中世纪文学当绝

---

① ［英］赫·乔·韦尔斯著，吴文藻等译：《世界史纲》，人民出版社 1982 年版，第 440 页。

② 梁启超：《佛学研究十八篇》，群言出版社 2013 年版，第 208 页。

不会是现在所见的那个样子的。①

佛教对中国文学的影响，在音韵学方面非常突出。在佛教传入之前，中国古代学者虽然注意到了双声、叠韵等语言现象，且能够运用押韵来进行文学创作，甚至使用了譬况、读若、直音等方法给汉字标音，但由于汉字是单音节表意文字的原因，对于语音还缺乏科学的认识和有效的研究手段。佛教文化的传入改变了这一局面。

汉语本来的注音方式是在字下加"读如某字"，即直音法。随着佛教传入，其声明学为汉语引入了"反切"这种注音方法。反切是利用两个汉字来拼读另一个汉字的读音的注音方法。古代直行书写，反切的两个字一上一下，上字取声母、下字取韵母和声调，并将两者加以拼合就可以得出被切字的读音。佛教传来，同时即有"反切"。中国人接触了梵文及其辅音和元音两相拼合成一词的拼音方法，在梵文词语音译的过程中，他们受梵文语音原理和拼音方法的启发，以梵文为对比系统，反观汉语单音节文字的基本结构，意识到汉字字音也可以分析为声、韵两部分，于是，从汉语固有的双声叠韵现象中发现了可以用两个汉字来拼一个汉字的读音的注音方法，由此而产生了反切。《颜氏家训·音辞篇》说："孙叔言创《尔雅音义》，是汉末人独知反语。至于魏世，此事大行。"据范文澜研究，音韵学开始于东汉末年，当时某些儒生受梵文拼音字理的启示，创反切法来注字音。范文澜说："东汉时，印度声明论（音韵学）随佛教传入汉地。胡僧学汉人语文，利用梵文字母注汉字音。汉儒接受这个启示，用两个汉字作字母拼汉字音，因此发现反切法。"② 孙炎作《尔雅音义》，用反切注音，一般认为孙炎为反切的创始人。反切的产生，标志着中国古代学者对汉语语音结构的认识和语音分析的能力发生了质的飞跃，在中国语言学史上具有十分重要的意义。

汉语四声的发现，与佛教文化有着十分密切的关系。季羡林指出："中国语言的特点：四声，当然是我们语言所固有的；但是，意识到它们的存在和明确地定为平、上、去、入，则是受了印度的影响。"③ 沈括在《梦溪笔谈》

① 郑振铎：《插图本中国文学史》上册，上海人民出版社 2005 年版，第 206—207 页。
② 范文澜：《中国通史简编》（修订本）第 2 编，人民出版社 1964 年版，第 253 页。
③ 季羡林：《中印文化交流史》，中国社会科学出版社 2008 年版，第 77 页。

中曾指出："音韵之学，自沈约为四声，及天竺梵学入中国，其术渐密。"梵语虽是无声调语言，但在咏经时却有三种不同的音乐重音，以求在诵读的抑扬变化之间造成某种特殊的宗教气氛，古印度声明论据此分之为三声。佛教输入中国之后，佛教徒在转读经典时，梵语三声的读法也随之输入。中国的文人受到佛教徒模拟梵文的声调转读佛经的启发，意识到汉语的语音也存在着类似的三种高低不同的声调，但与之不同的是，汉字的声调还有别义的作用，这三种声调即后来所谓的平、上、去三声。至于入声，由于有三种塞音韵尾，与平、上、去三声的差别在于音质上的不同，但是由于它读音短促，在声调上可以自成一类，这样就与平、上、去三声并列而成为四声了。

于是，在南朝齐梁之际，学者们明确提出了汉语存在四声并以平、上、去、入为之命名。这对后来音韵学的发展是关键的一步。对此史籍多有记载。《南史》说："（周颙）始著《四声切韵》行于时。"沈约"撰《四声谱》，以为在昔词人，累千载而不悟，而独得胸衿，穷其妙旨，自谓入神之作"，"时有王斌者……著为《四声论》，行于时"，"齐永明中，王融、谢朓、沈约，文章始用四声，以为新变，至是转拘声韵，弥为丽靡，复逾往时"。《南齐书·陆厥传》说："永明末，盛为文章。吴兴沈约、陈郡谢朓、琅琊王融，以策类相推毂。汝南周颙，善识声韵。约等文皆用宫商，以平上去入为四声。以此制韵，不可增减。世呼为永明体。"《梁书·沈约传》说："又撰四声谱，以为在昔词人累千载而不裸露寤，而独得胸衿，穷其妙旨，自谓入神之作。高祖雅不好焉。帝问周舍曰：'何谓四声?'舍曰：'天子圣哲是也。'"沈约在《宋书·谢灵运传》里说："夫五色相宣，八音协畅，由乎玄黄律吕，各适物宜。欲使宫羽相变，低昂互节，若前有浮声，则后须切响。一简之内，音韵尽殊；两句之中，轻重悉异。妙达此旨，始可言文。"上引文是沈约自己说的有关声律的一段很重要的文字。"由乎玄黄律吕"，是说颜色声音各随物所适宜；"欲使宫羽相变"，是说应使高低轻重不同的字音互相间隔运用，使语音具有错综变化、和谐悦耳之美。所谓"浮声""切响"，指字音的声调不同。大约浮声是指平声，切响是指上、去、入三声，即后人所谓的仄声。浮声切响，大概同于《文心雕龙·声律篇》的"声有飞沈"的说法。《声律篇》说："凡声有飞沈，响有双叠……沈则响发而断，飞则声飏不还。"黄侃《文心雕龙札记》解释为："飞为平清，沈谓仄浊。一句纯用仄浊或一句纯用平清，则读诗亦不便，所谓沈则响发而断，飞则声飚不还也。"沈约要求"若前有浮声，则后须切响"，就是规定平声与上去入三声，必须间隔运用，取得声调的变化流美，和谐动听，避免刘韶所说的"沈则响发而断，飞则声陋不还"的毛病。"一简之内"四句，是强调五言的一句和一联中的字音必须有变化。

四声起源是汉语音韵学、中国古代文学的重大问题。1934 年，陈寅恪撰《四声三问》，阐释了四声的产生与佛教传入中国的关系。他认为汉语入、平、上、去四声中，入声常有 k、p、t 等辅音缀尾易于区分，而其他三声则不易分辨，所以古时的读书人依据和模拟当时转读佛经时的声调，分别确定了平上去三声，加上入声一共四声，"于是创为四声之说，并撰作声谱，借转读佛经之声调，应用于中国之美化文"。中国之所以成立四声，而非五声或七声者，以入声自为一类，其余三声，"实依据及摹拟中国当日转读佛经之三声"，"而中国当日转读佛经之三声又出于印度古时声明论之三声也"。[①] 陈寅恪认为"四声说"成立于南齐永明之世，源于南齐武帝永明七年（489）二月二十日，竟陵王萧子良大集善声沙门以造经呗新声。他广引僧传、旧史及他书中所说的三事，以为此说的佐证：一是僧传所载善声沙门，几全部为居住建康之胡人，或建康之土著；二是建康经呗之盛，实始自南朝宋之中世，而极于南齐之初年；三是曹植鱼山制梵传说之流行可能始于东晋末年，它实际含有一善声沙门与审音文士合作之暗示，而此两种人之合作即四声之起源。

四声的发现，标志着中国学人已经能够正确地把汉字字音结构区分为声、韵、调三个部分，从而为音韵学的研究奠定了较为科学的理论基础。四声是根据汉字发声的高低、长短而定的。音乐中按宫、商、角徵、徵、羽的组合变化，可以演奏出各种优美动听的乐曲；而诗歌则可以根据字声调的组合变化，使声调按照一定的规则排列起来，以达到铿锵、和谐，富有音乐美的效果。即所谓"一简之内，音韵尽殊，两句之中，轻重悉异"，或"五字之中，音韵悉异，两句之内，角徵不同"。《梁书·沈约传》说："又撰四声谱，以为在昔词人累千载而不寤，而独得胸衿，穷其妙旨，自谓入神之作。高祖雅不好焉。帝问周舍曰：'何谓四声？'曰：'天子圣哲是也。'"发现四声，并将它运用到诗歌创作之中而成为一种人为规定的声韵，就是"永明体"。由反

---

① 陈寅恪：《金明馆丛稿初编》，上海古籍出版社 1980 年版，第 328—329 页。

切而产生四声，由四声而把五言与七言古诗改进为律诗和绝句，而对于每个字句的切韵和标音，五律五绝或七律七绝都有相当严格的规定。四声的发现和永明体的产生，使诗人具有了掌握和运用声律的自觉意识，它增加了诗歌艺术形式的美感，增强了诗歌的艺术效果。

"字母"这一名称出自于《华严经》，是由梵语翻译而来的。汉字注音字母的创制也主要得益于佛教文化。中国音韵学中所提到的字母之学，实际上即是字音开端的辅音的分析和研究。因为中国文字非标音字母，所以中国人对于语音的研究与分析，有时不免感到困难。由于佛经的翻译，印度拼音文字，如梵文等，也随之传入，促进了中国字母的产生。反切发明之后，人们已能把一个音节分析成声韵两大部分，进而根据双声原理，归纳同一类反切上字，并以若干字作为其代表，称之为"归纳助纽字"，用于反切时加强声母的读音。它的性质与字母非常接近，是后来与声母具有一对一固定关系的字母的雏形。《高僧传》记载："陈郡谢灵运笃好佛理，殊俗之音，多所达解，乃咨叡以经中诸字，并众音异旨，于是著《十四音训叙》，条例梵汉，昭然可了，使文字有据焉。"谢灵运以梵文字母整理汉语语音，拟定"十四音"。《隋书·经籍志》说："婆罗门书以十四音贯一切字，汉明帝时与佛书同入中国。"据认为，《隋书》所说的"婆罗门十四音"，就是谢灵运拟定的"十四音"。

唐代胡僧神珙创建《四声五音九弄反纽图》，南宋张麟之《韵镜》序说："有沙门神珙，号知音韵，尝著《切韵图》载《玉篇》末。"今存《玉篇》后附《四声五音九弄反纽图》，即为神珙所作。神珙说的纽，指纽切，即声和韵的拼合，他是使用一种图式来说明反切取音，第一张列有 5 个圆圈的图是五音图，第二张列有两个方图叫九弄图。五音图是往左转着看，主旨是要说明反切的方法。神珙提出"五音声论"，提到了"五音"这个名称，列出东方喉声、西方舌声、南方齿声、北方唇声、中央牙声，以及 40 个字例。

到唐末，守温和尚创制了字母。陈沣《东塾读书记》说："自汉末以来，用双声叠韵切语。韵有东、冬、钟、江之目，而声无之。唐末沙门始标举三十六字，谓之字母。"敦煌石窟中发现的《守温韵学残卷》所列三十字母，是目前所知最早的真正意义上的汉语字母，即：（1）唇音：不、芳、并、明。（2）舌头音：端、透、定、泥。（3）舌上音：知、彻、澄、日。（4）牙音：

见、溪、群、来、疑。（5）齿头音：精、清、从。（6）正齿音：审、穿、禅、照。（7）喉音：心、邪、晓、匣、喻、影。宋代学者在守温三十字母的基础上，根据当时的语音实际，增加了 6 个字母（非、敷、奉、微、床、娘），并更换了部分名称，遂成为音韵学研究中应用极为广泛、影响至为深远的三十六字母。宋郑樵在《通志·艺文略中》说："七音之作，起自西域，流入诸夏，梵僧欲以其教传之天下，故为此书。虽重百译之远，一字不通之处，而音义可传，华僧从而定之，以为三十六母。"

清钱大昕在《十驾斋养新录》中说："唐人所撰之三十六字母，实采涅槃之文，参以中华音韵而去取之。"《涅槃经》是六朝以来一部很受重视的经典，而且不少作释疏和研究语言文字的佛教学者都征引过这部经，如玄应《一切经音义》全部收录涅槃经字母，《瑜伽师地论》说："今准涅槃经文字品三十五名为字体。"又惟净《天竺字源》说："今依文殊问字母经及涅槃经略明一二。"

韵图也称等韵图，它的兴起也与佛教的传播有密切关系。等韵图就是古代的声韵调配合表，其基本原理是横向表示声母，纵向表示韵母和声调，其中，相近的韵用不同的"等"来区分，在声韵调交汇的格子中填入适当的字，代表一个有效的音节。古印度有一种供幼童学习用的梵文拼音表，这个办法导源于《悉昙章》，悉昙也就是"悉地罗窣睹"。智广的《悉昙字记》说："悉昙十二字为后章之韵，如用迦字之声对阿、伊、瓯等十二韵呼之，则生得下迦、机、钩等十二字；次用佉字之声，则生得佉、欺、丘等十二字……"

等韵图随佛教一起传入中国后，被中国僧人称为"悉昙"，其格式是把元音排成行，用辅音逐个与之相拼。韵图就是仿照"悉昙"而作。《韵镜序》说："韵镜之作，其妙矣夫。余年二十，始得此学字音。往昔相传，类曰洪韵，释子之所撰也。"郑樵《通志·艺文略序》说："臣初得《七音韵鉴》，一唱而三叹。胡僧有此妙义，而儒者未之闻。"《宋史·艺文志》载有守温《清浊韵钤》1 卷，现在推测是一部等韵图的著作。敦煌唐写本《守温韵学残卷》载有"四等重轻例"，其分等与《七音略》和《韵镜》完全相合。《宋史·艺文志》有释元冲《五音韵镜》1 卷，《玉海》载有宋僧宗彦《四声等第图》1 卷。

2."永明体"与"玄言诗"

四声的发现，音韵学的发展，对诗歌的影响十分明显。在南北朝以前，文人写作，也重视声音和谐，但只是"始判清浊，才分宫羽"。四声的发现，标志着声律理论的产生，直接影响中国诗歌的创作，促成近体诗的迅速形成和发展。陈允吉指出："由于佛经在中国的盛行，偈颂亦为佛僧通过转读广为宣传，从而引起人们对于区别声调的注意，这对中国诗歌影响之深远，乃至直接促成隋唐近体诗的完成。"① 范文澜论述了四声的发现对于中国文学发展的重大意义，他指出：

> 范晔至死不肯告人的声调术，自沈约公布八病后，大为文士所遵用，梁陈时，律诗律赋大体上定型了。到唐朝，律诗律赋成为代表性的也是最盛行的文学。
>
> 所谓雅声化的梵声成为华夏正声，实际意义就是有声律的文学代替了无声律的楚汉文学。
>
> 文学史上古体与律体是两个大分野。自建安讫南朝是由古至律的转变时期。这个转变之所以成功，是由于声律的研究和运用。声律之所以被研究和应用，是由于受到梵声的影响，也就是印度声明论对中国文学的一个贡献。②

沈约等人是受到佛经转读的启发，提出四声的理论，然后把四声的理论运用到诗的格律上，开创了"永明体"。沈约等人根据四声和双声叠韵来研究诗的声、韵、调的配合，提出了八病（平头、上尾、蜂腰、鹤膝、大韵、小韵、正纽、旁纽）必须避免之说。"八病说"的理论基础是有关四声的知识，也就是"将平上去入为四声，以此制韵"。"永明体"被称为"新体诗"。四声的发现和永明体的产生，使诗人具有了掌握和运用声律的自觉意识，它对于增加诗歌艺术形式的美感、增强诗歌的艺术效果，对于纠正晋宋以来文人诗的语言过于艰涩的弊病，使创作转向清新通畅起了一定的作用，文人们作诗开始追求诗歌的形式美和格律美。于是，中国的古体诗慢慢被淘汰，出现按照新的诗词格律创作的格律诗，中国诗有意识地走向格律化。

"永明体"是唐朝严格的律诗的前锋，此后，近体诗迅速地成长、发展，

---

① 陈允吉：《韩愈的诗与佛经偈颂》，《唐音佛教辨思录》，上海古籍出版社1988年版，第148页。

② 范文澜：《中国通史简编》（修订本）第2编，人民出版社1964年版，第254页。

不久就取得主宰诗坛的地位。格律的形成，使诗歌具有律动的音乐美，是诗歌美学发展的必然趋势。格律诗在表现社会生活方面、在创作手法上都比古体诗灵活、方便得多，词句精练、音韵铿锵，更容易被读者阅读和记忆，从而大大扩充了诗歌的传播范围。郑振铎指出：

> 所谓"永明体"，实开创了齐、梁诗的风格。在永明以前，六朝诗的作风并不曾统一过。有颜、谢的致密，也有渊明的疏荡自然。有郭璞的俊逸，也有鲍照的奇健清新。所谓六朝的作风，实在只是在永明的时候方才有了一个共同的趋势的。对仗更工整了，题材更狭小了，情绪更纤柔了，音律更精细了。不是在文辞上做工夫，便是在歌咏着靡靡醉人的清音新调。这时产生出不少的"诗律工细"的诗人们。有时其风格也是很高超的……他们的情调是清晰的，他们的意境是隽美的，他们的音律是和谐的。所可讥者，乃在格局、才情偏于纤巧的一边。他们带领了一大批的没有天才的文人们，走入一条很窄的死路上去了。然而在这一百十年（从齐到陈）间，在这种所谓齐、梁风尚里，大诗人们却仍是不断地产生出来，成为一个诗人的大时代。①

佛教文化的传播还拓宽了诗歌的表现内容。此前中国文人的诗歌作品，多表现爱情、亲情、友情以及离情别意、人生失意、人生信念等内容。佛教传入中国以后，不仅出现了许多诗僧，而且很多诗人经常与僧人往来，与他们建立了深厚的交谊，也接受了佛教的思想，有的还成为虔诚的佛教信徒。例如东晋谢灵运，在《临终诗》里有"送心正觉前，斯痛久已忍。唯愿乘来生，怨亲同心胼"的诗句。因此，僧人和文人撰写的表达佛教哲理和修持经验的诗歌也在这一时期出现。

在魏晋时期受佛教的影响出现了一种新的诗歌——"玄言诗"。《文心雕龙》说："自中朝贵玄，江左称盛，因谈余气，流成文体。是以世极迍邅，而辞意夷泰，诗必柱下之旨归，赋乃漆园之义疏。"

"玄言诗"可分为两个阶段：一是以士大夫注解老庄而形成的玄言诗，二是支遁、王蒙、谢安、王羲之等高僧名士所做的"兰亭诗"。当时高僧名士常

---

① 郑振铎：《插图本中国文学史》上册，上海人民出版社 2005 年版，第 221 页。

在一起谈论老庄，据说当时支遁注的《庄》名气很大，谢安、许询、王蒙、王羲之等隐士名士都十分佩服。后来，以王羲之为首的一批隐士名流在浙江会稽山阴之兰亭集会，王羲之亲为所集结的诗作序，遂形成"兰亭诗"。此为玄言诗的一个高峰，而影响此种诗的即是佛教的般若学。

进入南北朝后，诗风一变，两晋的玄言诗逐渐为山水诗所代替。刘勰在《文心雕龙》中说："宋初文咏，体有因革，庄老告退，而山水方滋。"山水诗的集大成者是东晋谢灵运。清沈曾植说："康乐总山水老庄之大成，而开其先者支道林。"谢灵运和支道林都是佛教中人物。支道林是魏晋般若学最主要的代表人物，谢灵运是南北朝佛教涅槃学的代表人物之一。谢灵运在中国古代诗歌史上有很高的地位，其诗擅长景物刻画，讲究雕琢字句，喜用典故，注重形式，为后人留下许多名篇佳句。谢灵运之所以能在山水诗上有这样的成就，按唐皎然的说法，是因为"康乐公早岁能文，性颖神澈，及通内典，心地更精，故所作诗，发皆造极，得非空王之道助邪"（《诗式》）。所谓"空王"，亦即般若性空学说。佛教心性学说的影响，促使南朝"性灵说"超越对世间常态情感的执著，而走向对心灵及精神世界的探索，南朝的山水诗则集中体现了这一理论的新发展，并且在山水诗歌的创作实践中，开拓了以追求神韵灵趣为特征的新的诗歌美学境界。

山水诗是六朝时期释道思想融合文人雅士生活的反映，所以虽然没有明白宣扬佛教教义，却是佛教影响下的产物。

3. 诗僧与僧诗

两晋南北朝时期，许多高僧本身就是出身士族或书香门第，他们大多数是学富五车的高级知识分子，在思想文化领域十分活跃。他们与当时的名士广为交游，诗文唱和，成为一代文化景观。许多高僧除了翻译佛经、注疏佛典、开坛讲学、论辩切磋之外，如支遁、慧远、僧肇、僧佑、慧皎等人还热衷文事，从事诗文创作，且成就突出，影响巨大而深远，成为中国诗歌文学史上丰富的遗产。这些释氏诗作，后人称为"僧咏"或称"衲子诗"。这种能诗的僧侣，也就是后世所称的"诗僧"。此后诗僧俊彦辈出，《世说新语》《诗品》中亦多有叙述。

但是，"诗僧"这个概念是到唐代才出现的。"被称为'诗僧'，不仅因为这些人能诗，更主要的是他们在佛教发展的一定阶段被培养出来，表现出特有的活动方式，显示出特殊的创作风格，取得了独特的成就。"① 白居易《题道宗上人十韵诗序》说："文为人作，为法作，为方便智作，为解脱性作，不为诗而作也。"这样的僧侣诗人才堪称"诗僧"。

僧侣作诗与佛教的弘传有密切关系。"自魏晋中国文化与佛教结合以来，重要之事有两端：一为玄理之契合，一为文字之表现。玄理之契合，是以玄理来解释佛学，这是佛学引入中国的一大特点；而文字的表现，就是用文学语言来宣扬佛教的义理，其主要表现方式之一即是以诗来阐述佛理。"② 孙昌武指出："僧人有其特殊的生活环境、精神境界、写作传统等等，因而僧诗也形成一定特点，对于诗歌的发展做出了特殊贡献。这主要体现在两个方面，一方面是把佛禅的内容引入诗歌。"另一方面，"僧诗不只输入了新的内容，更体现出一种新的思维方式"③。这些僧侣的诗歌所包含的内容相当丰富，有玄言诗、山水咏怀诗、宫体诗与佛理诗等。由于僧侣的特殊身份，所以他们在诗歌创作上，也呈现出与文士作品不同的风格与思想。

佛教本来有利用偈颂的传统。晋宋以来，僧人的诗歌创作更是十分兴盛。六朝僧人有文集传世的，据《隋书·经籍志》记载，有支遁8卷、支昙谛6卷、僧肇1卷、慧远12卷、慧琳5卷、智藏5卷、亡名10卷、释标2卷、洪偃8卷、释瑗6卷、灵裕4卷、策上人5卷、释暠6卷等，其中大部分包含有诗歌作品。后人辑录僧诗远不止以上诸家。有学者统计，在这一时期诗僧总计44名，作品244首，题材以佛理诗居多，主题重在宣扬佛教的义理。诗僧的这类作品在其作品中所占的比例，东晋、陈、周、隋在90%以上，梁代有50%。这样的统计显示出佛理的宣扬是僧侣从事诗歌创作的主要宗旨。④

东晋时，诗僧的突出代表是"玄拔独悟"的支遁，以及"使道流东国"的慧远，另外就是鸠摩罗什。余嘉锡指出："支遁始有赞佛咏怀诸诗，慧远遂撰念佛三昧之集。"⑤ 这是说支遁、慧远首开以佛禅入诗的风气。所谓"赞佛

① 孙昌武：《中国佛教文化史》第4册，中华书局2010年版，第1894页。

② 罗文玲：《六朝僧家吟咏佛理的诗作》，台北《中华佛学学报》第7期。

③ 孙昌武：《六朝僧人的文学成就》，台湾大学《佛学研究中心学报》第7期（2002年7月）。

④ 参见罗文玲：《六朝僧家吟咏佛理的诗作》，台北《中华佛学学报》第7期。

⑤ 余嘉锡：《世说新语笺疏》上卷，中华书局1983年版，第265页。

咏怀"，今存有支遁《四月八日赞佛诗》《咏八日诗三首》《咏怀诗五首》等作品。如《咏怀诗五首》之四云：

> 闲邪托静室，寂寥虚且真。
> 逸想流岩阿，朦胧望幽人。
> 慨矣玄风济，皎皎离染纯。
> 时无问道睡，行歌将何因。
> 灵溪无惊浪，四岳无埃尘。
> 余将游其峨，解驾辍飞轮。
> 芳泉代甘醴，山果兼时珍。
> 修林畅轻迹，石宇庇微身。
> 崇虚习本照，损无归昔神。
> 暧暧烦情故，零零冲气新。
> 近非域中客，远非世外臣。
> 憺怕为无德，孤哉自有邻。

诗人表示向往山林水涯，与"幽人"优游行歌，在离世绝俗的环境里洗落凡情，度过"近非域中客，远非世外臣"的逍遥淡泊的人生。这里没有佛语，但那种"虚且真"的境界，显然有佛教空观和无常感的影子。支遁的佛教理解是把老庄的虚玄境界融入般若空观，也是在这一点上，他的诗与一般玄言诗相比有所创新。

唐皎然评价支遁的诗说："山阴诗友喧四座，佳句纵横不废禅。"支遁才藻警绝，作诗造诣甚高，在玄言诗兴起的潮流中扮演的角色，其重要性绝不亚于许询、孙绰两家。文学史上一般认为首创山水诗体的是谢灵运，但沈曾植指出："'老、庄告退，山水方滋'，此亦目一时承流接响之士耳。支公模山范水，固已华妙绝伦；谢公卒章，多托玄思，风流祖述，正自一家。"（《海日楼题跋》）沈曾植指出支遁已经"模山范水"且"华妙绝伦"，即认为他在山水诗创作上有开拓之功。支遁与众名士徜徉于会稽佳山水，成为魏晋风流的典型表现之一。他把山水之游作为"悟身外之真"的机缘，因而对自然风光之美自会有超出行迹的独特领会，写出含义深远而又相当优美的歌咏山水的篇章。如《八关斋诗三首》之三云：

靖一潜蓬庐，悄悄咏初九。

广漠排林筱，流飙洒隙牖。

从容遐相逸，采药登崇阜。

崎岖升千寻，萧条临万亩。

望山乐荣松，瞻泽哀素柳。

解带长陵坡，婆娑清川右。

冷风解烦怀，寒泉濯温手。

寥寥神气畅，钦若盘春薮。

达度冥三才，恍惚丧神偶。

游欢同隐丘，愧无连化肘。

　　支遁在这种清幽、寂寞的境界里寄托自己潇洒不羁的情怀。《八关斋诗》一共有3首，诗前有序说明此次法会乃是支遁与好乐佛道的骠骑将军何充共同筹办的。地点是在“吴县土山墓下”，参加者有“道士（即僧人）白衣（指世俗之人）凡二十四人”，时间为一昼夜，十月二十三日清晨为斋始，至次日一早斋毕，“众贤各去”。此诗叙述作者在从容遐想，深感逸乐之后，沿着崎岖的山路登山采药，看到山上的青松，不禁怡然而乐，瞻望泽岸萧索的“素柳”，则哀婉之情油然而生。这空阔而寂静的山水，无不使作者感到神清气爽。最后四句写其冥思与抒发感叹，为通达度世脱尘之理，必须冥思天地人“三才”，以及阴阳、刚柔、仁义之道，以借助玄学来弘扬佛法。在冥思中，作者恍惚觉得自己的精神已经离开他所寄寓的身体，由此不禁发出“愧无连化肘”的感叹，可惜自己尚无点化众生、使其悟道而脱离苦海的手段。这样的叹息是发自于内心的，也是非常真诚的。

　　慧远辑录的《念佛三昧诗集》说：“夫称三昧者何？专思寂想之谓也。思专，则志一不分；想寂，则气虚神朗……鉴明则内照交映而万象生焉，非耳目之所暨而闻见行焉。于是睹夫渊凝虚静之体，则悟灵相湛一，清明自然……”这里描写了以禅境入诗的特殊境界：通过专思寂想而反照心源，乃是后来所谓“取境”“照境”观念的滥觞。这在创作实践上则是对当时诗坛流行的“玄风”的突破，更开后来唐、宋人以禅入诗，诗、禅交融的先河。慧远的《庐山东林杂诗》写道：

崇岩吐清气，幽岫栖神迹。

> 希声奏群籁，响出山溜滴。
>
> 有客独冥游，浑然忘所适。
>
> 挥手抚云门，灵关安足辟。
>
> 流心叩玄扃，感至理弗隔。
>
> 孰是腾九霄，不奋冲天翮。
>
> 妙同趣自均，一悟超三益。

结句里的"三益"用《论语·季氏》典："友直、友谅、友多闻，益矣。"是说悟得佛理则会获得超越世俗的福利。这首诗借描写山水表达出世之志，格调没有摆脱当时流行的玄言体，但作为早期以山水为题材的作品还是有开创意义的。

鸠摩罗什诗作见于史料中的有《十喻诗》和《赠沙门法和》。如《十喻诗》云：

> 十喻以喻空，空必待此喻。
>
> 借言以会意，意尽无会处。
>
> 既得出长罗，住此无所住。
>
> 若能映斯照，万象无来去。

鸠摩罗什此诗意在指明设喻目的在于借言会意，了悟"空观"。待一旦意会便得鱼忘筌，进入通脱无碍之境，再不必为语言所拘。"住此无所住"，"住"是指事物的实在性，现在既然"住此无所住"实即无生无灭。据《维摩诘经》说："住即不住，乃真无住也。本以住为有，今无住则无有，无有则毕竟空也。"所以若能如此观照世界，世上万事万物便不存在什么生灭来去。这首诗也引用佛教的名相，如"空""十喻""万象"等，从它的内容以及用语来看是很典型的佛理诗作。另一首《赠沙门法和颂》云：

> 心山育明德，流熏万由延。
>
> 哀鸾孤桐上，清音赠九天。

此诗主要在歌颂法和的德行。作品的辞藻典雅，将鸠摩罗什重视辞藻的译经主张，彻底落实在作品中。

《高僧传·竺僧度传》中的赠、答两首诗也是僧诗的代表性作品。僧度姓王名晞，字立字，和母亲相依为命。他与同郡杨德慎之女杨苕华定亲，未等完成大婚，苕华之母去世，不久，其父也去世，王晞的母亲也去世了。王晞经受不了这沉重的打击，感到人生不过是一场灾难，遂遁入空门，出家做了和尚。杨苕华服丧期满后，修书赠诗于僧度，劝他还俗，修百年之好。杨苕华的赠诗写道：

> 大道自无穷，天地长且久。
> 巨石故巨消，芥子亦难数。
> 人生一世间，飘忽若过牖。
> 荣华岂不茂，日夕就雕朽。
> 川上有余吟，日斜思鼓缶。
> 清音可娱耳，滋味可适口。
> 罗纨可饰躯，华冠可曜首。
> 安事自剪削，耽空以害有？
> 不道妾区区，但怜君恤后。

从这首诗中，我们看出一个少女对美好生活的憧憬与呼唤。她劝僧度脱离佛门，动之以情，晓之以理，试图以世俗的美好、人间的温暖来唤醒这颗静寂的心。她希望恋人不要沉迷于空寂之中，自绝于世，还是回到现实生活中来，回到自己身边来，过人间美好的生活。僧度回答杨苕华的诗写道：

> 机运无停住，倏忽岁时过。
> 巨石会当竭，芥子岂云多。
> 良由去不息，故令川上嗟。
> 不闻荣启期，皓首发清歌？
> 布衣可暖身，谁论饰绫罗？
> 今世虽云乐，当奈后生何？
> 罪福良由己，宁云己恤他。

此时的僧度对人生已经绝望，他彻底抛弃了人间的美好，皈依佛门。僧度当时的心境，明了地表现在这首诗中。

僧侣以出家僧人以及诗人的双重身份来从事诗歌的创作，所以在诗歌的内容以及语汇上，自然而然会将佛教的用语与思想带到诗歌之中。现存南北朝僧诗不多，艺术上杰出的也并不多见，但具有开创风气的意义，对于后世的影响极其深远。唐代诗僧和僧诗的繁盛，便可以在南北朝这个时代找到端绪。

4. 汉译佛经的文学成就

从东汉开始，到南北朝时期，已经有大量的佛教典籍被翻译成汉文，在中国信徒和文人学士中流传。这些汉译佛经，不仅有力地推动了佛教在中国的传播和推广，影响了中国思想和哲学的发展，而且以其独特的文学艺术形式给予中国文学以深刻的影响。如许理和所说："佛教曾是外来文学之影响的载体。"或者说，佛典的翻译本身就具有很高的文学成就，是中国文学史上一笔丰富的文学遗产，同时也对中国文学的创作和发展产生了深远的影响。刘熙载说："文章蹊径好尚，自《庄》《列》出而一变，佛书入中国又一变。"这是说，佛书传入中土，推动中国文人和文学发生巨大变化，其中佛典翻译文学的作用更为直接和明显。

胡适的《白话文学史》将佛经的翻译视为"翻译文学"来讨论，认为汉译佛典本身在中国文学史上可以说是一种新创的文体，并且这种新创的文体也在中国文学史上产生巨大的影响。胡适认为佛经的翻译文学给中国文学史开了无穷新意境，创了不少新文体，添了无数新材料。他进一步指出：（1）由于译经大师用朴实平易的白话文体来翻译佛经，造成一种文学新体，佛寺禅门遂成为白话文与白话诗的重要发源地。（2）佛教文学最富想象力，启发了中国浪漫文学的产生。（3）佛经的故事、小说、戏剧形式，以及韵散夹杂的文体，对后代小说、弹词、平话、戏剧的发达都有直接或间接的关系。①

梁启超对佛教翻译文学也进行了深入研究，他指出：

> 此等富于文学性的经典，复经译家宗匠以极优美之国语为之移写，社会上人人嗜读，即不信解教理者，亦靡不心醉于其词绩。故想象力不期而增进，诠写法不期而革新，其影响乃直接表现于一般文艺。我国自《搜神记》以下一派之小说，不能谓与大庄严经论一类之书无因缘。而近代一二巨制《水浒》《红楼》之流，其结体运笔，受华严、涅槃之影响者实甚多。即宋元明以降，杂剧、传奇、

---

① 参见胡适：《胡适全集》第13卷，安徽教育出版社2003年版，第375—376页。

弹词等长篇歌曲，亦间接汲佛本行赞等书之流焉！①

从梵文或西域文字翻译出来的汉语白话文体的佛经，通俗易懂，带来了中国文学发展上的一股清新之风。张中行指出：

> 外文的佛典翻译为中文，不得不受三方面条件的限制。一方面，外文有外文的词汇、语法上的特点，为了忠实于原文，不能不保留一些异于中文的风格。另一方面，佛典译为中文，要求多数人能够理解，这就不能不通俗，因而不宜于完全用典雅的古文或藻丽的骈体写。还有一方面，佛教教义是外来的，想取得上层人士的重视，译文就不能过于俚俗，因而又要适当地采用当时雅语的表达方式。这样，佛典翻译就逐渐创造出一种雅俗之间的调和中外的平实简练的特殊风格。②

佛典是宣扬佛教教义的，基本上是宗教哲学著作。但是同一般的哲学著作相比，佛典有个重要的特点，是含有浓厚的文学成分，用文学作品的写作手法表达。道理虽然是深奥的、玄远的，却常常写得深入浅出，亲切生动，能够引人入胜。虽然是用严肃的态度阐明切实重要的道理，却写得文字优美，形象生动。它们经常用比喻，使抽象的道理蕴含在具体的事物之中。比喻形容人时，常常利用描绘，利用对话，显示出音容笑貌，还适当地运用修辞技巧，使其读起来显得绚丽、匀称。许理和指出：有记载的第一位译师安世高系统地翻译佛典"标志着一种文学活动形式的开始，而从整体上看来，这项活动必定被视为中国文化最具影响力的成就之一"③。

佛教在弘法和传播的过程中，为了吸引和教化芸芸众生，允许宣讲者采用多种多样、灵活有效的形式、方法，佛教把这些手段统称为"方便"，并对这种"方便"极为重视。《法华文句》卷三说："又方便者，门也。门名能通，通于所通，方便权略，皆是导引，为真实作门。真实得显，功由方便。"就是说，众生的度脱和对佛教真实根本的认识，其功劳都在于方便。离开了

---

① 梁启超：《佛学研究十八篇》，群言出版社 2013 年版，第 212 页。

② 张中行：《佛教与中国文学》，北方文艺出版社 2011 年版。

③ ［荷兰］许理和著，李四龙译：《佛教征服中国——佛教在中国中古早期的传播与适应》，江苏人民出版社 2003 年版，第 46 页。

方便，佛教就无法向广大众生展示其诱人的魅力。然而，佛教在初期（即小乘阶段），对"方便"的运用是有限制的。据说，佛陀及部派佛教时期的比丘，学习佛教教义和传教所用的语言是有限制的。原始佛教不允许比丘们使用梵文来学习佛教教义，它也没有规定哪一种语言作为标准语言，它允许比丘们用自己的方言来学习佛所说的话。原始佛教的传播者们在面对文化水平低下的民众时，不能用那些古雅的语汇、抽象的说理等形式进行讲说，而是采用浅显的、接近口语的语言，通过讲故事和寓言的形式，把抽象的佛教理论具体化、形象化。这样的故事和寓言越富有情节、越完整，叙事性越强，其感染力和威慑力就越大。因此，原始佛教极为注重把佛教教义叙事化、故事化。

大乘佛教兴起后，主张普度众生，认为凡是有利于众生皈依佛教的方便均可运用。随着更多的婆罗门皈依佛教，佛教队伍的文化水平也有了很大的提高。为了满足这些知识僧侣高层次的文化需求，佛教接受了典雅、古奥的梵文。于是，佛教经论中出现了大量的韵语和诗偈，故事和寓言的形式也由以前单一的散文体，加上了复述同样内容的字句对偶、音律谐和的韵文和诗偈。同时，佛经还保留了一些早期发生在天竺的史诗故事。这些文字优美、情节起伏、故事完整、叙事生动的佛教作品，颇富有文学色彩。从文学的角度看，这些作品的文学技巧之娴熟，艺术趣味之浓厚，已经达到了相当高的程度。在内容上，它多歌颂和赞扬善良、美好、勤劳、智慧、团结、友爱，极富有哲理性和教育意义；在形式上，它发扬了天竺古老的史诗般的叙事思维方式，结构完整，故事性强，艺术手法多样，富有艺术感染力。

佛典宣扬佛教教义，最常用记事文体。道理由具体的人解说，就显得切实易解。与一般的记事文相比，佛典叙事有它独特的风格。其一是形象生动。写人，着重描画他的音容笑貌，写物，着重描画它的形态构造，常常是精雕细琢，以求形象逼真。其二是想象奇妙。佛典最喜欢创造稀奇的境界，也最善于创造稀奇的境界。在这方面，佛典想象力的丰富是惊人的，它自由自在地驰骋，引导读者走入幻化的世界。这个世界是优美的、富丽的、新奇的，而且是富于变化的，在这样的世界里遨游，会感到天外有天。其三是情节曲折。佛典叙事，内容常常是繁衍复沓、曲折多变的，这样就有情趣，有波澜，故事性强，能够引人入胜。以上这些特点使佛典的叙事文字富于文学意味。

大乘经中《法华经》被称为"经王"。此经一再说到"以无数方便，种种因缘，譬喻言辞，演说佛法"的道理，其表现的重要特点之一即在利用譬喻说法。道宣总结说："朽宅通入大之文轨，化城引昔缘之不坠，系珠明理性之常在，凿井显示悟之多方，词义宛然，喻陈惟远。"胡适也指出："《法华经》（《妙法莲华经》）虽不是小说，却是一部富于文学趣味的书。其中的几个寓言，可算是世界文学里最美的寓言，在中国文学上也曾发生不小的影响。"[①] 道宣讲的"朽宅""化城""系珠""凿井"四喻，加上"穷子""药草""医师"喻，构成有名的"《法华》七喻"，这是用来说明教理的7个十分生动的故事。如"三世朽宅""导师化城"等故事不论是观念还是文字，都已深入中土人心。《华严经》规模宏大，全经说法地点7处，场面8会，是充分发挥大乘佛教玄想性格的经典。这里说法的佛陀已不是通过修道成佛的沙门释迦，而是遍满十方、常住三世、总该万有的真理化身，十相具足的法身佛卢舍那佛。说法的对象不仅有佛弟子，还有众多菩萨、天神。其中展现了万德圆满、妙宝庄严、无限华丽神秘的诸佛境界，以至有人把它比作规模宏大的神魔小说。在第九会里，佛陀现种种神变，使诸菩萨得到无数大悲法门，文殊师利率大众辞佛南行，到福城东庄严幢娑罗林中说法，有善财童子一心求菩萨道，在普贤教示下辗转南行，寻访53位善知识，终于证入法界。《华严经》把大胆玄想的境界描绘得极其恢宏开阔，汪洋恣肆，是中土作品中前所未见的。

5. "本行文学"与"本生文学"

佛典常常利用故事来阐明佛教教义。为了使道理浅近易解，深入人心，讲说的故事常常篇幅比较长，其中有形象生动的人物，有新颖曲折的情节，有奇妙的想象和瑰丽的描写，因而成为有独立价值的文学作品。实际上，"有些经典本来是利用已有的文学作品改编而成的。例如一些本生、譬喻故事，本是民间文学创作，被组织、附会到教义说明上来；有些作品如佛传、佛弟子传，则是按文学创作的方式撰集的。这些可以算做是典型的佛教文学作品。

---

① 胡适：《胡适全集》第13卷，安徽教育出版社2003年版，第356页。

另有些原来本是作为宗教经典结集的，或插入了具有文学情趣的情节，或者使用了文学表达方法，因而具有一定的艺术性"①。

在佛教口头传教的阶段，释迦牟尼常深入浅出地说明他所体悟到的世界与人生真谛，为此他常援引各种故事。"阿含"类经典属于早期形成的佛教典籍，比较可信地反映了原始佛教时期佛陀的言教，其中《中阿含经》卷六《例品·箭喻经》记载着佛陀对一个玄远问题的解答。有一童子，要求佛先为他解答难题，否则不肯随佛修行。《中阿含经》卷五九记载了佛给他讲的一个故事：有个人中了毒箭，但他不是马上治疗而是提出要解决他提出的种种问题才肯治疗，最后因耽误时间，问题未及问完，人死了。释迦牟尼通过这个故事意在说明：对现实人生应该采取务实的态度；一味追求玄远而不切实际的问题，结局一定非常危险。类似的譬喻故事在早期经典中屡见不鲜，《譬喻经》《百喻经》中保存着大量类似故事。《杂阿含经》记载佛陀说的话："今当说譬，大智慧者以譬得解。"《法华经》记载佛对舍利弗说：过、未、现诸佛"以无量无数方便，种种因缘譬喻言辞，而为众生演说佛法"。《大智度论》则说明譬喻的作用："譬喻为庄严议论，令人信著故……譬如登楼，得梯则易上。复次，一切众生著世间乐，闻道德、涅槃则不信不乐，以是故，眼见事喻所不见。譬如苦药，服之甚难，假之以蜜，服之则易。"

印度佛教对佛典进行分类，有所谓"十二分教"或称"十二部经"，② 其中一类"阿婆陀那"意即"譬喻"，本意是"英雄行为的故事"，这些故事作为教义的例证，是一种譬喻。十二部经里的尼陀那即因缘，记载佛陀说经或

---

① 孙昌武：《中国佛教文化史》第 2 册，中华书局 2010 年版，第 484—485 页。

② 佛教经典依其叙述形式与内容分成之 12 种类，又作十二分教、十二分圣教、十二分经。即：（1）契经，又作长行。以散文直接记载佛陀之教说，即一般所说之经。（2）应颂，音译祇夜，与契经相应，即以偈颂重复阐释契经所说之教法，故亦称重颂。（3）记别，又作授记。本为教义之解说，后来特指佛陀对众弟子之未来所作之证言。（4）讽颂，音译伽陀，又作孤起。全部皆以偈颂来记载佛陀之教说。（5）自说，佛陀未待他人问法，而自行开示教说。（6）因缘，记载佛说法教化之因缘，如诸经之序品。（7）譬喻，以譬喻宣说法义。（8）本事，佛说自己及弟子前生之行谊。（9）本生，记载佛陀前生修行之种种大悲行。（10）方广，宣说方正广大深奥之教义。（11）希法，又作未曾有法。记载佛陀及诸弟子希有之事。（12）论议，问答和议论诸法义的经文。

制律的缘起，也是一种譬喻故事。全部佛典又随处可见譬喻情节。而专门以"譬喻"立名的经典，汉译现存多部，有题为康僧会所译《旧杂譬喻经》、题为支娄迦谶所译《杂譬喻经》、失译《杂譬喻经》、鸠摩罗什译《杂譬喻经》和僧迦斯那撰、南齐求那毗地译《百句譬喻经》即《百喻经》等。僧佑指出，这类经典一卷以还者五百余部，"率抄众经，全典盖寡。观其所抄，多出《四镦》《六度》《道地大集》《出曜》《贤愚》及《譬喻生经》，并割品截偈，撮略取义，强制名号，仍成卷轴"（《出三藏记集》）。

"本行文学"和"本生文学"也是佛经文学中非常具有文学性的类别。所谓"本行文学"，又名"佛传文学"，即叙述释迦牟尼生平行状之传记故事。它孕育、诞生于佛教扩大流播的过程中间，因服从于宗教宣传的需要而不断增殖繁衍，最终聚合成一个庞大的故事系列。汉译经典所收之佛教传记，见于《普曜经》《佛本行集经》《修行本起经》《太子瑞应本起经》《过去现在因果经》等。《阿含经》《般若经》《涅槃经》《毗尼经》诸部典籍，也间或涉及此类题材内容。1世纪印度诗人马鸣所撰述之《佛所行赞》，是一部纯用偈颂体来为佛立传的长篇叙事诗，因其具有鲜明的文学性质，被陈寅恪称为"梵语佛教文学中第一作品"。马鸣是贵霜王朝迦腻色迦王时代著名的佛教思想家和文学家，他的创作包括戏剧、小说多种，译成汉语的除《佛所行赞》之外，还有《大庄严论经》。《佛所行赞》原典采用的是当时流行的大宫廷诗体，完整地描写了主人公的一生，即从佛陀出生叙述到死后火化八分舍利。这部作品的"作者思想上是站在上座部说一切有部的立场，不是把释尊看作具有本体佛意义的应化佛，而是具有觉悟的人的肉体生身佛，只是在寂灭后才作为法身存在。换言之，是把释尊当做完善的人而不是当做绝对的神来描绘，或毋宁说是接近神的神人"[①]。昙无谶译本是9300行46000多字的无韵五言长篇叙事诗，比古乐府中最长的叙事诗《孔雀东南飞》要长20多倍，其表现的奥衍繁复、奇谲变怪更是中土文字所不见的。印度古代文学宫廷诗主要描写战争和爱情，通过这些表现治国、做人的道理。马鸣则通过佛陀的经历

---

① ［日］平等通昭：《印度佛教文学研究》，引自孙昌武：《〈佛所行传〉：古代汉语最长的叙事诗》，《古典文学知识》2018年第4期。

讲了佛教出世之道，又细致地描绘了佛陀的在俗生活以及他修道期间的斗争。他充分汲取了古印度神话传说和婆罗门教圣书《吠陀》《奥义书》、古代大史诗《摩诃婆罗多》《摩罗衍那》的艺术技巧，借鉴了各部派经律中有关佛陀的传说和以前结集的各种佛传的写法，从而创造了佛传艺术的一个新的高峰。义净写他旅印时这部作品流行的情形说："尊者马鸣亦造歌辞及《庄严论》，并作《佛本行诗》，大本若译有十余卷，意述如来始自王宫，终乎双树，一代教法，并辑为诗。五天南海，无不讽诵。"（《南海寄归传》）《佛所行赞》对中国文学产生了积极的影响，陈寅恪、钱锺书、季羡林、饶宗颐等均撰文对其赞誉有加。

佛传在共同的母题下包含着许多子故事，它们前后呼应，衔连成为有机整体，以世尊曾经历的真实事件为基础，缀入大量神话传说并进行编织加工，出之以神异化和戏剧化的表现，极尽虚构夸张之能事，但整体来看没有改变乔达摩·悉达多一生基本的活动事实。

与本行经类似，本生经也是讲述佛经历的经典，不同的是本生经讲的是佛生前的经历，而本行经则是叙述佛往世经历的经典。印度在很古老的时候就已经有轮回转世的观念，按印度人的生命意识推想，生命不仅是此世的，而且有前世后生，释迦牟尼于今世之前，早已经历过无数次轮回。昙无谶所译《大般涅槃经》卷一五说到过佛的前生转变："如佛世尊，本为菩萨，修诸苦行。所谓比丘当知，我于过去，作鹿作罴，作獐作兔，作粟散王、转轮圣王、龙、金翅鸟，诸如是等，行菩萨道时所可受身。"

像这样一些记载佛生前事迹的作品，就是所谓的"本生经"。其基本结构是先描写佛陀现世情形，此部分较简单，然后回溯到往生，描写佛过去一世中或为诸种动物，或为各色人等的言行事迹。如经中所引，释迦在今生之前某些时候可能做过国王、王子、大臣等，某一世也可能做过猴子、鹿、兔等动物。这些叙述前生事迹的部分是本生经的主体，记载了不少生动有趣的故事。故事的最后部分是关联语，会点明往生故事中各个角色与此世人物的因缘关系，指出当初行善的某某就是佛陀自己，作恶的某某是现在加害或反对他的人，从而表达教义或教训的喻义。这些故事篇幅长短不一，喜用动物题材，构思新巧，叙事婉转，显示出天竺说故事人娴熟的语言艺术。在佛典翻译文学中，本生经或称"本生谭"，是艺术价值最高、也最为普及的部分之一，被称为古印度"民间寓言故事大集"，是可与希腊伊索寓言并称的古代世界寓言文学的宝典。本生经原来的体裁多种多样，有神话、传说、寓言、传奇故事、笑话（愚人故事）、诗歌、格言等等，译成汉语多采用韵、散结合的译经文体。比较集中地保存本生故事的汉译佛典有十几部，其中康僧会所出《六度集经》（计包含 81 经）、西晋竺法护所出《生经》（计包含 31 经）、失译《菩萨本行经》（计包含 24 经）等比较集中，此外各种不同类型的譬喻经以及《贤愚经》《杂宝藏经》里也包含有不少，佛传如《佛本行集经》也编入不少本生故事，还散见于其他经、律、论之中。

佛典叙事说理，常常采用诗歌的形式。通常是在散文的叙述之间或之后，加说一个有韵的"偈"，来概括大意，显示要点。句法整齐，声音协调，内容精练，虽然是说理，却有相当大的感染力量。《高僧传》卷二中，记载了鸠摩罗什与僧叡的对话："天竺国俗，甚重文制，其宫商体韵，以入弦为善。凡觐国王，必有赞德。见佛之仪，以歌叹为贵。经中偈颂，皆其式也。"

利用诗歌来表达、歌颂、赞叹本是古印度的传统。"偈颂"是利用梵汉对举的方法创造出来的一个词汇，类似于中土的诗歌。"偈"原为梵语"偈陀"的简称，译为"颂"。梵汉双举名曰"偈颂"。偈颂在字数句数上有规定，以 3 字至 8 字为一句，以 4 句为一偈。从文体来看，佛经最大的特点就是在散文中掺杂着不少的韵文，一般是散文和韵文交替出现，也有少数是通篇使用韵文。经中直说义理的散文名叫"长行"，长行之后，重述长行内容的诗歌名叫"重颂"，此外还有不依长行而独立叙说义理的诗歌，名叫"偈颂"。重颂和偈颂都是韵文。佛偈记录了释迦牟尼和其他圣者的一部分言论，是佛经文学的主要形式之一。陈寅恪说："盖佛经大抵兼备'长行'，即散文及偈颂即诗歌两种体裁。而两体辞意又往往相符应，考'长行'之由来，多是改诗为文而成者，故'长行'乃以诗为文，而偈颂亦可视为以文为诗也。"①

佛典里的偈颂大多数被用于说理，其基本性质是一种阐扬哲理思想和道德观念的宗教格言，总体内容显得相当深奥抽象。不过其中亦有少量作品，

---

① 陈寅恪：《金明馆丛稿初编》，上海古籍出版社 1980 年版，第 295 页。

重在抒情言志，并因生动可感地描绘色声形相而包含着浓郁的文学情味。它们多采用民歌体裁，风格质朴亲切，时有幽默机智的谐趣之语。有的复沓回环，气势磅礴，在佛学思想推演之同时常能见其理致转折之美。如竺佛念所译《出曜经·梵志品》"如月清明偈"云："如月清明，悬处虚空。不染于欲，是谓梵志。"

此偈即用形象的语言说明在家修行的居士应远离世俗之欲，就像通透的明月高挂在虚空一样。把抽象的佛理化之于可观可感的形象当中。再如佛教原始经典《长阿含经》（佛陀耶舍、竺佛念共译）卷一一中记载："野干称狮子，自谓为兽王，欲作狮子吼，还出野干声。独处于空林，自谓为兽王，欲作狮子吼，还出野干声。跪地求穴鼠，穿冢觅死尸，欲作狮子吼，还出野干声。"

此偈讲的是弱小猥劣的野干想仿效狮子的吼叫以冒充强大，结果却因叫了一声而露出马脚的故事。在汉译藏经内常能见到类似故事。"欲作狮子吼，还出野干声"一句在篇中反复出现，仿佛我国古代《诗经》中的某些作品。在佛典译本中，鸠摩罗什的译文辞理圆通，文字优美，使中土诵习者易于接受理解，因此他所翻译的偈颂也流传最广，如"若以色见我偈"云："若以色见我，以音声求我，是人行邪道，不能见如来。"

此偈选自鸠摩罗什译《金刚经·法身非相分》，是一篇流传颇多的名偈。另一首更为著名的"金刚六如偈"也出自鸠摩罗什之手："一切有为法，如梦幻泡影，如露亦如电，应作如是观。"因偈中喻一切有为法如梦、如幻、如泡、如影、如露、如电，故通常被称作"六如偈"。

偈颂在翻译上多采用四言、五言、八言，尤其以五八言为多，多为四句或八句，与中土诗歌在体制上极其相似，但偈颂与诗歌还是有区别的。《祖庭事苑》"偈颂"条云："云门所著偈颂，皆不立题目。或举扬宗旨，或激劝后昆，非同诗人俟题而后有作。"指出了偈颂与诗歌是不同的作品。总体来说，偈颂侧重于弘扬佛法、阐述教义，表达对人生、社会、宇宙的理解等。

在中国文学史上，数千卷佛教经典，其中一部分本身就是典雅、瑰丽的文学作品。它使中国文学的宝库中增加了大量的财富，还使魏晋以后的文学作品受到广泛而深远的影响。孙昌武指出："经过中外无数译师的长期努力，汉译佛典之积累下丰硕的文学成果。它们以独立的美学和艺术价值而辉耀千古，从而也成为中国古代文学遗产中独具特色的、值得珍视的一部分，在中国文学史上理应占有一定位置。"①

6. 佛教对文学创作的影响

佛教译典不仅本身具有很高的文学成就，成为中国文化遗产的重要组成部分，而且对中国的文学创作，包括诗歌、小说以及骈文等，在文体、文风以及题材、内容方面，都有很大影响。

有关佛经传译对中土文学题材的影响，前辈学者有很多研究，如梁启超《翻译文学与佛典》、胡适《白话文学史》、鲁迅《中国小说史略》、霍世休《唐代传奇文与印度故事》、季羡林《〈列子〉与佛典》等。胡适《白话文学史》对佛教的影响作过这样的评价：佛教是一个"伟大富丽的宗教"，它的传入不仅给中国的帝王公卿、学士文人、平民百姓造成了巨大的"震荡和蛊惑"，而且它那上天入地、无拘无束的幻想，也给中国文学带来了"绝大的解放力"，"我们差不多可以说，中国的浪漫主义的文学是印度（佛教）的文学影响的产儿"。②

在佛经的文学故事中，寓言故事十分丰富。佛教利用大量寓言故事来解释和宣传佛教的教义，其中《百喻经》列举故事近百条，劝喻人们信佛。这部佛教文学作品，文笔朴素简练，故事生动有趣。鲁迅把它作为历史文学资料进行研究，他在早年刊印《百喻经》，并指出：

> 尝闻天竺寓言之富，如大林深泉，他国艺文，往往蒙其影响。即翻为华言之佛经中，亦随在可见。③

《百喻经》，全称《百句譬喻经》，是古天竺僧伽斯那撰，南朝萧齐天竺僧求那毗地译。《百喻经》之"百喻"，就是指有一百篇譬喻故事。它是一部以寓言譬喻故事演述大乘佛法的佛教文学作品，每篇由喻和法两部分合成。喻是一篇简短的寓言，法是本篇寓言所显示的教诫。僧伽斯那在跋颂中说：

---

① 孙昌武：《中国佛教文化史》第 2 册，中华书局 2010 年版，第 485—486 页。
② 胡适：《胡适全集》第 11 卷，安徽教育出版社 2003 年版，第 344 页。
③ 鲁迅：《集外集拾遗》，人民文学出版社 1973 年版，第 84 页。

本书以嬉笑的方法来阐明佛法，如以苦药和石蜜，虽损蜜味，但主要是为了治病。先讲笑话，后讲佛法，如先服吐下药，后以酥滋润身体。笑话里包含佛法，如树叶裹阿伽陀药，希望读者但取佛法的阿伽陀药，而抛弃嬉笑的树叶。

在佛教文学中，《维摩诘所说经》的翻译对中国文学影响很大。《维摩诘所说经》叙述毗耶离（吠舍离）城居士维摩诘，十分富有，深通大乘佛法。他通过与文殊师利等人共论佛法，阐扬大乘般若性空的思想。其义旨为"弹偏斥小""叹大褒圆"，批判一般佛弟子所行和悟境的片面性，斥责歪曲佛道的绝对境界。认为"菩萨行于非道，是为通达佛道"，虽"示有资生，而恒观无常，实无所贪；示有妻妾采女，而常远离五欲污泥"，此即"通达佛道"的真正"菩萨行"。又把"无言无说""无有文字语言"，排除一切是非善恶等差别境界，作为不二法门的极致。僧肇在《维摩诘所说经注序》中称："此经所明，统万行则以权智为主，树德本则以六度为根，济蒙惑则以慈悲为首，语宗极则以不二为门。"认为此即"不思议之本"。胡适说：

> 鸠摩罗什译出的经，最重要的是《大品般若》，而最流行又最有文学影响的却要算《金刚》《法华》《维摩诘（经）》3部。其中《维摩诘经》本是一部小说，富于文学趣味……这一部半小说、半戏剧的作品，译出之后，在文学界与美术界的影响最大。中国的文人诗人往往引用此书中的典故，寺庙的壁画往往用此书的故事作题目。后来此书竟被人演为唱文，成为最大的故事诗。[①]

有人又把这部经看作一出三幕戏剧，其中塑造的信仰诚挚、学养高深的在家居士维摩诘形象内涵丰富，性格鲜明，对历代中国士大夫产生巨大而深远的影响，它几乎成了古代文人的必读书。

佛教在小说方面的影响更大。佛教典籍广取譬喻语言，把教义、佛性，融化在文学形式里，取得形象化的教化效果。佛教典籍的直接流传，打破了中国原有小说题材的束缚，为小说创作开辟了新天地，不论在故事来源方面、

---

① 胡适：《胡适全集》第11卷，安徽教育出版社2003年版，第355页。

教理方面、构思方面和体式方面等等，佛经给后来的中国小说带来一定的影响。鲁迅在《中国小说的历史的变迁》中指出：

> 此外还有一种助六朝人志怪思想发达的，便是印度思想之输入。因为晋、宋、齐、梁四朝，佛教大行，当时所译的佛经很多，而同时鬼神奇异之谈也杂出，所以当时合中、印两国底鬼怪到小说里，使它更加发达起来，如阳羡鹅笼的故事。①

鲁迅举"阳羡鹅笼"的故事为例，指出："此种思想，不是中国所故有的，乃完全受了印度思想的影响。就此也可知六朝的志怪小说，和印度怎样相关的大概了。"②

季羡林在《梵文〈五卷书〉——一部征服了世界的寓言童话集》一文中说："它在我们中国的影响却同在别的国家一样大……譬如说那一个乞丐踢破罐子的故事，我们都知道。中国许多地方的民间传说里都有这个故事。有的文人学士也就把它写到书里去，像《苏东坡诗注》和《雪涛小说》里都有。还有一个驴蒙虎皮的故事，我们在小学教科书里都读到过。有些地方民间也流行这故事。至于两只鸟用一条树枝架着一个乌龟的故事，我们也都知道。这些故事的老家也就是梵文的《五卷书》。"③

季羡林还概括说：

> 就广义的文学来讲，在晋南北朝以前，中国已经受到了印度的影响。从南北朝起，印度的寓言、童话和小故事大量输入中国。在六朝时期，中国产生了一种特殊的文学品种，这就是鬼神志怪的故事。最著名的有张华《博物志》、王嘉《拾遗记》、干宝《搜神记》、陶潜《搜神后记》、刘敬叔《艺苑》、刘义庆《幽明录》、东阳无疑《齐谐记》、吴均《续齐谐记》，等等。此外还有一些释氏辅教之书。在这些书里有很多奇闻异事、幽明报应和鬼怪故事，很多故事都与

---

① 鲁迅：《中国小说的历史的变迁》，《鲁迅全集》第九卷，人民文学出版社1981年版，第308页。

② 鲁迅：《中国小说史略》，人民文学出版社1973年版，第275—276页。

③ 季羡林：《比较文字与民间文学》，新世界出版社2017年版，第15页。

佛教有直接关系。[①]

佛教还为中国文学带来了新的意境、新的文体、新的命意遣词方法。胡适说到佛经的翻译："这样伟大的翻译工作自然不是少数滥调文人所能包办的，也不是那含糊不正确的骈偶文体所能对付的。结果便是给中国文学史上开了无穷新意境，创了不少新文体，添了无数新材料。"[②] 东晋南北朝时，佛理不仅进入诗歌领域，还大量进入了文章领域。除了专门阐述佛学的理论文不计外，为佛教写作的文艺性文章如谢灵运所作的碑、铭、颂、赞、记、行状、书、启、赋等，据梅鼎祚《释文纪》等所收，不下三百数十篇。北朝杨衒之在尔朱荣之乱后重过洛阳，目睹"城郭崩毁，宫室倾覆，寺观灰烬，庙塔丘墟"，追忆当年佛寺兴盛时期的华美壮丽，写成《洛阳伽蓝记》这部怀旧的书。此书文笔清隽秀丽，到处流露着叹惋的情思，在中国文学史上是少见的优美作品。六朝时期的骈体，到隋和初唐时更加兴盛，格调更加讲究，这也是四声理论推波助澜的结果。禅宗盛行以后，士大夫模仿语录的语言，创造了与文言迥然不同的语录体。中国文人有不少是熟读佛典的，佛教教义的广博精微，行文的繁衍恣肆，使他们的文笔、神理、行文气势也受到熏染。

八 佛教艺术在中国的传播与发展

1. 佛教造像艺术的东传

佛教在中国广泛和持续的传播，除了对文学艺术产生很大影响之外，对于中国的造型艺术，包括造像、绘画、石窟和建筑艺术，以及对于中国的音乐舞蹈艺术，也产生了巨大的影响，深刻地塑造着中国人的审美情趣和美学风格，引导着中国艺术发展的趋势和走向。

---

① 季羡林：《中印文化交流史》，中国社会科学出版社 2008 年版，第 73—74 页。

② 胡适：《胡适全集》第 11 卷，安徽教育出版社 2003 年版，第 345 页。

佛教在造型艺术方面的影响首先是在造像方面。佛教学者太虚法师在《美术与佛学》中指出："单言之，东方文化最有价值者推美术，美术中以造像为最，造像首推佛教为最。"

早在新石器时代，中国就有了石雕、骨雕、陶塑、人像和女神彩塑头像等，如红山文化的彩塑女神头像，三星堆文化的青铜人像，到后来有比较著名的妇好墓雕刻，最著名的有商代后期的后母戊鼎。有文字记载以来，著名的有大气磅礴的秦始皇陵兵马俑和西汉霍去病墓石刻，是中国本土雕塑艺术的体现。

佛教造像艺术的最初兴起是在阿育王时代，但此时的造像中回避了释迦牟尼佛的具体形象。如在印度保留至今的阿育王时代的山奇大塔上有丰富的佛陀本生故事浮雕，其中东面浮雕是象、牛、蛇、金翅鸟等各种动物在膜拜一株菩提树，西面浮雕是一群野象向一株菩提树致敬。在这些画面中，佛陀的形象是被菩提树取代的。到了迦腻色迦王时期，崇尚和提倡佛教，继续阐释经义，还大造寺塔，并邀请希腊手工艺师雕刻佛像，开始了具体的佛教造像艺术活动，这后来形成希腊—印度的犍陀罗艺术。

随着佛教东来，佛教雕塑造像艺术也开始在中国传播，犍陀罗艺术是作为佛教艺术的形式传播过来的。当时中国的佛教雕塑艺术，主要是受到印度的"犍陀罗式"和"喀坡旦式"两种艺术风格的影响。

犍陀罗式艺术风格来源于古希腊文化传统。法国学者勒内·格鲁塞指出："事实是，这种希腊—佛教的风格已存在于阿富汗，并由释迦牟尼的教团向外传播，一世纪又一世纪，越传越远，横过了中亚细亚，而由此派生出在第5、6世纪的伟大的中国北魏艺术。"[1] 孙昌武发挥勒内·格鲁塞的这个说法，指出：

> 所谓"希腊—佛教风格"即印度和希腊—罗马艺术交融所形成的特殊风格，例如佛教面目带有希腊神话里太阳神阿波罗式的容貌，身披类似希腊神祇和罗马帝王的宽大披肩和长袍等，都明显借鉴了

① ［法］勒内·格鲁塞著，常任侠、袁音等译：《东方的文明》上册，中华书局2017年版，第261页。

希腊、罗马雕塑艺术手法。这些都给中国佛像打下了鲜明的烙印。又印度本土的佛教雕塑本来别具风格，西北印的佛像更多体现了当地土著的传统，如相貌、姿态、装饰、服装等更和印度本土人类似。这种艺术传统也陆续经过中亚输入本土，给中国雕塑提供了借鉴。①

孙昌武指出，这里提到的后一种印度本土的风格，就是"喀坡旦式"艺术风格。在佛教东传的过程中，"犍陀罗式"和"喀坡旦式"两种艺术风格陆续传到中国，给中国的造像艺术以极其深刻的影响。

犍陀罗式的佛、菩萨像的体格，雄伟健壮近似欧洲人，面貌也像希腊人，当然还多少带有印度的地方色彩。它有六大特征。（1）面相：额部广阔，鼻梁隆起通入额部，眼大，唇薄，下颚宽大突出，头发作发结、波状或螺状，眉间有白毫。（2）手掌足底：刻有轮相。（3）衣服：有轻飘之感，能表现热带地方衣料的特质，线条极为强健。（4）背光：作圆盘形，一般不加装饰，但也有在圆盘的周围刻有小圆形或锯齿形的连续模样，或在圆盘中间雕成莲花纹样。（5）全体形像：有立像、坐像、倚像、卧像。本尊像大抵取坐势，而菩萨、加持及护世天诸像则取立势。坐相又分全跏（即结跏趺坐）和半跏（即跏趺坐），此外还有蹲踞、胡跪、长跪等变化。（6）佛座：多作方座，不用莲座，侧壁通常刻有狮子或供养者礼拜莲花的模样。

"喀坡旦式"艺术也是印度艺术中的一种主要形式。喀坡旦是中印度的一个强国，它的第四代的撒母达义普他王和第五代的超日王注重印度文艺的复兴，奖励一切艺术，于是美术界顿呈前所未有的盛况。喀坡旦式是采用了印度固有的做法，与犍陀罗的作风相融合，参以大乘佛教的理想，因此可以说是集合了印度艺术的大成，达到了佛教艺术的最高峰。喀坡旦式的雕像，大致有四大特征。（1）手足：手指纤细圆长，手指之间张有缦网，两腕的左右附有垂下的衣片，菩萨相的手足附有手钏、足钏。（2）衣服：全身缠有薄质的衣服，而且密着在躯体上，几乎没有衣褶，只在颈边和衣服的下端，稍有突起，线条是柔和而流畅的褶纹。（3）背光：雕有极其精

---

① 孙昌武：《中国佛教文化史》第1册，中华书局2010年版，第183页。

巧纤细的莲花、唐草等类的图案。（4）佛座：初期是方座，后来变为莲花座。

这两种艺术形式对于中国佛教艺术风格有深刻的影响。两晋及以后，西域传来的各种佛像，汉地都有仿造。佛教雕塑开发了中国传统雕塑的新品种，开拓了中国传统雕塑的艺术手法，激发了中国传统雕塑的创造力，极大地丰富了中国传统雕塑的内容和范畴。

> 中国佛教徒最引人注目的推动作用还是在视觉艺术方面。印度北方的佛教徒曾经从希腊和波斯汲取艺术特色，并把它们传播到中亚，从那里又传到中国。在（南北朝）分裂时期和唐朝初期，中国的雕刻艺术登峰造极，成功地把印度、波斯、希腊的艺术特色融会贯通，形成独树一帜的中国风格。这种雕刻中美轮美奂的精品历经沧桑，至今犹存。[①]

关于这些造像艺术风格传播的方式，"一代代东来西往的中外僧俗不断携来佛像实物和图绘的'粉本'；中国还翻译了一些指导造像规范的经典，如《佑录》著录的失译《佛说作佛形像经》1 卷、唐提云般若译《佛说大乘造像功德经》2 卷等。这些轨范传入中国，其基本原则被中土艺术家接纳和遵循"。"从早期输入佛像伊始，外来的模式和表现手法已被介绍进来，并被中国无名艺术家所遵循。已经形成的轨范本来会对艺术创作造成限制，但在轨范限制之内发挥创造力，则如戴着锁链跳舞，往往更能显示超强的技艺。而随着佛教在中国的发展，造像越发兴盛，外来的艺术方法和模式与本土风格、手法相结合，就会创造出独具特色的中国佛教造像艺术模式"。[②]

孙昌武的这些概括在历史上都有踪迹可循。蔡愔等人从西域归国时带回佛像画本，汉明帝即令画工于白马寺壁"画千乘万骑绕塔三匝"之像。这大概是最早带到中国的佛像造型艺术形象。《魏书·释老志》记载北魏兴光元年

---

① ［美］菲利普·李·拉尔夫等著，赵丰等译：《世界文明史》上卷，商务印书馆 1998 年版，第 443 页。

② 孙昌武：《中国佛教文化史》第 1 册，中华书局 2010 年版，第 184—185 页。

（454）罽宾国僧人师贤和师子国僧人邪奢遗多、浮陀难提等人在北魏京师平城造像或赍像的事。

这些来自西域的僧人艺术家在北魏京城造像，一定是带来了西域的造像艺术形式和技术。

北魏神龟元年（518），胡太后派遣惠生和宋云出使西域，"宋云以奴婢二人奉雀离浮图，永充洒扫。惠生遂减割行资，妙简良匠，以铜摹写雀离浮图仪一躯及释迦四塔变"。惠生节省旅费，选拔优秀的工匠，以铜临摹雀离浮图的佛像和释迦四塔的佛教故事浮雕。惠生和宋云回国时，带回了这些犍陀罗艺术的摹本。

到了唐代，仍有从印度直接传入佛教造型艺术作品的情况。如东都洛阳敬爱寺有王玄策携归的菩提树下弥勒菩萨塑像，"王玄策取到西域所图菩萨像为样。巧儿、张寿、宋朝塑，王玄策指挥，李安贴金"（《历代名画记》）。洛阳佛授记寺有金刚真容像一尊，是义净在武周证圣元年（695）从天竺带回洛阳的。

来自印度的佛教造型艺术，主要是通过西域传入中国的。吴焯考证说：佛教传入西域的南北二道，"南道于阗等地系由犍陀罗中心地区通过克什米尔即迦湿弥罗（罽宾）传入；北道龟兹等地系由巴米扬一线向东，或由罽宾北上经犍陀罗中心地区至迦毕式，再由迦毕式向东"①。所以，在丝绸之路沿线，包括南道的楼兰、于阗等地，北道的疏勒、龟兹、高昌等地，有深受犍陀罗艺术影响的佛教造像艺术的遗存。佛教造像艺术主要是经由西域于阗、龟兹地区通过河西走廊辗转传入中国内地的。

在佛教造型艺术东传的过程中，地处河西地区的凉州发挥了中转站的作用。北凉国王沮渠蒙逊时开凿的天梯山石窟，规模宏大，建筑雄伟，是我国早期的石窟之一。窟内保存壁画数百万平方米，佛像100多尊。其中主体建筑大佛窟如来坐像高30多米。大佛左右两边站立迦叶、阿难、普贤、文殊、广目、天王六尊造像，神态逼真，形象各异，塑造精致。考古学家宿白在综合武威天梯山石窟第1、4窟，酒泉、敦煌、吐鲁番所出北凉石塔和肃南金塔

---

① 吴焯：《佛教东传与中国佛教艺术》，浙江人民出版社1991年版，第159页。

寺、酒泉文殊山前山石窟等考古资料的基础上，认为"凉州模式"是存在于新疆以东地区的一种早期佛教造像模式。其内容主要包括 5 项：

（1）有设置大像的佛殿窟，较多的是方形或长方形平面的塔庙窟。塔庙窟窟内的中心塔柱，每层上宽下窄，有的方形塔庙窟设有前室。

（2）主要造像题材有释迦、交脚菩萨装弥勒。其次有佛装弥勒、思惟菩萨和成组的十方佛。造像除成组的十方佛外，皆为坐像。

（3）窟壁主要画千佛。文殊山前山千佛洞千佛中现说法图，壁下部出现供养人行列。

（4）边饰花纹有两方连续式的化生忍冬。

（5）佛和菩萨面相浑圆，眼多细长型，深目高鼻，身躯健壮。菩萨、飞天姿态多样，造型生动。飞天形体较大。[1]

这种"凉州模式"与西域佛教造型艺术有密切的渊源关系，并对此后的大同石窟的造像艺术有直接的影响。"凉州模式"概念的提出，使得河西地区早期石窟的样式特征更为突出，为了解云冈石窟的文化因素来源以及北中国北方地区早期洞窟的形制、造像题材、造像组合、装饰纹样、造像特征提供了典范，并为进一步的研究奠定了基础。

2. 佛教造像艺术在中国的发展

史籍中有关供奉金铜佛像和修塔建寺的最早记载，是汉献帝初平四年（193），由丹阳人笮融修建，此时已崇拜披锦缎衣的鎏金铜佛像。现已无从知道当时佛像的具体形象和特征，但是垂九重铜盘、周绕阁道的多层塔庙，确是结合了印度塔刹和中国建筑的风格。

从考古材料上来看，汉末时，既有受佛教影响的画像石等各种作品，也有真正的佛像，如：

（1）四川乐山麻浩崖墓的享堂顾枋上有高浮雕佛像，高 37 厘米，厚 37 厘米，高肉髻，绕头有圆形顶光，身披通肩袈裟，结跏趺坐，右手施无畏印，

---

① 宿白：《凉州石窟遗迹和"凉州模式"》，《考古学报》1986 年第 4 期。

左手执袍角。手法为平面凸起的阳刻，上体刀法很深，露出的手和下体衣纹都用阴线。附近风格相同的崖墓有顺帝永和、恒帝延熹纪年铭刻。

（2）四川乐山柿子湾崖墓的二尊佛像，与上述相似。

（3）四川彭山县汉代崖墓出土灰陶摇钱树座，通高21.3厘米，座上塑佛像，头上肉髻，刻阴线纵纹，右手施无畏印，左手执袍角，趺坐，着通肩袈裟，阴线衣褶，线条分明。旁立二侍者，右胁侍穿交领衣，手持物，左胁侍右手举起，座下塑双龙衔璧。

（4）内蒙古和林格尔小板申1号墓前室顶部的佛像。

（5）山东沂南画像石墓，画像中有几幅图像受佛教影响，即头部有佛光等，其制作年代推定为东汉灵帝末年至献帝初年前后。①

（6）山东长清孝堂山祠堂佛像。

（7）江苏连云港孔望山摩崖石刻造像中的佛像，经中国历史博物馆史树青鉴定，含有佛教内容，即头上有高肉髻，右手呈施无畏印的形状，两手放在胸前结跏趺坐，全身有凹形的身光等。也有人推断为桓灵时期的遗物。②

（8）河北石家庄北宋村二号汉墓出土的两尊铜像，是中国发现的最古的佛像，从此墓的年代推测，制作于后汉至魏晋时代。③

从这些遗物可以确认，佛教造像在东汉已经开始出现。

到东晋十六国时，随着佛教的流行，造像事业也渐次兴盛。佛教造像在当时被人们认为是无量功德的事情。

此外，雕塑佛像还有"恒生大富家，尊贵无极珍""作大名闻王"等种种的福德利益。于是，造像求功德的行为，蔚然成风。佛教寺院铸塑造像御风而起，先有荀勖造佛菩萨金像12躯于洛阳，继有道安铸襄阳檀溪寺丈六释迦金像，竺道邻铸山阴昌原寺无量寿像，竺道壹铸山阴嘉祥寺金漆千像，支慧护铸吴郡绍灵寺丈六释迦金像，均为一时名塑。

---

① 参见曾昭橘等：《沂南古画像石墓发掘报告》，南京博物院、山东省文物管理处合编，文化部文物管理局1956年版。

② 参见俞伟超、信立祥：《孔望山摩崖造像的年代考察》，《文物》1981年第7期。

③ 参见河北省文物管理委员会：《石家庄市北宋村清理了两座汉墓》，《文物》1959年第1期。

此时的佛像，已不再是单纯模仿印度佛像，而是具有了中国样式和中国风格。晋孝武帝时，会稽山阴灵宝寺求南朝艺术家戴逵制一尊1丈6尺高的无量寿佛木雕像。戴逵积思三年，刻制成一尊完美的佛像——宽额、浓眉、长眼、垂耳、笑脸、大肚，既符合佛经教义，又体现了中华民族的审美习惯，观者无不称妙，匠人也争相仿效，从而成为佛像形体的公认定格。唐张彦远《历代名画记》卷五记载，戴逵"善铸佛像及雕刻，曾造无量寿木像，高丈六，并菩萨。逵以古制朴拙，至于开敬，不足动心。乃潜坐帐中，密听众议，所听褒贬，辄加详研，积思三年，刻像乃成"。认为汉魏以来的佛像，皆由于"形制古朴，未足瞻敬"，直到戴逵的出现才有进一步的发展。唐道宣在《法苑珠林》里赞叹道："西方像制，流式中夏。虽依经镕铸，各务仿佛，名士奇匠，竞心展力，而精分密数，未有殊绝。晋世有谯国戴逵，字安道者，风清概远，肥遁旧吴。宅性居理，游心释教。且机思通赡，巧拟造化。思所以影响法相，咫尺应身，乃作无量寿挟侍菩萨，研思致妙，精锐定制，潜于帷中密听众论。所闻褒贬，辄加详改。核准度于毫芒，审光色于浓淡。其和墨点采，刻形镂法，虽周人尽策之微，宋客象楮之妙，不能逾也。"

晋安帝义熙初年（405），师子国国王派使臣进贡玉佛像一尊，安帝命戴逵造佛像5躯，一同供奉南京瓦棺寺。后来这5尊佛像，和顾恺之的《维摩诘像》及师子国进贡的玉佛，共称"瓦棺寺三绝"。

戴逵在佛像雕塑上的另一大贡献是他首创了"夹纻漆像"做法，把漆工艺的技术运用到雕塑方面。戴逵之前，佛像用铜、铁铸造或用石头雕刻而成。戴逵受砖瓦工用木模造瓦的启发，先用木胎泥模造出底胎，再在泥胎外面粘上麻布数层，然后再在麻布胎上漆彩绘，干后撤去木模，这样就形成了外实里空的漆彩雕像，史称"脱胎"或"脱空造型"。这种佛像轻便，不裂缝，宜于携带转运，所以又称"行像"，因此很快在全国传开，迅速成为一种时髦和风气。唐时这一技术还随鉴真东渡传到日本。

南北朝时期，随着佛教的日益发展，佛像的制造也极隆盛，"庄严佛事，悉用金玉"。刘宋武帝时，铸有无量寿金像；明帝即位，铸造丈四金像及行像八部鬼神。此外，丈六、丈八铜像制造甚多，小金像也多有铸造。至齐，萧嶷、萧子良造像甚多，明帝亦铸金像千躯。梁武帝造有光宅、爱敬、同泰诸寺的丈六弥陀铜像；简文帝造有高约一二寸的千佛铸像。陈文帝时，造金铜像百万躯；宣帝更有金铜铸像 2 万余躯。此外还有名僧德众的数量众多的造作。在北朝，据《洛阳伽蓝记》记载，洛阳永宁寺佛殿有丈八金像 1 躯，等身金像 10 躯；平等寺门外有金像 1 躯，高 2.8 丈；长秋寺中有六牙白象负释迦。

除了兴建佛寺，铸造佛像外，大量的石窟被开凿出来，代表性的有龙门石窟、云冈石窟、敦煌石窟等等。石窟中的早期造像，面相丰圆，肢体肥壮，神态温静。北魏孝文帝亲政之后，大力推行汉化政策并迁都洛阳。这时的石窟造像，受到以戴逵为代表的本土化"秀骨清像"风格的影响，融合南北，出现了一种面容清癯、褒衣博带、性格爽朗、风神飘逸的新形象。以龙门石窟为代表的中国佛教造像艺术，虽然还带有浓重的印度艺术色彩，但标志着具有民族特点的中国佛教造像艺术已经出现。

隋朝时，佛像的兴造复盛。隋文帝首敕造金、银、檀香、夹纻、牙石等佛像。《续高僧传》卷一七记载，高僧智者一生造金、铜、檀、塑、画像 10 万余躯。可以想象，当时造像的盛况。此时期佛像的雕塑风格已渐变为纯中国式样，面貌柔和圆满，衣褶也趋于写实，流丽而妥帖，菩萨像则天衣璎珞，裙褶流畅。

唐代的雕塑艺术更臻于繁荣圆熟，如佛、菩萨、力士造像，反映了当时真实的生活及现实人间的美好形象。佛教造像走向民族化、世俗化和人性化的艺术形式，展现光华、绚丽的健美风姿，突显典型性及主题性。在形象的表现上，为面容温静、唇润颐丰、身躯健美、肌体丰腴、眉毛弯长、眼眸明澈、姿态妥帖、衣褶流丽，其风格更近于写实。唐代佛教雕塑在武则天时期达到了高潮。这一时期的龙门奉先寺，包括卢舍那佛及弟子、罗汉菩萨、天王、大力等 11 尊巨像。主像身高 17 米，群像布局严谨，手法纯熟。佛像面容贴切近人，充满慈祥，神情庄严而从容，身体则圆肥丰硕，笔意豪壮。菩萨雍容华丽，细腰斜欹，楚楚动人。天王、力士肌肉怒凸，体现了男子的健美，让人感到威严，正直、勇猛、坚毅，完全是隋唐时期现实生活中的人物写照。

唐代的菩萨造像，走向世俗化与女性化，健康有力、成熟自信，透露出

"菩萨如宫娃"的审美时尚。《释氏要览》卷中记载："宣律师云：'造像梵相，宋齐间皆唇厚鼻隆，目长颐丰，挺然丈夫之相。自唐以来，笔工皆端严柔弱似妓女之貌，故今人夸宫娃如菩萨也。'"此处的"妓女"指古时演唱歌舞的女性艺人，"宫娃"就是宫女的意思。比喻唐代菩萨像，看起来就像是现实生活宫廷里娇贵的宫女。

在佛的袈裟上雕刻法界诸相，这种造像称为"法界人中像"。此造像形式和华严信仰有着密切的关系，以艺术的象征手法，创作出以《华严经》为题材的佛教艺术表现。旧译《六十华严·世间净眼品第一之一》说："无尽平等妙法界，悉皆充满如来身。"新译《八十华严·世主妙严品第一之二》说："佛身普遍诸大会，充满法界无穷尽。"法界人中像的佛身善摄一切法界图像，即是华严艺术圣境的图像表现。

佛教造像艺术的最重要和最终的目的是弘扬佛教教义，担负着形象宣传和教化功能。梁慧皎《高僧传》卷六记载："每讲会话，聚辄罗列尊像，布置幢幡珠佩迭晖，烟华乱发，使夫升阶履闼者，莫不肃焉尽敬矣。"

造像将佛菩萨们智慧、慈悲、宁静、安详、柔和的精神体现得淋漓尽致，使观者沉浸其中。讲法时陈列佛像，以佛像庄严、慈祥、宁静的面容，展示佛陀清净法身的本色，使听法者生起一种敬仰之心，宗教情操由此而流露出来。

造像艺术随着佛教传入中国，成为人类艺术宝库中的精品，也为佛教的传播作出了不可估量的贡献。造像艺术对于中国传统艺术有很大的影响，极大地推动了传统造像技巧和风格的发展，大大丰富了其内容体裁。现在我们所能获得的具有高度代表性的艺术作品，不论是雕刻，或是绘画，大多来自佛教。佛教学者太虚大师说："在中国固有之美术，惟图画、音乐等，至于雕刻、塑像等则肇于佛徒，后来渐成普及。"

3. 佛教绘画艺术的传播与影响

在佛教绘画传入中国以前，我国秦汉绘画就有用模印或刻画制成的画像砖、墓室壁画、帛画等，并形成了自己古朴的风格。比较著名的有长沙马王堆一号墓中出土的轪侯夫人帛画，是迄今发现的我国最早的工笔重彩画珍品。王逸《楚辞章句》就说："楚有先王之庙及公卿祠堂，图画天地、山川神灵，琦玮谲诡，及古圣贤、怪物、行事。"可知绘画在当时的社会生活中已经起着重要的作用。

佛教东渐，给我国传统的绘画带来了新样式和新内容，丰富了绘画理论和技巧，使中国美术得到迅猛发展，而且佛教美术自身也成为中国艺术史上的一枝奇葩。唐张彦远在《历代名画记》卷五中说："汉明帝梦金人长大，顶有光明，以问群臣，或曰西方有神名曰佛，长丈六，黄金色。帝乃使蔡愔取天竺国优瑱王画释迦倚像，命工人图于南宫清凉台及显节陵上。以形制古朴，未足瞻敬，阿育王像至今亦有存者可见矣。后晋明帝、卫协皆善画像，未尽其妙。泊戴氏父子皆善丹青，又崇释氏，范金赋彩，动有楷模，至如安道潜思于帐内，仲若悬知其臂胛，何天机神巧也。其后，北齐曹仲达、梁朝张僧繇、唐朝吴道玄、周昉，各有损益，圣贤盼蠁，有足动人；璎珞天衣，创意各异。至今刻画之家，列其模范，曰曹、曰张、曰吴、曰周，斯万古不易矣。"

唐张怀瓘在《画断》中也说道："顾、陆及张僧繇评者各重其一，皆为当矣。陆公参灵酌妙，动与神会，笔迹劲利如锥刀焉。秀骨清像，似觉生动，令人懔懔若对神明，虽妙极像中，而思不融乎墨外。夫像人风骨，张亚于顾、陆也。张得其肉，陆得其骨，顾得其神，神妙亡方，以顾为最。比之书，则顾、陆、钟、张也。僧繇，逸少也。俱为古今独绝，岂可以品第拘。"

以上这两段引文，基本上概括了佛教绘画艺术在中国的流传及发展的一些情况。

根据佛经和佛教传记的记载，佛陀在世时，佛教寺院已经有了佛教绘画。绘画艺术对于佛教的传播意义重大。梁慧皎《高僧传》说："敬佛像如佛身，则法身应矣。"佛教绘画可以促进佛教的传播，这是佛教绘画发达的根本原因。"佛画可以形象地传播佛教教义，也可以供佛教信徒礼拜敬奉，还可以备寺院殿堂庄严之用。"①

在佛教的历史上，佛画的目的大约有3个：（1）备佛教徒供养敬奉之用。佛教徒供养用的佛画有这样几种：尊像画，就是一尊或多尊的佛菩萨像，庄

① 方立天：《中国佛教文化》，中国人民大学出版社2006年版，第273页。

严妙好，或坐或立。经变画，根据佛经所叙的佛国庄严，绘画成图，如极乐净土变、药师佛净土变、灵山净土变等。曼陀罗画，是密宗修法所供养的图画，根据一定的经轨，以画一佛或一菩萨为中心，周围层层环绕着菩萨、天神等。（2）备寺院殿堂庄严之用。殿堂庄严用的佛画，可以是佛、菩萨、天龙鬼神的形像画，也可以是佛传图，即根据佛传所记释迦如来一生教化的故事，也可以是本生图画，根据佛经中所说释迦如来往生中所修的种种菩萨行的故事，如舍身喂虎、舍身贸鹄等故事，也可以是经变图，即根据佛经中所叙的故事，绘成形像，如维摩经变、地狱变等。（3）供人欣赏的画家写意之作。画家写意以供人欣赏的佛画，便是画在手卷、册页、屏风上的各种题材的佛画，不拘于佛教的形式，不拘于佛教的法则，可以由画家任意呈现其技巧以供人欣赏而已。

佛教绘画艺术伴随佛教一起传入中国。汉明帝永平十一年（68）建白马寺，绘千乘万骑绕塔三匝图于寺壁，这是佛寺壁画的滥觞。

《魏书·释老志》说："自洛中构白马寺，盛饰佛图，画迹甚妙，为四方式。"又说："明帝令画工图佛像，置清凉台及显节陵上。"《冥祥记》说："又于白马寺壁画千乘万骑绕塔三匝之像。"这是中国最初自作的佛画。

三国时天竺僧人康僧会初到东吴，设像行道，带来了佛教画的样本，引起当时一些画家的注意。从魏晋开始，绘画风气大盛，南北朝时佛像画兴起，尤其是印度、西域绘画的方法，随佛教一起输入中国。这些画法注重阴影阳面的强烈对照，并常参酌并用，以凹凸画法描写描述佛像，明显不同于中国原来的画法。

中国画史有关中国佛教艺术的记载始自魏晋，佛教画成为中国绘画当中一个主要科目也是从魏晋南北朝开始的。这一历史时期佛教绘画的主要部分则是寺庙壁画和石窟壁画，宣传苦行的佛本生故事，崇扬佛法无边的降魔变，以智慧超常的维摩诘居士为主体的维摩诘经变等，是一画再画的题材。

东吴曹不兴是最早接受西域佛画影响的画家。他先是临摹，按"西国佛画仪范写之"，后来在画法上参取了印度艺术风格，并创造性地将其运用在中国原有的技巧之中，画法由简古朴拙而趋向细密柔巧，在中国绘画法上引起一大转变。曹不兴以写佛像画闻名，往往写长 50 尺的佛画，运笔如飞，迅速而成。唐张彦远《历代名画记》说："连五十尺绢画一像，心敏手运，须臾立成，头面手足肩背，亡遗尺度，此其难也，曹不兴能之。"宋郭若虚《图画见闻志》中引蜀僧仁显《广画新集》说："曹（不兴）曰：昔竺乾有康僧会者初入吴，设像行道。时曹不兴见西国佛画，仪范写之，故天下盛传曹也。"

曹不兴的弟子卫协画佛像，更是栩栩如生。相传他画佛不点睛，张彦远《历代名画记》引孙畅之《述画》说："卫协组七佛图，人物不敢点眼睛，想见其妙。"因而卫协得"画圣"的称号。卫协的弟子有张墨、顾恺之等，都享盛名。顾恺之提出了"以形写神"之论，相传他在建康瓦棺寺壁上绘的维摩诘居士图，光彩耀目，轰动一时。

顾恺之的弟子毛惠远，惠远传其弟惠秀。惠秀有《胡僧图》《释迦十弟子图》，张墨弟子顾骏之有严公等像，均见于《历代名画记》。

梁代张僧繇以善画佛像名世，是中国佛教绘画的开创者和推动者。梁武帝凡装饰佛寺，多命他画壁，因而他在江南的不少寺院中绘制了大量壁画。张僧繇于佛像人物用功最深，形成自己的风格，人称"张家样"。这种样式的特点是：借鉴天竺的凹凸花画法，以线条表现人物造型，赋色时层层晕染，使人物具有立体感。①

不过，张僧繇并不是简单地照搬，而是将这一手法融入书法的用笔之中，"点、曳、斫、拂，均依卫夫人《笔阵图》，森森然有钩戟利剑的神色"。《历代名画记》说他"笔才一二，而像已应焉。因材取之，今古独立。像人之妙，张得其肉，陆得其骨，顾得其神"。《宣和画谱·张僧繇调》说："僧繇画，释氏为多，盖武帝时崇尚释氏，故僧繇之画，往往从一时之好。"他画人物，能做到朝衣野服，今古不失，"殊方夷夏，皆参其妙"，能从被画对象的特定身份、时代民族等方面着眼，成功地画出其各自不同的形象特征和风貌。他奉命给当时诸王绘制肖像，能起到"对之如画"的效果。

据记载，张僧繇曾在建康一乘寺用天竺传入的凹凸画法创作壁画，所绘

---

① 参见向达：《唐代长安与西域文明》，河北教育出版 2001 年版，第 402 页。

物象，远观具有立体感，近视则平，因此该寺又被人称为"凹凸寺"。唐许嵩《建康实录》记载："一乘寺，梁邵陵王纶造，寺门遍画凹凸花，称张僧繇手迹。其花乃天竺遗法，朱及青绿所造，远望眼晕如凹凸，近视即平，世咸异之，乃名凹凸寺云。"这是宗教绘画乃至中国绘画美学史上具有划时代意义的成就。范瑞华指出："盖吾国绘画，向系平面之表，而无阴影明暗之法，自张氏仿印度新壁画之凹凸法后，至唐即有石分三面之说矣。"① 凹凸法作为一种绘画技法，处理的是三维空间、透视与色调对比诸问题，它给中国画家以巨大的启迪，不仅被画家所接受，而且颇受世人赞誉。在此基础上，后人又创造了"没骨画法"。

张僧繇与陆探微、顾恺之并称为"六朝三杰"，有不少人学习他的画风，所谓"望其尘躅，如周、孔焉"。唐李嗣、张怀瓘都有很高的评价。

张僧繇的儿子善果、儒童也以佛画知名。善果画有《悉达太子纳妃图》《灵嘉寺塔样》；儒童画有《释迦会图》《宝积经变图》。在南北朝的后期，张僧繇的影响很大，有不少人学习他的画派，佛像的中国化，从此有了很大的发展。后人把张僧繇也尊为"画家四祖"之一，所谓"画家四祖"，是指东晋顾恺之及其学生陆探微，南朝画家张僧繇及唐画家吴道子。

在南北朝后期，北齐曹仲达的佛画颇享盛名。曹仲达来自西域的曹国，原来的画风带有西域的风格，但在中原既久，其画艺又逐渐染上中国民族风格，创立了"曹家样"，成为唐代盛行的四大绘画式样之一。所谓"四家样"，即受佛教艺术影响而出现的四种不同的流派和风格。张彦远说："曹仲达本曹国人也。北齐最称工，能画梵像。官至朝散大夫。"僧彦悰也说"外国佛像，亡竞于时"，他把这时佛教雕塑的风格与曹仲达联系起来。张彦远和僧彦悰特地把他所画佛像称为"梵像"或"外国佛像"，以区别于前代的"张家样"和以后的"吴（道子）家样"。曹仲达笔法刚劲稠叠，所画人物衣衫紧贴身上，犹如刚从水中出来一般，后人誉为"曹衣出水"。宋郭若虚在《图画见闻志·论曹吴体法》中谈道："吴之笔其势圆转，而衣服飘举；曹之笔其体稠迭，而衣服紧窄。故后辈称之曰：吴带当风，曹衣出水。"形象地说明

---

① 参见李小荣、马晓坤：《佛教传入与中国美术》，《法音》1998 年第 12 期。

"曹家样"的特点是"其体稠迭""衣服紧窄""曹衣出水"。这种"曹衣出水"的画法与印度笈多马图拉样式薄衣贴体的"湿衣佛像"很相似，为我国佛教绘画的第二种样式。

当隋以前，还有不少印度的画僧来到中国，为中国绘画渗入了新的作风。新疆甘肃的洞窟壁画，有中亚细亚人、印度人来与中国画家们合作。来中国的画僧释迦佛陀、吉底俱、摩罗菩提等，是擅长绘画的印度人。所以南朝陈代姚最《续画品》说："右此数手，并外国比丘，既华戎殊体，无以定其差品。……下笔之妙，颇为京洛知闻。"

魏晋南北朝时期，中国画家吸取佛教的绘画技术，在绘画表现技法上也取得了一定的进步，促进了中国绘画理论与技法的发展与成熟，推进了绘画艺术的发展。从图案制作方面来说，先秦两汉时期的装饰纹样变化不大，多是传统的云气纹、云山纹、龙纹及其他常见的动物纹样，植物纹样则罕见。佛教传入之后，图案样式大大地丰富了，出现了狮子纹、忍冬草纹、锯齿纹、卍字纹等，尤以莲花纹和佛光的大量运用，更增强了宗教艺术的表现力。从构图方面来说，域外佛画的裸袒或薄衣式造型，明暗晕染技法，和以人物尺寸大小区别其社会地位从而突显主体的构图方式，影响了中国画家，被一些画家吸收到自己的创作中。先秦两汉时仅是平列所有形象，没有纵深和远近的空间关系的处理，缺乏立体感。魏晋以后，由于佛教美术的影响，焦点透视法得以广泛应用，人物形象的立体感增强，栩栩如生而魅力无穷。特别是凹凸法的引入，使图画艺术具有了浮雕的审美效果。

天竺绘画理论中的"六支"说，对谢赫绘画的"六法"论也有影响。中国画家们在研求、吸收外来艺术的同时，继承了中国悠久的文化艺术传统，并将两者融而为一，使佛画已开始显示出中国民族的某些艺术特色。从丝绸之路上和内地遗存至今的克孜尔、莫高窟、麦积山、榆林窟、炳灵寺等石窟壁画中，我们看到佛画造型逐渐开始摆脱印度化、希腊化造型的痕迹，带上中国民族造型的特征。

佛教的传入带给中国美术全新的内容，极大地丰富了人物群像的塑造。题材新添了变相画、经变画、供养人画等品种。这种经变、变相的创作，至唐而臻于极致。佛教中的人物造像，姿态各异的佛、菩萨、罗汉的塑像和画像，更是琳琅满目。"人物画的兴盛，是这一时期绘画中的重要特点。首先就题材来说，由于佛教的东传而改变了中国人物画的内容，佛教人物画到南北朝时代大大地盛行起来。……几乎可以说，只要是画家，无不擅长佛教人物画。"①

南北朝时的壁画艺术有很大发展。六朝壁画情节复杂、场面壮观、气势宏大，大多是以大乘经典为根据的，在图画中常常可以见到现实生活片断的描绘。在南北朝与隋之交的佛教壁画中，人物造型动作、环境背景的描绘都显示出较有写实性的表现水平。南朝的寺观壁画多毁于唐武宗灭佛之际，张彦远《历代名画记》卷三有详细记载。

北魏石窟画是在汉画的基础上，吸收了印度佛教画的题材和手法，用粗线条勾轮廓而后用色向内平涂，分不出衣纹的浓淡。以人为主体，背影不计比例，往往人大于山。其后更加吸收融合印度的手法，充分发挥晕染法，将线条应用到细节的表现当中。构图上阁台、树石、车舆、器物等位置适当，大自然的插画增多。

由于绘制佛寺石窟壁画之需，大批民间画工加入了绘制行列，士大夫画家也因时尚而纷纷参与佛画绘制。绘画主体由六朝以前绘画内容、风格有别的宫廷画工和文人画家，变成为以佛教为共同题材的士大夫画家、民间画工、沙门释子，他们的审美趣味和艺术追求也相互影响。自南北朝之后，佛教绘画艺术，逐渐成为中国画坛的一个潮流，历代有许多艺术家热心于佛画的创作。宋郭若虚《图画见闻志》说："吴曹不兴，晋顾恺之、戴逵，宋陆探微，梁张僧繇，北齐曹仲达，隋郑法士、杨契丹，唐阎立本、阎立德、吴道子、周昉、卢楞迦之流及近代侯翼、朱繇、张图、武宗元、王瓘、高益、高文进、王霭、孙梦卿、王道真、李用及李象坤、蜀高道兴、孙位、孙知微、范琼、勾龙爽、石恪、金水石城、张元蒲、师训、江南曹仲元、陶守正、王齐翰、顾德谦之伦，无不以佛道为功，岂非释梵庄严，真仙显化，有以见雄才之浩博，尽学志之精深者乎。"

---

① 张光福编著：《中国美术史》，知识出版社 1982 年版，第 130 页。

4. 佛教石窟艺术的传播与发展

古代印度佛教艺术的另一特色是石窟艺术。石窟是由僧伽蓝发展成为集建筑、雕塑、壁画于一体的佛教石窟文化综合体。印度的石窟分两种：举行宗教仪式的石窟叫"支提窟"，平面长方形，纵端为半圆形，半圆形的中间有一窣堵波。除入口处外，沿内墙面有一排柱子；另一种石窟称为"精舍"，以一个方厅为柱心，三面凿出几间方形小室，供僧侣静修之用，第四面为入口，没有门廊。精舍和支提窟常相邻并存，如阿旃陁的石窟群。

阿旃陀石窟是印度最著名的石窟，它位于温德亚山脉的深山中。大约前2世纪开始修建，至7世纪方告完成。因处于深山之中，人迹罕至，建成后约有1000年鲜为人知，直到近代才被重新发现。石窟开凿在河流旁半圆形的悬崖上，是一个有29窟的寺院。第一窟建于7世纪，是大乘佛教的光辉典范，窟内正前方有释迦牟尼雕像，高约3米，从左、中、右三个方向可以看出佛祖的快乐、痛苦和冥想三种不同的神态。中间有一大窟，四周壁画为500罗汉像，面貌姿态各不相同，喜怒哀乐尽显其中。阿旃陀石窟的佛殿、僧房建筑都有大量精美的绘画和雕刻，集中体现了古代印度艺术的独特风格和高超的技巧。

两晋之时，内地的佛教艺术多在寺内，而甘凉一带，地多山岭，接近西域，吸收西域的文化，因而开始有因山修龛造窟的。石窟是展示佛教艺术的一种非常重要的表现形式。佛教艺术往往通过石窟的雕刻、寺庙的塑像、壁画的彩绘，将佛教人物的各种形象以及故事内容，生动有趣地表现出来，在展示过程中，承前启后，逐步形成完美的艺术造像群体。梁思成指出：

> 自魏受汉禅，三国鼎立，晋室南迁，五代迭起，南北分立——政潮汹涌，干戈无定，佛教因之兴盛，以应精神需求。中国艺术与建筑遂又得宗教上之一大动力，佛教艺术乃其自然之产品，终唐宋之世，为中国艺术之主流，其遗迹如摩崖石窟造像刻画等，因材质坚久之故，得以大体保存至今，更为研究艺术史稀有实物资料之大部。[1]

北朝时期，随着佛教的勃兴，在丝绸之路沿线的佛教传入地，大规模的

---

[1] 梁思成：《中国建筑史》，百花文艺出版社1998年版，第69页。

造窟活动涌现，出现星罗棋布的石窟群，产生了龟兹石窟模式（克孜尔石窟、库木吐拉石窟、森木塞姆石窟）、高昌石窟模式（柏孜克里克石窟、吐峪沟石窟、胜金口石窟）、凉州石窟模式（敦煌石窟、河西河东石窟）、中原石窟模式（云冈石窟、麦积山石窟、龙门石窟）。这些石窟从西向东，遍布丝绸之路沿线，到达丝绸之路的东部端点洛阳。其中甘肃的敦煌莫高窟历史长，历经朝代多，以雕刻、壁画闻名于世，可称为中国石窟的历史长卷；云冈石窟是一朝之精华，以完美的石雕艺术闻名于世，可称为中国石窟的佳篇；龙门石窟是继云冈石窟之后开凿的，和云冈石窟是姊妹窟，可称为中国石窟的继篇。这三大石窟艺术宝库反映了佛教在中国传播和发展的历史过程，也反映了石窟艺术从西域传来后逐渐民族化、中国化的过程。

敦煌莫高窟是世界上现存最伟大的佛教艺术宝库。敦煌莫高窟始建于前秦建元二年（366），据武周圣历元年（698）李怀让《重修莫高窟佛龛碑》记载：僧人乐僔云游至敦煌城东南的三危山下，薄暮时分，无处栖身，惶惶不安。突然，三危山发出耀眼金光，似有千万个佛在金光中显现。他连忙顶礼膜拜，于是募集资金，在这里开凿了第一个石窟。后来，僧人法良又开凿了第二窟，后又经过历代开凿，现存的莫高窟南北全长1618米，石窟492洞，其中魏窟32洞，隋窟110洞，唐窟247洞，五代窟36洞，宋窟45洞，元窟8洞，塑像2415躯，并有大量壁画，连接起来有五六十里长。北朝时期洞窟的主像一般是释迦牟尼或弥勒，主像两侧多为二胁侍菩萨或一佛、二弟子、二菩萨。塑像背部多与壁画相连。窟内顶部和四壁满绘壁画。顶及上部多为天宫伎乐，下部为夜叉或装饰花纹。壁画内容主要有：经变，即佛经故事，如西方净土变；本生故事，即释迦牟尼前世经历，如投身饲虎、割肉贸鸽；尊像图，即佛、菩萨、罗汉、小千佛、飞天等；供养人像，即出资修窟人的像。敦煌莫高窟的第120洞，洞窟北壁的大型坐佛台下，有西魏大统四年（538）建造的铭记，洞内壁画纯为中国式，佛塔则属犍陀罗式系统。北壁佛龛的左右，绘有象头毗那夜迦，或三面六臂乘牛坐像，或一头四臂乘鸟像，似为密教题材。西壁有中印手法的佛像和印度式壁画，但这种中印度式的佛教美术逐渐中国化，例如：佛像的衣端部分，西方美术是用浓厚阴影描写，此处则为线画式；天井中央，绘天盖形，虽然样式传自西方，但已有中国化风格。

云冈石窟在山西大同西武周（州）山北崖，始凿于北魏和平元年（460），约终止于正光五年（524）。据说北魏文成帝在太武帝灭佛之后决定恢复佛教，僧人昙曜来到平城，路遇文成帝车队，袈裟被御马咬住不放。文成帝认为马识善人，是天赐高僧，便对昙曜以师礼相待。昙曜建议在武周山开窟五所，获得批准后，主持其事。整个石窟依山开凿，东西绵延 1 千米，现存主要洞窟 53 个，大小造像 51000 多尊，佛龛 1100 多个。云冈石窟是石窟艺术"中国化"的开始，是在我国传统雕刻艺术的基础上，吸取和融合印度犍陀罗艺术及波斯艺术的精华所进行的创造性劳动的结晶。石窟雕刻的题材内容，基本上是佛像和佛教故事。云冈石窟雕刻在我国三大石窟中以造像气魄雄伟、内容丰富多彩见称，多为神态各异的宗教人物形象，石雕满目，蔚为大观。他们的形态、神采动人。这些佛像与乐伎刻像，还明显地流露着波斯色彩。佛像最大的是第 5 窟的释迦牟尼坐像，高 17 米，宽 15.8 米，脚长 4.6 米，手中指长 2.3 米。第 20 窟的本尊大佛像制作雄伟，神态庄严，全高 14 米。这种摩崖大佛的观念极可能是受了中亚梵衍那巨佛的启发，其面容眉毛修长，鼻梁高挺，深目大眼，颇具西洋人面貌的特质。佛像的衣纹写实而自然，多以阳刻的凸线表示，显示云冈艺术是因袭贵霜王朝犍陀罗造像的式样。但雕法朴拙，肩膀宽阔，头顶剃发肉髻，身穿右袒僧袍，却又继承贵霜王朝秣菟罗佛雕的风格。云冈中期石窟出现的中国宫殿建筑式样雕刻，以及在此基础上发展出的中国式佛像龛，在后世的石窟寺建造中得到广泛应用。云冈晚期石窟的窟室布局和装饰，更加突出地展现了浓郁的中国式建筑、装饰风格，反映出佛教艺术"中国化"的不断深入。

云冈石窟深刻地反映出印度和西域佛教艺术对中国佛教艺术的影响及其中国化的过程。梁思成、常任侠对此有详细论述。[①]

龙门石窟在河南洛阳市南，伊河自南向北流去，中分二山，东是香山，西是龙门山，望之若阙，故又称伊阙石窟。龙门石窟开凿于北魏孝文帝由平城迁都洛阳前后（493），历经东魏、西魏、北齐、隋、唐、宋诸朝，雕凿不

---

① 参见梁思成：《中国建筑史》，百花文艺出版社 1998 年版，第 92 页；郭淑芳、常法锟、沈宁编：《常任侠文集》第 1 卷，安徽教育出版社 2002 年版，第 124—125 页。

断。从孝文帝迁都洛阳到孝明帝在位的35年时间，是龙门开窟雕造佛像的第一个兴盛时期。这些石窟大都集中在龙门西山之上，约占龙门石窟造像的三分之一。其中最著名的有古阳洞、宾阳三洞、药方洞等十几个大中型洞窟。在唐代从开国到盛唐的100年间，龙门石窟迎来了历史上开窟造像的第二次兴盛时期，这一时期开凿的石窟也多集中在龙门西山，约占龙门石窟造像的三分之二，但武则天时期的开凿有一部分在东山。唐代龙门石窟最有代表性的洞窟有潜溪寺、万佛洞、奉先寺大像龛等。据龙门石窟研究所统计：东西两山现存窟龛2345个，碑刻题记2800余块，佛塔40余座，造像10万余尊。其中北魏石窟占30%，唐代约占60%，其他时代窟龛约占10%。龙门石窟形制比较简单，题材趋向简明集中，没有敦煌、云冈那种复杂的窟内构造，以一种雍容大度、华贵堂皇的皇家风范出现在世人面前。与早期佛教艺术的神秘色彩不同，龙门石窟越来越呈现出世俗化倾向，在云冈石窟中主像大都威严、冷酷、令人望而生畏，而龙门石窟佛像大多已嘴角上翘，微笑于容，衣饰也由以前的偏袒右肩和通肩式，变成了汉化的褒衣博带式。

唐代最著名的作品是奉先寺卢舍那佛雕像及周围的金刚、力士雕像。"卢舍那"的名称来自《华严经》的东晋译本，这尊雕像告成24年后，新译《华严经》完成，将其译为"毗卢遮那"。此二名是梵文"Vairocana"的略称和全称。后来密宗成立，称毗卢遮那为"大日如来"，奉为本宗的尊奉偶像，"卢舍那"和"毗卢遮那"就变成了两位佛。卢舍那是莲华（花）藏世界的教主，而莲华藏世界是所谓佛报身的净土，因而他是报身佛，是证得果报、圆满成就、庄严神圣的形象。这尊卢舍那佛像高17.14米，头部4米，耳朵长1.9米。他的造型已经摆脱了印度佛教艺术的犍陀罗风格和秣菟罗风格，俨然是一个汉地男子的形象。他双耳垂肩，鼻梁高隆，慈眉善目，宽唇微翘，既显得庄严肃穆，凝重恬静，又不乏温柔敦厚，和蔼慈祥，在宗教的意蕴中隐隐流露出世俗化的倾向。

关于云冈石窟和龙门石窟与印度佛教艺术的源流关系以及差异，吕澂指出：

> 大同云冈与洛阳龙门石窟，皆仿印度窟院之制，各有二十余窟。云冈佛像归纳有三式：一、为伟丈夫形，束发怒目，与犍陀罗式相近，惟衣服稍异，着法自身后分披两肩（第十九窟像）；二、形象柔

和优美，有笈多式衣褶（第十窟像）；三、效中土贵族形（第二十一窟附近各像）。其中以第二式为主。龙门佛像亦可归为二式：一、以柔美胜，容颜丰满，与唐人画像一般趋势相同（奉先寺像）；二、以雄伟胜（香山寺像）。但第一式最通行。盖我国习俗不同，佛像避讳裸体，所注意者仍在颜部，而偏重于女性的优美，文字记载亦悉以丽质或丽像形容之，以与印度佛像贵在全裸表白相好者比较，固大有差别矣。①

除了著名的三大石窟外，北魏所造的石窟，还有甘肃安西县的榆林窟，敦煌城西的千佛洞，甘肃天水市的麦积山石窟，甘肃永靖县的炳灵寺石窟。北魏所创的石窟，其中保有着精美的雕塑。此外甘肃酒泉的文殊山石窟，张掖的马蹄寺石窟，武威的天梯山石窟，泾川的南石窟寺，陕西邠州的大佛寺，山西太原市的天龙山石窟，河南巩县石窟，渑池县鸿庆寺石窟，安阳宝山石窟，山东济南龙洞石窟，辽宁义县万佛堂石窟等，都是北魏时代所创造的。

5. 佛教对中国建筑艺术的影响

佛教东渐，为中华建筑带来新的样式，拓展了中国建筑的风格与艺术形式。我国佛教的建筑艺术主要体现在佛寺和佛塔建筑上。向达指出：

> 此以大同、龙门石窟雕刻上所表现之宫室构造，与印度阿旃陁（Ajanta）及珊齐（Sanchi）之壁画建筑互相比观，可以知之。②

梁思成说：

> 而佛教之兴盛则为建筑活动之一大动力。实物之在艺术表现上吸收有"希腊佛教式"（Greece Buddhist）之种种圆和生动之雕刻，饰纹、花草、鸟兽、人物之表现，乃脱汉时格调，创新作风，遗存至今者有石窟、佛塔、陵墓等。③

古代印度的佛教建筑主要是窣堵波、石窟等。阿育王时期开始在桑奇修建一座大佛塔，即"窣堵波"，至前2世纪末才告竣工。主建筑是一座直径30

---

① 吕澂：《佛教美术》，《法音》2013年第1期。

② 向达：《唐代长安与西域文明》，河北教育出版社2001年版，第42页。

③ 梁思成：《中国建筑史》，百花文艺出版社1998年版，第22页。

多米的半圆形房子，顶端为一平台，台上为一方坛，坛上竖立着叠层的伞形柱，名曰佛邸，是佛教徒奉祀佛骨的地方。下为一直径为 36.6 米，高 4 米多的鼓形基座。在其周围有环形围墙，墙上有东、西、南、北四个门，门上雕刻着释迦牟尼的生平事迹。这一佛塔是佛教艺术的重要遗迹之一。

1 世纪前后，印度的窣堵波随着佛教传入中国，"塔"字也应运而生（塔字既象形，又涵盖了"stupa"的音与义，从"土"旁，含有封土之下埋有尸骨或"舍利"之意）。中国的工匠们将印度原有的覆盆式的塔的造型与中国传统的楼阁台榭相结合，产生了楼阁式的佛塔。它们的形象是楼阁在下，塔在楼阁之上。用楼阁是取其高大和华丽，用塔是作为佛教的标记，将原来的窣堵坡简化为圆拱和相轮成了塔的顶部，称为"塔刹"。"上悬铜窣九重，下为重楼阁道"，即在多层的楼阁顶加上一个有九层相轮的塔刹。

中国的佛塔建筑起源甚早，现存的上海龙华寺塔和苏州报恩寺塔，相传是三国时代创建而经后人重修的。汉魏时已有了造塔的制度，《魏书·释老志》说："九宫塔制度犹依天竺旧状而重构之，从一级至三、五、七、九。""天竺旧状"指的就是印度的"窣堵波"，"重构之"即为相叠多层的木楼亭阁。木楼亭阁顶上放置"窣堵波"，就是那个时期佛塔的基本形式。据杨衒之《洛阳伽蓝记》，北魏熙平年间洛阳建造的永宁寺，有一座九层方塔，据说，来自印度的高僧菩提达摩来到洛阳后，见到金碧辉煌的永宁寺和高耸入云的宝塔，不由得"口喝南无，合掌连日"，赞叹不已。

汉明帝请西域高僧迦叶摩腾和竺法兰来中国时，他们来到洛阳，先是住在专门接待外国人的机构鸿胪寺。后来为他们专门建造了一座房子安置佛像和居住，并以驮运佛卷来中国的白马命名为"白马寺"，这是我国最早的佛教建筑。"寺"本是汉朝的一种官署的名称，但是从此以后，它就成为中国佛教寺院的专称了。在佛教传入初期，专门的佛教寺院还没有建造，有不少官吏、富人将自己的住宅献出做寺院，被称为"舍宅为寺"，把住宅的前厅作为供奉佛像的佛殿，住宅的后堂作为讲学佛经的经堂。中国古代住宅、官署在建筑的布置上是由多座单幢建筑有规则地组合成院落，所以这种传统的院落形式也成为中国佛寺的基本形式了。

最初的寺院建筑参照印度佛寺模式，以塔为中心，四周建有殿堂。佛教的建筑力求艺术化，建筑的布置点缀，庄严、雄伟，都是原始印度佛教的特色。杨衒之《洛阳伽蓝记》记载了北魏洛阳法云寺按照"胡法"的建筑和装饰。文中说的昙摩罗是西域人，他所建的法云寺"佛殿僧房，皆为胡饰"，显然是一座具有浓厚印度原始佛教风格的寺院建筑。北魏时，来中国的外国人即"胡人"很多，其中也有许多"胡僧"。他们中的有些人可能参与了当时的佛教寺院建设，因而有可能将印度的佛寺建筑风格和样式带到中国来，并留下深刻的印记。比如杨衒之《洛阳伽蓝记》还详细描写了永明寺建筑及当时崇福的盛况。

中国佛寺的布局在4—5世纪已经基本上定型了。总的说来，中国佛寺，基本上是采取了中国传统建筑的院落式布局方法，随着佛教的发展，佛寺的规模也日益扩大，在寺院的中轴上依次排列着大门，供奉天王和佛的天王殿和大雄宝殿，诵经修行用的法堂和经楼，根据寺庙供奉菩萨的多少，还可以加建观音殿、毗卢殿等，在这些主要殿堂的两旁和四周则布置居住、存物、待客的处所和厨房、浴室等建筑，有的寺庙在天王殿前还建有悬挂钟鼓的钟楼和鼓楼，分列在院落的左右。在最早的佛寺建筑中，佛塔的位置往往是在佛寺的中轴线上的。隋唐以后，殿堂逐渐成为主要建筑，塔被移于寺外。寺院主要殿堂比较规范。一些大寺院，门前还有放生池。

印度的佛教建筑样式传入中国，"虽然没有取代固有建筑样式而形成建筑物的主流，但却都得到独立的发展并在建筑艺术中取得重大成就，占有重要地位。这些建筑样式随着佛教在中国的发展而逐渐本土化，发展起成就辉煌的中国塔寺建筑艺术，成为现存古代建筑中取得成就最为辉煌、价值最为珍贵的一部分。另一方面，外来佛教建筑艺术与技巧又给本土一般建筑提供了丰富滋养和宝贵借鉴，融入到本土的宫室、庙宇、民居等各类建筑之中"[1]。

6. 佛教音乐在中国的初传

在古印度，佛教音乐相当发达。梁慧皎《高僧传·鸠摩罗什》记载，鸠摩罗什和他的门生慧睿的一段对话说，对话的大致内容是古印度的风俗，是特别重视文学艺术的，他们的音乐形式，以器乐演奏为最好。凡觐见国王，必然要歌颂国王的功德。拜见佛陀的仪式，最看重讴歌礼赞。

---

[1]　孙昌武：《中国佛教文化史》第1卷，中华书局2010年版，第186页。

　　印度的佛教音乐可远溯到前 2000 年至前 1500 年左右的"四吠陀"，其中记述《梨俱吠陀》歌咏方法之"娑摩吠陀"，奠定了声明与梵呗的基础，佛教承此而产生了伽陀，即合乐的诗颂。在原始佛教和部派佛教时期，因戒律严谨，音乐歌舞演剧几乎被禁绝，故在僧侣之间，佛教音乐并不发达。无论声乐器乐都是严禁僧尼学习的，"十戒"中的"不歌舞倡伎"即是此意。至大乘佛教勃兴后，每于盛大的供养会上，多有歌舞庄严，佛教音乐遂蓬勃发展，大规模之佛教歌剧如《龙喜记》亦久演不衰。诸经藏中有关法会音乐之描写俯拾皆是，如《大般涅槃经》说："尔时诸天龙神八部于虚空中雨众妙花，曼陀罗花、摩诃曼陀罗花、曼殊沙花、摩诃曼殊沙花，而散佛上；又散牛头旃檀等香，作天伎乐，歌呗赞叹。"此即所谓散花供养行香之音乐。

　　佛经中的"偈"和"颂"，是印度佛教音乐的形式。义净在《南海寄归内法传》中，详细记述了天竺礼佛赞咏情况："西国礼教，盛传赞叹。"他记录了几位天竺佛教音乐创始作家的传说，如尊者摩至哩制咤，"乃西方宏才硕德，秀冠群英之人"，他只要见到佛陀的遗像，便要创造赞颂佛陀的歌曲。他所创作的佛教歌曲，不但讲述了佛法的基本思想，讲明了佛陀的所有殊胜功德，而且"斯可谓文情婉丽，共天花而齐芳；理致清高，与地岳而争峻"，其艺术造诣，简直可以与天地"齐芳""争峻"。印度所有创作佛教音乐的人，要把他当成祖师来学习。摩至哩制咤之后，还有陈那菩萨，"每于颂初，各加其一，名为杂赞，颂有三百"。鹿苑名僧释迦提婆，"复于陈那颂前，各加一颂，名《糅杂赞》，总有四百五十颂。但有制作之流，皆以为龟镜矣"。此外，据义净的记载，著名的戒日王也曾经以传说中乘云菩萨以身代龙的故事，"辑为歌咏，奏谐弦管，令人作乐，舞之蹈之，流布于代"。东印度的月宫大士也曾创作过一首《毗输安坦罗太子歌》，此歌似乎在印度广为流传。

　　天竺佛赞的内容，主要是"赞佛功德"，"明佛世尊所有胜德"，以诗赞的形式，歌颂佛菩萨，歌诵佛德，启发众生舍漏返净，而悟庄严佛法。从形式上看，这些佛曲大都可以"奏谐弦管"，可以"舞之蹈之"，有歌、有舞、有伴奏，"文情婉丽""理致清高"，风格韵味讲究"哀雅"，音色音量要求"明彻雄朗"，内容丰富，乐舞并举，弹拨击打，形式多样，十分精彩。在天竺西域信佛之国，佛教音乐是日常生活中必不可少的一部分。宋云西行求法时见乌苌国"国王精食，菜食长斋；晨夜礼佛，击鼓吹贝；琵琶箜篌，笙箫备有；日中已后，始治国事"。《大智度论》卷九三说："是菩萨欲净佛土故，求好音声，欲使国土中众生闻好音声，其心柔软。心柔软故，易可受化。是故以音声因缘，而供养佛。"

佛教历来重视音乐的教化功能。印度贵霜时期的著名佛教学者摩至哩制咤提出佛教"赞咏"功能的"六意"，即"一能知佛德之深远、二体制文之次第、三令舌根清净、四得胸藏开通、五则处众不惶、六乃长命无病"。慧皎《高僧传》对佛教音乐多有夸张溢美之词，如"玄师梵唱，赤雁爱而不移；比丘流响，青鸟悦而忘翥"。《高僧传》还确切地道出了音乐能陶冶情绪的特殊功用。

佛教传入中国后，佛教音乐也随之传入中国。史载康僧会从东吴黄武元年（222）至建兴中，曾制《菩萨连句梵呗》三契，又传《泥洹呗声》，清靡哀亮，被称为"一代模式"。来自西域的帛尸梨蜜多罗在晋永嘉中曾"作胡呗三契，梵响凌云"，"又授弟子觅历'高声梵呗'，传响于今"。这些在佛教初入中国时由来自天竺、西域僧人所创造、传授的"胡呗"，很可能是来自天竺的曲调。在佛教的初弘期，这些来自印度和西域的僧人不但可能把印度、西域的佛教音乐带到了中国，同时还向中原信众展示了印度、西域的演唱技术，给听者留下了非常深刻的印象。如来自康居的法平、法等兄弟，一个是"响韵清雅"，一个在"披卷三契"之后，令听者"扼腕神服"。而"本月支人"的昙迁，则"巧于转读，有无穷声韵。梵制新奇，特拔终古"。《高僧传》记载："支昙龠，本月支人……龠特禀妙声，善于转读。""释法平，姓康，康居人……响韵清雅，运转无方。""释昙迁，姓支，本月支人……巧于转读，有无穷声韵，梵制新奇，特拔终古。"此后仍有西域僧人擅长梵呗。帛法桥"作三契，经声彻里许，远近惊嗟，悉来观听"。《高僧传》记帛法桥为中山人，但帛姓一般认为是龟兹的姓，故帛法桥有可能是龟兹人后裔，或是师承龟兹法师而取师姓。总之，他讽诵的呗赞应该有浓厚的西域风格。

但是，对于广大中原人士来说，这些"梵制新奇"的声调未免有些陌生，有些不好接受，更不容易学唱和流传。印度的音乐从乐器以及旋律节调方面都与中国不同，印度文字是多音，中国文字是单音，在歌唱方法上也不同。《高僧传》论述了佛教音乐在中国传播的情况，大意先是论述音乐的基本功能，后指出印度音乐与中国传统音乐的共性和差异。东国（中国）之歌的特点是"结韵成咏",歌咏强调声韵。而西方（印度）之赞，"作偈以和声"，以偈词配乐。偈是佛经中可以吟唱的文字部分。以上虽有不同，但在佛教音乐向中国传播的过程中，两者逐渐"协谐"，创造出优美奥妙的佛曲。这种音乐即佛教的呗。呗又称呗赞、梵呗，是赞誉佛法、歌颂佛陀功德的音乐。《高僧传》讲到中国佛教音乐的起源："始有魏陈思王曹植，深爱音律，属意经音，既通般遮之瑞响，又感渔山之神制，于是删治《瑞应本起》，以为学者之宗。传声则三千有余，在契则四十有二。"即是说，以曹植为代表的一批中国的佛教音乐家们开始了中国风格佛曲的创作。

关于曹植创制佛教音乐的故事，南朝宋刘敬叔《异苑》有记载，唐道世《法苑珠林·呗赞篇》的"赞叹部"记载尤详。大意是曹魏陈思王曹植封在东阿，因游鱼山，忽然听到空中有一种岩谷水声，声音清扬哀婉，细听良久后，深有所悟，于是便摹其音节，根据汉康孟详所译《瑞应本起经》，写成《太子颂》《啖颂》的梵呗，"传声则三千有余，在契则四十有二"，后世称之为《鱼山梵》。道宣在《广弘明集·魏陈思王辩道论》中说："尝游鱼山闻空中梵天之赞，乃摹而传于后。"曹植鱼山制梵的传说，流传很久，直到元代的佛教文献里还有记载，如元念常《佛祖历代通载》卷五称："陈思王曹植者……游鱼山闻有声特异清扬哀婉，因仿其声为梵赞，今法事中有鱼山梵。"直至今日，中外佛教界还有相当数量的人奉曹植为东方佛教音乐的始祖，将山东东阿的鱼山尊为佛教音乐的圣地。

曹植将古典乐曲与佛法宣扬的文字相结合，在传统民间乐曲的基础上创作佛曲，使外来的佛教音乐逐步与中国传统文化相结合，促进了佛教音乐在中国的发展。

7. 中国佛教音乐的发展

在初创时期，中国梵呗的作者及传授人，除曹植之外，皆为西域人，他们精通并使用梵文梵语，因为古代的西域各国，大多使用梵文梵语，只有呗调在传授时或制作时需要变为汉语，而音律曲调无一不是梵音，不会使用中国的音律与曲调。所谓音律与曲调的梵汉区别，只是制作方法上的某些区别。

中国佛教音乐的发展是以"仪轨"的建立与发展为前提的。仪轨也是佛教音乐的摇篮，或者说佛教音乐是仪轨的附属物。"仪轨"一词，原指佛教密宗的念诵法，在中国则不论显教、密教泛指唱念仪式的转范。中国早期的唱仪轨常合编于"清规"之中，其内容是寺院及僧徒的一切生活起居、待人接物、人事关系以及仪轨唱念诵经等等，后世则把生活起居、人事关系、僧职等项与诵经唱念的内容分开，分别称为"清规"和"仪轨"。东晋时，仪轨和梵呗结合。道安始倡在"上经""上讲""布萨"等法事中都唱梵呗，并制订了《僧尼轨范》三科，"一曰行香定座上经上讲之法，二曰常日六时行道饮食唱时法，三曰布萨差使悔过等法。天下寺舍遂则而从之"。这就是后世佛教所谓的"三科法事"。其中"行香定座上经上讲之法"即"讲经仪"；"常日六时行道饮食唱时法"即"课诵斋粥仪"；"布萨差使悔过等法"即"道场忏法仪"。其中，对后世影响最大的当属"常日六时行道饮食唱时法"，一般学者认为此即后世"朝暮课诵"的前身。

至庐山慧远"躬为导首"，开创了以音乐为舟楫广弘佛法的途径。东晋元兴元年（402），慧远于庐山东林寺与刘遗民等在阿弥陀佛像前立誓，共期往生西方净土，创以念佛为法门，以往生西方净土为目标的"莲社"（亦称"白莲社"）。

净土宗的历代祖师、名僧，如善导、承远、少康、法照等人，秉承慧远衣钵，倡导唱念，身体力行，使净土宗逐渐成为中国佛教音乐、佛教艺术的中坚。自东晋确立的唱导制度，为后世佛教音乐的内容、目的、形式、场合的规范奠定了基础。

在魏晋南北朝时期，由于佛教和佛教音乐的发展，吟唱赞偈十分流行，陆续出现了一批以唱诵著名的高僧。他们以虔诚的信仰、出众的才华，将音乐用于服务于宗教，同时，又极大地促进了音乐艺术的发展。慧皎因他们在咏经唱梵方面的造诣而将其列入《高僧传》中，并且热情地讴歌了他们的才华，形容他们的歌唱是"玄师梵唱，赤鹰爱而不移；比丘流响，青鸟悦而忘翥。昙凭动韵，犹令象马踟蹰；僧辩折调，尚使鸿鹤停飞"。称赞他们的功绩在于"宣唱法理，开导众心"。他在这些高僧们的实践的基础上，总结出了佛教音乐的一系列美学原则。他强调作为佛教的音乐家，首先要"精达经旨"，其次要"洞晓音律"，既通佛法，又善音乐。这样，才能"炳发八音，光扬七善"，才能符合佛教音乐的美学要求："壮而不猛，凝而不滞，弱而不野，刚而不锐，清而不扰，浊而不蔽。"慧皎还对佛教音乐家提出四项要求："声、辩、才、博。"既要有一个响亮、美好的声音，还要了解人们的心理和时事，并能针对这些发挥雄辩，还要具备文学才能和广博的知识。只有兼备了这四项品德的僧人，才能够作为佛教音乐家起到弘法度人的作用。

据慧皎的记载，自两晋至南朝，出现了一大批杰出的"经师"和"唱导师"，这两种高僧都以唱诵为其所长，但"经师"的任务是"发道心"，主要在寺庙内部僧人们修行的各种场合唱，重在以音声为修行；"唱导师"的工作主要是"兴佛化俗"，面向大众，重在宣传。慧皎的《高僧传》和道宣的《续高僧传》等书，记载了南北朝至唐初的许多擅长佛教音乐的高僧，如道照、慧琚、昙宗、道慧、智周、慧明、法称、真观等。《高僧传》"经师科"，收录善于用音调诵咏佛经或善于歌唱佛经中的偈颂部分即擅长"呗赞"的僧人，共28人，其中有正传的11人，附在正传里的有17人。

晋宋之时的经师与唱导师，除来自西域的以外，大部分来自建康或建康附近。据陈寅恪研究，建康"善声沙门"除了西域僧人外，本地"土著"善声者也不少。他认为："盖建康京邑，其地既为政治之中心，而扬州又属滨海区域，故本多胡人居住……夫居住建康之胡人依其本来娴习之声调，以转读佛经，则建康土著之僧徒受此特殊环境之熏习，其天赋优厚者往往成为善声沙门……"①《高僧传》也说："凡此诸人，并齐代知名。其浙左、江西、荆陕、庸蜀亦颇有转读。然止是当时咏歌，乃无高誉，故不足而传也。"

对发展佛教音乐有贡献的高僧，除了已提到的帛法桥、支昙龠、法平、法等、僧辩等人外，《高僧传》等文献中还记载有这样一些著名的"经师"：

宋京师白马寺的僧饶，"以音声著称，擅名于宋武之世。响调优游，和雅哀亮"。与他同住一寺的道综善唱《三本起经》和《须大拿经》，"每清梵一举，辄道俗倾心"。白马寺有一座般若台，道综常常在台外一边唱梵，一边绕台，路人听到，"莫不息驾踟蹰，弹指称佛"。同寺的超明、明慧，"亦有名当世"。

宋安乐寺的道慧，"特禀自然之声"，所以格外喜好"转读"。他还擅长即兴创作，唱时"发响合奇，制无定准"，但"条章析句"，仍然"绮丽分明"。

宋止谢寺的智宗，"博学多闻，尤长转读。声至清而爽快"。每逢寺里打

---

① 陈寅恪：《金明馆业稿初编》，生活·读书·新知三联书店2015年版，第372页。

"八关斋"，夜深之后，四众昏沉欲睡的时候，他便"升座一转，梵响干云"，以至大家"莫不开神畅体，豁然醒悟"。在他之后，该寺还有慧宝、道诠二僧，也"丰声而高调"，得到宋明帝的赏识。

齐乌衣寺的昙迁，本是月氏人，寓居建康。他不但精通儒、释、道三教的理论，还是当时著名的书法家和著名的经师。他不仅长于唱诵，更是佛教音乐的创作家，"巧于转读，有无穷声韵。梵制新奇，特拔终古"。当时的名士王义康、范晔等人都与他来往密切。与他同时的，还有道场寺的法畅和瓦官寺的道琰，也"富声哀婉"。

齐东安寺的昙智，"性风流，善举止。能谈庄老。经论书史，多所综涉"，他"有高亮之声，雅好转读"，能遵照师承讲唱，还常常"独拔新异，高调清澈，写送有余"，有所创新，为当时的王公大臣所器重。

齐安乐寺的僧辩，与萧子良在永明七年（489）一起"造经呗新声"。他向昙迁、法畅学习唱诵，得其风范，晚年"更措意斟酌"，对唱诵之事颇费神思。他的唱诵，被称为"哀婉折中，独步齐初"。据说他在夜里唱诵经文，引得"群鹤下集阶前"，一直到他诵毕才飞走，从此名声大噪。

齐白马寺的昙凭，年轻时到京师学习转读。起初没有得到时人的推许，"于是专精规矩，更加研习"，终于在晚年得到大家的承认，尤其擅长诵《三本起经》。后还蜀，"巴汉学者，皆崇其声范"，成为西南地区汉传佛教唱诵的祖师。

齐北多宝寺的慧忍，曾跟僧辩学习，"备得其法"，但他的声音"哀婉细妙"，比他的老师还要好。他也参加了永明七年的佛乐研讨会，与他的老师一起参与了梵呗新声的制作。此时著名的经师们，还有法邻、昙辩、慧念、昙干、昙进、慧超、道首、昙调等人。

与这些经师相似的唱导师们，也有不少人在佛教的声乐方面出类拔萃，青史留名：

宋京师祇洹寺的道照，年少时即已"兼博经史"，出家后，"披览经典，以宣唱为业"，成为职业的佛教音乐家。他"音吐嘹亮，洗悟尘心"，能够根据当时发生的事临时编造唱词，完全符合慧皎提出的"声、辩、才、博"的要求。他在宋武帝的内殿设斋讲唱，颇得皇帝的嘉许，一次法会竟得到 3 万钱的布施。他的弟子慧明，"祖习师风，亦有名当世"。

宋长干寺的昙颖，"属意宣唱，天然独绝"。不管什么人请他，都一视同仁，不分贵贱贫富。

宋瓦官寺的慧璩，"该览经论、涉猎书史"，有着多方面的才能，在"众技多娴"中，"尤善唱导"，他"出语成章"，在唱导的过程中随时有即兴的创作，"馨无不妙"，后被皇帝敕命为"京邑都维那"。

宋灵味寺的昙宗，"少而好学，博通众典。唱说之功，独步当世"。他"辩口适时，应变无尽"，能随时随地根据需要创制新说新韵。孝武帝爱妃殷氏薨，他亲在宫内为其设法会荐度，令孝武帝"泫怆良久，赏异弥深"。与他同时，灵味寺还有一位僧意，"亦善唱说"，曾"制谈经新声，哀亮有序"。

宋灵味寺的昙光，"五经诗赋、算术卜筮，无不贯解"。30岁之后，突然感悟自己以前所学"皆是俗事"，遂"迥心习唱，制造忏文"，得到道俗两界一致的倾仰。

齐兴福寺的慧芬，12岁即出家。他在京都白马寺的时候，御史中丞袁愍孙认为出家人偏执，难以深入探讨理论。他遇到慧芬后，听其唱导，"芬既素善经书，又音吐流变，自旦至夕，袁不能穷"，于是大为折服，率弟子皈依，敬以为师。

齐齐福寺的道儒，擅长即兴创作，"言无预撰，发响成制"，临时创编的词曲，都成为完善的作品。

齐瓦官寺的慧重，以唱导闻名，被宋孝武帝赏识，"于是专当唱说"，成为专业的唱导师。他"禀性清敏，识悟深沉，言不经营，应时若泻"，也是不必预先构思，只要一登座唱导，就像流水一样滔滔不绝。

齐正胜寺的法愿，"家本事神，身习鼓舞。世间杂技及蓍爻占相，皆备尽其妙"。他与其他唱导师不同，虽善唱导，但"率自心抱，无事宫商"，强调发自内心的悟性和灵感，不重视音乐及形式。文惠太子问他："葆吹清铙以为供养，其福如何？"他说："昔菩萨八万伎乐供养佛，尚不如至心，今吹竹管子、打死牛皮，此何足道?!"齐隆寺的法镜拜他为师，"研习唱导，有迈终古"。该寺的道亲、宝兴、道登等僧，"皆祖述宣唱，高韵华言"。

这些佛教音乐家曾为中国佛教音乐的发展作出过贡献。

8. 永明七年"佛教音乐研讨会"

中国佛教音乐的发展，除了佛教界人士的努力外，皇室贵族也起到很大作用。前述曹植制作梵呗，开创了中国佛教音乐的先河。到了南朝时，佛教音乐的发展更得到皇室的支持。永明七年（489）二月，竟陵王萧子良召集有音乐修养的僧人集中在他的府邸探讨佛教音乐的问题，"造经呗新声"。慧皎《高僧传》卷一五记载："永明七年二月十九日，司徒竟陵文宣王梦于佛前咏'维摩'一契，因声发而觉。即起，至佛堂中，还如梦中法，更咏'古维摩'一契，便觉韵声流好，着工恒日。明旦，即集京师善声沙门龙光、普知、新安、道兴、多宝、慧忍、天保、超胜，及僧辩等，次第作声，辩传'古昧摩'一契、'瑞应七言偈'一契，最是命家之作。"

道世《法苑珠林·赞第三十四·音乐部·感应缘》也有类似记载。

《南齐书》卷四○记载，萧子良"招致名僧，讲悟佛法，造经呗新声。道俗之盛，江左未有也"。萧子良在西邸集名僧讲佛论法，形成一个由高僧和名士组成的南朝文人团体。萧子良门下文士甚众，其中著名者为"竟陵八友"：沈约、谢朓、王融、萧衍、任昉、范云、萧琛、陆倕。

在永明七年二月十九日，萧子良在其府邸召开了中国历史上第一次有关中国佛教音乐的研讨会，参加者有僧辩、龙光、普知、新安、道兴、多宝、慧忍、天保、超胜等名僧。他们不但"次第作声"，每人都表演了自己拿手的经呗，互相观摩，而且还评出了最好的作品——僧辩的"古维摩"和"瑞应七言偈"。在这个会上（或其后），这个名僧集体在萧子良的领导下"造经呗新声"，创造了一批新的佛教音乐。在这个基础上，他们还对这些已有的和新创的作品进行了比较研究与编辑工作，"并殷勤嗟咏，曲意音律。撰集异同，斟酌科例"。

陈寅恪《四声三问》一文说："南齐武帝永明七年二月二十日竟陵王子良大集善声沙门于京邸，造经呗新声，实为当时考文审音之一大事。在此略前之时，建康之审音文士及善声沙门讨论研求必已甚众而且精。永明七年竟陵京邸之结集不过此新学说研求成绩之发表耳。此四声说之成立所以适值南齐永明之世，而周颐沈约之徒又适为此新学说代表人之故也。"[①]

梁武帝积极崇佛，大力推广佛教，倡导和推广佛教音乐。《隋书·音乐志》说：帝既笃敬佛法，"制《善哉》《大乐》《大欢》《天道》《仙道》《神

---

① 陈寅恪：《金明馆丛稿初编》，上海古籍出版社1980年版，第329页。

王》《龙王》《灭过恶》《除爱水》《断苦轮》等十篇，名为正乐"。在他主持制定的 49 首三朝之乐中，杂有一些明显带有佛教意味的曲目，其中有可能是从天竺传来的佛曲，如第二十七"须弥山伎"。"须弥山"为梵文"Sumeru"的音译，是佛经中常提到的神话景观，山高八万四千余旬，山尊为"帝释天"，四面山腰为"四天王天"，周围有"七香海""七金山"，环周绕以"咸海"，是佛教艺术中多见的题材，估计"须弥山伎"即为表现这一神话景观的歌舞。第三十五"金轮幢伎"，可能在演出时以金色的法轮作为道具，用法轮来象征佛教。第四十二"青紫鹿伎"、第四十三"白武伎"等，也都包含着佛教的内容。另外，他还开创了童声演唱佛曲的儿童乐舞"法乐童子伎"，用童声演唱佛曲，"童子倚歌梵呗"。

梁武帝多次举办"无遮大会"，为佛教音乐创作、传播，提供了有利的场所和条件。"无遮会"是梵文"Pancaparisab"的意译，意思是无贤圣道俗之分，上下贵贱卑尊之遮，众生平等，广行财施。据《大唐西域记》记载，天竺戒日王每"五岁一设无遮大会，倾竭府库，惠施群有"，是一种在佛教"平等""慈悲"的旗帜下，向众生施惠、普结回向的群众集会。中国的无遮大会，据《佛祖统纪》记载："中大通元年，帝于重云殿为百姓设救苦斋，以身为祷。复幸同泰寺，设四部无遮大会……皇帝设道俗大斋五万人。"《南史·梁本纪》则更详尽地记载了梁武帝从中大通元年（529）开始，一直到太清元年（547）止，数次举办无遮大会的情景，其时"上释御服，披法衣，行清净大舍"。梁武帝不仅搞"无遮大会"，还举行"盂兰盆会"，梁代三朝设乐，共有歌舞、百戏 49 项。

由于佛教兴盛，伎艺开始走向寺庙。凡遇神节或佛庆，许多寺院有伎艺表演，除了音乐活动频繁外，还有大规模的乐舞，寺庙成了音乐艺术的中心。其规模之大和艺术水平之高，甚至可以与宫廷乐舞媲美。相关情况《洛阳伽蓝记》有记载。洛阳长秋寺，四月四日行像，"辟邪狮子导引其前，吞刀吐火，腾骧一面彩幢上索；诡谲不常。奇伎异服，冠于都市"。宗圣寺里，"妙伎杂乐，亚于刘腾，城东士女多来此寺观看也"。景明寺，八月节，"京师诸像皆来此寺"，"梵乐法音，聒动天地，百戏腾骧，所在骈此"。景乐尼寺"至于大斋，常设女乐。歌声绕梁，舞袖徐转，丝竹寥亮，谐妙入神……召诸音乐，呈伎寺内，奇禽怪兽，舞抃殿庭，飞空幻惑，世所未睹"。因为这个寺庙是比丘尼寺，男人不能随便进入，所以更增加了它的神秘色彩，以至有幸"得往观者，以为至天堂"。后来"寺禁稍宽，百姓出入，无复限碍"，容许普通百姓入寺观看这如"天堂"般的音乐表演。后来，汝南王悦将寺庙的规模扩大，"召诸音乐，逞伎寺内。奇禽怪兽，舞抃殿庭，飞空幻惑，世所未睹。异端奇术，总萃其中。剥驴投井，植枣种瓜，须臾之间皆得食。士女观者，目乱睛迷"。在这些盛大的乐舞表演中，节目既有印度佛教梵音及梵音的汉化形式，又有民间的百戏、幻术和杂耍。

这一时期，各地佛教音乐在创作中，又因方言、地方音乐和风俗习惯的不同而风格各异。道宣在《续高僧传·杂科声德篇》中评论道：佛教音乐"地分郑魏，声亦参差"，"东川诸梵声唱尤多，其中高者，则新声助哀般遮屈势之类也"，"吴越志扬，俗好浮绮，致使音颂所尚唯以纤婉为工"，"江淮之境，偏饶此玩，雕饰文绮，糅以声华"，"秦壤雍冀，音词雄远"。南北朝时期，在不同地区传播的佛教音乐也各有其地方特色。各地乐僧辈出，新创作丰富多彩，信众欢迎，加上帝王倡导，这些为佛教音乐的中国化奠定了基础。

第七章

中国与希腊罗马
文化的接触

在很早的时候，中国就与欧亚大陆另一端的欧洲文明有了间接的接触，即通过西域和印度，辗转获得了有关希腊文化的某些信息。到了汉代，由于丝绸之路开辟，中国的丝绸等通过这条通道大批量输入西方，使中华文化与西亚和欧洲有了进一步的接触和联系。那时候，在欧亚大陆上，从东到西，有中国的秦汉帝国、波斯的帕提亚帝国以及西方的罗马帝国。这三大帝国的文化接触和交流，成为几个世纪之中欧亚大陆文化交汇与融合的主轴。而在这个时期，辉煌的罗马文化也陆续传播到遥远的东方，在这里留下了点点滴滴的历史文化痕迹。纵使天高地远，山高水长，仍然阻挡不住大陆两端文明的相望、呼唤与交流，这成为那个时代世界文化图景中一个若隐若现的画面。

一 中国与古希腊文化的接触

1. 来到西域的希腊文化

希腊为古代欧洲文化的源头，虽然它与中国相隔遥远，不可能与中国有直接的交通，但仍然有一些间接的渠道，将希腊文化的一些信息传播到中国，使中国在很早的时候就感受、了解到希腊文化的某些风采。

中国文化与希腊文化可能的接触，中国所获得的有关希腊文化的信息，主要是通过西域和印度两个方向。与这两个方向有直接关系的事件就是亚历山大的东征。

希腊人早就有向东方发展的想法。一位希腊雄辩家曾说："让我们把战争带给亚洲，把财富带回希腊"。前334年，即相当于中国的战国时期，希腊马其顿国王亚历山大大帝开始了远征东方的行动，建立了一个地跨欧、亚、非三洲的帝国，其疆域东自费尔干纳盆地及印度河平原，西抵巴尔干半岛，北从中亚细亚、里海和黑海起，南达印度洋和非洲北部。亚历山大的东征，还开辟了东西方贸易的通路，他在东方建立的几十座城市，逐渐发展成为商业中心。

前330年冬，亚历山大大帝开始向中亚地区进军。前329年夏，亚历山大攻陷索格狄亚那首府马拉坎达（今撒马尔罕）。亚历山大前锋直抵锡尔河，连克7城，并在河南建埃斯哈塔亚历山大里亚，驻军设防。前328年春，亚历山大下令在索格狄亚那各地筑城，迁移希腊人、马其顿人充实其中。同时，任命当地上层贵族为郡守，表示尊重当地制度和习俗。前327年，亚历山大娶巴克特里亚贵族欧克西亚特斯之女罗克萨娜为妻，并鼓励马其顿人和东方女子结婚。亚历山大在这里留下了一部分军队，据研究，亚历山大在巴克特里亚留下了13500名士兵，以巩固后方。亚历山大的军队中，有大批希腊学者、诗人、艺术家、工匠和各色人等，他们在印度河上游一带繁衍子孙。

法国汉学家鲁保罗（Jean-Paul Roux）指出："亚历山大在他经过的几乎所有地区，都加固了自己曾遇到过的希腊人古聚落、增加了其数目。他并且或使人或自愿或强迫地、带有以许诺而减缓了其强烈程度的威胁，而将其随从中的部分男女留居于那里。在许多大城市中，又有些商贾和工匠定居。"他还说："亚历山大可能只在中亚居住过5年，但其名声却将会在那里保留数千年。"①

前323年，亚历山大遽然死去，匆匆建立起来的帝国迅即崩溃。塞琉古王朝几乎继承了亚历山大在亚洲的全部遗产，统治区域从地中海东岸直到中亚的兴都库什山，巴克特里亚成为该王国最东部的一个重要省份。塞琉古王朝以亚历山大的建城战略为指导，在军事、政治、经济地位重要的地区建立希腊式城市或希腊人殖民地。据统计，亚历山大及其后继者在东方的建城（包括殖民地）至少有300个，其中保留下名称者275个。在巴克特里亚及其相邻地区有名可据者就有19个，其中有8个是亚历山大建立的以他的名字命名的同名城市"亚历山大里亚"，这8个中有一座名为Alexandria Oxiane，即"阿姆河上的亚历山大里亚"。其余的11个应为塞琉古王朝所建。

美国学者麦高文指出："当时巴克特里亚的牧人和农夫，近郊及乡村的居民，都是伊兰人；可是多数城市，却全受希腊移民的支配，他们带来了他们的语言、他们的宗教、他们的制度、他们的戏剧和他们的艺术。这样的都市，在巴克特里亚境内有十多个，或由亚历山大建立，或由早期的君主建立，每

---

① ［法］鲁保罗著，耿昇译：《西域的历史与文明》，新疆人民出版社2006年版，第68—69页。

一都市，皆为向四方放射希腊文明的中心。这些都市，无疑地使得整个巴克特里亚王国，都带有希腊精神。"①

前255年，坐落在其东北边陲的巴克特里亚郡的郡守希腊人狄奥多特斯首先宣告独立，而中国人把这个地方叫做大夏。在大夏国王欧西德莫斯一世（Euthydemus Ⅰ）时，大夏控制的最东部国界线不仅推进并超过了苦盏，有证据显示，他们的侦察队在前200年左右已经到达过疏勒，这是有史以来最早的有据可考的一次连接中国与西方的活动。古希腊历史学家斯特拉波这样评价这次行动："他们甚至将自己国家的国土拓展至塞里斯（中国）和弗林尼。"据此说，他们很可能进入了塔里木盆地。英国汉学家艾兹赫德说："欧西德莫斯一世在公元前210年至公元前190年，曾试图和中国（Seres这个词本源于中国字'丝'的发音，是西方称呼中国的通用词，最先出现在阿特米塔的阿波罗多罗斯的作品中，后来被斯特雷波引用来描述欧西德莫斯的活动）建立联系。如果大夏国的铜镍合金币来自云南的话，那么就证明他的孙子欧西德莫斯、潘塔里昂（Pantaleon）和阿加索克利斯（Agathocles）成功地和中国联系上了。这一点很可能是事实。"②

阿伊·哈努姆遗址是迄今为止在中亚地区原巴克特里亚希腊人王国统治区域发现的唯一完整的希腊式城市。阿伊·哈努姆城址位于阿富汗东北部昆都士城东北，是一座城墙环绕的希腊化古城，离今塔吉克斯坦边境较近，位于乌浒河和科克恰河的交汇处。城区分东西两部分，东部为具有防御功能的天然卫城，高约60米，西部作为居民区的下城，总面积约270万平方米。现已发掘的暴露于地表的建筑物主要有似为行政管理总署的巨大宫殿区，位于下城西南部，面积约9万平方米，包括广场、官署、宅邸和珍宝库。宫殿的东、南、北三面分别建有神庙、体育馆和贵族住宅区各一处。贵族住宅区为带庭院或花园的大房子。剧场和兵器库分布在卫城区。下城为城墙环绕，内有很多空地。该城建造时间在前329年或前305年，是希腊化时期巴克特里亚繁荣发达的中心城市。阿伊·哈努姆城的建筑风格是古希腊式建筑和东方

---

① ［美］麦高文著，章巽译：《中亚古国史》，中华书局2004年版，第81页。
② ［英］艾兹赫德著，姜智芹译：《世界历史中的中国》，上海人民出版社2009年版，第26页。

式建筑的结合，而以前者为主，如：垒砌石块用金属铜钉联结并灌以熔铅加固；建筑的布局往往以一连串房间或柱廊环绕一个中央庭院，饰以古典式3种柱头的大量圆柱；寓所的浴室地板用卵石铺成拼花地板等。东方风格主要有：常用土坯垒墙；剧场的席位之中建3座阔气的凉廊；神庙为三梯级高台建筑；前设门廊、后设正殿及两侧配殿。城内发现有希腊文的铭刻和手稿残迹，以及阿拉米字体的铭文。艺术品有石、陶、象牙和金属的圆雕或浮雕，表现人物和希腊、本地的神像。其风格一部分采用希腊传统手法，一部分则是东方风格，构图平板，不注重透视。有的大型作品在铅条或木头的基架上堆塑而成，是一项创新。在宫殿区的珍宝库中发现有印度和希腊的珍宝和钱币，出土有钱币的铜坯。

由于巴克特里亚希腊人王国的存在，有不少的希腊人定居于印度，以至于阿育王在刻石勒铭弘扬佛法时，也没有忘记用希腊语向这批希腊人传教。考古学家们研究，这个古城遗址的考古发现表明，此地的希腊人仍然希望生活在他们所熟悉的文化氛围之中，并试图将这一文化生态尽可能地保持下去，同时也接受了东方文化传统的影响。但无论如何，阿伊·哈努姆遗址自始至终保持了希腊式城市的基本特征。它的居民肯定是以希腊人为主，它的上层统治者也一定是清一色的希腊人。让－诺埃尔·罗伯特说："事实上，巴克特里亚扮演了一个交汇点和过道的角色，同时，它还在中亚的心脏地带建立了一个希腊文明的'绿洲'。我们发现了一个历史上几乎是独一无二的现象，它对远东整个民族文化、艺术的发展产生了十分重要的影响。"[1]鲁保罗认为，这个遗址"说明了希腊文化在公元前的最后几个世纪中，于多大程度上影响了西域，这要远远早于佛教的最早先驱到达西域的时间。因此，最有可能的是坚持认为，正是已经希腊化和佛教化的印度，也就是希腊—佛教的印度，才向那里提供了希腊文化"[2]。赫德逊也有类似的结论。[3]

前327年，亚历山大率领军队离开中亚，南下侵入印度，在印度河谷建

① ［法］让－诺埃尔·罗伯特著，马军、宋敏生译：《从罗马到中国：恺撒大帝时代的丝绸之路》，广西师范大学出版社2005年版，第143页。

② ［法］鲁保罗著，耿昇译：《西域的历史与文明》，新疆人民出版社2006年版，第73页。

③ 参见［英］赫德逊著，李申、王遵仲译：《欧洲与中国》，中华书局1995年版，第30、31页。

立了两座亚历山大城，迅速占领了西北印度的广大地区。从这时开始，希腊人对印度部分地区，主要是西北部的统治或控制断断续续长达约 300 年。在大夏国王欧西德莫斯及其儿子德米特里（Demetrius）统治之时，巴克特里亚的希腊人侵入印度，不仅攻占了原来亚历山大征服过的印度河流域，甚至还有可能向恒河流域进发。之后巴克特里亚王国的印度部分与王国主体分裂，在古印度西北部和北部建立了许多松散且不同王朝的小国，并统称"印度—希腊王国"，疆域横跨今日的阿富汗、巴基斯坦和印度各一部分，如旁遮普的呾叉始罗、今日的锡亚尔科特和查萨达皆为当时的重要都市。当时的印度人称呼希腊人为 Yavana，并记录当时 Yavana 甚至入侵到印度中部的华氏城、马图拉、阿约提亚、阇罗国。根据法国钱币学家波比拉赫奇（Osmund Bopearachchi）的研究，从今日阿富汗南部到印度的旁遮普的广大地区，都受印度—希腊人国王统治。其中最有名的是米南德（Menander），他在势力全盛时几乎占领了整个印度西北部。他的大本营应该是在犍陀罗地区。张骞在前 128 年抵达大夏，他所耳闻的"临大水"之国"身毒"，应该就是米南德王国全盛时期的印度西北部。

历经两个世纪的统治，印度—希腊王国在语言、符号、宗教艺术和建筑上把古印度、古希腊两个丰富的文化融合一起，从而产生了许多具有希印文化特征的文明成果。其中引人瞩目的成果是犍陀罗艺术的诞生。以弥兰陀王（Milinda）为代表的印度希腊人开始诚心接受印度的佛教，从而促使以希腊造型艺术形式来表现印度佛教内容和精神的犍陀罗艺术的诞生。佛教经典《弥兰陀王问经》（《那先比丘经》）即是他向一位僧侣那先比丘（Nagasena）问道的集子。这部经文记载了他皈依佛教的过程，富于诡辩色彩且充满了譬喻，是典型的苏格拉底式的对话，但讨论的内容却是轮回业报、涅槃解脱等佛教理论。

巴克特里亚的希腊人王国成为希腊艺术、思想进入印度的中转站和推动者，对印度文化产生了极大的影响。印度人从希腊人那里学会了精巧的铸币技术，并像希腊人那样在钱币的正反面压制图案；希腊风格深深影响了印度的雕塑、绘画和建筑；哲学上，印度正理派（逻辑学）的"五支论法"与亚里士多德的三段论之间存在着密切的联系，印度耆那教原子论与希腊德谟克利特以及卢克莱修的原子学说基本相似。英国学者吴芳思指出："在古巴克特里亚及其周围地区，亚历山大死后，希腊语言文化或希腊风格的伊朗艺术发展起来，它们经历了希腊政权的灭亡，并在贵霜人的统治下变化、发展，贵霜人还把希腊字母用于他们自己的语言。"① 美国学者罗兹·墨菲指出希腊文化对印度的影响："在印度与西方的长期联系中，希腊人的影响，无论在共同的语言根源上，还是在物质和文化方面，都最为显著。西北地区由希腊人统治的王国如大夏和犍陀罗，仍继续生产希腊风格艺术品，这对印度艺术产生了影响。印度的各种哲学思想，也因亚历山大入侵加强了交流。"② 他还指出："贵霜人最显著而恒久的遗产也许是他们统治和保护下创作的优美动人的佛教雕塑。有趣的是，贵霜时期的印度雕塑仍带着希腊人和古希腊艺术重要影响的痕迹，这种影响既来自西北部尚存的希腊式王国，也来自于古希腊世界的海上直接交流。""亚历山大之后的许多世纪中，希腊商人和旅行者一直保持着对印度的经常造访。"③

我们在这里着重论述希腊文化对印度的影响，是要说明，本书多处论述印度文化包括佛教在中国的广泛传播及其重要影响，那么，由于印度文化与希腊文化的上述联系，所传到中国的印度文化就已经包含了希腊文化影响的痕迹或内容，只不过其中的希腊文化因素已经被印度文化所吸收和融合，是以印度文化的面目出现的。因此，可以说，印度文化成为希腊文化向中国传播的一个中介或桥梁，希腊文化的某些因素也通过印度文化传播到了中国，只不过这种传播是间接的，与印度本土文化捆绑在一起的，是模糊不清的。

定居在中亚的希腊人为传播希腊文化做出了重要贡献。古希腊传记作家普鲁塔克（Plutarch）说："亚历山大对亚洲的远征后，东部地区的人民，至少是统治阶级，阅读荷马的诗篇，他们的孩子读唱沙孚克里斯（即索福克勒斯）和尤里批蒂（即欧里庇得斯）的作品。一个石雕的喷泉口是仿造希腊喜剧中的角色奴隶厨师所戴的面具制作的，这起码说明在阿依罕努姆剧院演出的戏剧是属于希腊文库的作品。"④ 鲁保罗指出：

---

① ［英］吴芳思著，赵学士译：《丝绸之路2000年》，山东画报出版社2008年版，第29页。

② ［美］罗兹·墨菲著，黄磷译：《亚洲史》，海南出版社、三环出版社2004年版，第100页。

③ ［美］罗兹·墨菲著，黄磷译：《亚洲史》，海南出版社、三环出版社2004年版，第106页。

④ 新疆博物馆编：《新疆和中亚考古译文集》，1985年，第74页。

他们都是优秀的"殖民主义者"，在他们力所能及的情况下，厚颜无耻地在当地开发掠夺，同时也为当地带去了他们的文明。这一切对于他们来说，都是绝对清楚无疑的。因为他们认为唯一的真正文明，便是他们的希腊文明。……他们做出了许多贡献，首先是他们的语言，即希腊共同语（Koiné）。这种语言后来变成了印度—大夏诸王国的官方语言之一，也是一方面影响了印度和另一方面又影响了整个西域的思想交流工具。①

艾兹赫德也说：

在大夏和印度的希腊人可能没有完成亚历山大大帝的所有愿望，但他们的希腊化取得了相当大的成就，而且其文化影响深远。②

乌兹别克斯坦艺术史家普加琴科娃与列穆佩所著的《中亚古代艺术》一书中指出："古希腊、罗马时代早期（前3—2世纪），在希腊—巴克特里亚和东方帕提亚的尼萨发现的细颈双耳瓶，证实了东方古希腊、罗马时代制品的传入。"绘制着《酒神的伴侣》的"以欧里庇得斯悲剧为题材的贵霜时期的碗，不仅表明其本身与古代剧作艺术和文学领域中古希腊文化遗产的内在联系，而且也像古希腊东方浮雕那样动人心目"。书中还记载了另外3件绘有希腊酒神狄俄尼索斯形象的工艺品，其中一件即"费尔干纳地区库瓦出土的金属模具，上面绘有当地的狄奥尼斯—库维拉酒神饮酒的场面"。另一件"旁遮普北部出土的酒器和艾尔米达日美术馆典藏的酒器上也都铸有类似的场面，不过在酒神的对面坐着一位少女"。再有一件是在维尔赫涅—别列佐夫斯基新村出土的酒器，上面绘制着"戴山羊面具的人物图，为我们留下了某种当地神秘的中世纪末期的宗教戏剧或节庆的痕迹"。③

以上我们简述了由亚历山大东征而引起的希腊文化东进的过程。从这里

---

① ［法］鲁保罗著，姜智芹译：《西域的历史与文明》，新疆人民出版社2006年版，第70—71页。

② ［英］艾兹赫德著，姜智芹译：《世界历史中的中国》，上海人民出版社2009年版，第26页。

③ ［乌兹别克斯坦］P. A. 普加琴科娃、л. H. 列穆佩著，陈继周、李琪译：《中亚古代艺术》，新疆美术摄影出版社1994年版，第109、115、116页。

我们看到，希腊人的东进，将希腊文化一直带到了中国的西部边缘。西方文献中的巴克特里亚就是中国史籍所说的"大夏"。大夏和印度，在这个时候都活跃着希腊人的身影，受到希腊文化的深刻影响。那么，当亚历山大的东征大军抵达中亚地区（我们已经知道，中国在此前很久已经与这里建立了交通联系）的时候，当成千上万的希腊人定居在巴克特里亚（大夏）诸王国的时候，他们一定听说过有关东方中国的某些消息，一定见到过运抵这里的优美的中国丝绸和其他中国物品。另一方面，这时的中国人可能也已经获得了某些希腊的信息。有研究者指出，前1世纪的中国西汉王朝与印度西北部的印度—希腊人有过接触，此地的希腊化信息较为清晰地传回了中国。《汉书·西域传》说，罽宾"民巧，雕文刻镂，治宫室，织罽，刺文绣"，似乎反映了希腊人的雕塑造型艺术和中国的织造技术在此地流行的情况。在这里，希腊文化、印度文化和中国文化三大文化发生接触，方豪指出：

> 希腊发现印度，印度又挟其佛教，而以希腊文物传于中国，其所经路线正昔日中国之丝传往于西方之旧道。但希腊文化之所以能东传，当上溯其历史于亚历山大时代。此一好学而有军事天才之英雄，其征服亚洲之好梦，虽未持久，但所造成之新希腊，即亚洲之希腊，竟使"希腊色彩"长留此地，达千年之久。……"希腊风"已自亚细亚边缘深入大陆腹地，树其稳固之基础。
>
> "从希腊到中国"，其经过颇为曲折。亚历山大城之建立，于希腊精神传布于东方，实有极大贡献。[①]

亚历山大东征及其帝国的建立，对东西方文化尤其是以希腊文化为主含有东方文化因素的希腊文明的东传的作用，学术界也有相当研究及肯定。[②] 无论如何，亚历山大的东征确实使古老欧亚大陆的交通打开了，位于这一大陆两端的欧洲人和中国人几乎可以面对面地进行对话和交流了。

2. 张骞带回的希腊文化

张骞第一次通使西域的时间是前138年，此时距亚历山大东征到中亚的前330年，有200多年的时间，那时希腊人的城邦依然存在，那些印度—希

---

① 方豪：《中西交通史》上卷，上海人民出版社2008年版，第51页。

② 参见杨巨平：《文明的流动：从希腊到中国》，《光明日报》2013年7月4日。

腊国家依然存在，上文提到的印度—希腊人弥兰陀王还在世。虽然这些希腊国家在不久前已经被大月氏人所征服，但大月氏人来到大夏后，是作为统治阶层而定居下来的，在文化上他们继承了希腊大夏王国的遗产，在书写中采用了希腊文字。那么，张骞到大夏时，正值已经臣服于大月氏的巴克特里亚这个希腊化的王国时，他很有可能接触的是这里的希腊人，至少，也一定听说过有关亚历山大大帝以及希腊文化的某些消息，见到过希腊文化的遗存。而李广利的大军征服大宛时，"扎营或许就在227年之前亚历山大大帝的营帐出现过的地方"①。

张骞回国后，给汉武帝提供了一份详尽的出使报告，介绍了西域之行的所见所闻。在这份报告中，张骞对亲临的国家大宛、大月氏、大夏和康居，传闻的国家乌孙、奄蔡、安息、条支、黎轩和身毒等都做了或详或简的介绍。而在这些国家中，大宛就在当年希腊人巴克特里亚的势力范围之内，大夏、条支和身毒的一部分是亚历山大帝国的故地，张骞抵达时，条支即塞琉古王国依然存在，安息即帕提亚则长久地受到希腊文化的深刻影响。所以，"张骞在这些地方的所见所闻，完全有可能包含着希腊化文化的信息"②。这种文化信息在张骞的报告中也有所反映。

张骞的报告提到安息盛产"蒲陶酒"，大宛及其周围地区也以蒲陶为酒。学术界普遍认为葡萄的引进应在张骞那个时代。据考证，葡萄的种植和葡萄酒的酿造始于土耳其的东部地区，时间大约在前4000年以前，而后向东西方传播。早在克里特文明时期，希腊人就已经知道种植葡萄，酿造葡萄酒，到荷马时代，葡萄和葡萄酒在希腊人生活中占有重要位置，是日常生活的组成部分。希腊人对葡萄、葡萄酒有着久远的、深厚的文化情结。据斯特拉波的记载，希腊人把先进的葡萄栽培法和葡萄酒酿造法带入了西亚和中亚。张骞带回的"蒲陶"一词，有学者认为来自希腊语表示"一串蒲陶"的"βo τρvs"（botrus）。所以，很有可能，西域的葡萄种植和葡萄酒酿造技术是随亚历山大东征的希腊人传播过来的。再以后，葡萄和葡萄酒，以及葡萄栽

---

① ［英］赫德逊著，李申、王遵仲译：《欧洲与中国》，中华书局1995年版，第41页。

② 杨巨平：《亚历山大东征与丝绸之路开通》，中国中外关系史学会、暨南大学文学院主编：《丝绸之路与文明的对话》，新疆人民出版社2007年版，第26页。

培技术和葡萄酒酿造技术，又从西域传到了中国内地，使之成为中国人喜欢的水果和饮料。这样，中国文化就和遥远的希腊接上了端绪。

据张骞介绍，西域地方城郭林立，居民务农经商。这些信息显然与希腊化文明的遗产有关。希腊人每到一地，要建立自己的城市，亚历山大和塞琉古王国曾在此地建城。这些中亚城郭中至少有一部分应是希腊人的遗存。上一节曾经提到希腊人曾在西域建立城市，张骞看到的城郭应该包括希腊人曾经建立或仍在居住的城市。

张骞在报告中还提到当地流行的货币，"以银为钱，钱如其王面，王死辄更钱，效王面焉"，这种货币与张骞所知的中原的钱币大相径庭，而将国王头像置于钱币的正面，则纯粹是亚历山大及其后继者的遗产。杨巨平指出，张骞的这段话"传递了几个与希腊化王国钱币相似的信息。一是钱币是银制的，二是钱上有国王头像，三是国王死则换钱，另铸继位者头像"[①]。实际上希腊式钱币的影响也波及中国的塔里木盆地。在和田地区发现的"汉佉二体钱"（和田马钱）就源自贵霜帝国境内，即原来印度和巴克特里亚希腊人的活动之地。此类钱币是希印双语币与中原钱币的混合。

张骞还提到"画革旁行以为书记"，即以皮革作为书写材料，在羊皮纸上横着书写文字。而当时中国使用的书写材料是竹简，而且是从上往下书写。这种羊皮纸上的文字应该属于通行于希腊化世界的通用希腊语。考古学者已经在阿伊·哈努姆遗址发现了这样的希腊语文献，说明希腊语在巴克特里亚地区的流行情况。

总之，张骞的出使报告，已经提供了一些有关希腊文化的信息，虽然这些信息是片段的、零碎的，但毕竟是中国人第一次耳闻目睹收集的资料，是在希腊化国家的故地所接触到的信息。

3. 犍陀罗艺术在中国的传播

在中国艺术史上，"犍陀罗艺术"是一个经常被提起的概念。犍陀罗是一个地名，位于巴基斯坦的白沙瓦，为波斯帝国的一个行省。前4世纪，犍陀罗成为亚历山大帝国的一部分。印度孔雀王朝时期，阿育王派僧人来这里传

---

① 杨巨平：《亚历山大东征与丝绸之路开通》，中国中外关系史学会、暨南大学文学院主编：《丝绸之路与文明的对话》，新疆人民出版社2007年版，第30页。

布佛教。其后，它又归属于希腊人建立的巴克特里亚王国。巴克特里亚诸王全面希腊化的政策，影响了这一地区文化艺术的面貌。大夏诸王之一的弥兰陀王和佛教高僧那先比丘的谈话，记录在《那先比丘经》中，该经有一段记载：皈依佛门的希腊人，大约从前1世纪中叶起，开始在犍陀罗地方雕刻佛像，修建寺院。大概从这时候起，与德干高原石窟艺术风格不同的犍陀罗石窟艺术开始形成。贵霜王朝最著名的迦腻色迦王大兴佛教，在迁都富楼沙后，犍陀罗地区成为西北印度佛教的中心。

大约从1世纪开始，犍陀罗的艺术家们模仿希腊神像，创作了大量具有希腊、罗马艺术特色的佛像作品，后世的考古学家以它的出土地点将其命名为"犍陀罗艺术"，也有人把它称为"希腊式佛教艺术"。

犍陀罗艺术是一种在当地民族艺术传统的基础上，汲取希腊、罗马以至波斯的营养，以古典手法表现佛教内容的新的艺术形式。"如果用一个简单的公式概括，可以说犍陀罗佛像等于希腊化的写实人体加印度的象征标志。"①犍陀罗艺术的主要特点是：身着希腊式披袍，衣褶厚重，富于毛料质感；人物表情沉静，面部结构带有明显的西方特征，鼻直而高，薄唇，额部丰满，头发自然波卷，装饰朴素，庄严稳健；雕刻材料采用当地出产的青灰色云母质片岩，间有泥塑；以佛塔为主的建筑，基座多方形，列柱常采用希腊柱式，座侧浮雕佛传故事。绘画遗品很少，有的学者把阿富汗巴米扬石窟内的壁画作为它的代表。

英国考古学家约翰·马歇尔（John Hubert Marshall）在《犍陀罗佛教艺术》一书中将犍陀罗艺术形式划分为幼年期、童年期、发育期与成熟期4个历史阶段。犍陀罗艺术在诞生初期，显而易见地受到古希腊、罗马造型艺术之影响，其中许多雕刻作品甚至与古希腊悲剧人物造型亦有密切的联系。②王镛主编的《中外美术交流史》把犍陀罗艺术大致分为两个时期。前期是贵霜王朝统治时期，约从1世纪初叶至3世纪中叶，以石雕为主，雕刻材料主要是采用犍陀罗地区出产的青灰色云母质片岩，所以前期称为"片岩阶段"；后

---

① 王镛主编：《中外美术交流史》，中国青年出版社2013年版，第19页。

② 参见［英］约翰·马歇尔著，许建英译：《犍陀罗佛教艺术》，新疆美术摄影出版社1999年版。

期在4—5世纪，以泥塑为主，主要采用石灰与黏土混合的灰泥或赤陶，所以称为"灰泥阶段"。后期犍陀罗佛像的造型风格往往比前期希腊化风格更富于古典主义的气质，被认为是"非地中海的希腊主义"的复兴或"希腊化的罗马古典主义"的返照。①

犍陀罗艺术主要特色是佛教石窟、雕刻中的佛陀造型。这一时期的佛像由于和希腊阿波罗神相仿而被称作"阿波罗式的佛像"。佛像高挺笔直的鼻梁、卷曲的头发以及长袍式的衣着是典型的希腊特征，但其俯视的目光和神情又充分体现了佛教精神。

19世纪最早到犍陀罗地区的西方旅行家和考古学家，在富楼沙和竹刹尸罗（《大唐西域记》作怛叉始罗）发掘到许多西方式的石雕、陶器、金属制品、金银宝物、青铜器皿、宝石雕刻与图章等珍贵文物，其中最为典型的是一尊埃及童神与希腊酒神的雕刻作品。据考此尊童神青铜雕像为埃及主神奥塞里斯与繁殖女神爱西斯所生孩子，名叫"哈尔波克拉提斯"。学者们判断此雕像"最有可能来自亚历山大里亚城，这里是哈尔波克拉提斯崇拜的中心"。另外还发现一尊与希腊戏剧密切相关的酒神"狄奥尼苏斯"（即狄俄尼索斯）的雕像。根据考古调查，学者们认为，希腊神是犍陀罗雕刻家所喜欢的素材，其中有主神宙斯，智慧女神雅典娜，商业之神赫尔墨斯，酒神狄俄尼索斯，爱神埃罗斯等。考古学家们发现了一批1—2世纪的佛像雕塑。这些古印度的佛，却有着古希腊的外貌：高鼻深目，神色端庄高贵，与典型的希腊式神像和人物像十分相似；头发也不是印度型的涡状短发，而是波浪形的长发；最明显的是其宽大轻飘的外袍，褶折多是从左肩往右下方成放射形分散。20世纪20年代出土于巴基斯坦哈达地区的哈达佛陀头像，约创作于4或5世纪，是晚期犍陀罗艺术的代表。这尊头像线条匀称、自然柔美，既富于希腊风格，又不失东方韵味，被称作"东方的阿波罗"头像。勒纳·格鲁塞指出：

> 正是这种希腊式的佛陀造型，一个世纪又一个世纪地逐渐通过整个中亚细亚而传到了中国与日本，由此产生了远东无数的佛像。不用说，在这个跨越时空的伟大行程中，原先那种希腊式的佛陀造型已经被修正过了。它最终变成了中国式的佛陀，然而即便如此，

---

① 参见王镛主编：《中外美术交流史》，中国青年出版社2013年版，第20—21页。

在其挺拔的造型及其服饰的布局当中，仍然留存着遥远的希腊式起源的痕迹。①

中国与犍陀罗的交往由来已久，实际上在张骞通西域之前，中国四川的商品已经到过犍陀罗一带。张骞之后，两地的交往从民间发展到官方。汉晋时期来华的西域佛教僧人，大多是来自犍陀罗。与此同时，犍陀罗也成了中国僧人西行求法的圣地，最早游历犍陀罗的是东晋法显。后来到中国的鸠摩罗什在9岁时随母亲到犍陀罗学佛。唐玄奘西行途经犍陀罗，在其故地凭吊了荒芜多年的佛教圣迹，并在《大唐西域记》中记载了他目睹的犍陀罗。

随着佛教的影响，佛教艺术也陆续传到中国，并对中国的造像艺术和绘画艺术产生了重大影响，其中包括了犍陀罗艺术风格的影响。关于犍陀罗艺术东传过程，日本美术史家关卫认为：

> 这一犍陀罗派的希腊艺术，遂传于中亚细亚，随后越克什米尔而侵入西藏，又再从西域传于中国。同时，也曾传播到印度，这由恒河下流的鹿野园精舍所发见的迦腻色迦王的雕像也可证明。这一犍陀罗艺术，和印度的雅利安·达罗维荼（Aryan Dravida）艺术相混合，由此，也曾越喜马拉雅山而到过西藏，不过大部分则又回头从北印度而入于中亚细亚，更越葱岭而入中国，终于最浓厚地传到朝鲜及日本去了。这是由于佛教的东渐，是最有力的艺术的潮流。②

按照关卫的说法，犍陀罗艺术风格从两个方向传入中国，一个是通过西域直接传入的，一个是犍陀罗风格传到了印度，与印度艺术相融合后，再回到西域，将新的艺术形式传入中国。所以，犍陀罗艺术在中国的传播是很强烈的，有很大影响的。

考古学家在丝绸之路上的遗址里陆续发现了数量不少的、具有希腊文化色彩的文物。20世纪初，斯坦因在于阗附近的约特干、拉瓦克和尼雅等遗址发现过古罗马式凹刻印章，其中刻绘有艺术女神雅典娜、主神宙斯、爱神埃罗斯与大力神海克利士等形象，另外在若羌境内的米兰古城还发现了希腊式

---

① ［法］勒纳·格鲁塞：《中华帝国的崛起与繁荣》，引自何兆武等主编：《中国印象——世界名人论中国文化》上册，广西师范大学出版社2001年版，第96页。

② ［日］关卫著，熊德山译：《西方美术东渐史》，上海书店出版社2007年版，第17页。

的有翼天使，完全是希腊题材。

此外，米兰佛寺壁画、克孜尔石窟壁画和楼兰遗址的葡萄纹佛门以及于阗、喀什流行的许多艺术品，也是按照犍陀罗的艺术原则创作的。1977 年，在喀什地区出土了一个犍陀罗石浮雕，两边图案为葡萄藤蔓，中心则是希腊人饮酒的场面。新疆博物馆所藏的营盘遗址出土的 1800 年前的男尸身上覆盖的纺织品上的图案是两个全裸的希腊武士的印织纹样。让 - 诺埃尔·罗伯特指出，从汉朝到唐朝的陵墓建筑前的石兽造型艺术中也可以看到希腊文化的影响。"中亚地区的人民在希腊的推动下又发展了这种源自希腊—爱奥尼亚或希腊—巴克特里亚的艺术，在汉陵寝的一些殉葬品中就发现了有这方面的痕迹。绘画又出现在装饰希腊—爱奥尼亚挂毯的刺绣上，雕塑也从这种文化的装饰品上得到启发。"[①] 还有学者认为，日本京都与奈良的佛像也都不同程度地受到过犍陀罗艺术的影响。

实际上，在中国的佛教艺术乃至整个东方的造型艺术中，犍陀罗的影响是极其深远的。"中国正是通过佛教，不但接受了印度和中亚文化，更间接地接受了远至希腊的西亚、欧洲文化。佛教的传播带动起来的输入外来文化的强大潮流，成为古代中国人广泛汲取广阔的西方文化的媒介。这对于中国文化发展所起的作用、造成的影响是难以估量的。这诸多民族的西来文化经过中土的容纳、消化、再创造，又以中国为媒介，东传三韩、日本和东南亚，推进了更广阔的民族间的文化交流"[②]。不仅如此，"汉代画像石中的神仙羽人和裸体人像，受到波斯天神长翼的影响，也和希腊罗马雕刻中的表现手法在艺术构思上存在着一致的地方。希腊罗马雕刻盛行裸体神像和人物像，常见有翼的裸体天使和爱神埃洛斯，这种艺术作风和犍陀罗美术的传入同时，在中国的土地上经过变化也得到了再现"[③]。

4. 考古所见希腊文化

流传到中国的希腊文化信息，在一些考古发现中也可以见到。

1988 年，在甘肃省靖远县北滩乡一个农舍的房基下发现了一只鎏金银盘。

---

① ［法］让 - 诺埃尔·罗伯特著，马军、宋敏生译：《从罗马到中国——恺撒大帝时代的丝绸之路》，广西师范大学出版社 2005 年版，第 10 页。

② 孙昌武：《中国佛教文化史》第 1 册，中华书局 2010 年版，第 173 页。

③ 沈福伟：《中西文化交流史》（第 2 版），上海人民出版社 2006 年版，第 65 页。

此盘直径 31 厘米，重 3180 克。盘中的图案可以分为三层。最外面的一层是相互勾连的葡萄卷草纹。每颗葡萄中心都有一个小凹点。葡萄的花下叶底还若隐若现地刻画着 29 个姿态各异的昆虫飞鸟，如鹦鹉、蚱蜢、蜥蝎、蜗牛、蜜蜂等。第二层被分成了 12 个单元，在每个单元中，左侧为一个动物，右侧为一个神头像。最里面的一层直径为 9.5 厘米，上为一个青年男神，头发卷曲，上身裸露，肩扛"权杖"，倚坐在一头威武的动物上。初师宾认为银盘第二层的 12 个神像应是古希腊神话中的"奥林匹斯山十二神"，盘子正中的那个男神"可能是阿波罗，也可能是酒神巴卡斯或希腊神话中别的人物"。他还推测，此盘的"时代约在 4—5 世纪，最晚不过 6 世纪前半期；其产地大约不会超出意大利、希腊和土耳其"。① 也有学者认为，银盘正中的男神应当是罗马神祇巴卡斯（Bacchus），此神相当于希腊神话中的酒神狄俄尼索斯。至于这个银盘的产地，有人认为是 2—3 世纪的罗马东方行省北非或西亚，也有人认为是 3—4 世纪的罗马帝国东部行省。林梅村释读出这只银盘上的一行大夏文铭文，其意为"价值 490 斯塔特"或"价值 490 金币"。因此，他认为这个银盘应当是大夏银器。在他看来，这个充满希腊罗马艺术风格的银器表明"公元 5 世纪末至 6 世纪初希腊文化仍为大夏文化主体"②。

　　1965 年，在西安西北的汉代长安城遗址内出土了一只陶罐，陶罐内有带铭文的铅饼共 13 枚。1973 年，陕西省扶风县姜塬又出土了两枚这样的铅饼，结合这个遗址中出土的其他文物来看，其上限不会早于西汉晚期，下限不会晚于东汉晚期。③ 1976 年，甘肃省灵台县发现了 274 枚同类铅饼，总重量达 31806 克。德国学者密兴 – 黑尔芬（O. Maenchen-Helfen）提出，在希腊化时代与罗马时代，铸印在西亚古钱上的文字是希腊文，但由于仿抄者不懂希腊文，这些希腊文在仿抄过程中失真走样。他进一步认为，中国发现的这些铜饼是由中国匠人铸造的，上面的铭文是中国人所仿抄的失真的希腊文。但夏鼐认为，这些铜饼不可能是在中国铸造的，而应来自西域。因为汉魏时代的中国没有仿抄外国铭文的先例，并且也想不出他们当时为什么要这样仿抄；

---

① 初师宾：《甘肃靖远新出东罗马鎏金银盘略考》，《文物》1990 年第 5 期。

② 林梅村：《汉唐西域与中国文明》，文物出版社 1998 年版，第 177 页。

③ 参见罗西章：《扶风姜塬发现汉代外国铭文铅饼》，《考古》1976 年第 4 期，第 275—276 页。

铜饼上的图案与汉代的纹饰不同；汉代没有铸造过这种样式的铜币，并且当时也不会铸造完全是外国字铭文的货币。[①] 林梅村认为，这些铜饼和铅饼上的铭文应当是用草体希腊文拼写的中古伊朗语。我国出土的这些铭有草体希腊文的铜饼与铅饼，很可能就是流寓到中国的贵霜大月氏人在陕西中部地区活动时留下的遗物。[②]

　　1—3世纪，新疆地区铸行了一种有汉文和佉卢文的"汉佉二体钱"。此钱圆形无孔，一面的中央有匹形象生动的马形图案，四周有一圈少数民族文字，另外一面有文字，似为汉文篆字，字迹不清，有释读做"元"字者。因这种钱币大多数发现于新疆和田地区，故又名"和田马钱"。此钱用打压法制造而成，钱分大小两种：大钱重二十四铢，外径24毫米，重8.3克；小钱重六铢，外径22毫米，重5.3克。据专家考证，"和田马钱"是希腊文化通过印度传入于阗后同原来已存在的中国文化相结合的产物。

　　在西方，有一种非常精美的多面体金珠，其制作工艺被称为焊珠工艺，即先用一种黏合性焊剂把金粒固定在器表上，然后加热焊接。此种工艺最初出现在前四千纪两河流域的乌尔第一王朝时期，后流行于埃及、希腊、波斯等地，亚历山大东征后传入印度。此种工艺可能发源于迈锡尼时代的希腊。由于发现的金珠都是12面体的，所以被称为"十二面金珠"。这类多面体金珠在我国也有。我国不仅发现过12面的金珠，还出土过14面的，所以国内有人将此定名为"多面金珠"。我国出土的多面金珠的具体情况如下：

　　（1）1959年，在湖南长江五里牌9号东汉墓中发现了11件"球形饰"，"其中有四件是以十二个小金丝环相粘而成。环与环之间的空隙处，又粘有三颗小圆珠，以使其更加美观。又五件，先制成一小金球，再饰金丝纹，缀以珠饰。另一件，其制作虽与前者相同，但粘制更为精美，不管怎样看，珠饰与珠饰之间，纵横成行，井然有序。还有一件，为镂空多角形，极工整"[③]。

　　（2）1980年，在江苏邗江县（今扬州邗江）甘泉镇的东汉墓葬中发现了一件"空心金球"。此物"用两个较大的和十二个较小的金圈拼焊成24个角

----

① 参见夏鼐：《夏鼐文集》下册，社会科学文献出版社2000年版，第3—9页。

② 参见林梅村：《西域文明：考古、民族、语言和宗教新论》，东方出版社1995年版，第67页。

③ 湖南省博物馆：《长沙五里牌古墓葬清理简报》，《文物》1960年第3期，第38—49页。

的空心球。然后在金圈相接的 24 个空当处，再各用四粒细如菜子的小金珠堆焊出 24 个尖角。直径 1.3 厘米，重 2.7 克"①。

（3）1983 年，广州南越王墓中出土了 32 枚小件金花泡饰，上面焊有极小的金粟粒。这些金花泡饰也是用焊珠工艺制作的，应是西方的工艺品。

由于这种十二面体的金珠在巴基斯坦、印度东部沿岸、越南南部的奥高遗址都有发现，而且在我国也多发现于长江以南地区，所以研究者认为这种金珠及其制造方法可能是从海路输入我国的。但也有人指出，在我国发现的多面金珠中，"不排除有些是对西方原型作了改进的本土制品"②。

20 世纪初，英国考古学家斯坦因在新疆米兰废寺的 3 号遗址中发现了一座窣堵波，在其周围的回廊上，发现了 7 个长翅膀的天使的画像，画像中的天使眼睛很大，眉毛扬起，斜视着前方，由此可以断定这是希腊罗马古典艺术风格的作品。在这些壁画上还有一小段佉卢文题词，上面有画家的名字以及他画这幅画所得的报酬。画家的名字叫 Tita，这个名字在印度语和波斯语中都找不到根源，斯坦因认为这个名字可能是罗马人名 Titus 译成梵文雅语和俗语所应有的变化。③ 也就是说，这位画家可能是一位罗马人，或者是移居犍陀罗地区的罗马人的后裔，他来到米兰被米兰寺院雇来画壁画。壁画中所绘的善牙太子和王妃所驾的马车也是罗马式驷马车，壁画已经采用了透视学上的渲染法，在技法上和埃及法雍的罗马绘画同属一个体系。

斯坦因在鄯善古国的尼雅遗址等地发现了 700 多件佉卢文简，在木简封泥上常常印有阿西娜、赫拉克勒斯、埃洛斯等希腊神话中的神或英雄的图像。④ 斯坦因在楼兰遗址的汉墓中还发现一块彩色缂毛残片，时代为东汉晚期。在这块羊毛织成的纺织品上，残存着"十足希腊罗马式图案的赫尔墨斯头部"。在斯坦因所发现的这块羊毛织品残片上，可以看到比较完整的双蛇杖

---

① 岑蕊：《试论东汉魏晋墓葬中的多面金珠用途及其源流》，《考古与文物》1990 年第 3 期，第 85—87 页。

② 要彬：《服饰与传播》，中国时代经济出版社 2010 年版，第 84 页。

③ 参见［英］斯坦因著，向达译：《斯坦因西域考古记》，中华书局、上海书店 1987 年版，第 89 页。

④ 参见［英］斯坦因：《尼雅河尽头以外的古遗址》，引自余太山主编：《西域文化史》，中国友谊出版公司 1995 年版，第 107 页，

图案。这块彩色缂毛织物，应当是从地中海地区输入的。赫尔墨斯是古希腊神话中一个多才多艺的神，他掌管贸易、旅行、竞技等。他还是众神的信使，为神祇们传递信息，他的标志是手持双蛇杖。在现代世界的一些国家中，这种双蛇杖依然作为医生或医学的一种象征。

汉代以后，一些艺术作品中的裸体人物形象也是受希腊罗马艺术风格影响的结果。1969年在河南济源泗涧沟西汉晚期的墓葬中发现了一件绿釉陶树，底座上贴有裸体人泥塑。山东嘉祥吴家庄汉代画像石上有裸体大力士支撑屋顶，山东曲阜颜氏乐园画像石上有裸体力士相搏斗的画面，江苏连云港孔望山摩崖石刻上也有裸体力士。

新疆克孜尔石窟的壁画中有大量的裸体人物形象，并且以女性的裸体形象为主，包括天宫的乐神，以及佛传故事和因缘故事中的舞女、宫伎、王妃、魔女等等。可以想象，龟兹的艺术家们对希腊罗马的裸体艺术十分倾心，甚至一些本来并不需要裸体的人物也被画成裸体，如第205窟的《阿阇世王故事》中，阿阇世王在宫中接见大臣，全身裸体的王妃在旁边作陪。照理说，王妃这时候是不需要裸体的，但由于王妃具有高贵的地位和身份，也许在龟兹的艺术家们看来，她地位的高贵与她身体的美丽是统一的，表现她美丽的身躯能使她的形象更加美好，因此就把她画成了裸体。同样，在克孜尔石窟的壁画中，释迦牟尼的母亲摩耶夫人也经常被画成裸体。第175窟《太子降生图》中的佛陀被画成一个通身光圈的裸体青年男子。而且，这个裸体在人体的比例、结构以及动作的协调上，与希腊古典艺术的法则是统一的。

古希腊罗马常用的忍冬纹图案也沿着丝绸之路传入中国，成为两汉到唐初常见的一种装饰性图案。河南洛阳市西汉卜千秋墓壁画的云彩中有忍冬纹，甘肃武威县东汉墓出土的屏风也用忍冬纹装饰，新疆民丰县东汉墓出土的丝织物上绣有忍冬图案。早期敦煌的石窟中，也使用了大量的忍冬纹来作为须弥座的边饰，直到唐初，才逐渐被卷草边饰所代替。此外，汉唐时期长安人用的铜镜也常用忍冬花纹作为装饰图案。

洛阳出土的汉魏文物中也有不少的羽人造型。如1987年洛阳东郊汉墓中出土的鎏金铜羽人，深目高鼻，全身刻有线条纤细的羽纹、卷草纹与云气纹；洛阳出土的东汉"四方羽人画像镜"上也有羽人造型。西汉卜千秋墓墓门上额画有人首鸟身的升天图，亦作双翼。这些羽人造型与古希腊、古罗马雕塑艺术的构思与表现手法有着很多一致性。可以认为，希腊、罗马的雕塑艺术经丝绸之路传入中国后，与中国的传统文化、艺术、思想进行交融，形成了中国自己独特的艺术风格与艺术造型，如汉晋时洛阳出土有双翼石狮、双翼兽，洛阳出土的西汉空心砖中有翼马形象等。这种汉魏文物中的神仙羽人造型，是外来艺术形式和中国传统相结合的产物。

希腊的古典柱式也传入中国。克孜尔壁画中所画的一些天宫，是以希腊古典柱式分隔的圆拱形建筑，每个圆拱架在两个爱奥尼亚式或科林斯式的柱头上。南京尧化门外梁朝萧景墓前现存有一根神道石柱，柱身刻着二十多道希腊柱式的凹棱，柱子的上部是中国传统的承露盘，承露盘上蹲着一只受波斯艺术风格影响的石辟邪。这根石柱正是希腊、波斯与中国三种艺术风格相结合的产物，它被看成是南石刻中最具代表性的作品之一。

专家认为，20世纪80年代，在山西大同出土的4件金银器，是由东罗马人所制，"其造型、纹样的艺术风格，诸神的面型、服饰、姿态均为希腊罗马风范"。[1] 谢明良认为，希腊艺术有可能东渐至山西。他认为，20世纪80年代河北献县出土的一座唐墓中的武士俑的形象，与希腊赫拉克勒斯形象相近。因为赫拉克勒斯的形象一般是头戴一狮子头皮，手持一根带有疤痕的木棒。而这座唐墓中的武士俑形象与此相似，只不过戴的是虎头皮。此外，在多处墓葬中都有此类戴兽帽的陶武士俑。其中一座墓葬于1961年发现于山西长治地区，它的武士俑似乎更接近赫拉克勒斯的形象。谢明良认为，这些武士俑是从犍陀罗艺术中的执金刚像演变来的，而执金刚像似可以与赫拉克勒斯的形象相联系。[2] 邢义田也认为，棍棒与狮或虎头形盔同时出现，可以证明这绝不是工匠的偶然创意，而应该有一定的来历。这个来历，追本溯源，和希腊的赫拉克勒斯有一定的关系。[3]

---

① 初师宾：《甘肃靖远新出东罗马鎏金银盘略考》，《文物》1990年第5期。

② 参见谢明良：《希腊美术的东渐——从河北献县唐墓出土陶武士俑谈起》，台北《故宫文物月刊》1997年第7期。

③ 参见邢义田：《赫拉克勒斯在东方——其形象在古代中亚、印度与中国造型艺术中的流播与变形》，荣新江、李孝聪主编：《中外关系史——新史料与新问题》，科学出版社2004年版，第15—48页。

以上我们从考古发现、历史遗迹和文献研究等方面考察古希腊与中国文化可能发生的联系。朱谦之指出："中西交通的开始即是中西物质文化接触的开始。""古代中国与西方已有物质的接触，却为一种事实。"朱谦之引述英国汉学家翟理思（Herbert Allen Giles，1845—1935）在《中国与中国人》第四章中对于中国与古希腊文物风尚的比较，说翟理思的略述有 20 余项，物质文化方面的有这样几项：

（1）中国建筑门常朝南，屋中男女分隔，门扇多为两个，开门时为推进，希腊住宅亦然。

（2）中国演戏，自晨至晚，连演不息，戏台常搭于露天旷地，与希腊同。戏文有"曲"有"白"，戏子或（戴）假面、或涂面谱，彼此皆同。至于戏台上设神像，更是无独有偶的风俗。

（3）中国之"骰子"戏系于 2 世纪前后自西方传入。

（4）古代中国用以记时辰的"壶漏"，在古代希腊也曾用过，情形是否完全相同则未确定。

（5）中国橄榄之来源或系传自希腊，传播时期约在 2 世纪即西汉时代。

（6）中国之有"栗子"及"葡萄"，系始源于张骞使西域之后。

（7）古时中国铜镜常有花鸟装饰，与古希腊所有者相似。

（8）中国石榴、萝卜等蔬菜果子，皆系自古代小亚细亚诸国传入者。[①]

二　中国与罗马：两大帝国的遥相呼应

1. 大陆两端的相望

在秦汉帝国蓬勃发展的时候，欧亚大陆的另一端，则是同样辉煌的罗马

---

① 朱谦之：《中国哲学对欧洲的影响》，上海人民出版社 2006 年版，第 56—57 页。

帝国。罗马时代是欧洲历史上一个极为重要的时期。前 2 世纪中叶以后，罗马人迅速崛起，征服了希腊本土，成为地中海沿岸的鼎盛霸主。1 世纪时，罗马帝国的疆域扩大到最大版图，其领土横跨三大洲，东起美索不达米亚，西至西班牙、不列颠，南达非洲埃及，北迄莱茵河、多瑙河一线。在将近 200 年中帝国保持了它的霸权，形成所谓"罗马和平"时期。罗马时代创造的灿烂的古典文化对欧洲乃至整个人类文明都产生了很大影响。

秦汉和罗马东西方两大文明交相辉映，共同代表着当时世界文明最辉煌的成就。英国著名历史学家汤因比在其《历史研究》一书中指出世界文明发展有两种主要模式，即希腊模式与中国模式。在他看来，古罗马文明是希腊模式高度发展的必然结果，所谓希腊文明亦可称为希腊—罗马文明，而中国的秦汉王朝则是中国模式的开始。

由于相隔遥远，秦汉和罗马两大文明还难以进行广泛的直接交流。但商贸的往来，已经通过间接渠道在两大帝国之间建立。罗马帝国在很长一段时期内是"丝绸之路"的西端终点，是西运的中国丝绸的主要消费国。通过大量精美的中国丝绸和贩运丝绸的商旅，罗马人逐渐得知东方的产丝国家；中国人也间接地知道在遥远的西方有一个可与我华夏神州相比的大帝国。汉代中国人把罗马当作泰西之国，公元初的罗马作家也把那个"丝国"赛里斯当作亚细亚极东的国家。东方与西方，中国与罗马在欧亚大陆两端遥遥相望，并且通过丝绸之路和西运的丝绸，建立起早期的贸易关系和文化联系。这种贸易和文化联系对于罗马帝国来说，具有很深刻的影响。让－诺埃尔·罗伯特指出：

> 在罗马人的日常生活中，显然已牢牢地同遥远地域的文明建立了联系。他们那些奇妙的商品充斥市场，改变了这些自以为是世界主人的习惯。丝绸、胡椒、作料和香料迅速成为他们生活中不可缺少的东西，而不计其数的资金滚滚流向这些美妙绝伦的生产国。
>
> 同这些遥远的地域建立起贸易关系，既标志着罗马文明的深入，同时又促进了其自身的文明化进程。把我们的目光局限在经济和日常习俗上的变化是远远不够的，有些影响是我们必须了解的。它们看似平淡无奇，那是因为我们还没有直接触及它的实质内容和具体

生活，这就是精神和艺术领域的影响。①

中国历史文献对罗马的称谓，有"黎轩""犁鞬""大秦"等不同的记载。张骞出使西域时，已知在安息以西有条枝和黎轩。《史记·大宛列传》说，张骞"凿空"之后，汉朝"因益发使抵安息、奄蔡、黎轩、条枝、身毒国"。如黎轩指罗马，那么当时汉使之足迹已至罗马帝国，可惜记载过于简略，不知其详。汉武帝时，也可能有罗马人来中国。如史籍提到安息人"以大鸟卵及黎轩善眩人献于汉"。《文献通考》记此"善眩人"形状"皆蹙眉峭鼻，乱发拳鬒，长四尺五寸"。其为欧人已无可疑。那么，此善眩人（魔术师）可以视为历史上有记载的最早来到中国的欧洲人。

另据东汉人郭宪《汉武帝别国洞冥记》记载，汉武帝元封三年（前108），"大秦国贡花蹄牛"。张星烺认为，此大秦国贡使，或许是与赴黎轩的汉使一同来华的。② 另外，史籍还记汉武帝时有西海国献续弦胶及吉光毛裘，有弱水西国人乘毛车以渡弱水来献香。据考，这里的西海国和弱水西国，是指欧洲的罗马帝国。

不过，这些都是从史籍中钩稽出来的中国与罗马最初交往的一点线索。史载不详，所能知道的仅是在当时可能已有人员往来。中国与罗马之间的丝绸贸易，主要通过处于两国中间地带的大月氏、安息等国和游牧部落等中介来进行。特别是安息作为当时西亚一大强国，从这种中介贸易中多获其利，不愿中国与罗马直接交通，因而从中作梗，"故遮阂不得自达"。所以，在西汉时，虽然中国与罗马已互通文化信息，间或可能有人员往来，但就两国关系的实质而言，也仅仅是在大陆两端遥相呼应而已。不过，正如一位英国学者所说的那样："公元 2 世纪，古代世界东西两端间的经济和文化方面的接触达到了高潮。虽然罗马同中国汉朝并没有建立正式的外交关系，但是各自都清楚地知道对方的存在。"③

2. 甘英"穷临西海"

但是，两国都有冲破这种"遮阂"而直接交往的愿望，并为之做出了许

---

① ［法］让－诺埃尔·罗伯特著，马军、宋敏生译：《从罗马到中国：恺撒大帝时代的丝绸之路》，广西师范大学出版社 2005 年版，第 7 页。

② 参见张星烺：《中西交通史料汇编》第 1 册，中华书局 2003 年版，第 119 页。

③ 石云涛：《早期中西交通与交流史稿》，学苑出版社 2003 年版，第 304 页。

多努力。东汉和帝永元九年（97），班超任西域都护经略西域之时，派其属吏甘英出使大秦。《后汉书·西域传》《晋书·四夷传》有记载，只是稍有不同。

通过史籍可知，当时甘英已经通过安息到达波斯湾头的条支。安息人没有向甘英提供更直接的经叙利亚通往罗马的陆路，而是极言渡海的艰难险阻，又以传说渲染海上航行的恐怖："海中善使人思土恋慕，数有死亡者。"于是甘英乃止步而还。这一本应在中西交流史上留下巨大影响的行动，竟以"望洋兴叹"而告夭折。

目前研究者一般认为安息实际上在中国与罗马之间起到了阻隔的作用，安息人不愿意看到中国人与罗马人有任何直接的接触。安息国是汉朝与大秦交易的中转站，将汉朝的丝、丝织品与大秦交易，可以从中获取垄断的暴利。考虑到若汉朝直接开通与大秦的商路会损害其垄断利益，所以阻止甘英西行。美国学者罗兹·墨菲指出：安息人和中亚各民族"都极想维持他们在丝绸之路贸易中有利可图的中间人角色，而不愿两大帝国直接接触"①。夏德说："我认为安息边界的船人，习染古代腓尼基商人的精神，即不愿帮助外人收集情报，以防止可能造成商业上的竞争，而损害他们自己的商业。他们也许是叙利亚船主的雇员，由安息运中国货物至叙利亚以应罗马市场，再由叙利亚回航安息。如果让一位汉使向西前进，他就可以在闲谈之中谈起中国国内的丝价，并获知叙利亚的玻璃饰品及珍物的真实价格，泄露他们雇主发财的秘密，这是完全有损他们的利益的。"②

不过，甘英此次出使也并非全无结果。甘英虽然没有到达原定的目的地，但他确实是中国第一位走得最远的使臣。他亲自走过了丝绸之路的大半段路程，他到达了与大秦国隔海相望的条支国，在此逗留期间，他调查了大秦国的种种情况，也了解到自安息从陆路去大秦国的路线，还了解到从条支南出波斯湾，绕阿拉伯半岛到罗马的航线。正是根据甘英的记述，中国人才得以充分了解到过去所一直不清楚的极西地方的情况。因此，《后汉书》对大秦国

---

① ［美］罗兹·墨菲著，黄磷译：《亚洲史》（第4版），海南出版社、三环出版社2004年版，第146页。

② ［德］夏德著，朱杰勤译：《大秦国全录》，大象出版社2009年版，第30—31页。

的记载，就要比《史记》《汉书》中的记载充分、具体得多了。后人多有对甘英的赞誉之词，如《后汉书·西域传》称："西域风土之载，前古未闻也。汉世张骞怀致远之略，班超奋封侯之志，终能立功西遐，羁服外域。……其后甘英乃抵条支而历安息，临西海以望大秦，拒玉门、阳关者四万余里，靡不周尽焉。"

3. 安敦使团的中国行

在中国试图与大秦国通使的同时，罗马帝国也努力冲破安息的阻碍，直接与中国交通。为此，罗马人从海陆两道探索绕开安息而到达中国的道路。在陆路，罗马人从里海直至西伯利亚南部而达天山北路，从那里的游牧部落取得中国丝货。对此，英国学者查尔斯沃思（Charleswort）指出："奥古斯都所用之绘图者、探险家及地理学家，其数甚多，亦专为东方而设，而当时之极有趣的文献中有一短小之旅行记，为差力士（Charex）地方之以锡度氏（Isidore）所辑成者，所述为运丝之路，而苏马至大夏之站，亦详载无遗。战争远征及私家商人之事业，皆足令罗马人增加中亚细亚地方之知识，结果令罗马人振起精神，恢复北路而管治之，亦不至与安息帝国接触也。"①

与此同时，罗马人也在探索寻找东方的海路。当时罗马人东来主要走海路。东汉桓帝延熹九年（166），有罗马遣使入华一事。《后汉书·西域传》记载："至桓帝延熹九年，大秦王安敦遣使自日南徼外献象牙、犀角、玳瑁，始乃一通焉。"

大秦使者自日南入华，说明他是由海道经印度、越南而来中国的。日南的卢容浦口，即现在顺化附近的大长沙海口，是当时中国南方的第一大港。大秦使者在卢容浦口登岸走陆路而至洛阳，所以引起中国朝廷的重视。其中提到的大秦王安敦，与当年在位的罗马皇帝马可·奥勒留·安东尼（Marcus Aurelius Antoninus）之名相符。他从161年继位，并在165年派罗马大将加西乌斯（Cassius）远征安息，一度攻占两河流域的塞琉西城。这种情况说明罗马当时与亚洲关系的密切，《后汉书》所记确有其历史背景。

但是，马可·奥勒留皇帝遣使赴汉一事却不见于罗马的记载，如果考虑

---

① ［英］查尔斯沃思：《古代罗马与中国印度陆路通商考》，朱杰勤：《中外关系史译丛》，海洋出版社1984年版，第5—6页。

到加西乌斯出征安息恰在头一年，遣使赴汉这类具有重大战略决策的事，罗马方面不会只字不提。另一方面，大秦使节献象牙犀角等物，都是传统的南亚土产，并无大秦特色，所以《后汉书》说"其所表贡，并无珍异，疑传者过焉"。有研究者认为这次大秦使节并非国家正式派遣，而是大秦商人假托政府名义进行的私人探访。夏德认为，当时马可·奥勒留皇帝正在幼发拉底河两岸发动对安息的战争，通往波斯的商路被阻碍，给从事东方贸易的叙利亚商人造成很大的损害。"他们习惯期待的大宗丝货久久不来，而本地织染的布匹、玻璃饰品、人造宝石亦不能达到中国的目的地。在这种情形之下，派遣一个商务使团，经由印度洋及中国海，直接与中国人建立关系，岂非很自然的事么？"他们"也许就是在到了安南之后，才决定冒称皇家使者，以图获得贸易的特权"。① 英国汉学家裕尔（Sir Henry Yule）的解释比较有意思，他说："情况很可能是，这些使者由于船只失事或遭抢劫而丢失了原来的礼品，他们听说中国人喜欢这些物品，于是在东方购买了这些不为人看重的货物以充替原来的贡品。"他认为这个使团不是由皇帝所派遣，而是由某一位叙利亚商人率领。② 不过，也有人认为，这里所记的大秦使者可能是由罗马统治下的埃及亚历山大总督所派，到中国进行商业活动、开辟新航路，并正式向中国皇帝表示这种愿望。如是，也就难以否认他们是正式使节。③

　　无论如何，这些"使节"或商人是有记载的进入中国的第一批西方人。这则关于大秦使节入华的记录，标志着中国和罗马的交往，在当时已有可能达到正式官方往来的水平，也标志着横贯东西的海上丝绸之路最终形成。他们所做的贡献也是很重要的。让-诺埃尔·罗伯特说：

> 公元 166 年踏上中国国土的人们被称作罗马人，其实，他们可能既不是来自罗马，也非来自意大利，而是一个覆盖整个西方庞大帝国的臣民。他们的功绩在于从遥远的西方动身进行了一次完整的长途旅行，没有半途而废，也没有把这项浩大的行程交给印度以及

---

① ［德］夏德著，朱杰勤译：《大秦国全录》，大象出版社 2009 年版，第 35—36 页。

② 参见［英］H. 裕尔著，张绪山译：《东域纪程录丛》，云南人民出版社 2002 年版，第 36 页。

③ 参见沈福伟：《中国与非洲——中非关系二千年》，中华书局 1990 年版，第 76 页。

亚洲其他地区的商人去完成。①

与此相映成趣的是，在罗马人的历史文献中有中国使节到罗马的记载，而在中国典籍中却不见有关遣使大秦的文字。罗马史家弗洛鲁斯（Florus）在《罗马史要》一书中记载，在前27年和前14年，有中国及印度使节不远万里来觐见帝国第一位皇帝奥古斯都。他指出：

> 所以，我们见到了斯基泰人和萨尔马特人都派遣使者前来与我们媾和。也见到有住在同一天下的赛里斯人和印度人，他们带来的礼物中有宝石、珍珠和训练过的大象。他们特别吹嘘旅途的漫长，历时4年才走到。仅仅从这些人的肤色就可以看出他们来自另一个天地。②

斯基泰和印度是与罗马有较多接触的远方民族，弗洛鲁斯把中国（赛里斯）人和他们对等看待，也说明了中国在罗马"国际事务"中的地位。但中国的文献中却没有遣使大秦的相应记载。而奥古斯都在位的年代，正值西汉末年衰乱之际，国家很难有遣使之举。弗洛鲁斯所说的"赛里斯使节"，如确有其人，或应类似于"安敦使团"那样的中国商人或旅行家。当时两地丝绸贸易十分兴盛，有一些中国人来到罗马是很可能的。

那么，或许可以说，当时在中国汉朝和罗马帝国之间担当直接沟通和文化交流角色的，主要是两国的商人。随着陆海两途的畅通，两国之间已有直接的通商关系。罗马（包括其属国）的商人经陆路过天山，或经海路至日南，直接与中国商人交易，而中国商人也有远足至西方，把中国丝绸贩运至罗马。正是这些商人为中国与罗马的直接交通开辟了道路。

以"安敦使团"入华为标志，2世纪以后，中国与罗马的直接交往日渐扩大，海上交通贸易更加繁盛。就在"安敦使团"来华60年之后，又有大秦商人来中国并见诸记载。《梁史·诸夷传》记载："孙权黄武五年，有大秦贾人字秦论来到郊止。太守吴邈遣送诣权。权问论方土风俗。论具以事对。时

---

① ［法］让－诺埃尔·罗伯特著，马军、宋敏生译：《从罗马到中国：恺撒大帝时代的丝绸之路》，广西师范大学出版社2005年版，第146页。

② ［法］戈岱司编，耿昇译：《希腊拉丁作家远东古文献辑录》，中华书局1987年版，第16页。

诸葛恪讨丹阳，获黝、歙短人。论见之曰：'大秦希见此人。'权以男女各十人，差吏会稽刘咸送论。咸于道物故，乃径还本国也。"

这回来的大秦人公开了商人（贾人）的身份，而吴主孙权竟也接见，并派刘咸送其回国。可见当时中国方面对与罗马交通的热情。可惜刘咸在旅途中病故，如同甘英出使大秦中途而返一样，又一次失去中国与罗马正式官方往来的机会。不过，同年吴国派康泰和朱应出使扶南时，他们的副使到过南印度迦那调洲的黄支和歌营，得知乘中国"大舶"船张七帆，"时风一月余日，乃入大秦国"。可见当时已有中国商船直航罗马，亦可见中国与罗马民间商业往来是颇为兴盛的。

281 年，罗马派使臣出使西晋王朝，经海路来到广州，并至洛阳。据晋殷巨奇《布赋序》，晋太康二年（281），"大秦国奉献琛，来经于（广）州，众宝既丽，火布尤奇"。故其赋说："伊荒服之外国，逮大秦以为名，仰皇风而悦化，超重译而来庭；贡方物之奇丽，亦受气于妙灵。"

裕尔认为这次到达中国的使团必定是由卡鲁斯皇帝（Carus）所派遣。不过，白良佐（Giulianober Tuccioli）、马西尼（Federico Masini）倾向于认定罗马使团为"非官方"性质。因为在这段时间里，罗马相继当皇帝的有好几位：普罗布斯（Probus）、卡鲁司、卡利奴斯（Carinus）和努美利阿努斯（Numerianus），他们都忙于保住皇位，在位时间不长，不太可能派出使节远渡重洋前往中国。284 年，另一位有记载的罗马使节带着礼物来到中国，他可能是由皇帝卡鲁斯派出，这位皇帝短暂的王朝在与波斯的战争中被占领。

正是在罗马时代，中国和欧洲直接交往的商路被开通。通过这些商路，中国和西方之间进行物品和思想的交流。在大量丝绸等中国物产流入罗马的同时，也将关于遥远东方帝国的文化信息传播给罗马人，使罗马人获得了关于中国及其文化的初步知识。

4. 中国史籍有关罗马的记载

汉朝已经知道罗马帝国的存在。《后汉书》以及魏晋南北朝诸史的《西域传》中多包括《大秦传》，这些记载反映了1—5 世纪的中国社会对罗马帝国的了解和想象。

张星烺考罗马汉名，"《后汉书》之大秦，似指罗马帝国全部而言，其国都在意大利罗马京城。《魏书》之大秦，似乃专指叙利亚，国都为安都城

（Antioch）"①。方豪认为，大秦"有广义狭义。狭义之大秦，或远或近，所指不一，当按每一文献，为之考证；广义之大秦，则为'西方'即'海西'之通称，犹今日所言'西洋'，所指极广"②。

其实，当时罗马帝国地域广大，既占有欧洲大部分地区，又包括西亚的叙利亚、北非的埃及等地。在当时的交通条件下，以"大秦"等名称指称罗马帝国或指称罗马帝国之一部分或其属国，都是可能的。

那么，为什么把罗马称为"大秦"呢？裕尔指出："中国史书说，大秦（大中国）一名被用于这些西方国家是因为其人有类中国，甚至称大秦人本源自中国。但这样的想法大概是天真的曲解，我们也许可以设想，这个名称的产生是由于中国人有一种感觉，认为这些希腊罗马国家对于西方的关系，就如同中国及其文明对于东亚的关系一样。"③

以当时的历史知识来看，《后汉书》中关于罗马即大秦的记载已经很详细了，尽管这种了解是间接的。这段记载中符合当时罗马实际情况的内容有以下几处：

（1）已经知道从安息往西到海边，再渡海就能够到达罗马。这里所说的海，应该是指地中海。

（2）罗马以石头建筑城墙。

（3）罗马国王不固定是哪一个人，而是推举有能力的人担任。这可能是指罗马共和国时期的执政官制度。

（4）罗马有一种野蚕茧丝织的布。

（5）罗马使用金币和银币。

（6）罗马与安息、天竺在海上进行贸易。

（7）罗马国王想与中国交往，但安息人为了垄断与中国的丝绸贸易，加以阻挠。

从范晔的《后汉书》等文献的记载来看，当时中国人已对罗马帝国的地理、政治、民俗等都略有所知，并认为"其人民皆长大平正，有类中国，故

---

① 张星烺：《中西交通史料汇编》第 1 册，中华书局 2003 年版，第 114 页。

② 方豪：《中西交通史》，上海人民出版社 2008 年版，第 111 页。

③ ［英］H. 裕尔著，张绪山译：《东域纪程录丛》，云南人民出版社 2002 年版，第 32—33 页。

谓之大秦"。就当时的情况而言，这已经是很不容易了，就如同当时罗马人对中国的初步知识，多得自传闻，似雾里看花一般。范晔在记述大秦这个神奇的国度时似乎多有疑虑，他觉得"所生奇异玉石诸物，谲怪多不经，故不记云"。他在介绍了大秦国的富饶、公正和宝货之后，也说明了这些记载的来源："其所表贡，并无珍异，疑传者过焉。"显然，关于大秦的种种知识并非中国人亲眼所见，而是传闻。传闻而非亲见，这是《后汉书·大秦传》信息的基本特征，也可以说是1世纪到5世纪中国史料关于大秦记载的基本特征。裕尔指出："从所有这些见闻中，我们清楚地看到，远东地区对大秦和拂菻所代表的著名的西方文明中心所持的孤零寡碎的见解，与西方世界对秦奈和赛里斯之名所代表的著名的东方文明中心所持的鳞鳞爪爪的见解，具有相似性。我们看到，双方都在确切地望上存在着某种程度的模糊不清，同样地以半明晰状态中的这个国家较近边缘上的事实来描述整个帝国。"①

班固的《汉书》有《西域传》，所记西域最远的国家是安息。在范晔的《后汉书》中，大秦成为东汉社会所了解的最西方国家。对于当时的人来说，这意味着西方世界的拓展。这一点《后汉书·西域传》在篇首和结尾部分都着重指出，如开篇写道："（和帝永元）六年，班超复击破焉耆，于是五十余国悉纳质内属，其条支、安息诸国至于海濒四万里外，皆重译贡献。九年，班超遣掾甘英穷临西海而还。"结尾传论云："其后甘英乃抵条支而历安息，临西海以望大秦，拒玉门阳关者四万余里，靡不周尽焉。"

《后汉书》是正史中最早出现《大秦传》的史书，此后，汉晋时期的诸史《西域传》中多专列《大秦传》或提及大秦，包括《魏略·西戎传》《宋书》《魏书》《梁书》《晋书》中也包含关于大秦的信息。《三国志》卷三〇说的大秦，几乎就是从《后汉书》中抄下来的。

林英通过对上述文献的分析，认为当时人们对于大秦的认识有这样几个特点：②

（1）多宝之国。大秦是以多宝闻名的。《后汉书·安息传》说："自此南

---

① ［英］H. 裕尔著，张绪山译：《东域纪程录丛》，云南人民出版社2002年版，第34—35页。

② 参见林英：《公元1到5世纪中国文献中关于罗马帝国的传闻——以〈后汉书·大秦传〉为中心的考察》，《古代文明》2009年第4期。

乘海，乃通大秦。其土多海西珍奇异物焉。"《后汉书·大秦传》在介绍大秦物产时，首先指出"土多金银奇宝"，"凡外国诸珍异皆出焉"。

（2）理想化。如说大秦人"长大平正，有类中国"。大秦人性格慷慨正直。大秦"其人质直，市无二价"，"邻国使到其界首者，乘驿诣王都，至则给以金钱"。约作于东晋至梁的道教文献《太清金液神丹经》，进一步把对大秦的印象理想化，使之成为道德完美的乌托邦。其中描写商人向大秦王请求海西奇珍，大秦王答曰："我国固贵尚道德而慢贱此物，重仁义而恶贪贼，爱贞贤而弃淫泆，尊神仙以求灵和，敬清虚以保四气，眄此辈物斑驳玄黄，如飞鸿之视虫蟪。子后复以此货来往者，将竟吾淳国伤民耳目。奸争生于其治，风流由此而弊，当敕关吏不令子得进也。言为心盟，戒之。"

（3）神异化。如说"或云其国西有弱水、流沙，近西王母所居处，几于日所入也"。因为大秦接邻仙界，所以大秦的物产也沾染了不少仙风，即范晔所谓"诡怪多不经者"。

早期中国人对罗马的上述三种认识和想象，实际上也正是人类文明早期接触时通常出现的现象。因为信息来源少，大多得自传闻，面目不清，因而加入了自己许多理想化的想象。如早期希腊罗马人对于中国的认识，把中国称为"赛里斯"，认为制作丝绸的丝长在树上，等等，看似荒诞不经，实际上也是对异域"乌托邦"式的想象。

5. 传播到中国的罗马物产

丝绸之路开辟以后，中国的丝绸和丝线大批量地、源源不断地输往西方，其中很大一部分输入到罗马，在罗马引起了追逐丝绸的风尚，丝绸成为上层社会的时髦服饰，以至于老普罗尼认为，大规模的丝绸贸易引起了罗马对外贸易的严重入超，甚至是造成罗马帝国衰落的原因之一。与此同时，也有许多的罗马物产输入到中国，成为中国人所积的"奇珍异物"。《魏略·西戎传》说："大秦道既从海北陆通，又循海而南，与交趾七郡外夷通。又有水道通益州永昌，故永昌出异物。"《梁书·诸夷传》也说到罗马帝国与印支半岛商业交流的情况："国人行贾，往往至扶南、日南、交趾。其南徼诸国人，少有到大秦者。"这说明当时中国已经知道罗马与东方贸易的情况。

《后汉书·西域传》记载，大秦"其地多海西珍奇异物焉"。又说："土多金银奇宝，有夜光璧、明月珠、骇鸡犀、珊瑚、虎魄、琉璃、琅玕、朱丹、青碧。刺金缕绣，织成金缕罽、杂色绫。作黄金涂、火浣布。又有细布，或言水羊毳，野蚕茧所作也。合会诸香，煎其汁以为苏合。凡外国诸珍异皆出焉。"

《三国志》卷三〇引《魏略》就详细记载了大秦物产。

《后汉书·西域传》所记以及《魏略》中记载的这些罗马的物产，琳琅满目，实际上也可以看做是罗马帝国向中国出口的货单，充分反映了两国商业往来的频繁和经济交流的活跃。沈福伟指出：这份货单"所列货物琳琅满目，详细的程度在中国古籍上空前绝后，这种情况正好反映了罗马帝国在公元初3个世纪中东方贸易繁荣时期，中罗两国之间商业往来的频繁，经济交流的空前活跃"[①]。对于罗马输入中国的物产，赫德逊分析说："罗马输出到中国的东西并非毫不重要。它们可分为三类——琉璃、纺织品与杂货。"[②]

前面在介绍西域传入中国的物产时曾提到玻璃或琉璃。实际上，那时候传入中国的琉璃主要是罗马的商品。罗马时代，埃及玻璃制品享誉四方，特别是玻璃珠由于色彩缤纷、晶莹剔透，加之大批量生产，更在罗马输往东方的船货中占据突出地位。汉代以来，中国人习惯将玻璃称为琉璃，埃及的十色琉璃，无论是器皿还是珠饰，在中国都大受欢迎。"根据中国典籍记载，没有哪国人在制造琉璃方面能和大秦人相比拟。罗马的琉璃制造业集中在亚历山大港、推罗和西顿，技术上都达到了很高的程度；它的市场遍及非罗马的亚洲地区。粗制的琉璃出口，琉璃杯和镜子也出口，最多的是仿造的珠宝和彩色的琉璃装饰品。汉朝时在中国琉璃与宝石、水晶同列为宝物，贩运琉璃所得利润必定丰厚。"[③] 广州汉墓出土的玻璃器可以看做是罗马器物传入中国的证据。广州横枝岗西汉中期墓出土3件玻璃碗，据同位素X光射线荧光分析均为钠钙玻璃，估计是地中海南岸的罗马玻璃中心于前1世纪制成的产品。横枝岗汉墓的时代约在西汉中期，相当于前1世纪，这批玻璃是目前我国境内发现最早的罗马玻璃器。[④]

---

① 沈福伟：《中西文化交流史》（第2版），上海人民出版社2006年版，第52页。

② ［英］赫德逊著，李申、王遵仲译：《欧洲与中国》，中华书局1995年版，第69页。

③ ［英］赫德逊著，李申、王遵仲译：《欧洲与中国》，中华书局1995年版，第69—70页。

④ 广州市文物管理委员会、广州市博物馆：《广州汉墓》上册，文物出版社1981年版，第239页。

毛织品和麻织品也是罗马向中国出口的大宗货物。"毛织品、麻织品甚至丝织品，也从叙利亚和埃及的作坊运到中国。""中国的文献还提到贵重的织物，'金色布'是'水羊毛'织成的细布。或是掺和着金屑和各色绫的亚麻毛。……绫是用中国丝重新纺织成的轻纱，其中有些似乎还曾向中国出口；它们和中国丝绸很不一样，以至于人们长时间不知道它的原产地，中国人则相信它是罗马人自己制作的某种丝织品。"①

亚历山大等地的织工，善于用金线织绣毛织品、丝织品，运到中国后被称为金缕罽、金缕绣，华美瑰丽，列为上品。中国人长于丝织，西方罗马帝国人则长于棉、麻、毛织。《魏略》记载有 8 种棉麻织品。如"发陆布"，就是一种优质棉布，得名于著名的亚历山大港灯塔所坐落的法鲁斯岛。埃及人植棉，年代久远。据希罗多德所记，早在古埃及第二十六王朝时期，埃及法老就曾赐给神庙棉布。据普林尼记述，罗马时代埃及人种植树棉，埃及祭司所穿的法袍，就是用棉布制成的。古代埃及的上好棉布，以其洁细，得以畅销中国。毛纺业更是罗马帝国最为发达的手工业，其工艺之先进，足以傲视世界。毛织品，中国古籍称为"罽毹""毸毲"。《魏略》记载大秦有"黄、白、黑、绿、紫、红绛、绀、金黄、缥、留黄十种罽毹、五色毸毲、五色九色首下毸毲"。另一部中国古籍中介绍埃及毛毯时称，上面织着鸟兽人物草木云气，十分生动；那织着的鹦鹉，竟"远望轩轩若飞"。从埃及运来的罽褥，在中国各地极受欢迎。

南越王墓西耳室发现疑是乳香的物质，重 21.22 克，经测定为树脂类，成分已有分解。象牙经鉴定是非洲象，前 3 世纪中叶通过布匿战争，罗马战胜迦太基争得西部地中海的霸权，当时罗马商人又频繁活动于红海海域，他们可以轻易地得到主要产于红海沿岸的乳香和非洲象牙，并用这些物品与汉人互易。所以这些乳香和象牙完全可能是经罗马商人之手传入广州的。

罗马运来中国的珠宝类船货，大多产自埃及和地中海、红海地区。古代西方文献中记载，早在公元初年，珊瑚就成为罗马帝国运往印度的重要输出物。中国史籍上，这种记载更所在多有。如《太平御览》等书中就有"大秦珊瑚""珊瑚出大秦西海中""珊瑚出大秦国，有洲在涨海中"等字样。红海

---

① ［英］赫德逊著，李申、王遵仲译：《欧洲与中国》，中华书局 1995 年版，第 70 页。

因盛产珊瑚，更被称为"珊瑚之海"。这些中国史书还对地中海、红海地区人民用铁网采珊瑚的办法，作了详细的描述。① 李约瑟指出："红海的珊瑚和珍珠以及波罗的海或西西里岛的琥珀，当然都成为叙利亚商人想找到贩卖的货品。可是中国人善于从某些叙利亚宝石中鉴别出人造赝品，这一点是很有意思的。"② 能够鉴别赝品，说明这些珍宝的进口量是比较大的，人们已经有了鉴赏和鉴别的丰富经验。

---

① 参见［英］赫德逊著，李申、王遵仲译：《欧洲与中国》，中华书局1995年版，第70—71页。

② 参见［英］李约瑟著，袁翰青译：《中国科学技术史》第1卷，导论，科学出版社、上海古籍出版社1990年版，第206页。